本书作者刘明武先生告诉您：

●中华文明之所以曾领先于世界文明，是因为我们有优秀而独特的中华元文化。中华元文化是道器并重的文化，是中华先贤以天文历法为基础创建的。

●利用天文历法，刘明武先生通俗而合理地为您解释图书八卦。

●利用天文历法，刘明武先生通俗而合理地为您解释阴阳五行。

●利用天文历法，刘明武先生通俗而精彩地为您解释天道（阴阳五行）的量化。

●利用天文历法，刘明武先生通俗而精彩地为您解释各个学科的起源。

●利用天文历法，刘明武先生通俗而精彩地为您解释"以一论万""以道论尽"的方法。

●利用天文历法，刘明武先生通俗而精彩地为您解答西方文化无法解答的难题。譬如，各种天灾、地震的成因与预报；工业烟囱的控制与沙漠化的治理；糖尿病、白血病、癌症等诸多疑难病症的预防和医治思路等等。

黄帝文化与皇帝文化

清源浊流

刘明武 著

龙有龙文化，虫有虫文化。龙文化孕育出了文明先进，虫文化孕育出了落后挨打。龙文化可称之为"黄帝文化"，虫文化可称之为"皇帝文化"。中华民族前后两种截然相反的状态，应该用这两种原因来解答。

深圳出版发行集团
海天出版社

图书在版编目(CIP)数据

黄帝文化与皇帝文化：清源浊流／刘明武著.—深圳：
海天出版社，2010.1
ISBN 978-7-80747-803-4

Ⅰ．①黄… Ⅱ．①刘… Ⅲ．①传统文化—研究—中国
Ⅳ．①G12

中国版本图书馆CIP数据核字(2009)第227594号

黄帝文化与皇帝文化——清源浊流

HUANGDI WENHUA YU HUANGDI WENHUA——QING YUAN ZHUO LIU

出 品 人　陈锦涛
出版策划　毛世屏
责任编辑　毛世屏　周鸣琦　徐丹娜　梁　萍
封面设计　成　就　陈艳玲
责任技编　陈　炯　蔡梅琴

出版发行　海天出版社
地　　址　深圳市彩田南路海天大厦　(518033)
网　　址　www.htph.com.cn
服务电话　0755-83460866（批发）　83460397(邮购)
印　　刷　深圳市美嘉美印刷有限公司
开　　本　787mm×1092mm　1/16
印　　张　35.5
字　　数　710千
版　　次　2010年1月第1版
印　　次　2010年1月第1次
定　　价　68.00元

序一

"李约瑟难题" 与 "刘明武难题"

《汉学研究》主编　阎纯德

一

　　一个学者的活力在哪里？在无穷的追问里，在不停的探索中。如果停滞了追问和探索，一个学者的学术生命也就基本结束了。

　　这里有两个无穷追问和不断探索的例子：一个是李约瑟难题；一个是刘明武难题。

　　"为什么近代科学只在欧洲文明中发展，而未在中国（或印度）文明中成长？"这是李约瑟难题。这一难题是在《东西方的科学与社会》一文中出现的。

　　"如果说中华文化在根本上有问题，怎么会有领先于世界的中华文明？如果说中华文化在根本上没问题，怎么会出现东也敢打西也敢打而且谁都能打败的悲剧？"简而言之，就是"没文化，中华文明从何而来？有文化，为什么会落后挨打？"这是刘明武难题。这一难题是在《黄帝文化与皇帝文化——清源浊流》一书中出现的。

　　李约瑟，英国科学院院士，一生都在研究中国古代科学技术与中国古代科学技术产生的理论基础。"原来有，如今为何没有？"李约瑟提出了这道难题，但没有回答这道难题。

　　刘明武，中国工程师，多年来一直在追溯几个"为什么"。"有！为什么有？有中华文明，中华文明是怎么产生的，背后的思维方式是什么，背后的行为方式是什么？""有中华文明，中华文明背后的认识论与方法论是什么？""领先于世界与落后挨打，这是两种截然相反的状态。这两种截然相反的状态，会是同一个文化孕育出来的吗？""此果有此因，彼果有彼因"，刘明武提出了这道难题，也回答了这道难题。

　　当然，李约瑟的"难题"和刘明武的"难题"，也不仅仅只有李约瑟和刘明武两人所想到、所提出，深信近代以来不少知识者心里也会有这样的"难题"。这样的"难题"李约瑟没有回答，他只是将它作为重大的思考题留给了后人，尤其留给了中国的探索者。然而，后者则不同，刘明武为回答难题，用十年的功夫，写出了《黄帝文化与皇帝文化——清源浊流》这部著作，智慧地回答了这一系列难题。

二

中华民族前后为什么会出现两种截然相反的状态？在古今中外的对比研究中，刘明武得出了这样的结论：一种果，一种因；两种果，两种因。但这不是"积善有余庆，积恶有余殃"式的因果报应，而是人类社会发展中和我们的日常生活里普遍存在的谁也不能超越的逻辑法则。凡事必有因，这种因果关系制约着宇宙，也制约着我们人类。中华民族前后两种截然相反的状态，就是由两种文化造成的。

源头的中华文化即中华元文化是优秀的文化，优秀的中华元文化孕育出领先于世界的文明。如果一种文化从源头就有问题，就不可能孕育出领先于世界的文明。

理性的文化批判，应该对文化的开端与演化进行基本的区分，即对文化的源流进行基本的区分。刘明武认为，问题出在文化的失传与变质上，这种失传与变质是中国落后与挨打最根本的原因。

刘明武在书中谈到，只要认识了如下几个基点，就可以对源头的中华先贤与中华元文化有一个准确的判断。

其一，这里没有神赐的伊甸园。在希伯来大地上，亚当与夏娃一出世，就有一个神赐的伊甸园。伊甸园里瓜果飘香，应有尽有，用不着动手动脑，用不着发明创造，就能坐享幸福。

与古希伯来文化相比，中华大地上从一开始就没有神赐的伊甸园。中华大地上的中华先贤，必须动手动脑，必须发明创造，才能过上好日子。一没有人格神，二没有神赐的伊甸园，这"两个没有"决定了中华先贤的行为方式与思维方式一定不同于亚当夏娃。这"两个没有"是认识源头中华先贤和源头中华文化即中华元文化的基点。

其二，这里有动手动脑的典范。没有神，就不能依靠神。没有神，只能依靠人，依靠善于动手、善于动脑的人，依靠理性而智慧的人。中华大地上的难题，都是由人来解答的。

天上的天文由人来观测，地上的洪水由人来治理，火由人钻木制取，巢由人构木建造。在中华元典与诸子百家记载里的中华先贤，个个都是用发明创造解答难题的典范。伏羲氏发明捕鱼狩猎的网罟，神农氏发明农耕的耒耜，黄帝发明舟车、弓箭、臼杵……三皇五帝名下都有发明创造的伟大功绩，每一项发明创造都史无前例，每一项发明创造都解答了生活、生产中的重大难题。一道道生活、生产中的难题，都是由人来解答的。

《逸周书·谥法》："德象天地曰帝。静民则法曰皇。"没有利于天下的大功绩，在起初的中华大地上，是不能称皇称帝的。在早期的中华大地上，称皇称帝者，个个都是动手动脑、发明创造的典范。善于动手动脑，善于发明创造，这两个"善于"，同样是认识源头中华先贤、源头中华文化的基点。

其三，同样的问题，有自己的解答方法。"宇宙的起源与演化"与"人生以何为坐标"，这两大问题是每一个优秀民族、每一种优秀文化必须回答的问题。

这两大难题，古希伯来文化是以万能之神解答的。《圣经》中的神，用六天时间，创造了包括一男一女在内的整个宇宙。神用十条戒律解答了人生的坐标问题。十条戒律，就是著名的"摩西十戒"。

这两大难题，佛教文化是以一个"空"字解答的。空生四大地火水风，地火水风组成了宇宙，组成了人体。成佛须大彻大悟，悟在何处？悟在空处。孙悟空，这个家喻户晓的艺术形象，反映的就是佛教宇宙观与人生观的统一。

这两大难题，中华文化是以一个"道"字解答的。道生天地万物，道为宇宙观。"朝闻道，夕死可矣"。做人必须讲道理，道为人生观。宇宙与人生两大难题，中华先贤用一个"道"字进行了解答。

根本问题有自己的解答方法，各领域、各学科的具体问题同样有自己的解答方法。

同样是取火，古希腊的火是普罗米修斯从天庭偷来的，而中华大地上的火则是圣人燧人氏动手动脑钻木取出来的。

奇偶之数，希伯来文化是用神解答的，中华先贤是用阴阳解答的。阳奇阴偶，一阴一阳，一奇一偶。直角三角形，古希腊大哲学家毕达哥拉斯是在纸上画出来的，中华先贤是在天文观测的立竿测影过程中发现的。竿为股，影为勾，竿端与影端相连的斜线为弦，直角三角形就此成立。纸上的直角三角形，画一个是一个，竿、影构成的直角三角形，日影一动就是一个新的直角三角形。随着日影的移动，一日之内会有千千万万个直角三角形。证明勾股定律，用"因为，所以"的形式逻辑，《几何原本》记载的求证过程在十步以上，而用形象折矩的方法，《几何原本》记载的求证过程在三步之内。

同样是制历，大英雄恺撒在埃及天文学家的帮助下制出了太阳历，中华先贤制出了太阳历、太阴历，最终制出了阳历与阴历合一的阴阳合历。阴阳合历，一用就是几千年，今天仍然在使用。同样是太阳历，中华先贤又划分出了二十四节气。二十四节气，一用就是几千年，以后的几千年还要用下去。同样是制历，我中华先贤又制出了尽善尽美的十二平均律。随历一起诞生的十二平均律，被全世界所采用……

同样的问题，不同的解答；你有你的解答，我有我的解答；这，同样是认识源头中华先贤、源头中华文化的重要基点。

三

有此果必有此因。中华文明不是万能之神恩赐的，也不是从西方抄来的，而是中华先贤一步一个脚印走出来的。中华先贤创造出的文化是道器并重的文化，道器并重的文化孕育出了领先于世界的中华文明。

《周易·系辞上》："形而上者谓之道，形而下者谓之器。"道与器并列并重，其形式如鸟之两翼，如车之两轮。

在《圣经》里，神是根本，至高无上，任何人、任何物都不可能与神并列并重。在中华元文化里，道是根本，至高无上，但一个"器"字可以与之并列并重。与《圣经》相比，《周易》多讲了一个"器"字。

人家有神，我们有道。我们有器，东西方谁家都没有这个器。《圣经》没有谈器，佛经没有谈器，古希腊文化也没有谈器。器具之器，为中华元文化所独有。

神文化解答了宇宙与人生两大难题。道器并重的文化，解答了三大难题：一是宇宙如何发生？二是人生如何度过？三是如何发明创造？

一个"器"字，集中了如何发明创造的哲理。道器可以转化，道何以能转化为器？这与道赋存的形态有关：一是道赋存于天地万物中，二是道赋存在太极、卦象中。天地万物为形象之象，太极、八卦为抽象之象。抽象之象源于形象之象，两种象都可以启示器具的发明创造。历史传说，一片带刺的草叶，启示鲁班发明了木工使用的锯。而今天的机器猫、机器狗、机器人，无一不是仿生学的产物。道器转化，在《周易》里又称之为"尚象制器"。尚象之象，就是形象之象与抽象之象的总称。尚象制器，讲的是仿照形象之象与抽象之象去进行发明创造。仿照形象之象进行发明创造，可以媲美仿生学。而仿照抽象之象进行发明创造，则远远超越了仿生学。道可以转化为器的奥秘，就在于"尚象制器"里。

有器具才能发展生产，有器具才能改善生活；同样的道理，有器具才能保卫天下。《周易·系辞下》："弧矢之利，以威天下。"有先进武器，才有威风凛凛之天下。有锐利武器，才能制止强盗的觊觎之心。以文化化天下，以武化威天下，文化与武化一样都不能少。

做人讲道理，做事用器具。中华元文化孕育出的中华文明，不仅当时吸引了周边国家，今天仍然赢得世界的敬重。

四

不同之果必有不同之因。文明先进是一果，落后挨打是一果，两种果背后应该有两种因。

道器并重的中华元文化，孕育出领先于世界的中华文明。伪道无器的变质文化，孕育出"东也敢打，西也敢打"的悲剧。以道器并重为坐标，刘明武求证出中华民族前后两种状态背后的两种因。

上下五六千年，文化并没有源远流长，而是发生了南辕北辙的质的变化。源流之变，变在何处？刘明武界定在以下几个地方：

其一，道器并重发生了质的变化。道器并重，第一步变成了道器分离，第二步变成了伪道无器。其二，行而论道的行为方式发生了质的变化。手动脑动、行而论道的行为方式，变成了动口不动手、坐而论道的行为方式。其三，论证方式发生了质的变化。以道论之的论证方式，变成了以纲论之的论证方式。

道器分离，发生在老子那里。老子继承了道，否定了器。老子的最高理想是小国寡民。在这个理想国里，老子主张一不要使用现有的器，二是不要发明新的器。道器并重的文化在老子那里残缺了一半。

伪道无器，发生在董仲舒那里。"一阴一阳之谓道"，在董仲舒那里，被变质为"阳为阴纲之谓道"。"一阴一阳"与"阳为阴纲"，文化的根本变质就发生在这里，道的真伪之变就发生在这里。"一阴一阳"讲的是和合平衡，"阳为阴纲"讲的是服从与盲从。以人际关系而论，大道与伪道论出的是截然不同的结论。论君臣关系，大道论出的是"君有道从君，君无道从道"，论出的是"得道多助，失道寡助"；伪道论出的是"君为臣纲"，论出的是"君叫臣死，臣不死为不忠"。论夫妻关系，大道论出的是"妻子好合，如鼓瑟琴"；伪道论出的是"夫为妻纲"，论出的是"娶来的媳妇买来的马，任我骑来任我打"。论父子关系，大道论出的是"父慈子孝"，是"父有义从父，父不义子不可以不诤于父"。

行为方式的变化，发生在孔夫子这里。源头的中华先贤都是行而论道者。伏羲氏、神农氏、黄帝这些先贤都不鄙薄动手，都不鄙薄做事，个个都是动手动脑的典范。伏羲氏一方面研究天文，一方面研究捕鱼狩猎；神农氏一方面研究农耕，一方面建立交易市场。黄帝研究范围更为广泛，天文历法、家畜养殖、车船、臼杵、弓箭都在研究范围之内。行而论道的行为方式在孔夫子那里发生了变化，变成了坐而论道，变成了鄙薄动手。坐而论道，在孔夫子之后成了读书人的基本行为方式。对务农的评价，也发生在孔夫子那里。务农，在神农氏那里是圣人之事，在周之始祖后稷那里是大人之事，在孔夫子那里却变成了小人之事。

论证方式变化在董仲舒那里。书中道理在书外，中华先贤论证问题，以天文地理为坐标，以日月之理为坐标，以四时之序为坐标，以时间空间为坐标，归根结底是以道为坐标，即"以道论之"。以道论之，论出了源头处的一部部经典，一件件器具，一项项技术。先秦诸子延续这一论证方式，道家以道论德，儒家以道论礼，兵家以道论兵，医家以道论医，庖丁以道论解牛……以道论之，论出了中华大地上的第一个百花齐放的百花园。董仲舒的"三纲"之后，以道论之的论证方式被以纲论之所取代。以纲论之，中华大地上再也没有产生出穿越时空的经典，再也没有产生出第二个百花齐放的百花园。

文化源流之间，发生了质的变化。刘明武指出，发生在老子、孔子那里的变化，完全有纠正的可能。所以然则何？儒道两家延续的是文化，文化允许批评，允许讨论，在批评与讨论中，完全可以把失去的东西找回来。发生在董仲舒那里的变化，无法得到纠正。所以然则何？允许批评，允许讨论的文化，在那里变成了专制文化。专制文化，不允许批评，不允许讨论，变质的东西很难恢复本来面目。

五

为回答自己提出的难题，必须研究与追溯源头的文化，在源头文化的研究与追溯中，一些久悬不决的文化难题也就得到了解答。

（一）文化起源问题。是水都有源，是树都有根，那么，文化的根源在何处？刘明武的研究结果表明，人文源于天文。就各学科的顺序而言，天文学是第一学。就天文学与各学科的关系而言，天文学是母亲学，各学科均发源于天文学。

（二）文化起点问题。天文学的第一个落脚点是历法。有文字，历法是用文字表达的。文字之前，历法是用河图洛书、八卦表达的。时间春夏秋冬四季，空间东西南北，万物生长收藏四种状态，都是从河图洛书、八卦这里出发的。终则有始、原始反终、物极必反、否极泰来、阴极生阳与阳极生阴这些至理名言与成语，都是从立竿测影制历那里发现的。人文的起点在历法。

（三）阴阳五行的定量。科玄之争，争论的双方，都把中华文化界定在了一个"玄"字上。玄学之玄，就玄在阴阳五行的无法定量上。科玄之争之后，"阴阳五行"一直是玄学的代名词。

在刘明武的追溯中，阴阳五行学说，源于天文，奠定于历法，首先奠定于太阳历。

周日可以论阴阳，周岁可以论阴阳。周日之阴阳，为无限循环的昼夜。周岁之阴阳，为无限循环的寒暑。昼夜往来，是由日月往来决定的。寒暑往来，是由太阳视运动在南北回归线之间循环决定的。昼夜寒暑，均可以重复，可以实证，可以测量，可以定量，而这四个"可以"都在自然科学的范畴之内。所以，可以定量的阴阳在自然科学的范畴之内。

苗族古历以冬至为阳旦，以夏至为阴旦。以冬至夏至为界，分出了阴阳两个半年——前半年为阳，后半年为阴。夏至阳旦过大年，夏至阴旦过小年。粤港澳有"冬至大过年"的说法，这一说法就源于最初的历法。

彝族十月太阳历，一年分五季，五季用木火土金水五行来表达。五行最初的含义，是循环不休的五个季节。一季两个月，奇数月为阳，偶数月为阴。五行一可以论时间中的五季，二可以论空间中东西南北中五方。十月太阳历，也可以称之为五行历。五行属于历法，历法本身由测量定量而来。所以，可以定量的五行，与虚无缥缈的玄学毫无关系。

在《黄帝内经》《管子》《淮南子》里，还可以看到五行历的影子。五行十月太阳历，在中原失传了，这就是文化界、哲学界、中医界解释不了阴阳五行的根本原因。

阴阳五行学说，奠定了中华文化与中医文化的理论基础。"不认识天文历法，就无法解释阴阳五行；解释不了阴阳五行，就无法认识中华文化、中医文化的真谛。"

（四）宇宙的数字化。"一切都是数，数的关键是单双。"毕达哥拉斯认为，完美的宇宙可以用奇偶之数来表达。毕氏说到了，但并没有做到。绘制河图洛书的中华先贤，用奇偶之数表达了天文历法、时间空间、气候物候。《黄帝内经》延续了这一表达方法，用奇偶之数表达了天体与人体。奇偶即阴阳，阴阳即奇偶。"万物负阴而抱阳"，奇偶之数随阴阳进入到了万物。"奇偶之数随阴阳进入到了大到无外，小到无内"的两个世界。在文化的起点处，在中华先贤那里，一切都可以数字化。

（五）再出发问题。研究源，是为了流。研究历史，是为了现实。二十四节气，一用就是几千年，还要用几千年。永恒意义成果的背后，必然有永恒意义的坐标。超越时空成果的背后，必然有超越时空的方法。如果找到了具有永恒意义的坐标，如果找到了超越时空的方法，后世子孙就可以在先贤的基础上再出发，创造出新的成果，创造出新的辉煌。刘明武有如此认识，也有如此行动。他在二十四节气基础上再出发，以太阳视运动为坐标，以天文三线（南北回归线加赤道线）与时令四点（冬至、夏至、春分、秋分）为框架，指出了台风在时间与空间的规律性，指出了暴雨、暴雪在时间与空间的规律性，指出了厄尔尼诺在时间与空间的规律性。在先贤以道论之的基础上再出发，刘明武论出了很多新问题，沙漠化的治理，工业烟囱的控制，糖尿病等十大疑难病的医治等等。恢复提出问题的能力，恢复解答问题的能力，如此文化研究，突破了"有文章无见解，有专著无建树"的困境。

在科学与学术上，刘明武视野独异，善于独立思考，因此也就善于发现。他对我常说的一句话是"触类旁通——触类万通"，这是他的宇宙观和方法论。他兼有学者的智慧和科学家的天才，并能将二者融通为一，造就了非同凡响的学术成就。十余年来，他的研究和探索都与中国的实际，人类生存的实际紧密相关。他所耕耘的这片文化之地，已经硕果累累；"刘明武难题"也一个个从黑夜洞见了黎明。毫不夸张地说，他的研究有益于中华文化的复兴，有益于再造中华文明。

2009年11月13日

序二

中华元文化的不懈追寻者

——刘明武印象

原《东方》杂志常务副总编　王昌珞

刘明武先生的《黄帝文化与皇帝文化——清源浊流》即将出版。我知道，这是一部严肃而理性的著作，这是一部具有崭新意义的著作；我还知道，这是一部深入浅出、用中国话研究中国文化的著作。之所以知道这些，是因为我在第一时间里知道了这部著作的构思。

一

初次接触刘明武，是在十年前。当时，我在《东方》杂志任常务副总编辑。1999年春天的一个中午，办公室的电话铃声响了，来电话的正是刘明武。

这次电话中，刘明武提出了很多问题：

——研究数学，能不能混淆陈景润与华罗庚？

——研究文学，能不能混淆曹雪芹与贾平凹？

——研究物理学，能不能混淆牛顿与爱因斯坦？

——研究儒学，能不能混淆孔子与董仲舒？

刘明武提出了一个异常新颖的新命题"打扫孔家殿"。他认为，百年来的"打倒孔家店"，所批判的内容大都不属于儒家，而是属于皇帝与御用文人。如果说有孔家店的话，那么孔家店里假货多多，假货大都来自于"皇家店"。

夫妻关系，儒家主张的是"妻子好合，如鼓瑟琴"，主张的是"同尊卑，共相亲"，董仲舒主张的是"夫为妻纲"。"如鼓瑟琴"与"夫为妻纲"，这两者之间有着本质的不同。

君臣关系，儒家论出的是"君有道从君，君无道从道"，论出的是"得道多助，失道寡助"。君臣关系，董仲舒论出的是"君为臣纲"。"以道为纲"与"以君为纲"，这两者之间有着本质的区别。

儒家讲忠讲孝，忠是理智之忠，孝是理智之孝，讲忠孝不等于不要道义，不等于不分是非。《孝经》云："君不义，臣不可以不诤于君；父不义，子不可以不诤于父。"《礼记·表记》云："君命顺，则臣有顺命；君命逆，则臣有逆命。"愚忠愚孝源于宋明理学，愚忠愚孝演化出了愚昧绝顶的信条："君叫臣死，臣不死为不忠；父叫子死，子不死为不孝。""君命顺，则臣有顺命；君命逆，则臣有逆命"的明智选择与"君叫臣死，臣不死为不忠"的愚昧盲从，这两者之间没有任何相似相通之处。

儒家文化关怀鳏寡孤独，关怀失去亲人的寡妇。《礼记》记载，孔子家有两个媳妇都是再嫁的。"饿死事小，失节事大"的信条出于程颐，由这一信条演化出了歧视寡妇再嫁的精神枷锁。孔子姓孔，程颐姓程，程家的理论为何强加给孔家？

"男尊女卑"明明出于《列子》，列子属于道家，为什么偏偏要强加在儒家头上？

在孔夫子不会说话的几千年里，历代皇帝都把皇家的东西、皇家所需要的东西挂上了孔家的招牌。有人冒充同仁堂造假药，正确的态度是去打假，错误的态度是去打同仁堂。真正而理性的文化批判，应该把孔家店里的假货打扫出去，而不应该鲁莽地否定儒家。孔家店应该是殿堂之殿——精神殿堂之殿。

无穷的追问，一系列新问题，闻之振聋发聩。孔家店应该"打扫"之说，更是前所未闻。电话时间很长，但意犹未尽。放电话时，才知道手腕已经酸了。

善于提出问题，善于提出被学界忽略的问题，这是电话中刘明武给我留下的第一印象。

我立即向他约稿，他爽快地答应了。不久，他便传来了几篇稿子《寻找真正的中华文化》《天人合一的五重含义》《从"士商工农"到"士农工商"》《"男女同尊卑"与"男尊女卑"》……

这些文稿，题目非常吸引编辑。文章内容与结论，同样吸引着编辑。

在寻找真正的中华文化的论述里，刘明武认为，源对于流具有基础作用，根对于干枝有着基础作用。流无论如何不能轻视源，干无论如何不能轻视根。源头的文化对于今天有着极其重要的基础意义，所以不能以轻率的态度对待源头的文化。他说：

学习传统一定就会倒退吗？远近有两个例子：远有犹太人的例子，近有韩国人的例子。犹太人读《圣经》，而且还是《圣经·旧约》，这并没有影响他们发明出一流的科学技术与产品。韩国人把太极图镶在了国旗上并没有影响他们成为亚洲'四小龙'中的一条龙。

自强不息、厚德载物、否极泰来、革故鼎新、原始反终、终者有始、彰往察来、居安思危、易穷则变、与时偕行、触类旁通、修辞立其诚、同归而殊途、和平、革命、文明、光明、变化、变通、忧患、鼓舞，这些成语与词汇均源于中华元典《周易》。清华大学、上海大学的校训均源于《周易》，有谁能割断源头文化与现代的联系?

写春秋为何不写冬夏,买东西为何不买南北?均根于阴阳、五行,源头文化中的哲理时时出现在口中与笔下,遗憾的是我们"日用而不知"。

前几年,有学者把西方文明与中华文明界定为海洋文明与黄土文明。说是海洋文明重商,黄土文明重农。刘明武不同意这种评判。他列举了一系列根据证明早期中华文明重农也重商,早期中华文明是商农并重的文明。这些根据是:

1. 神农氏创造了人类历史上的最早最大的市场。《周易·系辞下》:"包羲氏没,神农氏作……日中为市,致天下之民,聚天下之货,交易而退,各得其所。""日中为市"赞美的是阳光下的交易,"天下之民"与"天下之货"描述的是市场的宏大气派。比耶稣早出生好几千年的神农氏开始重视商业,晚吗?

2. 食、货并列的地位。《尚书》中的武王在革命胜利后向前朝贤哲箕子请教,箕子谈出了治理天下的九条大法,史称洪范九畴。九畴第三条为"八政"。"八政"以食为首,以货为二。货者,商业流通之货物也。"民以食为天"是众所周知的格言。食货相连,如此排列,轻商吗?

3. 士商农工,国之基石。《春秋·穀梁传》分出了士商农工四业,排列位置是士一、商二、农三、工四。这个排列方式中并没有高低贵贱之分,强调的是四种行业的同等重要性。《管子》中有"士农工商"一节,管子称士农工商均是国之基石。"士农工商四民者,国之石民也。"石者,基石也,国之基石也。视商人为国之基石,抑商吗?

4. 重商之礼与重商之政。《周礼》中有重商的礼,《逸周书》中有重商的政。《周礼》主张,商人货物积压时政府应该出面收购。《逸周书》主张,商人资金短缺时政府应该出面帮助。一个"商"字,在《逸周书》里出现了几十次。礼是重商的礼,政是重商的政,《诗》中还有经商的诗,抑商之说起码在这里是不存在的。

儒家文化主张仁政。仁政的内容之一,就是市上有往来之"商贾"以及国中有轻税政策。

范蠡弃政从商,相国变成了陶朱公。吕不韦弃商从政,商人变成了相国,相国相当于今日的首相、总理。帮助齐桓公建立霸业的鲍叔牙与管仲,从政之前都是商人。孔子的得意门生子贡学业有成之后经商,经商有成之后用钱财来宣传儒家文化。据《史记》记载,儒商子贡每到一国,诸侯都要到庭中见礼——分庭抗礼。商人变相国,不应该忘记可以令诸神退位的姜太公。民间传说中的姜太公出山前是个卖米卖面、贩猪贩羊的小商人,小商人的背景并没有影响他成为西周之师。《史记》记载,功成之后被封于齐的太公,几项治国方略中就有一项是"通商工之业,便鱼盐之利"。

刘明武的证据,全部有据可查。扎实的证据,的确证明了黄土地上的文明并不是残缺的文明,早期中华文明的确是重农又重商的文明。

世界上其他民族寻求民族复兴之路,首先认准的是文化复兴。不知为什么,中国的志士仁人死死认准了这样一条路:民族复兴必须以打倒中华文化为代价?这是刘明武提出的一个值得深思的问题。

　　文章深入浅出为上，深入深出为中，浅入深出为下。深入浅出，证据扎实，立一家之言且能服人，这是刘明武文风给我留下的印象。在一年时间内，我在《东方》约编发了他10篇文章。

二

　　2000年夏天，得知他出差到了北京，住在航天工业部某设计单位的招待所。我迫不及待地去见他。说实在的，作为一个老编辑，我从来没有这么急迫地想见一位作者。是他的文章提出的新问题、新观点吸引了我，是他文章中广博的知识、崭新的视角、浓厚的思辨气质征服了我。一个四十多岁的中年人，中上身材，很壮实，很热情，很爽快，没有半点书卷气。我们一见如故，谈得很投机。话题之一是"把自然科学中的标准化和定量分析的方法引进中华文化研究，区分开儒家文化中的孔与董、真与伪"。话题之二是"儒家文化之前还有文化，儒家文化之前的文化应该重新认识，否则无法弄清中华文明的根源"。对于第二个话题，他讲了很多精辟的见解。他把人类历史上最早出现的几部经典，如《周易》《圣经》《奥义书》以及佛经、希腊神话等关于天地万物起源的说法进行比较，找到了造就中华早期辉煌文明的中华元文化，这就是由伏羲、黄帝们创造、由《易经》集大成的文化，可称之为"黄帝文化"。这个文化不崇尚神灵而崇尚自然和人自身，既讲做人的道理又讲发展生产创造发明的智慧，与当时世界上所有的文化相比，不但独具特色而且独具优势。同时他还找到了创造这种文化的独特的思维方式。他有些激动地说："我们不能只看到西方有我们没有的东西，也要看到我们有而西方没有的东西，更要看到'我们祖先有，凭什么有？早先有，后来为什么没有了'。经过对中华元文化的研究，我发现中华先贤比其他民族先贤更善于提出问题和回答问题，其原因是我们的老祖宗以道为生生之源。他们站在'道'的高度去认识所有生生之物，去进行文化和一切事物的发明创造，这就是'以道论之'的思维方式。太极、八卦、六十四卦以及弓矢、衣裳、书契、市场、医药、音律等等，都是'以道论之'的产物。我觉得今天它仍能帮助我们认识和解决世界面临的难题。这方面大有文章可作。"听了他这些极富有原创性的观点，我当时真有石破天惊之感。

　　通过这次接触，我才知道他是一位地质工程师，并不是文科出身。谈话中，一缕灿烂的阳光照在他的脸上，显得生气勃勃。名校名师可以出学者，自学同样可以出学者，而且可以出不同于一般的学者。初次见面，刘明武就给了我一个极好的印象。

三

　　《中华读书报》学术版连续用三个版面刊登了刘明武的《读书读出的困惑》，浙江大学网、北京大学网、清华大学网、人民网、新华网、光明网、读书网纷纷进行了转载。这篇文章被著名教育家、北京景山学校开办者敢峰先生看到了，当时敢峰先生主办的《教育世纪》，倡导国学创新，想组织一些有分量的文章，邀刘明武赴京一谈。刘明武又到我家接我到敢峰先生处。我们在招待所谈了许多。他说中华民族曾领先于世界，领先一定有领先的理由，领先一定有领先的原因。如果重新认识这些理由与原因，中华民族还有领先于世界的可能。一个民族只会照抄人家的问题，自己不会提出问题，会领先于世界吗？他认为，卦是一部无字真经。卦不是文字，没有文字的局限性，可以轻松地容纳文字无法容纳的道理，这里有阴阳分裂而变的宇宙观，法天则地的人生观，时空物三位一体的时空观，天人合一的系统论，取象比类、触类旁通的方法论，尚象制器的创造论；而太极则是中华元文化中的宇宙发生论，揭示了宇宙的生生之源和生生方式；不同时空、不同学科的人都可以与卦、与太极交流对话，都可以从中体悟到自己所需的道理，体悟到前人没有发现的奥秘。他说他正在导读《黄帝内经》，希望在经典中找出中华先贤创造文明的思维方式与行为方式，希望在经典中找出中华先贤创造文明的认识论与方法论。他还说，中华早期的医学、天文学对世界的贡献，绝不亚于四大发明。

这次见面不久，寄来了他的《换个方法读内经》与《黄帝内经》注释，这真是一部"厚积薄发"的奇书！把博大精深、古奥艰涩的《黄帝内经》变得如此轻松易读，方便易行，这需要涉及古今中外、天文人文、宏观微观多少知识啊！

果然，这部书赢得了中医学界的一片叫好声。

2007年夏，广东的气温特别高，我十分担心他身体透支过多，经常电话提醒他，他每次都说没关系，结果却大病了一场。但病刚好，他又没昼没夜地投入了关于河图洛书的研究。

群经之首在《周易》，《周易》之首在六十四卦，六十四卦源于八卦。按照这一顺序，可以清晰地得出结论：中华文化的源头在八卦。问题是，八卦之外还有河图洛书。河图洛书与八卦是什么关系，表达的是什么，对文化到底有什么意义？从汉至宋，解释河图洛书"是什么"的著作汗牛充栋，但是解释"为什么"与"从何而来"的著作一部也没有。所以，关于河图洛书的争论，从欧阳修一直延续到顾颉刚。刘明武认为，解释不了河图洛书，解释不了河图洛书与八卦的关系，就无法明白文化的起源，就无法打开中华文化与中医文化的大门。

《管子》中有蚩尤辅佐黄帝制历的记载，《吕氏春秋》有大尧辅佐黄帝作甲子的记载，蚩尤、大尧，是苗族的祖先；彝族同胞与汉族一样尊崇伏羲。刘明武根据这两个重要论据推断：中华民族是一个大家庭，源头处的文化应该是民族融合的产物。汉族经典解答不了的问题，应该看看兄弟民族有没有答案。沿着这一思路，刘明武果然找到了彝族文化中的河图洛书，在苗族古历中找到了天文历法中的阴阳观。彝族文化解释河图洛书，没有"河马神龟"的神话，直接解释为古天文历法。洛书表达的是十月太阳历，河图表达的是十二月太阳历。找到了彝族文化中的河图洛书，找到了苗族古历，刘明武的研究达到到了一个崭新的高度。

中华先贤以天文为坐标创建了历法，以天文历法为基础创建了中华文化，这是刘明武对文化起源的基本看法。

利用天文历法，刘明武合理地解释了图书八卦。

利用天文历法，刘明武合理地解释了阴阳五行。

利用天文历法，刘明武解释了天道的量化。

利用天文历法，刘明武解释了各个学科的起源。

阴阳五行，从"科玄之争"至今，一直是玄学的代名词。刘明武告诉我，阴阳五行学说源于天文，奠定于历法。阴阳五行，古天文学的这两大基本概念，是在十月太阳历里奠定的。

周日可以论阴阳，周岁可以论阴阳。周日之阴阳，为昼夜更替。周岁之阴阳，为寒往暑来。昼夜往来，是由日月往来所决定。寒暑往来，是由太阳视运动在南北回归线之间循环所决定。苗族古历以冬至为阳旦，以夏至为阴旦。以冬至夏至为界，分出了阴阳两个半年——前半年为阳，后半年为阴。冬至阳旦过大年，夏至阴旦过小年。粤港澳有"冬至大过年"的说法，这一说法就源于最初的太阳历。

太阳回归年的时间长度可以一分为二，可以一分为四，可以一分为五，可以一分为六，可以一分为八，可以一分为十二，可以一分为二十四；一分为二即是寒暑（阴阳）两截，一分为四即是春夏秋冬四季，一分为五即是木火金土水五行，一分为六即是阳六气阴六气，一分为八即是四时八节，一分为十二即是十二月，一分为二十四即是二十四节气。五行之说，出现在太阳回归年一分为五之处。六气之说，出现在太阳回归年一分为六之处。

阴阳五行一可以重复，二可以实证，三可以测量，四可以定量，这四个"可以"都在自然科学的范畴之内。失传了十月太阳历，第一严重后果就是无法合理地解释阴阳五行，致使本来可以量化的阴阳五行成了玄学。

立竿测影下的日影，被《周髀算经》解释为天道。日影变化，被《周髀算经》解释为天道变化。日影变化之数，被《周髀算经》解释为天道之数。

奇偶之数、直角三角形、方圆、音律、经络、九州的划分、井田制的模型、大都市与四合院的模型，全部与天文历法相关。

用天文历法将阴阳五行量化，将天道量化，在天文历法这里找到了各个学科的源头，毫不夸张地说，所有这些均具有石破天惊的作用。中华文化研究，以此为界，肯定会翻开新的一页。

2009年的第一季度，刘明武发表了四篇学术论文。其中，《彝族文化里的河图洛书》发表在《中国文化研究》头条位置上，《中国政法大学学报》发表了《天文·人文·历法》，发表后被川大、北大、复旦等多家网站转载。在此基础上，刘明武又重申与提出了几个问题，并再次征求我的意见：

1. 可不可以这样说：中华大地上的人文源于天文，人道源于天道，人德源于天德，人序源于天序，人时源于天时，人则源于天则……天人合一的基本立场是从天文历法这里形成的。

2. 可不可以这样说：不知天文不足以言图书八卦，不知图书八卦不足以言中华文化，不足以言中医文化。

3. 可不可以这样说：天文学是人类第一学，也是中华民族的第一学；历法是人类第一法，也是中华民族的第一法。人文的起点与基础是天文历法。只有弄懂天文历法，才能认识文化的根源。

4. 可不可以这样说：天文学是母亲学，一切学科均与天文学有着亲缘关系。

5. 可不可以这样说：不懂天文历法的文化批判，均是文化大门之外的呐喊。

6. 可不可以这样说：以天文为坐标的文化是真正的中华文化，"以君为纲"的文化是变质的中华文化。

这些问题，无一不是大问题。像第一次通话一样，我们会在电话中谈很久。刘明武允许质疑，允许批评，允许否定，讨论中完全可以提出不同、乃至否定性的意见。他说，文化允许批评，不允许批评或是僵死的教条或许是文化之外的邪教。"三允许"，应该是刘明武的研究飞速进步的重要原因。

四

写文章、出书都不是刘明武的终极目的。他的终极目的是在先贤的基础上继续前进。他的终极目的是提出西方文化尚未提出的问题，解答西方文化尚未解答的问题。我知道，中药止痛、沙漠化治理、工业废烟控制，尤其是重大天灾的规律性研究，都在刘明武的研究之列。中华先贤的特征是行而论道，刘明武敬重的是行而论道。我问过他的打算。他想了想，说："我想集中力量办道器研究所，持古之道，以御今之有，用祖宗传下的东方智慧解决几个人类急需解决的问题。"我衷心祝愿他的计划早日实现。但我想，他不会放下形而上的研究，因为他对中华元文化是那样一往情深，而这项研究正渐入佳境！

从相识的那天起，他就以良师、挚友待我。我从《东方》退下来后，他与我的联系更加频繁了，电话几乎每周一次，每次一小时左右，问候加探讨。他听说我身体有些不舒服，就不断给我讲中医的养生之道，讲如何按季节进补等等。他不时给我寄来地道的药材，如南海的海马海龙，宁夏的枸杞之类。2007年，他的《换个方法读内经》一书引起了轰动效应，《南方日报》先后用几个版面宣传他，全国一些知名学者肯定他的研究"成果卓然"。他在忙得脚打后脑勺的情况下还时时像关怀兄长一样关心我的健康，使我感动不已。"我是你和阎纯德老师等人双手扶起来的，你们永远是我的恩师。"他恳切地说。我的眼睛湿润了。诚恳热心，极重情义，这是书外、生活中的刘明武。

2009年11月18日

序一 "李约瑟难题"与"刘明武难题" ·············· 阎纯德 1
序二 中华元文化的不懈追寻者 ·············· 王昌珞 8

第一篇 自然之道的创建与变质

引论：读书读出的困惑 困惑之后的思考 ·················· 2
第一章 "物从何处来"的追溯 ·················· 14
 第一节 《圣经》中的答案 ·················· 14
 第二节 古希腊神话中的答案 ·················· 15
 第三节 古希腊哲学家做出的答案 ·················· 15
 第四节 《可兰经》中的答案 ·················· 16
 第五节 《奥义书》中的答案 ·················· 16
 第六节 佛教中的答案 ·················· 17
 第七节 《周易》中的答案 ·················· 17
第二章 从无到有，自然而然 ·················· 18
 第一节 生生之源的探索 ·················· 18
 第二节 现实世界的研究 ·················· 39
第三章 关于图书、五行问题 ·················· 66
 第一节 关于图书问题 ·················· 66
 第二节 关于五行问题 ·················· 88
第四章 自然之道的确立 ·················· 102
 第一节 关于道的几个基本问题 ·················· 102
 第二节 道在人文中解答的基本问题 ·················· 110
 第三节 道：永不枯竭的源头活水 ·················· 113
第五章 《周易》：屹立于东方的伟大经典 ·················· 115
 第一节 成分与特点 ·················· 115
 第二节 坚实的基础 ·················· 120

第三节 《周易》留下的名词与成语 ……………………………123
　　第四节 名言 …………………………………………………124
　　第五节 比较出的优秀 ………………………………………126
第六章 诸子对自然之道的研究 …………………………………127
　　第一节 老子的研究 …………………………………………127
　　第二节 孔子的研究 …………………………………………131
　　第三节 管子的研究 …………………………………………133
　　第四节 庄子的研究 …………………………………………134
　　第五节 列子的研究 …………………………………………136
　　第六节 尸子的研究 …………………………………………139
　　第七节 《黄帝内经》的研究 ………………………………139

第二篇　人道的创建与变质

引　论 ………………………………………………………………146
第一章 天理：人理创建的坐标 …………………………………147
　　第一节 礼的重要性 …………………………………………147
　　第二节 礼的参照坐标 ………………………………………148
　　第三节 礼之端，礼之序 ……………………………………150
　　第四节 礼仪即秩序 …………………………………………151
　　第五节 天理：人理的坐标 …………………………………152
第二章 效仿自然秩序创立人际秩序 ……………………………156
　　第一节 男女之间的礼仪 ……………………………………156
　　第二节 夫妇之间的礼仪 ……………………………………161
　　第三节 父子之间的礼仪 ……………………………………171
　　第四节 家庭成员之间的礼仪 ………………………………179
　　第五节 君臣之间的礼仪 ……………………………………180
　　第六节 朋友之间的礼仪 ……………………………………193
　　第七节 自律规则 ……………………………………………196
第三章 基本问题的解答 …………………………………………198
　　第一节 关于人的一些基本问题 ……………………………199
　　第二节 关于人之大欲——饮食男女 ………………………221
　　第三节 关于领头人问题 ……………………………………234
　　第四节 关于弱者救助问题 …………………………………243
　　第五节 关于人天关系问题 …………………………………247
　　第六节 关于人物关系问题 …………………………………248

　　第七节　关于进退的考核制度·····················254

　　第八节　关于战争问题·····························255

第四章　由崇尚自然到崇拜君王：人道的变质·········257

　　第一节　哲理之变·······························257

　　第二节　具体变化·······························259

　　第三节　对比与总结·····························279

第三篇　发明创造哲理的创建与失传

引　论···286

第一章　这里没有伊甸园·························289

　　第一节　《圣经》中的伊甸园·····················289

　　第二节　苦难的中华大地·························289

第二章　善于发明创造的中华先贤·················291

　　第一节　诸子记载的人和事·····················291

　　第二节　经典中的人和事·······················297

　　第三节　李约瑟谈中国古代科学·················309

第三章　耀眼的东方文明与基础问题的解答·········311

　　第一节　历律·································312

　　第二节　律·····································322

　　第三节　数·····································327

　　第四节　质与力·································331

　　第五节　人体经络·······························333

　　第六节　直角三角形·····························335

　　第七节　二十四节气·····························339

　　第八节　时空·干支·数字化·····················343

　　第九节　简要述评·······························359

第四章　中华文明背后的独特方法·················360

　　第一节　两个基本点·····························360

　　第二节　行而论道：中华先贤的行为方式·········364

　　第三节　以道论之：中华先贤的思维方式·········372

　　第四节　以道论之的几种模型···················377

　　第五节　比类：实证之外的方法·················392

　　第六节　爱因斯坦对中华先贤的评价·············393

第五章　道器并重的文化与三步重要变化···········394

　　第一节　道器并重的文化·························394

第二节　道器分离的文化 ·························· 398

第三节　伪道无器的文化 ·························· 402

第六章　在先贤的基础上再出发 ·························· 405

　　第一节　先贤创造思路与方法的再认识 ·························· 405

　　第二节　再出发 ·························· 408

第四篇　变质了的概念与名言

引　论 ·························· 452

第一章　变质的概念 ·························· 453

　　第一节　元典中被变质的基本概念 ·························· 453

　　第二节　儒家学说中被变质的概念 ·························· 491

第二章　变质的名言 ·························· 494

　　第一节　"从一而终"的本义与歧义 ·························· 494

　　第二节　"男主外，女主内"的本义与歧义 ·························· 496

　　第三节　"自天佑之"的本义与歧义 ·························· 497

　　第四节　"不事王侯，高尚其事"原则的遗失 ·························· 499

　　第五节　"溥天之下，莫非王土。率土之滨，莫非王臣"的本义与歧义 ·························· 499

　　第六节　"君君，臣臣，父父，子子"的本义与歧义 ·························· 502

　　第七节　"父母之命，媒妁之言"的本义与歧义 ·························· 502

　　第八节　"为富不仁"的本义与歧义 ·························· 504

　　第九节　"君权天授"的本义与歧义 ·························· 507

　　第十节　"天尊地卑"一词的曲解 ·························· 508

第三章　有悖于道理的谚语与名言 ·························· 511

　　第一节　有悖于道理的谚语 ·························· 511

　　第二节　有悖于道理的名言 ·························· 512

　　第三节　其他 ·························· 513

　　结束语：比较与反思 ·························· 514

附　录

附录1：问道歌 ·························· 520

附录2：哲理歌 ·························· 527

附录3：参考文献 ·························· 530

附录4：作者已出版的专著和发表的文章 ·························· 532

后　记 ·························· 533

第一篇
自然之道的创建与变质

　　宇宙如何发生？这是人类祖先所关注的首要问题。在人类先贤所留下的几部经典中，开始第一页全是谈宇宙起源问题的。同样的问题，不同的解答。《圣经》用万能之神解答了这一问题，《奥义书》用大梵解答了这一问题，《周易》则用自然之道解答了这一问题。道生天地，天地生万物。文化差别，是从源头开始的。

引论：读书读出的困惑　困惑之后的思考

一、在前辈基础上继续追问

笔者的家邻近学校，所以自小听惯了琅琅的读书声。长大后也喜欢读书，渐渐地形成了一种陋习——每天不读书，不看点有字的纸张，晚上就无法入睡。

读书，有人越读越明白，有人越读越糊涂，笔者介于两者之间，读书读出的则是困惑，即困惑于书外有现成的问题，而书中却找不出现成的答案。例如，早期的中华民族为什么文明先进，后期的中华民族为什么落后挨打？同一个民族前后怎么会出现两种截然相反的状态？文明先进是一果，落后挨打是一果，两种果能不能用一种因来解释？这些问题，困惑了笔者几十年。

最先进入文明，并遥遥领先于世界，这是中华民族早先的状态；而落后挨打，则是中华民族后来的状态。中华民族为什么会出现两种截然相反的状态？这一难题，书中并没有现成的答案。

书中没有现成的答案，书外的人能不能继续反思，继续追问呢？结论是显而易见的。对于书中没有答案的问题，或者现成的答案不能完全说服于人，那么，书外人完全可以在前辈的基础上继续研究、继续追问。

本书就产生在继续追问之中。本书的目的有二：

其一，希望找出中华文明背后的方式方法，最终找出那个能够孕育文明先进的文化。

其二，希望找出中华民族落后挨打的真正原因，最终认清那个孕育落后挨打的、令人心碎的文化。

要解开中华民族为什么从文明先进沦落为落后挨打这道难题，需要重新审视百年来的文化批判所下的结论。笔者的研究与追问，就是从这里开始的。

二、两个难以自圆其说的结论

鸦片战争以后，中国一次又一次地挨打，一次又一次地割地赔款。至高无上的、自我感觉良好的"堂堂中华"沦落成了谁都敢打而且谁都能打败的"东亚病夫"。"不该这样，为何偏偏这样"之疑问，自然而然成了志士仁人反思的主题。

当时的反思，并不是主动的、有条不紊的反思，而是东败于东洋、西败于西洋面临亡国灭种情况下的仓促反思。"病急乱投医"的慌乱，既体现在反思的开端之处，又延续于反思的整个过程之中。急切悲愤的心情、恨铁不成钢的情绪，代替了冷静的分析与严肃的论据，所以如此重要的反思结论竟然会出现"一会儿是这样，一会儿是那样"的轻浮。

百年来的文化反思与文化批判，先后得出了两个完全不同的结论：第一个结论是"器不如人"，第二个结论是"文化不如人"。这两个结论正确与否暂且不论，关键是这两个结论因存在漏洞而不能自圆其说。简析如下：

第一个结论的漏洞有两个：一是认识上的漏洞，一是行动上的漏洞。

先谈认识上的漏洞。众多反思者，只是在"器"之实际层面上进行了简单对比，就轻易地得出"西方的器具强"的结论。"器不如人"是事实，可是"为什么"呢？众多反思者，没有一人在文化层面上问一个"为什么"？一味地重视形而下，完全忘记了形而上，这是认识上的漏洞。

源头的中华文化是"道器并重"的文化，源头的中华先贤是特别善于发明器具的先贤。何谓道，何谓器？将在下面详细讨论。

众多的反思者把反思的目光紧紧盯在了"器不如人"的现象上，完全忘记了"为什么器不如人"的文化原因。认识上的漏洞，错在了见物忘理，见流忘源，见枝叶而忘记根本，见器物而忘记了器物背后的文化。

再谈行动上的漏洞。"器不如人"就引进器，这一举措贯穿于整个洋务运动。引进，所引进的只是一件件实物，并没有引来实物背后的东西——发明创造的文化与发明创造的智慧。引进了"这一件"，"下一件"怎么办？今天靠引进，明天怎么办？解决了燃眉之急，长远问题又怎么办？自己不会种瓜，只会买别人的瓜，买了今年的瓜，明年人家的新瓜又上市了，如此引进，什么时候是个头？行动上的漏洞，忘记了"我应该如何制造器"的思考。"器不如人"的认识与行动，犹如庸医治病。头痛医头，脚痛医脚，无法解决根本问题。

历史与现实证明，"器不如人"并不是挨打的必然原因，请看古今的三大例子：

例一，甲午海战，中日双方的器无论是数量还是质量，中国都要略胜一筹，但是海战以中国惨败、日本大胜而告终。

例二，三年解放战争中，国民党军队的器无论数量还是质量，远非解放军可比，但是战争以国民党军队惨败而告终。

例三，这个例子是古代例子，这个例子并不为大家所熟知。《荀子·议兵》篇中记载了一个楚国战败的战例：楚国用鲨鱼、犀牛皮做出了坚固的铠甲，用铁制出了比蜂刺还锐利的长矛，士兵敏捷程度像风一样迅速，如此装备的楚兵，却"兵殆于垂沙"。兵败国裂，"楚分而为三四"。

综上所述，"器不如人"并不是落后挨打的必然病因，所以这一结论有重新反思的必要。

第二个结论是：在认识上与行动上同样存在着两个漏洞。

先谈认识上的漏洞。如果说中华文化从根本上就不如人，那么，如何解释早期中华大地上所出现的、至今还让人赞颂不已的中华文明？有中华文明必然有孕育中华文明的文化。这里的问题是：曾经领先于世界的中华文明背后的文化是什么？有结果而没有认识原因，认识上的漏洞，这是其一。

有其果必有其因。"文明先进"是一果，"落后挨打"是一果，同一个因怎么会结出两个截然不同的果？同一个中华文化怎么会孕育出两种状态的中华民族？没有认清因果关系，准确地说，没有认清两种果背后的两种因。认识上的漏洞，这是其二。

早期的中华文明与现代西方文明，背后的方法是否一致，背后的思路是否一致？两种文明背后思路与方法有没有区别？没有分清中西文化的基本区别，认识上的漏洞，这是其三。

对下列几个基本问题，寻找文化的仁人志士同样没有起码的认识。

其一，离开源头会有源远流长的江河吗？

其二，离开根本会有参天的大树吗？

其三，民族文化是一个民族的根，民族文化是一个民族的魂。离开了这个根，离开了这个魂，世界上还会有这个民族吗？

其四，一个这么大的民族把命运寄托于其他民族的文化上，应该吗？

再谈行动上的漏洞。"文化不如人"就四处找文化。找东家，找西家，你说这家的好，他说那家的好，这个说要"全盘西化"，那个说应该"走俄国人的路"……只有精英们、超人们的意志，而没有全民族的共识，行动上的漏洞就漏在这里。

百年来的文化批判，准确地说，政治批判、文学批判的力量有余，而文化批判的力量不足。之所以有这样的评价，是因为许多文化问题在文化批判运动中并没有得到解答。这里仅举出10例：

问题一：树有根，河有源，文化也有根有源。树之根可以认识，河之源可以追溯，可是中华文化的根在何处，源在何处？百年来的文化批判并没有交代。

问题二：西方讲神理，中华民族讲道理，可是道理是什么？百年来的文化批判没有解释。

问题三：源头的中华先贤，如伏羲氏、神农氏、黄帝、尧、舜、禹等都是行而论道者，老子、孔子都是坐而论道者。为什么会产生这一差别？百年来的文化批判也没有解释。

问题四：神农氏务农是圣人之事，后稷培育五谷良种是大人之事，务农务菜却被孔孟界定为小人之事，这显然是截然相反的不同判断。为什么会产生这两种截然相反的判断？百年来的文化批判也没有解释。

问题五：在孔孟的儒家文化中，以及儒家之前的文化中，判断是非的终极标准是道；在西汉以及西汉之后的儒家文化中，判断是非的终极标准是君、父、夫这三条大纲。"三纲"之理为什么会取代道理？百年来的文化批判也没有解释。

问题六：《尚书》《孟子》中的君民关系是民贵而君轻，民为君之天；西汉之后的君民关系，君贵而民轻，君为民之天。君民关系在文化中为什么会发生如此重大的变化？百年来的文化批判没有解释。

问题七：中华民族自喻为东方巨龙。实际上，文明先进的中华民族的确不愧为东方巨龙，而落后挨打的中华民族只能算是一条大而无用的胖胖虫。龙虫之间是如何变化的？播下龙种，为何收获跳蚤？百年来的文化批判也没有解释。

问题八：周游列国，孔子没有成功，但孔子一直是坐着与君王对话的，说的还是"应该这样，不应该那样"具有指导性的话；西汉之后的大臣们与君王的对话均是跪着说话的，与君王对话时，"臣罪该万死"之语挂在了嘴边上。对于这一变化，百年来的文化批判也没有解释。

问题九：燧人氏、有巢氏、伏羲氏、神农氏、黄帝、尧、舜、禹名下记载的是一件件发明创造的功绩，这些发明创造的功绩是他们为皇为帝的前提。秦始皇、刘邦名下记载的是一场场逐鹿中原的战绩，战绩是他们为皇为帝的前提。从圣者为王到胜者为王，这一变化的所以然，百年来的文化批判也没有解释。

问题十：有"中华文明"这一事实，可是"有，为什么有"的答案在哪里？对于这一根本问题，百年来的文化批判同样没有解释。

诸如此类的问题还有很多，例如"男尊女卑""寡妇不能再嫁""君叫臣死臣不死为不忠，父叫子死子不死为不孝""存天理灭人欲"这些信条，与孔子、孟子有关吗？孔家店到底是应该打倒还是应该打扫？"独尊儒术"所尊重的是孔孟之术还是董仲舒之术？董仲舒之儒与孔孟之儒的差别何在？这里不再一一列举。悬而未解的问题，不能永远悬而无解。后人应在前人的基础上继续研究，应在前人的基础上继续追问。在问题中求证答案，在已有答案的基础上继续研究新问题，只有这样才能找出中华民族复兴所需要的根基——真正的中华文化。

基于以上问题，笔者对百年文化批判所做出的两个结论产生了怀疑，并在先辈的基础上开始继续追问与反思。

三、龙有龙文化，虫有虫文化

善因有善果，恶因有恶果，一种因不可能结出两种果，这是佛教哲理中的普通常识。

先进有先进的理由，落后有落后的原因，一种原因不可能同时孕育出先进与落后两种状态，这是现实中的普通常识。

水在同一条件下不可能既形成固体之冰又形成上升的水蒸气，这是现代物理学中的普通常识。

化学实验表明，同一条件不可能同时出现正逆两种反应。

如果上述常识为真为正，那么中华民族前后两种相反的状态只能说明这样一个事实：中华大地上前后有过两种文化，即源文化与流文化。源文化为中华元文化，后来与元文化相反的流文化则是变质的中华文化。正是源流两种文化，孕育出了两种状态的中华民族——中华元文化孕育出的是文明、先进而强大的中华民族，变质的中华文化孕育出的则是愚昧、落后又挨打的中华民族。如果说文明、先进而强大的中华民族是条腾飞的龙，那么，愚昧、落后又挨打的中华民族显然是条只会蠕动而不会腾飞的虫。龙有龙文化，虫有虫文化，源清而流浊。文化的变质，是中华文化演化过程中的一个奇特现象。笔者认为，研究中华民族前后两种相反的状态，无论如何都应该重视源清而流浊——文化的失传与变质——这样一个问题。

四、两种文化的界定

要认清两种文化，必须对"文化是什么"做出界定。

1. 文化是什么？据说有一百多种定义。这一事实说明了两个问题：其一，文化的内涵丰富、外延广大，难以把握。其二，对于文化的界定，学界允许自由发挥，允许各有各论。

梁漱溟先生是"人有人样"、笔者所敬重的一位先生，他对"文化是什么"有一个说法：

"你且看文化是什么东西呢？不过是那一民族生活的样法罢了。"群言出版社出版的《梁漱溟集》第122页这样说。

笔者在相当长的时间内，非常赞成梁漱溟先生的这一说法。但是近年来又觉得这个说法不妥。由"文化是什么"出发到"那一民族生活的样法"结束，梁先生所界定出的似乎是民族文化而非文化本身。

笔者的说法是："文化是化人之道。"

文化是人与动物的分界线，有了文化才有了人。没有文化，人和动物没有什么区别。文化化人，一要化出人与禽兽相区别的理性（规矩方圆），二要化出人与动物相区别的智慧（开物制器）。做人讲理性，做事讲智慧，这是人区别于动物的两大标志。人兽之辨、人禽之辨，就辨在这两大标志上。

"应该这样，不应该那样！"做人必须信守一定的规矩。"可以这样，也可以那样；今天可以这样，明天可以换一个样。"做事与认识问题必须讲究智慧。

同样是做人，不同民族有不同的规矩；同样是做事，不同民族有不同的智慧。相同中的不同，则是民族文化的区别之处。

如何做人？古希伯来人、现代西方人以上帝为榜样制定了做人的规矩。如何做人？中华先贤以道理、天道地理、日月之理为榜样制定了做人的规矩。同样是如何做人，不同的民族有不同的规矩，不同的规矩有不同的出处。

如何做事？不同民族有不同的方法，不同的方法折射出了不同的智慧。例如，同样是春种秋收，但种植与收获的方法不同，使用的劳动工具也不相同。从事生产，是不同民族之间的共同点，如何生产，则每个民族有各自的独特方法。不同的方法构成了不同的民族文化。

——同样是婚丧嫁娶，不同民族创造了不同的程序。不同的程序，形成了不同的民族文化。

——同样是面粉，却产生出了面包与馒头两种食品。同样是吃饭，有人用筷子，有人用刀叉，还有人直接用手抓。不同的饮食、不同的食品加工工艺、不同的饮食习惯、不同的饮食方式代表了不同的民族文化。

——同样是衣服，却有唐装西装之分。同样是帽子，式样却千奇百怪。不同的服装形式代表了不同的民族文化。

——同样是研究天文，中华先贤与西方科学家走的并不是一条路，使用的也不是同一种方法。结果也有差异，中国古老天文学除了产生出历法与历之外，还演化出了三角形与商高定律（勾股定律）、阴吕阳律与独特的中医学。众所周知，西方现代天文学与西方现代医学毫无关系。

——同样是医学，西方医学的显著特点是"这里有病就在这里着手"，即俗话中所说的"头痛医头，脚痛医脚"。而中医的显著特点是：树叶黄了，治疗着手于树的根本之处；此处着火，救火救在火前头。这就是中医常讲的"上有病治于下，下有病治于上"。哲理的总结则是"圣人不治已病治未病，不治已乱治未乱"。

下面几句话，是笔者对"文化是什么"的基本认识与把握：

什么是文化？文化是化人之道。

什么是民族文化？民族文化就是"这个"民族的化人之道。

什么是中华文化？中华文化是中华民族的化人之道。

在日常生活中，做人所表现出的理智与蛮横，做事所表现出的愚蠢与智慧，其折射的就是文化的优劣。

这里，还必须回答一个基础性问题：化人之道的参照坐标在何处？创立化人之道，必须有一个具有永恒意义的参照坐标。古希伯来先贤选择万能之神为参照坐标，中华先贤选择自然之道为参照坐标。化人之道的参照坐标在何处？《圣经》的回答是在上帝之处，《周易》《尚书》的回答是在自然之道之处。以自然为坐标，以自然天地为坐标，中华先贤创建了自己的化人之道——文化。

2. 黄帝文化与皇帝文化。以"做人的理性，做事的智慧"为标准，可以轻易区分开中华大地上前后所存在的两种文化。

如何做人？中华民族前后有过两种做法：前一种做法，参照坐标是自然，是道理、天地之理；后一种做法，参照坐标是君、父、夫。

如何做事？中华民族前后也有两种做法：前一种做法是从大自然中汲取智慧，重视人的作用，重视继承与超越；后一种做法则是迷信于鬼神，屈从于皇帝，以祖宗之法为金科玉律。

　　中华先贤是如何做人的呢？中华先贤以道为纲、以天地之理为则创立了做人的规矩。八卦的三爻、六十四卦的六爻分三组由上而下分别象征天人地。三爻与六爻把人放在了天地之间，崇天法地的做人原则由此而生。一部《周易》，凡是涉及到人的话题，总是天地人三者合一而论。人文源于天文，人道源于天道，人则源于天则，人行合于天行，人德合于天德，这是《周易》讲述的基本道理。

　　西汉以后，做人的规矩发生了根本性的变化，"以道为纲""以天为则"的参照坐标变质为以君纲为核心的"三纲"——"君为臣纲，父为子纲，夫为妻纲"。"三纲"哲理完全抛弃了人与人之间的相互负责关系，它所建立起的是绝对权威与绝对服从的哲理。做人的规矩在"三纲"这里发生了根本性的变化——由崇尚自然变质为崇尚权威与地位。如果交往的双方中一方具有至高无上的权威，另一方就只能是俯首贴耳地服从。这是变质文化的根本特征。

　　再谈做事的智慧。做人必须做事！探索自然之奥秘、发展生产、器具的发明创造、研究养生与治病，这些都在"事"的范畴之内。做事有两种方式：一种是纯粹用力气，一种是用力与用智相结合。以"炼石补天""钻木取火""构木为巢""结绳为网""斫木为耜，揉木为耒"的事例为开端，中华民族祖先就为子孙创立出了这样一种智力结合的榜样。中华先贤用智慧和力气相结合的方式来解决生存、生活、生产中的难题。每解决一大难题，整个民族就会向前跨进一大步或几大步。善于解决这些重大难题的人被称之为"圣人"，在产生领袖人物时，人民会推选圣人为君为王。在早期的中华大地上，能不能做事，能不能用发明创造来解决生活与生产中的重大难题，是能不能为君为王的先决条件。中华大地上没有具有人格意义的上帝，所以也没有丰美的伊甸园，幸福的生活必须由人来创造。天出现了窟窿需要由人来补。用什么材料来补？用五彩石炼成汁来补。人是人间的人，材料是大地上的材料，补天的人与补天的材料，没有一件神秘之物，这里体现的是人的作用与自然之物的功能。古希腊的火是普罗米修斯从天上偷回来的；中华大地上的火是人用智慧和体力钻木钻出来的。取火的人是人间的人，取火的材料是大地上的材料。补天者、取火者、构巢者既没有依赖鬼，也没有依赖神。依靠人的智慧而不依赖上帝的恩赐，利用自然而不伤害自然，是中华先贤的第一特征。一重视实际中的发明创造，二重视发明创造哲理的总结，这是中华元文化的主要特征。在众多的发明创造之后，《尚书》中出现了"器求惟新"的主张，《周易·系辞传》中出现了"尚象制器"的系统哲理。"器求惟新"所主张的是用更新劳动工具的方法来发展生产，用更新先进的生活器具的方法来改善生活。"尚象制器"所主张的是仿照形象之象与抽象之象进行发明创造。形象之象在天地万物之中，抽象之象在八卦、六十四卦之中。形象之象气象万千、种类万千且日新月异。研究形象之象，可以获得生动活泼、各式各样的启示。抽象之象深邃博大，既有严格的规定性，又有无限的象征性。研究抽象之象可以获得无穷无尽的智慧。中华先贤在对天地的研究中有两大发现：一发现了做人的参照坐标，二发现了发明创造的参照坐标。做人的规矩源于自然，做事的智慧同样源于自然。做人的规矩集中在一个"道"字里，做事的智慧集中在一个"器"字里，中华先贤在源头处所创造出中华文化亦即中华元文化是"道器并重"的文化，是"行而论道"的文化。

道器并重的文化在老子这里变成了道器分离的文化。燧人氏、有巢氏、伏羲氏、神农氏、黄帝所留下的优秀传统在道家这里遭到了否定。老子反对器，一反对发明器具，二反对使用器具，主张重新回到结绳记事的时代。道家文化虽然没有被"独尊"，但自动形成了与儒家文化相并列的重要地位，所以老子反对发明创造的主张，从消极的一面影响了整个中华民族。老子主张人法道，延续了做人的规矩而丢弃了做事的智慧。道器并重的文化在老子这里已经残缺了一半。

"行而论道"的文化在孔子这里变成了"坐而论道"的文化。在源头的文化里，凡是与生存、生活有关的事，无论大小都是应该重视的事；凡是与发展有关的事，不分行业都是应该重视的事。例如捕鱼、耕种、育种、经商、桑蚕与家畜的驯养，这些都是中华先贤所重视、所勇于实践的事。士农工商四大行业，行行都是天下的基石。四大行业之中，行行出圣人。凡是有利于天下、有利于人民的事都应该受到重视，凡是善于做事的人都可以称为圣人，这是中华元文化的基本准则。这一基本准则被孔子抛弃了。孔夫子之前，凡是务农务菜务出成果的均可以视为圣人。在神农氏这里，务农是圣人之事。在后稷这里，务农务菜、培育良种均为大人之事。到了孔夫子这里，务农务菜却被视为是小人之事。孔夫子自己不研究务农务菜，也反对弟子研究务农务菜。孔子崇尚周礼，但忘记了周之事。后稷是周人的祖先，也是中华大地上最早的育种专家。后稷在《尚书》与《诗经》中是被歌颂的对象，由此可见务农育种之事并不是小人之事。儒家文化被独尊之后，孔夫子对农业生产的鄙视态度影响了一代又一代读书人。读书之后本来应该把万般事情做得更好，但后人偏偏把读书与万般事情对立了起来。"万般皆下品，唯有读书高"，这个启蒙名言于情、于理、于事都十分有害，而且现在还在流传。这可以作为优秀传统断裂的重要佐证。行而论道是燧人氏、有巢氏、伏羲氏、神农氏、黄帝所留下的优秀传统。这一优秀传统在孔夫子这里发生了变化，行而论道变质为坐而论道，重农的文化变质为轻农的文化。楚汉相争之后，整个民族改变了判断标准——"圣者为王"变质为"胜者为王"。早期的中华民族崇敬的是圣人，是贤者与能者，秦汉以后的中华民族敬畏的是胜利者。无论是项羽这样的文盲，还是刘邦这样的无赖，只要取得了军事上的胜利，在理论和实际上都可以顺理成章地成为"威加海内"的皇帝。"圣者为王"崇尚的是智慧，而"胜者为王"崇尚的是计谋与武力。"胜者为王"之后是血统论。血统论所推崇的是"姓什么"而不是"会什么"，做事讲究智慧的传统在血统论里面被淡化为零。

"三纲"的出现与推行，一改变了做人的参照坐标，二忘记了做事的智慧，一味地崇拜皇帝、依赖神灵，中华元文化在"三纲"这里发生了质的变化。

儒、道两家对中华元文化的延续做出了巨大的贡献，但老子反对发明创造，孔子不谈务农务菜，致使以"道器并重""行而论道"为特色的中华元文化发生了残缺——道器并重的文化在道家这里变为道器分离的文化，"行而论道"的文化在儒家这里变为"坐而论道"的文化。对老子与孔子的尊敬是应该的、必须的，但发生在文化层面上的错误也是应该指出的。

为了记忆与研究的方便，笔者把中华大地上先后出现的源流两种文化命名为黄帝文化与皇帝文化，源文化为黄帝文化，流文化为皇帝文化。黄帝文化实际是中华先贤集体创造的文化，皇帝文化则是历代皇帝集体创造的文化。笔者认为，正是这两种文化造就出中华民族的前后两种状态——黄帝文化孕育出了一个文明强大的中华民族，皇帝文化孕育出了一个落后挨打的中华民族。

五、需要说明的几个问题

（一）关于中华先贤

本文之中笔者使用了"中华先贤"这一称谓。何谓"中华先贤"？中华元文化的创造者是也。凡是创建中华文化的人，笔者都界定为中华先贤。在时间坐标上，中华先贤大都是早于老子和孔子，抑或和老子、孔子同时代但没有留下姓名的贤哲。

（二）关于中华元典

本文之中笔者使用了"中华元典"这一称谓。无者，始也，初也。典者，经典也。何谓"中华元典"？最早最初的几部经典也，儒家、道家之前的经典也。总之，负载有中华元文化的经典笔者称之为中华元典。具体指的是《周易》《尚书》《周礼》《诗经》《逸周书》《周髀算经》《黄帝内经》等经典。

（三）关于具有唯一性的卦

世界上除中华民族之外的兄弟民族，其文化载体只有一个——文字，唯我中华民族的文化有两个载体——卦象符号与文字。

《周易》位于群经之首，卦象位于《周易》之首。《周易》的经传文字全部是对卦象的诠释，文字有遮蔽性，有局限性，卦象没有遮蔽性，没有局限性，知道了这些就知道了中华文化第一载体的重要性。

老子、孔子、荀子、庄子，以及释迦牟尼都谈过文字与语言的局限性，笔者非常赞同这几位贤哲的看法。

文字记载了道理，文字中的道理要研究；卦象记载了道理，卦象中的道理同样应该研究。卦象不是文字，不是语言，什么都不是，却又什么都是。书不能尽的言，可以尽在卦象之中；言不能尽的意，同样可以尽在卦象之中。卦象之所以能跨越学科，跨越国界，跨越时空，与各科学者对话，其奥秘首先在于严格的规定性，其次在于"不是什么，什么都是"的无限象征性。所以笔者的研究既重视文字，同时更重视不是文字的、位于文字之前的八卦与六十四卦。笔者研究八卦与六十四卦，既看卦内，也看卦外。卦内看哲理，卦外看思维方式。笔者重视文字中的哲理，更重视卦中的哲理，特别重视的是中华先贤作卦而不造神的思维方式。

笔者认为，卦对于中华文化的意义具有根本性。以轻薄的态度对待卦，是一个极大的错误。把卦的解释权交给算命先生更是荒唐之极。

（四）黄帝文化的基本特征

黄帝文化有以下十大重要特征：

1. 崇尚自然，崇尚天地；

2. 视天地人为一体，即天人合一；

3. 以人为本；

4. 崇尚和谐；

5. 崇尚自强不息，崇尚宽厚；

6. 崇尚大公无私；

7. 崇尚富贵；

8. 崇尚革新；

9. 崇尚发明创造；

10. 视发展商业流通与农业生产同等重要。

凡是符合这十大特征的文化，笔者认为这就是黄帝文化或者是黄帝文化的延续。反之，应视为变质文化即皇帝文化。

笔者已经注意到了这样一个事实：在中华大地上，黄帝之前还有圣人。《周礼·春官》里，有"三皇五帝"的记载。《礼记·月令》里，有"五帝"之说，黄帝只是五帝中的一帝。在《周易·系辞下》的记载里，黄帝之前还有两位先贤——伏羲氏与神农氏。《庄子·天运》里有"三皇五帝"的总称。《庄子·胠箧》里记有具体的十二位先贤，十二位先贤中包括轩辕氏——黄帝。《韩非子》中则有燧人氏、有巢氏的记载，这两位人物应该早于黄帝。《管子》中同样有伏羲氏的记载。中华元文化就是这些留下姓名的和没留下姓名的祖先共同创造的，这里借黄帝之名，并不是要把功劳归于黄帝一人，只是为了记忆上的方便。关于这一点，务必请读者注意。

（五）对儒道两家文化的态度

笔者对儒道两家文化的基本态度体现在下面两点认识之中：

第一，老子、孔子是中华元文化的继承者、发展者而不是原创者，所以文化研究绝对不能停止在老子、孔子这里。

第二，中华民族有五千年文明史，老子、孔子之前还有两千五百年。在老子、孔子之前，中华先贤已经确立了自然演化的宇宙观与崇尚天地、崇尚道理的人生观。老子、孔子所创立的道家文化与儒家文化是中华元文化的延续，老子延续了不造神的宇宙观，孔子延续了"仁者爱人"的人生观。但是"如何做事""如何制器"这两项重大内容偏偏失传在儒道两家的文化里。所以，对待两家文化的态度应该持一分为二的态度——褒其善，补其失。

（六）对墨子的态度

墨子是不应该被忘记的。诸子百家里面，唯有墨子继承与发展了先贤留下的发明创造哲理。诸子百家里面，唯有《墨子》里面有可以与古希腊相媲美的逻辑体系，《墨子》既是科学著作，又是逻辑著作。里面既有几何学、力学、光学的基本知识，有点、线、圆的定义，有运动、静止的概念以及杠杆原理，还有对平面镜、凹面镜、凸面镜成像的深入研究；同时还有清楚明白的概念、判断、推理逻辑的基本知识。"独尊儒术"使中华民族远离、疏远了墨子，这实际上是整个民族的重大损失。

（七）本文研究的四大课题

笔者认为，黄帝文化与皇帝文化两者之间的变化体现在四个方面：一是自然之道之变；二是人道之变；三是发明创造之道的失传；四是概念、名言之变。并试图从这四个方面入手，把两种文化区分开来，最终目的是为中华民族重创辉煌而找回真正的中华文化即中华元文化。

（八）对《周易》经传的态度

本文的议论将大量涉及到《周易》。笔者注意到了这样三个差别：一是八卦与六十四卦的差别；二是《周易》经文与传文之间的差别；三是传文本身文体上的差别。但笔者仍然将八卦、六十四卦、《周易》经传文字视为一个整体。理由有二：其一，树根与树干之间有差别，树干与枝叶之间有差别，但是如果把三者割裂而论，就永远无法认识完整的树。其二，《周易》文字是通往六十四卦与八卦的桥梁，离开了这一桥梁，八卦与六十四卦就成了永远无法认识的天书，所以笔者在承认差别的基础上仍然将八卦、六十四卦、《周易》经传文字视为一个整体。在《史记》《汉书》《淮南子》这些汉代文献里可以看到，凡引用《周易》，无论经传均名之"《易》曰"。司马迁、班固、刘安不割裂《周易》，将《周易》经传视为整体的观点，是笔者所赞成的。

《圣经·旧约》成书，前后经历一千多年（公元前17世纪～前1世纪），内容分古经、历史、诗文、预言四部分。《圣经·旧约》中的造物主与哲理是信仰者所关心的根本，众多信仰者并没有在内容的区别以及作者是谁两个问题上浪费过多的时间。

笔者在《礼记》《春秋左传》《黄帝内经》中发现了与《周易》传文相同的内容，这一事实说明了两个问题：一是不能把传文的产生年代局限于战国时代；二是不能把传文归功于某一家。

笔者不赞成这样一种研究方法，即谈《周易》割裂经传，重复介绍经属于谁、传属于谁的推测。笔者认为，《周易》研究所关注的问题应该集中在两个方面：一是书中的问题，二是书外的智慧。"经传的作者是谁不是谁"的问题，是考据学的责任。考古资料，有权威介绍就足够了。没有必要每一个作者都去重复说明经传产生的过程。笔者十分重视考古资料，但十分不赞成瓜农谈种菜，菜农谈种瓜。文化研究者看经典，应该看的是这部经典中的"该不该、善不善、美不美"，而不应该过多地关注"这部经典产生于何人何时"。实际上，文化研究者仅仅靠极其有限的资料，会弄清源头经典的作者"是谁不是谁"吗？"是谁不是谁"，这是考据学的事。

（九）关于《尚书》与《尚书》伪古文问题

胡适先生在《中国哲学史大纲·导言》中曾说过这样的话："唐、虞、夏、商的事实，今所根据，止有一部《尚书》。但《尚书》是否可作史料，正难决定。梅赜伪古文，固不用说。即28篇'真古文'，依我看来，也没有信史价值。"在否定《尚书》之前，胡适先生对《孟子》做出了肯定："《孟子》或是全真，或是全假（宋人疑《孟子》者甚多）。依我看来，大约是真的。"

胡适先生否定《尚书》而肯定《孟子》，这里就出现了自相矛盾的错误。如果《孟子》为真，那么胡适先生对《尚书》所下的结论就应该重新评价，因为一部《孟子》里面几十处引用了《书》——《尚书》，其中包括所谓的"梅赜伪古文"。数学允许等量代换，如果a=b，b=c，那么a=c。如果以《孟子》为真，因为孟子大量引用了《尚书》，由此可以证明《尚书》为真。实际上，《礼记》《论语》《春秋左传》《墨子》《国语》《荀子》与《史记》中都有《书》的出现，或是原则性地"书曰"，或是具体到篇名。

孟子多次引用了所谓的"梅赜伪古文"，《孟子》为真，那么"梅赜伪古文"的界定也是不正确的。梅赜伪古文出现在汉代。汉晚于孟子几百年，孟子不可能引用汉代的文献。

《泰誓》这篇文献，现在出版的《十三经》与《尚书》中都特地注明这篇文献是伪作，但《春秋左传》《墨子》《孟子》《国语》中均有《泰誓》或《太誓》的出现。《泰誓》中的"天视自我民视，天听自我民听"这句天民一体的名言，在《春秋左传》《孟子》《国语》中均有出现。试想一下，《泰誓》如果真是汉代人的伪造，那么，春秋时期的左丘明、墨子，战国时期的孟子会看到汉代的文献吗？

《史记》中记载有《伊训》《太甲》《泰誓》《五子之歌》《咸有一德》《武成》《微子之命》，而这些恰恰被界定在"梅赜伪古文"的范围之内。梅赜晚于司马迁，司马迁也不可能引用后人发现的文献。司马迁引用了大量《尚书》所记载的人和事以及文献，司马迁不可能一方面引用真资料，一方面又引用假资料。"梅赜伪古文"的说法能够站住脚吗？

《荀子·劝学》："故《书》者，政事之纪也。"

《庄子·天下》："《诗》以道志，《书》以道事，《礼》以道行，《乐》以道和，《易》以道阴阳，《春秋》以道名分。"

孟子、荀子、庄子、司马迁与胡适先生，在《书》的看法上，是不一致的。但前后两种看法应该如何取舍呢？笔者赞成的是孟子、荀子、庄子、司马迁。笔者认为《尚书》具有信史价值，所以本文的议论将大量引用《尚书》。

（十）关于本文的研究方法、目的思路与基本立场

研究树叶一定不能忽略根本，研究河流一定不能忽略源头，研究体内疾病一定不能忽略体外的因素，研究今天的果一定不能忽略昨天的因，这是本文的研究方法。

研究祖先是为子孙服务的，研究昨天是为今天服务的，研究历史是为现在与将来服务的，研究形而上的哲理是为做人、做事服务的，尤其是为发明创造服务的，这是本文的研究目的。

挨打是从鸦片战争开始的，但反思绝不能从这里开始。应该从源头的文化顺流而下，从源至流、从根本到枝叶认真进行梳理，这是笔者研究的思路所在。

以道论之，合不合道理，是本文所重视、所坚持的基本立场。

引论到此结束。之所以有这么长的引论，一是因为所研究问题本身的沉重性；二是因为这一课题的空白性。要研究从未有人涉及过的课题不耗费精力，不耗费笔墨是不可能的。

第一章 "物从何处来"的追溯

人类的祖先，在能够自觉提出问题之后，他们所关心、所重视的"第一个问题"是什么？

如果面对当代人提出这个问题，一定会令人感到难以回答。所以然则何？因为祖先与子孙实在太遥远了。现代人已经无法就这一问题直接请教于先贤，难以逾越的门槛就在这里。

困难不等于绝路。如果把世界上几部重要的经典同时放在书桌上，同时打开第一页，正确的答案呼之欲出。与现代人"只关心物"的思维方式不同，人类的祖先所关心的第一问题是：物从何处来？换言之，"谁是造物主"是人类的祖先最关心的问题。

现实世界是如何形成的？天地万物到底从何而来？一男一女到底从何而来？这是人类祖先共同关心的问题。同样的问题，答案却是不同的，即不同的民族按照自己的理解做出了不同的答案。

第一节 《圣经》中的答案

《圣经》在第一页第一章第一句，就给天地万物的起源问题做出了一个明确的答案：是万能的神创造了一切。

起初神创造天地。地是空虚混沌，渊面黑暗的，神的灵运行在水面上。

神说："要有光。"就有了光。神看光是好的，就把光暗分开了。神称光为昼，称暗为夜。有晚上，有早晨，这是头一日。

神说："诸水之间要有空气，将水分为上下。"神就创造出空气，将空气以下的水、空气以上的水分开了。事就这样成了。神称空气为天。有晚上，有早晨，是第二日。

神说："天下的水要聚在一起，使旱地露出来。"事就这样成了。神称旱地为地，称水聚处为海。神看这是好的。神说："地要发生青草和结种子的菜蔬，并结果子的树木，各从其类，果子都包着核。"事就这样成了。于是地生发了青草和结种子的菜蔬，各从其类，并结果子的树木，各从其类，果子都包着核。神看着是好的。有晚上，有早晨，是第三日。

神说："天上要有光体，可以分昼夜，作记号，定节令、日子、年岁，并要发光在天空，普照在地上。"事就这样成了。于是神造了两个大光，大的管昼，小的管夜，又造众星，就把这些光摆列在天空，普照在地上，管理昼夜，分别明暗。神看这是好的。有晚上，有早晨，是第四日。

神说："水要多多滋生有生命的物，要有雀鸟在地面以上，天空之中。"神就造出大鱼和水中所滋生各样有生命的动物，各从其类;又造出各样飞鸟，各从其类。神看这是好的。神就赐福给这一切，说："滋生繁多，充满海中的水，雀鸟也要多生在地上。"有晚上，有早晨，是第五日。

神说："地要生出活物来，各从其类，牲畜、昆虫、野兽，各从其类。"事就这样成了。于是：神造出野兽，各从其类；牲畜，各从其类；地上一切昆虫，各从其类。神看着是好的。

上帝先创造出天地万物，之后又创造了一男一女，前后共用了六天时间，第七日上帝休息一天。

《圣经》在描述造物主的创造过程时，使用了一个非常有趣的命令式，即"神说'要有什么'，于是有了什么。"——神说：要有A，于是有了A。神说：要有B，于是有了B。天地、日月、光明与黑暗、陆地与海水、飞禽与走兽、动物与植物都是在神的"要有什么"的指示下瞬间形成的。

上帝按照自己的样子创造了一个男人，这就等于说，实际生活中的男人折射出了上帝的模样。女人是上帝由男人身上取出一根肋骨合肉变成的。由此可见，男女的出现，同源而不同时。

《圣经》所关心、所重视的第一问题，是"物从何处来"。造物主为谁？《圣经》以一个万能的神提交了答案。

第二节　古希腊神话中的答案

古希腊神话包括神的故事和英雄传说两大部分。神的故事首先解答了天地起源问题。

宇宙最初为混沌状态，后来从中产生地母神盖娅。地母盖娅生乌拉诺又与之结合，然后生12个提坦神（6男6女）。提坦诸神彼此结合，生日月星辰、宙斯等神。宙斯、赫拉夫妇率男女众神住在奥林匹斯山，他们共12人：天神宙斯、天后赫拉、战神阿瑞斯、火神赫菲斯托、太阳神阿波罗、爱神阿芙罗蒂特、智慧神雅典娜、海神波塞冬、农神狄密特（亦为宙斯妻）、商旅神赫尔墨斯、月神阿尔忒弥斯、火工神赫斯提。

混沌生地母，地母生儿子，此处为自性繁殖。之后地母与儿子结合，生出六对男女，此处变为两性繁殖。六对兄弟姊妹相互结合生出日月星辰……母亲与儿子结合，站在中华文化立场上看，古希腊开天辟地的神话与人伦之理严重相悖。

物从何处来？人从何处来？古希腊神话以神提交了答案。

第三节　古希腊哲学家做出的答案

打开古希腊哲学史，迎面而来的第一位哲学家是泰勒斯。这位哲学家关注的第一个问题是物质世界的起源。泰勒斯的重要贡献就是指出了"万物是水"，即万物源于水，且复归于水。但水之源在何处？泰勒斯并没有做出解答。

水生万物，这在《管子》《庄子》里是基本常识。《管子·水地》曰："水者何也？万物之本原也。"庄子在《至乐》一文中，画出了一条自然演化路线。这条路线有两个端点：前一个端点是水，后一个端点是人。两个端点之间是昆虫与豹子、马之类的动物。水生万物，这是管子、庄子的研究。但是，水之前还有水之源，水之源是天地。天地之前还有源，天地之源是位于形而上的道，这是管子、庄子之前中华先贤的研究。泰勒斯对世界本原的把握，其认识水平只相当于中华大地上的管子与庄子。

与泰勒斯并称第一代哲学家阿纳克西米尼提出了与泰勒斯不同的观点，他认为万物的基质是气。

古希腊第二代哲学家赫拉克利特又提出万物源于火。

之后哲学家恩培多克勒对前人进行了综合，提出了万物源于水、火、气、土"四根"。

与恩培多克勒同属于一代的哲学家德谟克利特认为万物本于原子与空虚。原子即是最小的、不可分割的、数量无限的物质微粒，其形状、大小、位置次序各异，但本质是相同的，即都在"物"的层面上。至于原子从何而来，德谟克利特同样没有做出解答。

总之，古希腊第一、第二、第三代哲学家解答万物起源，有这样三大特色：一是告别了神话；二是提出由"物"演化出了"物"、由"有"演化出来了"有"的演纪之源；三是生物之物在数量上有多有少，你说是"一种物"，他说是"几种物"。

"世界从何处来？"古希腊哲学家以形而下的"一种物"或"几种物"做出了解答。"物生物"而不是"神创造物"，这是苏格拉底之前三代哲学家对本原的基本把握。在众多哲学家中，唯有毕达哥拉斯用抽象之数解释了世界，试图将数设想为实体。但从整体与根本上看，古希腊的哲学家们对本原的认识，主要集中在形下之物的层面上。

第四节 《可兰经》中的答案

《可兰经》的第一页第一章名为《开端》。《开端》所谈的是宇宙的开端问题。《可兰经》告诉人们，天地之前有一个至仁至慈的真主，是这位至仁至慈的真主创造了天地万物以及最初的人。

《可兰经》所关心、所重视的第一问题，仍然是"物从何处来"。造物主为谁？《可兰经》以一个万能的真主提交了答案。

第五节 《奥义书》中的答案

《奥义书》是印度先贤所创造出的根本经典。《奥义书》一共有50种。

关于宇宙的起源与演化，出世《奥义书》是这样表达的："从空生风，从风生光，从光生水，从水生土，从土生万物。"另一种推提利耶《奥义书》描述宇宙的起源与演化，是这样说的："世界的第一步，由梵生空，由空生风，由风生火，由火生水，由水生地，于是物器之世界大告完成。"

上帝创造天地万物用了六天时间。梵生物器世界即现实世界，前后用了四五步。

物从何处来？人从何处来？《奥义书》以一个"大梵"提交了答案。梵，可以解释为神灵，可以解释为宇宙精神。

第六节　佛教中的答案

佛教源头也是研究万物起源问题的。释迦牟尼开悟在菩提树下，悟出了四个字："缘起性空。"这四个字是解释万物起源的。空为无实之本体。缘起，说的是大千世界的一切诸法皆由因缘和合而生。因是内因，缘是外部条件。缘起，用佛教语言说即是：因缘聚合则诸法得生，因缘变灭则诸法亦随之变灭。佛教中的"一切诸法"，相当于汉语中的万事万物。如果用汉语来表达，就是"万事万物都是由内因和外因两个条件所构成，具备因缘这两个条件则生，不具备这两个条件则灭"。

小草之所以为小草，鲜花之所以为鲜花，这是内因所决定的。水、温度、和风细雨，这是外因。小草、鲜花的生长，除了"之所以"的内因，还必须有合适的外因，否则，一不会有鲜花，二不会有小草。小老虎、小花狗的道理相同于小草、鲜花。

"因缘"二字在释迦牟尼眼里占有异常重要的地位，释迦牟尼曾说："若有众生解了如是因缘之义，当知是人即为见佛。"（中国友谊出版公司《中国宗教六讲》第12页）

释迦牟尼以一个"空"字解释了无实之本体，以"因缘"两个字解释了万物的起源。

第七节　《周易》中的答案

《周易》第一页上首先出现的不是上帝，不是真主，也不是文字，而是卦。

《周易》首先出现的是六十四卦，六十四卦开端于《乾》《坤》两卦。《乾》《坤》两卦，所表达的第一问题是什么呢？是天地的起源与一男一女的诞生。文字注释《乾》《坤》两卦，先注释出了天地，后注释了万物与男女。请看下面的几个论断：

"大哉乾元，万物资始，乃统天。"（《周易·乾·象传》）

"至哉坤元，万物资生，乃顺承天。"（《周易·坤·象传》）

"天尊地卑，乾坤定矣。卑高以陈，贵贱位矣。动静有常，刚柔断矣。方以类聚，物以群分，吉凶生矣。在天成象，在地成形，变化见矣。"（《周易·系辞上》）

"有天地然后万物生焉。……有万物然后有男女。"（《周易·序卦》）

中华先贤用组成卦象解答了天地万物的起源。《乾》《坤》两卦，位于六十四卦的开端之处。这个排列位置说明，《周易》所关心、所解答的第一问题同样是"物从何处来"。与《圣经》《可兰经》不同的是，这里出现的造物主，不是有形有象的人格神，而是阴阳两爻组成的卦象，卦象是抽象之卦。卦虽有八卦、六十四卦之别，但基本成分都是阴阳两爻。"物从何处来？人从何处来？"中华先贤用一阴一阳提交了答案。

同时阅读世界最古老、影响最大的几部经典，马上就会知道，人类的祖先最关注的问题是宇宙起源问题。他们在不同的地点、不同的时间研究着相同的问题。相同的问题是：天地从何处来？日月从何而来？万物从何处来？一男一女从何处来？

相同问题的研究，却得出了不同的答案，现实生活中有这样的情况，远古时代同样有这样的情况。在宇宙起源问题上；希伯来人用万能之神交出了答案；古希腊人用神话与几种"物"交出了答案；《奥义书》用一个"大梵"交出了答案；释迦牟尼用"因缘"二字交出了答案，中华先贤则是用一阴一阳交出了自己的答案。

"物从何处来？"兄弟民族的看法简要介绍至此，下面主要讨论中华先贤的看法。在天地起源问题上，中华民族祖先为什么没有创造出万能之神，创造出的是简易的抽象符号？为什么创造这些简易而奥妙无穷的抽象符号，几个抽象符号又怎么能表达宇宙起源这样庞杂而广大的问题？下面将依次讨论。

第二章　从无到有，自然而然

关于宇宙起源的研究，中华民族祖先倾入了极大的精力。从伏羲氏一直研究到老子、庄子，时历千年，人经数代，取得了一致的认识。这个认识是：天地万物的诞生过程是一个从无到有、自然而然的过程，这个过程里面没有人格神的作用。

第一节　生生之源的探索

一、探索第一人

在中华大地上，谁是探索自然奥秘的第一人？答曰：是伏羲氏！

依据何在？请看《周易·系辞下》中的一段话：

"古者包牺氏之王天下也，仰则观象于天，俯则观法于地，观鸟兽之文与地之宜。近取诸身，远取诸物，于是始作八卦，以通神明之德，以类万物之情。"

从这段话里可以看到一个非常生动、非常具有诗情画意的画面：上面是广阔的天空，下面是辽阔的大地；天上有日月星辰，地上有形形色色、参差不齐的植物与野兽；天地之间还有飞禽，还有一个充满好奇之心、无穷追问的人。人，就是以包牺氏为代表的人。包牺氏，即今天习惯上所称呼的伏羲氏。

伏羲氏用好奇的目光在观察这个繁华而繁杂的世界——上观察天，下观察地，远观诸物，近观诸身，天地之间观察鸟、观察兽，面对茫茫之宇宙，面对广大之天地，面对繁杂之万物，思考背后深邃之哲理。

敬请读者注意，伏羲氏观测的第一项内容是天文。天上的日月往来，在天文的范围之内。地上立竿测影的日影长短变化，在天文的范围之内。金木水火土五星的运转，在天文的范围之内。二十八宿中哪一宿出现在南方，在天文的范围之内。

在伏羲氏看来，有一系列问题需要寻根问底：

人位于天之下、地之上，天地人三者之间是什么关系？

现实世界的主要成分是什么？主要成分之间有什么联系？

复杂的世界能不能用简易的形式来表达？

这里没有出现万能之神，伏羲氏所思所问的问题均不能依靠神来解答。谁来解答？伏羲氏自己解答。

伏羲氏是《周易》所记载的第一位圣贤，《周易》在中华大地上是第一经典。第一经典中的第一人，理应是系统地探索自然奥秘的第一人。

二、第一篇文章

伏羲氏"仰观天文，俯察地理"的结果，使中华大地上出现了一个永远也看不够、说不尽、道不完的八卦。八卦，是中华大地上的第一篇文章。

关于中华人文之起点，《文心雕龙》中有一个说法。《文心雕龙·原道》曰："人文之元，肇自太极。幽赞神明，《易》象惟先。"元旦、元月、元首之元，讲的是序列中的第一。"人文之元"中的元，讲的是人文序列中的第一。《文心雕龙》的作者是南朝刘勰，他以太极为中华人文之起点。在笔者看来，中华人文之起点应该是八卦。"始作八卦"中的一个"始"字，说明了八卦的起始性地位。理论上太极在先，八卦在后；实际上八卦在先，太极在后。八卦表达的是"有天地"之后的现实世界，太极表达的是"有天地"之前的物理世界。八卦是对天文地理观察之后的第一篇文章，太极则是在八卦基础上继续追溯的理论产物。

如果说八卦是中华大地上的第一篇文章，那么这篇文章的基本内容是什么？这篇文章又解答了哪些问题？

（一）先天八卦的基本内容

八卦的基本内容就是八个单独的卦。

图1-1　伏羲先天八卦方位图

卦者，挂也，八卦是一幅可以挂起来的图画。图画中有八个卦，一有名字，二有图象。

八卦的顺序依次为一乾、二兑，三离，四震，五巽，六坎，七艮，八坤。

为了让人轻易地记住八卦，宋代学者以八卦的外形特征编了一首歌谣。歌谣如下：

乾三连　坤六断　震仰盂　艮覆碗
离中虚　坎中满　兑上缺　巽下断

连，指的是阳爻。断，指的是阴爻。阳爻是连续的，所以有"乾三连"。阴爻是断开的，"坤六断"由此而来。震卦的外形像一个口向上的瓶子或盆子，所以有"震仰盂"。艮卦的外形像一个口向下的碗，"艮覆碗"由此而来。离卦中间一爻是断开的阴爻，"离中虚"由此而来。坎卦中间一爻是连续的阳爻，"坎中满"由此而来。兑卦上面一爻是断开的阴爻，"兑上缺"由此而来。巽卦下面一爻是断开的阴爻，"巽下断"由此而来。在平面上，八卦可以排成圆。圆——无限循环的圆，应该是中华先贤对宇宙的基本把握。

（二）先天八卦出现的两大依据

《周易》里出现的是六十四卦，没有明确出现先天八卦。先天八卦之所以出现，依据有二：一是出于六十四卦的实际依据；二是出于《周易·说卦》的理论依据。

六十四卦每一卦由六爻组成，六爻一分为二分上下两卦，六十四卦中只有八个卦是上下两卦的成分一致，这八个卦分四组分别是：乾坤、艮兑、震巽、坎离。六十四卦中这八个特殊卦是画出先天八卦的实际依据。

《周易·说卦》曰："天地定位，山泽通气，雷风相薄，水火不相射。"这段重要论述是画出先天八卦的理论依据。

（三）历法：先天八卦最初的意义

先天八卦最初的意义，是表达历法的。请看下列几个论据：

其一，天文学是人类的第一学，也是中华民族的第一学；历法是人类第一法，也是中华民族的第一法。伏羲氏作八卦是从"仰观天文"这里开始的。研究天文，第一个落脚点是历法，这是人类先贤的共同经历。中华先贤研究天文，绝不会另类于人类的共同经历之外。创建第一学，创建第一法，中华先贤远远走在了世界的前头。依此推论，伏羲氏"仰观天文"的成果应该落脚于历法。

其二，《帛书周易》说八卦表达的是历法。马王堆出土的《帛书周易》中有通行本《周易》所没有的内容，有一篇《要》的文章谈八卦，说八卦是表达四时变化的。原话为："又四时之变焉，不可以万勿尽称也，故为之以八卦。"四时变化，可以归纳为八卦。《帛书周易》告诉后人，八卦是表达春夏秋冬四时的。

其三，《尸子》说八卦表达的是历法。"伏羲始画八卦，别八节而化天下。"这是《尸子》对八卦的解释。八节者，春分、秋分、夏至、冬至、立春、立夏、立秋、立冬是也。《尸子》告诉后人，卦中有历，四时八节最初是用八卦表达的。

其四，彝族文化说八卦是表达四时八节与四面八方的。

云南王正坤先生（白族）在其两部大作《彝医揽要》《彝族验方》中告诉世人，彝族文化里也有八卦。彝族中的八卦，表达的是空间中的四面八方，是时间中的四时八节。彝族八卦，是彝医的理论基础。

贵州王子国先生（彝族）保存并翻译了一部彝族经典《土鲁窦吉》（汉语意思为"宇宙生化"）。这部彝族经典由几十篇诗一样的彝族古文所组成，其中有《八卦定八名》《论宇宙四面变八方》《立九宫定八卦》。这些诗篇告诉世人，八卦表达的是四面八方，表达的是四时八节。

其五，在藏族同胞琼那·诺布旺典所著的《唐卡中的天文历算》一书中，八卦也是表达历法的。

中华大地上的历法始于八卦，在第三篇中还要详细讨论。此处要说的一句话是：中华大地上的人文，是从天文历法这里开始。

（四）先天八卦所解答的基本问题

先天八卦出现之后的中华先贤，以八卦为蓝本解答了一系列基本问题，例如天体问题、人体问题、家庭问题……这些问题的答案，都记载在《周易》一书之中。分述如下：

1. 解答了天体模型问题。先天八卦可以在平面摆成一个环状圆，圆即是天体的基本形状。环状圆上有序地分布着八个卦，八个卦象征的是天地、风雷、山泽、水火。这八种成分就是天体的基本成分。八个卦有无限的象征性，首先象征的是天体。为什么？只要把可以与《周易》相媲美的两部重要经典《圣经》《奥义书》结合起来看，疑问一下子明白了。

《圣经》中的神，在造物之后就指定了各自的位置——地在哪儿？水在哪儿？光明在哪儿？黑暗在哪儿？天体的雏形形成于神的指令之下。

《奥义书》中的"大梵"在创造出世界之后，随即就指定了天、地、海洋各自的位置。天体的雏形，形成于大梵的指令之下。

天地、山泽、雷风、水火（日月）各自有各自的位置，天体的雏形自然形成。

《周易·说卦》指出，"天地定位"在天体中是首要问题。"天尊地卑，乾坤定矣。"《周易·系辞上》指出，在天体模型中，天在上，地在下。自然形成的天体，人画出来的八卦；八卦首先表达的天体，天体中天在上，地在下。

这里需要解释一下"尊卑"的真实含义。《周易》讲尊卑，讲的是空间位置上的高低。"君子之道，譬如行远必自迩，譬如登高必自卑。"行远路从近处开始，登高从低处开始，做人应该这样，做事应该这样。诠释君子之道，高卑对应，高卑即高低，《礼记·中庸》将"卑"解释为空间中的低处——山脚。

后来，列子由"天尊地卑"引申出"男尊女卑"，这里的"尊卑"，意义在价值判断范围内。空间中的高低变成了价值判断上的尊贵卑贱。一个词的变质，变丢了女同胞的社会地位，所以有必要在此解释空间中"尊卑"的本义。

2. 解答了人体模型问题。同一个八卦，一解释了天体，二解释了人体。

天体由天地、雷风、水火、山泽八大因素所组成，人体由头腹、耳目、腿足、手口八大因素所组成。天体与人体之间有一个对应关系，如何对应？《周易·说卦》中的答案是："乾为首，坤为腹，震为足，巽为股，坎为耳，离为目，艮为手，兑为口。"同一个八卦，为何可以一论天体，二论人体？这仍然与人类先贤的思路有关。

人为什么是这个模样，人的模样到底像谁？这是中华先贤与其他民族先贤共同关注、共同解答的问题。

人的模样像上帝，这是《圣经》中的答案。《圣经》说，上帝在创造人时，是按照自己的模样创造的。《圣经·旧约·创世纪》："神说：'我们要照着我们的形象，按照我们的式样造人。……神就照着自己的形象造人，乃是照着他的形象造男造女。'"人的模样相似于造物主，这是《圣经》给出的答案。关于人的具体细节，《圣经》没有做出进一步的解释。

《奥义书》中的造物主是大梵。"大梵似我，我似大梵"，这是《奥义书》中的原则之论。地、风、空、水、火五大元素组成了宇宙，也组成了人体，这是《奥义书》中的具体之论。天体中的太阳对应人的眼睛，草木对应人的毛发，关于天体与人体的详细对应，之后的章节里将会讨论，此处不赘。

在人体与天体之间建立联系，在人体与造物主之间建立联系，这一思路是人类先贤的一致思路。知道了这一点，再理解同一个八卦既论天体又论人体，就可以轻松愉快了。

以大宇宙论小宇宙，以天体论人体，以造物主论人的模样，这是人类先贤的一致思路。所不同的是，我中华先贤沿着这条思路论出的问题更多，也更详细。《黄帝内经》告诉人们，人体经络也是沿着这条思路论证出来的。

3. 解答了家庭模型问题。家庭由父母与三男三女所组成。关于家庭成员与八卦的对应关系？《周易·说卦》中的答案是：

"乾，天也，故称乎父。坤，地也，故称乎母。震一索而得男，故谓之长男。巽一索而得女，故谓之长女。坎再索而得男，故谓之中男。离再索而得女，故谓之中女。艮三索而得男，故谓之少男。兑三索而得女，故谓之少女。"

在家庭模型中，乾为父，坤为母，震为长男，巽为长女，坎为中男，离为中女，艮为少男，兑为少女。八卦，象征和美的八口之家。

4. 解答了整体与具体的统一问题。八卦之中，八大景物是各自独立的，但从天地之间这个大环境中来看，相互独立的事物之间则是相互联系的、彼此不可分割的。这种重视个体又重视整体的认识，今天与今后，难道没有借鉴意义吗？

八卦可以一分为八，具体有具体的作用；八卦亦可以合八为一，整体有整体的意义。具体之分与整体之合揭示了整体与具体的统一问题：独立之卦并不能独立存在，独立之卦必须存在于整体之中；独立之卦有独特之作用，整体允许独特作用的发挥，但具体的独特作用绝对不能危害整体。

5. 解答了八种能量问题。八卦的每一卦都带有一种能量。正是八种能量的作用才有万物的出生、成长、成熟、收藏。

《周易·说卦》对此的诠释是："神也者，妙万物而为言者也。动万物者，莫疾乎雷。桡万物者，莫疾乎风。燥万物者，莫熯乎火。说万物者，莫说乎泽。润万物者，莫润乎水。终万物，始万物者，莫盛乎艮。故水火相逮，雷风不相悖，山泽通气，然后能变化既成万物也。"乾为天，坤为地，天生万物，地养万物。这是乾坤两卦的功能。除了乾坤两卦，还有六卦六种能量——雷之动，风之桡，火之燥，水之润，泽之悦，山之终始。万物的生长，八种能量一种也不能少。

"神也者，妙万物而为言者也。"《周易》也讲神，不过，这里的神不是会说话的人格神，而是妙生万物的自然神。

"我信仰斯宾诺莎的那个存在事物的、有序的和谐中显示出来的上帝，而不信仰那个与人类的命运和行为有牵累的上帝。"这是大物理学家爱因斯坦《我信仰斯宾诺莎的上帝》里一句著名的话。犹太人出身的哲学家斯宾诺莎，否认人格神而研究自然神。"神即自然"是斯宾诺莎的基础性贡献。"实体就是自然，实体就是神"，是斯宾诺莎理论的延伸。斯宾诺莎所认识、所解释的自然神被爱因斯坦所接受。

笔者认为，斯宾诺莎所解释的、爱因斯坦信仰的神，相似于《周易》所创建的自然神。之所以说相似，是因为《周易》里的自然神无形无体且位于形而上，而不是实体。

6. 解答了能量互动问题。能量之间有一个互动问题，且如何互动？请看下列几个论断：

"天地交而万物通也。"（《周易·泰·象传》）

"刚柔相摩，八卦相荡。"（《周易·系辞上》）

"刚柔相推，变在其中矣。"（《周易·系辞下》）

"故水火相逮，雷风不相悖，山泽通气，然后能变化，既成万物也。"（《周易·说卦》）

"天地交"表达是天气地气的交合。天气属阳，地气属阴，先有天地二气的交合，后有万物的妙生。

阴阳分刚柔，刚柔之间相推相摩，一个"相"字表达的相互关系，"推""摩"二字表达的则是两者之间的相互作用与能量交换。

八卦之中，天地两卦相对，雷风两卦相对，山泽两卦相对，水火两卦相对。相对的两卦一属阴一属阳，阴卦与阳卦之间均有一个能量互动问题。能量互动就是能量交换。

7. 解答了奇数偶数起源问题。首先论天理，其次论人理，再次论物理，这是《周易》基本论述方式。天理讲天文，人理讲人文，物理讲数，从奇偶讲起。《周易·系辞下》曰："阳卦奇，阴卦偶。"这一论断告诉后人，中华大地上的奇偶之数，首先是用卦表达的。

物有规定性，规定性体现在数上。《春秋左传·僖公十五年》曰："物生而后有象，象而后有滋，滋而后有数。"《春秋左传》讲数讲的是物之数，物的长度、宽度、高度，都必须用数来表达。物，万物，形象之象也；数，抽象之象也。中华先贤在形象之象身上概括出了抽象之数，然后又用抽象之数计算形象之象与各种事物。如《汉书·律历志》所言:"数,一十百千万也,所以算数事物,顺性之理也。"

奇偶之数,是数学的基础,首先是物理学的基础。这里的物理学,是万物之理之学。

"一切都是数,数的关键是单双。"因为这句至理名言,再加上一个直角三角形与一条勾股定理,奠定了毕达哥拉斯在西方哲学中坚实的地位。

可是,知道吗? 在中华大地上,奇偶之数是从八卦开始的,是从阴阳开始的。

奇偶之数,《周易·系辞下》说发源于八卦,《黄帝内经》说发源于阴阳。"阴道偶,阳道奇。"这一论断出于《黄帝内经·灵枢·根结》篇。

重视奇偶之数的大哲学家毕达哥拉斯,受到历史尊重,受到世界尊重,这是完全应该的。这里的问题是:奇偶之数发源地的阴阳八卦,应不应该受到尊重呢?

8. 突破了书与语言的局限性。《周易·系辞上》曰:"书不尽言,言不尽意。"这句话指出,书有局限性,言有局限性。卦不是书,不是语言,所以既突破了书的局限性,又突破了语言的局限性。

从时间坐标上看,卦可以与古人对话,可以与今人对话。推测未来,肯定也可以与后人对话。

从空间坐标上看,卦可以与东洋人对话,可以与西洋人对话,可以与各种语言的学者对话。

从学科坐标上看,卦可以与各个学科对话。卦可以与数学家对话,中国的刘徽在《九章算术》序言中谈到了卦,德国的莱布尼茨在二进制中谈到了卦……卦可以与医学家对话,《黄帝内经》讲八风,八风来自八方。八方之八,相通于八卦。可以与化学家对话,《周易参同契》告诉后人,世界上最早的化合物就是按照八卦原理合成的。卦可以与军事家对话,《三国演义》告诉读者,诸葛亮按照八卦原理摆出了八阵图。卦可以与建筑学家对话,《新华文摘》告诉读者,北京城的前身——元大都——就是按照八卦原理设计出来的,而八卦格局的古村落在现实中仍然可以看到。

天下九州之九、井田的"井"字形、明堂的格局,追溯起来,均与八卦有着血缘联系。

国徽,属于诸学科之外的另外一科,八卦中的天地水火四卦上了韩国国旗。

卦没有语言与文字的遮蔽性,只要你接近它,它就可以与你对话。你想从中得到什么,它就能给你什么。无论你的水平多高,无论你的学科为何。

9. 解答了规定性与象征性的统一问题。八卦有严格的规定性。严格的规定性就是一阴一阳,除了一阴一阳,八卦中没有第三种成分。八卦有无限的象征性。八卦可以象征大宇宙,可以象征小宇宙,可以象征万事万物,可以象征一事一物,可以象征一人,可以象征一家……无限的象征性,是八卦的另一大特征。

关于八卦的无限象征性,《周易·说卦》陈述了这样一些内容:

在自然界,八卦象征天地、水火、山泽、雷风。

在人伦中,八卦象征一个完整的家庭:父母、长男长女、中男中女、少男少女。

在动物中,八卦象征马、牛、龙、鸡、豕、雉、狗、羊。

人体外部，八卦象征首、腹、足、股、耳、目、手、口。

在空间中，八卦象征四面八方。

在时令中，八卦象征四时八节……

关于八卦的无限象征性，这里无法一一列举。有兴趣的读者，可以去查阅《说卦》。阅读这篇文献，可以检查一下自己的想象力是否有祖先那样丰富。

（五）三爻解答的基本问题

卦的成分是三个连续或不连续的横线，称之为爻。连续的横线为阳爻（阳爻象），不连续的横线为阴爻（阴爻象）。爻者，交也，物物相交之义也。卦解答了一系列基本问题，爻也解答了一系列基本问题。分述如下：

其一，解答了天地人三者的关系问题。天在上，地在下，人在中间，天地人三者之间一而三、三而一的关系确立。分而为三，合而为一，天人合一，这就是天地人三才之间的关系。挑战自然，等于与人本身作战；征服自然，最后危害的是人类本身。

以三爻论天地人三才有依据吗？有！《周易·系辞下》曰："易之为书也，广大悉备。有天道焉，有人道焉，有地道焉。兼三才而两之，故六。六者非它也，三才之道也。道有变动，故曰爻。"这一论断告诉后人，天道、地道、人道，最初是用三爻表达的，然后是用六爻表达的。天道、地道、人道三道，简称"三才"之道。"三才者，天地人"，话出于《三字经》，理却源于八卦的三爻。

其二，解答了人的来源问题。天在上，地在下，人在中间，天地人三者之间有一个血缘关系问题。天地生男女，而非上帝造人，这是《周易》与《圣经》的基本区别。人由天地而生，天地为人之父母。"有天地然后有万物，有万物然后有男女。"这是《周易·序卦》所描述的天地与男女的亲缘关系。"天地合气，命之曰人。"这是《黄帝内经·素问·宝命全形论》所描述的天地与人的亲缘关系。人直接由天地所生，而非由猴子而变，这是中华先贤与达尔文在认识上的重大区别。

其三，解答了做人的坐标问题。天在上，地在下，人在中间，所以做人一应该效法天，二效法地。"自强不息"之坐标源于天，"厚德载物"之坐标源于地，"大公无私"之坐标既源于天，又源于地。

天在上，地在下，人在中间，天地之间没有什么人格神与人格鬼。如果迷信鬼神就等于背离了天理，进入了邪道。

天在上，地在下，天地之间没有高于天、厚于地的人，如果说哪个人高于天、厚于地，这是胡说或邪说。

其四，解答了"万物之中以人为贵"的问题。天在上，地在下，天地之间除了人还有万物，人与万物属于同胞关系，但人是万物之灵秀，万物之中以人为贵。人可以利用万物，但也应该爱护万物，回报万物。

其五，解答了一个论证方式问题。天地人既然是一个"分而为三，合而为一"的关系，所以论人理、论人事、论人之疾病不能单一而论，应该与天体、天理、天文一体而论。论人必论天，论天必论人，这是始于三爻的一种论证方式。

其六，解答了天序与人序的统一问题。天地是变化的天地，天地变化有一个秩序问题。例如昼夜变化、寒暑变化、月圆月缺变化都是有序之变化，所以，人序应该合于天序，生活之序、生产之序也都应该自觉合于天序。天序，实际上就是自然之序。

三爻解答问题很多，将会在后面的章节里论述。

（六）先天八卦所创立的基本观念

1. 无中生有。《圣经》的话题从神开始，先天八卦的话题从天地开始，这是先天八卦与《圣经》的第一差别。

天地之前为无，有天地之时与有天地之后为有，有从无中来，在无中生有的过程中没有出现人格神，这是先天八卦对宇宙发生的基本认识。这一基本观念影响了儒道两家，也影响了儒道之外的诸子。在儒道两家以及诸子典籍中，凡是涉及宇宙发生问题，均看不到万能的人格神。

无中生有，自然而然，这是先天八卦所创立的基本观念。如果以先天八卦为中华文化的源头，那么，完全可以得出这样一个结论：中华文化从源头处就是崇尚自然的文化。

2. 物物相及。水与火，在现实生活中，两者之间风马牛不相及。但是，在八卦之中，水火之间的关系却是属于息息相关、须臾不可分离的关系。先天八卦的八个卦个个是独立之卦，但每一卦都有相对相应的卦。相对相应的卦与卦之间存在着相互作用——你作用于我，我作用于你，例如水与火，天与地，山与泽，风与雷。

两两相对，物物相及，这是先天八卦所创立的基本观念。如果以先天八卦为中华文化的源头，那么，完全可以得出这样一个结论：中华文化从源头开始就不独立地看问题。物物相及的关系，再精密的仪器也无法发现。

3. 天人合一。天人之合，一是合在天地生人的血缘关系上；二是合在天文与人文的统一上；三是合在人时必须合于天时，人行必须合于天行，人德必须合于天德上。天人合一，讲的是人对自然天地的敬畏，讲的是人对自然天地的尊重，讲的是人对自然天地的效法。

天人合一，在《黄帝内经》中，演化为论证问题的基本方式。《黄帝内经》以天体论人体，以天气论人气，以天气异常论人体疾病，这种论证问题的方式被《黄帝内经·素问·举痛论》浓缩为一句话——"善言天者，必有验于人"。

天人合一，这是先天八卦所创立的基本观念。如果以先天八卦为中华文化的源头，那么，完全可以得出这样一个结论：中华元文化是和谐天地的文化，而不是征服天地的文化。

4. 彰往察来。《周易·系辞下》曰："以通神明之德，以类万物之情。"这句话介绍了作先天八卦的两大目的。"以通神明之德"是彰往，彰往即瞻前。"以类万物之情"是察来，察来即顾后。瞻前之彰往，追溯的是造物主。顾后之察来，认识的是现实世界的本身与现实世界的未来。"神也者，妙万物而为言者也。"《周易·说卦》中的这句话告诉人们，造物主为神。这里的神，是自然神而不是人格神。"以通神明之德"，其目的就是要追出这个造物主。能把这个看不见、摸不着的造物主找出来，其全部活动就是瞻前之彰往。

八卦表达的是现实世界，现实世界是动态的世界，动态的世界是前进的，发展的。知道了今天，可以推测明天；知道了现在，可以推测未来。彰往察来，可以在昨天、今天、明天三者之间建立起联系，可以在历史、现实、未来三者之间建立起联系。这个意思换成今天的话说就是：了解了历史，就可以清楚地认识现实；清楚地认识现实，就可以准确地预测未来。

彰往察来，这是先天八卦所创立的基本观念。如果以先天八卦为中华文化的源头，那么，完全可以得出这样一个结论：认识世界不能只是相信经验，因为，过去与未来都是无法依赖经验的。

现代西方哲学上没有"彰往察来"这条哲理，所以，由现代西方哲学衍生出来的现代文明具有先天的缺陷——没有"可持续性"。只顾现在，不考虑以往，更不顾忌未来，三百年来工业革命的致命缺陷就在此处。

5. 观象比类。八卦，在《周易》里被称之为"象"。《周易·系辞上》曰："圣人有以见天下之赜，而拟诸其形容，象其物宜，是故谓之象。"《周易·系辞下》曰："八卦成列，象在其中矣。"建立了八卦这个象，就开创了一种论证问题的方法。

在《周易·说卦》里，八卦可以论一个完整的天体，可以论一个完整的人体，可以论一个完整的家庭，可以论八种自然元素，可以论八种自然力量，可以论一年之中的八个节气……以八卦为坐标，论证问题，这个方法就是"观象比类"。

"观象比类"这一论证方法，被《黄帝内经》全盘接受，全面发展。《黄帝内经》以阴阳论气血、论经络、论虚实、论寒热；《黄帝内经》以五行论时间，以五行论空间、以五行论五脏、以五行论五味；以八卦论空间的八方、论八风……在没有实验室的情况下，中华先贤空论出了具有永恒意义的中医理论、上百种疾病的病名以及医病的方法。

八卦、阴阳、五行既可以称之为"象"，也可以称之为"容"，所以，"观象比类"的方法，也可以称之为"从容比类"。中华大地上之所以产生出领先于世界的文明，与这种方法有着密不可分的关系。

观象比类，既是先天八卦所创立的基本观念，也是先天八卦所创立的基本方法。如果以先天八卦为中华文化的源头，那么，完全可以得出这样一个结论：源头的中华文化为子孙留下一种可以创造文明的方法。非常遗憾，这种其他民族所没有的方法，被不孝子孙毫不珍惜地抛弃了。

6. 化繁为易。"乾以易知，坤以简能。易则易知，简则易从。易知则有亲，易从则有功。有亲则可久，有功则可大。可久则贤人之德，可大则贤人之业。易简而天下之理得矣。"（《周易·系辞上》）天地、日月、山泽、雷风、鸟兽、花草错综复杂，但先天八卦简单明了，而恰恰是这几个简单明了的符号容纳了最复杂、最庞大的问题。把复杂问题简易化、图象化，采取如此方法的，在世界民族之林中唯有中华先贤。八卦虽小，却容纳了整个宇宙。

化繁为易，既是先天八卦所创建的基本观念，也是先天八卦所创建的基本方法。

爱因斯坦在《探索的动机》一文中说："人们试想以最适当的方式来画出一幅简化

的和易领悟的世界图像，于是他就试图用他的这种世界体系来代替经验的世界，并来征服它。"伏羲氏与爱因斯坦相差几千年，两者之间没有任何交流，但是作为探索者的伏羲氏的确把复杂的有形世界归结在一幅至简至易的图画之中。这个简易的图画就是八卦。需要强调的一点是，伏羲氏作八卦的目的不是征服自然，而是为了合理地利用自然，顺应自然。

"易简而天下之理得矣。"这句话告诉后人，化繁为易，易简到家，才是天下之正理。若有怀疑，请看看上古之时的一阴一阳与今天世界普遍采用的二进制瞬间即可明晰。

7. 一物一能。一物有一物的能量，能量是动态的能量，各种能量互动的综合才有万物生成的可能，这是先天八卦所创建的基本观念。一物一能，能量互动，妙生万物。看得见的天地，看不见的阴阳，即是妙万物之神。八个卦八种能，八种能的综合促成了万物从生到成的完整过程。

第一段论述是："乾，健也。坤，顺也。震，动也。巽，入也。坎，陷也。离，丽也。艮，止也。兑，说也。"乾刚健，坤柔顺，震振动，巽吹入，坎下陷，离附丽，艮静止，兑喜悦，这里进一步解释了八卦的八种功能。

从阴阳开始，中华先贤建立起了一物一能抑或质力一体的基本观念，严复先生认识到了这一点。严先生在《天演论·译序》里写道："夫西学之最为切实而执其例可以御蓄变者，名、数、质、力四者之学是也。而吾《易》则名、数以为经，质、力以为纬，而合而名之曰《易》。大宇之内，质力相推，非质无以见力，非力无以呈质。凡力皆乾也，凡质皆坤也。"

严复先生认为，西方学术的基础在名、数、质、力四元素，而此四元素在《周易》一样不缺。仅以质力而论，乾力坤质，《周易》用阴阳完成了质力之说。一阴一阳可以表达质力，八卦可以表达一物一能。物能一体，相似于现代物理学中质量能量说。阴阳质力，八卦八能，八卦完成了质量能量说。

祖先领先于世界，子孙落后于世界，这是中华大地上两个真实的奇怪局面。原因何在？严复先生认为，根本原因在于祖先开其端，子孙没有续其尾；祖先拟其大，子孙没有专其精。

8. 神即自然。"神即自然。"前面已经说过，这是大哲学家斯宾诺莎的观点。斯宾诺莎为坚持这一观点付出了沉痛的代价，被犹太教驱逐出教，又被基督教所仇恨。神即自然，这是先天八卦里的基本观念。"阴阳不测之谓神。"《周易·系辞上》告诉后人，奇妙变化者为神。这里的神，没有人的模样，也没有人的语言与行为，所以这里的神为自然神，而非人格神。

"神也者，妙万物而为言者也。"《周易·说卦》告诉后人，妙生万物者为神。这里的神，没有人的模样，也没有人的语言与行为，所以为自然神。

当希伯来先贤创造出人格神之前，中华先贤创造出的是抽象之卦，抽象之卦可以表达自然神。创造抽象之卦以表达的自然神与文字表达的万能的人格神，这是中华先贤与希伯来先贤在源头处的差别。

谈自然神，研究自然神，没有人受到责难，更没有人受到迫害，这证明早期中华大地上的探索是有充分自由的。

9. 阴阳的对称性。一阴一阳相互对称，由阴阳两爻组成的先天八卦同样具有对称性：八卦之中乾坤两卦相互对称，坎离两卦相互对称，艮兑两卦相互对称，震巽两卦相互对称。

一阴一阳可以象征宇宙间的任何事物，无论是从原则上来看，还是从具体上看，宇宙间的事物本身都具有对称性。

先天八卦可以象征宇宙的八大主要因素，八卦内部的两两对称性说明，宇宙间两两事物之间具有优美的对称性。如果把阴阳的对称性用于现代科学的研究，一可以有众多的发现，二可以节约研究时间。

10. 严格的规定性与无限的象征性。严格的规定性体现在一阴一阳上。八卦由一阴一阳所组成，除了一阴一阳，八卦中再找不出第三种成分。

由阴阳两爻组成的八卦具有无限的象征性：在自然界，象征天地、水火、山泽、雷风；在人伦中，象征父母、长男长女、中男中女、少男少女；在人体中，象征首、腹、足、股、耳、目、手、口；在空间中，象征东西南北以及东北、西北、西南、东南八大方位；在时令中，象征春夏秋冬……

"书不尽言，言不尽意"这句话告诉人们，书有局限性，言有局限性。卦不是书，不是言，没有丝毫的局限性，所以，书不尽的言可以尽卦中，言不尽的意可以尽卦中。

（七）第一篇文章的启示

八卦的诞生、八卦的流传、八卦的作用……为后人留下了无穷无尽的话题。就文章本身而言，八卦对后人有什么启示呢？在笔者看来，八卦对后人的启示意义有以下几点：

1. 好文章出于自然。文章有光照千秋的文章，有光照百年的文章，有光照十年的文章，有光照一天的文章，显然，八卦属于光照千秋的文章。从时间坐标上看，八卦流传了几千年；从空间坐标上看，八卦跨越了太平洋。八卦能够跨越时空的奥秘何在？其根本原因在于源于自然，表现于自然！现代人写文章，往往需要找前人的文章作参考，实际上，真正的好文章不是参照文章，而是参照自然写出来的。文章真正的参照坐标应该在文章之外，在文章之外的天地万物，在文章之外的自然次序，在天地万物背后的自然哲理中。八卦产生于人对自然之文的认识与归纳。历史证明，只有源于自然的文章才有生命力。

2. 好文章出于观察之后。八卦诞生于伏羲氏对大自然的观察。观与察，本是两个单音词。这两个单音词均源于《周易》。

《周易·系辞上》曰："仰以观于天文，俯以察于地理。"

《周易·系辞下》："仰则观象于天，俯则观法于地，观鸟兽之文与地之宜，近取诸身，远取诸物。"

观天文，观鸟兽之文，察地理，察人理。观天文观在上，察地理察在下，上与下都要观察。"近取诸身，远取诸物"的远近之"取"，是左右前后的观察。上下为一维,左右为一维,前后为一维,三维空间中的内容无一遗漏。观用心去观,察用心去察。细心的观察之后,作出了八卦这篇文章。这里没有抄袭,这里没有模仿,这里没有丝毫不道德的行为。这里有的是"打破沙锅问(纹)到底"的好奇心,却没有等待谁人谁神恩赐的依赖心。观与察,是作出好文章的重要前提。

3. 好文章要简洁。八卦简易而简洁。简易简洁的八卦,可以表达天体、可以表达人体、可以表达家庭、可以表达万物、可以表达奇偶之数、可以表达时间空间、可以表达天地人三才之道……总而言之,简易的八卦可以表达最庞大、最复杂的问题。大宇宙与小宇宙都可用简易简洁之卦来表达。把复杂问题简易化、图像化,在世界民族之林中采取如此方法的,唯有中华先贤。八卦虽小,却容纳了整个宇宙;八卦虽小,却容纳自然与人的两种进化。复杂的问题用简易的语言来表达,优秀文章用简洁的方式来表达,这是第一篇文章为后世文章所树立起的榜样。

4. 好文章要给人留有思考的空间。卦,被《周易·系辞上》称之为"象":"圣人有以见天下之赜,而拟诸其形容,象其物宜,是故谓之象。"象有相似性,有象形性,有象征性,对于这"三性",《周易·系辞下》用两句话做了说明,第一句是:"象也者,像此者也。"第二句话是:"易者,象也。象也者,像也。"相似性、象形性、象征性这"三性"给研究者留下了广阔的思考空间。八卦图形本身就可以引起人们无穷无尽的遐想。卦,会引起哲学家的遐想,会引起思想家的遐想,会引起教育家的遐想,会引起医学家的遐想,会引起军事家的遐想,会引起数学家的遐想,会引起建筑学家的遐想,会引起宗教人士的遐想……面对卦,你看它像什么就是什么。面对卦,不同的人会有不同的话题,不同的人会有不同的解释,不同的人会有不同的成果。举一反八,这是笔者对卦的思考。研究八卦,见此卦可以令人轻易地想出与之相反的一卦,这是举一反二。八卦有三爻,每一爻发生变化,都会产生新的一卦,这是举一反三。依照八卦的每一卦,都可以非常容易地画出其他七卦,这是举一反八。如果按照八卦所揭示的思路,研究某一问题,马上可以思考到同类的问题、异类的问题、交叉的问题、有相反相成的问题……如果把每个卦作为一个课题,那么,一个课题必然会变化出相反、相对、相似、相邻的八个课题。八卦图形背后的哲理,同样可以引起无穷无尽的思考。"八卦而小成,引而伸之,触类而长之,天下之能事毕矣。"《周易·系辞上》告诉后人,只要能在八卦的基础上引申,只要在八卦的基础上触类旁通,那就能把天下之能事办好。天下之能事,所指的是能工巧匠之事。八卦,没有把话说死说绝对,所以这里有研究者、阅读者延续与发挥的广阔空间。

5. 好文章允许后人继续说话。先天八卦这篇文章,在中华大地上,无疑是一件空前伟大的创造。伟大的创造,对于后人来说,一不是阻碍前进的绊脚石,二不是阻碍登高的障碍。允许后人继续说话,这是先天八卦这篇文章的一大特色。八卦,在中华大地上并不是唯一的。先天八卦之外还有卦,《周礼》说中华大地曾有三种八卦。《周礼·春官》介绍,《易》有《连山易》《归藏易》《周易》三种,三种《易》"其经卦皆八"。这就是说,中华大地上曾经有过三种八卦。《周易》中的八卦,为伏羲氏所作。《连山易》《归藏易》中的八卦,为谁所作?先秦文献没有介绍。其他两个八卦的作者是谁? 不在笔者的关心范围之内。笔者关心的是，前人没有阻挡后人，前人的成果没有构成后人前进的障碍。允许后人继续说话，可以接着说，可以继续说，可以换一个方式说，这就是第一篇文章的雅量。如果以八卦为中华文化的源头，那么完全可以说，中华文化从源头一开始就是自由的文化，这里没有专制，这里没有教条，这里没有限制思考的枷锁。

(八) 伏羲氏的榜样意义

伏羲氏是《周易》记载的第一位圣贤，如果以冷静的、尊敬的、客观的心态观察先贤，就会看到在伏羲氏身上有许多值得今天子孙学习、继承与发扬的东西。

与《圣经》里的亚当相比，伏羲氏的出世与神无关，所以，伏羲氏没有得到人格神的呵护。伏羲氏睁开眼睛看世界的时候，视野里没有出现丰美的伊甸园。自己的生活必须由自己来创造，自己的苦难必须由自己来克服，为吃饭必须自己去捕鱼，为穿衣必须自己去狩猎，中华大地上的第一张网罟就是由伏羲氏创造的。自己生活靠自己来创造，靠己不靠神，伏羲氏的榜样意义，这是其一。

善于思考，敢于提问。八卦出现之前，中华大地上没有任何经典，也没有学术权威。伏羲氏创造八卦时，既没有受到权威的指导，也没有受到任何经典的帮助。之所以能够创造出八卦，是伏羲氏善于思考，敢于提问，善于寻根问底的结果，同时也是善于动手的结果。面对高明之天宇，面对浑厚之大地，面对繁杂之万物，伏羲氏思考与提问的是：是这样，为什么会这样? 面对男男女女，面对老老少少，伏羲氏思考与提问的是：是这样，应该怎么样? 面对上天下地中间人的组合，伏羲氏思考与提问的是：天地人三者之间到底是一个什么样的关系? 如何促进生产? 如何改善生活? 思考与提问之后创作了八卦，用八卦描述现实世界，用八卦解答现实世界之间的相互关系，用八卦建立了"天如何，地如何，人如何"的为人公式。这个公式基本原则就是，从天地之理汲取做人的理性，从天地之理汲取做事情的智慧。不依赖神，善于思考，敢于提问，伏羲氏的榜样意义，这是其二。

善于动脑，善于动手，善于创造。伏羲氏的榜样意义，这是其三。动脑之后是动手，动手的目的是创造，伏羲氏动手一是创作了八卦，二是织出了网罟。八卦属于文化，网罟属于器具，伏羲氏被《周易》尊称为圣人，那么，这位圣人的意义既体现在文化的创造上，还体现在器具的创造上。伏羲氏，是行而论道的圣人，而非坐而论道的圣人。

用易简的方法表达深邃的问题，伏羲氏的榜样意义，这是其四。八卦从出现至今，吸引了许多许多人，不同时代、不同空间、不同学科的学者，深深地被八卦所吸引。奥秘何在? 易简，卦之奥秘之一也。数学之美在于简洁，八卦之美在于易简。《周易·系辞下》："易简而天下之理得矣。"爱因斯坦在《自述》中说过这样一句话："一种理论的简单性越大，它所涉及的事物的种类越多，它的应用范围越广，它给人们的印象也就越深刻。"（《文集》第一卷）易简，能留住人。八卦由其简其易，留住了一代又一代的人。易简不等于简单。易简之象却隐含有深邃的哲理。如果说，易简能留住人，那么，深邃则能吸引人。一旦真正接近了八卦，就很难轻易离舍。通过简易之象可以研究各式各样的问题，可以研究各个学科的问题。在中华大地上，秦汉之前出现的经典与自然科学成果，大都根于八卦。在西方，近代一流的物理学家、数学家、生物学家很多人重视过卦象，并且从中得到过启发。古今中外，书堆如山，很多书响于瞬间，灭于瞬间。原因何在？从根本上来说，是因为没有常青的哲理。

创造之意在书外，伏羲氏的榜样意义，这是其五。见财起意，见色起意，见皇冠起意，这是恶人所起的意，是小人所起的意。观天文起意，察地理起意，见物起意，这是圣人所起的意。有此意然后有此八卦，有此意然后有此网罟。有创造之意才有创造之物，书中记载的是创造物，创造之意恰恰在书外。依次对照"学会数理化，走遍天下都不怕"这句口号，可以清楚地知道，这是多么有害的一句口号。让孩子们死死地记住了创造之物——公式、定理、概念，并以此沾沾自喜，而完全忽略了书外创造之意。长此以往，中华民族在创造领域内还有出头之日吗？如果真正弄清了创造之意与创造之物的关系，并且以此理来教育孩子，要不了多久，中华民族善于提出问题、善于解答问题的能力就会得以恢复。

创造特殊之物，伏羲氏的榜样意义，这是其六。在世界范围内，八卦之特殊具有唯一性。特殊之物必有特殊意义，唯一性的东西必有唯一的意义。特殊之物反映的是普遍规则，反映的是自然哲理。哲学、医学、数学、天文学、军事学、物理学、建筑学，不同领域的学者之所以自觉接近八卦就在于特殊之物中有常青的自然哲理。如果后世子孙代代都会创造出诸如此类的，或有别于此类的特殊之物，那么，文明的辉煌会离开中华大地吗？一个民族要想领先于世界，就必须拿出具有特殊意义的特殊之物。伏羲氏所树立起的这一榜样，是不是昨天有意义，今天有意义，明天仍然有意义？

（九）彝族同胞谈八卦

谈八卦，无论如何不能忘记彝族同胞。笔者万万没有想到，阴阳、五行、八卦是彝族文化的基础。更为可贵的是，通过心口相传，彝族同胞今天仍然能够用阴阳五行、八卦的哲理解释历法，解释彝医医理，解释时间与空间，解释气候与物候的变化。

彝族同胞谈八卦，首先谈的是宇宙空间。由白族同胞王正坤先生所著，云南科技出版社出版的《彝医揽要》一书中，附录了部分《彝文古籍译注》，其中有《说八卦》一文，转录如下：

说八卦

清气浊气形成宇宙，太阳月亮闪闪发光之后，到了实勺（彝族的一位先贤），宽大而洁白的宇宙间，通过四方，分出八面。以何为父母？以何为男女？宇宙的南方，又以何为主？宇宙的北方，又以何为主？宇宙的东方，又以何为主？宇宙的西方，又以何为主？这些问题如锦卷，从头到尾扯不清。

这许多事情，有人讲述过，我曾经听说过：

清气、浊气形成了明朗的天空，它的根源出自哎哺（笔者注：哎即乾卦，哺即为坤卦，哎哺即八卦中的乾坤两卦），在那个时候，宇宙有了四方，就好决定八角。宇宙是一个圆形的圈圈，它有边边和中央。从此以后，宇宙的南方，以哎父为主。宇宙的北方，以哺母为主。宇宙的东方，以且男（笔者注：且即震卦）为主。宇宙的西方，以舍女（笔者注：舍即巽卦）为主。

东与北之间，为宇宙一角，以鲁（笔者注：鲁即坎卦）男为主。西与南之间，为宇宙一角，以朵（笔者注：朵即离卦）女为主。西与北之间，为宇宙一角，以哈（笔者注：哈即艮卦）男为主。东与南之间，为宇宙一角，以哼（笔者注：哼即兑卦）女为主。

宇宙的四方，生成了八角，观察宇宙间，还有变化的，有五行掌管，有公母（笔者注：公母即阴阳）归属。这些怎么说，听我告诉你。

表1-1　先天八卦、彝族八卦内容对照表

	卦画	☰	☷	☳	☴	☵	☲	☶	☱
先天八卦（伏羲八卦）	卦名	乾	坤	震	巽	坎	离	艮	兑
	卦位	南	北	东北	西南	西	东	西北	东南
	卦象	天	地	雷	风	水	火	山	泽
彝族八卦	彝文卦名	(彝文)	(彝文)	(彝文)	(彝文)	(彝文)	(彝文)	(彝文)	(彝文)
	读音	哎	哺	且	舍	鲁	朵	哈	哼
	卦位	南	北	东	西	东北	西南	西北	东南
	卦象	火	水	木	金	山（木）	土	禾（风）	石
序次		1	2	3	4	5	6	7	8

八卦源于四象，《西南彝志》告诉人们，彝族文化中也有"四象生八卦"一说。关于四象生八卦，彝族同胞是这样解释的："天空明朗了，源出于哎哺……宇宙的四象，变成八卦，哎为父，哺为母，实勾时才清楚。加上鲁、朵、哈、哼、且、舍六卦，是天生福禄根。"

八卦，在彝族文化里，解答的是宇宙发生论，解答的是天体八大成分，解答的是时间与空间。这一点与《周易》中的先天八卦是相同的。

三、第二篇文章

如果说八卦是中华大地上的第一篇文章，那么太极就是中华大地上的第二篇文章。

八卦表达的是现实世界，那么，这个现实世界是从何而来的呢？八卦创作出来之后，新的问题也随之而来，新的思考又重新开始。

一物有一物之源，万物有万物之源，八卦有八卦之源。八卦表达的是一个完整的现实世界，现实世界究竟源于何处？有形世界之前存在有形之神吗？有形之物生于有还是生于无？中华先贤开始了生生之源的追溯。向前追问，是追溯的特点。

生生之源的追溯，产生了太极之说。太极一说，正式出现在《周易·系辞上》。《周易·系辞上》曰："易有太极，是生两仪，两仪生四象，四象生八卦，八卦生吉凶，吉凶生大业。"对太极的解释，完成了中华大地上的第二篇文章。

太极的基本内容为何？太极的出现解答了哪些基本问题，讨论如下：

（一）太极的基本内容

太极这篇文章的基本内容是什么？答：是异常简单的一阴一阳。一阴一阳之间的基本结构是内一分为二，外合二而一。

图1-2　太极阴阳图

太极美圆歌

我是一丸，黑白相和。

虽是两分，还是一个。

大之莫载，小之莫破。

无始无终，无右无左。

（二）太极所解答的基本问题

太极解答了一系列一个民族必须回答的基本问题：

其一，解答了生生之源问题。生生之源在何处？这是文明民族所必须回答的问题。

生生之源在上帝处，《圣经》如是回答。

生生之源在大梵处，《奥义书》如是回答。

生生之源在真主处，《可兰经》如是回答。

生生之源在太极处，《周易·系辞上》如是回答。

其二，解答了有无转化问题。生之前为无，生之后为有。以太极为界，之前为无，之后为有。

其三，解答了生产方式问题。生之前为无，生之后为有。有生生之源，那么，生生之源的衍生万物的方式为何呢？有无是怎么转化的呢？这也是文明民族必须回答的问题。

《圣经》中的命令式。上帝之前为无，上帝之后为有。有无之间的转化，是在上帝的命令下进行的。上帝说要有A，于是就有了A；上帝说要有B，于是就有了B；上帝说要有C，于是就有了C……天地、日月、光明与黑暗、陆地与海水、飞禽与走兽、动物与植物以及一男一女均是在上帝的命令下瞬间完成的。命令式，是《圣经》给出的有无转化方式。

《奥义书》中的循序渐进式。大梵之前为无，大梵之后为有。大梵为生生之源，大梵生出第一个，由第一个生第二个，由第二个又生出第三个……以先生生后生，循序渐进，生出了风、火、水、地四大元素。四大元素加上一个"空"因素，合成了宇宙，合成了万物，合成了人体。循序渐进式，是《奥义书》给出的有无转化方式。

佛经中的因缘合和式。因与缘，内外之因也。因表内因，缘表外因，因缘合和，万物构成，因缘分离，万物消逝。因缘合和式，是释迦牟尼给出的有无转化方式。

《周易》中的分裂而变式。阴阳分裂而变，一分为二，二分为四，四分为八，八八六十四……

其四，解答了微观与宏观的统一问题。太极一可以表现无限大，二可以表现无限小。大至无外，太极可以表达；小至无内，太极亦可以表达。大与小，在太极这里得到了统一。

大，今天称之为宏观世界；小，今天称之为微观世界。宏观世界，大到无外；微观世界，小到无内；太极既可以表达宏观世界，又可以表达微观世界。宏观世界与微观世界，在太极这里得到了统一。

现代物理学，既研究宏观宇宙，也研究微观宇宙，但是，并没有解答宏观宇宙与微观宇宙统一问题。牛顿力学、相对论给出的是因果决定论，量子力学给出的是概率论，这"两论"无法解释大小两个宇宙的统一问题。

其五，解答了物质与物理统一问题。一物有一物之理，万物有万物之理。一物之理讲的是特殊之理，万物之理讲的是一般之理。特殊之理、一般之理均可以用太极来表达。

《道德经·第42章》曰："万物负阴而抱阳。"老子认为，一阴一阳可以解释万物的基本成分，一阴一阳可以解释万物的基本结构。太极的成分是一阴一阳，万物的成分与结构是一阴一阳，物、物背后的理在一阴一阳——太极这里得到了统一。

物有形，理无形。有形谓之形而下，无形谓之形而上。形而下的物与形而上的理，在太极这里得到了统一。

其六，解答了质能统一问题。质，指一切物质的基本属性。能，指物质做功的能力。质与能，是物理世界中的两大基础性元素。在爱因斯坦之前，质与能彼此独立；在爱因斯坦之后，彼此得到了统一。能量守恒定律告诉人们，质与量相互依存，相互转化。

阴有形为血，阳无形为气。血为气之母，气为血之帅。血产生气，气推动血，这是《黄帝内经》中的基本常识。质与能，在血气这里得到了统一。血气之说实际上是太极之说的延续，是太极之说的具体运用。

其七，解答了原动力与恒动力的问题。一切都是动态的。动，需要动力。动之始，需要原动力。原动力源于何处？经典力学的奠基人牛顿说，原动力可能来源于上帝。当代物理学家霍金，纠正了牛顿的说法。他认为，原动力源于宇宙本身。

原动力不是上帝推动的，而是阴阳之间的相互推动，动必有复，循环不休。这是太极之说的基本立场。

太极是动态的。太极之动，可以分为原始之动与恒动两种状态。原始之动需要原动力，恒动需要恒动力，原动力与恒动力均源于太极体内的一阴一阳。诠释一阴一阳之间的相互推动，《周易·系辞传》中有"刚柔相摩""日月相推""寒暑相推"的论断。有形之日月，无形之寒暑，可以触摸的刚柔，最终都可以归结为一阴一阳，"相摩""相推"之说描述的就是阴阳之动的恒动力问题。

除了原动力与恒动力之外，太极图还揭示出了另外两种力——相互吸引力与相互排斥力。

太极图中的一阴一阳特点有二：一是永远密不可分，二是永不重合。密不可分，需要相互吸引力；永不重合，需要相互排斥力。如果没有相互吸引力，一阴一阳随时都可能分离；如果没有相互排斥力，一阴一阳又肯定会混淆到了一起。

此处还需要说明的一点是，太极之动不是直线运动，而是圆周循环运动。圆周循环运动所需要的推动力，应该是旋转力。

原动力与恒动力，相互吸引力与相互排斥力，这里有四种力。如果再加上无限循环的旋转力，太极这里是否可以解释五种以上的力？

其八，解答了形神统一问题。人体由形神两种因素所组成，这是《黄帝内经》对人的基本看法。

"形与神俱，而尽终其天年，度百岁乃去。"《黄帝内经·素问》在开篇处告诉后人，养生应该养在形神合一上。形神合一，人才能平安度百岁。阴为有形之体，阳为无形之神。形神合一，合在一阴一阳上。物质与精神的统一，仍然是当代物理学的难题。

其九，解答了万物的数字化问题。电视、照相机的数字化，是当代前沿问题。可是，在几千年前的中华大地上，一切都可以数字化：时间可以数字化，空间可以数字化，万物可以数字化，大小两个世界均可以数字化。为什么？因为阳奇阴偶。奇偶之数随阴阳进入万物，进入了一切。

阴阳分奇偶，《黄帝内经·灵枢·根结》曰："阴道偶，阳道奇。"

阴阳之卦分奇偶，《周易·系辞下》曰："阳卦奇，阴卦偶。"

万物分阴阳，《道德经·第42章》曰："万物负阴而抱阳。"

血气分阴阳，《黄帝内经·素问·阴阳应象大论》曰："阴阳者，血气之男女也。"

在《礼记》《黄帝内经》中可以看出，春夏秋冬可以数字化，东西南北可以数字化。

对照今天电视、照相机的数字化，回望昨天万物的数字化，后世子孙应该做何感想呢？

（三）太极数建立起的基本观念

1. 阴阳两分一体。一分为二与合二而一，是太极独特的结构。这一独特的结构揭示了这样几条道理：

其一，在微观世界中，物不可无限分割，分割到极处仍然是无法分开的一阴一阳。研究微观世界，太极原理有参考价值。

其二，在宏观世界中，有有形的一面，有无形的一面，有形、无形相对相应，两分而一体。看到了有形的一面时，应该马上想到无形的一面。寻找暗物质，太极原理有参考价值。

其三，太极可以表示任何事物，所以，任何事物都可以进行一分为二、合二而一的分析。

2. 圆周循环。组成太极的一阴一阳，首尾相连，如环无端。太极围绕一个圆心做圆周运动，圆周运动为无限循环运动。牛顿力学中的匀速直线运动，只可以描述局部的运动。宏观的、整体的、全局的运动，只能是圆周曲线运动。

如果说太极可以表达大到无外的宏观世界，那么，宏观世界可以视为一个大圆；如果说太极可以表达小到无内的微观世界，那么，微观世界可以视为一个小圆。大圆与小圆的运动，都应该是圆周曲线运动，而且大圆与小圆的运动具有同步性。

3. 物极必反。阴阳之动，物极必反。阳极生阴，阴极生阳。《周易》的经传之中都出现了物极必反的论断：其一，《泰》卦九三爻辞曰："无平不陂，无往不复。"其二，《周易·蛊·象传》曰："终则有始，天行也。"其三，《周易·系辞下》曰："日往则月来，月往则日来……寒往则暑来，暑往则寒来。"

物极必反这一观念，被道家、杂家表达得淋漓尽致。老子描述道的运动，运用了物极必反的观念。《道德经·第25章》："有物混成，先天地生。寂兮寥兮，独立而不改，周行而不殆，可以为天地母。吾不知其名，故强字之曰道，强为之名曰大。大曰逝，逝曰远，远曰反。"杂家鹖冠子描述天上北斗星斗柄运动与地表的春夏秋冬四时转换时，运用了物极必反的观念，而且出现了"物极则反"一词。《鹖冠子·环流》："斗柄东指，天下皆春。斗柄南指，天下皆夏。斗柄西指，天下皆秋。斗柄北指，天下皆冬……物极则反，命曰环流。"

4. 变化生息。一阴一阳变化不息，万物生生不息。物之生生，生在阴阳的变化之中。先有阴阳之变，后有昼夜寒暑之变；先有昼夜寒暑之变，后有万物生长收藏之变。《周易》与《黄帝内经》把变归结为"神"，把物生物死两种状态归结为"变""化"。

阴阳的奇妙变化为神，《周易·系辞上》对此的说法是："阴阳不测之谓神。"物生为化，物死为变，物生物死之变化与阴阳的奇妙变化有关，《黄帝内经·素问·天元纪大论》对此的说法是："故物生谓之化，物极谓之变，阴阳不测谓之神。"

有形世界无时无刻不在变化，有形世界变化的根源是阴阳的变化。阴阳变化不息，由万物组成的有形世界生生不息。变化生息，是无形、有形两个世界的基本功能。

5. 大圆小圆之间的镜像关系。太极为源，万物为流；太极一大圆，一物一小圆，大圆小圆之间存在着镜像关系。

镜像关系表现在两个方面：一是成分；二是形状。先说成分。太极的成分是一阴一阳，万物的成分也可以归结为一阴一阳，万物的结构同样可以归结为一阴一阳。如同儿女与父母在模样与血型上保持着一致性一样，万物与太极在成分与结构上保持着相对相应性。

再说形状。太极形状被后人画为环状之圆，秦汉之前虽然没有图画之圆，但在秦之前的经典与诸子典籍里几乎都能看到环状之圆：《黄帝内经》描述经络、气血时，使用了"如环无端"一词；《周髀算经》描述日月运行时，使用了"圆周"一词；《鹖冠子》描述北斗星斗柄循环时，使用了"环流"一词；《吕氏春秋》描述天道运行、昼夜转换、星辰运转、四时更替、云水之变，使用了"圜道"一词……所有这些关于"圆"的描述，在笔者看来，与大圆小圆之间的镜像关系有关。

（四）第二篇文章的启示意义

与先天八卦一样，太极同样给后人留下了无穷无尽的话题。笔者认为，太极本身以及创建的过程里中华先贤所表现出的智慧与能力，起码可以在下面几方面永远启迪后人：

1. 无穷追问，问其究竟。太极的出现是寻根问底的成果。"有这个世界，那么，这个世界从何而来？"太极，就产生在如此追问之中。

中华先贤的追问精神，应该是后人学习的榜样。面对任何事物都可以追根溯源，都可以进行追问，问一问"源在哪里，根在哪里"；面对一物，面对万物，均可以问一问"源在哪里，根在哪里"。如果延续了"无穷追问，问其究竟"的优秀传统，那么，中华大地上的学术花园就会永远保持百花齐放的局面。

现实中，每一个"是这样"的实际背后都隐藏着一个"为什么这样"的问题。中华先贤看见了"是这样"的实际，就开始追问"为什么这样"的问题。先贤可以这样追问，子孙难道不可以如此追问吗？如果延续了"无穷追问，问其究竟"的优秀传统，那么，中华大地上的学术花园会逊色于他人吗？

2. 持果求因，见物思理。现实世界为果，太极之理为因。万物为物，太极为理。持其果求其因，见其物思其理，中华先贤的这一精神对于后人具有永恒的启示意义。

苹果有苹果之因，荔枝有荔枝之因；头痛有头痛之因，脚痛有脚痛之因。有一果必有一因，有形下之果必有形上之因。在现实生活中，如果延续了"持果求因，见物思理"的优秀传统，我们的学术花园会荒芜吗？

见物说物，如见花说花，见草说草，见鸟说鸟，见兽说兽，这是务实。见有形之物说形上之理，见形象世界说无形之太极，这是思理。既善于务实，又善于思理，我们的理论研究还会落后于他人吗？见形下之物于前，思形上之理于后，思后而求证，从理论、结构、成分上把物质世界认识清楚、弄明白，那么，中华大地上应该会产生新科学——不危害自然的科学。

3. 一体两分，异中求同。阴与阳，同类不同性，两分而一体。如此之太极，可以表达生生之源，可以表达生生之物；可以表达一物之结构，可以表达万物之结构；可以表达形上之理，又可以表达形下之物；既可以表达宏观世界，又可以表达微观世界。一体两分，异中求同，是观察一切问题的出发点。过去是这样，今天是这样，明天也应该是这样。观察物理应该这样，观察人理也应该这样。

4. 两个世界的融合。阴有形而阳无形，有形与无形的统一构成了完美的太极。今天的西方，有一批顶尖级的学者在寻找所谓的暗物质。他们认为，暗物质主宰着一切，宇宙间的一切物质皆因循着暗物质所揭示的规律。站在太极立场上看，有形的物质世界并不是一个完整世界，与有形世界相对应的是一个无形的物理世界。有形与无形，物质与物理，两分而统一，这才是一个完整而完美的世界。笔者深信，太极理论对暗物质的解释能够起到积极的作用。

5. 用简单的数字表达复杂的过程。始于太极、终于八卦的宇宙演化，被《周易·系辞上》仅仅以"一、二、四、八"四个简单的数字就进行了完美的表达——"易有太极，是生两仪，两仪生四象，四象生八卦，八卦生吉凶，吉凶生大业。"极其复杂的裂变过程，中华先贤只使用了四个数字。用简单的数字表达复杂的过程，这一榜样无疑具有常青意义。

太极在现实生活中还有哪些现实意义？请看韩国国旗，诺贝尔奖获得者丹麦物理学家玻尔家族的族徽，香港凤凰电视台的标志。对太极的认识，会因人而异，会因时而异，也会因学科而异，但只要挖掘，就一定能有收获。

第二节　现实世界的研究

如果说先天八卦解答的主要问题是从先天到后天的"有无之变"，那么，太极解答的主要问题则是"有从何处来"的生生之源。这两大问题解决之后，"有，为什么有"的研究就开始了。

一、第三篇文章

先天八卦是中华大地上的第一篇文章，太极是中华大地上的第二篇文章，后天八卦则是中华大地上的第三篇文章，这是笔者的一管之见。

演化从"天地定位"开始，这是先天八卦告诉后人的第一个问题。太极为生生之源，这是太极告诉后人的第一个问题。后天八卦告诉后人的问题是什么呢？后天八卦肯定要讲一些新问题，否则就没有产生的必要。

按常识而论，后天八卦应该解答先天八卦没有解答的问题。如果说，先天八卦解答的第一个问题是"天地定位"问题，那么，"天地定位"之后还有没有问题。答案是显而易见的。"天地定位"之后的世界属于后天的现实世界，后天八卦研究的问题应该集中在现实世界中。关于后天八卦的基本内容，以及所解答的问题分别讨论如下。

（一）后天八卦的出处

后天八卦在《周易》里并没有直接出现。后天八卦是后人根据《周易·说卦》一段重要论述画出来的。这段重要论述为：

"帝出乎震，齐乎巽，相见乎离，致役乎坤，说言乎兑，战乎乾，劳乎坎，成言乎艮。万物出乎震。震，东方也。齐乎巽。巽，东南也。齐也者，言万物之洁齐也。离也者，明也，万物皆相见，南方之卦也；圣人南面而听天下，向明而治，盖取诸此也。坤也者，地也，万物皆致养焉，故曰：致役乎坤。兑，正秋也，万物之所说也，故曰：说言乎兑。战乎乾；乾，西北之卦也，言阴阳相薄也。坎者，水也，正北方之卦也，劳卦也，万物之所归也，故曰：劳乎坎。艮，东北之卦也，万物之所成终而所成始也，故曰：成言乎艮。"

这段话告诉后人，还有一个不同于"天地定位"的八卦。这个八卦的起始点不是象征天地的乾坤两卦而是象征惊雷的震卦。

以震卦为起点，依次出现的是巽、离、坤、兑、乾、坎、艮。如此顺序，在平面上可以摆出一个新形式的八卦。这个新形式的八卦，就是后天八卦。

（二）后天八卦图

后天八卦的基本内容与先天八卦一模一样，唯一的差别就是摆布的方式不一样。

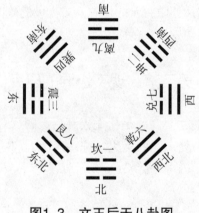

图1-3　文王后天八卦图

（三）后天八卦解答的基本问题

1. 点明了水与火是生命形成的两大决定性因素。水为生命之源，这是现代科学的基本认识。水火为生命之源，这是中华先贤的独特认识。中华先贤这一认识，最早反映在后天八卦里。

先天八卦里天地的位置，在后天八卦里被水火所取代。两个卦位的小小移动，意义上则发生了重大变化。"天地定位"强调的是以天地的出现为界开始了万物与人的演化。天地的位置被水火所取代，强调的是"有天地"之后的自然演化是以水火两种元素为基础的。水，指的是广义上的湿度与狭义上的水。火，指的是广义上的温度与狭义上的火。只有水而没有火，不可能出现生气勃勃的万物。如若不信，请看南极与北极。

2. 解答了运动中的无限循环问题。先天八卦中的运动，是相互对应的两卦之间存在的两两交互运动；后天八卦中的运动，则是八卦整体之间的无限循环运动。运动的终点、起点是一个点，终点之处即是新起点。

终点在何处？在坎卦处。在空间中，坎卦象征北方；在时间中，坎卦象征冬天；在十二支中，坎卦对应于子。四方中的北方、四时中的冬季、十二支中的子位，既是循环运动的终点，又是循环运动的起点。

3. 解答了四时八节问题。春夏秋冬为四时，立春、立夏、立秋、立冬、春分、秋分、夏至、冬至为八节。八卦中已隐藏有四时八节。

百家之中有法家一家，诸子之中有尸子一子。法家的代表人物之一尸子留下了《尸子》一书。《尸子》曰："伏羲始画八卦，别八节而化天下。"请看，尸子说八卦这里有四时八节。

马王堆出土的帛书有《周易》一书。《帛书周易·要》曰："又四时之变焉，不可以万勿尽称也，故为之以八卦。"天道繁杂，可以归纳为阴阳；地道繁杂，可以归纳为刚柔；人道繁杂，可以归纳为上下；四时变化，可以归纳为八卦。《帛书周易》如是说。八卦之八，是表达四时变化的。请看，《帛书周易》说八卦里有春夏秋冬四时。

汉代文献，将后天八卦分为四正四隅。四正卦震、离、兑、坎。震卦表东方表春分，兑卦表西方表秋分，离卦表南方表夏至，坎卦表北方表冬至。震、离、兑、坎四正卦，一表东西南北四方，二表两分两至——春分、秋分、夏至、冬至。四隅卦艮、巽、坤、乾。艮卦表东北表立春，巽卦表东南表立夏，坤卦表西南方表立秋，乾卦表西北方表立冬。艮、巽、坤、乾四隅卦，一表东北、东南、西南、西北四隅，二表四立——立春、立夏、立秋、立冬。

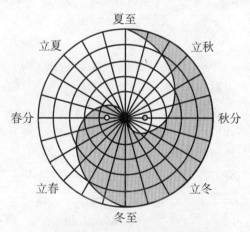

图1-4　太极八卦隐含八节图

4. 解答了时空物三位一体问题。时间、空间与万物有关系吗？

牛顿在《自然哲学之数学原理》一书中，将时空分为绝对时空与相对时空。牛顿指出，绝对的时空与外物毫无关系。时间与空间，在中华先贤眼里，没有绝对、相对之分，时空物始终是三位一体密不可分的关系。

万物随时空一体运动，《周易·说卦》中的八卦一可以表达春夏秋冬四时，二可以表达东西南北四方，三可以表达万物在一年之中的生长收藏的几种状态。

震卦，时间上表达四时中的春天，空间中表达四方中的东方，春天、东方是万物"一岁一枯荣"的起始点。

离卦，时间上表达四时中的夏天，空间中表达四方中的南方，夏天、南方是万物"一岁一枯荣"的茂盛点。

兑卦，时间上表达四时中的秋天，空间中表达四方中的西方，秋天、西方是万物"一岁一枯荣"的成熟点。

坎卦，时间上表达四时中的冬天，空间中表达四方中的北方，冬天、北方是万物"一岁一枯荣"的收藏点。

艮卦，"东北之卦也，万物之所成终而所成始也"。

请看，八卦之中，春夏秋冬在变化，东西南北在变化，万物在变化。八卦循环一周，春夏秋冬一个周期，东西南北一个循环，万物随时空变化完成了从始到终的一个完整过程。

亲爱的读者，千万不要忽略了这段有关"时空物三位一体"的重要论述，因为如此时空观对于现代科学实在是太重要了。

有什么样的时空观，就有什么样的物理学，这是当代物理学家的共同认识。绝对时空观，产生了牛顿的经典力学。绝对时空观，被爱因斯坦所否定。爱因斯坦的相对论，又解释不了后来的量子力学。为什么会出现如此多的后人对前人的否定？答案是：物理学的基础（时空观）不牢固。

当代大物理学家惠勒在《物理学和质朴性》一书中，对物理学作出了这样一个惊人的结论："物理学的基础结构注定要崩塌，并将重建在一个新的基础之上。"赵定理在《古今趣味天文学》一书中说："当他（惠勒）看到中国的太极图——阴阳鱼时，他说：'没想到，这种科学哲学观，竟也在中国古代思想中找到了它的前驱。'……我们从惠勒教授的话中，至少可以看出，中国古天文的时空概念、模式，给未来的没有时间为独立变数的新物理理论，提供了一个超越时空的自然模式。这个模式的时间、空间、物质是同时产生的。而这种模式，正是当代宇宙大爆炸学说赖以建立的模式。"中华先贤所创立的时空物三位一体的时空观，历时几千年，不但没有受到挑战，而且受到了西方物理学家的广泛认可与极力推崇。希望在不久的将来，中华先贤的子孙能以时空物三位一体的时空观为基础，创建出有别于西方的物理学。

西方人的先贤没有为子孙留下时空物三位一体的时空观，但西方诞生了现代物理学。中华先贤为子孙留下时空物三位一体的时空观，现代物理学却没有出现在中华大地上。这一困惑，是笔者在此长时间逗留的主要原因。

5. 解答了阴阳二气的升降出入问题。阴尽阳来，阳尽阴来，这是太极所揭示出的基本常识。

阴尽阳来，阳尽阴来，在一日之中显示出的是日往月来，月往日来。

阴尽阳来，阳尽阴来，在一年之中显示出的是寒往暑来，暑往寒来。

除了日月寒暑之外，阴阳二气在《周髀算经》中化为六气——阴六气阳六气。六气在地球表面做升降出入的循环往复运动。阳气上升，阴气沉降；上升点在冬至，沉降点在夏至；出地面点在春分，入地面点在秋分。天文学告诉人们，冬至之至，是太阳视运动止于南回归线，由此开始北归；夏至之至，是太阳视运动止于北回归线，由此开始南归；而春分、秋分两点则是太阳视运动相交于赤道的两个点。

如果把阴阳二气转换的大原则进一步定量，年年定量，代代定量，中华大地上应该会产生出像《周髀算经》那样的经典，而且是一部又一部。

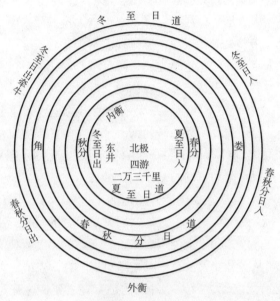

图1-5 七衡图

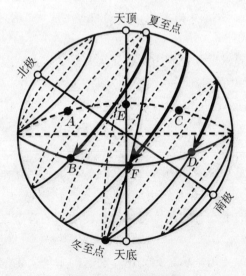

图1-6 六气转换图

6. 解答了万物的生长收藏问题。有什么样的天文，就有什么样的气候；有什么样的气候，就有什么样的物候。阴阳二气的升降出入，关乎着万物的生死。阳气上升，万物开始复苏；阴气沉降，万物开始死亡。冬至、夏至、春分、秋分，是阴阳二气升降出入的四个点。阴阳二气的升降出入，是圆周循环运动，一岁一周，一岁一循环。万物在阴阳二气的升降出入中诞生、成长、成熟、收藏。

（四）先、后天两个八卦的异同

书外错落有致的八大自然元素，书中错落有致的八卦。同样是八卦，有先天、后天之分。两者之间有哪些相同，哪些不同呢？

先谈先、后天八卦之间的相同点。无论是先天八卦还是后天八卦，所表达的都是现实世界。现实世界均由天地、山泽、雷风、水火八大自然元素所组成。乾卦代表天，坤卦代表地，艮卦代表山，兑卦代表泽，震卦代表雷，巽卦代表风，坎卦代表水，离卦代表火。八个卦，八大自然元素，这是先后天两个八卦的相同点。八卦不是八个神，也不是八个鬼。用八种自然元素表达自然，表达现实世界，这是先、后天八卦的相同点。

再谈先、后天八卦之间的不同点。先天八卦突出的是"天地定位"，后天八卦突出的是"水火相济"，这是先、后天八卦的第一个不同点。天地定位，先天八卦告诉后人的道理是：自然演化是以"有天地"开始的。水火相济，后天八卦告诉后人的道理是：天地之后的演化是以水火为基础的。

在古希腊，从第一大哲学家泰勒斯开始追溯"世界本原是什么"，泰勒斯本人给出的答案是"水"。后天八卦认为，有天地之后，对万物的生长起决定作用的是水火两种元素。水，广义上的湿度，狭义上的水。火，广义上的温度，狭义上的火。与古希腊哲学家相比，中华先贤从一开始就没有把眼光绝对局限在一点或一种因素上。

先天八卦谈的是有无之变，后天八卦谈的是有有之变，这是先、后天八卦的第二个不同点。

天地之前为先天世界，先天世界为无；天地之后为后天世界，后天世界为有。"天地定位"讲的是从先天到后天的演化，万物的演化是从"天地定位"之后开始的。讲无中生有，这是先天八卦。

天地之后为后天世界，后天世界为有。后天八卦研究的是从有到有的演化。水火为有，万物为有。万物产生的基础是水火两种元素。讲有中生有，这是后天八卦。

无中生有与从有到有，这是先、后天八卦之间的又一区别。

先、后天八卦之间第三个不同点是：两两相互作用与整体旋转运动。世界是动态的，组成世界的各种元素也是动态的。

先天八卦所揭示的是八卦内部两两元素之间的运动是相互作用的，即天与地相互作用，山与泽相互作用，雷与风相互作用，水与火相互作用。

而后天八卦所揭示的是八卦的整体运动，这一运动的特点是顺时针旋转运动。坎卦是运动的终点与起点。

世界是动态的世界，文化是动态的文化。动态的中华文化是从八卦开始的。新文化运动中有几位权威，曾对中华文化下出了"静文化"的结论。显然，这一结论在八卦的哲理之外。

（五）后天八卦所创建的基本观念

1. 水火相济。天地是万物生成的第一前提，水火是万物生成的第二前提，这是始于后天八卦的基本观念。没有天地，一切演化就无从谈起。没有水火，万物演化就无从谈起。水火不容，这是日常生活中的表面现象。水火相济，这是卦中的深厚哲理。可以说，离开了水火相济，一是万物不可能产生，二是生命会即刻终止。

水火相济，这一基本观念被《黄帝内经》所继承、所发展。五脏之中有水火二脏，心为火，肾为水。心肾相交亦即水火相济，这是人体健康的基本条件。心肾不交即水火不济，健康肯定会出问题。

糖尿病是当今世界的一大难题。口渴而溺多，是糖尿病的第一特征。站在后天八卦的立场上去看，口渴而溺多之类的糖尿病，其根本原因就是水火不济。火不足而水无法升腾，这是口渴的原因。火不足而水自然下流，这是溺多的原因。补心火以治糖尿病，笔者认为，这是一条可行之道。

中华大地上"节用水火材物"的原则，始于黄帝，《史记·五帝本纪》处记载了这一点。

2. 时空物一体循环。时空物三位一体循环，这是始于后天八卦的基本观念。

时空二者之间有相互对应性，时空物三者之间有相互对应性，相互对应的时空物始终保持着运动状态，这个运动属于无限循环运动。

时间是动态的，普通人都知道。但空间是动态的，很多人都不知道。

在人们的视野中，空间是恒定的，东西南北是恒定的，而在广袤的宇宙中，空间与时间一样都是流动的，都在围绕着一个圆心运动。东西南北这四个方位，实际上一直处于变动不居的状态。

3. 终始相连。终点之处相连的恰恰是新起点，终点与起点相连，这是始于后天八卦的基本观念。在后天八卦中，终点与起点在艮卦这一卦，如《周易·说卦》所言："艮，东北之卦也，万物之所成终而所成始也。"《周易》里有"终始"一词，而没有"始终"一词，为什么？因为"始终"论的是从始到终的一个过程，而"终始"论的是终则有始的无限循环。

4. 合时而生。物的生长应该合时，春生夏长秋收冬藏，这个秩序一丝一毫都不能错乱。合时则生，逆时则死。物合时而生，这是后天八卦所建立的基本观念。

《周易·说卦》诠释后天八卦，把物的生长收藏四种状态与春夏秋冬四时结合得天衣无缝——"万物出乎震"表的是万物生于春；"离也者，明也，万物皆相见"表的是万物长于夏；"兑，正秋也，万物之所说也"表的是万物熟于秋；"坎者，水也，正北方之卦也，劳卦也，万物之所归也"表的是万物藏于冬。春夏秋冬四时，生长收藏四态。一时一态，该发芽时发芽，该开花时开花，该结果时结果，该枯黄时枯黄，无知无识的万物严格遵循四时之序。

5. 天文、气候、物候的统一。"帝出乎震"中的帝，应该是天文与时令的统一，这样说，有以下三个依据：

其一，北斗星为帝车一说。《汉书·天文志》："斗为帝车，运于中央，临制四海。分阴阳，建四时，均五行，移节度，定诸纪，皆系于斗。"斗即北斗星，北斗星即帝乘坐的车子。星运乎中央，斗柄指于四方，斗柄的指向关乎春夏秋冬四时的形成，《鹖冠子·环流》中"斗柄东指，天下皆春。斗柄南指，天下皆夏。斗柄西指，天下皆秋。斗柄北指，天下皆冬"之说可以验证这一点。北斗星这一帝车的运动周而复始，春夏秋冬四时周而复始。四时是从春天开始的，震卦可以表示春天，所以有"帝出乎震"之说。

其二，天极星可以称之为天帝说。《史记·天官书》："中宫天极星，其一明者，太一常居也。"正义："太一，天帝之别名也。"天极星、太一、天帝，三者在这里是一物三名。"帝出乎震"中的帝，在这里可以视为是天极星或天文现象。

其三，太一星即天帝说。《甘石星经》："太一星在天一南半度，天帝神，主十六神。"《鹖冠子·泰鸿》曰："中央者太一之位。"《黄帝内经·灵枢·九宫八风》中的太一，居中央运四方，运行一个周期时为366天，节经立春、立夏、立秋、立冬、春分、秋分、夏至、冬至。太一、天帝、四时八节在这里统一到了一起。不同的天文不同的时令，不同的时令决定着万物不同的状态，这与八卦中的时空物一体变化具有表述上的一致性。

"帝出乎震"之帝，可以视为周而复始、反复循环的天文，可以视为周而复始、反复循环的时令。天文与人文在八卦这里统一在了一起。

由天文到人文之历，这是第一步。由人文之历测定气候的规律性变化，再由气候的规律性变化观测万物规律性变化，天文、气候、物候在后天八卦这里得到了统一。

6. 触类旁通。《周易·系辞上》曰："八卦而小成，引而伸之，触类而长之，天下之能事毕矣。""触类"一词起源于八卦。

《周易·乾·文言》曰："六爻发挥，旁通情也。""旁通"一词起源于六爻。

今天人们所常用的"触类旁通"一词，就是源于八卦，源于六十四卦。现代人视"触类旁通"一词，仅仅是众多成语中的一个成语，而在中华先贤这里"触类旁通"则是一个重要方法。利用这一方法，可以把"天下之能事"办好。何谓"天下之能事"？道器之事、道艺之事、道技之事、道术之事是也。能工巧匠之事是也。"触类旁通"的奥妙与巧妙在于，知道了这一类，既可以轻巧地推导出相近相似的一类，还可以推导出完全相反的一类。中华文明与"触类旁通"之方法息息相关。关于这一方法，将在第三篇中详细讨论。

（六）后天八卦的启示意义

1. 继续说。如果说，先天八卦是"开始说"的成果，那么，后天八卦就是"继续说"的成果。与任何成果一样，文化成果也有一个"开始"与"继续"的问题。假若只有"开始"而没有"继续"，文化肯定不会发展。换言之，文化想要发展，就一定要允许"继续说"。先贤开始，后人继续；先贤开头，后人续尾。一家如此，家家如此，整个民族都如此，方能有兴旺之气象，方能永远立于不败之地。

2. 说出不同于前人的认识。"继续说"不是"照着说"，应该说出点新东西。例如，前贤开始说的是"天地定位"，后贤继续说的是"水火相济"。再例如，前贤开始说的是整体内部的两两之动，后贤继续说的是整体循环运动。如此不同于前贤，新东西、新认识、新观点就可以连续地不断地出现。

前人说一，后人说一；前人说先天，后人说先天；这是"照着说"，不是"继续说"。这样说，无益于发展。

3. 流不离源。位置可以变化，摆布方式可以不同，解释也可以不同。但后天八卦与先天八卦的基础还是一阴一阳，这说明了什么？这说明，流不离源。流可以向前发展，但流不能离开源。一个文化有一个文化的根基，离开了这个根基，文化就会发生根本性的变化。

4. 尊重前贤不等于盲从前贤。对前贤一定要尊重，尊重体现在继承上。尊重不等于盲从，不盲从体现在发展上。尊重前贤，最好的方式是对前贤成果的继承，是对前贤成果的发展。先天八卦认识的"无中生有"的有无之变，后天八卦认识的是"水火相济"的有有之变，这就是在尊重前提下的继承与发展。对前贤一味地盲从，一味地重复，不是尊重而是退化。

5. 一代人有一代人的责任，一代人有一代人的贡献。父亲的成果是父亲的，不能记在儿子的账上；前人的成果是前人的，不能记在后人的账上。一代人应该有一代人的贡献，这应该是常识。儿子没有自己的成果而老是把父亲的成果挂在嘴上，后人没有自己的成果而老是把前人的成果挂在嘴上，这不属于常识，属于"没出息"。做出先天八卦，这是一代人的贡献。做出后天八卦，这是又一代人的贡献。代代人都有自己的责任，代代人都有自己的贡献，中华先贤就是这样的先贤。这样的先贤，在今天、在明天都具有鲜活意义。

二、第四篇文章

六十四卦，应该是中华大地上的第四篇文章。与八卦相比较，六十四卦解答了更多的问题。下面讨论的主要内容，就是六十四卦的由来以及其中所蕴含的天地之道。

（一）三种《易》与三个六十四卦

1. 《周礼》所记载的三种《易》。生活在幼发拉底河、底格里斯河两河流域的希伯来先贤，创造了一部流传几千年的经典，这就是《圣经》。中华先贤创造了三部经典，这就是《连山》《归藏》《周易》。最早记载三种《易》的经典是《周礼》。

周代以自然哲理为参照坐标，设置出了天官、地官、春官、夏官、秋官、冬官六大系列。春官系列中有"大卜"一职，其职责是"掌三易之法"。《周礼·春官》曰："掌三易之法，一曰连山，二曰归藏，三曰周易。其经卦皆八，其别皆六十有四。"《周礼》告诉后人，早期的中华大地上，《易》有三种，一为《连山》，二为《归藏》，三为《周易》。三种《易》都以八卦为基础，基础卦就是经卦。每一种八卦都演化出了别卦，别卦就是六十四卦。三种《易》三个八卦，三个八卦演化出了三种六十四卦。三种《易》的八卦与六十四卦，在时间上均早于《圣经》。此处希望读者记住这样一个问题，即：《圣经》上首先出现的是神，三种《易》上首先出现的是卦。这说明在希伯来先贤用神解答问题之前，中华先贤是用抽象符号——卦——解答问题的。

2. 最早的书与最早的作者。三种《易》的作者为谁？《周礼》没有做出明确地解答。但《周礼》出现了"三皇五帝"之说。

《周礼》中还记载有"外史"一职。外史职责有二：一是负责书写王下达的命令；二是负责掌管地方志与古代的典籍。外史所管理的书籍中包括了"三皇五帝"的书。《周礼·春官》曰："外史：掌书外令，掌四方之志，掌三皇五帝之书，掌达书名于四方。"

"三皇五帝"具体是谁？《周礼》没有说明。"三皇五帝之书"是什么书？《周礼》同样没有说明。

关于三皇，《白虎通论·号》记载了两种说法，一是"三皇者，何谓也？谓伏羲氏、神农、燧人也"；二是"伏羲氏、神农、祝融，三皇也"。

关于五帝，《白虎通论·号》记载了三种说法，一是《礼》所记载"黄帝、颛顼、帝喾、帝尧、帝舜，五帝也"；二是《易》所记载的"黄帝，尧、舜"；三是《书》所记载的"帝尧、帝舜、黄帝"。

"三皇五帝"，应该是中华大地上最早、最有作为的人。"三皇五帝之书"，应该是中华大地上最早的书。前后连贯起来看，三种《易》的端点应该与三皇五帝有关。

三皇五帝是谁不是谁，对于今天来说，尤其是在笔者看来，并不是最重要的事，最重要的是他们所留下的文化对于今天的意义。《圣经·旧约》是用不同文体组成的，不同文体说明了这样一个事实，即：《圣经》的形成，并不是同一作者所为，也并不是一个时期所为。今天念《圣经》的人，汲取的只是其中的道理，而不需要人人都去做考据家，去考据出本来的作者是谁不是谁。《圣经》有《旧约》《新约》之分，两者在时间上相差几百年，新旧两《约》合而为一仍然称之为《圣经》；区分新旧《约》之间的异同是专家的事，而对于平常人来说，要的是其中的价值观、人生观。谈别人的经验，目的是纠正自己的偏差。长期以来，研究祖先的遗产，在"是谁不是谁"以及经传区分上，浪费的时间太多了，而偏偏把意义忽略了。"买椟还珠"的滑稽与悲哀在学术界反复上演，这在"予生也晚"的笔者看来，实在是不应该。

3. 《周易》中的卦作者。《周易》中的卦，分八卦与六十四卦。八卦又分先天八卦与后天八卦。《周易·系辞下》明确告诉后人，先天八卦的作者是包牺氏（伏羲氏）。

后天八卦与六十四卦，史传的作者是周文王姬发。这个说法，在《周易》《史记》《汉书》里可以找到三个支持的依据：

第一个依据出于《周易》。《周易·系辞下》曰："《易》之兴也，其当殷之末世，周之盛德邪？当文王与纣之事邪？"这段论述，点明了文王与"《易》之兴"有关。

第二个依据出于《史记》。《史记·周本纪》曰："西伯盖即位五十年。其囚羑里，盖益《易》之八卦为六十四卦。"这段论述，点明了文王是六十四卦的作者。

第三个依据出于《汉书》。《汉书·艺文志》曰："至于殷、周之际，纣在上位，逆天暴物，文王以诸侯顺命而行道，天人之占可得而改，于是重《易》六爻，作上下篇。"八卦由三爻组成，六十四卦由六爻组成的。这段论述，点明了由六爻组成的六十四卦的作者为周文王。

另外，司马迁在《报任安书》中还有"文王拘而演周易"一说。

综上所述，视周文王为后天八卦、六十四卦的作者应该是可信的。

（二）六十四卦的基本内容

六十四卦卦序的前后之间存在着一种承上启下的因果关系，这种因果关系具体表现为"有这一卦，然后才有下一卦"，抽象出来就是"有A然后才有B"或"有AB然后有CD"。

六十四卦之中具有根本性的是象征天地的乾坤两卦，其他的卦都是由根本之因产生出来的果。在具体的相邻关系中，卦与卦之间其基本关系是：前一卦为因，后一卦为果。

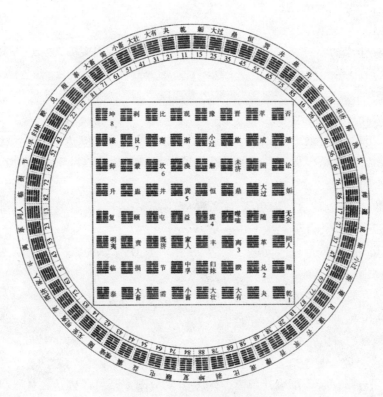

图1-7　六十四卦方圆图

（三）六十四卦所延续、所解答的四大基本问题

八卦是六十四卦的基础，六十四卦是八卦的发展与延续，知道了这一基本点，就可以轻松认识与理解六十四卦所解答的四大基本问题了。

八卦之所以演化出六十四卦，就是对原先所解答的基本问题进行更细一步的认识与解释。"详细说"是六十四卦的基本特点。"详细说"说的是四种理：物理、人理、器理、数理。

1. 物理。一物之理为狭义上的小物理，万物之理为广义上的大物理。六十四卦所讲的物理，涵盖了广义物理与狭义物理两种。

先说广义物理。前面已经讲过，先天八卦告诉后人，自然演化是从"天地定位"开始的。六十四卦继承、延续、发展了先天八卦这一立场与认识。六十四卦开篇于象征天地的乾坤两卦，乾言天，坤言地，文字解释乾坤两卦，首先从卦中诠释出了万物演化的哲理。请看下列几段《易传》文字：

其一，《周易·乾·象传》曰："大哉乾元，万物资始，乃统天。……首出庶物，万国咸宁。"在这段文字里，如果记住了"万物资始""首出庶物"这八个字，就在基点上认识了六十四卦的第一卦。

其二，《周易·坤·象传》曰："至哉坤元，万物资生，乃顺承天。坤厚载物，德合无疆。"在这段文字里，如果记住了"万物资生""坤厚载物"这八个字，就在基点上认识了六十四卦的第二卦。

其三，《周易·系辞上》曰："天尊地卑，乾坤定矣。……乾道成男，坤道成女。乾知大始，坤作成物。"在这段文字里，如果记住了"乾道成男，坤道成女。乾知大始，坤作成物"这两句话，就在基点上认识了乾坤两卦。

其四，《周易·系辞下》曰："天地之大德曰生。"如果完整地记住了这句话，就认识了乾坤两卦的基础性作用。

其五，《周易·序卦》曰："有天地然后万物生焉。……有天地然后有万物，有万物然后有男女。"在这段文字里，如果记住了"有AB然后有CD"这个基本公式，就跨入了乾坤两卦的大门。

万物演化从天地开始，没有天地这两大因素，一切演化就失去了基础，这就是六十四卦所表达的广义物理。

自然演化有一个先后秩序问题，"有AB然后有CD"这一公式，这就是六十四卦所表达的广义物理。

分清了天生地养的具体责任，这就是六十四卦所表达的广义物理。

表达天地的乾坤两卦位于六十四卦之首，乾为纯阳之卦，坤为纯阴之卦。从现象上看，天地是万物演化的基础。从实质上看，纯阴纯阳是万物演化的基础。

再说狭义物理。卦分六十四，但成分却都在一阴一阳的范畴之内。卦可以表达天地，天地分阴分阳；卦可以表达男女，男女分阴分阳。卦可以表达人体，气血分阴分阳；卦可以表达水火，水火分阴分阳；卦可以表达奇偶，奇偶分阴分阳；卦可以表达动静，动静分阴分阳；卦可以表达时空，时空分阴分阳；一阴一阳既可以表达一物的成分，又可以表达一物的结构，还可以表达物的动静状态，还可以表达物的时空属性，这就是六十四卦所表达的狭义物理。卦所表达的狭义物理，在《道德经·第42章》里化为一句流传千年的至理名言——"万物负阴而抱阳，冲气以为和"。

2. 人理。以天地之理为人的参照坐标，崇效天、卑法地，这就是六十四卦所讲的人理。人分三种，君子、大人、圣人。在《周易》里，无论是哪一种人，做人都必须效天法地。六十四卦演化出了六十四条人文哲理，"自强不息"这条哲理源于第一卦，"厚德载物"这条哲理源于第二卦。关于卦中的人理，将在第二篇中详细讨论，此处不赘。

3. 器理。做事讲究以智取胜，一个"智"字体现在器具的发明创造上，以器具解答生产中的难题，以发展生产来创造幸福生活，这就是六十四卦所讲的器理。

"如何发明创造"与"如何做人"的道理一样，讲究的是效法自然。效法自然化为两条大原则：一是"尚象制器"，二是"道器转化"。有谁会料想到人们所穿的衣裳，最早是由《周易》记载的？有谁会料想到水陆所行舟车，最早是由《周易》记载的？囊括所有器具的一个"器"字，可以与一个"道"字并列并重，这是《周易》的特色。关于卦中的器理，将在第三篇中详细讨论，此处不赘。

4. 数理。有了数，才有了规定性。有了规定性，才有了定型、定量、定性的基准。有了定型、定量、定性亦即度量衡的基准，才有了器、技、术产生的可能。数在早期的中华大地上，其作用不仅仅体现在器、技、术的层面上，它在行政领域，以及其他众多领域内同样发挥着极其重要的作用。奇偶之数起于阴阳，起于阴阳之卦，九九归一的乘法源于阴阳裂变。六十四卦中有物理，有人理，有器理，还有数理。关于卦中的数理，将在第三篇中详细讨论。

（四）六十四卦所创立的基本观念

1. 阴阳合和。准确地说，阴阳合和应该是八卦、太极所创立的基本观念。没有阴阳合和，就没有一分为二、合二为一的太极。没有阴阳合和，既不会有"天地定位"的先天八卦，也不会有"水火相济"的后天八卦。但阴阳合和的基本观念，出现在诠释六十四卦的文字里，所以将这一基本观念放在了六十四卦这里议论。

阴阳合和，被《周易》的传文表述为"阴阳合德"与"保合大和"。

《周易·系辞下》曰："阴阳合德而刚柔有体，以体天地之撰。""天地之撰"讲的是天地对万物的创造。看得见的天地，天地背后还有看不见的阴阳，产生万物的根本原因是"阴阳合德"。

《周易·乾·彖传》："乾道变化，各正性命，保合大和，乃利贞。首出庶物，万国咸宁。""各正性命""首出庶物"讲的是生命与万物的诞生。"乾道变化"讲的是纯阳之道的变化。"保合大和"讲的是阴阳合和。生命的演化、万物出现的根本原因是阴阳合和。

阴阳合和，其意义首先体现在自然演化上。没有阴阳合和，就没有天地的诞生。没有天地合和，就没有万物的形成。阴阳合和，可以解释"大到无外、小到无内"的一切自然现象。没有阴阳合和，生气勃勃的世界就无从谈起。

其次，阴阳合和的意义还体现在人的演化上。没有天地合和，就没有男女的出现。没有男女合和，就没有子孙的繁衍。

再次，阴阳合和的意义还体现在人体之内。人体之内，血为阴，气为阳；脏为阴，腑为阳；气血、脏腑之间的关系是合和平衡的关系，合和平衡的关系一旦被打破，疾病即刻就会产生。

第四，阴阳合和的意义还体现在人文中。以阴阳合和为基础，还演化出了"家和万事兴""和气生财""协和万邦"等一系列人文哲理。离开了阴阳合和，既无法理解中华先贤眼中的自然之文，也无法理解华夏神州的人文。

2. 阴阳交合。阴阳之间的交合关系，体现在相互往来，相互推动，相互摩擦，最后落脚在新生命的产生上。阴阳交合的观念，集中表现在下面两句名言中：

"天地交而万物通也。"（《周易·泰·象传》）

"天地不交而万物不通也。"（《周易·否·象传》）

天为阳，地为阴。"天地交而万物通"，实际上是"阴阳交而万物通"。透过天地的交合关系，可以看到阴阳之间的交合关系。天地之交、阴阳之交的结果是万物的诞生。

《黄帝内经》全盘继承了阴阳交合、天地交合的观点，并进行了全面发展。天有天气，地有地气。天气下降，地气上升。下降的天气与上升的地气交合，形成了循序渐进的、千变万化的、变化有序的、可以预测千年的气候，这就是《黄帝内经》中的运气学。运气学告诉人们，阴阳二气相互交合，会形成规律性变化的气候。规律性变化的气候，会形成规律性变化的物候。气候正常，物候正常；气候非常，物候非常。物候随气候变化而变化。运气学，起于《黄帝内经》，根于《周易》中的阴阳交合。

3. 阴阳平衡。阴阳之间应该是平衡的关系。自然界，物与物之间应该是平衡的关系。人世间，人与人之间应该是平衡的关系。阴阳平衡的观念，集中表现在下面两句名言中：

"云行雨施，天下平也。"（《周易·乾·文言》）

"圣人感人心而天下和平。"（《周易·咸·象传》）

彩云流动，雨水普降，是万物化生的基本条件。"云行雨施"讲的是风调雨顺，"天下平也"讲的是万物均衡。风调雨顺，万物和谐平衡，是自然界的理想目标。

圣人与凡人，先觉后觉也，先知后知也。人之觉、知可以有先后之别，但在地位上没有高下之别。圣人与凡人之间还是应该相互爱护，相互尊重，如此才能实现天下和平这一人世间最高目标。天下和平，是人世间的理想目标。

阴阳平衡之观念，深深影响了儒家文化、道家文化与中医文化。谈治国，《论语·季氏》中有"不患寡而患不均"之论。不均，在孔夫子眼里是天下之大患。

谈治国，《列子·汤问》中有"均，天下之至理"之论。不均，在列子眼里一是人间之大患，二是万物之大患。

谈治病，《黄帝内经·素问·生气通天论》中有"阴平阳秘，精神乃治，阴阳离决，精气乃绝"之论。阴气平和、阳气密固，才有精神正常。阴阳失衡决绝，精气马上竭绝。《黄帝内经》告诉后人，阴阳失衡，百病乃生。

4. 循序渐进。自然演化与人类演化，其过程有一个共同特征，这个共同特征就是循序渐进。循序渐进，是六十四卦所创立的基本观念。

自然演化是循序渐进的演化。对这一过程，《周易·序卦》是这样描述的："有天地然后有万物，有万物然后有男女。"

人类演化是循序渐进的演化。对这一过程，《周易·序卦》是这样描述的："有男女然后有夫妇，有夫妇然后有父子，有父子然后有君臣，有君臣然后有上下，有上下然后礼仪有所错。"

卦与卦之间的演化是循序渐进的演化，从《周易·序卦》描述卦与卦的前后顺序中，可以看到一种承上启下的因果关系。对这种因果关系，《周易·序卦》的表述方式是"有AB然后有CD"或"先有此A而后有彼B"。

循序渐进的轨迹，在平面上不是一条直线，而是一个同心圆。卦围绕着一个圆心，不停在旋转。一圈又一圈，周而复始。卦之动可以表达自然演化，可以表达人类演化，还可以表达昼夜四时的有序演化。

卦之动，循序渐进。爻之动，同样是循序渐进。爻之动，先是自下而上，后是自上而下，两种变化均是循序渐进。爻之动是循序渐进之动，无论是八卦的三爻，还是六十四卦的六爻。爻之动，揭示了物理与人理两大领域内变化的循序渐进性。动，违背了循序渐进性，绝不可能持久。无论是物之动，还是人之动。

纸上的卦是静态的，纸上的爻也是静态的。实际上，卦是动态的，爻也是动态的。爻之动，卦之动，都是循序渐进之动。认识到了这一点，基本就接近了卦。

5. 穷上反下。事物都是变化的，变化有多种形式，穷上反下是事物变化的一种形式。有高岸深谷之变，有沧海良田之变，如此反差之变，均在穷上反下的范畴内。

"昨怜破袄寒，今嫌紫蟒长"之变；"金满箱，银满箱，转眼乞丐人皆谤"之变；戴上皇冠与皇冠落地之变；门庭若市与门可罗雀之变；如此反差之变，在穷上反下的范畴内。

《周易·序卦》："物不可以终尽剥，穷上反下，故受之以复。"剥、复两卦的卦象中，隐含有穷上反下的变化。剥卦的卦象，一阳在上，五阴在下。复卦的卦象，一阳在下，五阴在上。一阳上下的位置变化，变出了一个重要观念——穷上反下。

爻是变化的。爻的变化，可以表达一个完整过程。六爻之变，一是由下而上；二是由上而下。由下而上，一爻一步，六爻六步，从最下面的一爻开始变化，一步步变到最上面的第六爻为止。此爻之上再无爻，这就是穷上。新的变化由上而下，这就是反下。由下而上，这是变化的一种形式。由上而下，这是变化的另一种形式。穷上反下，变化就发生在这两种形式之中。

在物理领域，六爻可以表达物的六步变化：初爻象征物的萌芽，二爻象征物崭露头角，三爻象征粗具规模，四爻象征进入新的层次，五爻象征盛大状态，第六爻象征终极状态。终极状态，必然引起向反面的变化，这里的变化是物的穷上反下。

在人理领域，六爻可以表达六步变化。一爻象征潜藏状态，二爻象征进取状态，三爻象征健行状态，四爻象征胜利在望，五爻象征圆满成功，六爻则象征终极状态。终极状态，必然引起向反面的变化。从黄袍加身到皇冠落地，这是从古至今几十家皇帝的穷上反下。这里的变化是人的穷上反下。

六爻六步变化，六爻六个阶段，物的一生、人的一生，变化大致都在这六步六阶段之中。穷上反下之变，一可以表达自然哲理，二可以表达人生哲理。六爻之变，极则反，物理人理莫不如此。

在物理领域，如果真正弄懂了穷上反下，可以提出很多很多新问题。静止或匀速直线运动，这是牛顿解释的物体运动规律。而在穷上反下的哲理里，一没有静止的物体，二没有匀速直线运动的物体，大宇宙中的无数个小宇宙，每时每刻都在做复杂而有序的运动，运动的形式之一就是穷上反下。

在人理领域，如果真正弄懂了穷上反下，就可以避免很多始成终败的后果了。

6. 易穷则变。天山上的小草每时每刻都在变化，泰山上高大的青松每时每刻都在变化，大海中的鲸鱼、小虾每时每刻都在变化，从生到死，从小到大。任何事物都会变化，任何事物都在变化。变化到了极处，就会向新的方向变化，这就是"易穷则变"。

《周易·系辞下》曰："易穷则变，变则通，通则久。"易穷则变之观念，出于此处。

《周易参同契》曰："日月为易。"知道了"何谓易"，就可以轻松理解"何谓穷，何谓变"了。

旭日东升，艳阳高照，夕阳西下，这是一日之内的太阳变化。日中为穷，穷处生变，一日之中就可以看到什么是易穷则变。

月圆月缺，从月牙到满月，从满月到月牙，这是一月之内月亮的变化。月圆为穷，穷处生变，一月之中就可以看到什么是易穷则变。

没有不变的事，没有不变的物，没有不变的人，没有不变的理，这是一。变会转化，会向反面、新的一面转化，这是二。知道了这两点，也就基本认识了一个"易"字和一个"变"字。

如果忘记了"易"之本义，如果忘记了一个"变"字，就无法认识中华先贤眼中的自然哲理，就无法认识中华先贤所创建的人文哲理。中华先贤创立了易穷则变之观念，易穷则变之观念又孕育出了孔夫子前后的一代代圣贤。早期的中华先贤之所以在各个领域提出与解答那么多问题，与这一观念有着根本性的关系。

早期的中华大地为什么会出现一件件先进器具，为什么会出现一项项先进的技术，为什么会出现一部部其他民族没有的经典？要想了解这一奥秘，请看看"唯变所适"这一名言，请看看"易穷则变"这一观念。

这里还需要对比一下《圣经》与《周易》这两部经典在基本立场上的一个差别：《圣经》崇尚一个"信"字。《圣经》告诉后人，信的人才有永生。《周易》崇尚一个"变"字。《周易》告诉后人，变的人才有永生。

西汉以后，"天不变，道亦不变"这句名言被整个民族所接受，"易穷则变"这一观念被整个民族所遗忘。

7. 各从其类。万物是分类的，这是一。类之间有亲和性，这是二。类不能乱，这是三。各从其类，即物从其类，是《周易》强调的重大原则。

《周易·乾·文言》："同声相应，同气相求：水流湿，火就燥；云从龙，风从虎。圣人作，而万物睹，本乎天者亲上，本乎地者亲下，则各从其类也。"乾卦，是六十四卦开篇第一卦，文字诠释卦象，揭示出了其中所隐藏的"各从其类"的原则。

万物分类，《周易·乾·文言》实际指出了三种分法：一是按自然属性分类；二是按自然习性分类；三是按空间分类。

水往湿处流，火往燥处燃，自然属性相同，物会自然相聚。知道了物的自然属性，完全可以在湿处找水，在燥处放火。

云中藏龙，虎跃生风，自然习性相同，物物自然伴生。知道了物的自然习性，完全可以在云中找龙，风中寻虎。

鸟在天上飞，鱼在水里游，狼虫虎豹在地面跑，蚯蚓在土里钻，上中下三种不同空间，分布着不同类的动物与生物，知道了物的空间性，肯定不会犯山上钓鱼、水中捕鸟的错误。东西南北四方之中，土壤不同，矿物不同，植物不同，动物也不同。物类不能乱，否则就会出现大问题。知道了物的空间性，肯定不会犯淮北育香蕉、寒带种荔枝的错误。中医用药非常讲究药物的空间性，白菊花以杭州的为好，所以有"杭白菊"之说。黄连以四川的为好，所以有"川黄连"之说。同样的物，空间位置发生变化，物性就会发生变化。《晏子春秋》中的"桔生淮南则为桔，桔生淮北则为枳"之说，讲的就是空间位移就会产生桔枳之变。

"本乎天者亲上，本乎地者亲下。"云本乎天而亲上，水本乎地而亲下；树叶本乎天而亲上，树根本乎地而亲下；头本乎天而亲上，足本乎地而亲下；上与下、下与上的亲情关系，是不容混乱的。

物从其类，同样是《圣经》强调的重大原则。"各从其类"一词，在《圣经》开篇处，反复出现了十次之多。各从其类，是神的意志，是神的安排。青草菜蔬之中有结籽的，树木之中有结果的，神让结籽的与结果的各从其类。水中有各种鱼虾，天上有各种飞鸟，神让水中游的、天上飞的各从其类。地上有牲畜、昆虫、野兽，神让地上的动物各从其类。神的意志，站在中华文化的立场上看，实际上是天则与天理。

物类不能乱，这是《周易》《圣经》这两部经典共同强调的重大原则。这一重大原则，用《周易》的话说，是自然法则，是天地之理，用《圣经》的话说，是神的意志，是神制定的法则。

物类不能乱，这一原则具有永恒意义。违背了这一原则，必然产生人为的灾难。这里举两个例子说明物类不能乱的严肃性：其一，艾滋病的产生。人和猩猩不是一类，人与猩猩杂交，就产生了人类解答不了的大问题——艾滋病。其二，疯牛病的产生。牛属于食草动物，不属于食肉动物，而西方的科学家，偏偏让牛吃骨粉，而骨粉属于肉类。牛吃骨粉，就产生了令人类恐慌的大问题——疯牛病。

物乱其类，违背了《周易》中的天理，违背了《圣经》中的神理。今天的转基因工程，毫无疑问，完全违背了物从其类的原则。转基因会引起什么问题，目前尚不清楚，但可以肯定地说，一旦出现问题，其危害绝不会逊色于艾滋病、疯牛病。

据电视报道，英国人正在进行人兽胎胚的杂交，这更是一项违背道理、违背上帝之理的试验。笔者无法预料出这项试验成功后的危害，但完全可以说出这样一个预言：违背一条道理，付出一种代价。违背了两条道理，付出两种代价。违背了三条道理，付出三种代价。在这里，没有商量的余地。

"神看着是好的。"这句话在《圣经·旧约·创世纪》中多次出现。物的各从其类，上帝是满意的。如果物乱其类，上帝还会满意吗？如果现代人违背各从其类的哲理，肆意乱其类，会不会有这样严重的后果——"神看着是坏的"，真诚地希望西方的科学家注意到这一点。

8. 时空论吉凶。《周易》讲究吉凶，一个"吉"字，在《周易》的文字出现了148次，一个"凶"字，在《周易》的文字出现了49次。在一字一金的经典里，这两个字出现的频率如此之高，可见中华先贤对"吉凶"二字内涵与外延的重视程度。

《周易·系辞上》曰："是故吉凶者，失得之象也。"又曰："吉凶者，言乎其失得也。"何谓吉？何谓凶？《周易·系辞上》给出的答案是：得为吉，失为凶。

《周易·系辞上》曰："是故易有太极，是生两仪，两仪生四象，四象生八卦，八卦生吉凶，吉凶生大业。"《周易》里的太极，为生生之源。《周易》里的八卦，为现实世界。《周易·系辞上》告诉后人，吉凶随宇宙的发生而发生，随整个现实世界运动而运动。现实世界以生生克克来维持平衡。生克即得失，得失即吉凶。所以说，吉凶随着宇宙起源而发生，伴生在现实世界物与物的生克之中。有得有失，即有吉有凶，才会有这个现实世界。只有得而无失，就不会有这个现实世界。只有失而无得，同样不会有这个现实世界。"八卦生吉凶，吉凶生大业"的意义就在这里。

吉凶还体现在鬼神之中。《周易·乾·文言》曰："与鬼神合其吉凶。"神为吉，鬼为凶。合于鬼神就是合于吉凶。物生为神，物死为鬼。《周易》中的鬼神，所表达的就是物生物死两种自然状态。《周易·系辞上》曰："精气为物，游魂为变，是故知鬼神之情状。"这里的鬼，不是人格鬼；这里的神，不是人格神。《列子·天瑞》："鬼，归也。"生命由精神、骨骸两部分所组成。精神与骨骸合一，即为生命。精神与骨骸分离，生命结束。生命结束为返璞归真。列子认为，鬼，实际上是回归之归。生为神，死为鬼。神为吉，鬼为凶。生死即吉凶。"与鬼神合其吉凶"这句话的基本精神是，人的生活秩序应该自觉和谐于万物的生长消亡的自然秩序。

吉凶还体现在时空之中。六爻的爻辞，经常出现吉或凶的判断。六爻之六，一可以表达六时，二可以表达六合。阴六时阳六时，一天一共12时。阴六月阳六月，一年一共12月。六合者，四方上下也。六时表时间。六合表空间。人的生活，人的生产，必须合于时间之序，必须合于空间之序。六爻爻辞的吉凶，强调的是时空之序的重要性。

宇宙发生与时空有关，现实世界的运动与时空有关，物生物死与时空有关，归根结底，吉凶与时空有关。

此时应该播种，此时应该收获，此时应该防暑，此时应该防寒，生产生活必须合于时序。此地宜食咸，此地宜食酸，此地宜种稻，此地宜种黍，养生、种植必须考虑空间条件。

以时空论吉凶，这是六十四卦所创立的基本观念。这一基本观念被算命先生所篡改，算命先生论吉凶，吉凶在玄虚中，吉凶在神秘中。算命先生告诉你何时吉、何时凶，你把真金白银送给算命先生，如此一往一来，具有文化意义的吉凶之说，被庸俗到了不堪的极处。

（五）六十四卦的启示意义

1. 展开说、详细说。先天八卦是"开始说"的成果，后天八卦是"继续说"的成果，那么，六十四卦呢？六十四卦是"展开说、详细说"的成果。

所谓"展开说"就是以八卦为基础演化出了六十四卦。用八种元素来描述一个主题，这是八卦；同一主题，用六十四种元素来表达，这是六十四卦；一个主题从八种侧面的描述换成了六十四个侧面，这就是所谓的"详细说"。八卦是一个浑然天成的整体，不分上下；而六十四卦虽然是一个整体，但分出了经上经下两部分，谈天地之道的前三十卦为上经，谈夫妇之道的后三十四卦为下经。详细说的意义，还体现在此处。

长江后浪推前浪，人间后人超前人。前人说原则，后人说具体。前人说大体，后人说详细。开端处的中华先贤就是这样的先贤。阴阳两爻是不可变的两爻，而八卦则是可变的八卦。由八卦到六十四卦，用演变抽象符号来说明问题、表达看法的，在世界民族之林中唯我中华先贤。特殊之物必有特殊之处，唯一性的东西必有唯一性的意义，按此理而论，八卦、六十四卦在世界范围内，一具有特殊性，二具有唯一性。可是，卦的特殊意义体现在何处，卦的唯一性意义又体现在何处，中华先贤的良苦用心为何，所有这些问题，先贤的子孙似乎至今也没有做出合理的解答。更为重要的是，子孙如果像先贤一样，一代超越一代，会丧失领先于世界的地位吗？

2. 宇宙与人生一起说。认识宇宙与认识人生，在古希腊是先后认识、分别表达的。苏格拉底之前的三代哲学家的话题是宇宙，从苏格拉底开始话题转向了人自己。

古希腊的第一大哲学家是泰勒斯。话说宇宙，是从泰勒斯开始的。宇宙的本源是什么？泰勒斯给出了一个"万物是水"的答案。从泰勒斯之后到苏格拉底之前，古希腊大地上出现了三代哲学家，这些哲学家关心的仍然是同一问题——认识宇宙，解释宇宙。问题是一个问题，答案却不是一个答案。除了"万物是水"的答案之外，还有气、火、原子，以及水、气、火、土四根等多种答案。多种答案，一个特点，对宇宙本源的认识一直停留在具体事物的层面上。这里没有抽象的阴阳，更没有抽象的八卦与六十四卦。

从苏格拉底开始，古希腊哲学家探索的主题发生了变化，由关心宇宙转向开始关心人生。苏格拉底的全部探索，围绕的是一个问题——认识人生。苏格拉底留下了一句流传千古、跨越东西的名言——"认识你自己"。苏格拉底认为，人应该行善。行善之前应该首先懂得什么是善——概念之善与行为之善。

先谈宇宙，再谈自己，这是古希腊哲学的特色。宇宙与自己，宇宙与人生，两者之间并没有直接联系，这同样是古希腊哲学的特色。

宇宙与人生，即天人关系，在六十四卦这里，不是分别而论，不是先后而论，而是一体而论的。

天地人三才合一而论，体现在两个地方：一体现在爻中，二体现在卦中。六爻，论的是天地人三才。六十四卦，上经开篇论天地，下经开篇论人生，宇宙与人生，在卦里是一体而论的。"昔者圣人之作易也，将以顺性命之理，是以立天之道曰阴与阳，立地之道曰柔与刚，立人之道曰仁与义。"（《周易·说卦》）立天之道、立地之道、立人之道，天地人三道首先隐藏在卦象里，其次表现在文字里。把人生放在宇宙之内来认识，这就是始于八卦、延续于六十四卦的特色。人不能独立于天地，不能独立于日月，不能独立于山水，不能独立于四时，论天之时必论人，论人之时必论天，天地人密不可分，这就是始于八卦、延续于六十四卦的特色。

在天地山水开始惩罚人类的今天，天人合一而论、宇宙人生一体而论的论证方式，意义是那样的新鲜。

人应该是行善之人，在行善这一问题上，中华先贤有与苏格拉底相同的主张。《周易》主张，人应该是行善之人，家应该是行善之家。善的榜样在哪里？在天地。主张行善，这是中华先贤与苏格拉底的共同点。所不同的是，中华先贤早讲了几百年。

此处，有必要讨论一下这样两个问题：何谓哲学？何谓哲学家？

泰勒斯之所以被称之为哲学家，是因为他研究了"宇宙由何而来"的问题；苏格拉底之所以被称之为哲学家，是因为他研究了"人何以为人"的问题。如果以泰勒斯、苏格拉底关心的问题为哲学，如果以泰勒斯、苏格拉底为哲学家，那么，从古希腊的泰勒斯、苏格拉底这里可以清楚地看出什么是哲学，什么人是哲学家。

什么是哲学？哲学是问其究竟之学，哲学是提问题的智慧。是面对茫茫宇宙，提问"为什么这样"、面对茫茫人生提问"到底应该怎么样"的智慧。

什么是哲学家？善于问其究竟者，善于提出问题者即哲学家。面对茫茫宇宙，能够解答"为什么这样"者，即是哲学家。面对茫茫人生，能够解答"应该怎样"者，即是哲学家。能够同时解答"为什么这样"与"应该怎样"两样问题者，是超一流的哲学家。

面对茫茫宇宙，创作卦的中华先贤交出"为什么这样"的答案。面对茫茫人生，创作卦的中华先贤交出"应该怎样"的答案。宇宙与人生，中华先贤有自己的认识，有自己的解答，而且是两个问题一体解答的。所以说，中华民族有自己的哲学，有自己的哲学家。与古希腊相比，中华民族的哲学与哲学家，应该是优秀的，尤其是在抽象水平上。

此处，也有必要讨论一下"轴心时代"所涉及的问题。德国哲学家亚斯贝尔斯在《历史起源与目标》一书中提出了"轴心时代"一说。这位哲学家认为，公元前六七世纪，是人类文明史中的一个"轴心时代"。这一时期，东西方几大文明区内出现了一批重要的思想家，古希腊有苏格拉底、柏拉图，古希伯来有犹太教的先知，印度有释迦牟尼，中国有老子、孔子。这批思想家对人类思想有基础性的影响。"轴心时代"一说，被东西方学者普遍接受。

先知之前还有没有先知，笔者不知道；释迦牟尼之前还有没有佛陀，笔者也不知道；不知道，就不便说。但笔者要说的是，在中华大地上，老子、孔子之前还有思想家，而且是可以影响老子、孔子的思想家。

《论语·述而》："子曰：'加我数年，五十以学《易》，可以无大过矣。'"孔子这句话，讲出了多重意思：一、孔子非常尊崇《易》；二、《易》可以指导孔子；三、学《易》的目的是为了避免大过大错。四五十岁才学《易》，证明没有丰富的阅历就不能真正地理解《易》。通过这句话可以知道，孔子之前还有人，孔子之前还有书，而且孔子之前的人、孔子之前的书可以指导孔子。关于孔子之前的人和书，"轴心时代"一说的创立者恰恰没有注意到。

在《论语》《礼记》中可以看到，孔子赞美过舜时代的音乐，赞美过夏时代的历法，赞美过周代的礼，赞美过尧、舜、禹、商汤、武王、周公诸多先贤。所有这些，说明的是一个问题，即孔子并不是中华大地上最早的思想家。孔子的思想影响了后人，但孔子之前先贤们的思想影响了孔子。关于这一点，"轴心时代"一说的创立者没有注意到。

笔者这里的议论，只是对亚氏的"轴心时代"做些补充。老子、孔子并不是中华大地上最早的思想家，老子、孔子之前还有伏羲氏、神农氏、黄帝、周文王。老子、孔子不是中华文化的创造者，而是中华文化的继承者、发展者。他们的思想影响了后人，这是后来的史实，但是，卦中的思想影响了老子、孔子，这是之前的史实。谈中华文化，谈中国思想家，谈中国哲学，无论如何不能止于老子、孔子，而应该谈到两位之前的阴阳、两位之前的卦。

书有局限性，言有局限性，人有局限性，老子孔子都是人，而且是人中优秀的人——圣人。即便是圣人也有局限性，其书其言都有局限性，受圣人影响是可以的，但一定不能被圣人所局限。在中华大地上成长，拜读老子、孔子的书是必须的、必要的，但一定不能停留在这里。一定要知道，老子、孔子之前还有卦——容纳宇宙与人生两种道理的卦，卦外还有易于亲近却又永远研究不透的大自然。对宇宙人生的认识，永远也不该停止，如果后世子孙坚持这一点，何至于东西南北四处找文化。

3. 四种理一起说。多说了两种理，是六十四卦与世界上其他经典的最大区别。

宇宙之理是一种理，人生之理是一种理，人类最早的经典，讲的就是这两种理。《奥义书》讲的是这两种理，《圣经》讲的是这两种理，释迦牟尼留下的经典讲的也是这两种理。与兄弟民族的经典相比，《周易》多讲了两种理。除了"宇宙如何发生"与"人生如何度过"这两种理之外，六十四卦又多解答出了两种理——数理与器理。

数理即数学基础之理，器理即器具之理，这两种理与宇宙人生之理，在今天的专家看来，完全是老虎和鲸鱼的关系——毫不搭界。但在六十四卦里，在中华先贤那里，这四种理犹如水乳关系，交融得是那样的完美。

阴阳本身就隐含着奇偶之数，天地本身就隐藏有五奇五偶（天一地二，天三地四，天五地六，天七地八，天九地十），以太极为起点的阴阳裂变隐含有九九之术——乘法口诀，天文变化之中隐藏有方圆规矩、三角形……卦中有阴阳，卦中有天地，天地阴阳中有奇偶之数，有方有圆有三角，数、数学起于自然，抽象于卦。

卦源于天地，源于万物，源于鸟兽之文，所以，卦象这个抽象之象，一可以表达形象之象，二可以表达抽象之理。现代仿生学告诉人们，一物之象可以启示器具的发明创造，万物之象可以启示器具的发明创造。卦是源于形象之象的抽象之象。以等量代换关系而论，抽象之象同样可以启示器具的发明创造。一物之理可以启示器具的发明创造，万物之理可以启示器具的发明创造，卦这个抽象之象背后有说不完、道不尽的抽象之理，抽象之理可以启示器具的发明创造，关于这一点，稍微有点常识的人是不会怀疑的。

如果说，多讲了两种理是六十四卦的特别之处，那么，四种理一起说则是六十四卦的优秀之处。优秀之处的具体体现在哪里？第一，在探索活动中自觉引入了价值判断；第二，在大宇宙与小宇宙之间建立起了联系。

"是不是""真不真""会不会""能不能"的探索，是科学研究。"好不好""善不善""是否伤天害理"的辨别，是价值判断。四种理一起说，就是在科学研究中自觉引入了价值判断。中国人都知道，在第二次世界大战中，日本关东军的731部队，为了战争而专门研究细菌。这支部队成功研制出了包括鼠疫在内的多种可致命的细菌。细菌是否有效，他们拿健康的中国人做实验。如果仅以器、术的标准评估，这些成果具有史无前例的空前性，是伟大的科学发现。但是，如果在评估的标准中引入宇宙人生之理，731部队的成果就全部是伤天害理的大恶果。伤天害理的器具就不能造，伤天害理的技术就不能为。"四种理一起说"的人文意义就在这里。

声、光、电、化出现之后，全世界的思想家、政治家、理论家、教育家、哲学家为之欢呼，为之歌唱。当时的西方普遍存在着隐于心却羞于口的观念：人什么都会做，还要上帝干什么。科学会取代上帝，科学会把人类带进天堂。"上帝死了！"一个独立特行的哲学家、德国的尼采，用一声呐喊，点破了西方人心中的隐秘。300年过去了，人们所面临的不是纯洁而美好的天堂，而是一个严重污染的、让人无法生存的肮脏环境。上帝死了，污染来了。不同立场的人们终于共同认清了一条道理——人类只有一个地球。而保护地球，必须在探索领域引入价值判断，必须在"是不是""真不真""会不会""能不能"之前之上加入"该不该""善不善"的价值判断。

"四种理一起说"，在一物之理与宇宙之理之间建立起了联系，在万物与宇宙之理之间建立起了联系。鱼类之中的一条小鱼，草木之中的一朵小花，其生其长均与宇宙之理相关；家中小猫、小狗，山中的老虎、狮子，其生其长均与宇宙之理相关；人在一日之中、一生之中，其生其长均与宇宙之理相关；这些用显微镜无论如何也说不清楚的道理，用"四种理一起说"，一说就明白。

论具体物理必须考虑宇宙人生之理，论具体器具必须考虑宇宙人生之理，只有这样才不至于伤天害理。"四种理一起说"的现实意义，就在这里。

4. 天地水火四大元素一起说。前面已经谈过，先天八卦强调的是天地，后天八卦强调的是水火。没有天地，一切演化就无从谈起。有天地而没有水火，万物的演化就失去了基本前提。

六十四卦结束了天地水火四大元素分别而论的历史，开始了天地水火四大元素一起说。六十四卦前30卦为上经，上经起于天地，终于水火。言天道、言万物的自然演化，是上经的第一任务。天地水火四卦起于天地而终于水火，在这里构筑起了一个天体框架。

最早评价这个天体框架的，是三国时期吴国的魏伯阳。魏伯阳留下了一部《周易参同契》，这部著作是讲炼丹的。笔者以工程师的眼光看，《周易参同契》应该是化学著作的鼻祖，因为它记载了人类历史上人工合成的最早的化合物。《周易参同契》论炼丹，首先论是自然哲理、阴阳哲理。自然哲理与阴阳哲理，体现在乾坤坎离即天地水火四卦之中。请看下列《周易参同契》的一个重要论断：

"乾坤者，易之门户，众卦之父母。坎离匡郭，运毂正轴。牝牡四卦，以为橐籥。"

在这里，魏伯阳先谈乾坤，再谈坎离。魏伯阳指出，乾坤两卦是进入《周易》的大门，是其他六十二卦的父母。除了乾坤两卦之外，最重要的就是坎离两卦。坎离两卦围绕一根正轴运行交通在天地之间。乾坤即天地，坎离即水火。天在上，地在下，水、火二气交通运行在天地之间。天地水火阴阳四卦组成了一个自我运动的框架。老子曾把这个天体框架比喻成一个自动屈伸的大风箱——天地之间是空虚的，空虚之中有自生自动的、一来一往的、来往无穷的风。魏伯阳接过这个比喻，并且接着老子继续说，说天地之间的风实际上是水火二气，风的运动实际上是水火二气的运动。他对天地水火四元素的诠释，应该是符合六十四卦原理的。

天地水火，天体四维。四维毁其一，人类的生存就会受到影响。四维毁其二，人类的生存就会受到阻碍。四维毁其三，人类的生存肯定无法继续。四维全部毁坏，人类肯定灭亡。所以，人类的一切一切活动，必须考虑到天地水火的接受程度与容忍程度。

天体四维，在今天的韩国仍然受到了重视。韩国的国旗中心是太极，周围是象征天地水火的乾坤坎离四卦。把太极图放在国旗上，由此可见韩国对太极的尊敬程度。把象征天地水火的四卦放在国旗上，由此可见韩国对天地水火的尊敬程度。

太极、八卦为何会传入韩国，《汉书》中有箕子到朝鲜一说。《汉书·地理志》曰："殷道衰，箕子去之朝鲜，教其民以礼仪，田蚕织作。……是以其民终不相盗，无门户之闭，妇人贞信不淫辟。"《汉书》告诉人们，是箕子把中华元文化传到了朝鲜。柳宗元作《箕子碑》，谈的也是箕子到朝鲜传播文化的功绩。

在中国，街头巷尾的算命先生，把太极八卦摆在了地摊上。中华先贤创造出的文化，在韩国受到了尊重，在子孙手里却受到糟蹋，对比之下，中华民族应该害臊，应该感到羞愧。创造令人敬仰的文化，这是早期的中华先贤。肆意糟蹋文化，这是现实生活中的"优秀"子孙？

天上出现了臭氧层黑洞，大地土壤里的有害化学元素越来越多，本来清清的水源被变成了污水，能够变成热能的石油与煤炭已多次向人类提出了警告，在人类现代化几近乱化的今天，再看由天地水火组成的天体四维，后人应做何感想呢？

这里还要澄清一个问题：重视天地水火，并不是始于作《周易》六十四卦的周文王，而是起于周文王之前的黄帝。"维昔黄帝，法天则地。"这是《史记·太史公自序》所记载的黄帝。"节用水火材物"是《史记·五帝本纪》所记载的黄帝的主张。重视天地水火四元素，是从黄帝开始的。江河污染了，能源危机了，今日与远古，相互对比，昨天等于落后吗？传统等于落后吗？古代等于陈旧吗？

5.往前说，往后说。往前说，说到"有天地"之际；往后说，说到"有礼仪"为止。

六十四卦，前30卦说天道，天道说的是从前。天地之前的还有看不见的太极，六十四卦不说看不见的事。有了天地，才开始了万物的演化。有了天地，才出现一男一女。"有天地然后万物生焉。"《周易·序卦》说从前，是从乾坤开始的。乾天坤地，两者和合而万物生焉。

六十四卦，后34卦往后说。往后说的是男女产生之后的演化。起于男女，止于礼仪，这就是中华大地产生的能够"化成天下"的文化。关于往后说，说男女，说夫妇，说父子，说君臣，说上下，最终把人与人的关系落脚在"礼仪"二字上。讲礼仪的文化是育人的文化，讲弱肉强食的哲学是育禽育兽的哲学。这些将在第二篇中详细讨论。

向前说，说到天；向后说，说到人。这种先论天后论人的论证方式，被儒家文化所继承，被道家文化所继承，被中医文化所继承，也被《管子》《鹖冠子》《尸子》《吕氏春秋》所继承。做人讲究天理，养生讲究天序，生产讲究天时，自然之天里有人之所以为人的基本榜样。所以，言天必言人，言人必言天。"善言天者，必有验于人"，这是《黄帝内经》中反复出现的名言，也是《黄帝内经》论养生、论治病的基本方法。

6. 说动、说变、说循环。六十四卦是动态的卦，六十四卦是变化的卦，六十四卦是循环变化的卦。说动、说变、说循环，是六十四卦的基本特色。

六十四卦，卦卦都是动态的。卦之动，始于乾坤两卦。动，产生变化。乾坤之动变出了第三卦，第三卦之动变出了第四卦，依此类推，一直变到第六十三卦，结果结于此。六十四卦，实际上是变化的新起点。卦中有天文，卦中有地理；卦中有教育，卦中有婚礼；卦中有恋爱，卦中有苦难；卦中有争讼，卦中有战争；卦中有历法，卦中有兵法；卦中有音律，卦中有算术；卦中有物极必反，卦中有触类旁通……《四库全书总目提要·经部·易类一》："《易》道广大，无所不全。旁及天文、地理、乐律、兵法、韵学、算术、以逮方外之炉火，皆可援《易》以为说。"从形而上到形而下，卦中应有尽有，应有尽有之有的产生均在变化之中，有有之后继续变化。"易穷则变，变则通，通则久。"这是《周易·系辞下》记载在黄帝名下的至理名言。

卦外的昼夜有循环性，卦外的寒暑有循环性，卦外的日月星辰有循环性，卦外的万物生长成熟有循环性。反映自然变化的卦，同样有循环性。循环，无限循环，是变化的重要特征。

7. 用诗一样的语言说。中华先贤是讲究艺术的先贤，元文化是讲究艺术的文化，讲究艺术体现在用诗一样的语言来表达问题。

如果将六十四卦每一卦的爻辞进行整理，都会整理出一首诗。四川大学哲学系教授黄玉顺教授研究《周易》，发现了爻辞中隐藏的古歌谣，挖掘整理，最后著大作《易经古歌考释》，由巴蜀书社出版。这里举上三例：

例一，乾卦爻辞中的古歌谣。

乾卦的依次爻辞为：

初九：潜龙勿用。

九二：见龙在田，利见大人。

九三：君子终日乾乾，夕惕若厉，无咎。

九四：或跃在渊，无咎。

九五：飞龙在天，利见大人。

上九：亢龙有悔。

用九：见群龙无首，吉。

掐头去尾，黄玉顺教授在乾卦爻辞中整理出了《群龙之歌》，歌词为：

见龙在田，或跃在渊，飞龙在天。

一首合辙押韵的诗，被黄玉顺从乾卦的爻辞中抽了出来。实际上，还可以按照爻辞的顺序将诗歌整理为：潜龙勿用，见龙在田，终日乾乾，或跃在渊，飞龙在天，亢龙有悔，群龙无首。

例二，坤卦爻辞中的古歌谣。

坤卦的依次爻辞为：

初六：履霜，坚冰至。

六二：直方大，不习无不利。

六三：含章可贞，或从王事，无成有终。

六四：括囊，无咎无誉。

六五：黄裳，元吉。

上六：龙战于野，其血玄黄。

用六：利永贞。

掐头去尾，黄玉顺教授在坤卦爻辞中整理出了《大地之歌》，歌词为：

履霜，坚冰。

直方，含章。

括囊，黄裳。

龙战于野，其血玄黄。

例三，咸卦爻辞中的古歌谣。

咸卦的依次爻辞为：

初六：咸其拇。

六二：咸其腓，凶，居吉。

九三：咸其股，执其随，往，吝。

九四：贞吉，悔亡。憧憧往来，朋从尔思。

九五：咸其脢，无悔。

上六：咸其辅颊舌。

掐头去尾，黄玉顺教授在咸卦爻辞中整理出了《欢之歌》，歌词为：

咸其拇，咸其腓，咸其股，执其随。

憧憧往来，朋从尔思。

咸其脢，咸其辅。

所谓"掐头去尾"并不是随意分割。掐头，掐的是"初九""初六"这样的爻序。去尾，去的是"大吉""大凶"这样的占断。有韵即歌，无韵是断。依韵取歌，每一卦的爻辞里面都隐藏一首歌谣。黄玉顺教授发现并整理出了六十四卦中的古歌谣，是《周易》研究史中的一大贡献。在古歌谣中，赋比兴风雅颂六艺一艺不缺。

诗一样的语言，爻辞中有，易传更为丰富，这里举上几例：

例一，"夫大人者，与天地合其德，与日月合其明，与四时合其序，与鬼神合其吉凶"。（《周易·乾·文言》）

例二，"亢之为言也，知进而不知退，知存而不知亡，知得而不知丧。其唯圣人乎？知进退存亡，而不失其正者，其为圣人乎"？（同上）

例三，"积善之家，必有余庆；积不善之家，必有余殃"。（《周易·坤·文言》）

例四，"天下何思何虑？天下同归而殊涂，一致而百虑。天下何思何虑？日往则月来，月往则日来，日月相推而明生焉。寒往则暑来，暑往则寒来，寒暑相推而岁成焉"。（《周易·系辞下》）

例五，"有天地然后有万物，有万物然后有男女，有男女然后有夫妇，有夫妇然后有父子，有父子然后有君臣，有君臣然后有上下，有上下然后礼仪有所错"。（《周易·序卦》）

这里只是引用，不展开议论。

这里要告诉读者的是，笔者对《周易》的立场，是从看到第五个例子时开始发生变化的。"如此美妙的文辞，现代人有几个能写得出来呢？"这是当时的惊叹。从小学五六年级开始，笔者就知道《周易》是宣传封建迷信的书，是算卦用的书，总而言之，是坏书，所以一直厌恶、排斥。笔者的文化回归，对《周易》的态度由厌恶到热爱，诗一样的语言是原因之一。

用诗一样的语言说，是从六十四卦的爻辞开始的。《诗经》告诉后人，在早期的中华大地上处处都有诗，处处都有歌。

"蒹葭苍苍，白露为霜。所谓伊人，在水一方。"几千年前的诗，经当代的邓丽君一唱，立刻唱红了东亚、东南亚。"关关雎鸠，在河之洲。窈窕淑女，君子好逑。"几千年前的诗，仍然能够强烈地吸引当代的年轻人。

一个不讲究艺术的民族，肯定是一个毫无生气的民族。一个不热爱艺术的人，肯定是一个没有情趣的人。艺术水平能折射出一个民族文化水平的高低。以诗歌水平为基准来评判先贤与子孙，今天的子孙真的优于先贤吗？

8. "天如何，人如何"的基本公式不能丢。做人如何做？人类先贤为这一问题做出了极大的贡献。

"神如何，人如何"，做人按照神理去做。这一基本公式，由《圣经》所创建。神理为什么可以成为做人的参照坐标？因为人是神创造的。

"天如何，人如何"，做人按照天理地理去做。这一基本公式，由《周易》所创建。天理地理为什么可以成为做人的参照坐标？因为人是天地创造的。

"崇效天，卑法地。"这是如何做人的大原则。《周易·系辞上》指出，凡是人都有如何做人的问题，凡是人都应该效法天地，无论圣人与凡人。

效天法地，一要效法天地大公无私、容忍宽厚的品德，二要效法天地生生不息的功能，三要效法天地变化的时序，四要顺应天地变化的气候，五要效法天地和合……

今天的西方人，虽然进教堂，但在笔者看来，文艺复兴以后，西方人从根本上，从实际上早已抛弃了神理，而中华先贤的子孙从接受"三纲"之后就完全抛弃了天理。

历史与现实证明，西方的神理不能丢，东方的天理不能丢，否则，人类自己会制造出灭世的洪水。

关于"天如何，人如何"的基本公式，将在第二篇中详细讨论。

（六）六十四卦中的基本常识

1. 六爻之象。八卦是六十四卦的母源，八八六十四，六十四卦产生于八卦相互重叠。八卦每卦三爻，六十四卦每卦六爻。三爻之象，是八卦的基本特色。六爻之象，是六十四卦的基本特色。

2. 初九初六。阳爻称九，阴爻称六。阳奇阴偶，一三五七九，九为阳奇之极；二四六八十，六为阴偶之中，这里可能是阳爻称九、阴爻称六的基本原因。

阳爻称九，第一爻称初九，第二爻叫九二，第三爻称九三，第四爻称九四，第五爻称九五，最顶上第六爻称上九，不称九六。

阴爻称六，第一爻称初六，第二爻六二，第三爻六三，第四爻六四，第五爻称六五，最顶上第六爻称上六，不称六六。

3. 内卦外卦。六十四卦每一卦，可以一分为二，分为上下两个三爻卦。卦分上下，上下分内外。下为内而上为外，在下者为内卦，在上者为外卦。

4. 得位失位。六爻讲究位，一三五为阳位，二四六为阴位。阳爻居阳位为得位，阳爻居阴位为失位。反之亦然。

5. 中正。第二爻为中，第五爻为中。为什么？第二爻的位置位于内卦的中间，第五爻的位置位于外卦的中间。阴阳两爻，凡是居于二、五之位的，即是得中。

第一、第三、第五，一三五为阳位，阳爻居一三五之位谓之正。第二、第四、第六，二四六为阴位，阴爻居二四六之位谓之正。

阴爻居二、五之位，称之得中。阳爻居二、五之位，得中且得正，称之中正。

6. 乘承。在上曰乘，在下曰承。乘承，讲的上下关系。阴爻在阳爻之上曰乘刚，细而言之是柔乘刚。

7. 错综交互。错，相反也。八卦相错，讲的是八卦每一卦对面都是相反的卦。天卦对面的地卦，山卦对面的泽卦，都是相反之错卦。

综，相对也。例如把媾卦平放在桌面上，你看是媾卦，对面的人所看到的则是夬卦。在对立的两面，你看一个卦，我看一个卦，同一个卦会看成两个卦，这就是综卦。

任意一卦，经过交互，都可以变出新的一卦。具体步骤有二：首先，将卦中的二三四爻抽出来作为内卦；然后，将卦中的五四三爻抽出来作为外卦，内外卦结合，就是一个新的六爻卦。二三四爻相连为交，五四三爻相连为互。

8. 刚柔。阳刚，阴柔。刚柔是阴阳的另一种说法。

9.绝对卦与相对卦。六十四卦之中只有八个卦是绝对的。

所谓绝对，就是无论在哪个角度上看，这个卦还是这个卦。例如象征天地的乾坤两卦，东西两面看是它，南北两面看还是它；美国人看是它，德国人看还是它。无论谁看，无论从哪个角度看，它永远是它。象征水火（日月）的坎离两卦，象征大错小错的大过小过两卦，象征颐养的颐卦，象征诚信的中孚卦，这六卦也是绝对卦。加上乾坤两卦，绝对卦一共八个。

除开这八个卦之外，其他五十六卦都是相对卦。所谓相对，就是你看是这，他看是那。从这方面看是这，换个角度看是那。事关政治，在以色列和巴勒斯坦，同一问题永远是两种看法。但是，看天看地，看水看火，无论是什么立场都不会做出两种结论。

（七）一个千年没有答案的问题

六十四卦卦序里有一个千年没有答案的问题。八卦演化出了六十四卦，这是众所周知的事。可是八卦怎么会演化出了六十四卦，这个问题没有答案。卦序为什么这么排，这个问题同样没有答案。

没有答案的问题说明了什么？说明这样一个重要问题：先贤所掌握、所运用的方法——创造文化的方法，创造器具的方法，子孙并没有全部认识，更没有全部掌握。

第三章　关于图书、五行问题

"图书"一词，合成于《周易》中的"图""书"两个单音词。图书，对于中华文化来说，具有根本性。图书的其然与所以然，是文化研究不能回避，也回避不开的问题。

五行问题，与图书一样，在中华文化中具有根本性，但现行流行本的《周易》中并没有出现五行。五行到底源于何处？五行在文化中解答了哪些重要问题？五行的其然与所以然，也是文化研究不能回避和回避不了的问题。

图书与五行，下面分别讨论。

第一节　关于图书问题

一、图书之名的由来

在马王堆帛书出土之前，中华大地上只有一个版本的《周易》。这部《周易》已谈到了图、书问题。

《周易·系辞上》曰："河出图，洛出书，圣人则之。"图是图，书是书。图书，是分别而论的。由"河出图"之说，演化出了"河图"。由"洛出书"之说，演化出了"洛书"。《汉书》将图、书两个单音词合成了一个双音词——图书，《汉书·五行中》曰："河洛出图书。"从《汉书》开始，中华大地上有了"图书"这一双音合成词。

图书，在现实生活中相关于每一家每一户，但是，没有几个人知道这个词的发源地在《周易》。

二、经典与诸子所记载的图书

在经典与诸子之中，都可以看到图书的记载。如果不值得重视，图书不可能出现在如此广大的范围内。

（一）经典所记载的图书

《尚书·顾命》："越玉五重，陈宝、赤刀、大训、弘璧、琬琰，在西序。大玉、夷玉、天球、河图，在东序。"顾，眷顾也。顾命，先王临终前嘱托大臣眷顾新王的命令。在成王的顾命中，出现了殿堂摆设的各种礼器，礼器之中出现了河图。

《尚书》在儒家十三经中，位列第二。《尚书》在经典中居于重要位置，河图在《尚书》中居于重要位置，其重要性由此可见一斑。

《尚书》所记载的图，只有图之名，而没有图之容。

（二）诸子所记载的图书

孔子、墨子、管子，以及之后的吕不韦都记载了图书。

《论语》所记载的河图。《论语·子罕》："子曰：凤鸟不至，河不出图，吾已矣乎！"——这里有图没有书。只有图其名，没有图其形。

《礼记》所记载的河图。《礼记·礼运》："天不爱其道，地不爱其宝，人不爱其情，故天降膏露，地出醴泉，山出器车，河出马图。"——这里有图之名，没有图之形。

《墨子》所记载的河图。《墨子·非攻下》："赤鸟衔珪，降周之歧社，曰：'天命周文王伐殷有国。'泰颠来宾，河出绿图，地出乘黄。"——"河出绿图，地出乘黄"谈的应该是图，应该是书。

《管子·小匡》："昔人之受命者，龙龟假，河出图，洛出书，地出乘黄。"——这里有图也有书。

《吕氏春秋·观表》："圣人上知千岁，下知千岁，非意之也，盖有自云也。绿图幡薄，从此生矣。"——这里有图，没有书。

孔子、墨子、管子在诸子百家中的重要位置是众所周知的。孔子、墨子、管子都谈到了图，直接或间接也谈到了书。孔子、墨子、管子告诉世人，图书关乎着国家的命运，关乎着君王的更替，关乎着朝代更替的合理性。

这里的遗憾有二：一是这里只有图书之名，却没有图书之形；二是都在讲图书的重要性，但为什么重要没有解释。

三、图书之数与图书之形

（一）数字

《周易》《礼记》《黄帝内经》《吕氏春秋》中均出现了一组与天地、时空，与现实世界相关的相同数字，这组数字可视为图书之数。

《周易》中的数字。《周易·系辞上》："天一，地二；天三，地四；天五，地六；天七，地八；天九，地十。天数五，地数五，五位相得而各有合。天数二十有五，地数三十。"

《礼记》中的数字。《礼记·月令》中出现一组数字：八、七、五、九、六。这一组数字一可以对应五季春夏秋冬加长夏，二可以对应五方东西南北中。例如，八对应春对应东，七对应夏对应南，九对应西对应秋，六对应冬对应北，五对应长夏对应中央。这五个数字还在万物与人体之间建立起了对应关系，在五音、五味、五脏、五星之间建立起了对应关系……四时春夏秋冬加长夏、五方东西南北中、十天干甲乙丙丁戊己庚辛壬癸、五星金木水火土、五音角徵宫商羽、五数八七五九六、五味酸苦甘辛咸、五臭膻焦香腥朽、五脏脾肺心肝肾，以及万物的状态，均可以用这一组数字来表达。

《黄帝内经》中的数字。《黄帝内经·素问·金匮真言论》出现了与《礼记·月令》相同的五个数字——八七五九六。这五个数字同样在四时、五方、五星、十天干、五音、五数、五味、五臭、五脏之间建立起了相互对应关系。五个数字最终融入了五行，随五行而进入了现实大小世界的各个角落。《黄帝内经》的这一组数字，除了与五脏的对应关系稍有差别外，其他对应关系，与《礼记》完全相同。

《吕氏春秋》《淮南子》中的一组数字。《吕氏春秋·十二纪》与《淮南子·时则训》中都出现八七五九六这一组数字。这组数字上对应天文，下对应地理、万物与人，中间对应时空。

以上几组数字，应视为是图书之数。这组数字如果减去5，就会得出这样一组结果：8-5=3，7-5=2，9-5=4，6-5=1。

参加运算的数字是8、7、9、6，减数是5，得数是3、2、4、1。

1、2、3、4、5、6、7、8、9，是参加运算与运算结果的全部数字。这组数字中，5为中央之数，其他八个数字分布在中央周围的四面八方，周易布局吻合于八卦之形与八卦之数。

（二）图书之歌

汉代出现了图之歌，宋代出现了书之歌。

河图之歌，在汉代两部文献里可以发现：一是《太玄》，二是《汉书》。

《太玄》中的河图之歌。扬雄作《太玄》，《太玄·玄图》中出现了关于河图的口诀：一与六共宗，二与七为朋，三与八成友，四与九同道，五与五相守。释文：三八为规，四九为矩，二七为绳，一六为准。界辨而隅分，可得而察也。释文告诉人们，数字里隐含有方圆与规矩，隐含有直线与四方。

《玄图》之前有《玄数》。《玄数》中出现了10个数：一二三四五六七八九十，10个数与五行、四方、四时相互对应。具体对应关系为：三八为木，四九为金，二七为火，一六为水，五五为土。三八为东为春，四九为西为秋，二七为南为夏，一六为北为冬，五五为中央为四维。数字里隐含有五行、四方与四时。

《汉书》中的河图之歌。《汉书·五行志》："天以一生水，地以二生火，天以三生木，地以四生金，天以五生土。五位皆以五而合，而阴阳易位，故曰：'妃以五成。'然则水之大数六，火七，木八，金九，土十。"

文中的"妃以五成"，源于《春秋左传·昭公九年》。"天以一生水"的这段话，实际上是《汉书》对《春秋左传》中"妃以五成"的诠释。按照《汉书》的说法，《春秋左传》中实际已含有河图的内容。

宋代文献里有洛书之口诀。诀辞为："戴九履一，左三右七，二四为肩，六八为足，五居中央。"

（三）图形

史传的图书之形如下：

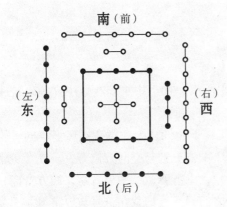

图1-8 河图

一六居下，二七居上，三八居左，
四九居右，五十居中。

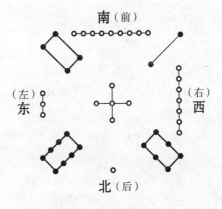

图1-9 洛书

戴九履一，左三右七，四二为肩，
六八为足，五居于中。

河图之歌

天一生水，地六成之；

地二生火，天七成之；

天三生木，地八成之；

地四生金，天九成之；

天五生土，地十成之。

洛书之歌

戴九履一，

左三右七，

二四为肩，

六八为足。

五居中央

河图中有十个数：1、2、3、4、5、6、7、8、9、10。洛书中有九个数：1、2、3、4、5、6、7、8、9。河图中的十个数之和为55。洛书九个数之和为45。图书之数之和为100。

（四）数字中的奇趣与奇迹

数字中有许多有趣的现象，还有许多厚重的奇迹，谨述如下：

其一，洛书中的九个数字分纵三行、横三行。纵横诸数之和为15，交叉诸数之和仍然为15。

其二，数字中的两条旋转曲线。如果把洛书中的奇数、偶数相连，就会揭示出两个相反的旋转方向：奇数左旋，起于内而终于外；偶数右旋，起于外而终于内。图形图式：

$$4 \quad 9 \quad 2$$
$$3 \quad 5 \quad 7$$
$$8 \quad 1 \quad 6$$

其三，数字中的东西南北。一居北方，二居南方，三居东方，四居西方，五居中央。五个数代表了东西南北中五方。

其四，数字中的四时五行。数中隐含有四时五方之序，以及五行之序，最完整、最精练表达这一点的是汉代扬雄。扬雄在《太玄·玄数》中写道：

"三八为木，为东方，为春。

"四九为金，为西方，为秋。

"二七为火，为南方，为夏。

"一六为水，为北方，为冬。

"五五为土，为中央，为四维。"

五行木金火水土，四时春夏秋冬，五方东西南北加上中央，在数中完美地统一在了一起。

其五，数字中的五音。《礼记·月令》《管子·幼官》《黄帝内经·素问·金匮真言论》中均出现了五音——角、徵、宫、商、羽。五音与空间方位有关。在《黄帝内经》中，五音与五方的关系是这样的：东方音角，南方音徵，中央音宫，西方音商，北方音羽。有了文字，五音记载在文字里。文字之前，五音记载在符号与数字里。因为河图之数中隐含有东西南北中的五个方位。所以，河图之数中又隐含着角、徵、宫、商、羽五音。

其六，数字中的八方八风。"太乙九宫占盘"的正面一有后天八卦图；二有五行金、木、水、火、土，且五行与八卦相融合；三是九宫之中除中宫之外，其他八宫配有八方、八节、八风。这与《黄帝内经》中的运气学完全一致。《黄帝内经·灵枢·九宫八风》将空间化为九宫。所谓九宫，就是四面八方加上中间一宫。八宫一可以表达四时八节，二可以表达四面八方。天上北斗星的斗柄，把四时八节与四面八方，以及因时令而起的八方之风，巧妙地联系在了一起。八方有八风，八风会引起八种疾病。研究八风的目的之一就是为防病治病服务的。

其七，数字中的建筑模式。明堂九宫是中华先贤所创建的政令教化制度，但九宫在实际生活中则是一种宫室的建筑模型。《周易·说卦》："离也者，明也，万物皆相见，南方之卦也；圣人南面而听天下，向明而治，盖取诸此也。"这句话有多重含义。离卦可以象征太阳，有太阳则有光明。这是离卦的第一重含义。

离卦可以象征南方，可以象征夏季，南方是万物茂盛的地方，夏季是万物茂盛的季节，时空与物的一致性，这是离卦的第二重含义。

南面听天下，向明而治，主张光明政治、阳光政治，这是离卦的第三重含义。

隐含有坐北向南的宫室模式，这是离卦的第四重含义。坐北向南的宫室模式，是本文此处关注的重点。

四、图书即天文

这一说法，源于《周易参同契》。

《周易参同契》："上察河图文，下序地形流，中稽于人情，参合考三才。"上察河图，下察地形，中间位置上研究的是人，天地人三才一体而论。这一文风与《周易》完全一致，与《黄帝内经》的文风完全一致。

上察的河图，显然是天文。如此结论可以找到支持的依据吗？请看下面九个论断：

其一，"夫大人者，与天地合其德"。在《周易·乾·文言》这里，天德人德是一体而论的。

其二，"仰以观于天文，俯以察于地理，是故知幽明之故。原始反终，故知死生之说"。在《周易·系辞上》这里，天文地理与人的生死是一体而论的。

其三，"古者包牺氏之王天下也，仰则观象于天，俯则观法于地，观鸟兽之文与地之宜，近取诸身，远取诸物，于是始作八卦"。在《周易·系辞下》这里，是在一个过程中完成的。在伏羲氏观察的视野里，天地人物这四者有分别却没有分割。

其四，"易之为书也，广大悉备。有天道焉，有人道焉，有地道焉。兼三才而两之，故六。六者非它也，三才之道也"。（同上）天地人三道，在《周易·系辞下》这里仍然是一体而论的。

其五，《周易·说卦》："昔者圣人之作易也，将以顺性命之理，是以立天之道曰阴与阳，立地之道曰柔与刚，立人之道曰仁与义"。立天之道、立地之道、立人之道，在《周易·说卦》这里，是一体而立的。

其六，"观乎天文，以察时变；观乎人文，以化成天下"。（《周易·贲·彖传》）观乎天文、观乎人文，天文人文，是一体而观的。

其七，"善言天者，必有验于人；善言古者，必有合于今"。（《黄帝内经·素问·举痛论》）言天必言人，言古必言今。在《黄帝内经》这里，天人古今是一体而论的。

其八，"夫道者，上知天文，下知地理，中知人事，可以长久。此之谓也。……位天者，天文也。位地者，地理也。通于人气之变化者，人事也"。（《黄帝内经·素问·气交变大论》）知天文、知地理、知人事，如此上中下三知，才符合道理。

其九，"道上知天文，下知地理，中知人事，可以长久，以教众庶，亦不疑殆"。（《黄帝内经·素问·著至教论》）知天文，知地理，知人事，上中下三知，才算是真知；如此三知，才算知道理。只有道理，才可以长久，才可以教育民众，才可以解惑疑难。

《周易参同契》的上中下之论与以上九个论断的思路完全一致，"上察河图文，下序地形流"与"仰观天文，俯察地理"的文风完全一致。所以，可以下出这一个结论："圣人则之"的图书，应该是天文地理。

《周易参同契》是第一部由哲学而科学的重要著作，开创了由阴阳之道论化学、论药物学、论冶金的先河。在这部著作中，第一次出现了多种化学反应，例如氧化还原反应、分解化合反应、互化反应。在这部著作中，第一次出现了人类历史上的人工化合物，例如氧化铅（Pb_3O_4）和硫化汞（HgS），第一次出现了人类历史上人工提纯的单质，例如纯铅、纯汞。研究人类化学史，《周易参同契》是不可逾越的著作。如此重要的、严肃的著作指出河图之文是天文，应该是可以相信的。

《周易参同契》以图书论天文的立场，与《周易》的基本立场是完全吻合的。

五、与图书之数相吻合的方方面面

在《周易》《周髀算经》《黄帝内经》与《逸周书》中，可以发现图书之数与方方面面相吻合，既合于方方面面的数字，又合于方方面面的哲理。分述如下：

（一）河图之数合于天地之数

《周易》以天地论数，论出了十个天地之数。天数五，五个都是奇数；地数五，五个都是偶数。

《周易》里的天地有十个数，河图里有十个数，它们有三个共同点：一是分奇分偶；二是起于一终于十；三是奇数偶数分别相加，其和完全相等——奇数之和为25，偶数之和为30，奇偶数之和为55。

在《庄子》《尸子》《鹖冠子》里，天地与宇宙具有同等意义。所以，天地之数可以视为宇宙之数。

（二）图书之数合于阴阳之数

《周易·系辞下》："阳卦奇，阴卦偶。"《黄帝内经·灵枢·根结》："阴道偶，阳道奇。"卦分阴阳，阴阳分奇偶：阳数奇，阴数偶。两部经典中的两个论断，把奇偶之数与阴阳之数合在了一起。中华大地的奇偶之数是随阴阳一起出现的。阴阳即奇偶，奇偶即阴阳。天地之数也分奇分偶，奇偶之数也可以论天论地，知道了这一等量代换关系，马上就可以理解图书之数合于阴阳之数，合于卦数。

（三）奇偶之数合于万物的成分与结构

"万物负阴而抱阳。"老子在《道德经·第42章》中指出，一物的成分可以归结为一阴一阳，万物的成分也可以归结为一阴一阳；一物的结构可以归结为一阴一阳，万物的结构可以归结为一阴一阳。阴阳分奇偶，在老子这里，奇偶之数一可以表达万物的成分，二可以表达万物的结构。

（四）奇偶之数可以表达各种模型

在《周易》里，八卦可以表达天地模型，可以表达人体模型，可以表达家庭模型……凡是卦构筑的模型，奇偶之数都可以表达。

《黄帝内经》以阴阳为纲，先构筑了一个天体模型，后构筑了一个人体模型；天体模型中有天地、日月、四时四方、五运六气，人体模型中有上下、内外、气血、脏腑、经络，凡是阴阳构筑的模型，奇偶之数都可以表达。

（五）奇偶之数可以表达六种世界

太极可以表达先天世界，可以表达后天世界；可以表达宏观世界，可以表达微观世界；可以表达物质世界，可以表达精神世界。按照等量代换关系，阴阳太极所论及的，奇偶均可以论及。换句话说，奇偶之数可以随太极一道顺理成章地进入先天后天、宏观微观、物质精神这六种世界。

（六）奇偶之数合于日月之数

阴阳可以论日月，可以论日月运行的量。对此，《周髀算经》的说法是："阴阳之数，日月之法。"

以太阳运行为依据产生太阳历，欧洲采用的是太阳历。以月亮运行为依据产生太阴历，阿拉伯世界采用的是太阴历。中华先贤以太阳运行为依据制出了太阳历，又以月亮运行依据制出了太阴历，然后将太阳历、太阴历合二为一制出了阴阳合历。阴阳之数可以解释日月之法，试想一下，无论是太阳历、太阴历还是阴阳合历，离开了阴阳之数，还能产生吗？

阴阳，中华元文化的第一基石，是在历法中奠定的。阴阳学说，源于天文，奠定于历法。本篇只讨论阴阳学说"有什么用"，关于阴阳学说"从何而来"的讨论将在第三篇进行。

（七）奇偶之数合于时空之数

"大明终始，六位时成，时乘六龙以御天。"《周易·乾·象传》告诉后人，六爻可以表达六个时辰，阳六爻一可以表达一天之中的阳六时，二可以表达一年之中的阳六月；阴六爻一可以表达一天之中的阴六时，二可以表达一年之中的阴六月。一天之中有阴阳十二个时辰；一年之中有阴阳十二个月。十二辰、十二月，时间也。六爻可以表达时间。

"周流六虚。"六虚者，四方上下也。东西南北为四，上下为二，两项相加为六。六虚者，空间也。《周易·系辞下》告诉后人，六爻可以表达空间。

六爻可以表达时间，可以表达空间。时间春夏秋冬，空间东西南北中，阴阳六爻中隐藏了中华先贤的时间观与空间观。

（八）奇偶之数合于左右道路

《周髀算经》："故冬至之后，日右行；夏至之后，日左行。左者往，右者来。"这里的"日左行""日右行"，所指的是太阳在南北回归线之间的来回运动。太阳与南回归线的相交点是冬至点，太阳到达这一点后开始向北运动，太阳与北回归线的相交点是夏至点，太阳到达这一点后开始向南运动，往来的运动并不是走在一条线上。冬至之后，太阳从右面来，夏至之后，太阳从左面往。一往一来走的是左右两条线。

《黄帝内经·素问·阴阳应象大论》："左右者，阴阳之道也。"这一论断告诉后人，阴阳之道是分左分右的。《周易·系辞上》："阴阳之义配日月。"月论阴，日论阳。这一论断告诉后人，阴阳之义是可以论日论月的。前后两个论断告诉后人，阴阳之道可以论日月之道，日月之道又分左右。奇偶之数在这里是不是顺理成章地进入了左右？

（九）奇偶之数合于天地运动

天地是动态的，天地之动并不是动在同一方向上。请看下面两个论断：

其一，"天道尚左，日月西移；地道行右，水流东南。"（《逸周书·武顺》）

其二，"天左舒而起牵牛，地右辟而起毕昴。"（《尸子·君治》）

天地之道即阴阳之道，天地之动即阴阳之动。动态的轨迹遵循着阳左阴右的原则。由此再联系到图书中的奇数左旋、偶数右旋的两条旋转线，难道仅仅是巧合吗？

六、遥相呼应的知音

用数字描述世界、描述天地万物的做法，在西方世界也可以找到遥相呼应的知音。

知音之一是犹太教的《创世之书》。《创世之书》中，出现了10个数，10个数与上帝紧紧联系在一起，每一个数都是上帝的一个侧面。10个数代表上帝的十个方面，依次为：至高冠冕、慧、智、爱、大能、美、永恒、威、根本和王权。

知音之二是古希腊大哲学家毕达哥拉斯。追溯世界本源，毕达哥拉斯做出了一个完全不同于泰勒斯的结论。这个结论是："一切都是数。"毕达哥拉斯还认为，数中最重要关系是单双。

知音之三是犹太人出身的大哲学家斯宾诺莎。斯宾诺莎认为，一切真知识都须有数学必然性。

知音之四是德国大哲学家、大数学家莱布尼茨。莱布尼茨认为，应该用数学来解决哲学问题。

遥远的四个知音，其资料均源于《简明不列颠百科全书》。

奇偶之数，实际上是每一种文明所必须解答的基本问题。数与天地有关，数与上帝有关，数与宇宙本源有关，不同民族的说法不同，但实质是一样的，奇偶之数起于生生之源，这实际上是人类的一致认识。

认识一致的问题，表达方法却并不一致。其他民族也用数字解释世界，只是体现在文字中与口头上。毕达哥拉斯虽然说出了"一切都是数"，而且也认识到单双之数是数之关键，但他并没有用数来描述一切，尤其没有用单双之数来描述一切。斯宾诺莎虽然认识到了真知识与数学之间的必然联系，但并没有在数学与真知识之间绘出一幅简图。

世界上唯我中华民族，眼睛认识到了奇偶之数可以表达一切的道理，手下也绘制出了用数字表达宇宙的简图——河图洛书。

只有把中华文化、中医文化放在世界里来认识，才会领略到中华文化、中医文化的魅力。

七、图书的理论意义与实际意义

笔者的眼里，图书既有理论意义，又有实际意义。图书的理论意义有三：

（一）数起自然

图书解答了数的来源问题。数、奇偶之数，是先天存在的。数起自然，奇偶之数是随万物而生的。

数起自然。《春秋左传·僖公十五年》："筮，数也。物生而后有象，象而后有滋，滋而后有数。"这句论述指出，数随万物而来。物起自然，数起万物，物与数均起于自然。筮法即算法。早期的筮，实际上是算数的演算。一物有数，万物有数，以此推理，产生万物的天文地理当然有数。天文地理有数，数亦可以表达天文地理。明白了数起自然的哲理，再来理解图书之数，所需时间就会大大地缩短。

数由人作。《史记·历书》："盖黄帝考定星历，建立五行，起消息，正闰余。"《索隐》释文："黄帝使羲和占日，使常仪占月，使区奥占星气，伶伦造律吕，大桡作甲子，隶首作算数，容成综此六术而著调历。"日月星，是自然存在。占，是人文活动。《文心雕龙·书记》："占，觇也。星辰飞伏，伺候乃见。登观书云，故曰占也。"《文心雕龙》告诉后人，原始之占，占的是天文。原始之占即天文观测。《史记·历书·索隐》告诉后人，黄帝时代是人文成果的创造时代，这个时代的中华先贤创造多项人文成果，数就在众多成果之中。数起自然，但自然之数是由人发现的，由人创作的。《史记·历书·索隐》说，数是在黄帝的组织下，由隶首创作的。如同数的发现与创作一样，自然界的奥秘，需要人的认识，人的发现。

犹太先贤说数起上帝，中华先贤说数起自然。自然之数是自然存在的，但从自然之数到图书之数，则是人的创造。图书之数是中华民族按照自然哲理创作出来的。"圣人则之"则的是什么？则的是自然存在的数字与数理。

（二）数字模型

数字可以建立起各式各样的模型，例如天体模型、时空模型、人体模型、脏腑模型，大到无外的宏观世界可以用数字模型来描述，小到无内的微观世界同样可以用数字模型来描述，数字化问题似乎是人类先贤共同考虑的问题，而数字模型则是中华先贤的独特创造。数字模型，表达了中华先贤对宇宙整体把握与具体把握。完全可以这样说，文字之前，中华先贤用奇偶之数的圈圈点点表达了自己的宇宙观。

（三）动态的数字

在图书之中，数字并不是冰冷的数字，而是动态的数字。数字可以表达上下的升降，也可以表达左右的旋转，还可以表达整体的循环。子午线为升降之路，卯酉线为旋转之路，圆环为循环路线。而在图书之中，子午卯酉都可以用数字来表达。

图书的实际意义有二：

1. 统帅一切。西汉以后，图书中的奇偶之数几乎统帅了一切。在出土文物与流传下来的典籍中可以看到：八卦之象配上了图书之数；金木水火土五行配上了图书之数；空间中的四面八方配上了图书之数；时间中的春夏秋冬配上了图书之数；北斗星、二十八宿与图书之数往往一起出现在出土文物中；十二支与图书之数往往一起出现在出土文物中。

图书中的奇偶之数，统帅着八卦、五行、四方、四时、星宿……文化源头中的几大组成，全部可以归结于奇偶之数，数字可以作为统领一切的统帅，图书的意义这是其一。

2. 数制明堂。明堂，是一种具有榜样意义的宫室。明堂制，实际上是早期中华大地上一项极其重要的制度。这种制度就是把一年之内的天文变化融入一座完整的宫室建筑。把自然哲理转换为创建都市、宫室的建筑之理，是中华先贤在实际层面的一大贡献。

一年之中有春夏秋冬四季，四季之中每一季含孟仲季3个月，每个月又含一个节一个气——月初为节，月中为气。地表春夏秋冬四季、二十四节气的转换，在中华先贤的眼里，与太阳在赤道两侧、南北回归线之间的运动有关，与北斗星斗柄的圆周有关。生产生活遵循的自然法则，是中华先贤的终极准则。如何自觉遵循自然法则，中华先贤设计出与春夏秋冬四时合拍的一种建筑——明堂。

《周礼》《礼记》《黄帝内经》《吕氏春秋》《淮南子》中或直接、或间接介绍了明堂和明堂之制。

关于明堂与明堂制将在第三篇中详细讨论，此处不赘。

八、关于图书的神话与质疑

（一）神话解释

图书在《礼纬》《春秋纬》《竹书纪年》《宋书·符瑞志》中，出现了神话的解释。关于河图出世的神话，主要有三种：一是赤龙衔出献给尧的；二是黄龙衔出献给舜的；三是白面鱼精献给大禹的。关于洛书出世的说法比较集中，集中在一只神龟上。一说是背负而出，二说是口吐而出。

图书的神话解释，相悖于崇尚自然的中华元文化。

（二）质疑之声

对图书提出质疑的，前后有两个知名人物——前有欧阳修，后有顾颉刚。

欧阳修的质疑。质疑图书之伪，始作俑者是宋代大文学家欧阳修。"马图出河龟负畴，自古怪说何悠悠。"（《葛氏鼎》）欧阳修质疑图书，留下了如此诗句。

欧阳修质疑图书为伪，其依据有两个：

其一，伏羲氏作八卦之前，仰观的是天文，俯察的是地理，远取的是诸物，近取的是诸身，整个活动之中一没有则什么图，二没有则什么书。

其二，作八卦时有"始作"之说。始者，开始也。一个"始"字，具有史无前例、开天辟地之义。"圣人则之"的图书不在"始"字之内，而在"始"字之外。

欧阳修对图书的质疑，专门著《易童子问》一文。本书不再摘录，有心的读者可以自行查阅。

顾颉刚的质疑。新文化运动中出现了一股疑古思潮，顾颉刚教授是这股思潮的主要代表人物。他怀疑的范围非常广泛，其中一个代表性的问题是：大禹到底是人还是虫？

顾颉刚教授著《三皇考·河图洛书的倒坠》，彻底宣判了河图洛书的死刑。他认为，图书应是宋人的伪造物。这一结论，在之后的几十年里被学界普遍接受。

九、地下的支持

书中没有的地下有。文化研究中，问题在现成的书中找不出现成答案时，可以耐心等一等地下文物的出土。对河图洛书的争论，地下文物一出土，争论马上有了结论。地下文物一出土，使欧阳修与顾颉刚两位学者的结论瞬间化为谬误。

（一）地下经典的支持

1973年，湖南马王堆出土了一大批具有极高价值的文物，其中包括一部《帛书周易》。《帛书周易》支持了"图书"之说。

《帛书周易·系辞上》曰："河出图，洛出书，圣人则之。"

地上通行本《周易》中有"图书"一说，地下埋藏的《周易》亦有"图书"一说，地上地下的相同说法，证明"图书"之说的真实性。

图书被圣人所崇敬，是圣人所"则"之物，这是两部《易》的共同说法。两部《易》都说圣人尊崇图书，这说明图书的确有着极其重要的作用。

（二）地下实物的支持

1977年，安徽阜阳县西汉汝阴侯墓中出土了一个"太乙九宫占盘"。盘的正面画有八卦，八卦的位置中含有五行——水、火、木、金、土。小圆盘过圆心画出四条等分线，四条等分线的两端有相对应的内容：一对应九，二对应八，三对应七，四对应六。上九下一，左三右七，二八相对，四六呼应，这与洛书的布局是完全一致的。

盘还分天盘与地盘。天盘以圆为标志，北斗星居圆中心，圆周边环列着天干地支、十二月、二十八宿。盘中的九个数字完全合于洛书之数，其摆布方式也完全合于下列歌词：戴九履一，左三右七，二四为肩，六八为足。天盘解答的核心问题是空间中的四面八方。地盘以方为标志，地盘的内容，从内到外依次分三层排列，具体顺序为：天干，地支，二十八宿。正方形中间用"井"字可以区分出九个方块，九宫就此成立。四时八节、五行、五位、五音、八卦、九宫均可以巧妙地融合在"井"字形周围与中间。地盘解答的核心问题是时间中的四时八节。

汉墓中的文物，起码是汉代的创造，或者是汉之前的创造。实际上，在甘肃、山西，乃至朝鲜的汉墓中，都发现了不同材质（木质、玉质、铜质）的占盘，占盘上内容相同相似于安徽汉墓中的内容。试想一下，如果没有厚重的理论意义与普遍的实用价值，能在如此广阔的空间流传吗？

如果视图书为宋人之伪作，怎么会跑进汉墓？几百年质疑之声，销声于地下两种文物的出土之时。

（三）应借鉴的历史教训

如果没有地下经典、地下文物的支持，图书的否定之声肯定还会继续下去，地下经典、地下文物的出土，证明了图书的确古而有之。如果地下经典、地下文物仍然沉睡在地下，图书的命运又如何？这里有什么值得汲取的教训？在笔者看来，今后的文化研究与文化批判，在下面几个问题上面应该给予起码的注意：

其一，研究文字，不能止于甲骨文。因为甲骨文绝不是突然冒出来的，甲骨文之前应该还有文——创造文字的思路与方法。创造文字的思路与方法，在时间上可能远远早于甲骨文。甲骨文之前还有文，创造文字的思路与方法，无论如何不能忘记。

其二，研究青铜器，不能止于司母戊鼎。因为青铜鼎之前，还有矿石的寻找与识别、铜的冶炼、模具的制作等一系列工作。没有这些工作，不可能会有青铜器。青铜器之前的基础性工作，以及引起这些工作的思路，无论如何不能忘记。

其三，研究中华文化，不能止于老子、孔子。因为是中华文化孕育出了老子、孔子，而不是老子、孔子创造出了中华文化。老子、孔子之前中华文化已经光辉灿烂，宇宙与人生等基本问题已经解决。

其四，研究中华文明，不能止于夏商周。夏商周三代文明，绝不是突然冒出来的。三代文明是果，果之前有因。文明之果的文明之因，无论如何不能忘记。

其五，研究早期的经典，不能止于经典本身。《周易》《尚书》《诗经》这些跨越时空的经典，绝不是突然冒出来的。有跨越时空的经典，必然有跨越时空的思路与方法。对于创造经典的思路与方法，无论如何不能忘记。

其六，讲究"有"的时候，眼光不能止于"有"，一定要问一问"为什么有"？

理解了这些，再来理解包括图书在内的源头文化就不会牵强了。

十、彝族文化中的数字

笔者在彝族文化中发现了与图书之数相似的数字。这些数字关乎宇宙，关乎阴阳，关乎五行，关乎天文，关乎时空，关乎四时八节与二十四节气。

彝族文化中与图书之数相似的数字，笔者是在王正坤先生的《彝医揽要》节录的《彝文古籍译注》中发现的，摘录如下：

青线、红线与二十四节气

天地产生之后，就产生了五行，聪明的人快来辨析吧！其中是有道理的。

清气和浊气充满了宇宙，像海水一样四处满溢，最终集中在了中央。

宇宙分九宫，各方都要护卫中央，这种说法是很准确的。

清气和红气，交错地运行着，天和地才不停地转动，天空中才出现不同的星云，太阳和月亮也才今天落下，明天升起，永远反复出现。

在远古的年代，宇宙间还没有产生人类的时候，十生五成，就已经开始了变化，各有各的位置，共同管理着天，管理着地，他们都是通过调整清浊二气完成的。

天一与天九，在宇宙的南、北两方，管理着这两门，合起来一共是十，人们称它为老阳。

天三与天七，在宇宙的东、西两方，管理着这两门，合起来一共是十，人们称它为少阳。

地二与地八，在宇宙的东北、西南两方，管理着这两门，合起来一共是十，人们称它为老阴。

地四与地六，在宇宙的西北、东南两方，管理着这两门，合起来一共是十，人们称它为少阴。

天五生成宇宙，管理着中央，两个五加起来也是十，福禄不断洒满宇宙之间。

从此，天九成了头，天一成了尾；天三成了左，天七成了右；六八是脚，二四为手；天五护五脏，五脏成了人体的全部。宇宙的八个角，完全护卫着天五。

天一见五成了六，地二见五成了七，天三见五成了八，地四见五成了九。地数为三十，已经说过了。

十生五成的根本来源是这样的，天数二十五，地数为二十，天地四十五，清浊四十五，清浊管理两面，分老阳、老阴，区别少阴、少阳。从此天地光明，福禄荣耀。

青红二线交织，春夏秋冬交错，宇宙四方变化，产生了年月节气。直到现在，所有的万类万物，都有好日子过。

春天万物生长，夏天万物茂盛，秋天万物成熟，冬天万物休眠。所有这些，它的根子在于清浊二气。

一年十二个月，共有八个节气。立春到春分，立夏到夏至，立秋到秋分，立冬到冬至，八个节气相连。

清气与浊气，相互交织着，四条清线，四条红线，中间是清浊路线。

青红线有时并行，有时相合，有时相交。白气向上冒，黑气向下行，清气升腾，浊气下沉。在两者之间，有太阳月亮，有星座云层，所有的生物，包括人类，就有了福禄。

青红二线再进行变化，就产生了二十四节气。二十四节气，随着八卦变。清浊生成的福禄，布满宇宙间。

一二三四五六七八九十，彝族同胞称之为天地之数。天数奇，地数偶。这两点，和《周易》中的天地之数完全一致。

数分东西南北，分左右上下，四周护卫中宫，这和洛书中分法完全一致。

这里没有"戴九履一，左三右七，二四为肩，六八为足，五居中央"的抽象，但多了南北二门、东西二门的形象，多了头尾手足的形象。这里没有洛书之名，却有洛书之数。这里的洛书之数非常明确解答了几个重大问题：

其一，四象合于四面八方。老阳合于南北两面，少阳合于东西两面，太阴合于东北、西南两方，少阴合于西北、东南两方。《黄帝内经》说老阳、少阳、老阴、少阴合于春夏秋冬四时，彝族同胞说老阳、少阳、老阴、少阴合于四面八方。时间与空间统一在四象这里。四象之四，意义之一就是空间四面。用四象解释空间，这是彝族同胞的贡献。

其二，明确地说明天地之数与天文有关。汉墓中的地盘，用图像表达了数与天文的关系。

其三，说明了天地之数与四时有关，与八节有关，与二十四节有关。汉墓中的地盘，把天地之数分配在四正四隅位置上，同时用四正四隅表达了四时八节——四正表达两分两至，四隅表达四立。

其四，说明了清浊（阴阳）二气是天地之数的根本。五行、八卦、九宫、时空均可以用天地之数来表达。这些基本立场一致于《周易》《黄帝内经》，一致于《礼记》《管子》《列子》《吕氏春秋》。

还需要补充说明的一点是，彝族文化中的数字既可以表达清浊二气变化，同样可以表达天左地右的旋转。具体的说法是："这五生十成，是讲清浊变化的；这十生五成，是讲天地成因的。……以白色为天体，向左边运行；以黑色为地体，向右边运行。"

古乐在中原大地失传了，却被边陲的少数民族保存了下来。图书的本义在中原大地失传了，却被彝族同胞保留了下来。笔者曾当面请教王正坤先生，彝族文化与中华元文化为何如此一致？这位白族老人说出了一个令我非常意外，也非常乐意接受的答案。他说，关于汉族与彝族的关系，彝族民间的说法是：汉族是伏羲氏这一支的，彝族是伏羲氏妈妈这一支的，所以，彝族文化早于汉族文化，汉族文化很多是从彝族这里继承过去的。按照这个答案，彝族应该是汉族的娘舅，彝族与汉族本来就是至近至亲的亲戚关系，外甥的东西很多源于舅舅。这个答案正确与否，无关紧要。至关紧要的是彝族同胞的文化自信心，这真是让笔者感动。笔者在此向保存图书之数并做出自然解释的彝族同胞表示深深的敬意。

书中没有的在墓中找，墓中没有的在山中找，在与汉族相关的少数民族中去找，这是笔者文化研究的体会。如果看到了彝族同胞保留的古籍，关于图书之数真伪的争论，都会立刻迎刃而解。

十一、彝族典籍中的图书

在完成上述文字之后，笔者有幸从贵州彝族同胞那里找到了《西南彝志》《彝族源流》与《土鲁窦吉》（宇宙生化）等一系列彝族文化典籍。

《西南彝志》中有图书之数，《土鲁窦吉》中既有图书之图，又有图书之数。在彝族文化典籍中，图书之数解释的是宇宙时空。这里的图书之数与阴阳相关，与五行相关，与十月历、十二月历相关。

彝族同胞百年来没有参与维新运动以来的文化批判运动，彝族同胞这里不存在疑古与信古的争论，也不存在科学与玄学之争，所以，他们的资料是真实可靠的。关于图书有无及其作用，彝族典籍可以提供一个空前的、坚实的证据。

（一）《西南彝志》中的图书

《西南彝志》中有图书之数，无图书之图。

数起天地。《西南彝志》第三卷《论十二属相》中出现了一系列根本性的文化元素：首先出现了子丑寅卯辰巳午未申酉戌亥十二地支；其次出现了金木水火土五行；再次出现了天地之数。这里讨论的重点集中在天地之数上。天地之数和《周易》的天地之数完全一致，但描述有所不同。

天地之数，《西南彝志·论十二属相》是这样描述的："天一而地二，天三而地四，天五而地六，天七而地八，天九而地十。……一三五七九，是天气形成的。……二四六八十，是地气形成的。"

天地之数可以解释的两种变化。《西南彝志·论十二属相》告诉人们，天地之数可以解释"五生十成"与"十生五成"两种变化。"五生十成"解释的是天地形成。"十生五成"解释的是清浊变化，即阴阳变化。阴阳变化，指的是从先天到后天的变化。天地形成，指的是后天世界的变化。

数管四方。阳阳两数可以相加为十，阴阴两数同样可以相加为十，合十之数可以主管四方四隅。《西南彝志·论十二属相》是这样描述的："天一和天九，二数合为十，主管南北方；天三和天七，二数合为十，主管东西方；地四和地六，二数合为十，主管东南西北角；地四和地六，二数合为十，主管东北西南角。"合十之数，相当于洛书之数。

数配五行。天数地数配五行，《西南彝志·论十二属相》是这样描述的："天一地六水，地二天七火，天三地四金，天五地十土。"这里的一天一地、一奇一偶的并列之数，相当于河图之数。

（二）《土鲁窦吉》中的图书

《土鲁窦吉》中一有图书之数，二有图书之图。彝语土鲁窦吉，意思是宇宙生化。《土鲁窦吉》中有《龙书》（鲁素）与《联姻》两图，《龙书》与洛书一致，《联姻》与河图一致。

《周易》中有"图书"之说，但一没有图书之形，二没有图书之数，三没有讲图书与八卦的关系，四没有讲图书与阴阳五行的关系，五没有讲图书之用。总而言之，《周易》里只有图书之题，无有图书之解。《土鲁窦吉》（宇宙生化）里既有图书之题，又有图书之解。

贵州彝学研究会会长与《土鲁窦吉》的保存者、翻译者对图书有总体性的解释，《土鲁窦吉》一书有两篇诗文对图书进行了具体解释。

1. 总体性解释。对图书的总体解释出现在《土鲁窦吉》的序言与前言之中。《土鲁窦吉》的序言为贵州省彝学会会长禄文斌（彝族）先生所作，禄先生对图书的解释简明而清晰，这种解释在任何一部汉族经典中都是看不到的。

《土鲁窦吉》的前言为编译者王子国先生所作，王子国先生为彝族世袭布摩（师）之后人。历史上的彝族政权结构为君、臣、师三位一体，师是本民族文化的传承者，这部《土鲁窦吉》就是由他家所保存、由他所翻译的。所以，王子国先生在前言中对图书的总体解释更为详细。

解释"鲁素"（洛书），王子国先生如是说："彝族十月历，就是以本书（即《土鲁窦吉》）卷一所述理论为依据，根据《鲁素》（洛书）和《遮佐》（罡煞）两图所揭示的一分为三，合三为一，统一规律的哲学体系；以老阴老阳为主体，九大黄星轮流值日，六气变通，三生人道，十生五成的规律和天地人同道，天象同人象，人体同星体，以北极星为主体，以人为准则，三位一体的理论；以甲干定月，以五行定季，以干支不相应产生三个时空变通六气后运算出一年365至366日，一个月36日，十个月（一年）360日这一数据的。其余5至6日不算在月数内，作为阴阳生生不息，周而复始的交替日，定为年终节日。年又分阴阳，阴年重五月，阳年叠六月。天干的中位是五，地支的中位是六，五十有五，六十有六，天地相合，上下变通，重在午位，叠在子位，子午重叠，日复一日。同理，阴年有5天年节，阳年有6天年节。一年分五季，两个月为一季。"一年分为20节气，18天为一个节气。一年有60个休息日，其理由是，戊己逢土，逢土不动土，满五天后休息一日。称为土曜日。一年分为十个月的基本理论是，建寅为人统，月份从寅算起，顺推到戌月只有九个月，亥子丑三个月之数，根据前述一分为三，合三为一，六甲旬中空的理论归并于中央，定为十个月，戊己逢土，重在中央，重在午位，叠于子月。重月就重季，春夏秋冬，四时变通，生成季夏，即四方退位归并凑合为中央之数。这就是彝族十月历的基本原理。"

解释《付拖》（河图），王子国先生如是说：

"彝族十二月历，就是以本书卷二所述理论为依据，根据《付拖》（河图）所揭示的一分为二，合二为一，对立统一的哲学体系；以少阴少阳为主体，二十八宿星轮流值日，四时变通，天时地利人和的理论规律，运算出一年365又4分……

"月也有大小之别，根据月分五阴六阳的规律，由四时变通六气后，再加上5至6日的阴阳日，月大为30日，月小为29日，余数凑合后定为闰月。一年分四季八节二十四节气，三个月为一季，15日左右为一个节气。一个月有4天的休息天还有余。根据公辰推算，逢破日休息，即月建日的第7天休息。地支相冲，不冲而合，故为日曜日。建子为天统，以子午定为阴阳交界，月份从寅起点，顺行流到丑月为一年终结，五年中有两个闰月。这就是彝族十二月历的基本原理。"

关于十月、十二月两种历，王子国先生之前还有一段精辟的比较，他说："彝族十月历和十二月历两相比较，其推算的理论依据和哲学体系有所区别：十月历所依据的一分为三，合三为一，统一哲学体系；就其数理而言，属合体关系，十进制的退位规律；以五行论之，则为相生相合。十二月历所依据的一分为二，合二为一，对立统一的哲学体系；就其数理而言，属并列关系，二进制数的进位规律；以五行论之，则为相逢相克。"

关于彝族同胞对图书的总体解释，本文这里不做展开讨论。这里，先提醒读者简要记住下列六点内容：

其一，图书里有天文。

其二，图书里有历，洛书中有十月历，河图之中有十二月历。

其三，图书里有卦，洛书中含有先天八卦，河图中有后天八卦。

其四，图书里有两种哲学体系，洛书中的哲学体系是一分为三，合三为一，河图中的哲学体系是一分为二，合二为一。

其五，图书里有数理，洛书里有十进制，河图里有二进制。

其六，图书里有五行，洛书里有相逢相合的五行，河图里有相逢相克的五行。

2. 对图书的具体解释。《土鲁窦吉》有两幅插图，一幅是《龙书》（洛书）；一幅是《付拖》（河图），还有《十生五成》与《五生十成》两首诗歌，这是解释图书的。

《龙书》插图是在卷一中出现的，插图后有一篇名为《十生五成》，是解释《龙书》的彝文。

表1-2　彝族八卦综合简表

卦 名	方位		自然数	自然物	人	体	季 节	日数
哎	乾	南	9	金	父	首	孟夏仲夏	72
哺	坤	北	1	水	母	腹	孟冬仲冬	72
采	离	东	3	木	中男	目	孟春仲春	72
舍	坎	西	7	火	中女	耳	孟秋仲秋	72
木确	宫	中	5	土			季 夏	
鲁	震	东北	8	山木	长男	足	季冬季春间	18
朵	巽	西南	2	土火	长女	股	季夏季秋间	18
哼	艮	西北	6	石水	少男	手	季秋季冬间	18
哈	兑	东南	4	禾金	少女	口	季春季夏间	18

说明：辰戌丑未四隅各18数，属于四方归并凑合中央之数，六气变通，十生五成，相生相合，故定为十个月为一年的历法。一年分为五季，每月36日，18日为一个节气，一年为20个节气，按孟、仲、季的分法各一百二十日。

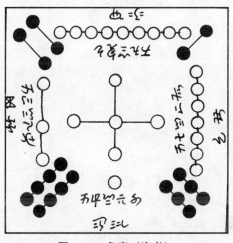

图1-10　鲁素（洛书）

说明：《鲁素》，彝图名。意为"龙书"，又称《十生五成图》。相当于先天八卦。是以老阴老阳为主体，图示南与北相应，乾与坤，壬与甲，九与一是金生水；东与西相应，离与坎，丙与庚，三与七是木生火；东北隅与西南隅相应，震与巽，辛与乙，八与二是木生火；东南隅与西北隅相应，兑与艮，丁与己，四与六是金生水；五居中央，戊与癸生土，土生万物。阴居于四隅，阳居于四方，阴与阴相生，阳与阳相生，阴阳分明，相生相合，是十个月为一年的历法推理依据。

图示南与北相应，乾与坤，甲与壬，九与一是金生水；东与西相应，坎与离，丙与庚，三与七是木生火；东北隅与西南隅相应，震与巽，乙与辛，八与二是木生火；东南隅与西北隅相应，兑与艮，丁与己，四与六是金生水；五居中央，戊与癸生土，土生万物。阴居于四隅，阳居于四方，阴与阴相生，阳与阳相生，阴阳分明，相生相合，是十个月为一年的历法推理依据。

《十生五成》有彝文有汉语，现将彝译汉的译文摘录如下：

阴阳的产生，先是五生成，贤人辨别后，述它有根源；

清浊元气足，充满天地间，布满了大地，在那个时期，

宇宙大地间，生宇宙九宫，独一归中央，确实真的啊。

天气地气交，不断地运行，天地旋转，日月出现，云星在运行，人亦生成了。

这十生五成，不断地变化，一人一宇宙，掌管天地权，就是天地间，清浊气运行。

天一地九，宇宙南北，居于两方位，合二生成十，它立作老阳。

天三地七，宇宙东西，居于两方位，合二生成十，它立作少阳。

地四和地六，宇宙哼哈（卦名：哼艮哈兑——引者注），

居于两隅位，合二生成十，它立作老阴。

地二和地八，宇宙鲁朵（卦名：鲁朵即震巽——引者注），

居于两隅位，合二生成十，它立作少阴。

咸荣富贵生。

从此以后，天九立作首，天一立作尾，

天五置于中，由五行交易。

宇宙八面，所谓天五方，天一五运六①，

（注释：① "五运" 王注：清浊二气在五行中不停地运行，所谓五运、五气、五季。）

天一五运七，天一五运八，天一五运九，

（地二五运七，天三五运八，地四五运九，）

五运不别说，十生就五成。

天数二十五，地数有二十，阴阳四十五。

清浊两方位，老阳老阴辨，少阳少阴别。

从此以后，天地亮闪闪，富贵明朗朗，

就这样产生，这样发展了。

我把它写成，永世流传了。

从此以后，在各个方位，序干支属相，

运算天地气，要牢记明白。

还不止这些，这青赤元气，春夏秋冬易，

四季由天定，就是这些了。

《土鲁窦吉》卷二中有《付拖》（河图）插图，插图后有一篇彝文《五生十成》是解释《付拖》的。

表1-3　后天八卦综合简表

卦　名		方位	自然数	自然物	人	体	季　节	日数
哎	乾	西北	2~5	天	父	首	秋冬间	
哺	坤	西南	2~5	地	母	腹	夏秋间	
鲁	震	东	8~3	雷	长男	足	春	90
朵	巽	东南	2~5	风	长女	股	春夏间	
舍	坎	北	6~1	水	中男	耳	冬	90
木确		宫	中	5	土			
采	离	南	7~2	火	中女	目	夏	90
哼	艮	东北	2~5	山	少男	手	冬春间	
哈	兑	西	9~4	泽	少女	口	秋	90

　　说明：东南西北四隅的二、四、六、八偶数，与四方的一、三、七、九奇数并列，四时变通，中央的五生十成，相逢相克，故定为十二个月为一年的历法。按季度分十二个月，每季三个月，每月三十日。

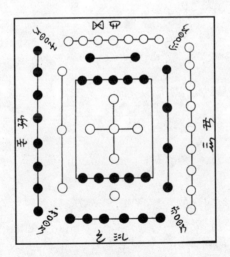

图1-11　付拖（河图）

　　说明：《付拖》，彝图名。意为"联姻"，又称《五生十成图》，相当于后天八卦。是以少阴少阳为主体。

　　图示北为坎，一与六生水，甲与己合；南为离，二与七生火，乙与庚合；东为震，三与八生木，丙与辛合；西为兑，四与九生金，丁与壬合；中央为宫，五与十生土，戊与癸合。

　　阴阳并列，故用甲乙逢木，木居于东，木旺于春；丙丁逢火，火居于南，火旺于夏；庚辛逢金，金居于西，金旺于秋；壬癸逢水，水居于北，水旺于冬；戊己逢土，土居中央，木旺中央的理论规定四象。西南调位后，南与北，东与西不相应，相逢相克，是十二个月为一年的历法推理依据。

《五生十成》的彝译汉的全文如下：

五行还没生，甲干未形成，清浊九根本，
附哎哺（乾坤——引者注）发光，产生了知识。
采舍互相应，生天地根本。

五生十成，贤人观察后，述它有根源。
天气潮翻腾，地气潮徐徐，在此时此刻，天地轮属相，
金木水火土，一人一宇宙，各立一位主。

天一生了水，洪水泛四方，地六生水道，涛涛江水流；
地二生了火，火光亮煌煌，天七生火焰，火星先出现；
天三生了木，九山有森林，地八也生木，枝长挺粗壮；
地四生了金，九地金银根，天九生金银，遍地出金银。

五行产生山，地根生天上，地十生了山，生了九座山。
五生十成后，五行即发光，先生人本相，会动有生命，
把它写成后，永世流传着。

还不止这些，天一地六水，地二天七火，天三地八木，
地四天九金，天五地十土，一行主一相。

这五生十成，天地轮属相，五十五数中，天数二十五，
是苍天之根，地数三十相，是大地之本。其产生之后，
水断绝气源，渡过大水后，流不完的江，还会漫溢的。

还不止这些，这五生十成，掌管天地权，是人的根本，
属相互相应，宇宙定罡煞，就是这样的。

（三）述评

《土鲁窦吉》里的图书，首先解答了文化源头的三大基本问题——宇宙的起源问题与后天演化问题以及历法问题。

鲁素，是讲宇宙起源问题的。宇宙如何起源，鲁素解释在于清浊二气这里。天地之前没有具有人格意义的上帝，只有自然而然、相互交通的清浊二气。清浊二气的变化，是产生天地的根本原因。十生五成，彝族先贤用数字描述了清浊二气的变化过程。十生，是几组合十的数字，五成，指东西南北中五方、金木水火土五行、春夏秋冬加长夏五季，还有肝心脾肺肾五脏。天地时空是清浊二气变化的落脚点。解释宇宙的起源，解释天地的形成，彝族先贤没有结论于万能的上帝，而是结论于清浊二气。清浊二气，相似相通于《周易》《道德经》《黄帝内经》中的阴阳。阴阳，虽然可以表达万物雌雄观，但它首先表达的是同类异性两种元素演化而形成天地时空的宇宙观。

鲁素中主体是老阴老阳。老阴老阳在彝文中对应的是哎哺，哎哺在汉语中对应的是乾坤、天地。现实世界的演化以天地为起点，之前没有神，只有变化的清浊二气，在

宇宙起源问题上不造神，用人的认识去解释，这是鲁素与《周易》的相同点。

付拖，是讲现实世界演化的。付拖，是彝族先贤用以解释天地之后的现实世界的。现实世界在变化中产生，产生之后仍然继续变化。付拖中的主体是少阴少阳，少阴少阳在彝文中对应的是采舍，采舍在汉语中对应的是坎离、水火。如果说鲁素里隐含有先天八卦，那么付拖里所隐含的则是后天八卦。先天八卦强调的是天地，后天八卦强调的是水火；宇宙起源以后，天地交而万物生；现实世界里，水火交而万物生。天地水火，自然演化的四大要素为图书做出了客观如实的解答。水为生命之源，这是现代科学的认识。这一认识没有错，但有失偏颇。因为只有水而没有温度，生命是不可能产生的。南极北极的两个极点处，这里有的是水，但没有温度，所以这里没有生气勃勃的繁华世界。宇宙演化以天地为起点，万物演化以水火为基础，彝族先贤的认识与《周易》完全一致。

历法是人类的第一法，也是彝族同胞的第一法，彝族先贤用图书解答了这人类第一法。关于图书的两种历，在之后的章节里专门讨论。

《土鲁窦吉》中的图书，理清了《周易》《尚书》没有明确解答的一系列基础问题。《周易》有图书之说，但图书与八卦之间是什么关系，《周易》没有做出解答。《尚书》有五行之说，图书与五行之间是什么关系，《尚书》也没有做出解答。在中原大地，八卦、五行、图书犹如一颗颗珍珠，保存在不同的、一部部经典之中，而在彝族同胞的《土鲁窦吉》之中，图书、八卦、五行、四时四方、奇偶之数、历法，这一颗颗珍珠被串成了一条项链，完整地摆在了人们的面前。分述如下：

图书与奇偶之数。图书里面没有文字，只有实心与虚心的圆圈。实心圆圈为阳为奇，虚心圆圈为阴为偶。文化的数理基础，就奠定在实心与虚心这两种圆圈上。实心与虚心这两种圆圈，可以表达宇宙间的事事物物与一事一物。凡是符合一分为二，合二而一原理的事物，都可以归结在这两种圆圈之中。两个最简单的圆圈，两个最基础的奇偶之数，才真正能够尽无穷之言，尽无穷之意。

图书与八卦。一二三四五六七八九，这是鲁素中的数。哎哺采舍鲁朵哼哈，这是鲁素中的八卦。九对应哎，一对应哺，三对应采，七对应舍，五对应中央之宫，六对应哼，四对应哈，八对应震，二对应朵。八个卦对应八个数，加上中宫之数一共九个数。先天八卦就是这样隐含在了鲁素（龙书、洛书）之中。哎-乾，哺-坤，采-离，舍-坎，鲁-震，朵-巽，哼-艮，哈-兑，这是彝族八卦与《周易》八卦的卦名对应。

付拖中出现了东西南北中、西南西北、东南东北九宫八方。九宫八方中的八方与八卦形成了对应关系。南对应离，北对应坎，东对应震，西对应兑，四隅对应乾坤巽艮四卦。

图书与五行。书中有十月太阳历。太阳历一年分五季，五季分金木水火土，这是书中的五行。这里的五行，还可以名之五运。

天一地六水，地二天七火，天三地八木，地四天九金，天五地十土，这是图中的五行。五行可以表达东西南北中五方，可以表达春夏秋冬加长夏五季，可以表达肝心脾肺肾五脏。天人合一，此处合在了五行中。

《周易》中有图书之其然，但没有图书之所以然。彝族经典里一有图书之其然，二有图书之所以然。《周易》的迷惑，在《土鲁窦吉》这里得到了澄清。《周易》之后的争论，可以停止在《土鲁窦吉》这里。假如欧阳修先生看到了《土鲁窦吉》一书，一定会修正"马图出河龟负畴，自古怪说何悠悠"之诗句；假如顾颉刚看到了《土鲁窦吉》一书，一定不会那么干净彻底地否定河图洛书。

"书中没有等等地下，地下没有到山里看看。"这是笔者关于文化研究的一点建议。已经多次说过，此处再加以重复。笔者意思是：对于文化源头的疑问，经典没有现成答案的，可以等等看看地下文物。地下文物没有答案的，可以到大山里找找具有悠久历史的少数民族。总之，在资料不足的情况下，不能轻易对源头的文化下出否定性结论。不负责任的鲁莽与轻率，受伤害的不仅仅是先贤。试想一下，一个举国闻名的大学者，其研究结论一个个化解于地下文物出土与山中典籍出现之时，这是不是令人难以接受的尴尬？

笔者此处希望"文化不如人"的认识者与"西方文化中心论"的接受者、传播者们认真地、冷静地思考下面两个问题：①假如没有深厚的文化基础，会产生一个令世界瞩目的中华文明吗？②假定河图为伪，洛书为伪，八卦是迷信，阴阳五行为伪科学，那么，领先于世界的中华古文明，是无源之水吗？是无本之木，是天上掉下来的吗？

第二节　关于五行问题

五行与阴阳一样，是中华文化的基石。五行在元典中的位置如何？五行和阴阳到底是什么关系？五行解答了哪些问题？这些问题，下面将一一讨论。

一、经典论五行

讨论五行，先从经典这里开始。

（一）《尚书》论五行

五行在大禹时代，既是自然之理，又是治国之理。《尚书·大禹谟》曰："德为善政，政在养民。水、火、金、木、土、谷唯修。"君王讲善政，善在养民。养民的善政中，首先出现的是五行与谷。这里的五行，似乎指与生活息息相关的生活生产资料。五行与谷，被禹归结在了善政之内、养民之理中。

在夏代，五行是必须尊崇的对象，谁轻侮了五行，谁就失去了存在的合理性与合法性。《尚书·甘誓》曰："有扈氏威侮五行。"有扈氏是和夏启同姓的诸侯，有扈氏威侮五行，夏启以此为由讨伐了有扈氏，由此可见五行在夏代的崇高地位。

周武王对殷商的革命成功之后，五行被列入了治理天下的法则。《尚书·洪范》曰："五行：一曰水，二曰火，三曰木，四曰金，五曰土。水曰润下，火曰炎上，木曰曲直，金曰从革，土爱稼穑。润下作咸，炎上作苦，曲直作酸，从革作辛，稼穑作甘。"这番五行的道理，是殷商贤哲箕子讲的。

殷纣王施政无道，引起天怨人怒，箕子进谏，反被纣王囚禁。武王伐纣革命成功，放出箕子向其请教殷商灭亡的原因。箕子不忍心再说殷商之恶。集胜利者与贤者于一身的武王，没有强人所难，又改问治国之道。箕子讲了治理天下的九条法则，留下一篇受到历代重视的"洪范九畴"。九畴之中，五行位于第一畴。五行之重要性，由此可见一斑。五行，起码具有三重含义：一是金木水火土五种物质；二是润下、炎上、曲直、从革、稼穑的五种功能；三是咸、苦、酸、辛、甘五种味道。箕子之前的五行，只有原则之论，而无具体之论。箕子这里的五行，既有原则之论，又有具体之论。五行的具体之论，始于箕子。

（二）《帛书周易》论五行

通行的《周易》本中没有出现五行，所以在马王堆《帛书周易》出土之前，阴阳与五行一直被认为是两分关系，或者是先后关系。1973年《帛书周易》在马王堆出土之后，千年疑问得到了解答，阴阳与五行是一体关系，是同根同源的关系。阴阳，在八卦里是明显之理；五行，在八卦里是隐含之理。《帛书周易》里多处出现了五行的论述，如：

其一，《帛书周易·二三子》曰："德与天地始，必顺五行。"

其二，《帛书周易·要》曰："故《易》又天道焉，而不可以日月生辰尽称焉，故为之以阴阳；又地道焉，不可以水火金木土尽称也，故律之以柔刚。"

《帛书周易》论五行有三个特点：其一，以天道论阴阳，以地道论五行；其二，地道属于现实世界，五行描述的恰恰是地道这个现实世界；其三，阴阳与五行，同根同源，具有同等的重要性。

（三）《春秋左传》论五行

《春秋左传·文公七年》曰："六府、三事，谓之九功。水、火、金、木、土、谷谓之六府。正德、利用、厚生谓之三事。义而行之，谓之德、礼。无礼不乐，所由叛也。"《春秋左传》中出现了六府、三事之说，六府之中包括五行。《春秋左传》认为，如果君王背离了六府之理，不遵循五行之理，人民就会背离君王。这种理公开出现在君王左右，说明了什么？这起码说明两方面的重要事实：在春秋时期，君王并没有绝对意义，具有绝对意义的是五行，君王一旦违背五行之理，就失去了为王的合理性与合法性。五行之理的重要性，由此可见一斑。

（四）《国语》论五行

《国语》之中多次出现了五行之论。《国语·周语》曰："天六地五，数之常也。经之以天，纬之以地。经纬不爽，文之象也。文王质文，故天胙之以天下。"天六者，阴、阳、风、雨、晦、明六种天气也。地五者，金、木、水、火、土五行也。天六地五，为天地之经纬。《国语》告诉后人，"天六地五"之理是圣人君王应知应会之理。文王之所以以王成圣，前提就是深知"天六地五"之理。

《国语·郑语》曰："夫和实生物，同则不继。以他平他谓之和，故能丰而物归之。若以同裨同，尽弃之矣。故先王以土与金木水火杂，以成百物。""和实生物"，解答的是"物从何处来"；"以同裨同，尽弃之矣"，诠释的是多元间的和谐平衡；"土与金木水火杂，以成百物"，解答的是百物之基本成分与形成万物的基础。五行，在《国语》既是自然哲理，也是治国之理。"和实生物"之论断，今天的学界仍然在赞颂，但五行却已沦为伪科学。

（五）《黄帝内经》论五行

五行，一可以演化出治国之理，二可以演化出养生医病之理。在《帛书周易》《尚书》《春秋左传》《国语》中，五行为治国之理。在《黄帝内经》中，五行为养生治病之理。

五行在医学中的作用，精辟的论述出现在《黄帝内经·素问·脏气法时论》篇中，论曰："五行者，金木水火土也，更贵更贱，以知死生，以决成败，而定五脏之气，间甚之时，死生之期也。"这句话论述的意思是：所谓五行，讲的是金木水火土与五脏、五时（春夏秋冬+长夏）的和谐对应，每一行应于一脏，每一行合于一时。木，脏应肝，时合春；火，脏应心，时合夏；土，脏应脾，时合长夏；金，脏应肺，时合秋。水，脏应肾，时合冬。一年之中，时令变化，脏气也变化，某时旺某脏、某时衰某脏，旺时为贵，衰时为贱；旺衰有时，贵贱有度；终则始，穷则反。明白了五行与五脏、五时的和谐对应关系，就会按照时间顺序推测脏气的变化，就会按照时间顺序确定脏气的盛衰，就会按照时间顺序判断疾病轻重的变化，以至于预测死生的日期。

《黄帝内经》的重大贡献，就是利用五行，将复杂的现实世界绘制在了一幅简图之中。简图简洁，但包罗万象。只要静心面对这副简图，现实世界就会一目了然。

以天体为例，五行可以比类的内容有：东、西、南、北、中五个方位，春、夏、长夏、秋、冬五个季节，风、热、湿、燥、寒五种气候，金、木、水、火、土五星。

以地理为例，五行可以比类的内容有：毛、羽、倮、介、鳞五虫，李、杏、枣、桃、栗五果，青、赤、黄、白、黑五色，酸、苦、甘、辛、咸五味，麦、黍、稷、谷、豆五谷。

以人体为例，五行可以比类的内容有：肝、心、脾、肺、肾五脏，目、舌、口、鼻、耳五官，泪、汗、涎、涕、唾五液，怒、喜、思、悲、恐五情，角、徵、宫、商、羽五音……

《黄帝内经》第一次明确指出，五行之间存在着相生相克关系。相生关系为：金生水，水生木，木生火，火生土，土生金。相生关系在平面上构成了一个无限循环的圆周图。相克关系为：金克木，木克土，土克水，水克火，火克金。相克关系在圆周图内构成了一个完美的五角星。物质世界如果有生无克，就会过亢为灾；反之，有克而无生，物质世界就会消亡。五行之理在文化经典中为天地之理，在《黄帝内经》中为人体五官五脏之理。天地之理与人体之理，在五行中发生了巧妙的对应。

相生相克应用于临床，其奇特方法为"此处有病，治在相克之处，即未病之处"。如《难经·第七十七难》所言："见肝之病，则知肝当传之于脾，故先实脾气。"肝属木，木克土，脾属土，所以见肝有病，先补之以脾。救火救在火前头，如此大局观与系统论，完全优于"头痛医头，脚痛医脚"的具体论。按照相生相克的原理，利用五音、五谷、五果、五味各自的特性，可以在阴阳、气血、寒热、虚实间进行损益，达到平衡之平的效果。

二、诸子论五行

（一）《礼记》论五行

《礼记》中的五行，是一个现实世界的简图。五行可以论时间，可以论空间，可以论五音，可以论五味，总之可以论眼睛看得到、耳朵听得见、鼻子闻得到的一切事物。五行金木水火土，时间对应春夏秋冬长夏五时，空间对应东西南北中五方；数字对应图书之数，天文对应五星；五音对应角徵宫商羽，五味对应酸苦甘辛咸，五脏对应肝心脾肺肾，天干对应甲乙、丙丁、戊己、庚辛、壬癸……万物"如何发生"，都遵循着五行之序；君王"如何行令"，要遵循五行之序；天下人"如何养生"，同样需要遵循五行之序。所有这些，是《礼记·月令》讲述的道理。所有这些，构起了一个容纳一切的框架。

（二）《管子》论五行

辅助齐桓公称霸诸侯的管仲，留下了《管子》一书。《管子》一书有"五行"一节。管子论五行，先讲的是自然之理，后讲的是天下之理。

自然之理先讲原则，后讲具体。自然之理的大原则是："以天为父，以地为母，以开乎万物，以总一统。"自然之理的具体是："立五行以正天时。"《管子·五行》告诉后人，五行统领五时：木、火、土、金、水，五行每一行御72天，72天×5=360天，五行共御360天。春属木配甲乙，草木初萌；夏属火配丙丁，草木发奋；长夏属土配戊己，草木养长；秋属金配庚辛，草木茂实；冬属水配壬癸，草木根美。五行运行，状如圆环，循环不休，周而复始。

天下之理，讲的是天子治理天下必须遵循五行之序，必须遵循时空之序，行政中的令行禁止全部是按照五行之序做出的，例如春天禁民斩木，冬天才可以令民出猎。天子治理天下，不能随心所欲，必须遵循五行之序，这是《管子·五行》所讲的天下之理。

《管子》所论的五行，与《礼记》所论的五行，在原则上没有任何差别。《管子》所论的五行每一行御72天，与《黄帝内经》运气学中的五运之气完全一致。

《管子》讲的是治国之理，治国之理的理论基础并不是源于君王，而是源于自然哲理。可以统领时空的五行是自然哲理的主要成分。

（三）《庄子》论五行

五行，在庄子眼里是异常重要的。重要到什么地步？重要到帝王必须顺从的地步。请看《庄子·天运》中的一个论断："天有六极五常，帝王顺之则治，逆之则凶。九洛之事，治成德备，监照下土，天下戴之，此谓上皇。"

六极，也称六合，四方加上下即为六合。五常即五行，金木水火土。六极言空间，五常言时间。帝王顺应时间与空间才能治理好国家，违背时空法则就会招来灾祸。"九洛之事"，相似于《洪范》九畴，相似于《春秋左传》的"九功"。"九洛之事"中隐含着五行法则。能够用"九洛之事"之法则处理好各种事务，使天下道德完备，人民拥戴，这样的君王才能称之为"上皇"。

在庄子这里，上皇之皇，不是胜利者的称号，而是智者、贤者的称号。在庄子看来，凡称"上皇"者，必须具备两个基本前提：一是必须深知并遵循时空法则；二是必须善于将自然法则转化为治国之理。六合五行，是自然法则的抽象与归纳，所以五行是上皇必须明白的基本常识。

在另一篇《说剑》的文章里，庄子谈了三种剑——天子剑、诸侯剑、庶人剑。本文这里只谈天子剑。

庄子说，天子之剑，由剑首、剑锋、剑刃、剑背、剑环几个重要组成部分所组成。燕国的山河为剑首，齐国的泰山为剑刃，晋、卫两国做剑背，周地、宋国为剑环，韩国和魏国为剑柄，中原以外的四境为包扎，用四时来围裹，用渤海来缠绕，用恒山来做系带，用五行来制造，用刑和德来评判，用阴阳来打开它，用春夏来保养它，用秋冬来运行它。如此天子之剑，向前刺所向无敌，向上刺斩断浮云，向下刺绝断地基，四周刺所向披靡。庄子说，挥动天子之剑，可以匡正诸侯，可以令天下归服。

庄子论天子之剑的原文，摘录如下：

"天子之剑，以燕谿石城为锋，齐岱为锷，晋魏为脊，周宋为镡，韩魏为夹；包以四夷，裹以四时，绕以渤海，带以常山；制以五行，论以刑德；开以阴阳，持以春夏，行以秋冬。此剑，直之无前，举之无上，案之无下，运之无旁，上决浮云，下绝地纪。此剑一用，匡诸侯，天下服矣。此天子之剑也。"

天子之剑为何有如此威力？因为天子之剑是由五行铸造的。五行，在庄子眼里，一是自然哲理，二是治国哲理。

庄子论五行，特点是只有"如何重要"的论述，至于"为什么重要"，庄子没有涉及。比较而言，庄子的五行之论，既逊于《礼记》，又逊于《管子》。再者，庄子论五行，没有像《礼记》《管子》那样构起一个容纳一切的框架，没有像《礼记》《管子》那样绘制出一幅简图。

（四）邹衍论五行

诸子之中，有邹子一子——邹衍。百家之中，有阴阳家一家，邹衍属于阴阳家。邹衍是战国时期的齐国人。在《史记·孟子荀卿列传》中，邹衍名列孟子之后，荀子之前。对邹衍之学，司马迁介绍如下："乃深观阴阳消息，而作怪迂之变，终始、大圣之篇十余万言。"

邹衍建立了"五德转移"说，并用此说解释了王朝兴衰的先天合理性与神秘性，第一次列出了五行之间的相胜关系：木胜土，金胜木，火胜金，水胜火，土胜水。邹衍认为，五行相胜为一个循序渐进的、相互取代的、自然演化的过程，人力无法阻挡。

在邹衍的学说里，夏秉木德，殷秉金德，周秉火德，所以，殷胜夏，周胜殷。历史之所以这样演化，其原因在于"这一行"能胜"那一行"，如木克土，土克水。从《史记》中可以看出，邹衍的学说在当时非常受欢迎，邹衍每到一处，国君大都出城到郊外迎接，亲自设宴招待。这与孔夫子周游列国时在陈、蔡两国饿肚子，形成了鲜明的反差。但邹衍用五行相克之哲理解释王朝更替，完全在胡说范围之内，所以汉之后再无人提起。

邹衍有一个非常奇妙的方法——"以小推大"。他以这种方法推断出，中华大地上的九州只是一个小九州，神州之外还有一个大九州，只是因为海水相隔，人们不能相通。这在当时可谓开天辟地了。

笔者完全不赞同什么"五德转移"，但非常赞成"以小推大"的研究方法。遗憾的是，邹衍的书全部失传了，要了解邹衍，只能从《史记》的记载中了解其大略。

（五）鹖冠子论五行

在《汉书·艺文志》的记载里，鹖冠子被列为道家人物。以鹖冠子的名义留下了《鹖冠子》一书，"以人为本"与"物极则反"这两个成语，就是源于《鹖冠子》。长期以来，《鹖冠子》被聪明的学者斥之为伪书。马王堆中所埋藏的黄帝书出土之后，其中相当多的内容、句子与《鹖冠子》一书相合。伪书之伪，不翼而飞。讨论《鹖冠子》又成了学界的热门。

《鹖冠子·泰鸿》中有五行之论。这里的五行，一合于春夏秋冬四季，二合于东西南北中五方。"以木华物，天下尽木也，使居东方主春。以火照物，天下尽火也，使居南方主夏。以金割物，天下尽金也，使居西方主秋，以水沉物，天下尽水也，使居北方主冬，上为大都，天下尽土也，使居中央守地。"

五行之木对应于四季中的春天，对应于四方中的东方。

五行之火对应于四季中的夏天，对应于四方中的南方。

五行之金对应于四季中的秋天，对应于四方中的西方。

五行之水对应于四季中的冬天，对应于四方中的北方。

五行之土，对应的是中央，不对应于四季。

显然，金木水火土五行一关乎时间，二关乎空间。《鹖冠子》以五行构架出一幅时空简图。

三、五行：一幅容纳现实世界的简图

五行，在中华元文化中，与阴阳具有同等的重要意义。如果说阴阳解答的问题是：现实世界从何而来，那么五行首先解答的问题则是：现实世界的成分是什么？各成分之间是怎么相互联系的？五行的出现，其重大意义在于将复杂的现实世界归纳成了一幅异常简洁的简图。

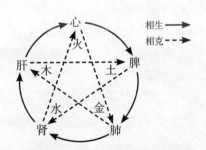

图1-12　五行相生相克图

五行这幅简图，有两大内容：一个圆环，环内一个五角星。

五行这幅简图解答了相生相克两种关系。相生关系为：木生火，火生土，土生金，金生水，水生木。相克关系为：木克土，土克水，水克火，火克金，金克木。相生关系组成了圆环，相克关系组成了五角星。

一个圆，五条折线，简图以简洁到极点的方式，解答了一系列极其复杂的问题。

（一）解答了时间、空间、万物三位一体的问题

五行金木水火土可以表达时间，可以表达空间，可以表达万物，时间、空间、万物在五行这幅简图中建立起了有机联系。

时间为春夏秋冬长夏五时，空间为东西南北中五方，万物包括天上的金木水火土五星、地上的植物、动物，以及天地之间的飞禽。五行为统帅，统帅着时空物一圈一圈地循环。

无限循环的时空物，在简图之中清晰可见，真可谓是一目了然。

（二）解答并展示了宇宙间的两种关系

宇宙间存在着两种关系——相生与相克，相生即相互联系，相克即相互制约，只有在生克法则下宇宙才能保持平衡。如果只有生，宇宙将因生生之物过盛而爆炸。如果只有克，宇宙将因生生之物的消亡而消亡。有生有克，加减平衡，才有繁华的现实世界。一生一克，一加一减，宇宙间的相互联系与相互制约的关系，在简图之中，真可谓是一目了然。

（三）解答了宇宙与人体之间的联系

时空即宇宙，宇宙即时空。《尸子》曰："四方上下为宇，往古来今为宙。"宇言空间，宙言时间。五行可以论空间，可以论时间；五行可以论五脏，也可以论六腑。时间空间与五脏六腑，宇宙与人体，在五行这幅简图之中顺理成章地联系在了一起。人与外部世界的有机联系，在五行简图之中，是那样的合理，是那样的清晰。

（四）利用五行哲理，创立了治国方略

木对应春，火对应夏，土对应长夏，金对应秋，水对应冬。见五行如见四时，见四时如见五行。政令随四时变化而变化，这是尧舜禹三帝、夏商周三代行政的共同特点。这个特点可以概括为"四如何"，即"春天应该如何，夏天应该如何，秋天应该如何，冬天应该如何"。例如在草木生长、鱼虾飞禽繁殖的春天，不准砍伐树木，不准捕捞鱼虾，不准捕捉产卵的飞鸟……利用万物，爱护万物；利用自然，保护自然，这样的行政命令，《逸周书》说是由大禹制定的。

在《尚书》《周礼》《逸周书》中已经有了春夏秋冬四时"应该干什么，不应该干什么"和"应该吃什么，不应该吃什么"的大原则。"四如何"的政令在《礼记》《春秋左传》《管子》《吕氏春秋》中又被进一步细化为"五如何"，即"木御时如何，火御时如何，土御时如何，金御时如何，水御时如何"。

五行学说，被《黄帝内经》引入了医理。《黄帝内经》将五行与五脏相对应，具体的对应关系是：木对应肝，火对应心，土对应脾，金对应肺，水对应肾。由此衍生出了养生与治病两方面的哲理。养生合于四时变化，即春养肝，夏养心，秋养肺，冬养

肾，长夏或每个季节的最后18天健脾。

（五）利用五行生克关系，创建了一种"治未病"医病方法

医病的原则合于五行生克，例如《难经·七十七难》所言"见肝之病，则知肝当传之与脾，故先实其脾气"。这一问题，将在第三篇中详细讨论，此处不赘。利用五行生克关系，创建了一种按时序养生方法。这一问题，同样在第三篇中详细讨论，此处不赘。

四、彝族同胞论五行

（一）《彝医揽要》引用的五行

王正坤先生在《彝医揽要》一书中，用阴阳五行解释了彝医理论。在这里可以看到，阴阳五行是彝族文化的基础，也是彝医理论的基础。关于五行与彝医理论关系，此处不做展开讨论。

本文将王先生所引用的两篇彝古文的汉译文转录如下：

1. 说五行方位。有了清浊二气，形成了天，形成了地，日月得以运行。

宇宙形成的初期，五行还没有形成的时候，天的威望不高，地的威望不显，虽然给万物以生命，但是没有赋予万物生存的根本条件。

清气和浊气不断地变化，产生了五行。金、木、水、火、土，遍布地面上，一行居一方，各有各的根本：五行中的木，主管着宇宙的东方，东方的一切权力归它管。五行中的金，主管着宇宙的西方，西方的一切权力归它管。五行中的火，主管着宇宙的南方，南方的一切权力归它管。五行中的水，主管着宇宙的北方，北方的一切权力归它管。五行中的土，主管着宇宙的中央，中央的一切权力归它管。

从此以后，天上的星宿，地上的江河，有生命会动的，有气血循环的，根本都很好，一向很美满。之所以如此，全靠五行掌管着。

2. 说八卦与五行。宇宙形成了，天象明朗了，八角决定了，各管一方，各有其根源。

金木水火土，充满宇宙间。哺变化生水，北方属于水。哎变化生火，南方属于火。采变化生木，东方属于木。舍变化生金，西方属于金。鲁变化生山，朵变化生土，哈变化生风（示），哼变化生石。这宇宙八方，统属五行，土地的产生，生命的来源，与五行有关，这就不必说了。

宇宙八角中，以何为男女，以何为长幼？

聪明的人，才会辨别清楚：哎哺是父母，鲁为长男，朵为长女，采为中男，舍为中女，哈为少女，哼为少男。

宇宙八角里，是有父母，是有子女，我把缘由说给你，要记在心里，最好把它抄录存放着，经常讲一讲。

《彝医揽要》中有《彝族五行与人体》一节，有《彝族五行与清浊》一节，有《彝族五行与彝族八卦》一节，有《彝族五行与十二"尼能"（属相）》一节，都是谈五行在彝医理论中的基础性作用的。用这么多的章节谈五行，五行在彝医理论中的基础性作用由此可见一斑。

（二）《西南彝志》论五行

《西南彝志》卷四中有两篇关于五行的专论，一篇为《论五行根源》，一篇为《论金木水火土方位》，摘录如下：

论五行根源（节选）

先产生清气，先产生浊气，它俩相结合。
上升清气中，下降浊气中，产生一股气，
出现一种风，又互相结合，现青色景象，
现红色景象，产生天，形成地之后，
并产生乾坤，和产生坎离。从此之后，
天地之间，日月运行，天空明朗朗，
产生宇宙四方，南方和北方，东方和西方。

这样产生后，金衣老人，挂着金银杖，
站在宇宙门，静悄悄的，念三句咒语，
查一遍大地。宇宙的北方，水口冒出水，
漫溢到中央，即成了水源。

老人转一周，宇宙的东方，树林显生机，
摘下一枝树，向四方撒去，木生到中央，
中央有大箐。从此以后，有了木根源。

老人转一周，宇宙的南方，地上挖一坑，
崩下块白石，冒出一股青烟，飞出了火花，
飞到中央去，有了火根源。

老人转一周，宇宙的西方，
长一颗银树，掉下一片金花，
被阴阳气一吹，撒到人世间，
和大地的四方……
产生了金根源。

老人转一周，站在宇宙的中央，抓一把泥土，
撒向大地的四方，中央土根源，这样产生的，
也是山根源。我记其根由，抄录存放着。

论金木水火土方位（节选）

清浊气变化，金木水火土，五行产生了，有了中央了，

其各主一方，各有其根本，说是这样的。

五行中的木，它主管东方，掌握东方权；
五行中的金，它主管西方，掌握西方权；
五行中的火，它主管南方，掌握南方权；
五行中的水，它主管北方，掌握北方权；
五行中的土，它主管中央，掌握中央权。

除了五行之专论，《西南彝志》中还有多篇文章论及五行的。例如《论十二属相》一文将十二地支归属于五行，《论天体与人体》一文将五脏归属于五行。《论十二属相》一文还将万物万类归属于五行，话是这样说的："凡万物万类，都源于五行，统属五行，受五行制约。"

（三）《土鲁窦吉》论五行

《西南彝志》（《土鲁窦吉》）中有两篇五行专论，卷一中有一篇五行专论，名为《五行富贵根》；卷二中有一篇五行专论，名为《论五行》。摘录如下：

五行富贵根 （节选）

元气生成哎，青赤充满哺，日月没运行，
五行还未生，土生威不高，地生势不大，
会动没有根，有命没有本。

在关键时刻，苍天在发展，哎哺佳根本，清浊气一变，
金木水火土，五行样样成，布满中央后，各有其土根，
各有其根本，就是这样的。

五行生的木，东方它来主，东方由它管；
五行生的金，西方它来主，西方由它管；
五行生的火，南方它来主，南方由它管；
五行生的水，北方它来主，北方由它管；
五行生的土，中央它来主，地界由它定。

论五行 （全文）

先定的五行，青赤黑白黄。
后定的五行，金木水火土。
东西南北中，五行有辨别。

东方青，南方赤，西方白，北方黑，中央黄。

东方木行青，南方火行赤，西方金行白，
北方水行黑，中央土行黄，就是这样的。

五色与五龙，定五行之后，五行有相生，

土与金相生，金与水相生，水与木相生，木与火相生，火与土相生。

五行有相逢，甲乙相逢木，丙丁相逢火，

戊己相逢土，庚辛相逢金，壬癸相逢水。

五行有相合，甲与己相合，乙与庚相合，

丙与辛相合，丁与壬相合，戊与癸相合。

五行有相克，金与木相克，木与土相克，

土与水相克，水与火相克，火与金相克。

王子国先生注：以上这一章，说明五行相生、相合、相逢、相克的两种理论。相生、相合是先天性历法的理论，相逢、相克是后天性历法的理论。先天性的五行是由青、赤、黑、白、黄五种颜色论定，后天性的五行是由金、木、水、火、土五种自然物论定。

除了五行之专论，《土鲁窦吉》中还有多篇文章论及五行。《论十二地支》一文将十二地支归属五行，文中的具体描述为："子变生了水，丑变生了土，寅变生了木，卯变生了木，辰变生了土，巳变生了火，午变生了火，未变生了土，申变生了金，酉变生了金，戌变生了土，亥变生了水。"

《土鲁窦吉》中还有《论天象与人象的关系》一文，将人体五脏归属在五行之内，文中的具体描述为："五行生的金，是人的骨头；五行生的火，是人的心肝肺；五行生的木，是人的眼耳脾；五行生的水，是人的肾血；五行生的土，是人体的肉。"

（四）简要述评

彝族先贤用五行解答了一系列带有根本性的大问题。

首先，彝族先贤用五行解答了时空问题。五行一可以表达春夏秋冬加长夏五季，二可以表达东西南北中五方。时空，在五行这里得到了统一。

其次，彝族先贤用五行解答了天人合一问题。天有五行，地有五行，人有五行；天的五行是东西南北中，地的五行是金木水火土，人的五行是肺肝肾心脾以及与五脏相对应的筋骨心血肉。

第三，彝族先贤解答了五行与阴阳的统一问题。五行每一行都有公母之分，如木公木母，火公火母，土公土母，金公金母，水公水母，公母即阴阳。如此，彝族先贤把五行与阴阳巧妙地联系在了一起。

第四，彝族先贤解答了十二地支的五行归类问题。十二地支中子亥属水，丑辰未戌属土，寅卯属木，巳午属火，申酉属金。

第五，彝族先贤解答了八卦与五行的统一。八卦中有四季四方，四季四方可以归属于五行，彝族先贤以此将五行与八卦巧妙地联系在了一起。

第六，彝族先贤解答了十二生肖的五行归属问题。十二生肖一半为家养——马羊鸡狗猪牛，一半为野生——虎兔龙蛇猴鼠。十二生肖对应于十二地支，十二地支分属五行，十二生肖同样也分五行——虎、兔属木，龙属土，蛇、马属火，羊属土，猴、鸡属金，狗属土，猪、鼠属水，牛属土。五行在十二生肖这里分得清清楚楚。

彝族同胞一开始就把阴阳与五行、五行与八卦、八卦与图书、图书与历法、历法与干支紧紧地联系在了一起，但《周易》里有阴阳而没有五行。阴阳与五行、五行与八卦的关系为何？《周易》一未发言。所以两千多年来，阴阳与五行、五行与八卦到底是不是同根同源，一直困惑着汉族的学者，一直到马王堆《帛书周易》的出土，问题才得以初步解答。可是，五行与八卦、五行与图书，五行与十二地支的关系，《帛书周易》还是一未发言。有谁会料想到，这些带有根本性的大问题，彝族文化中会有如此清晰的答案？

这里要谈一点切身的体会。笔者在研读《黄帝内经》时，发现了十天干的两种组合方式：

第一种组合方式为一二，三四，五六，七八，九十式，即甲乙，丙丁，戊己，庚辛，壬癸。

第二种组合方式为式，即甲己，乙庚，丙辛，丁壬，戊癸。

第一种组合方式可以在《礼记》《管子》《吕氏春秋》《淮南子》中看得到，第二种组合方式只有在《黄帝内经》中才能看到的，令人不解的是，《黄帝内经》先出现的是"甲乙"式，又出现"甲己"式，为什么这样？笔者长期困惑于此。请教了许多朋友，自己也试图用河图之数解谜，但苦于证据不足，尤其是苦于无经典说明，所以始终没有得出答案。在拙作《换个方法读内经》中，笔者将这一问题交给了整个中医界与文化界。没有想到，在彝族同胞的《土鲁窦吉·论五行》一文里，这一难题迎刃而解——"甲乙"与"甲己"，一个表洛书，一个表河图；一个表先天十月历，一个表后天十二月历。

另外，对照河图之理，对照彝族典籍，《黄帝内经》中还有一个需要澄清的问题。按照河图中数的空间分布，属于一六的甲己在五行归属上应该属于水，《西南彝志》中讲的也是"天一地六水"，《土鲁窦吉》同样讲的是"天一地六水"。可是，在《黄帝内经》中却出现了"一六甲己土"，这一明显有悖于河图之理的五行归属，是不是在传承过程中出现的人为错误，的确有澄清的必要。

五、五行的现实意义与启示

五行一具有鲜明的现实意义，二对后人有着开发蒙昧的启示作用。体现在以下几个方面：

（一）物与物的相关性

现象上，万物中的每一物都是独立的；实质上，物物之间是息息相关的。食物链、生物链的出现，说明了现代人也发现了物物之间的相关性。这里的问题是：仅仅食物链之内有物物相关？仅仅生物链之内有物物相关吗？无机物与无机物之间，无机物与有机物之间，物质与精神之间，难道没有关系吗？按照五行之哲理，凡是物，不论是食物还是生物，不论是有机物还是无机物，都存在着相关关系。

（二）彼与此的连续性

以万物为此，以时空为彼，彼此之间是相互联系的。以万物为此，以天地为彼，彼此之间是相互联系的。以万物为此，以人类为彼，彼此之间是相互联系的。

从局部看、从眼前看、从现象上看，彼此之间是两分关系。但是，从全局看，从长远看，从实质上看，彼此之间是一体关系。

在五行简图中，金木水火土一是分彼分此，二是彼此之间存在着相互联系。

昨天与今天，西方出现了众多科技成果，这些成果，拿出来单独看，个个是那样的有利，但加在一起看，又是那样的有害。这种尴尬的局面，是怎样形成的？笔者常常思忖：这是不是因为西方没有彼此联系哲理的缘故？

（三）加减平衡的必要性

六十四卦中有损益两卦，损者，减也。益者，加也。上下之间，君民之间，在利益上需要用损益之法来维护平衡。损益之法，加减之法也。

五行中的生克，相似于六十四卦中的损益，也是一个加减法。人文中的损益，是人为的加减；五行中的生克，是自然界的自然加减。有加无减或有减无加，人类社会就无法平衡，自然界同样也无法平衡。

（四）链条断裂的危害性

五行之链，如同圆环。五行缺一，链条立即断裂。五行缺二，链条彻底毁坏。五行这个圆环，表达的是现实世界。

五行之链，不能断裂；现实世界，同样不能断裂。现实世界的链条中，如果残缺了某一段、某一节，整个现实世界就会受到危害。

人不能肆意破坏自然，如果毁坏了现实世界中的某一部分，最终必然危害到整个世界。例如危害了天上臭氧层，危害了地面上干净的水，最终必然危害到大自然与人类自身。

（五）保护万物与保护自己

在显微镜的镜头下，小草是小草，人是人，小草与人之间没有任何联系；在显微镜的镜头下，鸟兽是鸟兽，人是人，鸟兽与人之间没有任何联系；在显微镜的镜头下，高山是高山，人是人，高山与人之间没有任何联系；在显微镜的镜头下，江河是江河，人是人，江河与人之间没有任何联系。总之，用实证的方法无论如何也发现不了人与万物之间的丝毫联系。但在五行哲理中，人与万物，人与自然，是两分而一体的关系。保护万物就是保护自己，危害万物就是危害自己。

五行现实意义，还可以进行进一步的总结，本文暂停于此。接下来谈谈五行学说对现代的启示。

在今天，在今后，五行仍然有着新鲜的启示示范作用。五行的启示示范作用，具体体现在以下几个方面：

1. 庞大的问题可以简易化。无边无际的宇宙，被中华先贤抽象在五行之中。智者将庞大的问题简易化，愚者将简单的问题复杂化，从这一点上看，五行学说会启示今天，会启示明天，也会启示后天。

2. 理论的问题可以图像化。五行学说，可以用图像来表达，这是最令人感兴趣的问题。一大堆文字难以表达清楚的问题，用几笔简易的图像就可以清楚地表达出来，这种形式对今天有没有启示作用？对明天有没有启示作用？答案是显而易见的。

3. 创建有生命力的学说。五行学说，赢得了儒家的敬重，赢得了道家的敬重，赢得了法家的敬重，赢得了阴阳家、杂家的敬重，诸子百家关注的问题各不相同，但他们均认同五行学说，这说明了什么？这说明五行在诸学科间具有广泛的延展性。

李约瑟博士研究五行，将五行视为是中国古代科学技术的三大理论基础之一。李约瑟博士著《中国科学技术史》，李氏认为，西方有西方的科学，中国有中国的科学，东西方的科学在基本观念即理论基础上完全不同。《中国科学技术史》的第六章为"中国科学之基本观念"，在这一章里，李约瑟博士介绍了他所认识到的中国古代科学的三大理论基础："其一，是'五行'的理论；其二，是宇宙间的阴阳理论；其三，是古人竭尽心力而完成的'易经'符号结构的科学（或是原始科学的）用途。"在李约瑟的研究视野里，中国古代科学建筑在三大基础之上，这三大基础就是：五行、阴阳、卦象。李约瑟博士是英国人，是现代人，他认同五行学说，这说明了什么？这说明五行在时间和空间上具有持久性。五行学说，在家乡遭到了众多有知与无知者的贬低抛弃之时，却在英国院士这里受到应有的尊敬。

近代西方，启蒙家、思想家、哲学家、科学家如雨后春笋，由此产生了众多的新理论、新观点，尤其是物理学产生了众多的新公式、新定律。这些新东西，大部分如昙花一样，只能鲜艳一时。小部分如喇叭花一样，只能鲜艳一天。不能在时间上持久，是近代各家学说的共同特征。此家的认识，得不到彼家、其他诸家的认同，是近代各家学说的又一特征。经不起大自然的验证，被大自然所拒绝，是近代各家学说的第三特征。相比之下，五行学说显示出了可贵与可爱。五行学说，从古至今，延续了几千年，毫无疑问，主张生克平衡的五行学说肯定还要延续下去。五行学说，第一能经得起时间的验证。五行学说，可以进入英国科学院院士李约瑟博士的《中国古代科学思想史》，能得到英国科学院院士认同，这说明了什么？这说明五行学说经得起空间的验证。五行学说基础上的中华文明是利用自然而不危害自然的文明，五行学说经得起大自然的验证。

创建在时间上有生命力的学说，创建在空间可以延展的学说，创建大自然接受的学说，在这一点上，五行的意义，是不是可以永远启示后人？

4. 瞻前顾后。见金说金，见水说水，割断了事物之间的联系，就是孤立地看问题。

见到金立刻想到生金之土，见到金立刻想到金生之水，看到一事物之前之后相关的事物，这就是瞻前顾后。

看到这一行出了问题，立刻会联想到这样两个问题：第一，是不是前一行的问题影响到了此行？第二，此行的问题会不会影响相关的下一行。五行相连相因，是中医"左有病治于右，上有病治于下，阴有病治于阳"之奇特方法的理论基础，对于中医的这一奇特方法，西方医学无论如何不能理解。具体再具体，精细再精细，是西方医学所长。但是在方法上只能局限在"头痛医头，脚痛医脚"的静态范围内。

认识与解答问题，要考虑到之前之后的相关因素。这种瞻前顾后的方法，在环境严重污染的今天，显得可亲又可爱。建立每一座工厂时，如果考虑到了所需产品之上有烟囱冒出的废气，下有管道里流出的污水，人类会避免多少损失，多少灾难啊？

5. 不孤立看问题。金木水火土，是一个不可打破的整体。全面地看问题，即看到这一行，立刻会联系到其他四行。全面地看问题，即看到这四行，立刻会联想到五行还遗漏一行。看问题不能孤立在问题本身，要考虑到全面全局，如此观察问题，是不是更能接近问题的实质？如果五行的常识得以延续，绝不会发生为大炼钢铁而使无数青山"秃头"的荒唐。

综上所述，五行这幅简图，是中华先贤的一大贡献。五行的重要性与阴阳一样，在文化中具有同等意义。阴阳与五行构成了中华元文化的基础。

如果子孙继承先贤的思路，站在五行学说的立场上看一事一物，看万事万物，会认识多少别人难以认识的问题，会解答多少别人难以解答的问题啊！同时，也会避免多少自身产生的灾难啊！

第四章　自然之道的确立

每一种文化，都有具有根本性、代表性的经典文献，例如基督文化有《圣经》、印度文化有《奥义书》、伊斯兰文化有《可兰经》、中华文化有《周易》……一部可以代表一种文化的经典，必然建立起一个至高无上的、不可动摇的、可以评判一切的坐标，例如《圣经》中有上帝、《奥义书》中有大梵、《可兰经》中有真主、《周易》中有道。

道所涉及的问题，是本章讨论的重点。

第一节　关于道的几个基本问题

一、概念

道的概念是"一阴一阳之谓道"，这一概念最早出现在《周易·系辞上》。

阴与阳，在这里的比例关系是一比一的平衡关系。

阴与阳，在这里的排列顺序是阴先阳后。

阴与阳，在这里一有同等的地位，二有同等的作用，三有同等的重要性。

敬请读者务必记住这几点。之后的篇章里，要讨论中华民族为什么会从文明先进变化到落后挨打。据笔者的研究，道的变质是中华民族落后挨打的一大根本原因。

中华大地上的道，其重要性相似相同于西方的上帝。正如上帝不能变成魔鬼一样，道不能变质为与此相反的伪道。

二、别名

道有许多别名，《周易》里的太极、《周髀算经》《道德经》《礼记》《庄子》《韩非子》里的"一"与"大一"，实际上都是道的别名。

一何以能成为道的代名词？笔者长期苦思不得其解。后来在《韩非子·扬权》里看到一个令人满意的解释，这个解释是："道无双，故曰一。"如同上帝之外没有上帝一样，道之前、道之外，再没有与之相匹配的东西，所以道可以称之为一。笔者坚决不同意法家将君王绝对化，坚决不同意法家将君王的意志等同于道，但十分赞成韩非子的这个解释。没有韩非子的这个解释，就不能完全理解《道德经》《礼记》《庄子》为什么一会儿谈"道"一会儿谈"一"，将"道"与"一"混同使用。

三、基本状态

道的基本状态体现在以下几个方面：

1. 阴与阳，在比例关系上是一比一的平衡关系。

2. 阴与阳，在排列顺序是阴先阳后。

3. 阴与阳，永不分离，永不重合。

4. 阴与阳，一有同等地位，二有同等的作用，三有同等的重要性。

5. 起始点。道是宇宙的起始点，道之前什么也没有。以道为起始点，开始了宇宙的演化。

6. 普及点。道遍及万事万物之中，无时不在，无处不在。

中华大地上的道，其重要性相似相同于西方的上帝。正如上帝不能变成魔鬼一样，道不能变质为与此相反的伪道。

四、基本功能

（一）生生不息

道的基本功能是生生不息。万物由天地所生，天地由道所生。描述天地生万物，最精美的描述莫过于《周易·序卦》开端处的那句"有天地然后万物生焉"。描述道生天地，最精美的描述莫过于《庄子·大宗师》中那句"夫道……生天生地"。

道的产生与人的产生有四大不同之处：一不需要外力帮助；二不需要物的滋补；三不需要管理；四不需要孕育周期。

道为生生之源，天地从这里诞生，时空从这里诞生，音律从这里诞生，奇偶之数从这里诞生，总之，这里诞生了一切，自然之文与人文也都是从这里诞生的。

（二）自然法则

《圣经》中的上帝之理是宇宙法则，中华元文化中的道理是自然法则。

万物之中物物的形态为何各异？万物之中物物的功能为何不同？万物之中物物的结果为何各异？《圣经》说"之所以这样"，是因为上帝的安排。万物在上帝的意志下，"只能这样，必须这样"。

此物为何出现在此时，此物为何出现在此地？此物为何与某物共生，此物为何与某物相随？此物为何有此味，彼物为何有彼味？《周易》说"之所以这样"，一是由天地之理所决定的；二是由时间空间所决定的。天地之理、时间空间最终都可以归结于道理，万物之所以这样，归根结底是道理所决定的。

上帝之理即宇宙法则，这是《圣经》的核心之所在。道理即自然法则，这是《周易》的核心之所在。"道法自然"是老子写在《道德经》里的话。"自然即必然"是笔者写在这里的话。

（三）人生法则

"神如何，人如何"或"上帝如何，人如何"，做人应该以上帝为坐标，这是《圣经》所建立的人生法则。"天如何，人如何；地如何，人如何"，这是《周易》所建立的人生法则。

上帝之前没有上帝，所以上帝这里就是做人的终极坐标。天地之前还有道，所以道、道之理是做人的终极坐标。

关于人生法则的内容，将在第二篇中详细讨论，此处不赘。

五、基本特点

自然之道具有多方面的特点，笔者初步总结出十大特点：①无形无体；②无声无息；③动而不息；④无限循环；⑤阴阳两分而一体；⑥衍生万物又隐含于万物之中；⑦大道可以分化为无数个具体之道；⑧不可道；⑨不远人；⑩不可欺。道的十大特点，分述如下：

（一）无形无体

"形而上者谓之道"，这是《周易·系辞下》对道之特点的确切描述。所谓"形而上"，就是在形象之外，无形无体，看不见也摸不着。

从造物意义上看，自然之道与《圣经》中的上帝具有一致性。从无形无体这一基本特点上看，道与上帝是有差异的。《圣经》中的上帝有形有体，何以见得？因为上帝按照自己的形象创造了亚当，所以说，亚当的模样可以折射上帝的模样。笔者说上帝有形有体，其依据就在这里。在《圣经·旧约》里可以看到，上帝多次出现在人们的面前，例如出现在了亚当面前，出现在了挪亚面前，出现在了摩西面前……自然之道从古至今，没有在任何人面前出现过。老子谈道，孔子谈道，管子谈道，孙子谈道，庄子、孟子也谈道，但是谈道之人谁也没有见过道。

无形无体，是道的第一个特点。无形无体，是道与上帝相互区别的第一点。

（二）无声无息

《圣经》中的上帝会说话，《圣经·旧约》中多处记载了上帝与人对话的实例。例如上帝与亚当说过指令性的话，告诉亚当"应该这样，不应该那样"。上帝与挪亚说过指令性的话，告诉挪亚"我要用洪水伐世，你要造一只方舟"。上帝与摩西说过指令性的话，今天基督教徒所信守的"摩西十诫"，就出于上帝之口。

自然之道无声无息，从来不说话。没有与作卦的伏羲氏说过话，没有与务农的神农氏说过话，也没有与制衣裳的黄帝说过话，更没有与老子、孔子说过话。道不远人，却不与人直接交流。

无声无息，是道的第二个特点。无声无息，是道与上帝相互区别的第二点。

（三）动而不息

道是动态之道。道之动，《周易·系辞下》有两句精辟的论述：

其一，"易之为书也不可远，为道也屡迁，变动不居，周流六虚"。

其二，"道有变动，故曰爻"。

自然之道是屡迁之道，是变动不居之道。道之屡迁，道之变动不居，表现在六虚之中。六虚即六合，是上下四方的代名词。第一段论述讲的是四方上下，是自然之道变动变化的场所。空间之中，变动之道无处不在。

变动变化的自然之道，浓缩在阴阳两爻里。第一段论述告诉人们，阴阳两爻是用来表达道之变化的。

在这两段论述之前，《周易·系辞下》对"爻"还有一个这样的解释："爻也者，效天下之动者也。"这个解释告诉后人，爻是用来模拟天下之动的。爻组成了卦，卦也是用来模拟天下之动的。

变、变动、变化、变通，这几个词均出于《周易》，用来描述天地之变、日月之变、四时之变、刚柔之变、万物之变。天地、日月、四时、刚柔、万物之变都在道的范围之内。无形之道的变动体现在有形的日月星辰与万物之中。日月星辰的变化与万物的变化，可以折射出道的变化。

有序之动，是道的第三个特点。有序之动，是道与上帝相互区别的第三点。

（四）无限循环

动态之道有一定的运动形式。这个运动形式就是无限循环。"无往不复""往来""终则有始"，都是《周易》经传用来描述天行、四时之行运动形式的。

"无往不复"，讲的是所有的往都会复返。"往来"，讲的是有往必定有来。"终则有始"，讲的是所有的终点之处都是新的始点。

天行、四时之行，都在道的范围之内。圆环之圆，是道运动的基本形态。无限循环，是道运动的基本状态。

无限循环，是道的重要特点之一。也是与上帝的相互区别点。

（五）阴阳两分而一体

"一阴一阳之谓道"这一概念告诉人们，自然之道的基本组成就是阴与阳。阴与阳有这样几个基本特点：一是同类；二是异性；三是永不重合；四是永不分离。永不重合，体现的是区别；永不分离，体现的是亲和。

阴阳两分而一体，是道的重要特点之一。阴阳两分而一体，是道与上帝相互区别的标志。上帝本身不可分，那里没有阴与阳。

释迦牟尼所创立的佛教之所以能够在中华大地上流传，原因众多，但根本原因就在于释迦牟尼对宇宙的认识与中华元文化有一致性。因为释迦牟尼曾说过："若有众生解了如是因缘之义，当知是人即为见佛。"可参见中国友谊出版公司出版的《中国宗教六讲》一书。

释迦牟尼菩提树下的觉悟，悟出了"缘起性空"四个字。因，指的是根本之因，即内因。缘，指的是辅助因素，即外因。缘起，所说的是万事万物都是由"因缘"内外两种因素合和而生。万事万物既不是有，也不是无，而是因缘合和之结果。

佛教徒在建塔时，都会在塔基或佛像内放置一个缘起偈，偈曰："诸法因缘生，我说是因缘，因缘尽故灭，我作如是说。"（同上）"缘起性空"四个字在佛教中的重要性，犹如宝塔之基础，犹如佛像之心脏。

阴阳合而万物生，阴阳分而万物死；因缘合而万物生，因缘分而万物灭；阴阳两分而一体，因缘两分而一体；佛教哲理在如何认识宇宙问题上同道在此处一致起来。这就是佛教哲理引起学者关注的根本原因所在。

"因缘"是文字，"阴阳"既可以是文字还可以是抽象之爻。在笔者看来，这是中华元文化的高明之处。一些一流的学者之所以流连佛学多年而晚年又文化回归，其根本原因应该归功于有无穷魅力的抽象符号。

道可以用文字符号来表达，还可以用爻这一抽象符号来表达，上帝只能用文字符号，这是道与上帝的另一区别点。

（六）衍生万物又隐含于万物之中

道生天地，天地生万物。道，这个终极的生生之源，生产出了一切。

上帝创造天地万物之后，并没有留在天地万物之中，而是位于天地万物之上。与上帝完全不同的是，道在产生天地万物之后，并没有告别天地万物，而是隐含在万物之中。道在天地中，道在日月中，道在山泽中，道在风雷中，道在荷花、梅花中，道在小草、小虫中，道在小鱼、小虾中……道在哪里？庄子解释得最好，下面会谈到这一点。

（七）大道可以分化为无数个具体之道

生生之源之道为大道，大道可以分裂而变，一分为二分为天之道、地之道；可以一分为三分为天之道、地之道、人之道；可以一分为万分为花之道、草之道、鱼之道、虾之道、鸟之道、兽之道，乃至屎尿之道。总之，大道可分裂而变为各式各样的具体之道。道位于形而上，物位于形而下。形下之物，对应着形上之理。一物有一物之理，万物有万物之理，一物之理与万物之理均归根于道理。

一个大道，在中华大地上演化出了百家的学说。老子、孔子时代，百家争鸣，百花齐放。百家之百，表示学说众多。众多学说，一家偏重于一面：儒家偏重于礼，道家偏重于德，兵家偏重于兵，法家偏重于法，医家偏重于医，阴阳家偏重于天文历法，建筑学家偏重于都市宫室设计……百家之中，家家立其异，但立论基础却完全相同，百家均以道为理论基础。儒家以道论礼，道家以道论德，兵家以道论兵，法家以道论法，阴阳家以道论历……在诸子之后的中华大地上，茶有茶道，剑有剑道，棋有棋道；品茶者论道，舞剑者论道，博弈者论道，养生者论道，解牛者论道……所有这些，都是道在各个领域的延续。在人文中，大道演化出了无数的具体之道。一个自然之道，是诸子百家论证问题的基本依据。

（八）不可道

如果把道理比喻做一个360度的大圆，那么我们所讲的理，往往只是某一度或某几度的范围内。所以圣者贤者共同认识到了语言表达真理、妙理有局限性。儒家所讲的理具有局限性，不能涵盖全部道理；道家所讲的理具有局限性，不能涵盖全部道理；兵家所讲的理具有局限性，不能涵盖全部道理。医家所讲的理具有局限性，不能涵盖全部道理；阴阳家所讲的理具有局限性，不能涵盖全部道理……百家所讲的理都是自己一家对自然之道的理解，百家所讲的理加在一起，也不能完全完整地把道理表达出来。

《道德经·第1章》曰："道可道，非常道。"老子认为，语言根本无法全面描述道。

《庄子·天下》曰："天下大乱，贤圣不明，道德不一，天下多得一察焉以自好。譬如耳目口鼻，皆有所明，不能相通。犹百家众技也，皆有所长，时有所用。虽然，不该不遍，一曲之士也。"百家学说，说鼻的说鼻，说眼的说眼，说口的说口，说耳的说耳，耳目口鼻各有一用，而且其用也十分重要，问题是耳目口鼻各不相通。庄子的比喻十分妥帖，百家所讲的理加在一起，也只是相似于一个整体。

《六祖坛经·机缘品》曰："诸佛妙理，非关文字。"唐代之后的禅宗中，出了个别开生面的大禅师慧能。慧能大师认为，佛理的真谛用语言根本无法表达。"妙高山顶，出来不许商量。"禅宗的这一名言，真是可以超越时间，跨越空间。极点之处、起点之处的道理，真是难以商量。

不可道，还要道。老子虽然清楚地知道道不可道，但还是留下五千字的美言妙道——《道德经》。

非关文字的诸佛妙理，并没有告别文字。在世界几大宗教中，佛教的经典最为丰富，用"汗牛充栋"一词来形容一点都不过分。不许商量的问题还是要商量，否则，不会出现霍金这样的物理学家。

历史上曾出现过这样一些人，这些人片面理解道家的"不可道"与"无为"之说，以此为自己一辈子的懒惰、无为做辩解。一个非常简单、非常重要的事实被这些人忽略了，这个事实就是：老子口中说"不可道"，但老子"道"出了一部《道德经》；庄子口中讲"无为"，但庄子动手"为"出了一部《庄子》。

人还是应该有所作为的，作在道理之内，为在道理之内。所谓"无为"，即凡是道理之外的事，既不能作，也不能为。

（九）不远人

自然之道与人的关系，与上帝与人的关系不同：上帝在人之外，人在日常生活中难以见到上帝，而道就在人身边。

一阴一阳，体现在日月往来之中，日月往来之秩序，是生产生活必须遵守的秩序。一阴一阳，体现昼夜转换中，昼动夜静，是养生必须遵守的秩序。一阴一阳，体现在寒暑转换中，寒暑往来之秩序，是生产生活与养生必须遵守的秩序。

自然之道在人文，演化为男女之道、夫妇之道、父子之道、君子之道、朋友之道；演化为饮食之道、起居之道、医病之道、养生之道、解牛之道、承蜩之道、读书之道、铸剑之道、舞剑之道、棋之道、茶之道……人文之道将在第二篇中讨论，此处不赘。

道就在人们身边，敬请读者记住《礼记·中庸》中的两句话：

其一，"道也者，不可须臾离也，可离非道也"。

其二，"道不远人。人之为道而远人，不可以为道"。

（十）不可欺

作为法则的自然之道，是不能逆，不能违，不能欺的。

道在天地中，道在万物中。天无语，无语之天不可欺；地无语，无语之地不可欺；水无语，无语之水不可欺；山无语，无语之山不可欺。道在时间空间中，无语之时间不可欺，无语之空间不可欺。总而言之，道无语，无语之道不可欺。为什么无语之道不可欺，"本来如此，应该如此，之内如此也"。

无语之道不可欺，文献中有许多精辟的论断，这里摘录《尚书》《黄帝内经》中的三个论断：

其一，"天作孽，犹可违；自作孽，不可逭"。（《尚书·太甲中》）

其二，"道者，圣人行之，愚者佩之。从阴阳则生，逆之则死，从之则治，逆之则乱"。（《黄帝内经·素问·四气调神大论》）

其三，"敬之者昌，慢之者亡。无道行私，必得夭殃"。（《黄帝内经·素问·天元纪大论》）

除了十大特点之外，道还有一个与万物不同的根本性特点，这就是"自根自本"性。《圣经·旧约·出埃及记》中的上帝告诉摩西说："我是自有永有的。"上帝不是另外一个上帝创造的，而是自有的。物的生命是一时的，有限的，人的生命也是一时的，有限的，而上帝的生命是无限的，是永有的。在这一点上，道与上帝有形似相同性。庄子曾经用"自根自本"这个词描述过道。万物的爸爸妈妈是天地，天地的爸爸妈妈是道，道的爸爸妈妈是谁呢？自根自本也。所谓自根自本，就是说，没有爸爸妈妈，道就自己成其为道了。

这里，需要提醒读者的一点是，研究道不能仅仅局限于文字，还应该重视卦。为什么？因为自然之道在人文中首先是用阴阳两爻来表达的。前面已经谈过这样一个顺序：群经以《周易》为首，《周易》以六十四卦为首，六十四卦源于八卦。八卦之前呢？八卦之前再没有了卦。但是八卦的成分是一阴一阳——一个阴爻，一个阳爻。阴阳两爻既组成了八卦，又组成了六十四卦。卦的成分说明，自然之道首先依存在八卦与六十四卦中，换言之，卦理即道理，道理首先是用卦表达的。所以研究道无论如何不能忘记阴阳两爻，不能忘记阴阳两爻组成的卦。

这里，需要提醒读者的另一点是，研究道还应该重视卦外的天文、地文、万物之文，以及人类自身。因为中华先贤就是从自然之文中归纳出了自然之道。

六、可见可言之道

"道可道，非常道。"（《道德经·第1章》）老子认为，玄妙之道不可言说。

"大象无形。"（《道德经·第1章》）老子认为，玄妙之道无形无体，人的眼睛无法认识，无法看到。

先天之道不可见，先天之道不可言，但是，后天之道则是可见可言之道。

下面几个论断中的后天之道是可见可言之道。

其一，《尚书·大禹谟》："满招损，谦受益，时乃天道。"这一至理名言，源于天文观测的立竿测影。

损益，在《周髀算经》中指的是日影长短的变化，影长为益，影短为损。《周髀算经·卷下》："冬至夏至，为损益之始。"天体测量，靠的是立竿测影。立竿测影，冬至点日影最长，最长为满。夏至点日影最短，最短为谦。日影最长点，是一个变化点。日影最短点，也是一个变化点。从最长点开始，日影一天天开始缩短。日影缩短为损。从最短点开始，日影一天天开始变长。日影增长为益。冬至点为日影的缩损点，夏至点为日影的增长点。由此演化出了"冬至夏至，为损益之始"之说。日影长短变化，即损益变化。缩一寸为损，长一寸为益。损益之间，产生了二十四节气。二十四节气的一个循环，即是一个完整的太阳回归年周期。太阳回归年周期，反映的是时间变化。时间变化即天道变化，"时乃天道"的意义就在这里。

时间即天道。《尚书》中的天道是后天之道。后天之道是可言之道。

其二，《周髀算经·卷上》："日中立竿测影，此一者，天道之数。"这句话有多重意义：第一，日影变化即天道变化。第二，立竿测影，中午的日影连线就是天道线。第三，日影变化之数就是天道之数。

《周髀算经》里的天道是后天之道。后天之道一可以看见，二可以定量。此处之天道，为可见之道。

其三，《礼记·哀公问》："如日月东西相从而不已也，是天道也。"日往月来，即是天道。孔夫子界定出的天道，为可见之道，为可言之道。

《周易·乾·彖传》所言的乾道，就是天道。天道体现在六时之中，六时是由大明决定。大明即太阳。太阳决定六时，六时变化即天道变化。此处之天道，为可见之道，为可言之道。这一论断，之后还会论及，此处不赘。

《尚书》告诉后人，时间即天道。《周髀算经》告诉后人，日影即天道。《礼记》告诉后人，日往月来即天道。《周易》告诉后人，太阳变化即天道。

时间、日影、日月、太阳，并不虚妄，并不玄妙，这里的后天之道，一是可见，二是可言，三是可测量，四是可定量。玄妙之道，在这里变成了可言可见之道。

第二节　道在人文中解答的基本问题

道在人文中，解答了一系列的基本问题。所谓基本问题，就是人类先贤最早遇到的共同问题，就是每一个文化必须要解答的问题。

道所解答的基本问题，本节只做简要介绍，详细的讨论，将在第二篇、第三篇中进行。

一、数之源

"阴道偶，阳道奇。"

《黄帝内经·灵枢·根结》告诉后人，数由道生，奇数源于阳，偶数源于阴。

二、历之源

"阴阳之数，日月之法，十九岁为一章，四章为一蔀。七十六岁……极三万一千九百二十岁。生数皆终，万物复始。天以更元，作纪历。"

天上日月的运转，进入定量的数据，这就是历。月亮运动演化出了阴历，太阳视运动演化出了阳历。阴历阳历，合二为一，即阴阳合历。《周髀算经·日月历法》告诉后人，中华大地上沿用了几千年的阴阳合历，本于日月，关乎阴阳。

三、礼之源

"是故夫礼，必本于大一。"

礼，是人禽之辨、人兽之辨的基本标志。《礼记·礼运》告诉后人，人禽之辨、人兽之辨之礼，源于大一。大一者，道也。

四、乐之源

"大乐与天地同和，大礼与天地同节。"又："乐者，天地之和也。礼者，天地之序也。"

没有音乐，教化的内容就残缺了一半。《礼记·乐记》告诉后人，乐源于天地，礼源于天地，礼乐同一个来源，均源于天地。"天为阳，地为阴"。《黄帝内经·素问·阴阳离合论》在天地、阴阳之间画出了恒等关系。由此而论，看得见的天地、看不见的阴阳，就是音乐之源。

五、器之源

"形而上者谓之道,形而下者谓之器。化而裁之谓之变,推而行之谓之通,举而措之天下之民,谓之事业。"《周易·系辞上》告诉后人,从无形之道这里出发,可以演化出有形之器。

"弓矢者器也"。《周易·系辞下》把生产工具、生活器具、自卫武器统称为"器"。如何创造器?《周易》告诉后人,道为器之源。懂得了道理,可以发明创造出各式各样的器具。

六、法之源

"道生法。"
《黄帝四经·经法》说,起着准绳作用、衡量曲直的法律之法,发源于道。

七、技之源

"道也,进乎技矣。"
《庄子·养生主》告诉后人,为何会有炉火纯青的解牛之技,因为庖丁明白了道理。

八、兵之源

"兵者,国之大事,死生之地,存亡之道,不可不察也。故经之以五事……一曰道,二曰天,三曰地,四曰将,五曰法。道者,令民于上同意,可与之死,可与之生,而不危也。"
《孙子兵法》谈兵,首先谈的是道。"一曰道"三个字说明"道"在兵法之中的基础性地位。

九、医之源

"阴阳者,天地之道也,万物之纲纪,变化之父母,生杀之本始,神明之府也,治病必求于本。"《黄帝内经·素问·阴阳应象大论》告诉后人,阴阳为医理之渊源,离开了阴阳这一基础,就不可能产生《黄帝内经》这部光照千秋的中医经典。

十、文章之源

"文之为德也,大矣。与天地并生者,何哉?夫玄黄色杂,方圆体分。日月叠璧,以垂丽天之象。山川焕绮，以铺理地之形。此盖道之文也。"《文心雕龙·原道》在开端之处把文章的渊源归结到了天文地文、日月之文，最终结论在"道"字上。

十一、化学之源

"乾坤者，易之门户，众卦之父母。坎离匡郭，运毂正轴。牝牡四卦，以为橐籥。覆冒阴阳之道，犹工御者准绳墨，执衔辔，正规矩，随轨辙，处中以制外，数在律历纪。"

《周易参同契》在中国是第一部炼丹的著作，在世界上则是化学之鼻祖。这里记载了最早的人工化合物——雄黄、氧化铅、硫化汞，以及人工提纯的纯汞、纯铅等。

炼丹的专著，首先谈的不是炼丹的工艺，而是炼丹的哲理。炼丹者用阴阳之道解释了化合作用，显然，丹术源于阴阳之道。

十二、算术之源

"观阴阳之裂变，总算术之根源。"

魏晋时期的刘徽是世界上第一个用正确方法计算出圆周率的大数学家，他在《九章算术·序》中写出了上面这句话。刘徽告诉后人，算术溯源应该追溯到阴阳这里。

十三、围棋之源

围棋源于道。《围棋十三经·棋局篇》曰：

"夫万物之数，从一而起。……一者，生数之主，据其极而运四方也。三百六十，以象周天之数。分而为四，以象四时。……棋三百六十，白黑相伴，以法阴阳。"

十四、时空之源

《道德经·第25章》曰："有物混成，先天地生。寂兮寥兮，独立而不改，周行而不殆，可以为天地母。吾不知其名，故强字之曰道，强为之名曰大。大曰逝，逝曰远，远曰反。"老子谈道，道可以论大，可以论远。广大之大属于空间，流逝之远属于时间。在老子这里，道为时空的发源地，追溯时空之源，可以追止于道。

"夫道，有情有信……自本自根，未有天地，自古以固存；神鬼神帝，生天生地；在太极之先而不为高，在六极之下而不为深，先天地生而不为久，长于上古而不为老。……莫知其始，莫知其终。"庄子在《大宗师》一文中论道，一是论出了道的"自本自根"性；二是论出了道生天地的生成功能；三是论出了道与时空之间的源流关系。

"高"与"深"表达的是空间，"久"与"老"表达的是时间。无上无下，是道在空间中的体现；无始无终，是道在时间中的体现。

在庄子这里，道仍然为时空的发源地。道与时空之间的源流关系，庄子解释得比老子更形象、更活泼。

十五、物理之源

"万物负阴而抱阳，冲气以为和。"

老子在《道德经·第42章》里以阴阳解释了物理中的两大问题：一阴一阳既是万物的基本成分，又是万物的基本结构。

第三节　道：永不枯竭的源头活水

一、《圣经》中的源头活水

《圣经》把上帝之理比喻为源头活水，而把人认识到的理比喻为漏水的池子。这样的认识，在《圣经·旧约·耶利米书》是这样写的："因为我的百姓作了两件恶事，就是离开了我这活水的泉源，为自己凿出池子，是破裂不能存水的池子。"

上帝之理为活水之泉源，人之理为破裂不能存水的池子，《圣经》用如此形象的比喻来表达神理与人理的巨大差别。源头活水，源源不断，上帝之理没有局限性；漏池存水，瞬时漏光，人理有局限性。所以，《圣经》警告百姓不要抛弃源头活水。

源头活水究竟有什么重要意义？借助英国大哲学家罗素的一句话，可以理解这一点。罗素的话是："像上帝那样去看。"

罗素认为，看问题，看世界，仅仅用人的眼光去看是远远不够的。应该怎么看？正确答案是："像上帝那样去看。"

为什么要像上帝那样去看，而不能用人的眼睛去看？因为人有局限性。为什么说人有局限性？因为人有老少之别，有目光远大与鼠目寸光之别，有这个民族与那个民族之别，有不同文化之别，有同一文化但文化程度的深浅之别，有东西方之别，有政治立场上左右之别，有宗教信仰之别，有时间上此一时彼一时之别。所以，同一问题会有不同的看法，甚至还会有截然相反的看法。人的局限性在上帝这里并不存在。上帝可以超越年龄的局限，超越时空的局限，可以超越经验的局限，可以超越种族、宗派、利益的局限，所以，看问题应该"像上帝那样去看"的重要意义、根本意义，就体现在这里。

二、《周易》中的源头活水

源头活水，东方也有此说。"半亩方塘一鉴开，天光云影共徘徊，问渠那得清如许？为有源头活水来。"这是宋朝朱熹所作的《观书有感》诗，诗中出现了"源头活水"一说。渠水为何清澈见底？溪水为何清澈见底？因为有源头活水源源而来的缘故。

笔者虽然不赞成朱熹将儒家文化局限在四书里，但非常赞赏朱熹的这首诗。试想，如果没有源头活水，会有清澈如许的小渠吗？如果没有源头活水，会有源远流长、滔滔不绝、奔腾不息的江河吗？

自然界的源头活水对于江河的意义重大，那么源头活水对于文化的意义又如何？一源能衍化出许多支流，这是源头活水的第一重意义。先秦时期，中华大地曾经百花齐放，百家争鸣。百家论证的问题各不相同，但立论基础却只有一个，这就是百家皆以道为立论基础。儒家论礼不是以我而论的，而是以道而论的；道家论德不是以我而论的，而是以道而论的；兵家论兵不是以我而论的，而是以道而论的；医家论医不是以我而论的，而是以道而论的；管子及管子之前的法家论法，不是以我而论的，而是以道而论的……一源而百流，源头活水对于文化的意义，这是一。

以道论之，可以超越人的局限；以道论之，可以超越时空的局限；以道论之，可以超越学科的局限；以道论之，可以超越经验的局限；以道论之，可以超越地位的局限。超越一切局限，源头活水对于文化的意义，这是二。

人文中的源头活水在哪里？在《周易》，在六十四卦，在八卦！归根结底，在道理。道理就是中华文化的源头活水。《周易·系辞下》："易之为书也不可远……不可为典要，唯变所适。"这个论断告诫后人不可远离源头活水，但也不能受阻于源头活水。不远离源头活水，不受阻于源头活水。从元点这里出发，每一时、每一天都要跨出新的一步，都要有新的变化。《周易·系辞下》里"日新之谓盛德"，所强调的就是道理基础上的天天更新，天天变化。

凭借源头活水，中华民族在世界民族之林中最早跨入了文明。

凭借源头活水，中华先贤创造了一部部流传千年的经典，一件件先进的器具，解答了一个个大问题。

凭借源头活水，先秦诸子一家家开出了耀眼的学术之花。

"三纲"之后，中华民族则一步步渐渐地远离了源头活水。

三、活水之间的相似性

《圣经》以上帝为源头活水，中华文化以道为源头活水，这两种源头活水之间存在着相似相通性。

《圣经·新约·约翰福音》说："太初有道，道与神同在，道就是神。这道太初与神同在。万物是藉着他造的。"《圣经·新约》告诉世人与后人，神与道异名而同类，两者实际上是一回事。

宗教中的上帝，哲学中的本体，文化中的自然之道，三个名字所描述的都是天地万物的创造者与管理者。用笔者的话说，上帝、本体、道，可以归纳为一个名字，这个名字就是产生天地万物的那个生生之源。生生之源为自然。自然即必然，自然即永久，自然即普遍。所以，站在这一高度来论证问题，其结论肯定能经得起时空的验证。知道了这一点，就知道了《周髀算经》《黄帝内经》《论语》《道德经》《孙子兵法》能够流传千古的奥秘。同理，知道了这一点，就知道了今天有多少文章、多少公式、多少观点一时间响得像爆竹一样又转眼化灰的奥秘。

其实，几千年前诸子百家已经明白的"以道论之"，昨天罗素明白的"像上帝那样去看"，都在力图避免局限，超越局限。

两种源头活水之间的相似性，体现在许多方面，但最根本的体现是在时间的超越上。"以道论之"可以超越时间的局限；"像上帝那样去看"，也可以超越时间的局限。

第五章　《周易》：屹立于东方的伟大经典

若问在世界范围内，延续时间最长，拓展空间最大的经典为谁？可以当之无愧地回答：是我中华先贤创造出的《周易》。

《奥义书》《圣经》流传的时间长不长？长！拓展的空间大不大？大！佛教经典在时空上，同样具有这两样特点，但是《奥义书》《圣经》与佛教经典均流传在"如何为人"的领域内，唯有《周易》流传在"如何为人""如何为事"两个领域。

从古至今，在中华大地上代代都有人研究《周易》。从东到西，东亚、东南亚、欧洲、美洲，世界各地都有人研究《周易》。人们研究《周易》的热情，从未因时间的推移而减退。

众多人关注《周易》，笔者为中华先贤而自豪，是伟大的中华先贤创造出了可以与任何兄弟民族经典相比美的、具有永恒生命力的经典。

关于《周易》这部中华元典的讨论，本书的每一篇、每一章会涉及到特定的具体内容，所以本章的讨论只是原则性的讨论。

第一节　成分与特点

一、三大基本成分

《周易》是奇特的。《周易》之奇，首先奇在成分上。以抽象符号——卦象为起点、为基础，这是《周易》在成分上的第一奇。以抽象符号为起点、为基础的经典，除《周易》之外，全世界再找不出第二部。自始至终都是文字，《圣经》是这样，《奥义书》是这样，佛教经典也是这样。所以说，卦象符号为《周易》第一奇。

经传结合，为《周易》成分第二奇。《圣经》之约分新旧，《新约》《旧约》都是经文，这里没有解释经的传文。新旧两约的经文，不需要借助解释，识字之人就可以读。《周易》有经有传，如果没有传的解释，连博士生也难以读懂。卦、卦名、卦辞、爻辞为经，象上下、彖上下、系辞上下、文言、说卦、杂卦、序卦为传——传文十篇，史称"十翼"。要想明白经，必先明白传，也就是说，要想读懂经，必须先读懂传。传，实际上是到达彼岸的桥梁。不通过这座桥，你永远也别想真正读懂《周易》。

传由不同文体所组成，三奇也。《彖传》优美如诗，《系辞》铿锵如骈，《序卦》环环相扣如无端之圆环。

笔者读《周易》，读出了这三奇。希望不同的读者，从不同的角度，能读出更多的内容。

二、十大特点

《周易》这部经典，起码具有十大特点，分述如下：

（一）空前性

从时间上看，《周易》在中华大地上具有空前性；从文化角度上看，《周易》具有空前性；从实际实用角度上看，《周易》仍然具有空前性。

除了空前性之外，《周易》还具有绝后性，即难以超越性。实际上，世界上最早出现的几部经典，都具有难以超越性。例如《圣经》《奥义书》。

（二）系统性

八卦的三爻，创建出了天地人"分而为三，合而为一"的系统论。

八个卦又创建出了具体与整体必须合一而论的系统论。

前面已经说过，八卦一分为八，八个卦卦卦都有自己的作用，八卦合八为一，每一卦的作用必须发挥于八卦整体之中。

"雷以动之，风以散之，雨以润之，日以烜之，艮以止之，兑以说之，乾以君之，坤以藏之。"《周易·说卦》告诉后人，在万物生长收藏的过程中，雷的作用，风的作用，雨的作用，日的作用，山泽的作用，天地的作用，一样都不能少。但是八个卦的八种作用，必须均衡地发挥在八卦这个整体之中。一种作用失之偏颇，万物生长即受到损伤。八种作用全部失之偏颇，万物生长即变为万物消亡。

一承认具体的作用，二强调具体的作用必须发挥在整体之中，这是八卦中具体与整体的关系。天地人实际上是一个整体，不可分割而论，这是三爻与六爻之中的三才关系。

（三）包容性

《周易》的包容性体现在两大方面：一是空间容量大；二是心胸容量大。

空间容量大，指的是《周易》容纳了天地人三道。如：

其一，"易与天地准，是故能弥纶天地之道"。（《周易·系辞上》）

其二，"夫易广矣大矣。……以言乎天地之间则备矣"。（同上）

其三，"易之为书也，广大悉备。有天道焉，有人道焉，有地道焉。兼三才而两

之，故六。六者非它也，三才之道也"。（《周易·系辞下》）

其四，"昔者圣人之作易也，将以顺性命之理，是以立天之道曰阴与阳，立地之道曰柔与刚，立人之道曰仁与义"。（《周易·说卦》）

心胸容量大，指的是承认异，承认不同，承认我之外有人。阳也容阴，阴也容阳，如此包容关系是在太极图中出现的。和、合，这两个单音词是在阴阳关系中出现的。和平，这个双音合成词是在圣人与天下人的关系中出现的。"保合大和"，这一成语是在自然哲理与天下之理中出现的。"君子以同而异"，这一名言是在六十四条人文哲理中出现的。

首先承认不同，然后才有和，才有合。首先承认异，然后才有同。中华文化从《周易》开始，开创的就是具有包容性的文化。

"一切贤圣皆以无为法而有差别。"释迦牟尼在《金刚经》里留下了这样一个重要论断。释氏认为，法则之法会因人而异，不同的贤圣会做出不同的解释。释迦牟尼承认，我之外有人。

是文化都具有包容性，"只知道有我，不知道有人"者，轻者是教条，重者是邪教。世界历史上所发生的宗教战争，其根本原因大都发生在"只知道有我，不允许有人"的狭隘上。

（四）日新性

"出路在于革新，不革新则灭亡。"这是西方的一句名言。"日新之谓盛德。"这是《周易·系辞上》中的一句名言。东西方文化中都有重视创新的成分，而东方文化重视创新是从《周易》开始的。卦理中有日新之理，传文注释卦，注释出了这一点。

"笃实辉光，日新其德"。（《周易·大畜·象传》）太阳每天的光辉都是新的，中华先贤发现了这一点。生生之物每天的面貌都是新的，中华先贤也发现了这一点。由物理论人理，由太阳之理论人理，人也应该有新东西，而且日日都应该有新东西。新工具、新器具、新技术、新理论、新发现、新文化、新礼仪、新音乐、新衣服，都在"日新"的范围之内。

（五）超越性

《周易》的超越性体现在两大方面：一是认识到了宇宙间没有固定的、一成不变的事物；二是认识到了道理的永恒性。

宇宙本身是变化的。宇宙间有变化的万物、变化的日月星辰；人文中有变化的太极、变化的八卦、变化的六十四卦，还有变化的哲理，如《周易·系辞下》所出现的"易穷则变"与"唯变所适"。一切都是可以变化的。物理是这样，人理也是这样。人的认识，书本中的理，都是相对的。人的认识，书本中的理，永远不可能是绝对的。所以必须懂得变化，懂得与宇宙一体变化，否则就会"不适"。

只有道理是永恒不变的。道理反映在天地万物中，反映在自然哲理中。人类有史以来，发生过无数次翻天覆地的变化，例如王朝的更迭，皇冠的易主，英雄的没落，昨日真理、今日谬误的转换……但是，天地还是这个天地，日月还是这个日月；四时循环依然是如期而来，如期而去；火焰依然上升，江水依然低流……人事与人理变幻无常，而自然哲理却始终如一。常青的自然哲理恒久不变，就证明中华先贤选择自然哲理为终极参照坐标是正确的。道理即自然，自然即必然，自然即永恒，自然即普遍。道理可以超越宗教，超越权力，超越时空，超越一切狭隘。

（六）灵活性

灵活性即卦的无限象征性。前面已经谈到，卦有无限的象征性。卦不是什么，却又偏偏什么都是。从无穷大的天地到微小的颗粒，从时间到空间，从奇偶之数到物质结构，从自然之理到人文之理，从马牛羊到鸡鸭鹅，从树木竹子到金石，卦都可以象征，都可以描述。卦避开了文字的局限性，避开了语言的局限性。

很多人知道"触类旁通"一词，但很少人知道"触类旁通"一词的来历。其实，爻理讲究"旁通"，卦理讲究"触类"。

"六爻发挥，旁通情也。"《周易·乾·文言》告诉后人，"旁通"一词出于爻理。"八卦而小成，引而伸之，触类而长之，天下之能事毕矣。"《周易·系辞上》告诉后人，"触类"一词出于卦理。能事就是道器之事、道艺之事、道术之事、道技之事，只要明白了卦理，就能办好这些体现之能事。卦理即道理，《周易》强调的是明白道理，西方文化重视的是实证。路走的不是一条路，"不一样"是从源头开始的。

"易穷则变，变则通，通则久。"《周易·系辞下》告诉后人，宇宙间一切都在变，人必须随自然而变。一个"变"字，体现出了高度的灵活性。

（七）权威性

儒道两家是诸子百家中最重要的两家，儒道两家都信服《周易》。佛教传入中国后，儒释道三家都尊崇《周易》。

16～19世纪的明清时期，西方传教士进入了中国。众所周知，传教士进入中国的目的是向中国人民传教——传《圣经》之教的。而且，他们也没有研究中华文化与向西方传播中华文化的任务。令人惊奇的是，传教士们一接触到以八卦为代表的中华元文化，便自觉承担起了研究与传播的责任。法国传教士白晋把先天八卦寄给了他的好朋友德国哲学家、数学家、逻辑学家莱布尼茨。主张将《周易》与《圣经》同等看待，将《周易》与古希腊哲学家的著作同等看待，以极其慎重的态度研究八卦，这是传教士白晋的态度。

强烈的排他性，是不同宗教争斗的根源。但奇怪的是，不论什么宗教，没有一家与《周易》争斗。

这里的信服与尊崇，是由衷的。既没有权力的威胁，也没有金钱的诱惑。文化权威，一可以悦服古今，二可以悦服远近。

非常遗憾的是，《周易》的权威性被中华民族自己所抛弃。

历史上，表现大道的八卦，被演化为算命的小术。现实中，表现大道的八卦，成了无知者嘲弄的对象。可以与《圣经》相媲美的《周易》，其命运却无法与《圣经》相比。无论是在历史上还是在现实中。《周易》的权威性，被无知的子孙所糟蹋。

（八）广泛性

关于《周易》的广泛性，《四库全书总目提要》有一精辟的总结，笔者同意此说，引用于此："易道广大，无所不全。旁及天文、地理、乐律、兵法、韵学、算术、以逮方外之炉火，皆可援《易》以为说。"

此说过分吗？一点也不过分。起码还少说了重要的一项，少说医学之源。医学之源，也是源于《周易》，所以才有唐孙思邈、明张介宾两代名医的共同认识——"不知《易》，不足以言太医"。

（九）实用性

道不远人，远人非道。《周易》有洁净精微的一面，又有实用性的一面。实用性的一面，体现在生活中的方方面面。

《周易》谈启蒙、谈饮食、谈致富、谈男女、谈夫妇、谈捕鱼、谈交易、谈建筑、谈渡河、谈朋友、谈贼寇、谈诉讼、谈战争，总之，谈生活中的一切问题与难题。

谈启蒙，强调的是儿童要有求学求教的主动性。

谈饮食，讲究的是由粗变细，讲究的是有酒有鱼，既谈享受又谈节制。

谈致富，既谈富己又谈富邻。

谈夫妇，一强调从一而终，二允许夫妻反目。

谈婚姻，一允许少男少女的自由恋爱，二允许年龄差距较大的婚姻，例如老夫少妻，例如少夫老妻。

谈渡河，讲究的是舟楫的发明。

谈朋友，讲究的是以异而同，等等。

可以说，早期中华民族生活的基本样式，是由《周易》所奠定的。

《周易》的核心是道。在早期的中华大地上由道演化出了许许多多实用性的器、技、术。这里仅举三例：

其一，生活中离不开牛肉。吃牛肉需要宰牛，庖丁说，精湛的解牛之技源于道。

其二，人生需要养生。《黄帝内经·素问》在开篇之处说，养生的奥秘在于知道。

其三，棋类是人生中一项不可缺少的活动内容。《围棋十三经》在开篇处告诉世人，围棋之理源于道理。

（十）规定性

卦中除了一阴一阳，没有第三种成分，严格的规定性就体现在一阴一阳上。

从现象上看，严格的规定性体现在一阴一阳上。从实质上看，严格的规定性体现在道理上，因为"一阴一阳之谓道"。

规定性，不可超越性也。道，至高无上，不可超越，不可挑战。下面以两个例子说明问题：

其一，平衡的阴阳关系不允许挑战。阴阳合和、阴阳平衡，此理不允许挑战，《黄帝内经》告诉后人，阴盛胜阳马上会引起疾病，阳盛同样会引起疾病。阴阳，在《黄帝内经》中可以论气血，可以论脏腑，可以论寒热，可以论虚实。气血、脏腑、寒热、虚实之间，必须保持一个平衡关系。否则，就会产生疾病。

《黄帝内经·素问·三部九候论》："无问其病，以平为期。"中医的目标，不是治病，而是追求平衡。寒者热之，热者寒之，在寒热之间求得平衡。虚者补之，实者泻之。在虚实之间取得平衡。平衡之平是中医所追求的终极目标。

其二，天人合一的关系不允许挑战。按照卦理，天地人三者之间是"分而为三，合而为一"的关系。八卦的三爻、六十四卦的六爻所讲的天地人三才，就是天人合一之理。天人合一，此理不允许挑战。挑战天人合一，将人天关系两分，挑战自然，天地必将抛弃人类。如《尚书·太甲》中所说的那样"天作孽，犹可违；自作孽，不可逭"。

道，"本来如此"的自然法则也。道，"应该如此"的人生法则也。本来如此，应该如此，不如此肯定要受到惩罚。一人挑战道，一人要受到惩罚。一家人挑战道，一家人要受到惩罚。一国人挑战道，一国人要受到惩罚。全球人挑战道，全球人要受到惩罚。挑战道理，自取灭亡，从来不许商量。定者，定也。规定性首先体现在严惩挑战者的严肃性上。

十大特点，是笔者的看法。希望每一位读者都能从自己的角度解答出《周易》的特点。

第二节　坚实的基础

《周易》为子孙打下了坚实的理论基础，体现在以下几个方面：

一、法天地

天地是"如何做人"的永恒坐标。效法天地，一法天地之品德；二法天地变化之规律。

天地之品德，体现在无私、诚信、无言上。

变化之规律，体现在四时的如期而来、如期而往上。

天理地理，是道理的具体表现。法天地，最终还是要法道理。

二、惜水火

如果说天地是万物之父母，那么，水火可以说是万物之保姆。没有父母，无法解答"物从何处来"的问题。没有保姆，无法解答"物如何成长"的问题。在万物生长过程中，第一重要的是天地；第二重要的是水火。由此，先天八卦把天地放在了首要位置上，后天八卦把水火放在了首要位置上。

惜水火，包括广义上的水火与狭义上的水火。惜广义上的水火，就是爱惜水资源、火资源。惜狭义上的水火，就是爱惜日常生活中所需要的水火。

惜水火，这一超越古今的大原则，在文字之前，中华先贤是用八卦表达的。

惜水火，这一超越古今的大原则，《史记·五帝本纪》告诉后人，是从黄帝时期开始的。

三、循时空

认识时空,是文化的第一要务,也是物理学的第一要务。《周易》以阳论时间,以阴论空间。时间言六时,空间言六虚(合)。阳六时阴六时,一天十二时。阳六月阴六月,一年十二月。六虚分三维,东西一维,南北一维,上下一维,三维空间始于六虚、六合。

分清时空,是为了遵循时空。时空是自然法则,是万物与人必须遵循的自然法则。这是八卦、六十四卦的基本特点。

万物循时空,春生夏长秋收冬藏。人循时空,除了春种秋收的生产活动之外,还有养生活动。按照时序养生,《黄帝内经》指出了春养肝、夏养心、秋养肺、冬养肾、长夏健脾的养生原则。

四、一大小

《周易·系辞上》曰:"广大配天地。"又:"几者,动之微。"天地谓大,人体为小。这里的大小之间,有相似的地方。宇宙为大,微粒为小。宇宙与微粒的大小之间也有相似的地方。

一大小,是中华先贤认识宇宙,认识万物,认识人体的基本方法。八卦最早记载了这一方法。"大者无外,小者无内"这句话,在《管子》与《庄子》中均有出现过。大小世界一体而论,这是始于太极的论证方式,这一论证方式被诸子所继承。

五、连彼此

天地相连,时空相连,山泽相连,水火相连。

万事万物彼此相连,左右相连,上下相连。连有两种形式:一是生,二是克。生是连,克也是连。

六、重启蒙

重启蒙,重到什么程度?启蒙重于饮食,因为象征启蒙的蒙卦排在了象征饮食之需的需卦之前。"蒙以养正,圣功也。"启蒙有圣人之功,这是《周易·蒙·象传》所讲的道理。

"蒙以养正"这四个字,曾被爱国华侨陈嘉庚先生作为校训,立在了集美学校的大门口。

七、节欲望

天下之大害，在于欲望大于天。《周易》承认人的欲望，所以讲到了酒、讲到了烹饪，讲到了男女。《周易》所反对的，在于欲望不知足。

欲望必须有节制有度数。节制欲望，须从君王开始，须按照天理进行。"天地节而四时成，节以制度，不伤财，不害民。"存天理，节人欲，这是《周易·节·象传》所讲的道理。

到了宋明，理学家讲出了另一番道理——存天理，灭人欲。人欲要节不要灭，这是《周易》与宋明理学的基本区别。

八、调平衡

平衡，是由道理衍生出来的。道，一阴一阳，平衡是从一比一开始的。凡是道理范围内的事物，都应该是平衡关系。

人与天地的关系在道理范围内，所以人与天地之间的关系应该是平衡关系。

人与万物的关系在道理范围内，所以人与万物之间的关系应该是平衡关系。

男女关系在道理范围内，所以男女之间的关系应该是平衡关系。

夫妇关系在道理范围内，所以夫妇之间的关系应该是平衡关系。

上下之间关系在道理范围内，所以圣人与庶人之间的关系应该是平衡关系。

人我之间关系在道理范围内，所以人我之间的关系应该是平衡关系。

气血之间关系在道理范围内，所以气血之间的关系应该是平衡关系。

脏腑之间关系在道理范围内，所以脏腑之间的关系应该是平衡关系。

和合、和平，这两个用于平衡阴阳关系与人际关系的词语，都出于《周易》。

九、贵创新

天，每日都有新面貌；地，每日都有新面貌；日，每日都有新面貌；月，每日都有新面貌；万物，每日都有新面貌……大自然不断创新。

人法自然，人法天地，人法日月，也要法出一个"新"字来。

一个"新"字有两重重要意义：一是自我更新；二是重视创新。自我更新，要日日更新自己，要月月更新自己，要年年更新自己。

重视创新，第一是要创造出新器具，第二是写出新文章、发现新理论，第三是要制定出新礼仪，第四是要在各个领域创造出实用性的技与术，像庖丁解牛的技、驼背老人捉蝉的术。

"日新之谓盛德。生生之谓易。"这句至理名言源于《周易·系辞上》。人文之理源于自然之理，日新之盛德是与自然之生生联系在一起的。

十、善归纳，善推理

归纳，是将复杂变为简单，是将庞大缩为一点。推理，是将未知化为可知，是将遥远化为眼前。中华先贤既善于归纳，又善于推理，从这点上讲，中华先贤在当时的世界民族之林中，显示出了当之无愧的优秀。

先谈归纳。归纳，一体现在图象上；二体现在文字上。

宇宙无边无际，天地如此广大，中华先贤将其归纳在小小的太极、八卦之中。生生之源与自然法则如此复杂，中华先贤将其归纳在了一阴一阳之中。图像归纳，高度如此，精辟如此，在这两个高度上达到了无人企及的地步。

"圣人有以见天下之赜，而拟诸其形容，象其物宜，是故谓之象。"这是"象"的概念。什么是象？《周易·系辞上》告诉你，八卦就是象。八卦之象像什么，像"天下之赜"。何谓"天下之赜"？天下复杂的万物，以及万物背后复杂的道理。用简易之象，一表达天下复杂的万物；二表达万物背后复杂的道理；三表达事物的具体形容；四表达图像背后无限的象征意义。

图像归纳，只有太极、先天八卦、后天八卦、六十四卦四种。文字归纳，诸如"象"的概念，一部《周易》还有很多个。

再谈推理。《周易·系辞下》说，作八卦的目的是："以通神明之德，以类万物之情。"作八卦的目的有二：一是向前推理，推出生生之源在何处；二是向后推理，推出万物之情。推理，既向前，又向后。《周易·系辞下》所出现的"彰往察来"一词，用今天的话说就是"用历史推测现在，用现实推测未来"。

一部《周易》展示了四种推理方式：①卦象推理；②文字推理；③数字推理；④因果推理。

善推理，善归纳，是中华先贤的两大特征。详细的讨论，在第三篇进行。

第三节　《周易》留下的名词与成语

君子、小人、大人、圣人、丈夫、同人、贤人、百官、万民、王侯、先王、匪寇、暴客。

和平、正大、正家、忠信、小疵、慎密、诲淫、错综、门庭、富贵、德行、高尚、崇高、典礼、末世、盛德、礼仪。

天文、地理、感应、成象、成形、刚柔、变化、雷霆、风雨、易知、简能、有功、进退、吉凶、预防、大小、天地、四时、日月、寒暑、变通、广大、贞观、神明、万物、乾坤。

网罟、耒耜、衣裳、舟楫、棺椁。

商旅、交易。

潜龙勿用、飞龙在天、群龙无首、朝乾夕惕、密云不雨、夫妻反目、无平不陂、无往不复、谦谦君子、观国之光、无妄之灾、无妄之疾、虎视眈眈、枯杨生华、大人虎变、君子豹变、小人革面、鸣鹤在阴、云行雨施、保合大和、万国咸宁、万物资生、德合无疆、蒙以养正、恐惧修身、君子道长、小人道消、谦尊而光、终则有始、反复其道、天地之心、与时偕行、进德修业、修辞立诚、同声相应、同气相求、各从其类、学以聚之、问以辩之、宽以居之、仁以行之、美在其中、天玄地黄、天尊地卑、方以类聚、物以群分、天下之理、乐天知命、开物成务、聪明睿知、备物致用、化而裁之、推而行之、彰往察来、微显阐幽、唯变所适、各得其所。

以上是《周易》所留下的部分名词与成语。

一部不到三万字的《周易》留下了如此丰富的词语,再看看今天一堆堆的书、一篇篇的文章到底留下了什么? 面对这流传千年的名词与成语,善于制造文字垃圾的子孙会作何感想呢?

这里还要特别介绍两个词:"各从其类"与"各得其所"。

"各从其类",是由六十四卦第一卦乾卦中演化出来的,这个词可以在希伯来先贤那里找到相应者,在《圣经》开篇处,"各从其类"连续出现了10次之多。物类不能乱,是《周易》《圣经》所共同强调的。

物类一乱,艾滋病来了。

物类一乱,疯牛病来了。

物类一乱,SARS(非典)来了。

凶险的疾病随物类混乱而生,转基因、人兽胎胚杂交均超出了"各从其类"的范围,在"不从其类"或"各乱其类"的范围内,如果西方科学家一意孤行,将来肯定会产生"乱其类"的大恶果。

"各得其所",出于《周易·系辞下》,但是可以在美国女人类学家鲁思·本尼迪克特研究日本"所以然"的《菊与刀》一书中看到。《菊与刀》第三章题目为《各得其所,各安其分》,在这一章里可以进一步看到,"各得其所"一词可以出现在天皇诏书中,可以出现在日本外交部的文件中。

第四节 名 言

《周易》里有丰富的哲理性名言,这些哲理性名言往往有多重意义,既有人文意义,也有自然意义。如:

1.天地交而万物通也;上下交而其志同也。

2.天地不交,而万物不通也;上下不交,而天下无邦也。

3.……天文也。文明以止,人文也。观乎天文,以察时变;观乎人文,以化成天下。

4.天道下济而光明,地道卑而上行。

5.天地以顺动,故日月不过,而四时不忒;圣人以顺动,则刑罚清而民服。

6.日月丽乎天,百谷草木丽乎土,重明以丽乎正,乃化成天下。

7. 天地感而万物化生，圣人感人心而天下和平。

8. 日月得天而能久照；四时变化而能久成。

9. 正家而天下定矣。

10. 自上下下，其道大光。

11. 汤武革命，顺乎天而应乎人。

12. 时止则止，时行则行，动静不失其时，其道光明。

13. 日中则昃，月盈则食。

14. 天地节而四时成，节以制度，不伤财，不害民。

15. 天行健，君子以自强不息。

16. 地势坤，君子以厚德载物。

17. 居上位而不骄，在下位而不忧。

18. 与天地合其德，与日月合其明。

19. 知进而不知退，知存而不知亡，知得而不知丧，其唯圣人乎？

20. 积善之家，必有余庆；积不善之家，必有余殃。

21. 天地变化，草木蕃；天地闭，贤人隐。

22. 二人同心，其利断金。同心之言，其臭如兰。

23. 书不尽言，言不尽意。

24. 形而上者谓之道，形而下者谓之器，化而裁之谓之变，推而行之谓之通，举而措之天下之民谓之事业。

25. 易穷则变，变则通，通则久。

26. 天下何思何虑？天下同归而殊途，一致而百虑。

27. 日往则月来，月往则日来，日月相推而明生焉。寒往则暑来，暑往则寒来，寒暑相推而岁成焉。

28. 善不积不足以成名，恶不积不足以灭身。

29. 君子安而不忘亡，治而不忘乱，是以身安而国家可保也。

30. 德薄而位尊，知小而谋大，力小而任重，鲜不及矣。

31. 君子上交不谄，下交不渎。

32. 天地氤氲，万物化醇。男女构精，万物化生。

33. 君子安其身而后动，易其心而后语，定其交而后求。

34. 易之为书也，广大悉备。有天道焉，有人道焉，有地道焉。兼三才而两之，故六。六者非它也，三才之道也。

35. 道有变动，故曰爻。爻有等，故曰物。物相杂，故曰文。文不当，故吉凶生焉。

36. 百物不废，俱以终始。

37. 昔者圣人之作易也，将以顺性命之理，是以立天之道曰阴与阳，立地之道曰柔与刚，立人之道曰仁与义。

38. 有天地然后万物生焉。

39. 有天地然后有万物，有万物然后有男女，有男女然后有夫妇，有夫妇然后有父子，有父子然后有君臣，有君臣然后有上下，有上下然后礼仪有所错。

40. 夫妇之道不可以不久也，故受之以恒。

第五节　比较出的优秀

没有尺度，辨不出长短；没有衡器，辨不出轻重；没有静水，辨不出凸凹。要认识《周易》这部经典，需要进行两个比较：一是与别人比较；二是与子孙比较。

一、不输于人的优秀

你有上帝、大梵，我有道。《圣经》《奥义书》有的，《周易》也有。你用上帝、大梵解答的问题，我用自然之道也能一一进行解答。与《圣经》《奥义书》相比，《周易》一点也不输于人。

兄弟民族经典里没有的，《周易》里也有。《周易》里多讲了一个"器"字——器具之器。这个"器"字，《圣经》没有讲，《奥义书》没有讲，其他经典都没有讲。讲道又讲器，道器并列并重，这是《周易》的独特之处。

上帝与大梵，解答了两条根本道理——"宇宙如何发生"与"人生如何度过"。

《周易》解答了三条根本道理，除了"宇宙如何发生"与"人生如何度过"这两条道理之外，还多解答了一条"如何发明创造"的根本道理。这就是"尚象制器"，这就是"道器转化"。《圣经》中的上帝、《奥义书》中的大梵是不管发明创造的，《奥义书》之后的佛经也不谈发明创造。所以说，在世界最重要的经典中，只有《周易》谈"如何发明创造"。多讲了一条理，多讲了一条"如何发明创造"的理，这是《周易》的独特之处。

《周易》的优秀，是不输于人的优秀。

二、不输于子孙的优秀

讲道又讲器，道器并重，是《周易》的核心；重视道贬低器，重道轻器，是《道德经》的核心。历史证明，人类离不开器——生产工具、生活器具、自卫武器。东方人离不开，西方人离不开，全世界的人都离不开。天下之乱的根源，在于无道，而不在于有器。老子视器具之器为动乱之根源，这是不对的。

没有器，或者说没有先进的器，是要受屈辱的。中华民族多次品尝了这一屈辱。

重视器具发明的伏羲氏、神农氏、黄帝与贬低器、轻视器的老子相比较，显示出无可争议的优秀。动手又动脑，是伏羲氏、神农氏、黄帝的基本特征。动脑研究道，动手制造器，如此行而论道是伏羲氏、神农氏、黄帝这类中华先贤的基本行为方式。孔夫子变行而论道为坐而论道。坐而论道，是孔夫子的基本行为方式。董仲舒读一本《春秋公羊传》，居然"三年不窥园"，这种行为完全相反于伏羲氏、神农氏的行而论道。行而论道的行为方式，完全丧失在"万般皆下品，唯有读书高"的信条与行动之中。

《周易》所记载的源头的中华先贤，其一举一动都是为后人做榜样的。作八卦与结网罟具有同等重要意义，务农与经商都在圣人之圣的范围之内，器具的发明创造是可以与天地日月相媲美的大功劳。这些榜样的意义，在老子、孔子时代已有所失传，在西汉以后，基本完全失传。

时过千年，《周易》所树立起的榜样，仍然具有鲜明的、鲜活的现实意义。

第六章　诸子对自然之道的研究

八卦、六十四卦之后，诸子百家中的道家、儒家、法家、杂家对天地起源问题研究一直没有停止，他们或精辟或简略地都谈到了造物之道。八卦、六十四卦之后，对自然之道，谈得最早最好、最精辟的，应该首推老子。

第一节　老子的研究

老子留下了一部五千言的《道德经》。在今天的大学里，凭借这部《道德经》，老子恐怕连个讲师都评不上。所以然者何？因为按照当今专著之标准，五千字的《道德经》，长度不够，厚度也不够。

在西方的图书市场上，《道德经》的销售量可以与《圣经》相媲美。巨大销售量的秘密，并不是源于老子的权力，而是源于老子的魅力。

《道德经》的精髓是什么？这一精髓是如何表达的？《道德经》的精髓在于揭示了从无到有的自然演化。老子用诗一样的语言描述了天地的起源、万物的出现。在《道德经》里，自然之道与人道是一个道，道理与人理是一个理。详细讨论如下：

一、演化路径

无中生有，有即天地，天地生万物，这是老子所画出的天地起源与万物演化路线图。与作卦而不造神的伏羲氏、神农氏、黄帝一样，在老子的笔下没有出现具有人格意义的神灵。

"道可道，非常道。名可名，非常名。无名天地之始。有名万物之母。故恒无欲，以观其妙；恒有欲，以观其徼。此两者，同出而异名，同谓之玄。玄之又玄，众妙之门。"

在《道德经》的开篇之处，老子用一个"无"字表述了先天状态："无，名天地之始；有，名万物之母。"

天地之前有什么有形的东西吗？没有！老子认为，天地之前什么有形的东西都没有，所以用一个"无"字来描述了这一状态。先天为无，无中生有。一切有皆从无中产生，无为生生之源。天地不是人格神创造的，而是从无到有、从无形到有形自然演化出来的。

无中生有，有生于无。《道德经·第40章》用一句精练的文字描述了这一过程：

"反者，道之动；弱者，道之用。天下万物生于有，有生于无。"

用文字可以描述天地的演化路径，用数字同样可以描述这一路径，描述出天地的演化路径，老子还使用了"一、二、三"这几个基本的数字，《道德经·第42章》曰："道生一，一生二，二生三，三生万物。"

古希腊的毕达哥拉斯认为数字可以表达一切，但毕氏并没有做到这一点。真正做到这一点，是作图书、作八卦的中华先贤，是著《道德经》的老子。一、二、三、万，老子用四个极其简单的数字描述了宇宙演化的全部过程，不可能产生于实验室，只能产生于他的推理。

二、生产之门

先天向后天转化，从无形到有形的转化。老子设计出一座形象之门——"玄牝之门"。《道德经·第6章》曰："谷神不死，是谓玄牝。玄牝之门，是谓天地根。"

"玄牝之门"是生产之门。门那一边是无形世界，门这面是有形世界。天地从这座门里诞生，万物从天地这里诞生，门里门外是形而上与形而下的两个世界。两个世界完美地结合才是一个完整的世界。

"玄牝之门"为转化之门，"天地根"为生产之根。转化之门将无形世界转化为有形世界，生产之根生产出天地，天地生产出万物。这里的转化能力与生产能力永远不会枯竭，也永远不会穷尽。用老子的话说是"绵绵若存，用之不勤"。（同上）只假设出一座生产之门，而不假设出一个或几个造物之神，老子的丰富想象力继承了中华先贤所开创的优秀传统——不造神的传统。

三、母亲形态

每一个小宝宝都有自己的母亲，这是普遍的常识。天地也应该有自己的母亲，这就是先天之道。实际上，任何事物都有一个先、后天之分。小到一棵小草，一朵小花，一只小麻雀，大到喜马拉雅山、太平洋直至广大的天和地。出生之前为先天，出生之后为后天。先天后天，在中华元文化以及道家文化里是一般问题。

道为天地之母，这个母亲是有形有体的吗？换言之，先天之道的状态如何？贤明如老子者，为描述这一问题花费了不少的脑筋。

描述先天之道，在《道德经·第14章》里，老子使用了"惚恍"一词："视之不见名曰夷；听之不闻名曰希；搏之不得名曰微。此三者不可致诘，故混而为一。其上不皦，其下不昧。绳绳兮不可名，复归于无物。是谓无状之状，无物之象，是谓惚恍。"

"视之不见""听之不闻""搏之不得",这极端含糊不清的状态,即是先天之道的本来状态。上不明亮,下不昏暗,说不出的状态,画不出的形状,最后落脚在"惚恍"一词上。

在《道德经·第21章》里,描述先天之道,老子使用了"惚兮恍兮"一词:"道之为物,惟恍惟惚。惚兮恍兮,其中有象。恍兮惚兮,其中有物。"

看不清,摸不透;恍恍惚惚、惚惚恍恍的一个东西,其中有象,其中有物。道之形态为如此形态。

描述先天之道,在《道德经·第25章》里,老子使用了"寂兮寥兮"一词:"有物混成,先天地生。寂兮寥兮,独立而不改,周行而不殆,可以为天地母。吾不知其名,故强字之曰道,强为之名曰大。"

混者,混沌也。寂者,寂静也。寥者,空虚也。混混沌沌、无声无息,辽阔空虚,完全是说不清、道不明的状态。如此这般状态就是道之形态。

总而言之,天地之母这个母亲的基本特征有二:一是无形无体;二是无声无息。

四、动力来源

道是生生之道,道是循环之道。"生生"是运动,"循环"同样是运动,是运动就需要有动力,那么动力是从何而来的呢?答曰:动力源于自身。

老子在《道德经·第5章》里创建了一个"风箱",用风箱理论解答了动力来源问题:"天地之间,其犹橐龠与?虚而不屈,动而愈出。"

橐龠者,风箱也。虚者,空虚也。不屈者,永不枯竭也。风箱是空虚的。空虚之处可以鼓动出风来。风是往来之风。往来之风是无穷无尽的。老子继承了伏羲氏所建立起来的动力观。一阴一阳本身带有原动力与恒动力。天地者,一阴一阳也。一阴一阳来来往往的相互推动既是原动力,又是恒动力。

五、运动轨迹

道的运动轨迹是圆,这是老子的认识。《道德经·第25章》曰:"独立而不改,周行而不殆。"

老子谈道之运动时使用了"周行"二字。"周行"之"周",应该是圆周之周。"反者,道之动。"老子在《道德经·第40章》里谈道之运动时使用了一个"反"字。反者,返也。返者,回环往复也。回环往复之动应该是循环运动。道之动,循环在一个圆环上。这应该是老子对运动轨迹的基本认识。

六、几个别名

关于先天状态的命名,老子在《道德经》里前后使用了几个名字:玄、道、大、

一、大象。但是使用次数最多、对后世影响最大的是一个"道"字。智慧如老子者，在界定同一事物时竟然同时使用了这么多名字，足以证明认识与界定先天状态的难度。

《道德经·第1章》曰："无名天地之始。有名万物之母。……此两者，同出而异名，同谓之玄。玄之又玄，众妙之门。"——"玄"出现在这里。

《道德经·第14章》曰：视之不见名曰夷，听之不闻名曰希，搏之不得名曰微。此三者不可致诘，故混而为一。"——"一"出现在这里。

《道德经·第25章》曰："有物混成，先天地生。寂兮寥兮！……吾不知其名，故强字之曰道，强为之名曰大。"——"道"与"大"出现在这里。

《道德经·第41章》曰："大象无形。"——"大象"出现在这里。

七、后天之道的形态

天地诞生之后道是否消逝了呢？上帝造天地万物之后，除了把自己模样留给了人，与万物再没有丝毫的关联。换句话说，上帝造万物之后就告别了万物。但道生天地万物之后并没有离开天地万物，而是赋存在了天地万物之中。

老子在《道德经·第42章》里用极其精练的数字、极其精练的语言描述了生天地万物的先天之道与赋存在万物之中的后天之道："道生一，一生二，二生三，三生万物。万物负阴而抱阳，冲气以为和。"

"生一""生二""生三""生万物"的道为先天之道。"万物负阴而抱阳"中的阴阳为后天之道。生天地万物，实际是道自身的演化，是道自身的繁衍。造天地万物的上帝始终位于天地万物之外，生天地万物的道则始终与天地万物保持着血缘联系。物无论大小，无论洁净与肮脏，道都可以隐藏在其中。"万物负阴而抱阳"所讲的就是后天之道的形态。

笔者身边不少朋友对阴阳的无限象征性表示怀疑，对八卦的无限象征性也表示怀疑。"怎么到处都能联得上啊？"这是笔者常听到的疑问。"万物负阴而抱阳。"笔者常常拿老子的这句话做答案。

八、道至高无上

道位于天之上；道位于地之上；道位于神之上；道位于政之上；道位于兵之上；道位于圣人之上；道位于侯王之上。老子笔下的道至高无上。总而言之，是人就必须法道。《道德经·第25章》曰："人法地，地法天，天法道，道法自然。"

细而言之，天地万物必须法道，天下侯王必须法道。《道德经·第39章》曰："昔之得一者：天得一，以清；地得一，以宁；神得一，以灵；谷得一，以盈；侯王得一，以为天下正。"

一，就是道。道，就是一。

九、制器之道

老子反对一切器——器具之器，主张返回到结绳记事的年代。但老子深知制器之理。器从道中来，制从道中来，车从道中来，这是老子的结论。《道德经·第11章》曰："三十辐共一毂，当其无，有车之用也。埏埴以为器，当其无，有器之用也。凿户牖以为室，当其无，有室之用也。故有之以为利，无之以为用。"

有无者，道也。有与无巧妙地组合，会产生出可用之车、可用之器、可用之室。总之，明白"道"理，可以制造出各式各样实用之器。例如制室、制车、制茶杯茶碗……器从道中来，老子深知制器之理，却坚决反对制造器。

崇尚道而反对器，老子的这一论点，对之后的整个民族产生了极大的消极影响。

第二节　孔子的研究

天地人三道之中，儒家关注的是人道。关于宇宙起源与演化的研究，儒家的研究远远不如道家。

孔夫子在《礼记》与《论语》中涉及过天地起源与万物演化之理，而孟子几乎没有关注过这一问题。孔子对自然之道的研究，重要成果首先集中在《礼记》中，其次记载在《论语》中。在孔子这里，自然秩序与人之礼仪是源流关系，即道理与人理是一个理。详细讨论如下：

一、道礼一体

泱泱中华，礼仪之邦。礼仪之邦所讲的礼，源于大道。大道别名大一，孔子说礼仪之礼源于大一。孔子谈礼时，谈及了宇宙的演化。礼从道中来，《礼记·礼运》是这样描述的："是故夫礼，必本于大一，分而为天地，转而为阴阳，变而为四时，列而为鬼神，其降曰命，其官于天也。"

大一——天地——阴阳——四时——万物，这是孔子在《礼记》中所画出的宇宙起源与演化路线图。大一，道也。二，天地也，阴阳也。四，春夏秋冬四时也。孔子此处谈的是礼，却联系到了生生之源。礼，源于生生之源。礼，源于自然秩序。中华大地上的礼仪之礼，是参照自然秩序制定出来的规矩。制定这个规矩的参照坐标不是君、父、夫的意志，而是自然之道在天地万物中所表现出的井然有序的秩序。

"礼本于大一"，这个认识与八卦三爻所隐含的人法天地的哲理是一致的。

这个认识与老子"人法自然"的哲理是一致的，与《圣经》所主张的人法上帝实际上也是一致的。

此处出现了"鬼神"一词。这里的"鬼神"所指的是物生物死的两种自然状态，并无神秘意义。

二、时空物三位一体

在《礼记·月令》中，时间、空间、万物三者之间是一体关系，三者融合在一起，一起做顺时针循环运动，在《礼记·月令》中，可以清楚地看出三种对应关系：

第一个对应关系是星宿与四时的对应。此星宿出现，地表出现的是春天；此星宿出现，地表出现的是夏天；此星宿出现，地表出现的是秋天；此星宿出现，地表出现的是冬天。"某星宿对应着地表某个季节"是这里的基本公式。天上星宿位置的变化，地表的季节也会随之发生变化。以星宿的位置为依据分为春夏秋冬四时，这一方法始见于《尚书·尧典》，延续于《礼记·月令》。

第二个对应关系是时空的对应。这里的四时对应着四方，具体的对应关系是：春对应东，夏对应南，秋对应西，冬对应北。

第三个对应关系是时空物三者的对应。春夏秋冬分四时，万物生长收藏分四种状态，四时与物的四种状态具有对应性。东西南北分四方，一方有一方之物，四方有四方之物，四方与物的种类具有对应性。

把万物生长变化的顺序与四时相对应，把万物的种类与四方相对应；四时不同万物生长的状况不同；空间不同则万物的种类也不同。这里时空物三位一体的时空观与后天八卦中的时空观完全一致。

三、天人一体

《礼记·月令》第一次在天体与人体之间建立起了对应关系。具体地说，就是建立起了四时与五脏的对应关系。

人体与天体相通，人体与时空相通，天人一体而论，这一重大原则与《黄帝内经》完全一致，但在具体对应关系上有差别。

四、无语之天生万物

《圣经》中的万物，是在上帝的口头指令之下形成的。上帝说"要有这个"时，"这个"就出现了；上帝说"要有那个"时，"那个"就出现了。在孔子这里，万物由天地而生，但是生万物的天地是无声无语的。"子曰：'天何言哉？四时行焉，百物生焉。'"（《论语·阳货》）

天是自然之天，地是自然之地。天无语，地亦无语。万物会在上帝指令的话语中诞生，也会在无语的天地中诞生。解释万物的诞生，不同文化有着不同的认识、不同的解释。

五、自然之天：君王效法的对象

万物的产生之处，也是男女的产生之处，还是人生坐标的产生之处。做人必须效法天，君王不能例外，哪怕是圣人君王。《论语·泰伯》曰："大哉，尧之为君也！巍巍乎，唯天为大，唯尧则之。"

尧，在儒家文化里是圣人之君。圣人之君之所以为圣，就在于能自觉地效法天地。"唯天为大，唯尧则之。"在行健之天面前，在造物之天面前，尧与普通人一样，不能有任何特殊。

自然之天这里，有大公无私的品德。圣人之君效法天，首先要效法这一点。君王应该如何效法自然？详细的讨论在第二篇中进行，此处不赘。

第三节　管子的研究

管仲既是一位政治家，也是一位哲学家。在一部《管子》里，既有"如何治国"的理论，也有"万物如何起源"的探讨。研究宇宙起源，管子的结论与老子是一致的，是"不见其形，不闻其声"的无形之道演化出了有形之天地，是有形之天地演化出了有形之万物。对于《管子》的研究，笔者不做展开讨论，这里只摘录一些关于天地起源与人与自然关系的至理名言。

一、关于无形之道的名言

1. "夫道者，所以充形也，而人不能固。其往不复，其来不舍。谋乎莫闻其音，卒乎乃在于心。冥冥乎不见其形，淫淫乎与我并生。不见其形，不闻其声，而序其成，谓之道。"（《管子·内业》）
2. "凡道无根无茎，无叶无荣，万物以生，万物以成，命之曰道。"（同上）

二、关于天地生万物的名言

1. "天地，万物之橐。宙合，有橐天地。"（《管子·宙合》）
2. "地者，万物之本原。……水者，地之血气。"（《管子·水地》）
3. "以天为父，以地为母，以开乎万物，以总一统。"（《管子·五行》）

三、关于天地生人的名言

"凡人之生也，天出其精，地出其形，合此以为人。和乃生，不和不生。"（《管子·内业》）

四、关于人顺应自然秩序的名言

"不知四时，乃失国之基。"（《管子·四时》）在《水地》与《四时》篇中，出现了五味对应五脏、五脏对应五官、四时对应五行的理论。人体与自然相通，这些认识在原则上与《黄帝内经》完全一致。

此处，还需要对古希腊第一哲学家泰勒斯与管子进行一下比较。前面已经谈到，古希腊从泰勒斯开始研究世界本源问题，泰勒斯这位大哲学家以一个"水"字作为答案。在《管子·水地》篇中，可以清楚地看到"地者，万物之本原。……水者，地之血气"的论断。在"万物之本原"这一问题的探索上，管子与泰勒斯有可比之处，他们的认识与答案应该在同一水平线上。问题是，管子之前还有老子，老子之前还有卦，而泰勒斯之前再没有泰勒斯，更没有抽象的卦。

第四节　庄子的研究

同是道家，同样的问题，却采用了不同的表达形式。同样是天地起源与万物演化问题，老子表达时采用了诗一样的艺术语言，庄子表达时往往采用寓言故事与吸引人的形象比喻来说明问题。

一、无形生有形的天门

老子在《道德经》里假设出了一个"玄牝之门"，"玄牝之门"即生产之门，天地就是从这里诞生的。

庄子也假设出了一个生产之门，这个生产之门名为"天门"。《庄子·庚桑楚》曰："有乎生，有乎死；有乎出，有乎入；入出而无见其形，是谓天门。天门者，无有也。万物出乎无有。"

天门为生生之门。门外世界为无，门内世界为有。无中生有，有从无中来，有形世界源于无形世界。无形世界中没有一个有形之物，包括上帝。

关于现实世界的起源，庄子造起了一座门而没有创造神。

二、道在屎尿中

在造物意义上，《庄子》里的道相似于《圣经》中的上帝。在《圣经》覆盖的范围内，有人敢说上帝无处不在，但没有人敢说上帝之道在屎尿中。可是在《庄子》这里，道在屎尿中则是一个非常普通的话题。

《庄子·知北游》记载了一段东郭子与庄子的对话，对话的主题是"道究竟在何处"。

东郭子问于庄子曰："所谓道，恶乎在？"

庄子曰："无所不在。"东郭子曰："期而后可。""在蝼蚁。"曰："何其下邪？""在稊稗。""何其愈下邪？""在瓦甓。""何其愈甚邪？""在屎溺。"

对话结束于此。大概是东郭子害怕庄子说出更难听的话，所以不再提问了。实际上，既然庄子已经说出了"道无处不在"的结论，就不应该再有大小、高下、洁净、肮脏之分了。

庄子在《天道》篇中借一位无名"夫子"之口，描述出了道的巨大容量："夫子曰：'夫道，于大不终，于小不遗，故万物备。广乎无不容也，渊乎其不可测也。'"

道在何处？道无处不在。广大不避天地，弱小不避小草；洁净不避梅花、荷花，肮脏不避屎尿。道，大到包罗万象，小至无所遗漏。

道位于形而上，赋存于形而下。面对形而下的物体，一定要考虑到形而上的物理——道。在笔者看来，庄子的这一思路，对于自然科学者来说有着非常的价值，形下之物千差万别，但形上之物理却相似相通。

三、生命之源

水为生命之源，这是现代科学的研究成果，但在庄子这里却是常识。《庄子·至乐》里出现了两条演化路径。

庄子在描述生命的形成之后，又追加了一句话：万物生于自然，也归于自然。

庄子是哲学家，不是科学家。这里的进化论，大都是以假设为基础的推理。水为生命之源，这一推理与现代科学的结论有一致性。

同样是生命，但九窍者胎生，八窍者卵生，庄子在《知北游》一文里，做出了总结性的归纳。

四、圆周运动

道的运动形式是圆周循环运动，终点起点相连，周而复始，无限循环。《庄子·则阳》曰："阴阳相照相盖相治，四时相代相生相杀……穷则反，终则始。"

庄子讲"阴阳相照相盖相治"，讲"四时相代相生相杀"，落脚点落在"穷则反，终则始"的原始反终上。原始反终，圆周运动的特征也。

"阴阳相照相盖相治"，讲的是阴阳之间的三种相互关系——相互对应，相互覆盖，相互推动。"四时相代相生相杀"，讲的是阴阳之间的三种相互关系——相互代换，相互产生，相互取代。相互关系可以有多种形式，但运动的根本形式只有一种，这就是原始反终式的"穷则反，终则始"。穷，终点也。反，返也。终则始，终点之处重新开始也。

回环往复的圆周循环运动是道的运动形式，也是物的运动形式。这种认识，从伏羲氏、神农氏、黄帝一直延续到老子、庄子。

五、天我一体

八卦的三爻用抽象符号把天地人和谐地摆放在了一起，庄子用文字和谐地把天我联系在了一起，把物我联系在了一起。《庄子·齐物论》曰："天地与我并生，万物与我为一。"

并生，是同生同死的关系。为一，是相依为命的关系。从八卦到庄子，中华大地上一直坚持着"天人合一，物我一体"的整体观。

笔者阅读庄子，每每读到"天地与我并生，万物与我为一"这一论断时，就会掩卷长叹："如果现代的西方人与现代的东方人能有如此认识，如此境界，臭氧层黑洞还会出现吗？江河还会污染吗？人类还会如此粗暴地对待万物吗？"

六、物以不齐而齐之

自然而然的参差不齐，构成了生气勃勃的、美丽的、赏心悦目的自然景观。庄子在《齐物论》里列举了一系列"物以不齐而齐之"的事实，来阐明"物以不齐而齐之"的哲理。《庄子·齐物论》曰："民湿寝则腰疾偏死，鳅然乎哉？木处则惴栗恂惧，猿猴然乎哉？三者孰知正处？民食刍豢，麋鹿食荐，蝍蛆甘带，鸱鸦耆鼠，四者孰知正味？……毛嫱丽姬，人之所美也；鱼见之深入，鸟见之高飞，麋鹿见之决骤，四者孰知天下之正色？"

沼泽泥潭，人长期居住就会腰痛偏瘫，而泥鳅偏偏喜欢这种地方。同样是高树，人站在上面会恐惧发抖，猿猴会恐惧发抖吗？同样的条件，动物与人，会表现出完全不同的结果与感受。

人吃粮吃肉，麋鹿吃青草，蟋蟀吃蟑螂，猫头鹰喜欢吃老鼠，对食物的判断到底谁是正确的呢？同样是摄取食物，动物与人，表现出了极大的差别。

毛嫱、丽姬，人见人爱的绝代美女，但鱼见之立即潜入水底，鸟见之立即高飞云天，麋鹿见之立即四处逃跑。人认为绝代之美色，鱼与鸟却一点也看不上。美色，人与鱼、人与鸟、人与麋鹿做出了完全不同的判断，这里谁正确谁错误呢？

物以不齐而齐之，这是自然事实。

物以不齐而齐之，这是自然哲理。

物以不齐而齐之，这就是道理。

物以不齐而齐之，具有普遍性，长久性，不可逆转性。人法自然，应该允许有不一样的认识，不一样的声音。人为的整齐划一，既有悖于人理，也有悖于物理。

第五节　列子的研究

这里，首要谈一下《列子》一书的真伪问题，然后再开始问题的讨论。

胡适先生在《中国哲学史大纲·庄子》里对《列子》一书做出了否定性的评价，先生这样写道："《列子》这部书本是后人杂凑的，所以这里面有许多互相冲突的议论。即如进化论，这书中也有两种。"

胡适先生发现《列子》中"有相互冲突的议论"，这证明先生具有高超的求证能力。但"有相互冲突的议论"并不等于《列子》这部书就一定"是后人杂凑的"。请看《汉书·艺文志》中对《列子》一书有这样的介绍："《列子》八篇。名圉寇，先庄子，庄子称之。"

班固与胡适先生相比较，在时间上离《列子》一书更为相近。按照班固的说法，一有列子其人，二有《列子》其书。笔者认为，班固没有任何理由虚构出列子其人，更无理由虚构出《列子》其书，所以笔者以《汉书》的记载为准，相信《列子》一书为真。至于"有相互冲突的议论"，可以对照元典中的论点辨其真伪，加以取舍。

《列子》在天地起源的问题上继承了"不造神"的文化传统，其特别之处就在于把天地之前的状态划分出四种状态，另外还有奇特的运动观以及对"鬼"的豁达解释。

一、四种状态

《天瑞》篇是《列子》一书的开篇之作。在开篇之作里，列子讨论了宇宙起源问题，并描述了天地前后的四种状态。"列子曰：'昔者圣人因阴阳以统天地。夫有形者生于无形，则天地安从生？故曰：有太易，有太初，有太始，有太素。太易者，未见气也；太初者，气之始也；太始者，形之始也；太素者，质之始也。气形质具而未相离，故曰浑沦。浑沦者，言万物相浑沦而未相离也。视之不见，听之不闻，循之不得，故曰易也。易无形埒，易变而为一，一变而为七，七变而为九。九变者，穷也，乃复变而为一。一者，形变之始也。清轻者上为天，浊重者下为地，冲和气者为人；故天地含精，万物化生。'"

太易—太初—太始—太素，无—气—形—质，先天到后天的演化，无形到有形的演化，并不是一步完成的，前后经过了四种状态——太易—太初—太始—太素。四种状态，首见于《列子》，《列子》之前、之外的经典与诸子典籍中，均没有这样的说法。四种状态之中，均没有出现具有人格意义的神，列子继承了"不造神"的传统。

变化始于一。以一为变化的起点，这是《列子》与《道德经》的相似相通之处，也是《列子》与《礼记·礼运》的相似相通之处。

二、数字表变化

用数字来表达宇宙起源与天地变化，这是《列子》一书与《道德经》《礼记》的相同点。《列子·天瑞》曰："易无形埒，易变而为一，一变而为七，七变而为九。九变者，穷也，乃复变而为一。一者，形变之始也。清轻者上为天，浊重者下为地，冲和气者为人；故天地含精，万物化生。"

最初的状态为易，易没有形状，没有迹象。易化为一，一衍变为七，七衍变为九，又回过来变化为一，一是变化的起点。

源头的气是可分之气。可分之气一分为二，化为清气与浊气。清气轻上升为天，浊气重下降为地。清浊二气即天地二气相交相合，诞生了男女，诞生了万物。男女与万物都诞生在天地二气的合和之中。"天地含精，万物化生"这句话指明，万物化生在"天地含精"这里，男女也化生在"天地含精"这里。

一、七、九，《列子》所谈的这三个数字，可以在河图之中找到依据。在河图之中，一、三、七、九这四个奇数，可以表达四时与四方，具体的对应关系是：一对应北方、冬天；三对应东方、春天；七对应南方、夏天，九对应西方、秋天。一、三、七、九这四个数可以在平面上画出一个方，也可以画出一个圆。变化起于一，终于九，又开始于一。一、七、九这三个奇数，放在《列子》一书中去理解，会感到莫名其妙。如果放在河图中去理解，会感到轻松愉快。

奇偶之数可以表达时空，可以表达周而复始的循环运动，这是始于图书、八卦的一种表述方法。这种表述方法，延续至老子、孔子、列子、庄子，延续至《黄帝内经》《吕氏春秋》《淮南子》。

在早期的中华大地上，奇偶之数是活生生的数字。这里有时空，这里有变化，这里有周而复始的运动。数可以表达一切，知道了这一点，再看中华元典以及诸子百家典籍中所出现的奇偶之数，就不会莫名其妙，难以理解了。

三、绝对的变化

绝对之动，相对之静，这是始于阴阳的基本观点，这一观点被列子所继承，所发展。解释变化的绝对性、普遍性，诸子百家中以列子解释得最为精彩。《列子·天瑞》曰："运转亡已，天地密移，畴觉之哉？故物损于彼者盈于此，成于此者亏于彼。损盈成亏，随世随死。往来相接，间不可省，畴觉之哉？凡一气不顿进，一形不顿亏；亦不觉其成，亦不觉其亏。亦如人自世至老，貌色智态，亡日不异；皮肤爪发，随世随落，非婴孩时有停而不易也。间不可觉，俟至后知。"

运转者，变化也。亡已者，永无停顿也。畴觉者，人的感觉也。永不停顿的时光变化，人在单位时间内是无法感觉到的，但变化确实产生了。

损者，亏损也。盈者，增补也。万物时时刻刻都在进行损盈两种形式的变化。损盈，人在单位时间内同样是难以觉察的。

列子在这段话中告诉后人，变化从来没有停止过。天地悄悄地移动，人不会有明显的觉察。万物在此处亏损，在彼处增益，反之，在彼处亏损，在此处增益，损益相辅相成，损益时人不会有明显的觉察。物生物死，一往一来，相互衔接，单位时间内人同样不会有明显的觉察。物，没有顷刻长大的，也没有顷刻亏损的。好比人从出生到耄耋，相貌、体态、耳目、指甲、头发、汗毛每时每刻都在变化，而这些变化在一时一刻间都是难以觉察的，等到若干时日已过，变化能够使人大吃一惊，恍然大悟。例如小小的婴儿，昨天没有发现他（她）在长，今天没有发现他（她）在长，若干年后再见，小小的婴儿已经成了大姑娘、大小伙子了。

第六节　尸子的研究

尸子也是百家中的一家。《汉书·艺文志》曰："《尸子》二十篇。注：名佼，鲁人，秦相商君师之。鞅死，佼逃入蜀。"

在诸子百家中，是尸子最早界定出了"宇"和"宙"的概念。在《尸子》一书中，第一次出现了宇宙即时空的论述。《尸子》曰："上下四方为宇，往古来今为宙。"

上下四方为空间，往古来今为时间。宇表空间，宙表时间。宇宙即时空，时空即宇宙。在《尸子》里，时间与空间均为自然状态。

在中华大地上，从伏羲氏开始探索宇宙起源问题，一直延续到老子、列子、庄子、尸子，几千年来没有间断过，到了尸子这里，终于归纳出了"宇"与"宙"的概念。讨论宇宙如何起源，宇宙如何演化，归纳宇宙的概念，在早期的中华大地上，谁都可以发表自己的看法。伏羲氏可以发表自己的看法，老子可以发表自己的看法，列子、庄子可以发表自己的看法，尸子也可以发表自己的看法，这一事实说明了什么？说明了这样几个问题：

其一，早期的中华民族对持果求因、见物求理的探索，有着极大的兴趣。

其二，在早期的中华大地上，持果求因、见物求理的探索，有着充分的自由。

其三，宇宙探索，中华先贤所取得的成果，在同一时间坐标上，可以与任何民族相媲美。

这里，有必要谈一个西方探索宇宙的故事。400多年前，具体日子是1600年2月17日，意大利罗马鲜花广场上出现了一件与"鲜花"二字大相径庭的事件：著名天文学家布鲁诺被教会活活烧死。

布鲁诺被烧死的罪名，就是不相信整个宇宙为上帝所创造。他认为"上帝只是创造了有限的世界，而无限的宇宙并不是上帝创造的"。仅仅因为求因的自由探索，布鲁诺付出了宝贵的生命。坚强的布鲁诺并没有因为死而放弃自己的观点。在死前的几分钟的演说中，他仍然强调是"无限威力创造了无限宇宙，而上帝只是创造了有限的宇宙"。布鲁诺的悲剧说明，在400年前的西方，学术的自由远比不上古老的东方。

第七节　《黄帝内经》的研究

医学经典谈天地起源问题，这在西方是不可思议的。

所以，这里要简要谈一下中西医在基础上的区别。站在中华文化的立场上看，西医是纯粹意义的术，而中医则是道与术的结合体。

《简明不列颠百科全书》对"医学"的界定是："研究如何维持健康及预防、减轻、治疗疾病的科学，亦常指为上述目的而采用的技术。"

现代西方医学，从始至终讲的是科学与技术。众所周知，在西方科学与文化是两分的，科学与上帝也是两分的。具体而言，西医与《圣经》没有任何关系，医术与上帝没有任何关系。

中医是以道为根演化出的术。从根本上说，中医学是文化，是哲学。中医理论与中华文化在本源处是一致的，首先研究的是道，然后才是以道论医。以道论医，即以道理论病理，以道理论养生，以道理论医术。《周易》以阴阳为根，《黄帝内经》同样以阴阳为根；《周易》谈天地起源，《黄帝内经》亦谈天地起源；《周易》谈天地生人，《黄帝内经》亦谈天地生人；《周易》以天地之道论人道，《黄帝内经》以天体论人体，以天气论人气，以天气地气论疾病……易医相通，通就通在自然之道这一根本处。由道而术，是中医之所以为中医的基本特色。由道而术与由人而术是中医与西医的根本差别。

《黄帝内经》为什么谈宇宙演化？因为《黄帝内经》把万物与人的变化与宇宙的变化联系在了一起，把万物与人的变化与日月星辰的变化联系在了一起。一棵小草的发芽，一朵小花的开放，实际上都关乎宇宙运动，关乎日月星辰位置的变化。人体的成长，同样关乎宇宙运动与日月星辰位置的变化。人体的健康与疾病，关乎着天气的正常与非常。这种认识论与方法论完全区别于显微镜下的认识论与方法论。

一、物出太虚

《黄帝内经》是中医经典，但中医经典谈宇宙演化。

《黄帝内经·素问·天元纪大论》记载了黄帝与帝师鬼臾区的一段对话。对话的目的是为了研究疾病与天气之间的关系，但此时此处，鬼臾区谈到了万物起源问题。"太虚寥廓，肇基化元，万物资始，五运终天，布气真灵，总统坤元，九星悬朗，七曜周旋，曰阴曰阳，曰柔曰刚，幽显既位，寒暑弛张，生生化化，品物咸章。臣斯十世，此之谓也。"

太虚言无形，寥廓言广大。"太虚寥廓"所谈的是先天状态的无形而广大。肇言开始，基言基础；化言变化，元言起点；"肇基化元"所谈的是先天向后天状态转化的起点与分界线。有形之变化是以无形之太虚为起点的。

鬼臾区告诉黄帝，有形世界源于无形世界，无形世界是无形而广大的。无中生有。从无形到有形的演化，一是演化出了天地；二是演化出了四时寒暑；三是演化出了天上的日月星辰；四是演化出了地上的万物；五是演化出了天地之间的风、火、湿、燥、寒五种气候。

这段话可以在《周易》中看到相似的论断，《周易·乾·象传》曰："大哉乾元，万物资始，乃统天。云行雨施，品物流形。大明终始，六位时成，时乘六龙以御天。乾道变化，各正性命，保合大和，乃利贞。首出庶物，万国咸宁。"

《周易》《黄帝内经》在讲述着同一条道理：地上万物，哪怕是一朵小花、一棵小草，乃至于小鱼、小虾，都与广袤的宇宙有着紧密的联系，都与日月星辰有着紧密的联系。广袤的宇宙在运动，小花、小草、小鱼、小虾会随广袤的宇宙运动而变化。万物之生，万物之长，万物之新陈代谢，实际上与宇宙变化存在着同步关系，具体与星星、运气、寒暑变化存在着同步关系。

易医同源，第一同在理论基础上，第二同在认识论与方法论上，第三同在相同的话语上。相同的话语，这里仅仅是一例。

二、阴阳之大纲

疾病种种，疾病繁杂，能不能在无序中找出有序，能不能在枝枝叶叶中找出根本？答案是肯定的。

《黄帝内经》告诉后人，认识宇宙与认识疾病可以使用同一把钥匙，这把钥匙就是阴阳。如果掌握了这把万能钥匙，既能打开宇宙的大门，也能打开病理医理的奥秘。请看《黄帝内经·素问·阴阳应象大论》一个重要论断："阴阳者，天地之道也，万物之纲纪，变化之父母，生杀之本始，神明之府也，治病必求其本。"

这一论断告诉人们，只要掌握了阴阳这把钥匙，可以打开一座座宝库的大门。可以认识天地之道，可以认识万物之纲纪，可以认识这个，可以认识那个，最终可以认识"治病之本"。请看，掌握了阴阳这把万能钥匙，既可以打开天地之道的大门，还可以打开疾病的大门。

阴阳为什么能解答这么多问题？因为在中华文化与中医文化里，阴阳可以论一切。

阴阳可以论天地，天为阳，地为阴。

阴阳可以论万物，万物负阴而抱阳。

阴阳可以论变化，阳极生阴，阴极生阳。

阴阳可以论神明之府，《黄帝四经·经法·名理》曰："道者，神明之原也。"道为神明之原，在这个解释中，道与神明的关系为一物两名之关系。

阴阳可以论疾病，因为气为阳，血为阴；腑为阳，脏为阴；热为阳，寒为阴；实为阳，虚为阴。

认识一阴一阳，就在茫茫宇宙中找到了普遍规律。

认识一阴一阳，就在万物之中找到了分类的大纲。

认识一阴一阳，就找到了事物变化的本源。

认识一阴一阳，就认识了物生物死的根本。

认识一阴一阳，既可以认识物理，也可以认识病理。

"阴阳者，天地之道也，万物之纲纪，变化之父母，生杀之本始，神明之府也，治病必求于本。"这个极其重要的论断，在《素问》中前后出现了两次，也被引入了《简明不列颠百科全书》。阴阳，是打开《黄帝内经》的大门的万能钥匙。掌握了这把万能钥匙，就可以顺利地进入中医的大门。

有相当多的人无法真正理解易医同源，实际上，真正明白了一阴一阳，就明白了易医同源的基础。试想一下，没有阴阳两爻，会有八卦吗？没有八卦，怎么会有六十四卦？没有六十四卦，还会有《周易》这部经典吗？由此观之，阴阳是《周易》的大根大本。上面这个论断告诉世人，阴阳是《黄帝内经》的大根大本。认识了阴阳，就明白了易医同源的奥秘。易医同源，首先同在阴阳这一基本基础上。

一阴一阳是打开宇宙奥秘的钥匙，一阴一阳是打开《周易》的钥匙，一阴一阳也是打开《黄帝内经》的钥匙。认识了阴阳一可以知《易》，二可以知医。《类经·医易义》曰："不知《易》不足以言知医。"要想知医，必须知《易》。要想知《易》，必须认识这简易而深邃的一阴一阳。认识了一阴一阳，既可以知《易》，也可以知医。

然而要认识一阴一阳，必须借助天文历法。天文历法的讨论，将在第三篇进行，这里仅介绍周日之阴阳与周岁之阴阳的一点基本常识。

周日之阴阳，为无限循环之昼夜。周岁之阴阳，为无限循环之寒暑。昼夜由日往月来所决定，寒暑由太阳视运动在南北回归线之间的往来所决定。日月可以论阴阳，太阳本身也可以论阴阳。无论哪一种阴阳都可以体现在立竿测影的日影之中。

周日之日影，是一条椭圆之曲线。曲线清晰为昼，曲线消失为夜。夜为阴，昼为阳。曲线一显现，阳气复苏，喇叭花开始开放，百灵鸟开始歌唱。曲线一消失，阴气复苏，喇叭花开始封闭，百灵鸟开始休息。周日之阴阳，决定着万物的一动一静。

周岁之日影，是一条由长变短又由短变长的直线。日影由长变短，天气一天天变热。日影由短变长，天气一天天变寒。热为阳，寒为阴。阴阳变化体现在日影变化之中。

日影每短一寸，阳气就会长一分，万物也会长一分。日影短到了极点，阳气升到了极点，万物也生长到了极点。

日影每长一寸，阴气就会长一分，万物就会向成熟死亡接近一步。日影长到了极点，万物或成熟或死亡，完成了一个生命周期。

周岁之阴阳，决定着万物的一生一死。周岁之阴阳，决定着"离离原上草，一岁一枯荣"。

日影直线的长短变化即阴阳变化，阴阳变化决定着万物变化。知道了这一点，才会理解阴阳为什么可以论"万物之纲纪"，为什么可以论"变化之父母"，为什么可以论"生杀之本始"。不同的天文，不同的天气。不同的天气，不同的疾病。知道了这一点，才会理解阴阳为什么可以论疾病与"治病之本"。

在《周髀算经》中，竿下日影即是天道，竿下日影之数即是天道之数。知道了这一点，才会理解阴阳为什么可以论天地之道。

在笔者的研究中，阴阳学说绝非玄学，而是完全可以测量与实证的自然科学。欲知详情，敬请关注第三篇。

三、天地生人

人不是由猴子演变而来的，而是由天地演化而来的。最初的人由天地而生，《黄帝内经·素问·宝命全形论》中有这样一个论断："夫人生于地，悬命于天，天地合气，命之曰人。"

最初的人由天地而生，之后的人由父母而生。《黄帝内经》认为，人的形成不是一个上帝的作用，而是两种气——天气与地气——合和的作用，天地之气是自然之气，最初的人形成于自然而然。天为阳，地为阴，最初的人形成于阴阳两气的合和。人由天地而生，《黄帝内经》的这一论断，相似于《周易·序卦》中的"有天地然后有万物，有万物然后有男女"，相似相通于《管子·内业》中的"天出其精，地出其形，合此以为人"。

之后的人由父母结合而生。父精母血合和之后，人的形成步骤如何？《黄帝内经·灵枢·经脉》出现了人形成的"八大"步骤："人始生，先成精，精成而脑髓生，骨为干，脉为营，筋为刚，肉为墙，皮肤坚而毛发长，谷入于胃，脉道以通，血气乃行。"

精—脑髓—骨—脉—筋—肉—皮肤—毛发，母体之内的胎儿从无形到有形，一共经过了八大步骤。母体之内，营养源于母亲。母体之外，营养源于水谷。

《淮南子》中也出现了胎儿的形成过程。胎儿从无形到有形，从有形到出生，前后需要十个月的时间。这就是通常所说的"十月怀胎，一朝分娩"。《淮南子·精神训》曰："一月而膏，二月而胅，三月而胎，四月而肌，五月而筋，六月而骨，七月而成，八月而动，九月而躁，十月而生。"

关于人的形成，《黄帝内经》里没有出现类似于《圣经》中的故事，这里所出现的是哲理与科学——自然哲理与自然科学。

四、气候与变化

（一）气与候

"五日谓之候，三候谓之气，六气谓之时，四时谓之岁，而各从其主治焉。"这是《黄帝内经·素问·六节藏象论》对气、候、时、岁四者的界定。

今天，气候是一体而论的；昨天，气与候是分别而论的。一月之中，有两个节气，月初为节，月中为气。六个节气为一时，四时为一岁。一岁之中，一共24个节气。

天上的日月星辰在变化，大地上的气候在变化，气候的变化引起了万物的变化，万物的变化体现在春生、夏长、秋收、冬藏的规律上。

天上运转的日月星辰，地表气与候的变化，两者之间有着源流的关系。

（二）变与化

"物生谓之化，物极谓之变。"（《黄帝内经·素问·天元纪大论》）

宇宙在变化，天地在变化，天文在变化，气候在变化，这四大变化落脚点落在了万物的变化上。变化即生死，物生谓之化，物死谓之变。"离离原上草，一岁一枯荣。"枯与荣，就是变化。变化一岁一周期，周而复始，岁岁如此。

小草的枯荣有周期性，人体变化也有周期性，不过，人体变化周期要比小草的周期长得多。

《黄帝内经·灵枢·天年》以十年为周期，谈出了人生的十步变化：

"人生十岁，五藏始定，血气已通，其气在下，故好走。

"二十岁，血气始盛，肌肉方长，故好趋。

"三十岁，五藏大定，肌肉坚固，血脉盛满，故好步。

"四十岁，五藏六府十二经脉，皆大盛以平定，腠理始疏，荣华颓落，发颇斑白，平盛不摇，故好坐。

"五十岁，肝气始衰，肝叶始薄，胆汁始减，目始不明。

"六十岁，心气始衰，苦忧悲，血气懈惰，故好卧。

"七十岁，脾气虚，皮肤枯。

"八十岁，肺气衰，魄离，故言善误。

"九十岁，肾气焦，四藏经脉空虚。

"百岁，五藏皆虚，神气皆去，形骸独居而终矣。"

十岁一个周期，变化十个周期，人道百岁。百岁之人，就走到了极处。物极生变，人极也生变。百岁之人，面临的是衰亡。生也自然，死也自然。生与死，在此处自然而然。

敬请读者注意，这里是以血气论人生变化的。在《黄帝内经》中，血为阴，气为阳。人体的血与气，道理中的阴与阳。阴阳，可以论宇宙起源，可以论天地变化，还可以论万物的枯荣，可以论人之生死。

第二篇
人道的创建与变质

　　人生如何度过？这是人类祖先所关注的第二问题。人生应该以生生之源为坐标，即谁是宇宙的创造者谁就是做人的永恒坐标，这是人类祖先的一致回答。

　　神是宇宙的创造者，所以做人要听神的话，这是《圣经》中的答案。万物生于空，所以成佛要悟空，这是佛经中的答案。道是宇宙的创造者，所以做人要讲道理，这是《周易》中的答案。

引 论

有了人，就有了如何做人，如何为人的问题。

人不可以肆意妄为，做人必须有一定的规矩！制定这个规矩应该以"什么"为坐标，在这个问题上，世界上所有重要的经典中的答案是一致的：做人的规矩应该以生生之源为坐标。这也就是说，只有产生天地万物的那个生生之源方能成为人的效法对象。一致的认识，不一样的表达方法。宗教经典将造物主塑造为形象之神灵——人格神，而中华民族的经典却将生生之源表达为无形之道或有形之天地。

"神如何，人如何。"这是《圣经》所创建的做人公式。

是神创造了天地万物，是神创造了最初的男女。物是神创造的，所以万物必须听从神的安排。人是神创造的，所以人必须听从神的安排。

亚当与夏娃按照神的指令，住进了丰美的伊甸园。

亚当与夏娃违背了神的意志，偷吃了禁果，被神赶出了伊甸园。

亚当与夏娃在神的指令下结合为夫妇。

夏娃在神处罚性的指令下开始怀孕生子。

夏娃在神的指令下自觉接受丈夫的管辖。

从男女结合到怀孕生子，从结婚生子到夫妇之间的关系，一切"应该这样，不应该那样"的规矩均来自于神的意志。人不能违背神的意志，否则就会受到严厉的惩罚。

《圣经·旧约·创世纪》记载了人与神的三次冲突，结果受到了三次严重的惩罚。

人听了蛇的话，违背了神的意志，引起了神的震怒，神第一次惩罚人，把亚当与夏娃赶出了丰美的伊甸园。

地上的人作恶，引起了神的第二次震怒，洪水泛滥是神对人的第二次惩罚。除了挪亚一家，所有的人都命丧洪水。

平原上的人要建造通天塔，引起了神的第三次震怒，变乱了人的口音，变乱了人的语言，是神对人的第三次惩罚。现在世界上之所以有这么多种语言，按照《圣经》的说法，是神惩罚的结果。

人，一不能听从蛇的挑唆，二不能自己作恶，三不能想造什么就造什么。否则，就会受到神的惩罚。所有这些，说明"神如何，人如何"这个公式必须遵守，绝对不允许人为地修正。

"空如何，佛如何。"这是释迦牟尼所创建的成佛公式。佛经中没有人格神，诸法"缘起性空"，即万事万物起于空。空为宇宙本体，本心合于本体，方能成佛。《西游记》中的美猴王名为悟空，这"悟空"二字所蕴涵的就是佛经所宣讲的人生哲理。悟空之悟，讲的是人生之悟；悟空之空，讲的是宇宙本体。成佛如何成？悟在宇宙本体之处。孙悟空是文学作品中的一个艺术形象，但"悟空"二字反映的却是佛教的价值取向。

"自古佛佛唯传本体，师师密付本心。"这是禅宗五祖、六祖相传时，五祖所说的一句带有根本性的话。悟不到本体空无之处，悟不到本心与本体自觉契合，是不能成祖成佛的。衣钵传尚未出家的慧能而不传早已出家的神秀，验证了"空如何，佛如何"的严肃性。

做人如何做？对于这一重大问题，中华先贤、中华元文化是怎样解答的呢？下面详细讨论这一问题。

第一章　天理：人理创建的坐标

做人如何做？循礼做人。礼是人与动物的分界线——有礼是人，无礼是禽是兽。

礼从何而来？是源于人吗？不是。礼，源于天地。天地是制礼的参照坐标，人文之礼源于自然秩序，这是中华先贤、中华元文化对礼之源的解释。

礼即秩序，文明之天下必须讲究秩序，文明之人必须讲究秩序，这是中华先贤、中华元文化对文明的认识与理解。

以上三方面的问题，下面依次讨论。

第一节　礼的重要性

中华大地上的礼，出于孔子之前。但宣讲礼、继承礼、解释礼的最积极者，是孔夫子。

礼，是人与禽兽的分界线。以礼为界，这一边的是人，那一边的是禽、是兽。礼的重要性，孔夫子做出了这样的解释。《礼记·曲礼上》在开篇处，用非常形象的比喻阐明了人禽、人兽之别：

"鹦鹉能言，不离飞鸟；猩猩能言，不离禽兽。今人而无礼，虽能言，不亦禽兽之心乎？夫唯禽兽无礼，故父子聚麀。是故圣人作，为礼以教人，使人以有礼。知自别于禽兽。"

孔夫子告诉后人，有了礼才有了人。没有礼，人无异于鹦鹉，无异于猩猩。

没有礼，人不能成其为人。这是礼对于人的重要性。那么，礼对于家，礼对于国，礼对于天下，其重要性如何呢？

没有礼，家不能成其为家。没有礼，国不能成其为国。没有礼，天地之间只有动物世界而不可能有文明之天下。礼之重要性，儒家这里有精辟的论述。请看下列三个论断：

其一，《礼记·曲礼上》曰："夫礼者，所以定亲疏，决嫌疑，别异同，明是非也。"这一论断的直接意思是：礼是用来分清亲疏，决断疑惑，分辨人禽异同，明白是非的。这一论断所隐含的意思是：有了礼才有了亲亲之家，有了礼才有了聪慧之人，有了明彼此、别异同、辨是非的聪慧之人。

其二，《礼记·礼运》曰："故治国不以礼，犹无耜而耕也。"这一论断的意思是：治国不用礼，犹如耕田不用犁。无犁难以耕田，无礼难以治国。

其三，《春秋左传·隐公十一年》曰："礼，经国家，定社稷，序民人，利后嗣者也。"这一论断的直接意思是：礼，是经纬国家，安定社稷，秩序人民，利于子孙的纲纪。这一论断所隐含的意思是：没有礼，国家难治，社稷难安，人民难以有序，必然不利于子孙。

其四，《春秋左传·昭公二十五年》："夫礼，天之经也，地之义也，民之行也。"这一论断告诉人们两重意思：礼源于天经地义，礼是民行之规矩。天经地义，实际上就是天理地理。礼为民之行，所讲的就是人之行必须合于天之理地之理。

礼一可以化育人，二可以化育家，三可以化育天下。反之，无礼不成人，无礼不成家，无礼不成国，无礼也难以成天下。

在儒家的这四个论断里，一可以清楚地知道礼之来源，二可以清楚地知道礼的基础性与重要性。

第二节　礼的参照坐标

如此重要的礼，源于何处呢？是源于早期圣人本身的灵机一动吗？不是！是源于某个帝王的一言一行吗？也不是。礼，不是源于人，而是源于天地，源于道理。中华先贤以天地为坐标，以道理为坐标，制定出了文明之礼。礼之源，源于道理，源于天地，《周易》是这样说的，儒家也是这样说的。

先请看《周易》论礼之来源。礼源于天地，《周易·序卦》如是说："有天地然后有万物，有万物然后有男女，有男女然后有夫妇，有夫妇然后有父子，有父子然后有君臣，有君臣然后有上下，有上下然后礼仪有所错。"几个简洁的"有AB然后有CD"，描述了宇宙与人的演化，人的演化从男女开始，经夫妇、父子、君臣、上下，落脚于礼仪。男女、夫妇、父子、君臣、上下，是人伦中的五伦，五伦是什么样的关系？是礼仪关系。礼仪从何而来？看看这段论述的起始之端点，一切演化起于天地，没有天地既不可能有人间男女，也不可能有人间礼仪。起于天地、落脚于礼仪，这一对应关系告诉人们，礼仪之源，源于天地。

"知崇礼卑。崇效天，卑法地。"《周易·系辞上》以非常简洁明白的语言指出，人的一切准则源于高低两个方向——高源于天，低源于地。

"昔者圣人之作易也，将以顺性命之理。是以立天之道曰阴与阳，立地之道曰柔与刚，立人之道曰仁与义。"《周易·说卦》将天地人三道合一而论，天道地道在先而人道在后，人道从何而来？很显然是从天道地道中来。讲仁讲义的立人之道，立于天道地道之中。

《周易》论礼之来源，论在了天地这里。再看儒家论礼之来源。

《礼记·礼运》："是故夫礼，必本于大一。"

《礼记·礼运》："夫礼必本于天，动而之地，列而之事，变而从时，协于分艺。"

《礼记·乐记》："大礼与天地同节。"

《礼记·礼器》："礼也者，合于天时，设于地财。"

四个论断，一个意思。礼不是源于某个圣人的灵机一动，也不是源于某个帝王的一言一行，而是源于天地，源于道理。礼，是早期的圣人参照天地之理、参照道理创造出来的。

选择道理为礼仪之参照坐标，选择天地为礼仪之参照坐标，上下五千年的历史证明，这一选择是英明的，是正确的。之所以这样说，因为这个选择一经得起时间检验，二经得起实际检验。

《圣经》言神理，可是人无法见到神。虽然说神无处不在，但除了亚当、摩西，后来的人很少能够直接见到神的。近代、现代、当代，一流的科学家力图证明上帝的存在。证明了上帝的存在，可还是看不到上帝。

见神难，见天地易。天和地，人从出生那天起，一睁开眼睛就看见了天地。长大后，每天起床后，一睁眼看见的就是天和地。看不见的道理，看得见的天地之理。天和地，一生一世相随相伴，一天早晚相随相伴，中华先贤的选择英明而正确，此处一证也。

上下五千年，上下五亿年，上下五十亿年，天依然是生万物的天，地依然是运载万物的地，上下五千年，上下两千年，上下几百年，有一家家王朝坍塌，有一顶顶王冠落地，但天依然那样高，地依然那样厚。天地不会因王朝的更替而失去本色，不会因历史演变而失去辉煌，中华先贤的选择英明而正确，此处一证也。

天地之理，昨天如此，今天如此，明天如此，每天如此，天天如此，天地之理具有永恒性，中华先贤的选择英明而正确，此处又一证也。

礼不能本于君，为什么？因为君一不能像天一样广大，二不能像天一样永恒，三不能像天一样如此有信用。同理可证，礼不能本于父，更不能本于夫。

第三节　礼之端，礼之序

礼有没有端点？有。

礼有没有顺序？有。

先谈礼之端。礼之端在何处？在夫妇之处。用孔夫子的话说是，礼之端始于夫妇。请看《礼记》中的几个论断：

其一，《礼记·内则》："礼，始于谨夫妇。"

其二，《礼记·中庸》："君子之道，造端乎夫妇，及其至也，察乎天地。"

其三，《礼记·哀公问》："昔三代明王之政，必敬其妻子也，有道。"

礼之端始于夫妇，孟子有与孔夫子相似的论断。《孟子·万章上》："男女居室，人之大伦也。"人伦之伦，始于男女固定地共居一室。

孔子与孟子共同告诉后人，礼有端点，这个端点在夫妇这里。

礼之端为什么起于夫妇？回顾一下六十四卦经上、经下的卦序，答案即呼之欲出：宇宙演化起于天地，人间演化起于夫妇。有夫妇然后有父子，有父子然后有君臣；夫妇是父子、君臣的基础。所以，礼之端必须从夫妇这里开始。儒家对礼之端的解释，是对卦理的继承和发展。

礼之端始于夫妇，那么，礼之序呢？从小家到大天下，这就是礼之序。夫妇之礼，父子之礼，兄弟之礼，这些礼讲在小家。君臣之礼，上下之礼，朋友之礼，这些礼讲在小家之外的大天下。一家讲礼，家家讲礼；家里讲礼，家外讲礼，讲出了早期的中华文明。

礼，还有一个崇尚问题。崇尚什么呢？崇尚交往的双方我讲礼，你也要讲礼，如《礼记·曲礼上》所言："礼尚往来：往而不来，非礼也；来而不往，亦非礼也。"礼尚往来，可以在《塔木德》中找到共鸣之音。《塔木德·第3章》在论述"自己与他人"时说："你的需要和他人的需要一样应该满足。"做人应该明白：你需要的，他人也需要，包括物，包括礼。《塔木德》是犹太人的典籍——《圣经》之后的重要典籍。文化是两种文化，典籍虽是两种典籍，但对礼尚往来的认识，却完全是一致的。

礼，还有一个功用问题。功用体现在何处？体现在一个"和"字上。如《礼记·儒行》所言："礼之以和为贵。"如《论语·学而》所言："礼之用，和为贵。"

这里，再介绍一个对礼之端的解释。孟子对礼之端还有一个解释，这就是人际交往中的"辞让之心"。《孟子·公孙丑上》曰："辞让之心，礼之端也。"让，比争好。近代西方产生了一种与"辞让之心"相反的理论，叫"物竞天择，适者生存"。"辞让之心"讲的是人礼，"适者生存"讲的是兽性——只要能够生存，什么手段都是合理的。

第四节 礼仪即秩序

文明在自由，这是西方现代人对现代文明的理解与解释。"自由是人类文明的最高价值"，这是整个西方世界所认同、所赞颂的一句名言。

文明在秩序，这是中华先贤对中华文明的理解与解释。《周易·乾·文言》曰："与四时合其序。"《诗经·大雅·烝民》曰："天生烝民，有物有则。"有则之则即秩序。秩序，实际上就是《周易》《尚书》《诗经》《黄帝内经》所共同强调的道理，也是诸子百家所共同强调的道理。

日月往来是有序的，五星往来是有序的，寒暑往来是有序的，春夏秋冬四时往来是有序的，万物的生长是有序的，潮涨潮落是有序的，小蚯蚓的出土入土同样是有序的……"有序的"的众多内容可以归结于天理地理之中，可以归结于道理之中。

《周易》中的"与四时合其序"，"崇效天，卑法地"，所强调的都是人序要自觉地合于天地之序，人序要自觉地合于自然秩序。

老子的"人法地，地法天，天法道，道法自然"所强调的就是人序要自觉合于天地之序，人序要自觉合于自然秩序。"大礼与天地同节"，也是这个意思。

自然秩序化为人文秩序，即是礼。秩序即礼，礼即秩序。人，不管是君子还是圣人，做人必须讲礼，必须讲究秩序。

人可以讲究独立——"独立不惧"一词就出于《周易·大过·象传》，你可以独立于权威，独立于权势，你甚至可以独立于世，但是，你不能独立于秩序。

人可以讲究自由，但只能自由在礼的范围之内，不能自由在秩序之外。

人可以讲究发展，但只能发展在天理地理允许的范围之内，不能发展在天理地理之外。

人可以讲究言论自由，但只能言在礼的范围之内，不能言在秩序之外。

人可以讲究行动自由，但只能行动在礼的范围之内，不能行动在秩序之外。

实践证明，把"想干什么就干什么，想做什么就做什么"理解为自由的西方文化，铸就的是难以挽回的人间大错。"我会创造这个，我就有创造这个的自由；我会创造那个，我就有创造那个的自由"。化肥、农药、抗生素、冰毒、细菌、转基因、克隆人……相当多的发明创造完全有悖于天理地理，即上伤害天，下伤害地。如同"作用力=反作用力"的等式一样，自然之天地会毫不留情地教训那些不知天高地厚的狂妄挑战者。天地把污染的脏水、脏空气完完整整地还给了人类，把温室效应清清楚楚地还给了人类，还送来了形形色色、奇奇怪怪的疾病与前所未有的自然灾害。

面对天地的强烈报复，再回望中华先贤反复强调的人序一定要合于自然秩序，再回望中华元文化中以自然秩序为坐标建立的人序人礼，真为有这样高瞻远瞩的先贤而骄傲，真为有这样和谐自然的文化而自豪。

自然秩序是无言的，无言的自然秩序温和而严肃。自然秩序，顺之则昌，逆之则亡，希望把胡作非为理解为自由的人们记住这一点。

第五节 天理：人理的坐标

这里所说的天理，实际上是自然哲理的总称，包括了天地之理，包括了日月之理、昼夜之理、水火之理、山泽之理、四时寒暑之理，以及万物之理。

这里所说的人，泛指一切人，是人都在内，无论君子、大人与圣人，无论男人与女人。凡是人，做人都应该效法天理。天理，是君子做人的参照坐标，是大人做人的参照坐标，同样也是圣人做人的参照坐标；天理，是男人与女人做人的参照坐标。在元文化里，没有高于天、厚于地的人。

犹太人的先哲从神理那里找到了人理，中华先贤从天理地理中找到了人理，从自然秩序中找到了人间秩序。本文此处，专题讨论天理地理中的君子之理、大人之理、圣人之理。

一、天理地理中的君子之理

天行，行在刚健上，人行效法天行，应该行在自强不息上。《周易·乾·象传》从天理中找出了君子之理，由此产生了"天行健，君子以自强不息"这一千古流传的名言。大地宽厚，人德效法大地，也应该宽厚、仁厚。《周易·坤·象传》从地理中找出了君子之理，由此产生了"地势坤，君子以厚德载物"这一千古流传的名言。"天如何，人如何；地如何，人如何"的做人公式，奠定在八卦的三爻里，也奠定在这两句名言里。

天理中有君子之理，地理中有君子之理，其他自然景物中有没有君子之理呢？《周易》的解释是，一切自然元素中都有君子应该汲取、应该效法的哲理，例如日中有君子之理，月中有君子之理；山中有君子之理，水中有君子之理；雷中有君子之理，风中有君子之理；山中有君子之理，泽中有君子之理。水的重叠中有君子之理，火的重叠中有君子之理，风的重叠中有君子之理，雷的重叠中有君子之理……《周易·象传》在六十四卦中解释出了六十四条人文哲理。下面请看重叠的坎、震、巽、艮、兑五卦中的人文哲理：

1. "水洊至，习坎；君子以常德行，习教事"。洊者，重也，再也。洊至者，重叠也，再来也。坎卦由水重叠而成，象征流水滚滚而来，川流不息，面对如此自然景观，君子应该恒久地保持美好的道德行为，反复熟习教化的事务与方法。

2. "洊雷，震；君子以恐惧修身"。洊雷者，雷声重叠也，雷声阵阵也。震卦由雷重叠而成，象征雷声阵阵，雷声隆隆。面对如此自然景观，君子应该在隆隆的雷声中以恐惧的态度反省，然后致力于进德修业。

3. "兼山，艮；君子以思不出其位"。兼者，重叠之重也。兼山者，山重叠着山也。艮卦由山重叠而成，象征重重叠叠的稳重之山，面对如此自然景观，君子应该思考于本分之中，思不出本分之外。

4. "随风，巽；君子以申命行事"。随者，跟随也，紧跟也。随风者，风随风，风连风也。巽卦由风重叠而成，象征风连连相随。

5. "丽泽，兑；君子以朋友讲习"。丽者，附着也，靠近也。丽泽者，相连之泽也。兑卦由泽重叠而成，象征泽地相连，泽水相互流通，面对如此自然景观，君子应该在朋友的交流中研习学业，明白道理。

先谈自然景观与自然哲理，然后谈人文哲理与人文名言，这是《周易》的行文方式，在这种行文方式中，可以清楚地看出"自然如何，人如何"的基本公式。明白了人理源于天理这一基本立场，马上就可以清晰地认识到这样一个基本事实：君子做人的道理源于天地，源于日月，源于山泽，源于雷风。总之，君子之理源于自然哲理。

二、天理地理中的大人之理

在中华先贤眼里，天是大公无私之天，因为天无私覆。在中华先贤眼里，地是大公无私之地，因为地无私载。天无私覆，地无私载，日月无私照，春夏秋冬四时无私行动，大自然的无私之品德，是大人必须效法的。

《周易》中的大人，一是有大贡献者，二是明白道理者，三是主政天下者。什么七品县令，五品知州，按照《周易》的标准，是没有资格称"大人"的。

天理地理、日月之理、四时之理论中有大人之理，请看以下两句名言：

其一，《周易·乾·文言》："夫大人者，与天地合其德，与日月合其明，与四时合其序。"

其二，《周易·离·象传》曰："明两作，离；大人以继明照于四方。"

天无私覆，地无私载，大人之德合于天地之德，就是要合出大公无私的品德来。大人大公无私，第一要以天下为天下人之天下，第二是大位要传贤不传子。大人之大，要大在大公无私上，这里是"与天地合其德"的落脚点。

阳光月光，光明普照四方。阳光月光，不私一处，不私一物，公公正正，公公平平。大人之大，要大在正大光明上，这里是"与日月合其明"的落脚点。离卦，是光明重叠的卦。大人面对此卦，要效法出光明磊落、光照四方的品德。光明磊落、光照四方，这里是"大人以继明照于四方"的落脚点。传统戏剧中有"有道明君"的戏词，实际上，传子不传贤的历代皇帝，没有一个能配上这个"明"字的。因为皇帝之光，私于一家，私于一子。

春夏秋冬，四时之序，有序而来，有序而去，一年如此，百年如此，千年如此，万年如此，永远如此。这里没有"翻云覆雨"的权谋，这里没有"朝令夕改"的荒唐。大人之大，要大在秩序、有序上。一是行政要有序，二是进退要有序。

在这两句名言里，奠定了"天地如何，大人如何；日月如何，大人如何"的基本公式，大人本身不是理，大人的言行也不是理，大人之理源于天理地理、日月之理、四时之理。

三、天理地理中的圣人之理

圣人，在《周易》里是境界至高之人。圣人，在《黄帝内经》里，是穷究天理、和谐天理之人。《周易》与《黄帝内经》里的圣人，是中华元文化与中医文化的奠基者。

圣人除了从天理地理、日月之理中汲取"如何为人"的道理之外，更重要的是，按照天理，按照地理，按照日月之理，按照自然之理，创造了中华元文化与中医文化。离开了天理地理这一基础，一无法理解圣人之圣，二无法理解中华元文化与中医文化，三无法理解早期中华大地上为什么出现那么多的发明创造。

圣人之圣，在笔者看来，圣在了以下几大方面：

其一，以天文地理为坐标，做出了天下第一篇从天文到人文的文章。

其二，以天道地道为坐标，立出了为人之道。

其三，以天时为坐标，制定出了人时——历。

其四，以天序为坐标，制定出了法律中的刑罚。

其五，以自然之道为坐标，创建了一种奇特且实用的方法。

先谈从天文到人文的第一篇文章。前面已经谈到，八卦是中华大地上的第一篇文章。伏羲氏作这篇文章时，没有任何可参考的文章，有的是天文、地文、万物之文、鸟兽之文以及人本身。伏羲氏凭借着这些自然元素创造出了中华元文化的奠基之作——八卦。这一过程，《周易·系辞下》的详细描述是："古者包牺氏之王天下也，仰则观象于天，俯则观法于地，观鸟兽之文与地之宜，近取诸身，远取诸物，于是始作八卦。"有了八卦，才有了天体模型——对宇宙的基本把握与看法，才有了人体模型与家庭模型——对人生的基本把握与看法；有了八卦，才有了四时八节、四面八方的划分，才有了从天文到人文的转化，才有了从天时到人时的转化。以天理地理为坐标创作出第一篇文章，从而奠定了中华文化的坚实基础，这是圣人对子孙的基础性贡献。

再谈以天道地道为坐标创立出了人之道。《周易·说卦》曰："昔者圣人之作易也，将以顺性命之理，是以立天之道，曰阴与阳；立地之道，曰柔与刚；立人之道，曰仁与义。"从天道、地道之中悟出"立人之道"。这是圣人大功劳，这一功劳对于神州天下来说，是具有根本性的。立人之道立在何处？立在"仁义"二字上。仁心即爱心，仁政即爱人之政。义为正义之心，为扬善除恶之举。仁，体现在爱心上；义，体现在坚持正义上。做人应该讲爱心，应该讲正义。以天地之道为坐标创立出了为人之道，这是圣人对子孙的基础性贡献。

再谈以天时为坐标创立出了人时。日来有时，日往有时；月来有时，月往有时；昼夜往来有时，寒暑往来有时；昼夜之时、寒暑之时、日往月来的周期规定在了数字中，就形成了一个文明所必需的元素——历。《周易·乾·象传》曰："大明终始，六位时成，时乘六龙以御天。"《周易·贲·象传》曰："观乎天文，以察时变。"《周易·艮·象传》曰："时止则止，时行则行，动静不失其时，其道光明。"这三个论断明确告诉后人，圣人按照天文变化制出了历，历最初是用卦表达的，是用爻表达的，以天时定人时，决定了"动静不失其时"的法则。没有历，不能称其为文明。在人类历史上，中华先贤最早制出了历。制历的具体方法由《周髀算经》所记载，而《周易》这里记载的是从天时到人时转化的大原则。以天文变化为坐标创制历，这也是圣人对子孙的基础性贡献。

《周易·豫·象传》曰："天地以顺动，故日月不过，而四时不忒；圣人以顺动，则刑罚清而民服。"讲文化也讲刑罚，文化化君子，刑罚罚小人，这就是中华先贤所开创的元文化。谈刑罚，先谈天地、日月、四时之顺动，这说明了什么？这说明中华先贤以自然秩序为依据判断人行的正确与错误。以天地、日月、四时秩序为基准，顺序顺动为正，逆序逆动为错。顺者赏，逆则罚。以天地四时秩序为依据进行刑罚，这同样是圣人对子孙的基础性贡献。

这里，还要介绍一下圣人创造中华文明的方法。在远古、中古时期的中华大地上，中华先贤手中一没有先进的仪器，二没有先进的实验室，但是领先于世界的中华文明的的确确、实实在在地诞生了。为什么？原因就在于中华先贤掌握了一种独特的、奇妙的、非常实用的方法。这种方法从根本上讲可以称之为"以道论之"，从具体上讲可以称之为"道器转化"，可以称之为"尚象制器"，可以称之为"触类旁通"，可以称之为"以一知万"，还可以称之为"观象比类""援物比类""从容比类"，掌握了这种方法，可以在形上形下两个层面的各个领域内进行发明创造，用《周易·系辞上》的话说是"天下之能事毕矣"。中华文明不是诞生在实验室里，而是诞生在独特的、优秀的方法之中。创立可以创造文明的方法，这是圣人对子孙的基础性贡献。

非常遗憾的是，这种祖先的方法被子孙失传了。笔者深信，只要重新认识并掌握祖先创造文明的方法，加上必要的实验室，要不了一百年的时间，新的中华文明仍然可以领先于世界。关于先贤创造文明的方法，将在第三篇中详细讨论。这里要说明的是，圣人从天理中汲取了一种文化所需要的全部要素，如果用简洁的话归纳，可以归纳出这样一句话：圣人从天理中汲取了两方面的根本道理：一是圣人从天理中找到了"如何做人"的道理，二是圣人从天理中找到了"如何发明创造"的道理。明白天理且有大贡献者方可称圣。圣人之所以为圣，靠的不是武力，不是权谋，而是贡献。没有早期的圣人，就没有早期的一部部经典，就没有一件件先进器具。没有早期的圣人，就没有中华元文化。对于这些，后世子孙是应该抱有崇敬之心的。

圣人的所有行为都是以天理为坐标的，下面摘选《周易》中关于圣人行为的10条论述，希望读者从中了解这样两点秘密：第一，圣人的所有举措均与天理有关。第二，圣人的所有举措均与天下、与天下之民有关。

其一，"观天之神道，而四时不忒；圣人以神道设教，而天下服矣"。（《周易·观·象传》）

其二，"天地养万物，圣人养贤以及万民"。（《周易·颐·象传》）

其三，"天地感而万物化生，圣人感人心而天下和平"。（《周易·咸·象传》）

其四，"日月得天而能久照，四时变化而能久成，圣人久于其道而天下化成"。（《周易·恒·象传》）

其五，"圣人设卦观象，系辞焉而明吉凶。刚柔相推而生变化。是故吉凶者，失得之象也。悔吝者，忧虞之象也。变化者，进退之象也。刚柔者，昼夜之象也。六爻之动，三极之道也"。（《周易·系辞上》）

其六，"圣人有以见天下之赜，而拟诸其形容，象其物宜，是故谓之象"。（《周易·系辞上》）

其七，"圣人有以见天下之动，而观其会通，以行其典礼，系辞焉以断其吉凶，是故谓之爻"。（《周易·系辞上》）

其八，"天地变化，圣人效之"。（《周易·系辞上》）

其九，"上古穴居而野处，后世圣人易之以宫室"。（《周易·系辞下》）

其十，"上古结绳而治，后世圣人易之以书契，百官以治，万民以察"。（《周易·系辞下》）

圣人之理源于天理，大人之理源于天理，君子之理源于天理，总而言之，中华大地上的人理源于天地。中华民族的文化是从天地中"化"出来的，用天理地理化人，用自然哲理对人进行教化，这是中华元文化的基本标志。

天地者，人的本源也。本源之处，才是人理的诞生之处。为何要以天地为终极参照坐标，答案应该就在这里。

第二章　效仿自然秩序创立人际秩序

任何事物都有个先后顺序问题。化人，同样有先后顺序问题。大天下大不大？大！但是，大天下是由小家庭组成的，小家庭是夫妇组成的，夫妇是由男女组成的，所以文化化人之理应从确定男女之间的关系定位开始。男女之间关系的确定，并不是一男一女之间的私事，也不是一个家庭中的家事，而是涉及到天下安定的大事。中华先贤效仿自然秩序创立人间礼仪，是从男女这里开始的。

第一节　男女之间的礼仪

男女是天下的基础，男女问题是天下的基础问题。中华文化的清源浊流之变，第一变化点就分界在男女问题上。

一、天地关系与男女礼仪

《周易》论男女，没有孤立而论，从一开始就是和天地对应而论的。

男女对应天地，在《周易》里体现在四个地方：卦象对应；文字对应；功能对应；评价对应。

（一）卦象对应

先天八卦中，首先出现的乾、坤两卦，六十四卦中首先出现的同样是乾、坤两卦，那么两卦象征什么呢？在宇宙间首先象征天地，在人世间首先象征男女。天地对应男女，中华先贤首先是用卦象表达的。

（二）文字对应

《周易·说卦》曰："乾为天，坤为地。"《周易·系辞上》曰："乾道成男，坤道成女。"这两个论断，以乾坤为桥梁，在天地与男女之间建立起了对应关系。

（三）功能对应

天地具有造物功能，男女具有繁衍子孙的功能；在生生万物的过程中天地具有同等的功劳，在繁衍子孙的过程中男女具有同等的作用。《周易·泰·彖传》曰："天地交而万物通也。"《周易·否·彖传》曰："天地不交而万物不通也。"一个"交"字，十分精确地刻画出了天地之间的相互作用。天地相交则万物通，天地不交则万物不通。天与地，在造物过程中缺一不可。同样的道理，在子孙繁衍的过程中，男女的作用缺一不可。

《周易·系辞下》："天地絪缊，万物化醇。男女构精，万物化生。"评价天地功能与男女功能，这里的口气是一样的。天地功能与男女功能，其高度在同一等高线上。在这里，怀孕生子不是上帝的惩罚，而是一种伟大的功劳。这种功劳和天地生万物的功劳一样。

（四）赞美对应

看得见的天地，看不见的乾坤。乾坤之处，即是"万物资始""万物资生"之处。宗教文化中歌颂形象的造物主，《周易》歌颂抽象的造物主。这里的造物主不是有形有象的上帝，而是两种无形元素乾与坤。

"大哉乾元，万物资始""至哉坤元，万物资生"。《周易·彖传》以同等的口气，赞美了乾，赞美了坤。

《周易·彖传》以"大哉"二字赞美乾，以"至哉"二字赞美坤。"大哉"之大，大到了极处；"至哉"之至，至到了极处。就赞美程度而言，"大"与"至"是同一高度的。乾坤者，天地也。乾坤者，男女也。在造物过程中，天地受到同等的歌颂。在子孙繁衍的过程中，男女应该受到同等的歌颂。

天地关系是创建男女关系的坐标。天地关系如何，男女关系就如何；天地的功劳如何，男女的功劳就如何；如何评价天地，就应该如何评价男女，这就是《周易》里的男女关系。

二、男女地位的正常延续

（一）《诗经》论男女

千古流传的"淑女"一词，就源于《诗经》开篇的第一首第一句。《诗经·关雎》曰："关关雎鸠，在河之洲，窈窕淑女，君子好逑。""窈窕淑女"将青年女子的美好形象描述到了极处，几千年过去了，描述女子的褒义词，没有一个超越这个"窈窕淑女"的。

《诗经》之中，与淑女相对相应的是君子。这个对应关系告诉人们的道理是：君子有什么样的地位，淑女同样有什么样的地位。从《关雎》这首诗中可以看出，君子对淑女是极其尊重的态度，所以这里出现了"琴瑟友之"与"钟鼓乐之"的美妙音乐。

《诗经》没有限制女性自由的诗句，例如"大门不出，二门不踩"。诗中的男女可以共同出现在生产的田野里；可以共同出现在郊游的车子上；可以共同出现在谈情说爱的城头上。《诗经》主张男女自由恋爱，如果两情相悦可以男追女，也可以女追男。关于自由恋爱，详细的讨论将在"夫妇"一节中进行。

（二）《尚书》《论语》论男女

女性可以参政，在早期的中华大地上是非常正常的事情，《尚书》《论语》里都有女性参政的记载。

《尚书·尧典》中记载了几件天下大事，其中一件是君王接班人的选择。在接班人选择过程中，女性的意见也是意见。

据《尧典》记载，尧在年老之后出于公心选择接班人。尧首先提出可以在大臣中间选拔，大臣们自觉德与能均不合格。尧又提出可以民间选拔，大臣们一致提名平民之舜作为候选人。尧同意了大臣们的提议，然后决定考察。考察的方式就是让两个女儿与舜成了亲，通过女儿了解舜的德行与才能。《尚书·尧典》有如是的记载：

"帝曰：'我其试哉！女于时，观厥刑于二女。'厘降二女于妫汭，嫔于虞。"

妫汭即妫水湾，虞为舜之姓。观者，观察也。厥者，其也，其人也，这里所指的是舜。刑者，法则也，所指的是舜行为准则。尧通过两个女儿观察了解舜在日常生活表现。女性的意见，在这里直接影响着接班人是否合格的判断。

尧让女性参与了接班人的选拔活动，舜让女性参与了天下的治理。尧、舜让女性参政的事，《论语·泰伯》篇有这样的记载：

"舜有臣五人而天下治。武王曰：'予有乱臣十人。'孔子曰：'才难，不其然乎？唐、虞之际，于斯为盛。有妇人焉，九人而已。'"

人才难得。男子有才可以治理天下，女子有才同样可以治理天下。凡是人才，不论男女，都可以治理天下。孔子认为尧、舜时期女子参政的风气最盛，而武王时期十个贤臣之中只有一人是女子。孔子在陈述这一历史事实时，对妇女参政，所持的也是赞美褒扬的态度。

（三）《荀子》论男女

荀子研究六十四卦中的咸卦时，特别注意到了"男下女"这一重要立场。咸卦上兑而下艮。兑卦在自然界象征泽地，在人间象征少女。艮在自然界象征高山，在人间象征少男。咸卦的结构中泽地在上而高山在下，少女的位置在上而少男的位置在下。《周易·象传》在诠释咸卦，注释出"男下女"一说。荀子特别注意到了这一点，并在《大略》一文留下了这样的话：

"咸，感也。以高下下，以男下女，柔上而刚下。"

男士尊重女士，往往被认为是现代西方绅士的行为。实际上，这应该是中华先贤所开创的、由《周易》所记载、儒家文化所继承的优秀传统。但是，这一文明风范后来在中华大地上失传了。

三、从几对基础元素的关系看男女

在《周易》之中，阴阳、乾坤、天地是几对基础元素，男女问题总是和这几对基础元素一体而论的。在阴阳、乾坤、天地这几对基础元素的关系中，可以清晰地认识男女关系。

（一）从形影不离、和谐合力的关系中看平等

《圣经》中的亚当与夏娃，出现在天地万物之后。在《周易》的宇宙演化的路线图中，最先形成的是天地，万物形成于天地之后，男女形成于万物之后。天地位于万物之前，万物位于男女之前，在形成顺序上，《周易》与《圣经》的认识是共同的。

亚当与夏娃的出生，也有一个先后顺序问题。在上帝造人时，先造的是男人，后造的是女人。《圣经》的男女，同源而不同时。《周易》中的男女，同源而同时，男女同时出现在天地之间。在男女形成顺序上，《周易》与《圣经》的认识是有差别的。

男与女是两种同类异性元素，各自有各自的特性，但是正如阴阳、乾坤、天地一样，总是相反相成、形影不离。在中华先贤的认识里，独立元素具有独立作用，但是独立元素并不具有"生生"之功能，独立元素必须与相反相成的元素相互作用才能有"新结果"的产生。所以在抽象符号与文字符号的表达中，经常看到的现象是，一对对相反相成的元素总是相伴相随、同时出现，如阴阳、乾坤、天地、日月、昼夜、寒暑、男女、刚柔……

相反相成的元素，你作用于我，我作用于你，如此才有了从基本粒子到日月星辰直至广袤太阳系、银河系这小到无内、大到无外的形象世界。相互作用、相互平衡，是两种元素之间的基本状态。《周易》之中，凡是出现两种元素之间的状态地方，所出现的词语均为双方合力之词语。

在描述天地之造化功能时，所出现的前提是"阴阳合德"，一个"合"字极其恰当地说明了阴阳之间的和谐合力状态。

在描述万物的"通"与"不通"这两种状况时，所出现的前提是天地的"交"与"不交"。一个"交"字，极其恰当地说明了天地之间的和谐合力状态。

在描述阴阳、八卦之间的运动状况时，所出现的词语是"相摩""相荡""相推"，运动的形式是多种多样的"摩""荡""推"，但离不开一个相互之"相"。一个"相"字极其恰当地说明了两种元素、两种力量之间的和谐合力状态。

八卦、六十四卦本身就产生在阴阳两爻的交错变化的前提之下。只有一种阴爻，或者只有一种阳爻，就无法产生八卦与六十四卦。八卦、六十四卦的出现，极其恰当地说明了两种元素、两种力量之间的和谐合力状态。

阴阳是千变万化的基础，天地、男女均为一阴一阳的衍生物，所以《周易》以相同的态度对待阴阳，也以相同的态度对待天地、男女。在评价两种相反相成的元素时，没有出现任何偏颇的态度，没有出现任何偏颇的词语。褒阴贬阳或褒阳贬阴，都完全有悖于《易》理。

正如阴阳、乾坤、天地永远不能分离那样，一男一女永远也不会分离。具体环境之中，特殊条件之下，某一对男女有分离的可能，但在总体环境之中，一男一女永远无法分离。所以在评价男女这两种相反相成的元素时，褒一个贬一个的偏颇态度是有悖于《易》理的。

（二）从阴阳顺序关系中看平等

乾坤卦象在文字中出现时，乾在先，坤在后。乾为纯阳，坤为纯阴。在排列顺序上，阳在阴先。

阴阳在文字出现时，排列顺序上阴在先，阳在后。"一阴一阳之谓道。"道中有两种成分一阴一阳，在排列顺序上，阴在阳先。

以阴阳喻刚柔，排列顺序上既有刚在柔先的顺序，例如"刚柔者，昼夜之象也"，有时也会出现柔先刚后的顺序，例如"立地之道曰柔与刚"。

在象征通泰的《泰》卦中，纯阴位置在上，纯阳位置在下。在象征夫妇的咸卦中，少女的位置在上，而少男的位置在下。在中华先贤的认识里，阴与阳为物时，阴性沉降，而阳性上浮，所以只有阴置于阳上，才会产生真正的阴阳合和，才能产生通泰之泰，才能产生水火相济之济，才能产生心肾相交之交。

可以阳在阴先，也可以阴在阳先。排列顺序说明，《周易》以同等的态度对待阴阳，没有贬低其中的任何一个。

在《道德经·第42章》里，老子论万物时论出了一句名言："万物负阴而抱阳，冲气以为和。"阴阳两种元素以合和状态存在于万物之中，阴与阳为平衡状态，为平等关系。

《黄帝内经》论及阴阳这两对基本元素时反复出现这样一个论断："阴与阳，异名而同类。"阴阳同类，阴阳互根，是《黄帝内经》的立论基础。

阴阳不可分割，男女同样不可分割，中华先贤所开创的中华元文化是尊重男性又尊重女性的文化。

（三）从诗中的称呼上看平等

西方有这样一句名言："知道了你的朋友是谁，就知道了你是谁。"

在《诗经·周南·关雎》这里，知道了君子的地位，就知道了淑女的地位。君子者，有才德之人也。《礼记·曲礼上》："博闻强识而让，敦善行而不怠，谓之君子。"君子，被海峡对岸的《大辞典》注释为"古代的为政或有才德者"，被海峡此岸的《辞海》注释为"西周、春秋时对贵族的通称"。在两种解释中，君子都是有身份、有地位、值得尊重的人。君子追求淑女，为此辗转反侧、寝食难安，最后用琴瑟鼓乐将淑女迎接回家。君子的举动证明了淑女身份与地位。《尔雅》："淑，善也。"《说文解字》："淑，清湛也。"淑女者，善良、清湛、文静、端庄、温柔、幽闲之女郎也。

古代东方的淑女，同君子一样是有身份、有地位、值得尊重的人。

（四）对"天尊地卑"的错误理解

女性、女子的地位丧失在"男尊女卑"的谬论之中。"男尊女卑"的谬论的根源，在于对"天尊地卑"一词的错误理解。要找回女性与男性相同相等的地位，首先应该恢复"天尊地卑"一词的本义。

"天尊地卑"一词，出现在《周易·系辞上》的开篇处，其本义是描述天体模型的。在天体模型中，天高在上，地低在下。尊者，高也。卑者，低也。这里的"尊卑"，只有空间意义，丝毫不涉及价值判断。以价值论尊卑，由"天尊地卑"论出"男尊女卑"，始于《列子》一书，《列子》变质了"尊卑"的自然意义。

男女问题，是每一种文化必须正确解答的问题。中华元文化以同等的态度对待一男一女，而变质文化则以差别的态度对待一男一女，清源变浊流就是从男女问题这里开始的。秦汉之后，男女问题一直没有正本清源。几十年来时有妇女翻身一说，只是体现在政治上，而女性在文化中的地位一直没有找回来。

重新找回女性在文化中的地位，必须弄清"天尊地卑"一词的本义与歧义，详细的讨论超出了此处主题的范围，所以，专题讨论在第四篇中进行。

第二节　夫妇之间的礼仪

夫妇，是人伦中的第一伦。辨不清夫妇，人还生活在动物世界里。辨不清夫妇，人伦中的其他几伦——父子，兄弟，君臣，朋友，均无从谈起。所以，凡是文明的民族，在文化的源头，都对夫妇问题给予了高度的重视。

《圣经》中的夫妇——亚当与夏娃的结合，形成于上帝的指令下；《周易》中男女的结合，形成于天地合和的天理地理中。尽管两部经典的表达方式不一样，但实质意义是一样的，即男女的结合所遵循的是造物主的意志。

《周易》之中可以看到有关夫妇问题各个阶段的论述：夫妇结合之前的相互接触；夫妇结合之后的相互尊重、相互负责的礼仪；有了子女之后，父母两人应该共为一家之长；夫妇之道，应该建立在"恒久"二字上。《周易》提倡"从一而终"，也允许"夫妻反目"，即夫妇中途解体。男女结合，除了青年男女的正常婚姻之外，也应该允许特殊婚姻，例如允许老夫娶少妻抑或老妇嫁少夫。元文化中的关于夫妇的哲理，充满温情与理性。

一、从天地之合看男女之合

天地合和而后有万物生长，夫妇合和而后有子孙繁衍，所以，在六十四卦的卦象中，夫妇之卦对应的是天地之卦。六十四卦，分经上经下两部分，上经30卦开篇于乾坤（天地），下经34卦开篇于咸恒（夫妇），夫妇之理合于天地之理，首先合在卦象中。

天地合和自然而然，夫妇合和自然而然，男女合和仿照的是天地和合，换言之，天地和合之理是男女婚姻的参照坐标。所以《诗经·大雅·大明》中出现了"天作之合"的诗句，用以形容美好的婚姻。"天作之合"一词，从《诗经》时代一直沿用到现在。在有文化背景的结婚典礼上，仍然可以看到"天作之合"的贺词。

（一）自由接触

有谁会想到，《周易》的夫妇，是从自由接触开始的。

这里，先谈爻辞中的自由恋爱。咸卦象征夫妇，在咸卦爻辞中可以看到，男女是可以有接触的。由相互接触到婚姻的形成，需要由浅入深的六大步骤：咸其拇；咸其腓；咸其股；咸其脢；咸其辅颊舌。咸者，感也，感应也。这里的"咸"，意为触摸。拇为脚趾；腓为腿肚；股为大腿；脢为腰背；辅颊舌为脸、口、舌。从触摸脚趾开始，进一步到抚摩腿肚、抚摩大腿、触摸后背，直至接吻于脸与舌头，男女婚姻业已成熟。假如是初次接触咸卦爻辞并明白了其中的含义，会令人大吃一惊：啊！早期的中华大地上，青年男女——我们的先贤——是那样的浪漫！咸卦爻辞告诉后人，婚姻是男女之间自由接触的结果，是由浅入深接触的结果。

咸卦卦象，由少男少女所组成，除了少男少女两人，没有出现第三者，无论是父母还是媒妁。

爻辞文字中，只有相互触摸的双方，也没有出现任何中介。

从卦象到文字，"父母之命，媒妁之言"的清规戒律并不存在。在这里，也看不到"男女授受不亲"的清规戒律。

（二）"男下女"的夫妇关系

成家之后，夫妇之间的关系应该如何处理？《周易》中有两种答案：一是"以男下女"；二是"夫夫，妇妇"。

所谓"男下女"，就是在男女关系中，男子应该尊重女子；在夫妇关系中，丈夫应该尊重妻子。这一哲理首先是由咸卦卦象表达的。六十四卦中的咸卦，由八卦中的兑卦与艮卦所组成——兑卦在上而艮卦在下，兑卦象征少女，艮卦象征少男，少女的位置位于少男之上。《周易·象传》诠释咸卦，特别注意到了女子的位置，特别表述为"以男下女"。荀子作《大略》一文，文中专门解释了咸卦卦象中的"以男下女"，并在这一基础上加以延伸，延伸出"以高下下"的父子关系与君臣关系。荀子认为，夫妇关系中丈夫应该尊重妻子，君臣关系中君王应该尊重大臣。

所谓"夫夫，妇妇"，讲的是丈夫与妻子应该相互负责，讲的是名分与责任的统一。

"夫夫，妇妇"之说，出于《周易·家人·象传》。单音词的重复，前一个讲名分，后一个讲责任。丈夫有丈夫的名分，丈夫有丈夫的责任。同样的道理，妻子有妻子的名分，妻子有妻子的责任。丈夫要对妻子负责，妻子要对丈夫负责，夫妻关系是相互负责的关系。

夫妻关系应该是什么样的关系？《诗经》还有一个令人愉悦的答案。《诗经》认为，夫妇关系应像琴声一样优美和谐。《诗经·小雅·常棣》：

妻子好合，如鼓瑟琴。

兄弟既翕，和乐且湛。

宜尔室家，乐尔妻帑。

这首诗里出现了三组对应的家庭成员：夫妻、兄弟、父子。在三组对应的关系中出现了三个字：合、和、乐。《诗经》告诉后人，处理家庭成员之间的关系应该以"合和"为原则，以欢乐为目标。夫妻之间应该是一个什么样的关系？应该是像琴瑟那样和谐的关系。

"妻子好合，如鼓瑟琴。"以美妙的音乐来描述夫妻关系，体现了中华文化的元精神。

在"夫为妻纲"里，还会看到一点点"妻子好合"的影子吗？

在"娶来的媳妇买来的马，任我骑来任我打"里，还会看到一点点"如鼓瑟琴"的影子吗？

（三）父母共为一家之长

一家之中，谁为一家之长呢？"家人有严君焉，父母之谓也。……正家而天下定矣。"一家之中，父母共为一家之长，这是《周易·家人·彖传》中的答案。在家庭之中，父母有同样的发言权。天下之本起于家，家正而后天下定，而家正之正，首先正在父母共为一家之长上。

"父母共为一家之长"，被法家代表人物韩非所否定。韩非为了树立君王一人的绝对权威，以"家无二贵"为立论基础力图论出"国无二贵"的结论。

《韩非子·扬权》曰："一家二贵，事乃无功。夫妻持政，予无适从。"韩非认为，一个家庭之中，如果父母两个人同等地位，那将一事无成。夫妻共同当家，共同执政，子女们将无所适从。在这句话之前，韩非子还运用了两个生动的比喻：第一个比喻说，"一个巢穴里不能有两个雄鸟，否则就会不停地打斗"；第二个比喻说，"豺狼不能关进羊圈里，否则小羊的数量就不会增加"。生动的比喻，但是文不对题。父与母是两雄吗？父与母谁是豺狼呢？"家无二贵"的主张，实际是为"国无二贵"的合理性打基础的。反对父母共为一家之长，韩非子的目的是为了树立君王一人的绝对权威。否定母亲在家庭中的家长地位，韩非子是千古第一人。

母亲的家长地位，初步消失在"家无二贵"的立论中，彻底丧失在"三纲"里。西汉以后，历代大儒，注意过这一问题者几稀。

（四）男女合理分工

一家之中有夫有妇，夫妇之间有一个分工合作问题。男女如何分工呢？《周易·家人·彖传》中的答案是："女正位乎内，男正位乎外，男女正，天地之大义也。"男主持外务，女主持内务。夫妇二人的正确分工，就分在此处——女正位乎内，男正位乎外。

男主外、女主内的分工，是依照天地之理分工的。天动地静，天在外地在内，"天地之大义"就大在了此处。男主外、女主内的分工，所参照的坐标就在此处。

中华元文化不轻视大地，所以男女分工，不轻视妇女。一个家庭之中，夫妇必须有所分工，否则，夫妇二人"你这样我这样，你那样我那样"，用不了多久，这个家必然会成为败落之家。

"男主外，女主内"的分工只是一般原则，如果女性有才能，可以在各个领域内得到发挥，例如可以发明创造，可以参政，可以采桑育蚕，还可以采矿经商。传说中，炼石补天者，是始祖女娲。传说中，发现蚕丝，教民养蚕者，是黄帝夫人嫘祖。《尚书》中尧的两个女儿参与了对接班人的考察。《诗经》中的女性可以和男人一样下田劳动。《论语》中的孔夫子说周代十大能臣之中就有一名女性。《史记·货殖列传》中记载了秦代善于经营的巴蜀寡妇清，清开丹砂之矿，经营四方。秦始皇以残暴而著称，但是他能正确对待开矿经商的寡妇，为表彰清的业绩，秦始皇为其构筑了一座"怀清台"。以理智、理性的态度对待男女分工，一直延续到秦始皇这里。

在相当长的一段时间内，在"解放妇女"的口号下，彻底否定了"男主外，女主内"的合理分工。历史业已证明，家庭工作是十分重要、非常艰巨的工作。儿童抚养、儿童教育、财务安排、饮食调节、家庭布置、迎来送往等等，没有一定的文化素养，很难胜任这一重要之任务。由此观之，能够主好这个"内"字，绝非一件容易之事。现在美国、日本、德国出现这样一些女性，即使有大学文化程度，也视管理家庭为正常。结婚有了孩子之后，留在家里管理家务。过去理论上一味地强调"男女都一样"，实践中一味地强调"男人做到的，女人也能够做得到"，实际上是非常有害的。男人下水，也让女人下水；男人登高，也让女人登高；男人能抗风雪斗严寒，也让女人抗风雪斗严寒，这实际上是违反自然法则的。

还有一句在逻辑上讲不通的口号"把妇女从锅台旁解放出来"。人要吃饭，这是常识。吃饭就必须有人做饭，这同样是常识。所以，"锅台旁"不能没有人。妇女出来，男人必须进去。非男即女，非女即男，除此之外没有任何可以选择的余地。如果说妇女围着锅台转也视为是压迫妇女，那么，男人围着锅台转就可以视为对男人的解放吗？

（五）恒久的夫妇关系

夫妇关系应该是恒久关系，这是《周易》中的基本主张。

恒久的夫妇之道，蕴含在卦象之中。在六十四卦序列中，恒卦紧随象征夫妇的咸卦之后。《周易·象传》诠释恒卦，结论在天地之间的恒久关系上："天地之道，恒久而不已也。"《周易·序卦》诠释恒卦，结论在夫妇之间的恒久关系上："夫妇之道不可以不久也，故受之以恒。恒者，久也。"夫妇对应天地，天地之道为恒久之道，夫妇之道理应为恒久之道。"离过婚的男人和离过婚的女人结婚，床上会有四颗心。"《塔木德》用如此经典的语言，引导人们坚持恒久的夫妇之道。不同的文化，相同的基点。在夫妇问题上，《周易》与《塔木德》一样，都主张恒久的夫妇关系。

恒久不等于捆绑式的固定。《周易》有"从一而终"的主张，也有"夫妻反目"的结论。"从一而终"与"夫妻反目"，这两个词都源于《周易》。

当丈夫有错而不改时，夫妻关系是可以解体的。"舆说辐"——车轮脱离车轴，这是论"夫妻反目"时，《小畜》卦爻辞所运用的形象比喻。车轮与车轴合为一体，属于一般，属于正常。车轮脱离车轴，属于特殊，属于反常。

（六）承认与接受特殊婚姻

青年男女结婚，是应该鼓励、应该颂扬的事。因为这是合"礼"的。

特殊情况出现怎么办？允不允许特殊情况存在？

中华元文化是具有广阔胸怀的文化，具有广阔胸怀的文化既能容纳一般，又能容纳特殊。

六十四卦第二十八卦为大过卦，卦中出现了两种特殊的婚姻现象：老夫少妻与老妻少夫，这两种常理常例之外的特殊婚姻，都得到了《周易》的认可。

"枯杨生稊，老夫得其女妻，无不利"。

这是大过卦九二爻的爻辞。枯杨者，枯槁的杨树也。稊者，嫩芽新枝也。枯槁的杨树发出了嫩芽，老汉娶了个年轻的妻子，这也没有什么不利。《周易·大过·象传》诠释这一爻辞："老夫女妻，过以相与也。"意思是"老汉娶了个年轻的妻子，说明九二之阳爻虽然阳刚过了头，但仍能与初六之阴爻和睦相处"。允许老夫少妻，这里体现着中华元文化的伟大胸怀。

《礼记·檀弓上》中谈到"孔子少孤，不知其墓"。孔子很小的时候父亲就去世了，孔子长大之后连父亲的墓在何处都不知道。孔子的父母，属于"老夫少妻"，所以才有"孔子少孤"的不幸。《史记·孔子世家》中介绍孔子父母结合时，使用了一个"野"字："纥与颜氏女野合而生孔子"。年龄上悬殊太大，可能不合"礼"而在"野"的范围内。

"枯杨生华，老妇得其士夫，无咎无誉。"这是大过卦九五爻的爻辞。枯杨者，枯槁的杨树也。华者，新花也。枯槁的杨树开出了新花，老妇人招了个年轻的丈夫，这没有什么错误，不用赞誉。《周易·大过·象传》诠释九五爻辞："枯杨生华，何可久也。老妇士夫，亦可丑也。"意思是"枯树发嫩芽，生命怎么能够长久呢？'老太太招了个小伙子为丈夫'，这是一件羞丑之事"。

经文说"没有错误，也不用赞誉"，传文中说"这是一件羞丑之事"。经与传都没有制止这种特殊情况，只是做了如实的记述，而稍稍加了点贬义性的评论。允许老妻少夫，这里同样体现着中华元文化的伟大胸怀。

《周易》从经到传接受认可了"老夫少妻"或"老妻少夫"这一类特殊婚姻。既提倡一般，又容忍特殊，这是《周易》的广阔胸怀，这是中华先贤与中华元文化的广阔胸怀。

二、《诗经》里的自由恋爱

《周易》里有男女之间自由接触的爻辞，《诗经》里有男女自由恋爱与自由婚姻的诗篇。

"关关雎鸠，在河之洲。窈窕淑女，君子好逑。"

这句脍炙人口的诗句，就出现在《诗经》第一页、第一篇、第一句的位置上。一部《诗经》收入诗篇305首，第一首《关雎》就是歌颂自由恋爱的。

鸟儿在唱歌，河水在静静地流淌，沙洲上出现了一位体态苗条、神态文静的姑娘，姑娘后面或远处出现了一位君子———一个急不可待的求婚者。窈窕淑女的出现，引起了君子的无限遐想。从"君子好逑"这四个字告诉人们，追求行动的决定者正是这位君子本人。画面中没有第三、第四者，例如父母，例如媒妁。

孔夫子是《诗经》的总编辑。孔子之前，中华大地上已经是诗的海洋，东西南北都有诗，王室民间也有诗。"诗言志"是尧舜时代形成的风格。诗是内心真实感情的表达，廉价的奉承与虚假的赞美在这里并不存在。诗经时代的中华民族懂得这样两条原则："应该歌颂什么"与"应该批评什么"。幸福生活与自由恋爱、自由婚姻在歌颂的范围之内，借用一句西方现成的话说，即"爱是永恒的主题"。一部《诗经》，歌颂恋爱、歌颂爱情的诗差不多占五分之一。最著名的有《关雎》《摽有梅》《野有死麕》《静女》《桑中》《将仲子》《有女同车》《狡童》《褰裳》《蒹葭》等。

阅读《诗经》中的爱情诗，可以清楚地发现谈情说爱的主人始终是青年男女双方，或淑女与君子，或静女与吉士，或狡童、狂童与姑娘。主动射出爱情之箭的，可以是女，也可以是男。不论男女，谁都有表达爱情的自由。《诗经》时代的男女青年是那样的清澈、那样的直率，又是那样的勇敢。尤其令人感动的是，年轻男女恋爱期始终没有出现粗暴的干涉者。

特别值得介绍的一首诗是《秦风·蒹葭》。秦地民风刚烈，史称秦为"虎狼之地"。然而，正是这"虎狼之地"也产生了韵味悠悠的爱情之诗"所谓伊人，在水一方"。几千年前的"所谓伊人，在水一方"，经昨天的邓丽君小姐一唱，美妙的诗句变成了美妙的歌声，这首歌没有任何权力的推动，立刻红遍了港澳台与东南亚。

几千年前的中华大地上，东西南北，处处有诗，有诗就有爱情诗。从《诗经》内容本身以及总编辑的意图之中，一看不出重男轻女，二看不出男尊女卑。

三、《周礼》中的"奔者不禁"

先看孔夫子关于礼与周礼的两个论断：

其一，"殷因于夏礼，所损益，可知也；周因于殷礼，所损益，可知也；其或继周者，虽百世，可知也"。（《论语·为政》）

其二，"周监于二代，郁郁乎文哉！吾从周"。（《论语·八佾》）

孔子两句话揭示出了三个重要的问题：第一，礼不是一成不变的，而是可以随着时代的前进在内容上进行增减。第二，礼有连续性，后代之礼是对前一代的继承。第三，周代之礼是夏、殷两代之礼的基础上发展而来的。周礼在孔夫子眼里已经相当完备，所以做出了"吾从周"的结论。礼的演化，非本文讨论范围。本文此处关注的是《周礼》中已经允许"奔者不禁"的婚姻。

《周礼》又称《周官》，其中记载了周代的官员设置及其相应的明确职责。《周礼》中有了"媒氏"这一职务。周代的官员分为天官、地官、春官、夏官、秋官、冬官六种，媒氏属于地官。

"媒氏主管百姓之中的独身者。凡是男女出生三个月取了名字的，都要在媒氏那里登记名字以及出生的年月日。命令男子三十岁一定要娶妻，命令女子二十岁一定要嫁人。凡是娶再嫁的女子并收养再嫁的女子的孩子，也都要登记。在春季的第二个月，命令准备结婚的男女在这个时候举行婚礼。在这个时候私奔的也不加禁止。如果没有正当理由，男三十不娶、女二十不嫁者以及仲春季节不举行婚礼者，要予以处罚。查明那些到了年龄而没有成家的独身男女，撮合他们成婚。结婚的彩礼，按规定不能超过五匹帛，以免滋长奢侈之风。"

通过《周礼》这个记载，可以了解到周代的行政官员中有"媒氏"一职。媒氏的职责是主管男女婚姻。媒氏之工作，既有严肃性，也有宽容性。严肃性体现在一个"令"字上，"令男三十而娶，女二十而嫁"，宽容大度体现在"奔者不禁"四个字上。奔者，相爱而私奔的男女青年也。不禁者，不阻止也。不禁者，官方与父母的宽容态度也。

对"不禁"二字还有另外一重解释，那就是容忍不符合礼节的婚姻。《史记·孔子世家》之中，司马迁如实地记载了孔子是其父亲叔梁纥与母亲颜氏"野合"而生。"野合"，显然不合于礼。父亲的婚姻不合于礼，并没有影响孔子个人的成长，并没有影响孔子成为大教育家、大思想家。《周礼》中关于婚姻问题的条文，属于行政规定。《史记》中的记载，属于历史事实。无论是《周礼》中的行政规定，还是《史记》中的历史实例，都在说明一个问题，即在婚姻问题上一直到周代，中华大地上还没有产生出极端的理论与限制婚姻自由的清规戒律。

没有任何文字记载夏、殷两代以及之前是怎样处理男女婚姻问题的。但是，根据礼有因袭性、连续性这一原则，可以做出这样一个基本判断：周代男女自由婚姻之礼，应该是历史的继承与延续。

据说，在伏羲氏时代已经形成了"正姓氏，通媒约"的规定性。这一规定并不是对自由婚姻的限制，是出于对优生优育的考虑。

四、《春秋左传》论家室

"女有家，男有室，无相渎也，谓之有礼。"

家在哪里？室在何处？在夫妻之间。男以女为室，女以为男家，不结婚则男无室女无家。论家室，《春秋左传·桓公十八年》做出了如是之论。夫妇二人不相渎，这就是有礼。在《春秋左传》这里可以看到，夫妇之间是不能随便相互轻视，相互贬低的。

不结婚，没有家，希伯来文化也有相同相似之论。"男人的家就是妻子。拉比约西说，我从不称妻子为妻子，而是称'我的家'。"这是《塔木德·第4章》论"婚姻与家庭"中的一句话。《塔木德》也把男子的家界定在妻子这里。犹太文化与中华文化，在"家"的界定上，又走到了一起。

两部典籍都把"家"定位在婚姻这里，这说明不同空间里的人类先贤，在家这一根本问题上的认识，有着一致性。

希望读者中的青年朋友，一定要记住：真正的家，在妻子这里，在丈夫这里。小时候你的家在父母那里，结婚后的家在妻子这里，在丈夫这里。呵护家，爱护家，体现在呵护与爱护丈夫上，体现在呵护与爱护妻子上。

五、婚礼中的"几如何"

结婚要举行典礼，典礼过程有一些规定性的讲究。这些规定性的讲究，在笔者看来，其中一些有着可以超越时空的永恒意义。

其一，是迎亲要有音乐，要有"琴瑟友之，钟鼓乐之"的音乐。

其二，是"冕而亲迎"的隆重。迎亲要穿庄严的礼服，在《礼记·哀公问》中可以看到，古代君王迎亲，穿的是祭祀天地的冕服。鲁国国君哀公不理解，问孔子：穿祭祀天地的冕服迎亲，是不是太隆重了？"冕而亲迎，不已重乎？"孔子以"天地不合，万物不生"为坐标解释了男女婚姻。没有天地合和何来的万物繁荣，没有男女结合何来的万世之嗣？孔子告诉鲁哀公，"天子冕而亲迎"是完全应该的。

其三，新郎要亲自迎亲，并亲自为新娘赶车。在《礼记·昏义》中可以看到，结婚之日新郎要亲自登门迎亲，以示男方主动。新娘上车之后，新郎要亲自为新娘驾车，转三圈之后再交给车夫，以示对女方的敬重。

其四，新娘一家到家门口，新郎先施一礼。"妇至，婿揖妇以入。"新娘未进门，新郎已先有一拜。如此礼仪，无论从哪个角度看，无论什么时候看，都应该是文明之礼。

其五，夫妇同尊卑。"共牢而食，合卺而酳，所以合体，同尊卑，以亲之也。"婚礼上，新郎新娘同一个碗吃饭，同一个杯子喝酒。交杯酒一喝，从此合为一体，夫妇之间从此"同尊卑，共相亲"。孔子主张，"夫妇同尊卑"的关系从结婚第一天便开始。"夫妇同尊卑"，《礼记》中不止一次谈到。

六、夫妇：礼之端点

任何事物都有先后问题，先即本末之本，先即开端之端。那么，礼之端在何处呢？先请看以下几个论断：

《礼记·昏义》曰："昏礼者，礼之本也。"

《礼记·中庸》曰："君子之道，造端乎夫妇，及其至也，察乎天地。"

《礼记·哀公问》曰："古之为政，爱人为大。……昔三代明王之政，必敬其妻子也。"

孔子一生讲礼。孔子认为，礼之端点起始于婚礼，所以才有"昏礼者，礼之本"之论。

孔子一生讲仁政。孔子认为，仁政为爱人之政。仁政之端点起始于"敬其妻子"。

孔子一生讲君子应该如何如何，应该如何的内容很多，但起点起在夫妇这里。

上述几个论断告诉后人，礼之端在夫妇之道这里。

重视婚姻，在兄弟民族的文化里可以找到知音。《塔木德·婚姻与家庭》记载了这样一个故事：罗马有位女士，提出了一个十分新鲜、十分令人意外的问题。这个问题是：神圣的上帝，仅仅用了六天时间就创造了整个宇宙，那么，六天之后，上帝又在干什么？贤哲告诉她："上帝创造宇宙之后，一直在撮合婚姻。"

结婚是神圣的，因为这是上帝的意志，犹太人与现代西方人记住了这一点。

结婚是神圣的，因为这是合于天地之理的。中华先贤记住了这一点，优秀子孙还记得这一点吗？

七、"十义"中的"夫义妇听"

《礼记·礼运》篇记载了孔子与一位叫言偃的对话。对话之中，孔子讲述了中华大地上曾经出现过的以"选贤与能"为第一标志的公天下。

在天下为公的时代，人际关系是以相互尊重、相互负责为准则的。在家庭之中，夫妇、父子、兄弟之间相互负责；天下成员之中，君臣之间相互负责，长幼之间相互负责。人是相互交往的人，交往中的每一方都必须承担责任。孔夫子为此总结出了"十义"之说：

"故圣人耐以天下为一家，以中国为一人者，非意之也，必知其情，辟于其义，明于其利，达于其患，然后能为之。何谓人情？喜、怒、哀、惧、爱、恶、欲七者，弗学而能。何谓人义？父慈子孝、兄良弟弟、夫义妇听、长惠幼顺、君仁臣忠、十者，谓之人义。讲信修睦，谓之人利。争夺相杀，谓之人患。故圣人之所以治人七情，修十义，讲信修睦，尚辞让，去争夺，舍礼何以治之？"

孔子说"十义"为圣人所制定。孔夫子所说的圣人，是孔子之前的中华先贤。圣人以天下为一家，这样的胸怀无疑是伟大的胸怀。但是，先贤们也注意到了情况复杂的一面，即家有家人，人有人情，人有人义，人有人利，人有人患。而知人情、通人义、明人利、息人患则需要一个准绳，这个准绳就是文明之礼。以礼治天下，并不是起于孔夫子而是起于孔夫子之前。以相互尊重、相互负责为原则处理人际关系，也不是起于孔夫子而是起于孔夫子之前。什么是礼？礼是"如何做人"的一种规矩。这种规矩的基点是：尊重自己也尊重别人，对自己负责也对别人负责。

"十义"之中，人际关系以"两两相对"为特点。父子相对，兄弟相对，夫妇相对，长幼相对，君臣相对，"两两相对"的人际关系其原则是相互尊重、相互负责。

"十义"之中，包括了家庭成员与天下成员。家庭成员也好，天下成员也好，均为双向负责的关系：父子之间，父慈子孝是相互关系；兄弟之间，兄良弟敬是相互关系；夫妇之间，夫义妇听是相互关系；长幼之间，长惠幼顺是相互关系；君臣之间，君仁臣忠是相互关系。本文此处关注的主题是夫妇关系。

"夫义妇听"的夫妇关系，夫义在前，妇听在后，妇听是有前提的，这个前提就是夫必须讲道理，讲道义。

"夫义妇听"。如果出现了与之相反的情况，例如"夫不义"，妻子应该怎么办呢？《礼记·礼运》中没有现成的答案，但是可以在《周易》《孝经》《论语》《孟子》之中找到可以用以类比的答案。例如在"君仁臣忠"这一对相互关系中，如果出现了"君不仁"的局面，《周易》主张臣可以进行革命。《论语》《孟子》这两部典籍都从正面评价过"汤武革命"。在"君仁臣忠"与"父慈子孝"这两对相互关系中，如果出现了"君不义"与"父不义"的局面，《孝经》的主张是"故当不义，则子可以诤于父，臣可以诤于君"。由此观之，如果出现了"夫不义"的局面，那么妇完全允许诤于夫，"妇听"可以改换为"妇不听"。完全有理由出现"夫妻反目"的局面。

八、伏羲时代的传说与现代科学

笔者这里引用两则历史传说与现代科学的神奇对应结束关于夫妇的讨论。

（一）制嫁娶，正姓氏

姓从村落，氏从封地，所以同氏可以通婚，而同姓不能通婚。据《淮南子》，中华大地正姓氏、别婚姻的习俗，是从伏羲氏时代开始的。封地远而村落近，同姓不能通婚，强调的是近亲不能结婚。现代科学证明，近亲通婚对后代不利。

（二）伏羲交尾与物质结构

考古工作者在吐鲁番地区的古墓中发现了一幅伏羲女娲交尾图：伏羲在左、左手执矩；女娲在右，右手执规；人首蛇身，蛇尾交缠；头上绘日，尾间绘月，周围绘满星辰。

1953年，科学家发现，生物的一种基本遗传物体——脱氧核糖核酸的分子，这一化生万物的基本遗传物质的结构——一种双螺旋线的结构形式，竟然与吐鲁番古墓中的伏羲、女娲交尾图极为相似。联合国教科文组织杂志《国际社会科学》，1983年的试刊号，以"化生万物"为题，发表了这幅伏羲、女娲交尾图。

图2-1 伏羲交尾物质结构图

第三节　父子之间的礼仪

父子之间的关系，并不是父子两个人之间的小事，而是事关天下的大事。在元文化与儒家文化中，凡是涉及父子关系，都是与君臣关系一体而论的。天下的基础是家，家中父子关系的正确与否，关乎天下的安定问题。

一、《周易》论父子

（一）八卦中的父子

前面已经谈过，同一个八卦，《周易·序卦》解释出了天体、人体、家庭三种模型。

三种模型统一在同一八卦之中，说明的基本道理是：天理人理一个理，天理家理一个理。

天体模型已经讨论，家庭模型随后将论及，此处的主题是父子关系。父与子出现在家庭模型之中。

八卦之中，乾为父，震为长男，坎为中男，艮为少男。一个父亲三个儿子。

父子关系应该如何？《周易·序卦》中并没有明确的答案，但从自然哲理可以推理出父子之间应该是一个理性的相互关系。

八卦之中，乾坤即天地的作用具有基础性，这是《周易·说卦》首先所肯定的。肯定乾坤两卦的作用，并不等于否定其他六卦的作用。其他六卦，一卦有一卦的作用，即雷有雷的作用，风有风的作用，山有山的作用，水有水的作用……自然哲理是这样，人文哲理也是这样。父与子的作用，在家庭之中一样都不能少。

每一卦都有自己的位置，一是宇宙间的位置，二是家庭中的位置，父与子，在家庭之中，都有自己的位置。

象征天体的八卦，卦与卦之间存在着的动态关系，《周易·说卦》告诉后人，先天八卦之间的动态关系，主要体现在两两互动上。宇宙间的卦卦关系是两两互动关系，家庭中的父子关系也应该是两两互动关系。

（二）文字中的父子

"有男女然后有夫妇，有夫妇然后有父子。"夫妇位于男女之后，父子位于夫妇之后，人间演化的先后秩序，被《周易·序卦》描述得细致而恰当。"有AB然后有CD"的句式说明，父子关系首先是"有其父然后有其子"的血缘关系。男女、夫妇、父子之后，又出现了君臣、上下，家庭成员与天下成员被中华先贤归纳为五伦关系。五伦关系，是礼仪关系。礼仪之礼，讲究礼尚往来。礼尚往来，即交往的双方，你讲礼我也讲礼。父子在五伦关系之中，所以父子间的关系应该是尚往尚来的礼仪关系。

（三）家人卦中的父子

"父父，子子"是《周易·家人·象传》所定位的父子关系。

四个字所建立起的是具有永恒意义的父子关系：父有父的名分，父有父的责任；子有子的名分，子有子的责任。父子之间，一讲究名分，二讲究责任。

"父父，子子"的另一种解读是：父有父的样子，子有子的样子。父子之间，都应该守其本分。

二、《尚书》论父子

（一）尧、舜传贤不传子

《尚书》中的尧、舜，是中华大地上早期的帝王。尧、舜两人都有儿子，但他们能认清天下是天下人之天下的这一基本道理，所以有子不传子，将帝位传于贤者。

传贤不传子，使尧舜既赢得了现实，也赢得了历史。传子不传贤的历代皇帝，个个都输掉了历史。

据《尚书·尧典》记载，尧上了年纪之后，没有把君王之位传给自己的儿子，而是按照大臣和天下人的意愿把君王之位传给了平民出身的舜。

据《尚书·舜典》记载，舜上了年纪之后，没有把君王之位传给自己的儿子，而是按照大臣和天下人的意愿把君王之位传给了罪臣家庭出身的禹。（大禹的爸爸鲧，因治水无功，而被舜帝流放并处死。大禹因治水有功，而被舜选择为接班人。）

君王之事是天下人的公事，儿子之事是自己一家的私事。身为君王应该分清公、私二字，不能以一家之私而贻害天下。传贤不传子，尧、舜的行为受到儒家的称赞，也受到了杂家的称赞；孔夫子歌颂这种选贤举能为有道之公，《吕氏春秋》则直接把尧的行为评价为"至公"。

《吕氏春秋·孟春纪·去私》篇记载了两个公私分明的历史故事，故事中出现了三个人物：一是尧，二是舜，三是祁黄羊。尧舜之公，公在以天下为天下人之天下，公在没有把天下当成一家一姓的私产。"尧有子十人，不与其子而授舜；舜有子九人，不与其子而授禹。"祁黄羊之公，公在用人无私心，即"外举不避仇，内举不避亲"。

尧舜之公，为大公无私；祁黄羊之公，为小公无私。可是，历朝历代，只见有人宣扬祁黄羊之公，不见有人宣扬尧舜之公，为什么？关键的原因有二：历代皇帝都把天下人之天下当成了一家一姓的私产，宣扬尧舜之公，马上就比出了皇帝之私。再者，天下是天下人之天下，不是一家一姓的私产，而历代皇帝偏偏把天下当成了自家的私产，尧舜之公如果得以宣扬，皇位还能在龙子龙孙中私自传递吗？

儿子是自己的儿子，天下是天下人的天下。儿子缺德少才，就没有必要让低能或愚蠢的儿子主政天下。硬传位于子，实际上等于嫁祸于子，硬传位于孙，实际上等于嫁祸于孙。正确处理父子关系，正确处理家与天下的关系，尧与舜为后世树立了永久性的光辉榜样。

（二）五常之教

五常，汉代学者的解释是仁义礼智信，而在《尚书》《春秋左传》中，五常的本义是讲家庭伦理教化的，具体内容是"父义、母慈、兄友、弟恭、子孝"。

有了家，但如何立家呢？这也是一个必须解答的基础问题。《尚书·舜典》告诉后人，是舜组织贤哲解答了这一问题。请看下面一段话：

帝曰："契，百姓不亲，五品不逊。汝作司徒，敬敷五教，在宽。"

帝，是舜帝。契，是被舜任命为司徒的大臣。五品，父、母、兄、弟、子也。逊，和顺也。五教，五常之教也。这段话告诉后人，是舜任命契为司徒，主持五教的教化。

五教的具体内容，《春秋左传》中有答案。《春秋左传·文公十八年》曰："舜……使布五教于四方，父义，母慈，兄友，弟其，子孝，内平外成。"

五常之教是一个基础性问题，对家庭而言有基础性，对天下而言同样有基础性。试想，一个家庭之中，父母不知道如何为父母，子女不知道如何为子女，兄弟不知道如何为兄弟，如此之家如何成其为家？在元文化里，家为天下之本。在中华先贤这里，先有家庭安定而后才有天下太平。试想，不立家又如何立天下？所以说，舜制五教，是解决了一个基础性大问题。

"五常之教"属于理性教育，在这里看不到专制，看不到权威，看到的是理性与爱。确定家庭成员之间的理性关系，是舜对天下、对后人的一大贡献。

三、《礼记·大学》论父子

在《礼记》里，父子问题不是家庭私事，而是国之政事，所以，父子关系总是与君臣关系一体而论。

"为人子，止于孝；为人父，止于慈。"这是《礼记·大学》中的父子关系。父子关系之前，出现的是君臣关系："为人君，止于仁；为人臣，止于敬。"

为人子讲孝，为人父讲慈；孝为敬爱，慈为怜爱，儿子应该敬爱父亲，父亲应该怜爱儿子。孝与慈是相互负责的关系，父子双方都要有爱心。《礼记·大学》中的父子关系，为相互关爱的相互关系。

《礼记·大学》，一没有讲"君为臣纲，父为子纲"，二没有讲"君叫臣死，臣不死为不忠；父叫子死，子不死为不孝"。

四、《论语》论父子

《论语》里的父子关系分两个层次：一是治国方略中的父子关系；二是家庭中的父子关系。

（一）治国方略中的父子关系

《论语·颜渊》记载了齐景公与孔子一段关于"如何治国"的对话，其中涉及到了父子关系：

齐景公问政于孔子。孔子对曰："君君，臣臣，父父，子子。"

公曰："善哉！信如君不君，臣不臣，父不父，子不子，虽有粟，吾得而食诸？"

这段对话的核心，讲的是名分与责任的统一，讲的是为君者应该负起君的责任，为臣者应该负起臣的责任，为父者应该负起父的责任，为子者应该负起子的责任。假如为君者不像君，为臣者不像臣，为父者不像父，为子者不像子，大家都不负责，都没有个样子，一切就会乱套，家不像家，国不像国。

齐景公完全认同了孔子的论断，接着孔子的思路说，如果君、臣、父、子都不负责任，都不像样子，虽有粮食（但没有人纳税），我还能吃到吗？

治国如何治？从治家开始，落脚于治国，使家中的父子负起应负的责任，使国中的君臣负起应负的责任。

重视名分与责任的统一，这是儒家的治国方略，也是儒家的治家方略。近代有人把"君君，臣臣，父父，子子"解释为"三纲"的理论基础，这一解释不符合孔夫子的本义。

在笔者看来，"父父，子子"之说在现实生活中，仍然有着强烈的现实意义。现实生活中，很多人、很多家庭只知道"如何疼儿子"，而不知道"如何教育儿子承担责任"。

（二）家庭中的父子关系

《论语·季氏》记载了孔夫子父子之间的两件事。一位有好奇心的陈亢问孔夫子的儿子伯鱼，问他平日里孔子对他是否有特殊的教诲。伯鱼回答说，父亲对自己没有什么特殊教诲，只是引导自己学习《诗》，学习礼。对话原文如下：

陈亢问于伯鱼曰："子亦有异闻乎？"

对曰："未也。尝独立，鲤趋而过庭。曰：'学诗乎？'对曰：'未也。''不学诗，无以言！'鲤退而学诗。他日，又独立，鲤趋而过庭。曰：'学礼乎？'对曰：'未也。''不学礼，无以立！'鲤退而学礼。闻斯二者。"

陈亢退而喜曰："问一得三：闻诗，闻礼，又闻君子远其子也。"

对话白话译文如下：

陈亢问伯鱼（孔子的儿子）："令尊对您有特殊的教诲吗？"

伯鱼回答说："没有！有一次，父亲独自在院子里，我刚好从那里经过，父亲问我：'学诗没有？'我回答说：'没有。'父亲说：'不学诗，就不会说话。'我回去后开始学诗。又一日，父亲又在院子里站着，我又从那里经过，父亲又问我：'学礼了吗？'我回答说：'没有。'父亲说：'不学礼，就无法立身于世。'我回去后开始学礼。从父亲那里仅听到这两件事。"

陈亢回去高兴地说："问一件事，知道了三件事：知道了学诗，知道了礼，还知道了君子如何教育（不亲昵）儿子。"

在这段对话中可以看出三方面的重大问题：

其一，身为教育家的孔夫子没有强行向儿子灌输什么，只是以"询问式"的方法启发儿子应该去关注什么。

"询问式"的启发，在今天、在明天还有没有意义？这显然是一个值得思考的问题。每个父亲应该思考，每个老师也应该思考。

其二，身为儿子的伯鱼，非常重视父亲的意见，在父亲的启发下，既学了《诗》，又学了礼。

现实生活中的儿子，有不少是这个样子：吃着爸爸的，穿着爸爸的，却一味地要学习美国的青年"走自己的路"，在所有的事情上完全不顾爸爸的意见。知道吗？"自己的路自己走"的美国青年，18岁的生日一过，就不再向爸爸伸手了。"走自己的路"完全可以，但首先应该是经济上的自强自立。生活依赖爸爸，行动自我主张，这不是自强是荒唐。

既不像重视爸爸意见的伯鱼，又不像自强自立独立于家庭的美国青年，"儿子问题"应该是当今社会的一大问题。一定应该清楚，"儿子问题"不是一家的私事，而是国之大事。

其三，身为父亲的孔夫子，既没有过分地限制孩子，同时也没有过分地溺爱孩子。

（三）一种特殊的父子关系

父亲偷了别人家的东西，儿子应该怎么办？儿子偷了别人家的东西，父亲应该怎么办？《论语·子路》中有一个奇怪的答案——"父为子隐，子为父隐"。请看叶公与孔子对话原文，奇怪的答案就在这段对话之中：

叶公语孔子曰："吾党有直躬者：其父攘羊而子证之。"孔子曰："吾党之直者异于是：父为子隐，子为父隐，直在其中矣。"

叶公告诉孔子，自己的乡党正直坦率，父亲偷了人家的羊，儿子便去告发。

孔子告诉叶公，自己乡党也正直坦率，但与叶公的乡党不同：父亲会为儿子隐瞒，儿子会为父亲隐瞒——正直坦率就在其中了。

偷东西时，父为子隐，子为父隐。这一奇怪的答案，若以人情而论，在人情之内；若以道理而论，却在道理之外。

"子为父隐"与《孝经》的主张完全相悖，因为《孝经·谏诤章》主张的是"故当不义，则子不可以不争于父"。

"子为父隐"与荀子所主张的为子之道完全相悖，因为《荀子·子道》主张的是"父有义从父，父不义从义。"

以道理而论，父与子之不论是谁偷了人家的东西，都不应该隐瞒。正确的态度是制止，在有"偷"这一念头时就应该制止。是父，制止于父；是子，制止于子。

孔夫子是允许批评和能够接受批评的圣人，孔夫子没有说过自己的认识"句句字字是真理"，所以，笔者在此以否定的态度评论"父为子隐，子为父隐"，希望天堂中的孔夫子原谅。

五、《墨子》论父子

正如百工应该圆有规，方有矩，直有绳一样，天下应该有一定的法则，为人应该有一定的法则，墨子有如是主张。

那么父子关系该如何？墨子认为，儿女不能效法父母。为什么？因为天下为父母者众，而仁者寡。如果以不仁的父母为法，那么，天下不仁的人就会多起来。

墨子的原话，在《墨子·法仪》中是这样说的：

"然则奚以为治法而可？当皆法其父母，奚若？天下之为父母者众，而仁者寡，若皆法其父母，此法不仁也。不仁，不可以法。"

这是《墨子》里的父子、母子关系。爱父母，孝顺父母，在墨家文化里都是应该的。但效法父母则是不应该的。

儿女应该以何为法？墨子给出的答案是：应该以天为法。

父母不足为法，只有天可以为法。墨子的这一认识，与《圣经》中的认识有一致之处。

《圣经》认为，真理高于父母，爱真理应该胜于爱父母。《圣经·新约·马太福音》："爱父母过于爱我的，不配作我的门徒；爱儿女过于爱我的，不配作我的门徒。"

六、《孟子》《荀子》论父子

（一）《孟子》论父子

在父子关系上，父讲慈，子讲孝，父子双方各有各的责任，父子双方都要讲礼，在这些基本立场上，孟子与孔夫子是完全一致的。这里介绍的是孔夫子没有论及的两个地方：

其一，"不告而娶"。美好婚姻得不到父亲的同意时，儿子应该怎么办？是听从父命还是自作主张呢？孟子赞成的是后者。美好婚姻得不到父亲的认可，可以以"不孝有三，无后为大"为依据自作主张，该娶就娶。这一特别主张记载在《孟子·离娄上》：

"不孝有三，无后为大。舜不告而娶，为无后也。君子以为犹告也。"

舜娶妻没有告诉父亲。为什么？因为告诉了父亲，也得不到父亲的同意，所以就有了"不告而娶"的事实。孟子以"不孝有三，无后为大"为理论依据，解释了舜之婚姻的合理性。

其二，"五不孝"。日常生活中如何界定不孝？孟子画出了五个具体标准，这五个具体标准记载在《孟子·离娄下》：

"世俗所谓不孝者五：惰其四支，不顾父母之养，一不孝也；博弈好饮酒，不顾父母之养，二不孝也；好货财，私妻子，不顾父母之养，三不孝也；从耳目之欲，以为父母戮，四不孝也；好勇斗狠，以危父母，五不孝也。"

日常生活中的"不孝"，在这里被孟子具体化了：

懒，不管父母生活，这是不孝。

下棋喝酒，不管父母的生活，这是不孝。

爱钱，爱妻儿，而不爱父母，这是不孝。

放纵欲望，使父母受辱，这是不孝。

持勇斗狠，危及父母，这是不孝。

知道了这五个具体标准，马上就可以对"不孝"有所认识。既能认识别人，又能认识自己。

（二）《荀子》论父子

在父子关系上，父子双方各有各的责任，父子双方都要讲礼。在这一基本立场上，荀子与孔夫子完全一致。在《荀子·子道》篇中，甚至可以看到与《孝经·谏净章》几乎完全一致的论断。这里介绍两个特殊的论断：

其一，"从义不从父"。《荀子·子道》篇中有一个两千年来无人宣传，但极为重要的一个观点，这个观点是"从义不从父"。

这一观点告诉人们，父不是标准，父之上还有义。义是标准，是终极标准，义可以评判父。以义为尺度，可以评判父的是非善恶，然后才决定对父命的取舍。

总之，父命不是儿子的终极标准。道、义、礼才是终极标准，父与子都应该遵循。"父有义从父，父无义从义。"希望读者能够记住这一符合根本道理的至理名言。

其二，父命"三不从"。荀子认为，在三种情况下，儿子完全可以不服从父命。

第一种情况：服从父命，会给父母和亲人带来危险；不服从父命，父母和亲人恰恰能够更安全，这时候不应该服从父命。

第二种情况：服从父命，会给家庭带来耻辱；不服从父命，会给家庭带来荣耀，这时候不应该服从父命。

第三种情况：服从父命，文明之人可能变成野蛮之禽兽；不服从父命，恰恰还是文明之人，这时候不应该服从父命。

不分是非一味地盲从父命，荀子认为，儿子的如此之行为小行。父有义从父，父无义从义，荀子认为，儿子的如此之行为大行。大行为孝，为真正的孝。

正常情况下"如何为父，如何为子"呢？《荀子·君道》给出的答案是：

"请问为人父？曰：'宽惠而有礼。'请问为人子？曰：'敬爱而致恭。'"

如何为人父？应该宽容，仁厚，带头遵守礼节。如何为人子？敬爱父母而且谦恭。父与子各有各的准则——礼。在荀子的答案里，父子关系仍然是相互负责的关系，仍然是礼仪关系，

七、《孝经》论父子

孝、孝道，这是中华先贤、中华元文化的独特贡献。在世界民族之林之中，唯有我中华民族贡献了一部《孝经》。

《孝经》讲孝，讲的是一种爱心。孝这种爱心，适用于特定的范围，适用于特定的对象。范围限定在家庭之内，对象限定在父母身上。

孝，源于天地之理。《孝经·三才章》曰："夫孝，天之经也，地之义也，民之行也。天地之经，而人是则之。"人则天地之经，人则天地之理，就应该则出一片孝心。

是人都应该讲孝，没有例外之人。

身为儿子，应该报答父母，在这一基点上，天子与庶人没有任何区别。爱惜自己的身体，毛发皮肤都不能随便毁伤，这是孝道的起点。修身而处世，认真度过自己的一生，自己创造出业绩，也是父母之光荣，这是孝道的终结。用天之道，分地之利，谨身节用，颐养父母，这是一般人日常之孝的基本内容。

《孝经》讲孝，但不讲绝对服从。《孝经·谏诤章》是专门批判盲目服从的。在这一章里，孔子告诉曾子，君命与父命都不是终极标准，终极标准是道是义。君命与父命违背了道，违背了义，为臣为子者不但不应该盲从，而且应该谏诤，盲从与孝道风马牛不相及。请看《孝经·谏诤章》的原文：

曾子曰："若夫慈爱恭敬，安亲扬名，则闻命矣。敢问子从父之令，可谓孝乎？"

子曰："是何言与？是何言与！昔者天子有争臣七人，虽无道，不失其天下；诸侯有争臣五人，虽无道，不失其国；大夫有争臣三人，虽无道，不失其家；士有争友，则身不离于令名；父有争子，则身不陷于不义。故当不义，则子不可以不争于父，臣不可以不争于君。故当不义，则争之，从父之令，又焉得为孝乎？"

有谏诤之臣，才不至于亡国亡天下。

有谏诤之子，才不至于亡家败家。

谏诤为孝，盲从不是孝，这是孔夫子向曾子讲述的孝道。

谏诤为孝，盲从不是孝，是《孝经》向后人宣扬的孝道。

两千多年来，宣扬孝道的皇帝众多，但有人宣传过谏诤为孝吗？

八、《庄子》论父子

阅读庄子，可以发现一个非常有趣的现象：庄子老是挖苦儒家。挖苦最厉害的，莫过于《庄子·外物》篇中的儒生盗墓：大儒带领小儒去盗墓，盗死人的裙子，盗死人的短袄，盗死人口里的珍珠。

庄子挖苦儒家老是把注意力放在人的榜样上，而往往忘记了自然之道。庄子主张"与其誉尧而非桀也，不如两忘而化其道"。与其颂扬尧而诅咒桀，不如把两者忘掉而穷究奉行大道。

但笔者注意到，在论父子关系时，挖苦儒家的庄子，其立场却又和儒家站在了一起。请看《庄子·天地》篇中关于"何为孝子，何为忠臣"的论述：

"孝子不谀其亲，忠臣不谄其君，臣子之盛也。亲之所言而然，所行而善，则世俗谓之不肖子；君之所言而然，所行而善，则世俗谓之不肖臣。"

这段话的意思是：孝子不奉承他的父母，忠臣不谄媚他的国君，如此之臣是忠臣，如此之子是孝子。凡是父母所说的便都顺从，凡是父母做的都称赞，那就是世俗人所说的不肖之子；凡是君王说的都歌颂，凡是君王做的都奉迎，那就是世俗人所说的佞臣。

道家论道。在庄子这里，自然之道是判断一切的终极标准。如何为子、如何为臣的标准在道理里，不在父与君这里。这一立场，相似于《孝经》，相似于《荀子》。

九、《圣经》论惩罚劣子

儿子不孝怎么办？儿子咒骂父母怎么办？极而言之，儿子殴打父母怎么办？在中华元文化与儒家文化里均没有此类问题答案。

自家没有的人家有，中华民族没有的兄弟民族有，《圣经》里就有惩罚顽劣之子、禽兽之子的论断。《圣经·旧约·出埃及记》中有律例一章，其中谈到对不孝之子的惩罚：

"打父母的，必要把他治死。"

"咒骂父母的，必要把他治死。"

上帝是仁爱的，但上帝不爱畜生一样的儿子，不爱禽兽一样的女儿。殴打与咒骂父母，应该受到极刑。

此处需要说明的是，《圣经》中有治死不孝之子的戒律，却没有记载治死不孝之子的事例。《圣经》记载了许许多多的故事，但没有记载一例处死劣子的故事。这说明了什么？是不是说明了两条威严的戒律拯救了不孝之子？火猛烈，人畏火而不敢玩火，所以死于玩火者少。水柔弱，人敢于戏耍，所以死于玩水者多。拯救人，当然应该以仁爱为主，但是威严的戒律绝不能少。既讲爱，又讲罚，在这一点上，《圣经》比中华文化全面。

只讲仁爱，不讲惩罚，这是中华文化缺陷。因为文化的缺陷，致使《墙头记》这样的故事在中华大地上连绵不绝，尤其是在中原地区。

第四节　家庭成员之间的礼仪

小家庭是组成大天下的基本元素，天下之本在家。一家正，家家正，然后才有天下正，这是中华先贤所认识到的基本道理。平民之家，一家不正危害四邻。君王之家，一家不正则危害天下。所以，中华先贤主张治天下首先应该治家。

一、八卦中的家庭

家庭建设问题的研究，起始于先天八卦。前面已经谈到，中华先贤利用先天八卦建立起了一个天体模型，又用先天八卦建立起了家庭模型。天体模型中由八大要素所组成，八大要素为天地、雷风、水火、山泽。家庭模型由八大成员所组成，八大成员为父母、长男长女、中男中女、少男少女。天体模型中的要素关系如何，家庭中的家庭成员关系亦如何。家庭关系就是由天体关系这里出发的。

表达天体的八卦，是具体与整体的完美结合。八卦一分为八，每一卦都有自己的地位，每一卦都有自己的作用，承认八大要素各自的地位与作用，这是八卦的基本立场。同理可证每一个家庭成员的地位与作用。承认具体，这就是八卦中的天理与人理。

八卦合八为一，卦的具体作用必须和谐在整体之中，否则，八卦就会解体。同样的道理，如果家庭之中每个成员都在危害着这个家，毫无疑问，这个家肯定会解体。重视具体与整体的统一，这就是八卦中的天体之理与家庭之理。

二、六十四卦中的家人卦

六十四卦的家人卦为单独一卦，这说明了什么？这说明六十四卦的作者已将家庭问题列为了研究之专题。

家人卦由象征风火的巽、离两卦构成。如此卦象，揭示了中华先贤对家庭的希望。卦象中的整个家庭气氛，可以用八个大字来形容：风风火火，其乐融融。舜制"五典"，精神"在宽"。《风》《雅》诗中之家，家风在"宜"、在"和"、在"合"、在"乐"。风风火火，其乐融融；宽容、宽松、宽厚；宜、和、合、乐。中华先贤所建立的家庭秩序，无论从哪个角度上看，都是令人神往的。

家人卦从卦象到经文，从经文到传文，解答了有关家庭的一系列的基础问题，例如立家立在相亲相爱上，立家立在富足上，立家立在规矩上，立家立在男女的合理分工上，立家立在父母共为一家之长上，立家立在家庭成员相互负责上等等。本文这里的主题是家庭成员之间的相互负责。

八卦之中，卦对应着卦，两两对应着的卦，之间的作用是相互作用。八卦一天体，八卦一家庭。以天体中两两元素之间的相互关系为坐标，衍生出了家庭成员中的相互关系。《周易·象传》诠释家人卦，解释出了相互负责的"父父，子子，兄兄，弟弟，夫夫，妇妇"。这至简至易的十二个重叠的单音词，可以翻译成两种形式：

其一，父亲有父亲名分，父亲有父亲的责任；儿子有儿子名分，儿子有儿子的责任。同理可证，兄兄，弟弟，夫夫，妇妇。家庭之中，每一种名分都承担着一种责任。

其二，做父亲有要父亲的样子，做儿子要有儿子的样子。做兄长有要兄长的样子，做弟弟要有弟弟的样子。做丈夫有要丈夫的样子，做妻子要有妻子的样子。家有家样，人有人样，一切都应该有个样子。所谓样子，实际上还是名分与责任的统一。

家庭成员之间是相互负责的关系，父子之间也是相互负责的关系，卦中的理是这个理，文字中的理也是这个理。

第五节　君臣之间的礼仪

君臣关系是在父子关系上形成的。所以，父子关系是君臣关系的基础。君与臣是人与人的关系，不是神与人关系，这是中华元文化的基点。

《周易》《尚书》中的君臣关系，是君臣之间的关系，是人与人的关系，是后人可以继承前人、可以超越前人的关系；《诗经》中的君臣关系，是有功绩则歌颂、有过错则批评的关系；《礼记》《论语》《管子》《晏子》《墨子》《孟子》中的君臣关系，是臣可以听命于君，也可以指导于君的关系；《黄帝内经》中的君臣关系，是臣可以为帝师的关系；《庄子》中的君臣关系，是臣可以批评一切君王、可以批评君王一切的关系，黄帝、尧、舜、禹也不例外，统统在批评之列。

一、元典与儒家所论的君臣关系

（一）"不事王侯，高尚其事"的君臣关系

这是《周易》所记载的君臣关系。君臣都是为天下之民办事的，臣不是君的附属品，更不是君之家奴。蛊卦上九爻辞出现了事君为臣的原则——"不事王侯，高尚其事。"

为臣不是为奴，为臣不是为婢。事君是路径，高尚天下之事是目的。

"不事王侯，志可则也。"《周易·蛊·象传》诠释这条爻辞，运用一个"则"字给为臣者指出了一个效法的榜样。志者，志气也，志向也。为臣者应该是有志气、有志向的人，而不是唯唯诺诺的奴。为臣者只有一个目标，那就是"高尚其事"。侍奉王侯，是宫人、仆人的事，不是为臣的任务。

"不事王侯，高尚其事"之为臣原则，被孔子引入《礼记·表记》。孔子在此基础上做了进一步引申，引申出"君命顺则臣有顺命；君命逆则臣有逆命"。君之命并不是条条都是顺命，为臣着必须以道事君，择其顺命而从之，择其逆命而逆之。

（二）可以继承君位的君臣关系

贤臣可以继承先君为君，《周易·系辞下》记载了五位君王——伏羲氏、神农氏、黄帝、尧、舜，这五位君王都产生在圣者为王的哲理之中。五位君王名下，都有利于天下的发明创造，这证明他们之所以为君，血缘并不是依据。五位君王之间都曾存在着君臣关系。君臣之间是可以继承、可以继续、可以超越的关系。

尧、舜、禹是《尚书》开篇处所记载三位君王，他们之间没有任何血缘关系。尧为君时，舜只是一介平民，因为是贤者，所以尧传位于舜。舜为君时，禹是一位大臣，因为治水有功，所以舜传位于禹。臣可以继承君，君臣之间是可以继承的关系。这种君臣关系被元文化所肯定，被儒家文化所颂扬。

（三）股肱一体的君臣关系

《尚书·尧典》中的君臣，在重大问题上都有发言权。凡是大事，君臣之间议而后定。治水由谁负责？讨论决定之。谁来接替帝王之位？讨论决定之。"议之而后动"是尧开创的民主制度。在"议"的过程中，帝王的意见并不是唯一的意见，尧也没有独断专行权。君以为可，臣可以以为否。君以为否，臣可以以为可。例如，讨论治水问题时，大臣们推荐了鲧，尧认为不合适，但由于大臣们的坚持，最后还是用了鲧。例如，讨论接班人问题时，大臣们推荐了舜，最后尧接受的也是舜。

股肱一体的君臣关系，直接出现《尚书·益稷》中。这里出现了一首歌，歌词为："股肱喜哉！元首起哉！百工熙哉！"

股者，腿也；肱者，臂也。臣与君，犹如人体中的胳膊与大腿。胳膊与大腿的关系，是血肉相连的关系，是相互协调的关系。股肱关系，是相互协调关系，而不是"君为臣纲"的纲目关系。

（四）臣可以为名师的君臣关系

君可以拜臣为师，这是《尚书》中的另一种君臣关系。为君，这是地位问题。地位与学问之间没有必然的关系。地位高不等于学问大，这是《尚书》中的基本常识。臣在学问上高于君，君可以以学生的身份请教于臣，也可以拜臣为师。《尚书》中的皋陶以臣的身份教育过帝王禹，禹以臣的身份教育过帝王舜。《尚书》中的《仲虺之诰》《伊训》《洪范》《召诰》都有当时贤哲教导帝王留下的文献。

"能自得师者王，谓人莫已者亡。"

《尚书·仲虺之诰》明确指出，能够求人为师的人能为王，总是以为别人不及自己的人必然会灭亡。如此理性的话，在几千年后的今天，读起来仍然令人感动。

《黄帝内经》这部中医经典是以黄帝与岐伯两人之间的问答形式写成的。平素之问，集之成册，谓之《素问》。书中的黄帝是帝王，但这个帝王在岐伯面前，是问题的提出者，是以学生身份出现的。这个学生是一位"不知为不知"的模范学生。书中的岐伯是以先生的身份出现的，他是问题的回答者，是一个以平常心对待帝王的贤哲。"你不懂我就认真教你"，我所教的是学生，君王也可以做学生，这就是早期中华大地上的君臣关系。岐伯这位先生是一位"诲人不倦"的模范先生。

黄帝问，岐伯答，一部《内经》就产生在黄帝与岐伯的问答之中。所以中医又称"岐黄之术"。孙中山先生曾经说自己是"学宗孔孟，业绍岐黄。"岐指岐伯，黄指黄帝，"岐黄"称谓之中，老师的位置在前，学生的位置在后。

《黄帝内经》告诉后人，早期的为帝为王者，并没有以最大的学术权威自居，他会虚心地向贤者请教自己所不懂的问题。除了岐伯之外，黄帝还请教过伯高、少俞、少师、鬼区臾等贤哲，中医经典《黄帝内经》就诞生在师生的一问一答之中。虚心的黄帝为后世子孙树立起了永恒的榜样。一旦知道了虚心的黄帝，再看秦汉以后一开口就是圣旨、就是金口玉言的骄横皇帝，马上就会感到装腔作势的可笑与荒唐。

《史记》所记载的文王、武王与姜太公的关系，实际上是师生关系。《春秋左传》所记载的齐景公与晏婴的关系，实际上也是师生关系。《管子》所记载的齐桓公与管仲的关系，同样是师生关系。

这里，还需要着重说明一下孔子、孟子所亲历的君臣关系。《礼记》中的孔子，在圣人君王为何如此重视婚礼问题上，就指导过鲁哀公。君王结婚应该穿祭祀天地的冕服迎亲。

《论语》中的孔子，在如何收税问题上指导过鲁哀公。鲁哀公要有十税二，孔子告诉鲁哀公应该有十税一。

在君臣对话时，孔子所说的话大都是"应该这样，不应该那样"的话。请看"应该这样，不应该那样"的三段君臣对话：

其一，（哀公）公曰："敢问何谓为政？"孔子对曰："政者正也。君为正，则百

姓从政矣。"（《礼记·哀公问》）

其二，（哀公）公曰："愿闻所以行三言之道，可得闻乎？孔子对曰："古之为政，爱人为大。"（《礼记·哀公问》）

其三，哀公问于有若曰："年饥，用不足，如之何？"有若对曰："盍彻乎！"曰："二，吾犹不足，如之何其彻也？"对曰："百姓足，君孰不足？百姓不足，君孰与足？"（《论语·颜渊》）

这里的孔子身份是臣，但是为臣者讲的全部是"应该这样，不应该那样"的话。臣可以指导君，儒家认为这是当仁不让的责任。

（五）诤臣与暴君的君臣关系

暴君面前有诤臣，这是《尚书》中的一种特殊君臣关系。殷纣王是暴君，但祖伊是敢于批评暴君的诤臣。《尚书·西伯勘黎》记载了祖伊面对面斥责殷纣王的事迹。祖伊当面列举了纣王的一系列罪过，然后说你这样做是自绝于天、自绝于民——"惟王淫戏用自绝"。当纣王以君命系天胡搅蛮缠时，祖伊的回答是"呜呼！乃罪多，参在上，乃能责命于天？"——"你的罪恶太多了，天不会保佑你了。"殷纣王是历史上有名的暴君，但暴君面前也有敢于当面批评的诤臣。这种诤臣及诤臣的正义之举，秦汉以后越来越少，几乎绝迹。

（六）革命与被革命的君臣关系

假如君逆天逆人，臣可以发动革命。如《周易·革·彖传》所言："汤武革命，顺乎天而应乎人。"人与天具有同等的重要性，顺人就顺天，得罪了人就是得罪了天。这是中华元文化中的最重要的基本点。君王得罪了人，就会发生革命。革命中君臣关系，不再是共同合作的关系，而是敌对的敌我关系。

《尚书》中的夏桀与殷纣，是汤武革命的对象。革命前，他们是君；革命中，他们是贼。革命后，他们是历史罪人。商汤与武王，是汤武革命的发动者。革命前，他们是臣。革命中，他们是统帅。革命后，他们是君王。这二位，以天道民心为依据发动了对君的革命。这二位，都受到了儒家的歌颂。天道人心，恢复道统，是这二位革命者革命时的宣言。非常遗憾的是，在革命成功后，他们都没有恢复"天下为公"、传贤不传子的道统。

君有道是君，君无道为贼，孟子以这一立场解释"汤武革命"的合理性。《孟子·梁惠王下》出现齐宣王与孟子的一次对话：

齐宣王问孟子："汤放桀，武王伐纣，有诸？"

孟子对曰："于传有之。"

曰："臣弑其君可乎？"

曰："贼仁者谓之贼，贼义者谓之残；残贼之人，谓之一夫。闻诛一夫纣矣，未闻弑君也。"

文中出现的"一夫"一词，孟子时代的"一夫"今天谓之"独夫"。不仁不义，害仁害义，如此君王即是民贼独夫。在孟子的解释中，存在着"名分上"与"实际上"的一个反差，不仁不义，害仁害义，名分上虽然还是君王，实际上已经变成了蟊贼。在

"独尊儒术"的两千年里，有哪一家皇帝宣扬过儒家的这一观点？

臣可以罢免有大过而不改的君王。君有大过，臣应该净，应该谏。反复净谏而君王不听，怎么办？《孟子·万章下》中的答案是："君有大过则谏；反覆之而不听，则易位。"君王有重大错误，反复劝阻而不改，可以将其废除。

（七）正常人一样的君臣关系

君有功，就应该受到歌颂；君有错，就应该受到批评；君有罪而不改，就应该受到诅咒。君臣关系犹如正常人一样，这是《诗经》中的君臣关系。

大禹、后稷在《诗经》中是被歌颂的对象。大禹的功劳是治理洪水，后稷功劳是培育五谷良种。歌颂大禹的诗篇有《殷武》，歌颂后稷诗篇有《生民》。

商汤、文王、武王在《诗经》里都是被歌颂的对象，殷纣王、周幽王在《诗经》里都是被批评、被诅咒的对象。

"诗言志，歌永言。"《诗经》里的诗是真实感情的表达。《诗经》时代的人民善于歌颂，也敢于批评。歌颂爱情，歌颂幸福的生活。歌颂幸福生活的创造者；批评残害人民的暴政，批评残害人民的暴君。《诗经》时代的中华民族，是表里如一的优秀民族，歌颂时的感情是真实感情，批评时的感情同样是真实感情，《诗经》里没有表里不一、心口不一的诗篇。

根据自己的切身利益来评判君王，是《诗经》之诗的特征之一。例如徭役过重，就会发出牢骚，批评王室，批评主政的大夫。《诗经·小雅·北山》就是一首批评王室徭役过重的诗篇。人民利益与王室利益相比，《诗经》把人民利益放在了首位。

（八）热爱君、歌颂君的君臣关系

君有功就应该歌颂，君有德就应该歌颂，这是《礼记》的基本立场。

公天下中选贤选出来的君王是应该歌颂的。《礼记·礼运》曰："大道之行也，天下为公。选贤与能，讲信修睦。"以选贤与能为第一标志，以诚信和睦为第二标志的公天下，得到了孔子的颂扬。先王为君，孔子为臣，这里的君臣关系是臣真诚热爱君的关系。

大公无私的君王是应该歌颂的。《礼记·孔子闲居》记载了子夏与孔夫子的一段对话，在这段对话中出现"何谓'无私'"的解释：

子夏曰："三王之德，参于天地。敢问何如斯可谓参于天地矣？"

孔子曰："奉'三无私'以劳天下。"子夏曰："敢问何谓'三无私'？"孔子曰："天无私覆，地无私载，日月无私照。奉斯三者以劳天下。此之为'三无私'。"

"天无私覆，地无私载，日月无私照。"这是天德、地德、日月之德，君王与天地合其德，应该合出大公无私之德。君王讲大公无私，第一就是不能把天下人的天下当成一家一姓的天下。大公无私的先王应该颂扬。先王为君，孔子为臣，这里的君臣关系是臣真诚热爱君的关系。

有功之君应该歌颂。《礼记·乐记》："昔者舜作五弦之琴，以歌南风；夔始制乐，以赏诸侯。"每一种文化，都有自己的音乐。每一种文化中的音乐，都有自己的乐器。孔夫子告诉后人，舜是五弦琴的创造者。琴棋书画之琴，始于舜这位君王。孔夫子此处颂扬舜，颂扬的是文化创造者。

造福于民、严于律己的君王应该歌颂。《论语·泰伯》："子曰：'禹吾无间然矣。菲饮食而致孝乎鬼神，恶衣服而致美乎黻冕，卑宫室而尽力乎沟洫。禹，吾无间然矣。'"间即意见，无间即无意见。孔子颂扬禹，没有用肉麻的词语，仅仅说我对禹没有意见呀。为什么对禹没有意见，基于三大问题：第一，他饮食菲薄，却致力于物生物死——物生为神，物死为鬼——的两种秩序；第二，他衣着朴素，但却把祭祀天地的礼服制作得非常华美；第三，他住的宫室一般，却尽力办好农田水利。这里的三个问题，前两个问题讲的是人法自然的严于律己，后一个问题讲的是造福于民。孔夫子此处颂扬禹，颂扬的是严于律己、造福于民的典范。

讲爱人之政的先王应该歌颂。《礼记·哀公问》曰："古之为政，爱人为大。"孔夫子向鲁哀公讲，先王之政是爱人之政。爱人，是先王之政的基点。爱人之政，从敬其妻子开始。爱妻子，爱家人，爱国人，直至爱天下人。孔夫子此处颂扬先王，颂扬的是爱人之政。

效法天地的先王应该歌颂。《论语·泰伯》："子曰：'大哉！尧之为君也。巍巍乎，唯天为大，唯尧则之。荡荡乎，民无能名焉。巍巍乎，其有成功也，焕乎，其有文章。'"尧，在孔夫子眼里是圣人君王，圣人君王主动地法天则地。尧，这一圣人君王，是参照天文创建人文的创造者。《尚书·尧典》中的尧，以日月星辰的位置变化为依据，划分出了春夏秋冬四时，确定了春分、秋分、夏至、冬至，确定了岁有366天，然后以自然秩序制定了治理天下的典章制度。孔子这里所说的"焕乎，其有文章"，所指的就是由尧建立的典章制度。孔夫子此处颂扬尧，颂扬的是人法自然的理性。

歌颂先王等于"开历史倒车"，这是百年来文化批判中的一个主流声音。实际上，孔子讲先王，讲圣人，并不是要"开倒车"回到古代，而是指出了一个基本标准，即"天理如此，祖先已经如此，子孙也应该如此"。神理如此，早期的摩西如此，今天的犹太人如此，今天的西方人同样如此。西方人读《圣经》，读"摩西十诫"，犹太人与现代西方人法的也是先贤，这并没有人说开倒车。实际上，每一个优秀民族的先贤，在源头之处就给子孙树立了"应该这样"的永恒榜样，效法这一榜样，就可以正常延续，就可以正常发展，否则就会出现麻烦，就会出现曲折，乃至灾难。仅以"公天下"为例，历代祖孙不愿效法这一永恒榜样，结果如何呢？中华民族为此付出了多少代价，每一个读者都可以算算这笔账。

只要理性地研究问题，就可以有这样一个发现：孔子所介绍的先王，实际上是一种榜样，是一种效法天地、效法自然、创造文化、创造器具、造福于民的榜样。孔子颂扬先王的目的，不是什么开倒车回古代，而是告诉当时与后世的君王一条基本指向："应该这样！只有这样，才能和平安康。"

（九）各负其责的君臣关系

孔子论君臣关系时，反复强调的是各负其责，即"君负君的责任，臣负臣的责任"。请看君臣各负其责的三个论断：

其一，为人君止于仁，为人臣止于敬。（《礼记·大学》）

其二，（鲁）定公问："君使臣，臣事君，如之何？"孔子对曰："君使臣以礼，

臣事君以忠。"（《论语·八佾》）

其三，齐景公问政于孔子。孔子对曰："君君，臣臣，父父，子子。"（《论语·颜渊》）

君对臣负责，臣对君负责，君臣关系是双方相互负责的关系，这是孔子论君臣关系的基本准则。

（十）忠臣眼中的君臣关系

《郭店楚简》中有一篇《鲁穆公问子思》，其中涉及到了"什么样的臣才是忠臣"，亦即"忠臣如何忠"的界定。请看原文：

鲁穆公问于子思曰："何如而可谓忠臣？"子思曰："恒称其君之恶者，可谓忠臣矣。"公不悦，揖而退之。

鲁穆公问子思："什么样的臣是忠臣？"子思给出的答案是：能够经常地、不断地指出君王的错误，这样的臣就是忠臣。忠臣之忠，应该体现在指出与纠正君王错误的能力与胆识上。

子思论忠臣，论出的是强烈的批评精神。何谓忠臣？子思认为，能够经常地、不断地对君王进行批评的臣。

忠诚之忠、忠心之忠，忠臣之忠里面包含有两种精神，一种是强烈的敬业精神，一种是强烈的批评精神。儒家论忠臣，没有论出愚蠢之忠与愚昧之忠。

忠臣之忠，体现在对君王的不断批评上。子思的忠臣之论，在儒家文化中是深有根基的。

《礼记》中的孔子，批评过家天下。先王传贤不传子，后王传子不传贤，先王是孔子颂扬的对象，后王是孔子批评的对象。"今大道既隐，天下为家"这句批评后王的至理名言，就出于《礼记·礼运》。

忠臣怎么为？《孝经》里有一个八个字标准——"将顺其美，匡救其恶"。《孝经·事君章》："子曰：'君子之事上也，进思尽忠，退思补过，将顺其美，匡救其恶，故上下能相亲也。《诗》云：'心乎爱矣，遐不谓矣？中心藏之，何日忘之。'"

忠臣尽忠，尽在"将顺其美，匡救其恶"两个方面。君王的行为有两种可能性：一种是美言与美行，一种是恶言与恶行。君王之美，顺之；君王之恶，纠之。美的行为、美的政令，臣顺之；恶的行为、恶的政令，臣谏之，臣救之。一味地顺从，是佞臣而不是忠臣。

君王行苛政，就应该进行批评。"苛政猛于虎"，这句批评苛政的至理名言，就出于孔子之口。《礼记·檀弓下》记载了这句名言。

对讲武力加权谋的君王，孟子一律持否定的态度。"五霸者，三王之罪人也。"（《孟子·告子下》）孟子的一句话，使威风凛凛的春秋五霸成了一抔粪土。真正的儒家身上体现的不止是文质彬彬，还有指点江山的一面。

忠臣，在儒家这里，绝不仅仅意味着绝对服从。

（十一）"君如何视我，我如何视君"的君臣关系

孟子论君臣关系，强调的是相互之间的平等。平等到什么程度？平等到"君如何

视我，我如何视君"的程度。《孟子·离娄下》曰："孟子告齐宣王曰：'君之视臣如手足，则臣视君如腹心；君之视臣如犬马，则臣视君如国人；君之视臣如土芥，则臣视君如寇雠。'"手足与腹心，犬马与国人，土芥与寇雠，这三组对应关系，对应的是君臣之眼与君臣之心。君心中有臣，臣心中有君；君眼中有臣，臣眼中有君；反之，君心中眼中无臣，臣心中眼中也无君。这三组对应关系，笔者过去曾用现代物理学一个公式做过一个比喻：反射角=入射角。

"君是人，我也是人"的认识是孟子论君臣关系的基本点。《孟子·离娄下》曰："舜，人也，我，亦人也。"舜，在儒家文化里是圣人君王，孔子颂扬舜，孟子也颂扬舜。孔孟颂扬舜，但没有把舜捧为神，尤其是没有把舜捧为高不可攀的神。舜是人我也是人，君是人我也是人，孟子在颂扬圣人君王时，一点也没有矮化自己。

（十二）"以道事君"的基本准则

君有道从君，君无道从道，这是儒家为臣的基本准则。请看孔子、荀子、孟子的三段论述：

其一，"以道事君"。（《论语·先进》）

其二，"得道者多助，失道者寡助"。（《孟子·公孙丑下》）

其三，"从道不从君"。（《荀子·臣道》）

三个论断，一个基本准则——为臣为在道理上。

在《荀子·臣道》篇中，"从道不从君"之前还出现了"传曰"二字，这说明此论断是前人的观点。前人是谁，是哪一部经典，前到什么程度？荀子都没有介绍。总之，"从道不从君"这一论断，出于荀子之前。君不是道，君不是标准；道位于君之上，道可以裁判君。这是荀子之前中华先贤所认识到的道理。君应该成为有道之君，从君实际上从的是道，一旦君逆道悖道，为臣者应该毫不犹豫地在道与君之间做出"从道不从君"的取舍。

在这里，还需要介绍一下荀子对君命的态度。荀子认为，君命可以顺，可以逆，为臣者并不是君的应声虫。《荀子·臣道》曰：

"从命而利君谓之顺，从命而不利君谓之谄；逆命而利君谓之忠，逆命而不利君谓之篡；不恤君之荣辱，不恤国之臧否，偷合苟容以持禄养交而已耳，谓之国贼。"

这里，出现了"何谓顺，何谓谄，何谓忠，何谓篡，何谓国贼"的界定：

顺君命，结果有利于君，如此为顺从之顺。

顺君命，结果有害于君，如此为谄媚之谄。

逆君命，结果有利于君，如此为忠诚之忠。

逆君命，结果有害于君，如此为篡权之篡。

不顾君王的荣辱，不顾国家安危，不顾道义，一味地逢迎君王，只顾自己的名声、官禄与地位，如此为国贼。

笔者阅读《荀子·臣道》时，常常会出现这样两个困惑：

其一，岳飞、辛弃疾的老师，难道没有看过荀子的论为臣之道？他们没有教过岳飞、辛弃疾如何为臣的道理？岳飞与辛弃疾，读过荀子的这篇文章没有？外敌当前，国家危难，从君之命，一危害百姓，二危害国家，三危害自身，如此还一味地顺从君命，以荀子的臣道为标准，应该如何解释？

其二，写诗作词者，懂得"如何事名"的道理么？岳飞的一首《满江红》写得那么好，一句"莫等闲，白了少年头"不知激励了多少热血青年。辛弃疾写的好词不是一首，而是一大堆。不同的读者，会在辛弃疾的一大堆的词作中选择自己所喜欢的一首或几首熟读背诵，笔者最喜欢的是《水龙吟》中的那句"把吴钩看了，栏杆拍遍，无人会，登临意"。无疑，岳飞与辛弃疾的文学修养，都达到了极高的水平。但是，善恶判断的文化水平呢？在"该不该"的判断上，在道与君的区分上，善于作词的岳飞、辛弃疾懂了吗？明白了吗？

这里还有儒家"如何为臣"的五句名言，请看：

其一，"易曰：'不事王侯，高尚其事。'子曰：'……故君命顺，则臣有顺命；君命逆，则臣有逆命'"。（《礼记·表记》）

其二，"儒有上不臣天子，下不事诸侯"。（《礼记·儒行》）

其三，"子曰：'三军可夺帅也，匹夫不可夺志也'"。（《论语·子罕》）

其四，"忠焉，能勿诲乎"？（《论语·宪问》）

其五，"天子不召师，而况诸侯乎！为其贤也，则吾未闻欲见贤而召之也"。（《孟子·万章下》）

其六，"说大人，则藐之，勿视其巍巍然"。（《孟子·尽心下》）

二、《黄帝四经》论君臣关系

1973年，马王堆出土的帛书中，有《经法》《经》《称》《道原》四篇，符合《汉书·艺文志》中《黄帝四经》的特征，所以当代学者将帛书四篇冠以《黄帝四经》之名编辑出版。

在《称》一文中，按照君王的优劣，划分了五种君臣关系：

"帝者臣，名臣，其实师也。王者臣，名臣，其实友也。霸者臣，名臣，其实宾也。危者臣，名臣，其实庸也。亡者臣，名臣，其实虏也。"

君分五类：帝、王、霸、危、亡；臣分五种：帝之师、帝之友、帝之宾、帝之庸、帝之虏。师、友、宾为正常的君臣关系，佣与虏为非常的君臣关系。

正常之君臣关系，带来的结果是天下太平，太平天下。非常之君臣关系，带来的结果是天下动荡，动荡天下。正常之君臣关系，治国治天下。非常之君臣关系，害国害天下。

笔者阅读这些地下出土的文章，一个困惑油然而生：地下的先贤早就明白的道理，地上的子孙为什么就是弄不明白呢？秦汉之后，还出现过帝之师的君臣关系吗？

三、墨子论君臣关系

墨家与儒家，在很多问题上，认识是有差异的。例如，在礼乐的认识上，在丧葬问题上，在兼爱问题上……但在法先王这一问题上，墨子和孔子的认识，完全一致。孔子主张法先王，墨子同样主张法先王。先王为谁？尧、舜、禹也。在墨子眼里，尧、舜、禹这一类先王，都是应该颂扬，应该效法的典范。

对现实中的君王，墨子和孔子一样，是持否定态度的。墨子在《辞过》一文中用了几个具有基础意义的事例进行了古今君王的对比：

其一，古之人民无宫无室，穴居而处，圣人君王作宫室教民而居，从此人民可以宫室御风御寒。今之君王，夺民钱财，创建宫室，为的是一己之私。

其二，古之人民无衣无裳，披皮裹草，圣人君王制衣作裳，从此人民可以穿衣着裳，可以御夏热，可以御冬寒。今之君王，敛百姓之钱，夺民之财，制作华美之衣裳，为的是一己之私。

其三，古之人民不知道"吃什么，如何吃"，圣人君王教民耕稼树艺，从此人民可以腹有充实之粮，仓有备荒之食。今之君王，烧烤牛羊，烹调鱼鳖，小国国君一餐餐器数十，大国国君一餐餐器过百，王宫之内冬夏均有败坏之食，而根本不顾天下人民的饥饿。

其四，古之人民无舟无车，不能负重致远，不能顺利渡河，圣人君王制舟作车，使人民可以负重致远，可以顺利渡河。今之君王，向百姓征收重税，造华丽之舟，造华丽之车，为的也是一己之私。

其五，古之圣人君王观察天地上下，穷究四时阴阳，穷究物理、人理，穷究男女之理，阴阳雌雄之理……今之君王，关注的是宫女的多少。小国宫女上百，大国宫女过千。

墨子通过五项对比得出结论：古之圣人君王为人为民，今之君王为己为私。

知道了墨子对古今君王的评价，马上就可以推测出墨子眼中与笔下的君臣关系——墨子颂扬的是大公无私的先王，批评否定的是处处为一己之私的后王即现实之王。

这里主要介绍一下墨子对天子产生的主张。墨子与孔子一样，对家中传子产生的君王，持彻底否定的态度。墨子与孔子一样，主张重新找回以选贤举能为第一标志的公天下。

"是故选天下之贤良、圣知、辨慧之人，立为天子，使从事乎一同天下之义。"

天子应该由选举产生，这样的话，在《墨子·尚同》篇中连续出现了三次。

按照墨子的说法，早期的中华大地上，天子是由天下人选举产生的。被选者必须符合有这样三个基本条件：贤良，圣知，辨慧。墨子的这一说法，与孔子的"天下为公，选贤与能"可以相互印证，证明早期的中华先贤的确开创过一个选贤的制度。

孔子颂扬选贤之选，主张选贤之选，希望重新找回这个选贤之选。墨子颂扬选贤之选，主张选贤之选，也希望重新找回这个选贤之选。在选贤问题上，儒家与墨家是一致的，没有任何分歧。

几十年前的辛亥革命中，有人说过这样的话：民主在西方是近代的事，在东方是古代的事。对照孔子、孟子的记载，可以知道此话是符合历史事实的。

四、晏子论君臣关系

晏子，是历史中的正面人物。在中学的语文课本里，晏子晏婴是一位智者，他总是让企图捉弄他的君王反受其辱。"进狗国入狗门"，"齐人在齐不盗，入楚则盗，得无楚之水土使民善盗乎"，这些都是笔者读初中时记住的故事与名言。

《春秋左传·昭公二十年》中记载了晏婴与齐景公的一段重要对话，在这段对话中出现了和而不同的君臣关系。原文如下：

齐侯至自田。晏子侍于遄台，子犹驰而造焉。

公曰："唯据与我和夫！"

晏子对曰："据亦同也，焉得为和？"

公曰："和与同异乎？"

对曰："异。和如羹焉，水、火、醯、醢、盐、梅以烹鱼肉，燀之以薪，宰夫和之，齐之以味；济之以不足，以泄其过。君子食之，以平其心。君臣亦然。君所谓可而有否焉，臣献其否以成其可；君所谓否而有可焉，臣献其可否以去其否：是以政平而不干，民无争心。故《诗》曰'亦有和羹，既戒既平。……'先王之济五味、和五声也，以平其心、成其政也。声亦如味：一气、二体、三类、四物、五声、六律、七音、八风、九歌，以相成也；清浊、小大、短长、疾徐、哀乐、刚柔、迟速、高下、出入、周疏，以相济也。君子听之，以平其心。心平，德和，故《诗》'德音不瑕'。今据不然。君所谓可，据亦曰可；君所谓否，据亦曰否。若以水济水，谁能食之？若琴瑟之专壹，谁能听之？同之不可也如是！"

话题是从一个名叫据（梁丘据）的大臣这里开始的。齐景公打猎归来，来到遄台，晏子在伴随，梁丘据前来拜谒，齐景公说："只有据与我相和！"晏子说："那是同，不是傍。"齐景公问："和与同不一样吗？"晏子说："完全不一样。"

在这次对话中，晏婴用了两个形象比喻，来阐明国策决定时中的君臣关系必须和而不同。

晏婴首先用做羹为例子，说明"和而不同"的必须性。做羹，一需要基本原料水与火；二需要各种调料醋、酱、盐、梅，三需要主要材料鱼和肉，厨师把所有的原料调和在一起，这样才能做出味道鲜美的羹。美妙的羹，产生于美妙之"和"。假若让君臣共同来做这碗羹，君加盐，臣加醋；君加酱，臣加梅；君加水，臣加火，这是和。和出佳肴，和出美羹。

如果君加盐，臣也加盐；君加水，臣也加水；君加酱，臣也加酱；君加梅，臣也加梅，这是同。同，做出的饭是难吃的饭，做出的汤是难喝的汤。

和，根植于中华元文化。同，相反于中华元文化。晏子以烹调中的和而不同论君臣之间的和而不同，形象而贴切。只有君臣之和，才能论出优秀的治国方略。

晏子的第二个比喻是奏乐。晏子指出，要想弹奏出美妙的乐曲，必须讲究一气、二体、三类、四物、五声、六律、七音、八风、九歌，清浊、小大、短长、疾徐、哀乐、刚柔、迟迅、高下、出入、周疏的相成相济。用相同的原料做不出鲜美的汤，用一种声音、一种调子也奏不出美妙的音乐。

两个比喻说明的是一条道理，这个道理就是大政方针在决策时，君臣之间需要"君可臣否，君否臣可"的讨论。君以为可，臣可以以为非；君以为非，臣可以以为可。在和而不同的讨论中取得君与臣的统一。烹调需要和而不同，奏乐需要和而不同，治国中的君臣同样需要和而不同，晏子用形象的比喻说明了一条最基本也最重要的道理：绝对之同，调不出美羹。绝对之同，奏不出妙乐。绝对之同，根本治理不了国家。

希望读者能够明白晏子的一片苦心。以水济水、以盐济盐、以醋济醋，如此之同，做出的是难咽之汤羹。一种声音、一种调子，如此之同，奏出的是难听之音乐。同样的道理，绝对之同也产生不出令天下人民满意的治国方略。治国良策，应该产生在君臣之间的和而不同之中。

和而不同，是晏子的主张。《春秋左传》详细地记载了这一主张，这说明《春秋左传》也赞成这一主张。

五、老庄论君臣关系

先谈《道德经》中的君臣关系。在老子这里，为民为臣中的得道者，完全可以指导君王，而且可以指导圣人君王。一部《道德经》，篇篇都是指导圣人的篇章，下面摘录一些老子指导圣人君王"应该如何如何"的名言。

《道德经·第2章》："是以圣人处无为之事，行不言之教。"

《道德经·第3章》："是以圣人之治，虚其心，实其腹……常使民无知无欲。使夫智者不敢为也。为无为，则无不矣。"

《道德经·第22章》："是以圣人抱一，为天下式。"

《道德经·第29章》："是以圣人去甚，去奢，去泰。"

《道德经·第34章》："是以圣人之能成大也，以其不为大也，故能成其大。"

《道德经·第49章》："圣人恒无心，以百姓之心为心。"

《道德经·第57章》："是以圣人之言曰："我无为，而民自化；我好静，而民自正；我无事，而民自富；我无欲，而民自朴。"

《道德经·第67章》："我恒有三宝，持而保之。一曰慈，二曰俭，三曰不敢为天下先。"

《道德经·第71章》："圣人不病，以其病病，是不病。"

圣人应该这样，圣人应该那样；应该像水一样柔，应该像水一样善；应该为无为，应该立恒心；应该损自己，应该益百姓；应该视错误为错误，应该以道理为基准……圣人者，圣贤君王也。在老子这里，教育君王似乎是一件寻常事，和幼儿园的老师教育小朋友一样。道，至高无上。老子看重的有道无道，不是权势的大小与地位的高低。君王，在老子这里，一点绝对意义都没有。

《道德经》的教育对象是所有的人，但重要的对象是圣人君王。

阅读《道德经》，笔者最重视的一句名言是《道德经·第64章》中的"为之于其未有，治之于其未乱"。治理天下应该善于发现未爆发的动乱。这句名言可以在《黄帝内经》中看到相似的论断。《黄帝内经·素问·四气调神大论》曰："圣人不治已病治未病，不治已乱治未乱。"同样的哲理，既可以治国，又可以治病。治国与治病，统一在相似相同的哲理之中。

《庄子》中的君臣关系。庄子重视的是道，蔑视的是权威。儒家、墨家颂扬的先王，在庄子这里，一个个都是批评的对象。在《在宥》一文中，庄子批评了黄帝、尧、舜，在《天运》一文中，庄子批评了三皇五帝，批评了尧、舜、禹。批评什么呢？批评他们名义上是治理天下，实际上造成了天下混乱。批评的依据是什么呢？是自然而然的自然之道。

得道者的地位远远高于君王，包括黄帝这样的圣人帝王。在《庄子·徐无鬼》中，出现了一个黄帝拜师的故事：

黄帝向一个放马的小牧童请教如何治理天下？牧童说："这有何难？治理天下的道理与牧马的道理一样，去掉害群之马就是了。"听完这话之后，黄帝马上磕头行礼，称其为天师。

师，年龄不分长幼，得道即可称之为师，还可以称之为天师。以道为尺度，可以评判君王，可以评判包括尧、舜、禹在内的君王，直至三皇五帝。这是庄子反复讲述的文化常识。

庄子眼中的道，和犹太人、西方人眼中的上帝，没有任何差别。君王无论古今，没有谁能与上帝相比，这是犹太人、西方人的基本立场。君王无论古今，没有谁能与道相比，这是庄子的基本立场。

"道家者流，盖出于史官，历记成败存亡祸福古今之道……此君人南面之术也。"《汉书·艺文志》对道家之术做出了如此评价。南面者，君王的坐向也。《周易·说卦》："离也者，明也，万物皆相见，南方之卦也；圣人南面而听天下，向明而治，盖取诸此也。"君王的座位，应该是坐北向南。"此君人南面之术也"，这句话准确无误地指明道家文化是指导君王的。

六、关于君臣关系的两个故事

君臣关系，这里有非常有意义的两个故事。摘录如下：

故事之一：击壤歌

这个故事出于东汉王充的《论衡·艺增》篇，原文如下：

《论语》曰："大哉！尧之为君也！荡荡乎，民无能名焉。"传曰："有年五十（一说八九十）击壤于路者，观者曰：'大哉！尧德乎！'击壤者曰：'吾日出而作，日入而息，凿井而饮，耕田而食，尧何等力！'（一说：帝力于我何有哉？）此云荡荡无能名人之效也。"

这个故事的白话意思是：《论语·泰伯》上说，尧真的太伟大。他的恩德无边，天下之民还不知道功德属于他，也不知道如何赞美他。天下太平，一群老人在路边做一种名叫"击壤"的游戏。观众中有人称颂：这都是尧的功德啊！击壤的老人说：

我们日出而作，日没而息，凿井饮水，耕田吃饭，与尧有什么关系？

这里击壤的老人，没有颂扬"万岁"的习惯，他们没有颂扬尧，而强调的是"我们的生活，本来是我们自己创造的"。

《论衡·艺增》中的"尧何等力"，在另外的地方为"帝力于我何有哉"，字面不同，但道理一样，都在强调击壤的老人的独立性。

故事之二：士令王趋前

《战国策·齐策》中记载了一个"王令士趋前，士令王趋前"的故事。

颜斶面见齐国国君时，演出了一幕流传千年的、让以后的读书人羡慕而又不可企及的喜剧。这位"士"的名字叫颜斶。故事的原文如下：

齐宣王见颜斶，曰："斶前！"斶亦曰："王前！"宣王不悦。左右曰："王，人君也。斶，人臣也！王曰'斶前'，亦曰'王前'，可乎？"斶对曰："夫斶前为慕势，王前为趋士。与使斶为趋势，不如使王为趋士。"王忿然作色曰："王者贵乎？士贵乎？"对曰："士贵耳，王者不贵。"王曰："有说乎？"斶曰："有。昔者秦攻齐，令曰：'有敢去柳下季垄五十步而樵采者，死不赦。'令曰：'有能得齐王头者，赐金千镒。'由是观之，生王之头，曾不若死士之垄也。"宣王默默不悦。

齐宣王与颜斶会面，齐王没有表现出应有的礼貌，直呼颜斶到自己面前，而颜斶在权威面前却表现出了应有的态度，说："王，你到前面来！"左右侍臣警告性地提醒颜斶，应该注意君臣之礼。颜斶以君应该礼贤下士为由，坚持王应该先讲礼。齐宣王此时如果稍微有些常识，故事可能到此就结束。然而不知趣的齐宣王竟以"王与士之间谁为尊贵的比较"把事情推向了极端，由此大长了士人志气。颜斶以士人坟墓上草木贵于君王之头的实际例子使齐宣王闭上了嘴。君王项上的人头，"不若死士之垄"。

在君王面前保持人格上的尊严，这是傲骨之士的基本特征。这里的君臣关系，是"王前"趋士的关系。

第六节　朋友之间的礼仪

家庭之内有父子，有兄弟，家庭之外有朋友。朋友，在元文化与儒家文化中，属于五伦中的一伦。五伦之中有朋友，由此可见，元文化与儒家文化对朋友的重视。

与五伦中的其他四伦的关系一样，朋友之间同样是礼仪关系。朋友之间的礼仪，体现在一个"信"字上。

"与国人交，止于信。"《礼记·大学》告诉后人，朋友交往的基础在于一个

"信"字。朋友双方，你我之间，都要讲信守信。

曾子曰："吾日三省吾身——为人谋而不忠乎？与朋友交而不信乎？传不习乎？"《论语·学而》告诉后人，与朋友交往守不守信，是一日三省的三大内容之一。"与朋友交，言而有信。"前一句话是曾子说的，这一句话是子夏说的。曾子与子夏都是孔子的得意门生，儒门弟子特别重视一个"信"字。"父子有亲，君臣有义，夫妇有别，长幼有序，朋友有信。"《孟子·滕文公上》谈到了学校教育，人伦五教是教育中的基本内容。五伦中的朋友，是人伦五教的内容之一。

一个"信"字，决定了朋友之间的相互关系。你守信，我守信，如此友情天长地久。你失信，我失信，如此友情三日即休。

交朋友交什么样的？交比自己强的，比自己优秀的。"无友不如己者。"（《论语·学而》）这句话孔子说的，意思是交友要交比自己强的，不能交不如自己的。《圣经·箴言》："与智者同行，必得智慧。和愚者为伍，必将毁灭。"《圣经》同样教育人，要交往比自己强、比自己优秀的人。

孔子的人生三大愿望之中，"朋友信之"是其中的一项。子路问老师的人生愿望，孔子回答说："老者安之，朋友信之，少者怀之。"（《论语·公冶长》）使老人安逸，使朋友信任，使年轻人怀念，这是孔子人生的三大愿望。三大愿望之中，有朋友一项。请看，朋友在孔子这里，位置是如此的重要。现实生活中，很多人苦于朋友的"靠不住"，无法信任。真朋友的产生，是需要文化基础的。

是真朋友，就应该出现在朋友苦难之时。《论语》记载了这样的事理：朋友死了，无人料理，孔子说"我来"。《论语·乡党》曰："朋友死，无所归，曰：'于我殡。'"好朋友，不应该仅仅出现在灯红酒绿时，而应该出现在艰难困苦时。

劝朋友止于三次。你认为朋友应该这样，应该那样，但朋友自己有自己的主张，劝友劝三次，不可过于勉强。孔子就是这样处理朋友关系的。子贡问如何对待朋友？孔子告诉他："忠告而善道之，不可则止，毋自辱焉。"（《论语·颜渊》）朋友之间，也不可强加于人。

朋友到一块干什么？《周易》与《论语》中均有答案。《周易·兑·象传》中的答案是："君子以朋友讲习。"《论语·颜渊》篇中的答案是："君子以文会友，以友辅仁。"两个答案涉及的是道德文章。讲习讲文章，这是真正的朋友。有酒有肉，应该在文章讲习之后。只有酒肉，无有文章，这种朋友不是文化意义上的朋友。

朋友可以交，友情可以绝。什么情况下朋友才可以绝交？《孟子·梁惠王下》中有一个答案。

孟子游说齐宣王时，以朋友之道论治国之道。话题是从朋友之道开始的：有人出门远游，把老婆孩子托付给了朋友，外出回来之后，发现老婆孩子饥寒交迫。孟子问齐宣王，如果遇到这样情况，应该如何对待这个受人之托而又不讲信用的朋友，齐宣王很干脆地说这样的朋友应该绝交。

孟子又问，上级官员处理不好与下级的关系，这样的情况应该怎么办？齐宣王的答案是撤职。

　　孟子进一步追问，假如一个国家发生了困穷的局面，这种情况应该怎么办？齐宣王不再做正面回答，把话题扯到话题之外——"王顾左右而言他"。

　　这段对话实际涉及了三重关系——朋友之间，上下之间，君民之间。朋友之间、上下之间、君民之间的关系，都应该是相互负责的关系。

　　在这三重关系中，孟子认为，不负责任、不讲信用的一方都应该受到惩处。朋友之间受人之托而不负责任，这样的朋友应该绝交。同样的道理，君王如果对人民不负责任，人民也应该与之绝交。

　　这个故事很有感染力，摘录如下，以飨读者：

　　孟子谓齐宣王曰："王之臣有托其妻子于其友，而之楚游者。比其反也，则冻馁其妻子：则如之何？"

　　王曰："弃之。"

　　曰："士师不能治士，则如之何？"

　　王曰："已之。"

　　曰："四境之内不治，则如之何？"

　　王顾左右而言他。

　　这段对话记载在《孟子·梁惠王下》里。

　　"弃之"即绝交，齐宣王对失信的朋友非常有绝断。"已之"即撤职，齐宣王对失职的官员同样有绝断。"四境之内不治，则如之何？"答案是"王顾左右而言他"。如何对待失职的君王，齐宣王没有做出解答。

　　朋友之道应该讲信守信，是元文化与儒家文化对人的基本要求。这种要求都在情理之内。一切都应该有个样子，朋友也应该像样子，朋友的样子就是讲信守信。

　　以一个"信"为样子，可以在兄弟民族的文化找到相似之论。《塔木德》中有一个朋友之间讲信用的故事，情节非常感人。摘录如下，以飨读者：

　　有两个好朋友被战争分开，在不同的国家生活。

　　一次，其中一位来看他的朋友，因为是从国王敌人的城市来的，他被关了起来，并要被当做间谍处以死刑。

　　不论他怎么辩白，都没有能够拯救自己，因此他向国王请求恩典。

　　"陛下，"他说，"请给我一个月的时间，只要一个月，让我回去把事情处理一下。这样，我的家人在我死后就能得到照顾。在一个月的最后一天，我回来服刑。"

　　"我怎么相信你能回来呢？"国王回答，"你用什么担保？"

　　"我的朋友就是担保。"这个人说，"如果我不回来，他会替我死去。"

　　国王召来了这个人的朋友，令他惊讶的是，那朋友同意了这个条件。

　　一个月的最后一天，太阳快落山了，那人还没有回来。国王命令他的朋友替他去死。

　　当刀子就要砍下去时，那人回来了，一下子把刀拉到自己的脖子上。但他的朋友止住了他。

　　"让我为你死吧。"他的朋友恳求道。

国王深受感动。他命令把刀拿开，赦免了他们。

"你们两人之间的友爱竟然如此伟大，"他说，"我请求你们，让我作为第三个成员和你们在一起。"从那天以后，他们就成了国王的朋友。

正是在这一精神中，我们的先哲才说："给你自己找个伴儿。"

朋友中也有相互残害的，最典型的例子莫过于孙膑与庞涓、韩非与李斯这两对师兄弟。

孙膑与庞涓，都是历史上著名的军事家。之所以著名，并不是因为他们对天下人民有什么贡献，而是因为两者之间的特殊关系与离奇故事，"围魏救赵"这个成语就产生在这两个人的故事之中。《史记》是把孙膑、庞涓列入兵家记载的。据《史记·孙子吴起列传》，孙膑与庞涓曾在一个师傅名下学习兵法，两个人为师兄师弟关系。师兄师弟，在元文化与儒家文化中的正常关系，应该是亲密无间的关系。问题严重的是，孙膑与庞涓之间的关系不但不亲密，而且演绎出了人间最残酷的故事：庞涓用计谋，剜掉了孙膑的两个膝盖；孙膑用计谋要了庞涓的命。两个人之间的详细故事，非本文议论之范围，笔者所重视的是师兄师弟之间离奇的、骇人听闻的人己关系。师兄弟两个人之间相互陷害，继之又挑动两个诸侯国的战争。以两人之恩怨引起两国战争，以两国战争之故死伤了大批无辜的战士——实际上都是平民，这就是兵家所实践的人己关系。而这种人己关系与中华元文化中的人文哲理是完全相违背的。然而，司马迁在《史记》中却有如此客观的评论说："孙膑以此名显天下，世传其兵法。"今天的军事家讲围魏救赵，仍旧作为典范的战例。如果站在文化的立场上，以道理论这对师兄弟的关系，应该得出一个什么样的结论呢？

韩非与李斯，也是一对师兄弟。他们同学于儒家代表人物荀子门下。李斯事秦后，竭力为赢政出谋划策。当秦始皇由文章而看上韩非时，李斯十分害怕自己的师兄弟和自己争宠，用诡计把韩非打入大牢，随即又施毒计将其害死。这就是法家实践中的师兄师弟关系。这对师兄弟的故事，记载在《史记·韩非列传》中。

第七节　自律规则

一种文化中，若没有自律的成分，那么这种文化肯定就是有缺陷的文化。

凡是称得起"优秀"二字的民族，其先贤在为子孙奠基的文化中，自律之规则是不可缺少的内容。

所谓自律，就是在任何时候都要自我遵守的规矩。所谓自律，就是不需要任何人监督都要自我遵守的法则。

这里先介绍一下兄弟民族文化中的自律成分——《圣经》中的"摩西十诫"。

犹太民族因为不屈服于奴役，所以他们选择了出走埃及。在西奈山上，上帝传于摩西十条戒律，史称"摩西十诫"。"摩西十诫"是犹太人自律的准则，"摩西十诫"也是今天欧美人自律的准则。

"摩西十诫"具体内容如下：

第一条：除了我之外，你不可有别的神。

第二条：不可为自己雕刻偶像，也不可做什么形象，仿佛上天、下地和地底下、水中的百物。不可跪拜那些像，也不可侍奉它，因为我耶和华——你的神是忌邪的神。恨我的，我必追讨他的罪，自父及子，直到三四代；爱我、守我诫命的，我必向他们发慈爱，直到千代。

第三条：不可妄称耶和华——你神的名；因为妄称耶和华名的，耶和华必不以他为无罪。

第四条：当纪念安息日，守为圣日。六日要劳碌做你的工，但第七日是向耶和华——你神当守的安息日。这一日你和你的儿女、仆婢、牲畜，并你城里寄居的客旅，无论何工都不可做；因为六日之内，耶和华造天、地、海和其中的万物，第七日便安息，所以耶和华赐福与安息日，定为圣日。"

第五条：当孝敬父母，使你的日子在耶和华——你神所赐你的土地上得以长久。

第六条：不可杀人。

第七条：不可奸淫。

第八条：不可偷盗。

第九条：不可做假见证陷害人。

第十条：不可贪恋人的房屋；也不可贪恋人的妻子、仆婢、牛驴，并他一切所有的。

"摩西十诫"从诞生之日起，一直在化育着犹太人。之后的"摩西十诫"，一直在化育着以欧美为代表的西方人，从古至今。"摩西十诫"一直是人们自律的准则。

人家的祖先讲上帝，讲摩西十诫；中华先贤讲的是道理，讲的是天地良心；本来就没有人家的上帝，又丢掉了自家的道理与天地良心，换来的是铺天盖地的假话与防不胜防的告密与揭发。还记得当年在中华大地畅通无阻的两句流行语吗？"道理多少钱一斤？""良心多少钱一斤？"在顾准先生生活的年代里，讲道理、讲天地良心已经成了笑话。顾准先生们的灾难，天下人的灾难，根本原因在于丢掉了道理，在于丢掉了天地良心，而不在于"中国并无此传统"。受难于政治，迁怒于文化，这是百年来文化批判的一个大误区。很多先生陷入这个误区之后，一直无力自拔，众多的先生中包括顾准先生。顾准先生是民族的脊梁，是少有的几个保持人样子的人，身为后生的笔者，对顾准先生非常敬仰，如若不是涉及到文化，决不会惊扰先生的在天之灵。

那么，中华元文化中有自律的成分吗？有。《周易》里有"顺天信人"的道理。《周易·系辞上》曰："天之所助者顺也，人之所助者信也。"天助顺天之人，顺天如何顺？顺应天时，顺应昼夜之序，顺应四时之序，顺应空间之序，都在顺天的范围之内。昼夜往来，四时更替，无不体现着一个"信"字：有信而来，有信而去。顺天就应该落脚在一个"信"字上。人助信人之人，信人如何信？重承诺，守信用，一诺千金，一言九鼎，都在信人的范围之内。天助顺天之人，人助诚信之人，"顺天信人"讲究的是自律。

儒家也重视自律。礼，就是儒家自律的准则。《论语·颜渊》篇中的"四勿"——"非礼勿视，非礼勿听，非礼勿言，非礼勿动"强调的就是自律。"非礼"情况下的勿视、勿听、勿言、勿动，一不需要老师的提醒，二不需要朋友的提醒，一个自觉就足够了。《论语》中反复出现的"己所不欲，勿施于人"，同样是强调自律的。《塔木德·第3章》中有这样一句重要的话："己所不欲，勿施于人。这是犹太教的全部经文的核心，其余都是对经文的解释。"请看，是不是人家有的，儒家这里也有？

道家讲究自律讲得更加严格。儒家讲礼，道家讲道。如果说孔夫子强调的是"非礼勿视，非礼勿听，非礼勿言，非礼勿动"，那么，老子、庄子强调的是"非道勿视，非道勿听，非道勿言，非道勿动"。在道家这里，一切言语都应该合乎道，一切行为都应该合乎道。老子应该这样，庄子应该这样，黄帝同样应该这样。

没有自律，人会制造出形形色色的、各式各样的、无边无际的荒唐，最典型的莫过于昨日铺天盖地的假话与伪证，莫过于今日主席台与审判台两台之间的角色转化。

这里，有必要介绍一下儒家"慎独"的主张。《礼记·中庸》："莫见乎隐，莫显乎微，故君子慎其独也。""莫见乎隐"，即看不见的地方；"莫显乎微"，即听不见的地方；"君子慎其独"所讲的是君子在人看不见的地方也应该洁身，在人听不见的地方也应该自好。所谓慎独，讲的是人前像个人样，人后还应该像个人样；公开的场合像个人，隐蔽的场合仍然应该像个人。"慎独"，一种至高境界的自律。

现实有一种说法叫做："白天文明不精神，晚上精神不文明。"这种说法概括了某些人的表里不一。如果长期表里不一，那么这些人最后肯定会弄明白这样一条哲理："天网恢恢，疏而不漏"。

一个人仅仅在大庭广众之下的堂堂正正是不够的，大庭广众之后仍然应该堂堂正正，只有这样才不会有乌纱变锁枷的悲剧。

自律，在日常生活中自觉地遵守一种源于文化的规则，这就是文明。规则之下，节制着自我与欲望，既尊重自己又尊重他人，既尊重人又尊重万物，既重视物质生活又重视精神天地。如此自律之人，即文明之人。中华元典之中，处处都可以看到如此文明之人。已故的辜鸿铭先生，在《中国人的精神·序言》里对中国人的性格和中国文明总结出了三大特征：深沉、博大和淳朴。同时又在《中国人的精神》正文哀叹："典型的中国人——即真正的中国人正在消亡。"辜鸿铭先生一生说过很多荒唐可笑的话，但辜先生的这句话的确有参考价值。

第三章　基本问题的解答

除了"如何为人"问题之外，中华先贤在元文化中还解答了一系列基本问题。这些问题，是人类先贤所必须回答的问题，是每一种优秀文化所必须回答的问题。中华先贤用自己的方式回答了这些问题，就数量而言，一点都不比兄弟民族少。就质量而言，一点都不比兄弟民族差。

第一节　关于人的一些基本问题

一、父母问题

每个人都有自己的父母，人没有父母，犹如树无根，水无源。

此处的问题是：最初的父母为谁？这一问题，中华先贤的回答是：最初的人，来自天地；天为父，地为母。

中华先贤的这一答案记录在了两个地方：一是记录在了卦象符号中，二是记录在了文字符号中。

先说卦象符号中的天父地母。八卦的三爻上天下地中间人，三爻的摆布把人的位置放在了天地之间，以天为父、以地为母的基本观念奠基于此处。六十四卦延续了这一观念，六十四卦的六爻分三组，所表达的仍然是上天、下地、中间人。上天下地中间人，以天为父、以地为母的基本观念延续于六爻之中。

再说文字符号中的天父地母。"有天地然后有万物，有万物然后有男女。"没有天地，万物就无从谈起；没有天地，一男一女就无从谈起。《周易·序卦》诠释六十四卦的顺序，指出了天地是万物产生的基础，天地是一男一女产生的基础。这里，间接表达了"天父地母"的观念。

卦之后的文字经典，以及诸子百家都延续了中华先贤以天为父，以地为母的立场，并用文字明确表达了这一点。请看以下几个关于"天为父，地为母"的论断：

其一，《尚书·泰誓上》："惟天地万物父母，惟人万物之灵。"

其二，《礼记·礼运》："故人者，其天地之德，阴阳之交，鬼神之会，五行之秀气也。"

《管子·内业》："凡人之生也，天出其精，地出其形，合此以为人。"

《黄帝内经·素问·宝命全形论》："夫人生于地，悬命于天，天地合气，命之曰人。"

《荀子·礼论》："天地合而万物生，阴阳接而变化起。"

《鹖冠子·泰鸿》："故圣人立天为父，建地为母。"

一男一女的出现，《圣经》有《圣经》的解释；一男一女的出现，《周易》有《周易》的解释。《圣经》解释在上帝这里，《周易》解释在天地这里。

二、人之地位

凡是优秀的民族，都有自信心。

犹太人自称是"上帝的选民"，即犹太人是上帝特别挑选出来的。

《圣经·旧约·出埃及记》："你们要归我作祭司的国度，为圣洁的国民。"

《圣经·旧约·申命记》："耶和华从地上的万民中，拣选你特作自己的子民。"

自称是上帝的选民，这是犹太民族的自信心。

人，可以与天地并列称之为"三才"，可以与道、天、地并列称之为"四大"，还可以称之为万物之灵秀、天地之心、五行之秀，这是中华先贤的自信心。

《周易》将天地人并列为"三才"。《周易·系辞下》曰："易之为书也，广大悉备。有天道焉，有人道焉，有地道焉。兼三才而两之，故六。六者非它也，三才之道也。"《三字经》中的"三才者，天地人"之说，发源于《周易》。《周易·革·象传》曰："汤武革命，顺乎天而应乎人。"在汤、武所进行的两场革命中，天与人是并列并重的关系，顺天即应人，应人即顺天。欲知人在元文化中的地位，可以先看看《周易》中的三才之说。

《道德经》将人与道、与天、地并列为"四大"。《道德经·第25章》曰："有物混成，先天地生。寂兮寥兮！独立而不改，周行而不殆，可以为天地母。吾不知其名，强为之名曰道，强为之名曰大……故道大，天大，地大，人亦大。域中有四大，而人居其一焉。人法地，地法天，天法道，道法自然。"道大，天大，地大，人亦大。天地之间既不是唯君为大，也不是以神为大，而是唯人为大。欲知人在道家文化中的地位，请看看《道德经》中的四大之说。

儒家视人为天地之心。《礼记·礼运》曰："故人者，天地之心也。"《孝经·圣治章》："天地之性，人为贵。"欲知人在儒家文化中的地位，请看看《礼记》中的"天地之心"之说，请看看《孝经》中的"天地之性，人为贵"之说。

中医文化中有"天地之间以人为贵"的论断。《黄帝内经·素问·宝命全形论》曰："天覆地载，万物悉备，莫贵于人。"欲知人在中医文化中的地位，请看看《黄帝内经》中的"以人为贵"的论断。

杂家中有"以人为本"的论断。《鹖冠子·博选》："神明者，以人为本者也。"

《春秋左传》中还有一个非常特别的论断，即"民为神之主"。《春秋左传·桓公六年》："夫民，神之主也，是以圣王先成民而后致力于神。"民的地位高于神，这一立场可以在《可兰经》中找到知音。《可兰经·第二章》中真主让众天神向阿丹叩头。阿丹是谁？阿丹是人，是真主创造的人。

万物之中以人为贵，人之中以赤子为贵。元文化与儒道立家的文化都重视赤子。

《尚书·康诰》："若保赤子。"

《道德经·第55章》："含德之厚者，比于赤子。"

《礼记·大学》："康诰曰：'如保赤子。'心诚求之，虽不中不远矣。"

赤子之心为纯粹之心，无污染之心，所以，元文化与儒道两家的文化都重视赤子。

重视赤子，可以在《圣经》中找到知音之论。《圣经·新约·马太福音》中有"天国里谁为大"这一问题？结论是：天国里赤子为大。耶稣告诉门徒："凡为我的名接待一个像这小孩子的，就是接待我。"

优秀的文化，在一些基本点上，是相似相通的。有强烈的自信心，是其中一例。

对待赤子的态度，是其中一例。

三、人体小天体

人为什么是如此模样？

这也是一个必须回答的问题。不同民族的先贤，按照自己的理解与认识，对这一问题做出自己的解答。

在大的原则上，人类先贤的结论是一致的，即人的模样相似于母源，这个母源可以解释为上帝，可以解释为自然之天地，还可以解释为宇宙精神——大梵。

在精微的细节上，中华先贤显然技高一筹，因为唯有我中华先贤认识与解释了人体经络。经络问题，将在第三篇中讨论。这里仅介绍人类先贤对人的模样（成分与结构）的解释。

《圣经》的解释。《圣经·旧约·创世纪》说，上帝在创造第一个人时，是按照自己的模样创造的。人的模样像上帝，《圣经》用造物主的模样回答了人的模样。但关于人的具体细节，《圣经》没有进一步的解释。人的具体细节，《圣经》之后的另一经典《塔木德》则进行了解释。

《塔木德》的解释。以天体解释人体，以天体的细节解释人体的细节，是《塔木德》的基本思路，这里将原文摘录如下，请读者看看《塔木德》是如何解释人体的。

神圣的上帝创造了天和地，创造了天上和地下的万物，上帝以他在宇宙创造的一切创造了人：

上帝在世上创造了森林，也在人身上创造了森林，即人的头发。

上帝在世上创造了沟峡，也在人身上创造了沟峡，即人的耳朵。

上帝在世上创造了风，也在人身上创造了风，即人的呼吸。

世上有太阳，人也有太阳，即人的前额。

世上有咸水，人也有咸水，即人的眼泪。

世上有溪流，人也有溪流，即人的小便。

世上有屏障，人也有屏障，即人的嘴唇。

世上有高塔，人也有高塔，即人的脖子。

世上有桅杆，人也有桅杆，即人的手臂。

世上有桩钉，人也有桩钉，即人的手指。

世上有坑洼，人也有坑洼，即人的肚脐。

世上有流水，人也有流水，即人的血液。

世上有树木，人也有树木，即人的骨头。

世上有山丘，人也有山丘，即人的臀部。

世上有杵臼，人也有杵臼，即人的关节。

世上有快马，人也有快马，即人的双腿。

……

世上有高山和谷地，人也有高山和谷地。站立起来，人就像一座高山，躺卧下去，人就像一片谷地。

上帝收天地之间的一切都集中在了人体之中。

在这个解释中，天体中有什么，人体就有什么，天体与人体的对应，对应在具体细节中。

《奥义书》的解释。从大原则上讲，大梵似我，我似大梵，梵我一体，《奥义书》同样是用造物主回答了人的基本成分。地、水、火、风四大成分，大梵如此，人体如此。

关于人的具体细节，《奥义书》有进一步的答案。例如，人为什么有鼻有口、有耳有目有皮毛？《奥义书》50种，第一种是《爱多列雅奥义书》。《爱多列雅奥义书》在天体与人体之间做了如下对应：

"火化为语言，乃入乎口。

风化为气息，乃入乎鼻。

太阳化为见，乃入乎眼。

诸方化为闻，乃入乎耳。

草木化为毛发，乃入乎皮。

月化为意，乃入乎心。

死亡化为下气，乃入乎脐。

水化为精液，乃入乎肾。"

用天体的成分解释出了人体成分，天体中有什么，人体中就有什么，这是《奥义书》给出的答案。

《周易》的解释。中华先贤的思路与希伯来先贤、印度先贤的思路一样，是以造物主成分与天体结构解释了人体的成分与结构。《周易·说卦》诠释先天八卦，先是解释出了一个天体模型，然后又解释出了一个人体模型。天体由乾坤、震巽、坎离、艮兑八卦所组成，人体同样由乾坤、震巽、坎离、艮兑八卦所组成。所不同的是，在天体中，乾坤、震巽、坎离、艮兑八卦象征的是天地、雷风、水火、山泽；而在人体中，乾坤、震巽、坎离、艮兑八卦象征的却是头腹、耳目、腿足、手口。《周易·说卦》曰："乾为首，坤为腹，震为足，巽为股，坎为耳，离为目，艮为手，兑为口。"八卦，人体的八个重要组成部分。天体与人体在八卦这里得到了统一。而根本的统一，在一阴一阳这里。道的成分为一阴一阳，八卦的成分为一阴一阳，人体的基本成分同样是一阴一阳，造物主的成分与天体、人体成分在此又一次得到统一。

《圣经》以上帝的模样论人的模样，《周易》《黄帝内经》以道的成分论人体的基本成分，以天体结构论人体结构，人类先贤的思路在此处显示出了一致性。

《奥义书》以太阳、月亮、水火、风气、草木比喻人体几大重要部位，《周易》以天地、雷风、水火、山泽比喻人体几大重要部位，人类先贤的思路在此处显示出了一致性。

人体与造物主同模同样，或者说人体与天体相同，这是人类先贤的共同认识。知道了《圣经》《奥义书》这两部经典均是以造物主解释人体模样的思路，再看《周易》《内经》以天体解释人体的思路，就可以轻松理解了。

以天体论人体，《黄帝内经》在《周易》的基础上前进了几大步，《黄帝内经》中的人体，论到了365个关节。而且论出了人体经络。请看《黄帝内经·灵枢·邪客》中关于天体与人体的详细之论：

"黄帝问于伯高曰：'愿闻人之肢节，以应天地奈何？'伯高答曰：'天圆地方，人头圆足方以应之。

天有日月，人有两目；

地有九州，人有九窍；

天有风雨，人有喜怒；

天有雷电，人有音声；

天有四时，人有四肢；

天有五音，人有五藏；

天有六律，人有六府；

天有冬夏，人有寒热；

天有十日，人有手十指；

辰有十二，人有足十指、茎、垂以应之；女子不足二节，以抱人形；

天有阴阳，人有夫妻；

岁有三百六十五日，人有三百六十五节；

地有高山，人有肩膝；

地有深谷，人有腋腘；

地有十二经水，人有十二经脉；

地有泉脉，人有卫气；

地有草蓂，人有毫毛；

天有昼夜，人有卧起；

天有列星，人有牙齿；

地有小山，人有小节；

地有山石，人有高骨；

地有林木，人有募筋；

地有聚邑，人有腘肉；

岁有十二月，人有十二节；

地有四时不生草，人有无子；

此人与天地相应者也。'"

人与上帝相符，《圣经》只有原则之论。人与大梵相符，《奥义书》外对应到了皮脐，内对应到了心和肾。人天之数相符，《周易》具体到了八大部位，而《黄帝内经》则具体到了耳目口鼻、五脏六腑、关节毫毛、皮肤肌肉。令西方人百思不得其解的经络，出现在了这段论述之中。

以天体论人体，这一立场起始于八卦，延续于诸子百家。在诸子百家的典籍中的可以看到以天体论人体的一段段精辟之论，下面引用杂家的两段论述：

《鹖冠子·度万》："天人同文，地人同理。"

《吕氏春秋·有始》曰："天地万物，人之一身，谓之大同。"

在儒、道、法三家的典籍里，可以看到人体与天地万物的对应的原则之论与具体之论，但是简明扼要的"大同"之论却是出之于杂家。

以天体论人体，从八卦开始到诸子百家，这一立场是一致的，一贯的。所不同的是，《黄帝内经》比八卦更细化，更具体了。

从认识天体到认识人体，这种方法被英国李约瑟博士概括为"从大宇宙到小宇宙"。李约瑟作《中国古代科学思想史》，其中第六章为《中国科学之基本观念》，在这一章里，李约瑟把阴阳、五行、卦象视为是中国古代科学的三大基本观念。

旁观者清。李约瑟院士作为一个英国人，站在局外看中华大地上早期的辉煌，没有把研究的目光仅仅停留在"事情"本身，而是把探寻的目光放在了"事情"背后——产生辉煌的观念、立场与方法。毫无疑问，李约瑟院士的研究思路与基本把握是正确的。

以伏羲氏为开端的中华先贤，建立起了一种论证问题的方法，这种方法就是将天文地理、宇宙万物抽象在几级模型中。阴阳是一级模型，五行是一级模型，卦象是一级模型，时间空间中的四时八节与四面八方也是一级模型，然后用这几种模型去解释一事一物与万事万物，例如用这种模型去解释天体与人体，去解释时间与空间，去解释物与物理，去解释历法与音律，去解释质与力，去解释理与数，去解释解牛之术与养生之术……这种方法是实证方法之外的另一种方法。中华大地上早期的辉煌直接相关于这种方法，人体经络直接相关于这种方法。关于这种方法，详细的讨论在第三篇进行。

此处希望读者理解并记住的两点是：

其一，以造物主为坐标，对人之模样与人体结构做出解释，是人类先贤的一致立场。对人之模样与人体结构的解释，中华先贤与中医文化解释得更为精致。

其二，用实证方法无论如何都解释不了的人体经络，中华先贤用实证之外的方法进行了解释。

四、以天作则

则，有两重重要意义：一是榜样，二是规则。榜样是外在于人的榜样，规则是人从外在的榜样中自觉引申出的规则。

以神作则，这是《圣经》的主张。为何以神为则？因为神是人的创造者。

以天作则，这是《周易》的主张。为何以天地为则？因为天地是人的创造者。

（一）基础之论

"崇效天，卑法地。"

　　这是《周易·系辞上》中以天作则的基础之论。效天法地是源头处中华文化的特色，这一特色区别于古希腊、古希伯来文化，区别于印度文化，总之，区别于世界上一切民族的文化。正是由于这一特色，才能解释中华民族与其他民族不同的"所以然"。

　　这里还需要说明的一点是，效天法地的基础是由八卦的三爻奠定的。

　　"人法地，地法天，天法道，道法自然。"

　　这是老子在《道德经·第25章》中的以天作则之论。这里的以天作则，是如何做人的基本原则。人的言行与一举一动，必须法于天地，包括君王在内。

　　凡是人，做人都效法天地，都应该以天地之理为基准。在这一原则下，没有例外之人，没有特殊之人，包括三皇五帝。

（二）人行合于天行

　　"天行健，君子以自强不息。"

　　这是《周易·乾·象传》中的以天作则之论。这里的以天作则，论的是人行与天行的统一。天行刚健，人行自强不息。

　　"地势坤，君子以厚德载物。"

　　这是《周易·坤·象传》中的以地作则之论。这里的以地作则，论的是大地之德与君子之德的统一。大地宽厚，人也应该宽厚。

　　君子之行合于天理，君子之德合于地德。君子面前，没有出现权威之人，既没有权威的君王，也没有出现权威的学者。

（三）人德合于天德

　　"夫大人者，与天地合其德。"

　　这是《周易·乾·文言》中的以天作则之论。这里的以天作则，论的是天德与人德的统一。

　　"天无私覆，地无私载，日月无私照。奉斯三者以劳天下。此之为'三无私'。"

　　这是《礼记·孔子闲居》中的以天作则之论。这里的以天作则，论出了天地之德的"所以然"。天无私覆，地无私载，日月无私照。天地日月的品德在于大公无私。君王之德合于天地之德，合于日月之德，就是要合出一个大公无私来。

　　主政天下的大人应该效法天地。君王本身不能构成人效法的对象。儒家、墨家都是先王的歌颂者，在儒家、墨家看来，先王的功绩都是效天法地的结果。

　　"大哉！尧之为君也。巍巍乎，唯天为大，唯尧则之。"（《论语·泰伯》）请看，在孔夫子眼里，尧之所以伟大，根本原因在于以天为则。

　　"天之行广而无私，其施厚而不德，其明久而不衰，故圣王法之。既以天为法，动作有为，必度于天。"（《墨子·法仪》）在墨子眼里，圣王之所以为圣，根本原因在于以天为法。以天为法、取法于天的论断，在《墨子·法仪》《墨子·尚贤》《墨子·天志》篇中比比皆是。"我"应该以天为法，圣王应该以天为法，子应该以天为法，臣应该以天为法，是人都应该以天为法。在墨子认识中，人之所以为人，圣之所以为圣，王之所以为王，只有以天为法这一条路。

　　歌颂先王是方法，是桥梁，效天法地是目的。这就是儒家文化与墨家文化。

天是天，君是君，在儒家、墨家这里，君与天之间不是等号关系。

（四）人文合于天文

"动静参于天地曰文。"

人有动有静，动静合于天文地理，这就是人文之文。这是《黄帝四经·经法·四度》对人文之"文"的界定。

"观乎天文，以察时变；观乎人文，以化成天下。"

这是《周易·贲·象传》中的以天作则之论。这里的以天作则，论的是天时与人时的统一，论的是天文与人文的统一。

"天人同文，地人同理。"

这是《鹖冠子·度万》中的以天作则之论。这里的以天作则，论的是天文与人文的统一，论的是地理与人理的统一。

人文源于天文，换句话说，中华大地上的人文是以天文为参照坐标创造出来的。清楚了这一点，才能顺利跨入中华文化的大门；不清楚这一点，将永远游离于中华文化的大门之外，哪怕是著作等身。

（五）人时合于天时

"阴阳之数，日月之法。十九岁为一章，四章为一蔀，七十六岁。二十蔀为一遂，遂千五百二十岁。三遂为一首，首四千五百六十岁。七首为一极，极三万一千九百二十岁。生数皆终，万物复始，天以更元作纪历。"

这是《周髀算经·日月历法》中的以天作则之论。这里的以天作则，论的是天时与人时的统一，论的是天文与人文的统一，论的是日月之法与历法的统一。没有历，称不起文明。历缘何而来？阳历源于日，阴历源于月，阴阳合历源于日与月。由天时定人时，这里出现了31920五位数。这个五位数，求出的是日月在同一时期、同一空间上的出发点。在当时的世界范围内，能求到这一步的，唯我《周髀算经》。

《管子·四时》曰："唯圣人知四时。不知四时，乃失国之基。……是故阴阳者天地之大理也，四时者阴阳之大经也。"《黄帝内经·素问·四气调神大论》曰："夫四时阴阳者，万物之根本也。"两个论断，讲述的是一条道理：治理天下的圣人与治病的圣人，必须深通四时之理；不知四时，一不会治国，二不会治病，三不会认识万物。

（六）养生之序合于四时秩序

"夫四时阴阳者，万物之根本也，所以圣人春夏养阳，秋冬养阴，以从其根，故与万物沉浮于生长之门。……故阴阳四时者，万物之终始也，死生之本也，逆之则灾害生，从之则苛疾不起，是谓得道。"

这是《黄帝内经·素问·四气调神大论》中的以天作则之论。这里的以天作则，论的是养生之序必须合于四时之序。

《黄帝内经》指出，春温、夏热、秋凉、冬寒。季节的变化有规律性，人体所产生的疾病也有规律性。人们应该顺从四时防病，应该顺从四时防病养生。养生的具体顺序是：春养肝，夏养肺，秋养肺，冬养肾，长夏健脾。

（七）墨子、庄子的法天之论

《周易》与《道德经》中的法天则地之论，已被大家所熟知，这里介绍两则墨子、庄子的法天之论。

"故父母、学、君三者，莫可以为治法。然则奚以为治法而可？故曰莫若法天。天之行广而无私，其施厚而不德，其明久而不衰，故圣王法之。既以天为法，动作有为必度于天，天之所欲则为之，天所不欲则止。"

这是《墨子·法仪》中的以天作则之论。墨子认为，父母、老师、君王这三者均不能为法。为什么？因为天下为父为母者众而仁者少，为师者众而仁者少，为君者众而仁者少；只有天有资格为人法，为人则。为什么？墨子指出，天的品行博大而无私，覆盖万物而不自认为有功德，光明而长久不衰。

"以天为宗，以德为本，以道论门，兆于变化，谓之圣人。"

这是《庄子·天下》中的以天作则之论。"以天为师""以天为父""以天为宗"这三个词，在一部《庄子》中反复出现。这是《庄子》中的以天作则之论。在庄子这里，只有天则天理是完美的，人的主张都是有欠缺的。人所认识到的理，人所掌握的理，根本无法与天则天理相比。正是因为有了这样的认识，庄子才有敢于评论所有圣人的底气。尧、舜、禹、黄帝乃至三皇，没有庄子不敢批评的。

以天作则，这是中华先贤的基点，是中华元文化的基点。离开了这一基点，就无法理解中华先贤，就无法理解中华元文化。

以天作则与以神作则，这是《周易》与《圣经》相区别的基点。离开了这一基点，就无法认识与分清《周易》与《圣经》这两部经典的异同。

无天文不成人文，无天理不成人理，无天时不成人时，无天则不成人则，理解了这些，就接近了中华元文化。

（八）自然法则十诫

在"以天作则"的问题上，参照兄弟民族的文化，完全可以在以天作则的基础"继续说"，说出今天的"该如何，应如何"。笔者在此抛砖引玉，写出自然法则十诫，例如：

第一条：只有自然法则是永恒的，所以必须崇尚、遵循自然法则。

第二条：自然法则在道理中，道理在天地之理中，天地之理在万物之理中。道理、天地之理、万物之理是人必须遵循的理。道理、天地之理可以用抽象符号比如奇偶之数、阴阳两爻以及太极八卦来表达，不能用偶像来表达。

第三条：春夏秋冬四时构成了首尾衔接圆环，圆环周而复始的循环决定着万物与人的生长消息，所以人必须遵循四时之序。春夏秋冬四时对应着东西南北四方，四时为时间，四方为空间，时空为有序之时空，人不可能改变时空之序，所以必须遵循时间之序与空间之序。

第四条：天地、日月、水火、昼夜、寒暑、气血、雌雄、动静、形神之理均可以抽象在一阴一阳中。一阴一阳之理是大宇宙与小宇宙的根本之理，是各个学科的基本原理。认识宇宙、认识人体，研几于各个学科，必须从这里开始。

第五条：万物有相互联系的一面，有相互制约的一面。万物之理可以归结在金木水火土五行之中，时间空间同样可以归结在金木水火土五行之中，五行相生表达了宇宙间的相互联系，五行相克表达了宇宙间的相互制约。认识事物间的相互联系与相互制约，仍然应该从这里开始。

第六条：天无私覆，地无私载，日月无私照，四时无私行，大公无私的品德在自然之中，做人应该大公无私，所以应该从无私这一角度去效法天地，去效法自然。

第七条：小花、小草何时出土，何时开花？小鱼、小虾何时交配，何时产卵？都严格遵循着自然法则中的一个"信"字。草木讲信，鱼虾讲信，信是自然之物永恒的美德。人为万物之灵秀，所以应该一切活动中也应该讲信。

第八条：变化是宇宙的基本状态，是昼夜四时的基本状态，是一草一木的基本状态。一切在变化，所以人也应该随自然变化而变化，同时也应该以变化的眼光认识大宇宙与小宇宙。

第九条：天地生生不息，万物生生不息，人也应该生生不息。人的生生不息，除了自身的繁衍，还应该生出新器具、新技术、新礼仪、新衣裳、新理论。

第十条：人生活生存在天地之间，人的生活生存依赖于万物，所以人的一切活动及其发明创造都不能危害天地，都不能以万物为敌。

天地之间没有永恒的人，所以也没有永恒的人理。天地可以永恒，日月可以永恒，昼夜可以永恒，四时可以永恒，自然之理、自然法则可以永恒。中华先贤选择其为"如何为人"的坐标，这一选择无疑是正确的。中华先贤的选择，释迦牟尼是遥互相应者。释迦牟尼认为，人，哪怕是贤圣之人，其认识都是有差别的。所以，人不能取法于人。释迦牟尼的这一认识，化为《金刚经》中的一句极其重要的话："如来说法，皆不可取。"这句话的核心意思是：信佛信到释迦牟尼本人，那就大错特错了。

五、爱人为大

"爱人如己"，这是《圣经》的主张。

"摩西十诫"中第一诫讲的是上帝是唯一的神，所以，人应该尽心、尽性、尽意地爱自己的神。与爱神的道理一样，应该去爱人，应该爱人如己。

爱神与爱人，《圣经·新约·马太福音》说，这是律法和先知一切道理的总纲。

始于《周易》的中华元文化，是爱人的文化。儒、道、墨三家文化，家家都讲爱心，家家都讲究一个"爱"字。

立人之道中有爱心。"立人之道曰仁与义。"（《周易·说卦》）立人之道立在何处？立在"仁义"二字上。

何谓仁？孔子、孟子、庄子都用爱人、爱心之爱解释了这个"仁"字。

《论语·颜渊》："樊迟问'仁'。子曰：'爱人。'"

《礼记·大学》："唯仁人为能爱人。"

《庄子·天地》："爱人利物之谓仁。"

《孟子·离娄下》："仁者爱人。"

立人之道，首先立在一个"仁"字上。仁者爱人，仁人即爱人之人。

何谓义？孔子在《礼记·经解》中的解释是："除去天地之害，谓之义。"除害，出发点是爱人。除去天地之害，出发点是爱天下人。

"仁"与"义"，两个字一个基点，这个基点就是爱——既爱己又爱人。

为政为在爱人上。鲁哀公向孔子请教先贤是如何为政的。孔子以八个字做出了回答："古之为政，爱人为大。"孔夫子告诉鲁哀公，古之贤哲治理天下，其政之基点是爱人。"古之为政，爱人为大"的对话，记载在《礼记·哀公问》中。

为政为在爱民上。"爱民治国"是老子的思想与主张。老子讲无为而治，这里的"无为"讲的是不要违反自然法则乱作为，不要因乱作乱为麻烦天下百姓或给天下百姓增加麻烦。"爱民治国，能无知乎？"（《道德经·第10章》）这里的"知"，指的是智慧，指的是顺应自然的大智慧。这是一个反问句，老子的意思是：爱民治国，能缺少顺应自然的大智慧吗？

在马王堆出土的帛书中，有《老子》一书，书中也有"爱民治国"这句话，但与流行本稍有差别。"爱民治国，能无为乎？"（《帛书老子·第10章》）——爱民治国，能够自然无为吗？老子无为之治，基点是不要麻烦百姓，骚扰百姓，惹百姓厌烦。治国的治于无为，基点是爱民。

"仁"字，在一部《论语》中出现了近百次。《论语》真可谓是仁者之论，仁者之语。孔子主张"泛爱众"。泛者，广泛也。爱者，爱心也。众者，众人也。泛爱众者，爱天下人也。耶稣讲博爱，耶稣之前的孔子讲仁爱，讲泛爱。在西方，讲博爱的耶稣，一直受到崇敬，古今不变。在自己的家乡，讲仁爱的孔夫子，一会儿受利用，如独尊儒术；一会儿受侮辱，如批林批孔。

凡是文化，凡是优秀的文化，都离不开一个"爱"字，离不开"爱人"二字，无论东西。离开了"爱"与"爱人"，文化就变成了乱化，人文就变成了兽文。

六、朝乾夕惕

忏悔，是犹太教与基督教教徒必须自觉遵守的一种活动。

所谓忏悔，就是教徒跪着向上帝陈述自己的迷误或罪过，请求上帝宽恕自己的迷误，赦免自己的罪过。

忏悔，是一种教育方法，是教育人自律的一种方法。

有朋友问，咱们的文化怎么不要求忏悔？笔者回答，没有这个有那个，没有忏悔而有"夕惕"。

《周易》里没有具有人格意义的上帝，所以不要求人们跪着忏悔，但《周易》要求君子夕惕。

"君子终日乾乾，夕惕若厉，无咎。"

这是乾卦九三爻的爻辞。乾卦为《周易》开篇第一卦，第一卦里隐含有朝乾夕惕哲理。

终日者，白昼也。乾乾者，健健也，自强不息也，奋发努力也。夕者，夕阳也，傍晚也。惕者，警惕也，反思也。这句爻辞的意思是：太阳升起，君子就应该奋发向上，奋发自强。太阳落山，君子就应该反思反省。想想今天有没有失误、迷误、错误，乃至罪过。如此才能突破困难险境而不至于遭受危害。

"朝乾夕惕"，四个字一分为二分为前后两部分。前半部分讲的是面对朝阳的自强，后半部分讲的是面对夕阳的反思。

"朝乾夕惕"的哲理，在早期的中华大地上，适用于士农工商，适用于平民与君王。

一直到清朝，还可以看到"朝乾夕惕"的哲理。电视剧中的雍正皇帝杀大将军年羹尧，罪状之一就是年羹尧把"朝乾夕惕"写成了"夕惕朝乾"。就事论事，这是"鸡蛋里面挑骨头"，因为"朝乾夕惕"与"夕惕朝乾"之间没有什么原则性差别。就事论文，从这里可以知道，在清朝皇帝这里，"朝乾夕惕"的哲理还没有失传。而今天，知道"朝乾夕惕"这四个字的人已经不多了。

除了"朝乾夕惕"的哲理之外，儒家文化里还有"慎独"的哲理。慎独，讲究的是一个人独处时也要自己洁身自好。慎独，前面已有议论，此处不再赘述。

朝乾夕惕，一方面要求人们自强不息，一方面要求人们认真反思。一个人仅仅懂得自强不息的道理是不够的，因为自强不息后面还应该懂得夕惕的道理，只有这样才不会在辉煌后面又产生荒唐。

七、仁不让师

学生能不能超越老师？在这个问题上，中华元文化与儒家文化的态度是开明的。

"易穷则变，变则通，通则久。"

据《周易·系辞下》，这条哲理是在黄帝、尧、舜名下出现的。这就是说，在黄帝、尧、舜这类中华先贤眼里，一切都是可以变通变化的，没有不可变的事，没有不可超越的人。前人可以超越，老师也可以超越。

"当仁，不让于师。"

在《论语·卫灵公》篇中，这句话是以"子曰"形式出现的。这就是说，在孔子这里，学生是可以胜过老师，超越老师的。"仁不让师"一词就发源于此处。

学生能不能超越老师？在这个问题上，《圣经》中有一个相反于《论语》的答案。

"学生不能高过先生。"

《圣经·新约·马太福音》教化世人说，学生不能高过先生，能够和老师一样，也就罢了。

历史证明，东西方的子孙都没有听祖先的话：西方的后生，一代代超过了先生，他们从中华民族之后走到了中华民族的前头。而东方的后生，一代代逊于先生。百家争鸣之后再没有出现过新的争鸣，秦汉以后再没有产生过可以光照千秋的经典，再没有出现过一件件领先于世界的器具与技术，中华民族从世界的前头一步步落到了世界的后头。

有孩子向我提出质疑："黄帝会开汽车吗？黄帝会玩电脑吗？"我向孩子解释："树有枝叶有根本，谈树不能以枝叶否定根本；枝叶虽美，但不能依此来否定根本。江河有源有流，谈江河不能以流否定源；江河滔滔，但不能依此来否定涓涓细源。同样的道理，谈人不能以流否定源。"同时，我还启示孩子："黄帝会提出世界还没有提出的问题，黄帝会解答世界还没有解答的问题。孩子，你能够达到这一步吗？你能提出人家没有提出的问题吗？你能解答人家没有解答的问题吗？"

一代人有一代人的责任，一代人有一代人的事情，不能颠倒时空混乱祖先与子孙两代人的责任，不能以眼前之术亵渎根本道理。祖先可以超越，但决不可以亵渎，这是笔者对祖先的基本态度。

八、崇尚富贵

有相当一段时间，整个中华大地上崇尚的是一个"穷"字，而且是"越穷越光荣"。而在早期的中华大地上，中华先贤崇尚的是一个"富"字，崇尚的是"富贵"两个字，而且是用"崇高"二字来形容"富贵"。承载中华元文化的经典，部部都谈到了富。

《周易》谈富。《周易》开创的文化是主张富、赞扬富的文化。

小畜卦是六十四卦中的第九卦。小畜，有小有积蓄之义。致富的主张，始于此卦。致富，不可能一口吃个胖子，可以先从小富、小有积蓄开始。主张积蓄财富，是第九卦开始的。

小畜卦之后还有大畜卦。大畜，有大有积蓄之义。六十四卦中不但有小畜卦、大畜卦，还有象征大丰收、大有收获的大有卦，用这三卦来研究致富、小富、大富的三境界，这足见中华先贤对"富"这一课题的高度重视。

"富家，大吉。"这个主张，是在家人卦的六四爻的爻辞之中出现的。家人卦谈的是如何立家，立家应该立在一个"富"字上。富家，大吉。家富，大利。富家家富，大吉大利。

"不独富也。"《周易·小畜·象传》诠释卦象，从小畜卦卦象中解释出帮助邻居的哲理。"不独富"揭示的哲理是：自己富了，自己过上了幸福生活，千万不要让左邻右舍饥寒交迫。历史证明，贫富两极分化，是动乱不安的根源。一地两极分化，是一地动乱的根源；天下两极分化，是天下动乱的根源。自己富，左邻右舍富，才有安定太平的局面。希望富裕者、为政者都能理解"不独富"这三个字的重要意义。

帮助邻居，在兄弟民族文化这里，也可以找到相似的哲理与名言。古埃及文学中有这样告诫富有、富裕者的箴言："倘若你成了高贵者、富裕者，不要忘记被人轻视的穷困的日子。"《圣经·新约·马太福音》有"爱你的邻舍"的主张；《圣经·新约·马可福音》还有耶稣让财主"去变卖你所有的分给穷人"的教诲，这些哲理与"富以其邻"的主张相似相通。善待邻居，帮助邻居，是人类先贤的一致之处。这里还有必要继续介绍一下耶稣的感叹：耶稣教诲一位希望永生的青年财主，让他把"所有的分给穷人"，这位青年财主听了耶稣的话，脸上马上变色，忧忧愁愁地走了。耶稣感叹说："小子，倚靠钱财的人进神的国是何等的难哪！骆驼穿过针的眼，比财主进神的国还容易呢。"

"崇高莫大乎富贵。"到了《周易·系辞上》这里，"富贵"是用"崇高"一词来描述的。用"崇高"二字描述"富贵"，清晰地表达了中华先贤、中华元文化对富贵的态度。这里没有越穷越光荣的道理。

《尚书》谈富。《尚书》把"富"界定为幸福。《尚书·洪范》治国安民的九条大法中，第九条谈到了人的五种幸福（五福）和六种不幸（六极）：

五福：一曰寿，二曰富，三曰康宁，四曰攸好德，五曰考终命。

六极：一曰凶、短、折，二曰疾，三曰忧，四曰贫，五曰恶，六曰弱。

五种幸福：一是长寿，二是富裕，三是健康安宁，四是遵行美德，五是高寿善终。六种不幸：一是早夭，二是疾病，三是忧愁，四是贫穷，五是邪恶，六是虚弱。富为"五福"之一，贫为"不幸"之第四。

今天春节横批上的"五福临门"，其哲理之源就源于《尚书·洪范》中的"五福"。

《尚书》把天下"困穷"看做是一种重大责任，这个责任应该由治理天下的君王来承当。

"四海困穷，天禄永终。"

这句话在《尚书·大禹谟》中是舜、禹交班时，舜嘱咐禹的话。在《论语·尧曰》中，孔子说这句话是尧交班时嘱咐舜的话，舜在交班时又将这句话告诉了大禹。尧、舜、禹是三位圣人领袖，三位圣人领袖交接时重复着一句话，可见这句话的重要性。"四海困穷，天禄永终。"这句话有三重意义：一是贫穷是十分不幸的事；二是四海贫穷是君王的责任；三是天授的君权没有永久性，一旦人民遭受到了贫穷，天也会收走天授的君权。

《诗经》谈富。《诗经》祝愿富裕的生活"万寿无疆"。《诗经》有很多歌颂丰收、歌颂富裕的生活的诗篇。《诗经·豳风·七月》就是其中一首。

"九月肃霜，十月涤场，朋酒斯飨，曰杀羔羊。跻彼公堂，称彼兕觥，万寿无疆。"

对丰收，对富裕，《诗经·豳风·七月》使用了"万寿无疆"一词对其进行了歌颂。

"万寿无疆"这个喜庆吉祥的词语，在《诗经》里是庆祝丰收时使用的，是庆祝自己幸福生活时使用的。后世子孙把这个吉祥词语，用在皇帝太后身上，实在是用错了地方。

面对贫穷，《诗经》里人民是敢于批评的，哪怕贫穷的制造者是上帝，是上天。

"瞻卬昊天，则不我惠。"——抬起头来望昊天，为何不对我施恩惠。

"昊天疾威，天笃降丧。"——昊天暴虐又疯狂，灾难不断往下降。

这是《诗经·大雅》里的诗句，《诗经》时代的人民在灾难与贫穷面前，不烧香不磕头，而是敢于向上天问一个"为什么"？

《论语》谈富。孔子是主张富裕的，既主张个人致富，又主张国人致富。

个人应该致富。只要能够致富，工作上不必挑三拣四，拿鞭子赶车、牧羊的活也可以干。即"富而可求也，虽持鞭之士，吾亦为之。"（《论语·述而》）

国人应该致富。国人致富是治国者的责任。孔子与弟子冉有讨论如何治国时，谈到了三条治国方略——庶、富、教。

子适卫，冉有仆。子曰："庶矣哉！"冉有曰："既庶矣，又何加焉？"曰："富之。"曰："既富矣，又何加焉？"曰："教之。"

有人民，治国者就有责任让人民富起来。让人民富起来并不是最终目的，"富之"之后应该"教之"。教人以礼仪，教人以知识，教人以音乐，教父母仁慈，教儿女孝顺，总之，把人教成人的样子。《论语·子路》篇记载了这段对话。

富、富裕本身没有错。如果有错的话，错在致富的手段与途径上。有人以道致富，有人以力致富，这都没有错。有人以权致富，这就大错特错了。孔子明确反对邪道致富。在《论语·述而》篇中，孔夫子留下了一句千古传诵的话："不义而富且贵，于我如浮云。"——富，富在财富上。贵，贵在人格、良心上。有财富，有人格，有良心，如此者富而贵者也。有财富，无人格，无良心，如此者富而贱者也。简言之，由道而富，富而贵；无道而富，富而贱。孔夫子赞成的是富而贵，孔夫子反对的是富而贱。

既主张个人富，又主张国人富。求富一定要用正当的方法、用正当的途径。平民求富，可以从小事干起，包括拿"鞭子"的差使。君王治理国家，有责任让人民先富起来，然后就是抓紧对人民的教育，让富起来的人民懂得礼。贫穷时不要低三下四，富裕时不要骄傲自大。这些就是孔子的富裕观。

治国治家者分配财富时，一定要注意"不均"的偏差。如果因权力造成了贫富差距，可能会引起"不安"。《论语·季氏》曰："有国有家者，不患寡而患不均，不患贫而患不安。"治家的父母分配财富时，如果偏心于小儿子，那么一定会引起兄弟之间的争斗，家庭中会产生"不安"的局面。治家的君王分配财富时，如果偏心于皇亲国戚，那么一定会引起朝野之间的争斗，天下中会产生"不安"的局面。微小的"不均"会引起微小的"不安"，巨大的"不均"会引起巨大的"不安"，两千多年的历史，中华大地上一次次举起了"均贫富"的大旗，证明了孔夫子这一论断的正确性与严肃性。均，是宇宙和谐存在的基本条件；均，是人间安定和谐的基本条件。这是为政临民者必须清楚的道理。

如果不能正道致富，那么就应该安贫乐道。孔夫子以表扬颜回的方式表达了自己安贫乐道的态度。"贤哉，回也！一箪食，一瓢饮，在陋巷。人不堪其忧，回也不改其乐。贤哉，回也！"（《论语·雍也》）在孔夫子的视野里，富本身没有对错之分，有对错之分的是致富的途径，致富之途有正道邪道之分。邪道致富，这是小人。正道致富，这是君子。不能正道致富而安贫乐道者，也是君子，颜回式的君子。

儒家文化里，理有求富之理，事有求富之事。子贡是孔夫子的得意门生，他就是一个大富翁。子贡经商，富可敌国。《史记·货殖列传》记载的第一名商人是商之鼻祖范蠡，第二名商人就是子贡。

"子贡结驷连骑，束帛之币以聘享诸侯，所至，国君无不分庭与之抗礼。"

"分庭抗礼"一词，就来源在这里。诸侯国君对商人与儒生双重身份的子贡十分尊敬。子贡一到，国君就要到庭中迎接。子贡富裕之后，把财富用在了儒家文化的传播上。关于这一点，《史记·货殖列传》的记载是："夫使孔子名布扬于天下者，子贡先后之也。"安贫乐道的颜回是贤者，富可敌国的子贡同样是贤者。

孔子之后的儒家，"无私之品德"与"有私之财产"在哲理层面发生混淆，把无产混淆成了无私，有产混淆成了有私。最终形成了一个有产即有罪错误的等式。《孟子》中出现的"为富不仁"被曲解为仇富的理论依据。这一混淆在实际生活中阻碍了个人的发家致富、阻碍了整个民族的经济发展。这一问题对于中华民族来说是基础性问题，将在第四篇进行专题讨论。

九、看淡生死

生命是一个过程，生也自然，死也自然。以如此达观态度对待生死的，在几千年前的世界民族之林中，唯我中华先贤。

《周易》谈生死。创造《周易》的中华先贤，没有把人的生与死局限于人本身，而是将这一问题放在天地万物中一体认识的。

"仰以观于天文，俯以察于地理，是故知幽明之故。原始反终，故知死生之说。"

《周易·系辞上》这一断论是将天地、幽明（阴阳）、生死一体而论的。天地变化是一个原始反终的过程，幽明（阴阳）变化是一个原始反终的过程，死生变化是一个原始反终的过程。过程从始到终，又从终到始，一个过程之后又有一个新过程。一个旧生命的结束意味着一个新生命的诞生。

用"原始反终"这四个字，简练简洁地形容死生生死之过程，中华先贤对生死的态度是那样的豁达，中华先贤驾驭语言的能力是那样的高超。

生命的变化有规律可循吗？有！《黄帝内经》论人生，论出了"女七七，男八八"的基本规律。《黄帝内经·素问》开篇第一篇《上古天真论》告诉人们，女子七岁一个变化，男子八岁一个变化。原文摘录如下：

女子七岁，肾气盛，齿更发长。二七而天癸至，任脉通，太冲脉盛，月事以时下，故有子。三七，肾气平均，故真牙生而长极。四七，筋骨坚，发长极，身体盛壮。五七，阳明脉衰，面始焦，发始坠。六七，三阳脉衰于上，面皆焦，发始白。七七，任脉虚，太冲脉衰少，天癸竭，地道不通（指女子绝经），故形坏而无子也。

丈夫八岁，肾气实，发长齿更。二八，肾气盛，天癸至，精气溢泻，阴阳和，故能有子。三八，肾气平均，筋骨劲强，故真牙生而长极。四八，筋骨隆盛，肌肉满壮。五八，肾气衰，发堕齿槁。六八，阳气衰竭于上，面焦，发鬓颁白。七八，肝气衰，筋不能动，天癸竭，精少，肾藏衰，形体皆极。八八，则齿发去。肾者主水，受五藏六府之精而藏之，故五藏盛，乃能泻。今五藏皆衰，筋骨解堕（解同懈），天癸尽矣。故发鬓白，身体重，行步不正，而无子耳。帝曰：有其年已老而有子者何也？岐伯曰：此其天寿过度，气脉常通（常通尚），而肾气有余也。此虽有子，男不过尽八八，女不过尽七七，而天地之精气皆竭矣。帝曰：夫道者年皆百数，能有子乎？岐伯曰：夫道者能却老而全形，身年虽寿，能生子也。

《黄帝内经》告诉后人，人生可以分为成长、成熟、强盛、衰退、衰老五个阶段，但是男女的一生，其阶段变化稍有差别，女子变化可以用"七七"二字表达，男子变化可以用"八八"二字表达。

女子一生的阶段性变化是：一七到二七，为成长阶段；二七一十四，为发育成熟期，此时即可以怀孕生子；二七到五七为身体强盛阶段；五七三十五岁，为强盛到衰退的转化点；七七四十九为绝经期，七七四十九之后为衰老阶段。生儿育女，女不过七七。一般规律如此，特殊情况例外，以道养生之人年老也能生子。

男子一生的阶段性变化是：从一八到二八，为成长阶段；二八一十六，为发育成熟期，此时即有了生育能力；从二八到五八，为身体强盛阶段；五八四十，为强盛到衰退的转化点。八八六十四为生育能力结束，六十四岁之后为衰老阶段。生儿育女，男不过八八。一般规律如此，特殊情况例外，以道养生之人年老也能生子。

"女七七，男八八"的变化规律告诉饮食之男女，男女外部容颜的变化，包括头发、牙齿的变化，均与体内脏腑经络的变化有关，尤其与肾气的盛衰有关。

《黄帝内经·灵枢·天年》以十岁为一阶段，详细描述了人生天年的一个完整过程：

人生十岁，五藏始定，血气已通，其气在下，故好走。

二十岁，血气始盛，肌肉方长，故好趋。

三十岁，五藏大定，肌肉坚固，血脉盛满，故好步。

四十岁，五藏六府十二经脉，皆大盛以平定，膝理始疏，荣华颓落，发颇斑白，平盛不摇，故好坐。

五十岁，肝气始衰，肝叶始薄，胆汁始灭，目始不明。

六十岁，心气始衰，苦忧悲，血气懈惰，故好卧。

七十岁，脾气虚，皮肤枯。

八十岁，肺气衰，魄离，故言善误。

九十岁，肾气焦，四藏经脉空虚。

百岁，五藏皆虚，神气皆去，形骸独居而终矣。

人生以百岁为期，百岁之后有其形而无其神，这是《黄帝内经·灵枢·天年》给出的一个结论。这个结论告诉并提醒后人，没有万岁之人，没有长生不老之人，任何长生不老、万岁之说均属虚妄。

这里隐含着一条重要道理，人的生命实际上有两个：一个是自然生命，一个是人为生命。自然生命应该是百岁而终，人为生命大都是半百而衰，所以然则何？自然生命的一半被人为地糟蹋了。养生必须合于道。道并不虚妄，例如阳动阴静这就是道。太阳出来了，就应该随太阳而动，月亮出来了，就应该随月亮而静。现实生活中，有相当多的年轻人完全相悖于阳动阴静之道，随月亮而动，随太阳而静。毫无疑问，这是在糟蹋生命。天赋的百岁之生命，一半被这种悖道行为浪费了。

生也自然，死也自然，生与死与上帝无关，这是《黄帝内经》的基本立场。以道养生，人生可以顺利度过百年。

庄子看淡生死，淡到令人吃惊的程度。庄子的妻子死了，朋友惠子前往吊唁。看到了一个令惠子非常惊讶的画面：庄子在那里正叉开双腿敲着盆子唱歌。

惠子问庄子："人家和你结为夫妇，为你生儿育女，直到身体衰老而死。妻子死了你不哭已经不合情理，却又敲着盆子唱歌，这是不是太过分了？"

庄子说："不是这样啊。她刚刚死的时候，我也很伤心！可细细考究她的一生，就不再伤心了。世上本来并没有她：一没有生命，二没有形体；不但没有形体，而且没有元气。变化之中有元气，元气变化为生命，生命变化到死亡，这如同春夏秋冬四季运转一样正常。现在她在天地这间大房子里安安静静地休息，我却嗷嗷叫地哭泣，那就太不了解生命的自然过程了，所以我止住了啼哭。"

这段对话记载在《庄子·至乐》篇中。生与死，在宗教里是一件重大的事件，而在庄子这里，却和"花开花落"一样正常与平常。庄子的生死观，是如此的豁达。

鬼的本义，是回归之归。回归到何处？回归到大地。"鬼，归也。"这是《列子·天瑞》篇对"鬼"的界定。列子认为，生命分为两个部分：一是精神，二是形骸。精神源于天，形骸源于地。精神与形骸合一，即为生命。精神与形骸分离，生命结束。生命结束为返璞归真。所谓"鬼"，实际意义为回归大地之归。"尘土仍旧归于地，灵仍旧归于天。"《塔木德》论人之生死，死后人的灵魂归于上帝，人体归于大地。这一论断，与中华之文化有相似之处。

杂家有尸子一子。尸子借老莱子的口说出了自己的生死观：人生，犹如寄存于天地之间。寄存的东西肯定要回归到本来的来处，回归到本来的来处是一定的，是固然的。生者，寄也。死者，归也。《尸子》："老莱子曰：'人生天地之间，寄也。寄者，固归也。'"生如寄，死如归。在生死问题上，杂家也没有制造出一丝一毫的迷信。

"大凡生于天地之间者，皆曰命；其万物死，皆曰折；人死，曰鬼。"这是《礼记·祭法》篇对"命""折""鬼"的界定。这里的"命""折""鬼"三个概念，没有丝毫的神秘意义。

从《周易》到《庄子》，都没有在生死问题上做文章，生也自然，死亦自然，这里没有地狱，也没有天堂。

孔子甚至拒绝讨论如何事鬼之事，拒绝讨论死后的问题。《论语·先进》篇记载了关于鬼神、生死的一场对话：

季路问事鬼神。子曰："未能事人，焉能事鬼？""敢问死？"曰："未知生，焉知死？"

孔子重视的是今世，重视的是今生，后世之事。至于来生之事不在孔子的关注范围之内。所以孔子拒答子路之问。孔子的一生，一直在研究"如何做人"，《论语》所记载的孔子之语，全部在"如何做人"的范围内，《论语》中根本没有"如何做鬼"的道理。死后的事，伏羲氏、神农氏、黄帝、尧、舜没有研究，孔子也没有研究。

《圣经》重视死后之事，佛教重视死后之事，这里有地狱，有天堂。在世界民族之林中，唯我中华先贤、唯我中华元文化与中医文化以及儒道两家的文化重生而不重死。孰是孰非，完全可以各自表述。这里需要提醒读者的是，在所有重大问题上，中华先贤都有自己独特的看法。解答所有重大问题，中华先贤都有自己的答案。现实生活，每遇到问题都要在别人那里找答案，都要在别人那里找标准，自觉地臣服于别人，这是一种进化还是一种退化？是不是一种严重的退化！

十、善恶之论

扬善，是文化与宗教的共同点。抑恶，是文化与宗教的共同点。抑恶扬善，是文化与宗教的共同点。

（一）佛教中的善恶之论

"善有善报，恶有恶报"，这句流传极为广泛的话源于佛教。抑恶扬善，劝人为善，是佛教教义的基点。

（二）《周易》中的善恶之论

中华元文化中的抑恶扬善教育，是从《周易》开始的。《周易》的善恶之论，集中在下面两句至理名言中：

其一，"善不积不足以成名，恶不积不足以灭身"。（《周易·系辞下》）

这句至理名言是针对个人而言的，对象是天下所有的人。

这句至理名言讲述了这样一条道理："善"与"成名"、"恶"与"灭身"之间有着必然的联系。积善，落脚于成名；积恶，落脚于灭身。出发点与落脚点之间，虽然有时间长短之别，但绝不会有因果上的误差。

其二，"积善之家必有余庆，积不善之家必有余殃"。（《周易·坤·文言》）

这句至理名言是针对家庭而言的，对象是天下所有的家庭。

这句至理名言讲述了这样一条道理："积善"与"余庆"、"积不善"与"余殃"之间有必然的联系。一天积一善，如此之家必然会有余庆。一天积一恶，如此之家必然会有余殃。如同"种瓜得瓜，种豆得豆"的因果关系一样，积善之家收获余庆，积不善之家收获余殃。

这里特别值得注意的是，善恶之报不是立竿见影的，而是像贷款的利率一样，欠账越久利率累计得越多。经济债务也许会赖掉，而积不善的余殃是永远赖不掉的。今天不还，明日还；今年不还，明年还；这一代不还，下一代还。中华文化不讲迷信，为什么还会出现"这一代不还，下一代还"的说法呢？这是因为上一代的生活方式直接影响到了下一代，如果两代人一直为恶，恶果肯定结在后一代人身上——不在你身上，就在儿女子孙身上。

（三）《道德经》论善恶之报

《道德经·第73章》曰："天网恢恢，疏而不失。"老子以天道之善论人道之恶，以看不见的天网向作恶者提出了警戒。作恶，必须受到恶报；积恶，必须受到恶报。谁来报？天来报，恢恢的天网来报，疏而不漏的天网来报。"天网恢恢，疏而不漏"的哲理，在中华大地上演化出了一句非常易懂、非常易记的民间俗话，这句俗话是："终七不报终八报，终八不报终九（久）也要报。"天下的作恶者，千万不要有投机心理，千万别以为作恶时人不知鬼不觉，只要不在天之外，无论你在什么时候、什么地方作恶天都知道。老子告诉人们，天道公平，天道威严，只要你作恶，就一定逃不过那张疏而不漏的网——天网。论善恶之报，《春秋左传》里还有"多行不义必自毙"的名言，与"天网恢恢，疏而不失"相似相通。

（四）《六祖坛经》论天堂地狱

外来宗教中的天堂地狱都在人之外，中国化的佛教禅宗里的天堂地狱却在人心之中。六祖慧能将外在的天堂地狱化为内在的地狱天堂。

《六祖坛经·忏悔品》："思量恶事，化为地狱。思量善事，化为天堂。"

《圣经》《塔木德》告诉人们，天堂在天上，地狱在地下。《西游记》也持这种说法。《六祖坛经》告诉人们，天堂不在天上，地狱不在地下，天堂地狱都在人的心中。思量善事时，你就进入了天堂；思量恶事时，你就进入了地狱。进地狱还是进天堂，仅在一念之差，看你思量的是恶事还是善事。这是禅宗六祖慧能所讲的佛理。

（五）孔子论大学目标

《礼记·大学》中的第一句话是："大学之道，在明明德，在亲民，在止于至善。"这里的"大学"，所指的不是北京大学、清华大学这样的高等学府，指的是大成境界的学习。"大学之道"所指的是学习与教育的目的。学习与教育，不仅仅是培养出专业人才，而是把人培养成为求善之人。止于至善，就是要把人培养成一生求善积善的人。

（六）刘备的遗嘱

《三国演义》中的刘备，临终时留给儿子阿斗的遗嘱中有一句极其重要的话："勿以恶小而为之，勿以善小而不为。"这句话在正史中也有记载，证明刘备确实对阿斗说过这句话。《周易·系辞下》曰："小人以小善为无益而弗为也。以小恶为无伤而弗去也。故恶积而不可掩，罪大而不可解。"这句话应该就是刘备遗嘱的哲理之源。

小人不为小善而常为小恶，小恶一天天积成了大罪，到了罪不可赦的地步，走上审判台或断头台的日子就来临了。由积小恶开始，到罪不可赦的结局告终，如此历程，就是小人的人生历程。《周易》中的哲理，教育的对象是小人。刘备用警戒小人的哲理，来教育即将主政一国的接班人，显然是选错了教育对象讲错了教育之理。家天下就在"本来就不应该"的范畴之内，绝不是一篇或几篇遗嘱能够挽救的，何况是一篇文不对题（人）的遗嘱。不过，刘备的遗嘱证明，他接受过《周易》的教育，他也认可《周易》之理。

通过回顾可以知道，印度人的先贤、犹太人先贤，当然还有我中华先贤，他们有一个共同的目标，这个目标就是把人化育为善之人。把人化育成为善之人，在几千年前的地球上，是人类先贤的共同目标。化育的方法可以不同，化育的目的却是那样的一致。

十一、忧患意识

"基督文化里有原罪之说，咱们的文化怎么没有这一说？"这是一位教育学博士提出的问题。提这个问题的本义是：人应不应该有恐惧之心，日常生活中应不应该敬畏点什么？

人一出生就处于有罪状态，如《圣经·新约·罗马书》所言："这就如罪是从一人入了世界。"这里的罪，指的不是出生者本身有什么罪，而是老祖宗犯罪遗留给后代的原罪。原罪，是亚当与夏娃这两个老祖宗所犯的罪。后面的人都是老祖宗的子孙，所以需要替老祖宗赎罪。原罪，是《圣经》的基本教义。赎罪，是教徒一生中的基本活动。

人为天地之心，为五行之秀，为万物之灵。人可以与天地并列为三才，可以与天、地、道并称为四大，这是中华元文化的基本观点，这是儒道两家文化的基本观点。人是高贵的人，没有什么原罪，在中华元文化与儒道两家文化里，看不到与原罪之说相似相通的哲理。

那么，高贵之人对人生应该持一个什么态度呢？一生而言，人生应该有忧患意识。日常而言，应该有"履虎尾"的心态，应该有"战战兢兢，如临深渊，如临薄冰"的恐惧。

《周易·系辞下》曰："作《易》者，其有忧患乎。"又："《易》之兴也，其当殷之末世，周之盛德邪？当文王与纣之事邪？是故其辞危，危者使平，易者使倾，其道甚大，百物不废，惧以终始，其要无咎，此之谓《易》之道也。"

《周易》诞生在殷灭周兴的时代，一步步强大强盛起来的周文王，没有因眼前的强盛强大而陶醉，而是从泱泱商殷由强盛到衰败的变化中洞察到了天命无常、民心可变、天禄可以丧失的危险，从而忧虑周是否能重蹈覆辙。《周易》就是产生在如此忧患心境之中。

"作《易》者，其有忧患乎。"《易》之道，讲的是忧患之道。《易》之理，讲的是忧患之理。"危者使平，易者使倾"，讲的是时时有危机之感才能畅顺平安，事事轻狂浮躁定会倾覆失败。"百物不废，惧以终始"，讲的是若想事业不半途而废，那就必须自始至终保持警惕。忧患，是《周易》所主张的人生态度。

忧患，起于周文王这位胜利者。实际上，不但胜利者应该讲忧患，成功者也应该讲，正在朝着某目标的奋斗者同样应该讲。否则，就会有胜利与灭亡的转换，就会有成功与失败的转换，就会有劳而无功的辛酸。

人生讲忧患，还应该讲什么？《周易》中还有"履虎尾"的哲理。何谓"履虎尾"？就是人生要有在老虎尾巴后面行走的心态。"履虎尾"这一比拟，真是既形象又生动，活龙活现地刻画出人的警惕之心，恐惧之心。在老虎的尾巴后面行走，能不小心吗？ "履虎尾"，首先讲的是君王"应该如此"，君王应该以"在老虎的尾巴后面行走"那样的心态去行政；其次讲的是一般人"应该如此"，一般人应该以"在老虎的尾巴后面行走"那样的心态去生活。

"履虎尾"之说，出于履卦的卦辞之中。六十四卦第十卦为履卦，《周易·系辞下》说，履卦是教育人讲礼的。"履者，德之基也。"在这个解释中，履卦之履象征小心地行礼，而小心地行礼则是修养道德的基础。

"物畜然后有礼，故受之以履。履而泰然后安，故受之以泰。泰者，通也。"这是《周易·序卦》对小畜、履、泰三卦卦序的解释。小畜卦在人文中有小有积蓄之义，履卦有礼之规范之义，泰卦有安泰通泰之义。三卦卦序揭示的哲理是：衣食足而知礼仪，讲礼仪而后有亨通安泰的生活。"履虎尾"的真实目的，是教人知礼讲礼的。警惕之心，恐惧之心，不应该表现在行动的畏畏缩缩上，应该落脚在知礼讲礼的会行上。

《诗经》中还有"战战兢兢，如临深渊，如临薄冰"诗句，相似相通于忧患意识，相似相通于"履虎尾"之哲理。

《诗经·小雅·小旻》曰："战战兢兢，如临深渊，如履薄冰。这句诗的意思是：小心谨慎啊，就像面临深渊那样，就像行走在薄冰上那样。

《论语·泰伯》篇记载了曾子病危时对弟子们讲的一番话。曾子就引用了这句诗，告诉弟子们，自己以这句诗为人生哲学，一生谨慎，避免了牢狱刑罚，赢得了终生平安。请看曾子的原话：

曾子有疾，召门弟子曰："启予足！启予手！诗云：'战战兢兢，如临深渊，如履薄冰'。而今而后，吾知免夫！小子！"

启者，动也，看也。曾子病危之时对弟子说，看看我的手，看看我的足，我的手足都是完整的。完整的手足，平安的一生，我一生信奉《诗经》中"战战兢兢，如临深渊，如履薄冰"，从今天起，我知道我一生可以免除牢狱刑罚了。

身处老虎之后，面临深渊，站在薄冰上，这是三种非常危险的状态。任何一种处理不好，都会带来死无葬身之地的后果。以这种心态去做人做事，结局肯定是一生平安、平安一生。否则，就一定会有危险的局面，或牢狱刑罚之苦，或覆巢倾家之灾。

《圣经》讲原罪，《周易》讲忧患。在西方，原罪之说一代一代接着讲。在中华大地上，忧患意识贤哲讲愚者忘。

到了孟子这里，"生于忧患，死于安乐"的至理名言出现了。《孟子·告子下》曰："然后知生于忧患而死于安乐也。"孟子告诉世人与后人，忧患可以使人生存，而安乐致人死亡。

"生于忧患，死于安乐。"希望众多的胜利者、成功者、自强不息者记住这一名言。

讲原罪，是一种教化。讲忧患，不也是一种教化吗？

第二节 关于人之大欲——饮食男女

"饮食男女，人之大欲存焉。"在《礼记·礼运》中，以孔夫子之口提出了一个极其重要的问题——"何为人之大欲"。

饮，指喝水。食，指吃饭。吃饭喝水，这是人的基本欲望。男女，这里指的是男女交合。男女交合，同样是人的基本欲望。饮食男女，这是两大基本欲望。两个基本欲望加在一起就是人之大欲。人之大欲，是必须承认，必须研究，必须正确对待的问题。这是孔子的态度。

对人之大欲的研究，并不是起于孔子，而是起于孔子之前的中华先贤。在中华元典之中，部部都谈到了饮食男女这一人之大欲。一研究饮食，二研究男女，中华先贤既热爱饮食，又不忌讳男女。

这里先谈饮食，后谈男女。

一、关于饮食

神农氏为圣，圣在务农，有农才有粮，这是《周易》中的事例。

"八政一曰食"，这是《尚书·洪范》中的政理。

"民以食为天"，这是《汉书·郦陆朱刘叔孙列传》传承的道理。

饮食研究，是从元文化的源头开始的。

（一）《周易》论饮食

六十四卦的第五卦是需卦。需卦，象征的是饮食之需。"需者，饮食之道也。"这是《周易·序卦》对需卦做出的解释。有天地然后有男女，有男女随之就产生了两大问题：一是启蒙教育；二是饮食之需。蒙卦讲启蒙，启蒙把人化育为人。需卦讲饮食，饮食把人养育为人。蒙、需两卦在六十四卦的卦序中排列在象征天地万物的乾、坤、屯三卦之后，由此可见中华先贤对这启蒙与饮食的高度重视。

"云上于天，需；君子以饮食宴乐。"

这是《周易·象传》从需卦卦象中解释出的一条人文哲理。此地此时的君子不再讲自强不息，讲的是饮食宴乐。宴者，宴会也。酒肉，只是宴会的内容之一。音乐，是宴会的内容之二。无乐不成宴。有乐的宴会，应该是雅致不俗的宴会。这里的君子，是讲究生活的君子。自强不息，是君子之理。饮食宴乐，同样是君子之理。是君子，既讲自强不息，也讲饮食宴乐。

"山下有雷，颐；君子以慎言语，节饮食。"

这是《周易·象传》从颐卦卦象中解释出的一条人文哲理。颐卦，象征颐养。《周易·序卦》曰："颐者，养也。"养生、养命、养颜均是养。颐养，必须有饮食宴乐。饮食宴乐，这是其一。度与量，这是其二。饮食之节，讲究适度，讲究适量。

敬请读者注意，讲节约，讲节制，是从《周易》开始的。讲节约，讲节制，是

《周易》的专题。六十四卦之中就有节卦一卦。节卦就是专讲节约的。时间、财物、民力、饮食，都在节约的范围之内。可以享受生活，但是不能过度。

（二）《尚书》论酒

酒的出现，是人类先贤的一大贡献。制出各式各样的美酒，是中华先贤的伟大贡献。

酒，作为奇特的饮料，在《尚书》的记载中，已经达到了一个非常普遍的程度。君王喝，平民喝，胜利者喝，失败者喝，甚至于出现了喝酒误国、喝酒误事的局面。

一方面成了主要饮料，一方面开始了误事误国。因为酒有大臣被杀，因为酒有君王被废，这说明了饮食之饮在取得伟大成果的同时，也出现了"过则错"或"物极必反"的局面。

饮酒误国说。《尚书》中有一篇《五子之歌》，《五子之歌》记载了大禹对沉迷于酒的批判，同时也记载了太康。五子，《史记·夏本纪》说是太康的五个兄弟。五子，夏启的儿子，大禹的孙子。因为太康内迷于酒色，外迷于游猎，误国误政，五子忧伤，以大禹的教导批评太康，由此产生了《五子之歌》。《五子之歌》一共有五首，"民惟邦本，本固邦宁"出于第一首，饮酒误国出于第二首。歌词曰：

"训有之，内作色荒，外作禽荒。甘酒嗜音，峻宇雕墙。有一于此，未或不亡。"

这段歌词的白话意思是：大禹早有教诲：在内沉迷女色，在外痴迷游猎，好酒嗜音，大兴土木，这四项只要沾上一项，就没有不亡国的。

《五子之歌》告诉后人，饮酒可以误国，这是大禹早已经认识到的道理。饮酒误国，这是太康的实际罪过。误国，有多种因素，酒是诸多因素中的重要因素。

近代学者认为，《五子之歌》为伪。司马迁认为，《五子之歌》为真。笔者从离《五子之歌》更近的司马迁先生，以《五子之歌》为真。笔者认为，"民惟邦本，本固邦宁"这样的哲理，完全符合元文化的基本精神。

饮酒误事说。羲和二氏，是研究天文历法的官员。在《尚书·尧典》中就出现了羲氏、和氏，他们是协助尧制历的。室外的观测，化为书中的阴阳合历。阴阳合历确定了春夏秋冬四时，确定了一年366天，确定了"以闰月定四时成岁"的原则。观天文以制历，这就是史传的"观象授时"，用《尚书·尧典》中的话说就是"历象日月星辰，敬授民时"。尧时的羲、和两家是有功之臣。可是到了夏帝仲康这里，羲、和两家却因饮酒误事，错乱了时日，因而被仲康的大臣胤征伐。《尚书·胤征》记载了这件事：

"惟时羲和颠覆厥德，沈乱于酒，畔官离次，俶扰天纪……《政典》曰：'先时者杀无赦，不及时者杀无赦。'今予以尔有众，奉将天罚。"

《尚书·胤征》记载了两个重要的历史事实：一是此时的历法已经非常接近了天时，二是人时与天时如果发生错乱，主管官员是要受到法律严惩的。

在遥远的古代，中华先贤制历，力图使人时合于天时。合于天时之历，将在第四篇中讨论。这里关心的是羲和二氏饮酒误事的命运。观天文以制历，是羲和二氏的重大责任，他们热衷于酒而放弃了责任。喝酒喝得头昏脑胀，观天文也观不准，制历也制不准，致使历与天时之间出现了误差。出现了日食，天下人知道了，他们竟然还不知道。

饮酒误事，羲和二氏被杀了头。

《尚书》出现了最早的禁酒令——《酒诰》。最早的禁酒令，是由周王朝颁布的。殷纣王的子孙及王室近亲，在武王革命后，被封于黄河与淇水之间的卫国。身为失败者，大概是心有忧伤，所以酗酒成风。身为胜利者的周王朝，发出了历史上最早、最为理性的禁酒令。《酒诰》批判了殷纣王因酒误国，劝解殷之后人不要酗酒。禁酒令是理性的，禁的是酗酒不是饮酒，祭祀之日可以喝酒，喜庆之日可以喝酒，孝敬父母还可以喝酒。要勤劳，要节约，要孝敬父母；要种好庄稼，要节省粮食，农闲时可以到外地做生意，就是不要酗酒。

"嗣尔股肱，纯其艺黍稷，奔走事厥考厥长。肇牵车牛，远服贾用。孝养厥父母，厥父母庆，自洗腆，致用酒。"《尚书·酒诰》劝解殷人，要勤劳手足，要精纯黍稷种植之艺，要孝顺侍奉父兄。农事完毕，要赶着牛车马车到外地进行贸易，赚钱赡养自己的父母，父母寿诞之日以及喜庆之日，可以办家宴，家宴上可以饮酒。

晓之以理，动之以情，一连串的"应该"之后，讲的是一个"不应该"——不应该沉迷于酒。

重视饮食，研究饮食，这是应该的。不知足的贪得无厌，这是不应该的。

酒，之所以遍及胜利者、失败者、君王、大臣、平民各个阶层，一说明了此时的中华大地上有酒，二说明了此时的中华先贤特别会制酒。

酒的广泛普及说明在"如何制酒"这一问题上，中华先贤已经解答了几大关键问题：一是认识了制酒的原料；二是掌握了制酒的工艺；三是完全熟悉了酒的贮存。

酒，在《黄帝内经》中已经成了治病的药物。《黄帝内经·素问》中有关于汤液醪醴的专题大论。汤液醪醴，酒类也。稠浊味厚者为醪醴，清稀淡薄者为汤液。无论是汤液还是醪醴，均由五谷所酿造。汤液醪醴是用来医病的，如此药品是真正的无公害药品，是真正的绿色食品。

酒类可以入药，五谷的蒸馏（发酵）物可以治病，中华先贤发现了这一奥秘，《黄帝内经》记载了这一奥秘。

汤液醪醴的出现，起码说明了这样几个问题：其一是中华先贤已经能够制出不同种类的酒；二是中华先贤已经发现了酒有医病的功能；三是中华先贤发现了不同种类的酒，具有不同的医病功能。

酒本身没有错，错在如何运用它。西方有谚语云："上帝创造了美酒，魔鬼创造了酒鬼。"谚语虽然出在西方，对东方同样有警示作用。

《塔木德·第5章》讲述了这样一个故事：撒旦在葡萄园里杀了四种动物——一头狮子、一头猪、一只猴子、一只大绵羊与一只羊羔。

撒旦，在犹太教、基督教的教义中，是专门与上帝作对的鬼王。撒旦在葡萄园的动作，意味着什么？这里暗示的意思，是人喝酒前后的四种状态：

在喝葡萄酿成的葡萄酒之前，人像大绵羊一样朴实，像羊羔一样可爱。

饮酒适量，人像狮子一样威风。

饮酒过量，人像猴子一样滑稽可笑。

饮酒超度过量，人像猪一样不避污泥，不避肮脏。

这个故事，笔者非常喜欢。摘录于此，希望这个故事对喜欢饮酒的读者有所启迪。

"美酒来了，理智走了；美酒来了，秘密走了。对于一个女人来说，一杯酒正好，两杯酒使之堕落，三杯酒使之举止伤风败俗，四杯酒使之自尊丧尽，廉耻无存。"这里引用《塔木德》中的一句名言，希望对喜欢饮酒的读者有所启迪。

（三）《周礼》论五味

吃什么，如何吃，这是人类先贤所共同关注的问题。解答不了这两大问题，先贤称不上"贤"，文化称不上"优秀"。

什么可以吃，什么不可以吃？这是基础性的大问题。希伯来先贤在《圣经》中就解答了这一问题。在《圣经·旧约》中，两处出现了"有关食物的条例"，第一次出现在《利未记·第11章》中，第二次出现在《申命记·第14章》中。

《圣经·旧约》以上帝的名义，发出了在"吃"的问题上必须遵守的"可以"与"不可以"：

地上的牲畜与走兽，可以吃的是牛、绵羊、山羊、鹿、羚羊、狍子、野山羊、麋鹿、黄羊、青羊；不可以吃的是骆驼、猪、兔子。从原则上讲，蹄分两瓣又倒嚼的可以吃，倒嚼不分蹄的或分蹄不倒嚼，不可以吃。骆驼倒嚼不分蹄，猪分蹄不倒嚼，所以不可以吃。

水中游的，凡是有翅有鳞的都可以吃，无翅无鳞的不可以吃。

天空飞的鸟，洁净的可以吃，雕、狗头雕、红头雕、小鹰、鱼鹰、夜鹰、猫头鹰、蝙蝠、乌鸦都是不可以吃的。

凡是死的，都不可以吃。但可以卖与外人吃。

《圣经》研究的是"什么可以吃"与"什么不可以吃"。

《周礼》中的研究，已经进入到了"如何烹，如何调，五味如何适于四时"的境界。

《周礼·天官·冢宰》中出现了膳夫、庖人、内饔、外饔、亨人、甸师、食医等研究"如何烹调，研究如何食"的六种专职人员，还出现了酒正、酒人、浆人、凌人等"如何制作饮料"的四种专职人员。

膳夫掌管君王的饭食、饮料、肉类和蔬菜。君王的食，主食是稻、黍、稷、粱、麦、菰六谷，肉食是猪、牛、羊、犬、鸡、雁六牲，饮料有6种，菜蔬有120种，烹调的方法有8种，酱有120种，烹调的鼎有12种。

庖人掌管六畜、六兽、六禽，辨别其种类与质量。一年四季，春天应该吃哪一种，用哪一种油；夏天应该吃哪一种，用哪一种油；秋天应该吃哪一种，用哪一种油；冬天应该吃哪一种，用哪一种油。在庖人的职责这里，已经有了规定。

内饔掌管君王、王后、王子的膳食。

内饔一要管膳食中的割、烹、煎、和的各种工艺；二要管辨牲畜、菜肴、酱物、珍物的种类与质量；三要把关腥、臊、膻、香之不可食者。

这里出现了一系列有趣的判断：半夜鸣叫的牛，肉有朽木一样的臭味；毛长并打结的羊，肉有膻味；大腿内侧没毛、跑起来急躁的狗，肉有臊味；声音沙哑、羽毛暗淡无光的鸟，肉有腐烂之味；猪眼睫毛交叉错乱的，肉腥。

外饔掌管祭祀中的干肉、鲜肉和腊鱼的烹煮与切割。

亨人掌管烹调工具鼎和镬，负责火候与水量。

甸师掌管四时野果与瓜果。

食医的职责中，出现了五味与春夏秋冬四时相配合的哲理——春多酸，夏多苦，秋多辛，冬多咸，调以滑甘。

请看，中华先贤是如何的高度重视"如何食"这一问题的。在这一问题上，中华先贤取得的成果是那样的先进与辉煌！之所以这样说，是因为在兄弟民族的经典中，看不到类似于这样的成果。酒正掌管制酒之政令。掌管制酒的各种原料，五种酒的配方，辨别酒的种类，对酒的质量进行鉴定，限制酒的用量，给各种宴会配酒。

酒人是酒的制造者。酒人的职责一是要造出各种酒，二是负责把造好的酒送给酒正，三是负责祭祀的用酒，四是负责礼宾用的酒。

浆人是饮料的制造者。浆人的职责一是要造出六种饮料——水、浆、醴、凉、医、酏，二是负责把造好的饮料送给酒正，三是负责王室和宾客所需的饮料。

请看，中华先贤是怎样高度重视"如何饮"这一问题的。在这一问题上，中华先贤取得的成果是那样的先进与辉煌！之所以这样说，是因为在兄弟民族的经典中，看不到类似于这样详尽的职业分工。

笔者此处高度注意的是："食医"职责中出现的"五味应四时"的哲理。五味为什么应时？这与中华元文化的时空观有关。元文化论人，从来不孤立而论，而是将人与时空物放在一起四者一体而论。物有时间性，有空间性；物之味有时间性、空间性，人的发育与成长同样有时间性、空间性，如此一来，万物之味归结出的五味与人在时间空间上统一在了一起。

五味应四时的哲理，《黄帝内经》中有非常详细的、具有永恒意义的论述，下面讨论这一问题。

（四）《黄帝内经》论五味

谷味、果味、菜味、肉味，各有各的味。在《黄帝内经·灵枢·五味》中，谷味、果味、菜味、肉味被归纳为五味——酸、苦、辛、咸、甘。

五谷：米甘，麻酸，豆咸，麦苦，黍辛。

五果：枣甘，李酸，栗咸，杏苦，桃辛。

五畜：牛甘，犬酸，猪咸，羊苦，鸡辛。

五菜：葵甘，韭酸，藿咸，薤苦，葱辛。

人体有五脏，五脏对五味各有一个"喜不喜"的对应关系，具体的对应关系是：肝喜酸，心喜苦，肺喜辛，肾喜咸，脾喜甘。

五脏与四时之间有一个对应关系：春应肝，夏应心，秋应肺，冬应肾，每个季节的最后18天应脾。五脏与四时的对应，是春宜酸，夏宜苦，秋宜辛，冬宜咸，此为四季调甘的理论基础。调味随时，这是中华元文化与中医文化的独特贡献。

五味能养人也能伤人，五味能养生也能致病。五味偏颇，会引起相应的疾病。五味与疾病的对应关系如下：

咸伤血，过度食咸则会引起血脉凝涩。

苦伤皮，过度食苦则会引起皮肤枯槁，毫毛脱落。

辛伤筋，过度食辛则会引起筋脉拘急，爪甲枯槁。

酸伤肉，过度食酸则会引起肌肉粗厚，口唇上翻。

甘伤骨，过度食甘则会引起骨骼疼痛，头发脱落。

五味过度会引起疾病，这关乎五行相克哲理。这方面的讨论，在第三篇中进行。

《黄帝内经·素问·脏气法时论》曰："毒药攻邪，五谷为养，五果为助，五畜为益，五菜为充，气味合而服之，以补精益气。此五者，有辛酸甘苦咸，各有所利，或散或收，或缓或急，或坚或软，四时五藏，病随五味所宜也。"医与食结合而论，是这段论述的精华。医是医，食是食，在现代西医这里，两者风马牛不相及。医食相通，则是《黄帝内经》中的基本常识。在西医那里，有病就要吃药。在《黄帝内经》这里，病吃药可以医治，食疗、果疗、菜疗也可以医治。病可以食疗，这是中医文化的奥妙之处。希望年轻的读者了解住这一点。

（五）《论语》中的"食不厌精，脍不厌细"

一部《论语》，几十处谈到了一个"食"字，治国必须有足够的"食"，立家必须有足够的"食"，君子困穷之时不会因食而改道……一个"食"字，可以是粮食之食，可以是食品之食，可以是饮食之食。总之，在《论语》之中，立人、立家、立国都离不开一个"食"字。《论语》中的孔子，既重视粮食之食，又重视饮食之食。

本文此处关注的是，孔夫子对饮食精致的重视。

"食不厌精，脍不厌细。食饐而餲，鱼馁而肉败不食。色恶不食。臭恶不食。失饪不食。不时不食。割不正不食。不得其酱不食。肉虽多，不使胜食气。"

这是《论语·乡党》的一段话。这段话没有冠之于"子曰"，但可以肯定的是，这里的主张肯定不会相悖于孔夫子。这段话的白话意思是：米饭之米不嫌其精，鱼肉之肉不嫌其细。米饭霉变，鱼肉腐败，不吃。食品颜色难看，不吃。气味难闻，不吃。烹调不当，不吃。不该吃饭的时候，不吃。肉切不正，不吃。没有调味的酱，不吃。席上即使有足够的肉，食量也不要超过主食。

孔夫子一生，关注的是立人之道。"君子谋道不谋食"，是孔夫子的人生主张。可是，谋道不谋食的孔夫子为什么一谈饮食就达到了如此水准？

这实际上说明了一系列重要问题：

其一，当时的中华大地上，生活已经达到了这个水平。

其二，当时的中华大地上，烹调技术已经达到了这个水平。

其三，孔夫子的饮食标准，可以达到这个水平。

讲精讲细讲新鲜，讲形讲色讲味道，在孔子时代，"可以吃什么"与"不可以吃什么"的问题早已解决，这时的中华先贤解决的是"如何吃好"的问题。

孔夫子一生，得志的时间少，不得志的时间多；为官的时间少，为师的时间多；当时的办学也没有乱收费一说，所以孔夫子的经济状况不会太好。如此讲究的饮食，并不是孔夫子刻意摆谱，而是与当时生活的整体水平有关，与当时烹调技艺的普及程度有关。

（六）烹调之理可以治国

烹调之理可以治国，老子这样说，晏子也这样说。

"治大国若烹小鲜。"这是《道德经·第60章》留下的名言。小鲜者，小鱼也。烹者，烹调也。老子说，会烹调小鱼，就会治理大国。

烹调之理为何会通于治国之理？烹调小鱼与治理大国有两个相通点：一是小心；二是稳定。烹制小鱼，必须小心谨慎，必须保持相对之稳定，如果胆大妄为，胡乱折腾，小鱼就会被翻腾得皮肉分离、七零八落。烹调之理如此，治国之理同样如此，忌讳折腾，尤其是瞎折腾、乱折腾。

《春秋左传》与《晏子春秋》，共同记载了晏子用烹调之理解释治国之理的事例，这就是本篇前面已经谈过的做羹时的"和而不同"。不同原料之和，和出美妙的羹汤；不同意见之和，和出优秀的治国方略。和出美羹，和出妙乐，和出治国之优秀方略，晏子以烹调之理、音乐之理解释了治国之理。

一部部经典，一个个先秦诸子，均重视实际生活中的饮食之道，更为奇特的是，居然还从烹调之理提炼出了治国之理。

这里，是否可以折射出饮食在中华元文化中的地位？

二、关于男女

如同重视饮食研究一样，中华先贤也重视男女和合的研究，并形成了一部部专著，最早收集并记载这些专著的是《汉书》。

马王堆出土的帛书医书中有《合阴阳》一章，也是专论男女和合的。

晋抱朴子收集并记载一些专著，其中有些是《汉书》没有记载的，例如《素女经》。

（一）《汉书》记载的八部房中之事专著

1. 八部专著。《汉书·艺文志》记载了八部关于男女和合的专著，具体书目与《汉书》的评论如下：

《容成阴道》二十六卷、《务成子阴道》三十六卷、《尧舜阴道》二十三卷、《汤盘庚阴道》二十卷、《天老杂子阴道》二十五卷、《天一阴道》二十四卷、《黄帝三王养阳方》二十卷、《三家内房有子方》十七卷、右房中八家，百八十六卷，房中者，性情之极，至道之际，是以圣王制外乐以禁内情，而为之节文。传曰："先王之所乐，所以节百事也。"乐而有节，则和平寿考。及迷者弗顾，以生疾而陨性命。

2. 五大关键处。短短的一百多个字，介绍了八部男女和合的专著。这里出现的"阴道"一词，真实含义是"接阴之道"或"阴阳交接之道"。

饮食之道，为中华先贤所重视、所研究。男女和合之道同样为中华先贤所重视、所研究。所不同的是，后者形成了专著，前者没有形成专著。以专著的形式来诠释对男女和合的认识——"应该这样，不应该那样"，这证明中华先贤是以光明正大的态度对待这件基础之事的。

在这一百多个字的介绍中，笔者注意到了五个关键之处：

其一，房中之事是以道而论的。所谓"至道之际"之论，就是把房中之事视为道理范围之内的事。生生不息是天地之道，生生不息也是男女之道，所以，房中之事应该重视，必须正视。

"在没有男女结合的地方，人就配不上看见神的存在。"（《塔木德·第4章》）基督文化以神理论男女结合，中华文化以道理论男女和合，道理、神理都是根本之理，两种文化在男女这一问题上又走到了一起。

其二，房中之事是以礼乐而论的。所谓"制外乐以禁内情"之论，就是把房中之事与礼乐教育放在了同一等高线上。稍有文化常识者都知道，礼乐教育是文化化人的两大基本措施。

其三，房中之事必须讲究节度。所谓"乐而有节"，强调的是把握房中之事的节制与度量。饮食有节，房中之事也应该有节。

性生活中的节制，希伯来先哲同样高度重视这一问题，在《塔木德·第4章》有这样的性生活日程表：

没有职业的男人每天一次；劳动者每周两次；赶驴子的（他们每周行踪不定）一周一次；商贩（他们可能一走数日）半年一次。

其四，房中之事关乎生命安全、寿命的长短。"乐而有节，则和平寿考。及迷者弗顾，以生疾而陨性命。"这句话告诉人们，有节有度的房中之事可以使人和平长寿，无节无度的房中之事可以使人未老先衰，甚至于夭亡。

"只要我们控制了性冲动而不是为他所控制，性关系就是积极和美好的。当性驱力变得无控制和无节制时，它们则可能搞垮个人甚至社会。"（《塔木德·第4章》）性生活能否有效地控制，中华文化解释到了生命的安危，基督文化既解释到了个人的安危，还解释到了社会的安危。

其五，中华先贤所强调、所主张的是"讲道理，节人欲"。人有饮食之欲望，有男女和合之欲望。这两大欲望不能回避，必须正视。讲道理，讲节度，这是中华先贤在人之大欲上的正确态度。与后来出现的谬误主张"存天理，灭人欲"完全不同。

3. 无质量的房中之事。从"存天理，灭人欲"的谬误主张流行之后，房中之事这类专著在中华大地成了禁书，以至于一代代后人迷茫于男女之事。结婚"如何结"，结婚之后又"如何"，在这些基本问题上，既然没有道理性的原则指导，也没有条理性的具体训示。一切都需要无师自通，自学成才，以至于很多夫妇之间的性生活只有数量而无质量。笔者的一位街坊兄弟，人非常老实，在结婚的当晚，居然不知道自己应该睡在哪里？问爸爸今晚睡在哪儿呢？得到的答案是：睡猪圈去。

4. 几个古人物。《汉书·艺文志》所记载这八部男女和合的专著，其中一些托名于远古时代的人物。远古时代的人物研究男女和合，这证明男女之事与饮食烹调之事一样，古而有之。对于这几个远古人物，有必要做点滴介绍：

先说容成子。《容成阴道》中的容成子，《庄子》《淮南子》《史记索隐》中出现了这个人物。

《庄子·胠箧》："子独不知至德之世乎？昔者容成氏、大庭氏、伯皇氏、中央氏、栗陆氏、骊畜氏、轩辕氏、赫胥氏、尊卢氏、祝融氏、伏牺氏、神农氏，当是时也，民结绳而用之，甘其食，美其服，乐其俗，安其居，邻国相望，鸡狗之音相闻，民至老死而不相往来。若此之时，则至治已。"在这里，容成氏位列先贤第一，是一位远远早于黄帝的先贤。

《淮南子·修务》："昔者仓颉造字，容成造历，胡曹为衣，后稷耕稼，奚仲为车。"这里造历的容成，显然是一位文化创造者。

《史记·历书·索隐》："黄帝使羲和占日，常仪占月，鬼区臾占星气，伶伦造律吕，大挠作甲子，隶首作算术，容成综六术而著调历。"这里的容成，是一位天文、历法、算学、音乐的集大成者。

以容成之名为书名，是希望说明在黄帝之前或黄帝时代就开始了人之大欲的研究。

再说务成子。《务成子阴道》中的务成子，名字叫务成昭。相传为舜之师，《荀子》《新序》两部著作出现了这个人物。

《荀子·大略》："尧学于君畴，舜学于务成昭，禹学于西王国。"这里的每一个君王都有老师，务成昭是舜的老师。

《新序·杂事》："黄帝学乎太真……尧学乎君畴，舜学乎务成跗。"

以务成子为书名，是希望说明在舜时代或舜之前就开始了人之大欲的研究。

天老，是《列子》记载的一个人物。在《列子·黄帝》篇中，他是黄帝的老师。

今本《竹书纪年》中也出现了天老、容成这两个人物，他们都是黄帝有事请教的贤者。

尧、舜、汤、盘庚，这些都是众所周知的圣贤，他们都是效天法地的典范，以这些圣人名字为书名，是希望说明，男女和合之事是合乎道理、合乎天理之事，是应该研究、可以研究的事。

（二）马王堆帛书中的《合阴阳》

马王堆出土的帛书有相当一部分是医书，其中《合阴阳》《天下至道》《养心方》《十问》等书中均出现了男女和合"应该怎么样"的原则与技巧。

《合阴阳》一书是男女和合的专论。下面将《合阴阳》原文摘录如下，仅就段落大意进行解释，个别地方进行详细解释。

"凡将合阴阳之方，握手，出腕阳，循肘旁，抵腋旁，上灶纲，抵领乡，循拯匡，覆周环，下缺盆，过醴津，陵勃海，上恒山，入玄门，御交筋，上合精神，乃能久视而与天地侔存。交筋者，玄门中交脉也。为得操循之，使体皆乐痒，悦怿以好。虽欲勿为，作相响相抱，以恣戏道。"

——此为《合阴阳》开篇第一段。合者，交合也，男女合体也。阴阳者，男女也。合阴阳合的是一男一女。《合阴阳》开篇第一段讲的是男女和合之前的准备。从握手开始，讲的是抚摩。抚摩从手背开始，然后的顺序是先上后下：手背—胳膊肘—胳肢窝—眼部外侧—头部—转向下—肩膀—肚脐—小腹隆起处—阴部。抚摩的落脚点是"使体皆乐痒，悦怿以好"，实际上在抚摩过程中使身心愉悦并达到交合的欲望。"虽欲勿为"四个字，讲的是注意事项。"欲不可纵"，是孔夫子在《礼记·曲礼上》所讲的人生哲理。"以欲竭其精"，是《黄帝内经》在开篇第一篇中讲的养生之害。所以，《合阴阳》这里在开篇处强调了"虽欲勿为"——情欲可以有，但不可以胡为。

"戏道：一曰，气上面热，徐呴。二曰，乳坚，鼻汗，徐抱。三曰，舌薄而滑，徐屯。四曰，下液股湿，徐操。五曰，嗌乾，咽唾，徐撼。此谓五欲之征。征备乃上，上揕而勿内，以致其气。气至，深内而上撅之，以抒其热，因复下反之，毋使其气泄，而女乃大竭。然后执十动，接十节，杂十修。接形已没，遂气宗门，乃观八动，听五音，察十已之征。"

——此为《合阴阳》开篇第二段。这一段讲的是房中之事的全部过程，称之为"戏道"。戏道过程分前后两部分：前一部分的"一曰，二曰"，讲的是交合之前诱导气行的五种征兆，后一部分的"十动，十节，十修"，讲的是和合过程中的各种动作。关于各种动作，这里只有原则之论，而详细之论在之后的段落中。最后的"观八动，听五音，察十已之征"，讲的是和合之后的反应。

"十动：始十，次二十、三十、四十、五十、六十、七十、八十、九十、百，出入而毋泻。一动毋泻，耳目聪明，再而音声彰，三而皮革光，四而脊胁强，五而尻髀壮，六而水道行，七而至坚以强，八而腠理光，九而通神明，十而为身常，此谓十动。"

—— "十动"为《合阴阳》第三段。这段文字在《十问》《天下至道》两书中均有出现。这段文字讲述的是"动"的数量与养生的具体成果。聪明、彰、光、强、壮、行、强、光、明，常，这十种身体健康的状态，均相关于"动而毋泻"的床底之欢。这段文字提醒人们，动而快泻，伤生；动而毋泻，养生。养生，一养耳目，二养声音，三养皮肤，四养脊背，五养臀髀，六养水道，七养坚强，八养腠理，九养神明，十养身心。

"十节：一曰虎游，二曰蝉伏，三曰尺蠖，四曰麛踣（音军博），五曰蝗磔，六曰猿踞，七曰蟾蜍，八曰兔鹜，九曰蜻蛉，十曰鱼嘬。"

—— "十动"为《合阴阳》第四段。这里讲的是男女和合的十种姿势，十种姿势均模仿于动物。仿生可以用于发明创造，也可以用于性生活。

十种姿势：虎一种，蝉一种，尺蠖一种，小鹿一种，蝗虫一种，猿猴一种，蟾蜍一种，野兔一种，蜻蜓一种，鱼一种。动物有天上飞的，地上跑的，水里游的，还有水陆两栖的，这里的仿生，仿到了空间中的各个角落。这里仅以尺蠖的动作为例，讲一下中华先贤模仿之聪明。尺蠖，类似于蚕宝宝但比蚕宝宝苗条的一种幼虫，每爬行一步都需要把腰拱成弓形。蚕宝宝拱腰，如此比喻真是鲜活到了极致。

"十修：一曰上之，二曰下之，三曰左之，四曰右之，五曰疾之，六曰徐之，七曰希之，八曰数之，九曰浅之，十曰深之。"

——"十修"为《合阴阳》第五段。全段讲的是和合具体中的"应该如何"。相似的文字在《天下至道》与《养心方》两书中均有出现。上之下之，左之右之，讲究的是部位变化。疾之徐之，讲究的是速度变化。希之数之，讲究的是节奏频率变化。浅之深之，讲究的是深度变化。

"八动：一曰接手，二曰伸肘，三曰直踵，四曰侧钩，五曰上钩，六曰交股，七曰平踊，八曰振动。夫接手者，欲腹之敷也。伸肘者，欲上之摩且距也。直踵者，深不及也。侧钩者，旁欲摩也。上钩者，欲下摩也。交股者，刺太过也。平踊者，欲浅也。振动者，欲人久持之也。"

——"八动"为《合阴阳》第六段。"八动"讲的是男女和合活动中的八种动作及其目的。

接手即双手抱人，目的是使腹部靠近。伸肘即伸展前臂，目的是在向上的活动中增加摩擦力。直踵即伸直脚趾，目的是增加深度。侧钩即双脚向侧面转动，目的是摩擦两侧。上钩即脚向上方钩动，目的是上下摩擦。交股即大腿并拢，目的是避免刺入太深。平踊即平稳之入出，目的是浅部探入。

在《天下至道》与《养心方》两书中，也有与这段文字相似的论述。

"制息者，内急也。喘息，至美也。累哀者，玉策入而痒乃始也。吹者，衔甘甚也。啮者，身振动，欲人之久也。"

——此为《合阴阳》第七段。主题讲的是男女和合中的五种反应。体内有所阻滞时，应该有节律地控制呼吸，如此即"制息者，内急也"。身心感受至美时，喘息自然而然会发生，如此即"喘息，至美也"。

累者，屡次也。哀者，爱恋之呻吟也。玉策即男阴。男女和合相悦到极处，呻吟之声屡起，如此即"累哀者，玉策入而痒乃始也"。

吹者，呼气也。衔者，口中之物、口中之气也。甘者，甜也。深度呼吸可以增加甘甜之美感，如此即"吹者，衔甘甚也"。

啮即咬。口咬现象发生时，身体在振动，表明的是希望时间上的持久，如此即"啮者，身振动，欲人之久也"。

五种现象（反应），五种感受，这里文字是总结性的文字。

"十已之征：一已，而清出。再已，而臭如燔骨。三已，而燥。四已，而膏。五已，而芗。六已，而滑。七已，而迟。八已，而脂。九已，而胶。十已，而腴。腴已复滑，清凉复出，是谓大卒。大卒之征，鼻汗，唇白，手足皆作，尻不傅席，起而去，成死为薄。当此之时，中极气张，精神入藏，乃生神明。"

——"十已之征"为《合阴阳》第八段。"十已"讲的是男女和合的十阶段，"之征"讲的是男女和合每一阶段的感受与特征。

"一已而清出"，讲的是第一阶段完成的感觉是凉爽。"再已而臭如燔骨"，讲的是第二阶段完成的感觉有被烤的灼热感。"三已而燥"，讲的是第三阶段完成有干燥的感觉。"四已而膏"，讲的是第四阶段完成有油润的感觉。"五已而芗"，讲的是第五阶段完成会出现有米谷一样的香味。芗者，香也。《说文新附·草部》："芗，谷气也。""六已而滑"，讲的是第六阶段完成有滑润的感觉。"七已而迟"，讲的是第七阶段完成有迟钝缓慢的感觉。"八已而脂"，讲的是第八阶段完成有凝脂的感觉。"九已而胶"，讲的是第九阶段完成有凝胶状的感觉。"十已而腜"，讲的是第十阶段完成有身体丰满状的感觉。

"腜已复滑，清凉复出，是谓大卒"，这句话讲的是全部过程终结时的感觉。大卒即终结，滑润、清凉即感觉。

"大卒之征，鼻汗唇白，手足皆作，尻不傅席"讲的是过程终结时的症状。鼻子出汗，口唇发白，手足抖动，臀部自动向上高抬，这些症状都是"大卒之征"。

"起而去，成死为薄"，讲的是过程结束即应该起身。此处讲死，非指死亡，指的是萎缩。这句话的意思是，过程结束就应该即刻起身，如果阳痿现象出现时再离开，身体会受到损害。

"当此之时，中极气张，精神入藏，乃生神明。"中极，是人体任脉中的一个重要穴位。《黄帝内经·素问·骨空论》曰："任脉者，起于中极之下。"《针灸甲乙经·卷三》："中极……，在脐下四寸。"这里谈中极，实际上指的是人体下焦之元气。男女和合，适可而止，适时而收，可以使元气充实，精神内敛，身体健壮昌盛。

昏者，男之精将；早者，女之精积。吾精以养女精，前脉皆动，皮肤气血皆作，故能发闭通塞，中府受输而盈。

《合阴阳》，是《汉书》没有收录的一部论男女和合的专著。

从题目中看，中华先贤是站在根本道理上论男女和合的。一阴一阳通于道理，一阴一阳通于天理，一阴一阳通于男女之理。以道论之，既是《合阴阳》的基本立场，也是《合阴阳》的基本方法。男女和合，是人之欲望，但这个欲望要在道理范围之内。

从内容中看，这里的内容一具有理性，二具有可操作性。理性体现在身心健康上，可操作性体现在身心愉悦上。

从时间坐标上看，汉代古墓中出土的书，其形成时间有两种可能：一是形成于汉；二是形成于汉之前。《合阴阳》应该和《汉书》收录的专著一样，是中华大地上男女和合古老专著。

从空间坐标上看，全世界兄弟民族中，只有中华先贤创造了如此专著。只有中华先贤在男女和合问题做出了如此美妙的解答。

"应该这样，应该那样"，既符合道理，又适用于操作。所以，完全可以说，这样的专著具有双重价值——理论价值与实际价值。

上个世纪90年代初，笔者已开始步入不惑之年，多方周折之后才有了一部《马王堆古医书考释》，看全书后，笔者首先对《五十二病方》发出了由衷的赞叹。《黄帝内经》这部中医经典以道理论医理，以天气论病理，但极少谈病方。帛书古医书这里出现了《五十二病方》，这真是伟大的贡献。尤其值得重视的是，其中出现了"犬噬人"与"狂犬啮人"两个病方。狂犬病，在西方至今还是难题，而在《五十二病方》里，狂犬病则是已经解答的问题。

当看完《合阴阳》一书后，笔者对后来的愚昧感到深深的悲哀。"人白活了，婚白结了"，这是当时出现在笔者脑子里的两句话。几十年来的书店里，没有一本"夫妇之间应该如何"的书。结婚与婚后的"应该如何"取决于男女的自然属性与动物本能，理论指导完全是白茫茫的空白。天地之大德曰生，男女之大德同样是曰生；天地生的是万物，男女生的是子孙；既没有研究"天地如何生万物"的书，也没有研究"男女如何生子孙"的书，这样的民族是负责任的民族吗？忌讳男女，真的是纯粹民族、纯粹的人吗？

三、《抱朴子》记载的房中术专著

抱朴子，本名葛洪（281~341），东晋哲学家、医学家、炼丹化学家，号抱朴子。他一生有许多重大贡献，这里只说几件还造福今天的伟大贡献：①葛洪首先用青蒿汁治疟疾，今天中国的青蒿素赢得了世界的敬重；②葛洪首先创造了小夹板治疗骨折，小夹板今天全世界仍然在使用；三、葛洪创造了狂犬脑髓医疗狂犬病的方法，这是一条没有被开发、但肯定有现实意义的方法。

葛洪的重大贡献还有很多，此处不再一一介绍，这里只介绍《抱朴子》一书所记载的房中之事的专著。葛洪留下了《抱朴子》一书，《抱朴子·退览》中收录的房中之事的专著有：《玄女经》《素女经》《彭祖经》《陈赦经》《子都经》《张虚经》《容成经》，非常遗憾的是，这里出现的只有书名，而没有书的内容。

四、孙思邈论御女之法

药王孙思邈（约581~682），留下了一部《备急千金要方》。《备急千金要方》出现了《房中补益》一节，在这一节中出现了房中之事的"应该"与"不应该"。

先说房中之事的"不应该"。四十岁以下的青年人，不应该凭年轻力壮而肆意行房。如果四十岁以前肆意放纵，四十岁一过就会顿觉气力衰退，众病蜂起，乃至于久而不治，甚至于不救。不应该凭年轻力壮而肆意放纵，这是一不该。

四十岁以下的青年人，不应该服食壮阳药竭力行房。服食壮阳药竭力行房，不过半年就会出现精髓枯竭，重者会酿成夭殇折寿的悲剧。青年人不应该服食壮阳药，这是二不该。

不应该在神庙佛寺之中、井灶厕所之中、坟墓尸柩侧旁行房。这是地点上的"不应该"。

不应该在大风、大雨、大雾、大寒、大暑、雷电霹雳、天地晦冥、日蚀月蚀之日行房。这是时间上的"不应该"。

特别男性化的女子，例如雄声大口、骨节高大、发黄少肉、喉结突出者，不应该与其行房。这是对象上的"不应该"。

人有所怒时，小便未解时，远行疲乏时，妇人月事未绝时，不应该行房。这是特殊情况下的"不应该"。

再说房中之事的"该如何"。人年二十者，四日一泄；三十者，八日一泄；四十者，十六日一泄；五十者，二十日一泄；六十者，闭精勿泄，若体力强壮者，一月一泄。以十岁为一个基本单位，然后根据不同的年龄段，决定其"应该这样，应该那样"。

孙思邈认为，年至四十或年过四十才应该了解房中之事的道理与艺术。这是学识上的"该如何"。从实际中看，婚后的青年有资格、有必要了解与认识房中之事的道理与艺术，不必等到四十或四十以后。

交合在神情愉悦时，施射于缩鼻取气时；交有时，射有时；交讲究两情相悦，射讲究缩鼻纳气时。这是实际过程中的"该如何"。

交合在绝经之后。这是时间上的"该如何"。

娶妻应该选择眼睛黑白分明、头发细长、肌肤光滑、骨节匀称者。这是对象上的"该如何"。

从原则上讲，孙思邈的《房中补益》并没有超越《合阴阳》。在具体问题上，有不少超越的地方，例如时间、空间上的"该如何"，例如对对象的选择上。

第三节　关于领头人问题

一、自然与必需：领头人产生的环境条件

《周易·序卦》曰："有天地然后有万物，有万物然后有男女，有男女然后有夫妇，有夫妇然后有父子，有父子然后有君臣。"

这一论断告诉人们，君臣的出现，是人间演化的结果。

天地之间存在着两种演化：一是自然演化；一是人间演化。自然演化表现在"有天地然后有万物，有万物然后有男女"上，人间演化表现在"有男女然后有夫妇，有夫妇然后有父子，有父子然后有君臣"上。万物与男女的出现，是自然演化的必然结果；父子君臣的出现，则是人间演化的必然结果。

夫妇父子组成了家，小家组成了大天下；家有家长，自然而然；天下有君王，自然而然。家长，是一个小家庭中的领头人；君王，是大天下中的领头人；家的兴旺离不开好的领头人，天下的兴旺同样离不开好的领头人；领头人，无论是家还是天下，都是必要与必须的。重视领头人，这是作卦的中华先贤所认识到的基本哲理，用卦序表达了这一哲理。

家中的领头人是自然产生的。那么，天下的领头人是怎么产生的呢？领头人本身需要什么条件？以什么方式产生？领头人的功过是非怎么评判？之后的领头人又如何产生？领头人与天下人民之间的关系如何定位？等等一系列问题，下面依次讨论。

二、功绩：领头人的基本条件

有功绩，必须有利于天下的大功绩，这是领头人本身所必需的基本条件。中华元典与诸子百家所记载的，以及历史传说中的领头人，都是贤者、智者、有大贡献于天下者。

《周易》记载的领头人。《周易·系辞下》记载了早期的五位领头人——伏羲氏、神农氏、黄帝、尧、舜，五位领头人都有利于天下的大功绩。

伏羲氏名下记载了两大功绩：一是文化创造的功绩；一个器具创造的功绩。文化上创造的是八卦，器具上创造的是网罟。

神农氏名下记载了两大功绩：一是农业中的功绩；一是商业上的功绩。农业中的功绩是创造出了生产工具耒耜，商业上的功绩是建立了交易市场。

黄帝、尧、舜名下记载多项重大功绩：发明创造了衣裳、舟楫、车、臼杵、弧矢、宫室、棺椁、书契。这些发明创造涉及到了生产与生活的各个领域。

《尚书》记载的领头人。《尚书》记载三位领头人——尧、舜、禹，三位领头人名下都有利于天下的大功绩。

尧观象授时。尧是《尚书》所记载的第一位领头人。尧的重大功绩之一就是观天文以制历。在尧的组织下，以日月星辰的位置变化为依据，分别了春夏秋冬四时，确定闰月定四时的原则，最终确定了一岁的长度为366天。几千年过去了，尧所采用的两大原则一直在采用，这两大原则一是以天文为依据制历，二是"以闰月定四时"。

舜制"五教""五刑"。《尚书》所记载的第二位君王是舜。舜的大功绩有三：一是第一次统一了音律与度量衡；二是制定了家庭伦理之"五常五教"；三是制定了刑罚之"五刑"。

音律与度量衡，是衡量一个民族是否进入文明的两大重要标志。《尚书·舜典》："同律度量衡。"《尚书》告诉后人，是舜第一次统一了音律与度量衡。秦始皇统一度量衡，应该是第二次统一。秦始皇统一的，只是度量衡，而没有涉及音律。这里要说一个小故事：一位青年学子在笔者这里，看到了舜统一音律之说，提出了质疑，问：舜时代有音律，会是真的吗？

笔者反问：你相信孔子的记载吗？

答曰：听说孔子不引用"不足征"的资料，孔子记载的应该值得相信。

笔者问：知道"尽善尽美"一说吗？

答：知道。

笔者问：知道出于哪里，寓意如何吗？

答：不知道。

笔者告诉这位青年朋友，"尽善尽美"一说出于《论语》，是孔夫子评价韶乐的。韶乐是舜时代的乐，《论语·八佾》："子谓韶：尽美矣，又尽善也。"韶乐是舜代的音乐，《礼记·乐记》介绍了这一点，《庄子》与《吕氏春秋》也介绍了这一点。

中华民族是热爱音乐的民族，中华先贤在世界民族之林中率先创造出了乐，和合于礼，用于教化。"尽善尽美"之说证明，舜所统一的音律，已经达到了无可挑剔的程度。关于度量衡问题，还要在后面进行专题讨论，此处不赘述。

"五常之教"是立人立家之教，具体内容是"父义、母慈、兄友、弟恭、子孝"。家庭之中有五种成员——父、母、兄、弟、子，一种家庭成员必须承担一种道义，必须承担一种责任，这就是：父义、母慈、兄友、弟恭、子孝。立家立在相互负责上，立人在理性上，以"五常之教"立人立家，是舜的一大功绩。

人中有君子，也有小人；人中有圣人，也有盗贼。所以教化之外必须有刑罚。舜在"五常之教"之外制定了"五刑"。"五刑"上不避大夫，鲧作为大臣，治水无功而劳民伤财，刑至流放。"五刑"下不株连亲属，鲧被流放并不影响其子禹的晋升与接班。"五刑"与"五教"并立，是舜的又一功绩。

禹划九州。大禹名下有两件空前的大功绩，一是治理洪水；二是划分九州。大禹治水，家喻户晓。本文这里介绍禹的另一件大功绩——划分九州。

《尚书·禹贡》以山水之间的自然分界线为依据，划分出了天下九州：冀州、兖州、青州、徐州、扬州、荆州、豫州、梁州、雍州。这是经典中第一次记载的行政区划。九州大地土分五色：黑、白、红、黄、青。五色土地的质量不同，所以赋税也不同。五色土地上生长着不同的花草、树木以及动物，地下还蕴藏有不同的矿产……伴随九州的诞生，还诞生了一种纳税方法——"任土作贡"。《史记》认为，禹的功绩比尧还大。《史记·匈奴列传》评价说："尧虽贤，兴事业不成，得禹而九州宁。"

《礼记》记载的领头人。《礼记》记载了没有特定对象的"昔者先王"，这些"先王"都是器具的发明创造者。没有宫室造宫室，没有衣裳造衣裳，没有火去取火……会创造出空前的器具，会创造出前人没有创造出的成果，方有资格成为领头人——王。请看《礼记·礼运》的原文：

昔者先王，未有宫室，冬则居营窟，夏则居橧巢；未有火化，食草木之实、鸟兽之肉，饮其血，茹其毛；未有麻丝，衣其羽皮。后圣有作，然后修火之利，范金合土，以为台榭、宫室、牖户；以炮、以燔、以亨、以炙，以为醴酪；治其麻丝，以为布帛……

首先是器具的创造者，然后是天下的领头人，是"昔者先王"的基本经历。没有超越前人的、利于天下的成果，在《礼记》这里，是没有资格称王的。

《韩非子》记载的领头人。《韩非子》记载了两位早期的领头人——有巢氏与燧人氏，两位领头人都有利于天下的大功绩。

有巢氏构木为巢。《韩非子·五蠹》篇记载了有巢氏构木为巢的事迹。有巢氏动手动脑，以草木为基本原料，创造出了中华大地上最早的草木屋。草木屋的便利有三：一是可以遮风避雨；二是可以避免虫蛇野兽的侵害；三是使天下人民增加了活动的自由。自从有了草木屋，天下人民告别了洞穴，走上了平原，走向了四面八方。构木为巢，使天下人民享受了幸福与便利。构木为巢，中华文明向前迈进一大步。这一功绩，是空前性的功绩。

燧人氏钻木取火。《韩非子·五蠹》篇记载了燧人氏钻木取火的事迹。燧人氏动手动脑，钻木取出了火。有了火，生肉可以变成熟肉，生米可以变成了米饭，腥臊恶臭的蚌虾可以变成美味佳肴。钻木取火，使天下人民享受了幸福与便利。钻木取火，中华文明向前迈进一大步。这一功绩，是空前性的功绩。

女娲补天。《淮南子》中出现了女娲补天这一神话故事。女娲造福于民，第一件就是炼彩石以补天洞。女娲造福于民，还做了另外三件事：断鳌足以撑天角；杀黑龙以治暴雨；积芦灰以治洪水。四件伟大工程的完成，使天下人民有了一个安定的生活环境。

中华元文化里，从一开始就没有出现呵护人的上帝，所有的问题都是由人来解答的。中华大地上，从一开始就没有出现丰富丰美的伊甸园，生活所需要的一切难题均是由人解答。正是由于这一前提，早期的中华民族崇尚的是贤能而不是血统，崇尚的是智慧而不是权威。没有一件件有利于天下的功绩，伏羲氏、神农氏、黄帝、尧、舜、禹这类先贤是无法进入史册的。

巨大功绩在先，为君为王在后。有利于天下的巨大功绩，这是领头人本身所必需的基本条件。

三、选贤：领头人产生的基本方式

早期的领头人是如何产生的？先请看儒、墨、法三家关于选贤之选的五个论断：

1.《礼记·礼运》："大道之行也，天下为公。选贤与能。"

2.《墨子·尚同上》："是故选天下之贤可者，立以为天子。"

3.《墨子·尚同中》："是故选天下之贤良、圣知、辩慧之人，立以为天子。"

4.《墨子·尚同下》："是故选择贤者，立为天子。"

《韩非子·五蠹》："上古之世，人民少而禽兽众，人民不胜禽兽虫蛇，有圣人作，构木为巢以避群害，而民悦之，使王天下，号曰有巢氏。民食果蓏蚌蛤，腥臊恶臭而伤害腹胃，民多疾病，有圣人作，钻燧取火以化腥臊，而民悦之，使王天下，号之燧人氏。"

这五个论断清晰地揭示了一个事实：早期的中华大地上，的的确确存在过一个选贤制度。早期的领头人，是天下人民选贤选出来的。

儒家、墨家、法家，属于不同的学术派别，在很多问题上，三家有完全不同的意见，但在选贤问题上，却出奇地出现了高度的一致——他们共同记载了一个"选"字。这就证明了选贤之选的真实性与可靠性。选贤之选，是儒墨两家念念不忘的一个字，是儒墨两家一直试图找回的一个字。

法家所记载这个"使"字，似乎比一个"选"字更有主人翁的意味。能不能为王，是民"使不使"的结果。一个"使"字，非常生动地说明了人民手里有选贤之选的主动权。使贤之使，法家记载了这个字，但法家并不重视这个字，也没有重新找回这个字的意愿。

先有大功于天下，而后有"民悦之"的认同，有"民悦之"的认同，而后有"使王天下"的结果。有没有利于天下的大功绩，是衡量贤不贤的基本标准。选贤之选，则是王之产生的基本顺序。有巢氏、燧人氏、伏羲氏、神农氏、黄帝、尧、舜这类先贤为王，都产生于这种基本标准之下，这种基本顺序之中。

"一只老虎带领的一群羊，会打败一只羊带领的一群老虎。"这句西方谚语告诉人们，领头人具有非常的重要性。

在中华先贤这里，论时间重视的是第一天，论事业上重视的是第一步，论天下重视的是领头人。领头人由选贤而产生，由选贤而产生领头人，这应该是中华文明最早辉煌于世界的根本原因。领头人由选贤而产生，由选贤而产生领头人，这应该是中华民族最早优秀于世界民族之林的根本原因。

四、称呼：领头人的合理性与亲民性

早期的领头人有多种称呼，归结起来可以有以下五种：皇、帝、天子、元子、王。这些称呼，集中表现的是领头人的合理性与亲民性。

（一）关于皇、帝

"三皇五帝"之称呼告诉后人，早期的领头人可以称之为皇，可以称之为帝。那么，这一称呼的意义何在？皇、帝突出的是领头人的权威性吗？请看《逸周书》对何谓"帝"，何谓"皇"的解释：

《逸周书·谥法》："德象天地曰帝。"

《逸周书·谥法》："静民则法曰皇。"

谥法之谥，就是根据生前行事给一个盖棺论定的或褒或贬的称号。

帝之号、皇之号说明了这样几个问题：

其一，这是两个褒称，但不是生前的称号，而是死后盖棺论定的褒称。

其二，帝是帝，皇是皇，两个号在这里是分而论之的。

其三，帝之号、皇之号与至高无上的权威无关。

其四，称帝者必须是一位品德高尚者，必须是一位德象天地者。天无私覆，地无私载，天地之德在于大公无私。只有以天下为天下人之天下这样的大公无私者，方能有资格赢得帝之称号。

称皇者，必须是静民则法者。安民、敬民、富民都在静民的范围之内。静民之静，就是要求执政者必须为民创造一个安居乐业的基本环境。则法则的是自然法则，则的是天文历法。

其五，德象天地、静民则法与效天法地的原则具有一致性，德象天地强调的是为帝者的合理性，静民则法强调的是为皇者的亲民性。

皇与帝是人不是神，是人中道德高尚的人。在中华元文化里，皇与帝没有任何神秘意义。

（二）关于天子

在中华元典和诸子的界定中，天子就是通晓自然法则、合于自然法则的贤明之人。

《黄帝内经·素问·宝命全形论》："人能应四时者，天地为之父母，知万物者，谓之天子。"

《庄子·人世间》："与天为徒者，知天子之与己皆天之所子。"

《庄子·庚桑楚》："天之所助，谓之天子。"

《尸子》："天无私于物，地无私于物，袭此行者，谓之天子。"

《吕氏春秋·本生》："始生之者，天也；养成之者，人也。能养天之所生而勿撄之谓天子。"

几个概念告诉人们，聪慧有学识者、知道事物规律者、遵循而不扰乱自然秩序者可以称之为天子。

天子是人中的贤者、能者、智者的综合体，并不是天上下凡的神仙。天子，本义是人中聪明的人，智慧的人，是知道四时运行、万物演化法则的人且具备大公无私品德的人。天子可以主政天下，如《尚书·说命上》所言"天子惟君万邦"。天子从人中来，这是中华元文化中的道理。

天子，在中华元文化里没有任何神秘意义，在诸子文化里，同样没有任何神秘意义。

（三）关于元子

元子这一称呼，是在《尚书》出现的。

《尚书·微子之命》："王若曰：猷！殷王元子。惟稽古，崇德象贤。"

《尚书·召诰》："皇天上帝，改厥元子兹大国殷之命。惟王受命，无疆惟休，亦无疆惟恤。"

《尚书·召诰》："呜呼！有王虽小，元子哉。"

《尚书·顾命》："用敬保元子钊弘济于艰难，柔远能迩，安劝小大庶邦。"

面对面对话时，臣如何称呼君？可以称其为元子。元子，是《尚书》中出现的另一种领头人的称呼。这里只讨论元子之称呼，不讨论其他内容。

要理解元子的含义。先要理解一个元字。元，具有起始、第一之义。《尔雅·释诂》："元，首也。"《说文解字》："元，始也。"请看以下例证：一年中的第一天称之为元旦，第一月称之为元月，第一年称之为元年；国家的第一位领导人称元首，军队的最高指挥员称元帅，国家的第一功臣称元勋，罪大恶极的罪犯称元凶。元在时间与空间中有起始之义，在日常生活中是第一之义。

元，在《周易》之中，是在第一卦卦辞中出现的第一个字。元亨利贞，在卦辞中，元具首位。"大哉乾元，万物资始。"《周易·彖传》诠释乾卦，注释出了开始之义。"元者，善之长也。"《周易·乾·文言》诠释乾卦卦辞，将一个元字解释为众善之尊长。《周易》重视这个元字，重视起始的第一步、第一时、第一人。

知道了元字的含义，再来理解元子的含义就轻松愉快了。

元子，就是众天子的排头兵，就是众天子的领头人，就是率领众天子前进的第一人。元子，是人，是人队伍的领头人，与天子一样，没有任何神秘意义。

《尚书》中的商汤、武王，在大庭广众之下，自称的是"小子"。从伏羲氏、神农氏、黄帝、尧、舜、禹到商汤、武王，这些中华先贤都是以人的面目、以贤者的面目出现的。

（四）关于王

《说文解字》："王，天下所归往也。"

《尔雅·释诂》："王，后，辟，公，侯，君也。"

《春秋左传·僖公二十五年》："今之王，古之帝也。"古之帝，德象天地者也。

王，还有兴旺之义。《黄帝内经·灵枢·阴阳系日月》以黄帝之口指出了五行与时空的联系，其中有一句"五行以东方为甲乙木王春"。这一个王字有兴旺之义。甲乙者，奇偶也，阴阳也。阴木阳木，在空间中兴旺的是东方，在时间中兴旺的是春季。从这一点上讲，凡是称王者，都有责任使天下兴旺。换个角度说，有能力使天下兴旺者，方能称王。

（五）关于小子

《尚书》中的商汤、武王，在大庭广众之下，自称的是"小子"。

"非台小子敢行称乱！"在《尚书·汤誓》里，商朝的开国国君汤在讨伐夏桀时，面对军民大众在演讲中自称"台小子"。台，音一，当时的第一人称。

"肆台小子将天命明威，不敢赦。"在《尚书·汤诰》里，汤在讨伐夏桀取得胜利后，面对诸侯演讲时继续自称"小子"。

"予小子不明于德，自厎不类。"《尚书·太甲》里，商朝国君太甲面对大臣尹伊承认错误时自称"小子"。

"肆予小子发，以尔友邦塚君，观政于商。"在《尚书·泰誓上》里，周朝的开国国君武王在讨伐殷纣王时，面对会师的诸侯进行演讲时自称"小子"。

"予小子其承厥志。"《尚书·武成》篇里，武王在讨伐殷纣王胜利后，向祖庙、上天、山川以及对诸侯报告时自称"予小子"。

商周两代的开国君王，在大庭广众面前自称"小子"，这说明了什么？说明早期的君王还是有自制能力的，没把自己摆放在不合适的、至高无上的位置上，尽管他们也都是革命的成功者。

"小子"之称，除了商周两代开国君王的谦虚之外，还说明了一个重要问题，即从伏羲氏、神农氏、黄帝、尧、舜、禹到商汤、武王，都是以人的面目出现的。他们是人，与任何神秘因素无关。

五、传贤：理性之交接

新一代领头人如何产生，这是一个大问题。这个问题解答不好，就危及天下。中华先贤是如何解答这一问题的呢？

《周易》《尚书》所记载了正常与非常两种方式：正常方式是传贤；非常方式是革

命。

（一）传贤

"包牺氏没，神农氏作……神农氏没，黄帝尧舜氏作，通其变，使民不倦，神而化之，使民宜之。"

这是《周易·系辞下》记载的传贤。传贤之交接非常简洁，前者"没"后者"作"，中间没有任何复杂曲折的故事。《春秋谷梁传》曰："作者，为也。"没，暮也，暮年也，去世也。作，为也，继续也，接班也。"没"与"作"之间，没有出现任何阴谋诡计，没有出现任何血腥。这里没有黄帝与炎帝战于阪泉于野的记载。交接的落脚点，不是像秦始皇操心的那样，天下要在自己家里"一世万世"地传下去，也不是像诸葛亮关心的那样"天下是否还姓刘"，这里的落脚点是"民倦不倦、民宜不宜"。"使民不倦"与"使民宜之"，这里两句话八个字，把更替的道理讲到了极致之处。民厌倦了、民不宜了，再锋利、再先进的武器也保护不了一顶小小的王冠。几千年来一家家王朝的坍塌，具体理由可以讲出千万条，根本原因只有一条，这就是民厌倦了。

尧传舜，舜传禹，这是《尚书》记载的传贤之传。尧有儿子，但儿子不肖，所以儿子被排除到了接班人之外。尧传舜而不传子，这是经典所记载的传贤第一例。

舜也有儿子，但儿子不贤。天下之大位，不肖的儿子不能传，不贤的儿子也不能传，所以，舜传禹而不传子，这是经典所记载的传贤第二例。

传贤，是中华先贤所创立的理性的、文明的、一种新老交替方式。因为传贤，尧、舜留下了千古美名。

（二）革命

革命，是一种非常的交替方式。《周易》《尚书》这两部经典都记载了商汤与武王的两场革命，这两场革命用暴力完成了两次新老交替。

先说商汤革命。商汤是夏桀的臣，但是对夏桀发动了革命，用暴力推翻了夏王朝，从而取代了夏桀。

夏桀之所以被革命，根本原因就把天下人民逼到了死角，普天之下已经忍无可忍了。夏桀把自己比作是太阳，人民就诅咒太阳，当时的民谣是："时日曷丧？予及汝皆亡。"——你这个太阳什么时候陨落，我们愿意同你一起消亡。

"时日曷丧？予及汝皆亡"这句民谣被商汤引用在了《尚书·汤誓》之中。商汤说，看水可以看到自己形象；看看民情，听听民声民谣，就可以知道君王治理天下政绩的好坏。"人视水见形，视民知治。"《史记·殷本纪》记载了这句话。

《尚书》中的《汤誓》《汤诰》这两篇重要文献，是记载商汤革命的。商汤革命，这是经典所记载的第一场革命。

《尚书》中的《泰誓》《牧誓》这两篇重要文献，是记载武王革命的。武王革命，对象是殷纣王。

商汤革命本身是正确的，但革命成功之后，商汤并没有纠正家传子这一有悖于大道的传递方式，继续重复着夏朝的错误。商实行家传子，传来传去，传到了纣王这里，又走到了尽头，武王革命发生了。

武王打着"民"的旗帜发动了对殷纣王的革命。"天视自我民视，天听自我民听"这句天民一体的名言，就是出于武王之口。武王宣布纣王的罪状是伤天害民，毁坏了天民一体的优秀传统。武王说他革命的目的是恢复传统，恢复的是君以民为天的优秀传统。

"汤武革命，顺乎天而应乎人。"这是《周易·革·彖传》对这两场革命的评价。

汤武革命本身都是正确的，孔子、孟子都歌颂了这两场革命。问题严重的是，革命成功之后，商汤与武王并没有恢复传贤的优秀传统，并没有把天下还给天下人，继续保持着家天下的谬误。结果是这两场革命均以虎头蛇尾的结局而告终。有善始而无善终，是这两场革命的基本特征。

天下是永恒的天下，君王却不是永恒的君王，没有正常之传贤，就有非常之革命。无道传子，无论如何也逃脱不了被淘汰的悲剧。几千年的历史，有例外的吗？

六、四海困穷：君王必须承担的责任

《尚书·大禹谟》："四海困穷，天禄永终。"

这句话是舜对禹说的话。舜告诉禹，天下人民一旦遭受到了贫穷，君王一定会受到上天的惩罚，上天就收回放在君王身上的大任。

《论语·尧曰》："四海困穷，天禄永终。"

在儒家的记忆中，这句话是尧交班时嘱咐舜的话，舜在交班时又将这句话告诉了禹。

"四海困穷"是一种重大的责任，这个责任必须由治理天下的君王来承当。

三位圣人君王相互传递着一句话，证明了这句话的严肃性。严肃性的话语指明了一系列严肃的问题：

其一，贫穷绝不是好事，而是十分不幸的事。

其二，四海贫穷的责任不是人民的责任，而是君王的责任。

其三，天授君权所授的是责任，而不是特权，更不是享受。

其四，君权没有永久性，一旦人民遭受到了贫穷，天授的君权天也会收走。

其五，天是和民站在一起的，天授实际上就是民授。

希望后来者记住这句具有永恒意义的话——"四海困穷，天禄永终"。

七、轻重上下

君民之间，孰轻孰重？民重君轻，这是中华元文化中的基本常识。

立君的目的并非为君，而是为民。从燧人氏、有巢氏、伏羲氏、神农氏、黄帝这些实例中可以看出，为君者必须造福于民，例如让民住上房子，让民吃好饭，让民穿上衣服，让民多打粮……民的利益是基础性的，打不好这个基础，是没有资格为君的。

到了孟子这里，形成了"民为贵，社稷次之，君为轻"这一至理名言。这一名言虽然出于《孟子》，但其哲理之源却在中华元文化。

君民之间，孰上孰下？民上君下，这也是中医文化中的基本常识。请看下面一段对话：

黄帝曰："夫子之言，上终天气，下毕地纪，可谓悉矣。余愿闻而藏之，上以治民，下以治身，使百姓昭著，上下和亲，德泽下流，子孙无忧，传之后世，无有终时，可得闻乎？"

鬼臾区曰："至数之机，迫迮以微，其来可见，其往可追，敬之者昌，慢之者亡。"

这是出于《黄帝内经·素问·天元纪大论》的一段对话，在这段对话中，出现了"民上君下"之论——"上以治民，下以治身"。黄帝研究医理病理，目的是治病。治病的对象分上分下，谁为上谁为下呢？民为上，君王为下。这里的黄帝，自称为下。

在《黄帝内经》里，民为上，黄帝为下。希望读者记住这一点，民为上，黄帝为下。

八、一句遗忘的名言

《尚书·汤诰》："万方有罪，在予一人；予一人有罪，无以尔万方。"

《论语·尧曰》："朕躬有罪，无以万方；万方有罪，罪在朕躬。"

《墨子·兼爱中》："万方有罪，维予一人。"

《吕氏春秋·顺民》："余一人有罪，无及万夫；万夫有罪，在余一人。"

这句话是商汤说的。对夏桀革命胜利后，在祝捷大会上，商汤当众说出了这句非常"男子汉"的话：天下有罪，责任在我；我一人有罪，无累于天下。《论语》《吕氏春秋》也以商汤的名义记载了这句话，《墨子》说武王也说过这句话。敢于承担责任，不要说君王，就是用一个男子汉的标准来衡量，商汤也是够格的。

研究《尚书》的学者历代都有，有谁把商汤的这句名言告诉了皇帝？又有谁把商汤的这句名言告诉了人民？

商汤留下的这句名言，被中华民族遗忘了，而且一忘就是几千年。

家天下之后的中华大地上，前后多次发生过"白骨露于野，千里无鸡鸣"的困穷局面，有心的读者可以在二十四史中查一下，看看有哪一个皇帝说过"天下有罪，罪在我一人"这种承担责任的话。

第四节　关于弱者救助问题

弱肉强食，这里是禽兽的行为。

强助弱者，这里是人的行为。

弱肉强食与强助弱者，这是人与禽兽的分界线。

一助左邻右舍，二助鳏寡孤独，三助弱小，四助老者，这就是中华元文化与儒家文化。

一、理论救助

（一）《周易》的"富以其邻"

"富以其邻。"这是六十四卦第九卦小畜卦的爻辞，应该是最早的救助的弱者理论。

富，是人之欲望。富，是应该的。从卦作者开始，中华先贤就认识到了差别。左邻右舍虽然是邻居，但致富的速度也决不会一样，这里是有先后的差别。富以其邻，讲究的是先富者有责任帮助贫者，先富者有责任帮助弱者。

（二）《尚书》中的援助"鳏寡"

一部《尚书》中的多篇文献，反复重复一个观点——援助"鳏寡"。

"不敢侮鳏寡"。（《尚书·康诰》）

慎用刑罚，不能欺负无依无靠的鳏夫寡妇，这话出于周公之口。周公说，治理天下要顾及到无依无靠的弱者——鳏夫与寡妇，在他们身上施用刑罚时，一定要慎重。

"无胥戕，无胥虐，至于敬寡，至于属妇，合由以容"。（《尚书·梓材》）

不要危害人民，不要虐待人民，敬重鳏夫与寡妇，包括孕妇。这话仍然是出于周公之口。治理天下者不能危害人民，不能虐待人民，一定要敬重鳏夫与寡妇这样的弱者，包括怀孕的孕妇。

"其在祖甲，不义惟王，旧为小人。作其即位，爰知小人之依，能保惠于庶民，不敢侮鳏寡"。（《尚书·无逸》）

这话仍然出于周公之口。周公讲的是前朝殷朝的一个故事：祖甲是殷商第十二代贤主。祖甲是一位贤者，王位本来是由他的兄长来接任，但他父亲觉得祖甲贤于哥哥，希望他代替哥哥接替王位，祖甲认为不合情理，就逃到了民间，过起了平民百姓的生活。等到他即位后，因为他懂得人民的疾苦，能够处处爱护关心人民，对无依无靠的鳏寡也不敢轻慢。"不敢侮鳏寡"，这句话是周公说的话，事却是殷王祖甲所做的事。殷商位于周之前，周之前的中华大地上就有了"不敢侮鳏寡"的理论与实践。

（三）《礼记》的"皆有所养"

公天下，是孔子的向往，是孔子的主张。公天下有着一系列的优越性，弱者的救助就包含在这优越性之中。弱者救助如何救？《礼记·礼运》中有这样的内容："使老有所终，壮有所用，幼有所长，鳏寡孤独废疾者，皆有所养。"对老，有"老有所终"的救助；对小，有"幼有所长"的救助；中年丧夫丧妻者以及身有残疾之人也不能遗漏，都在救助的对象之内。

二、政之救助

管子是孔子同时代的人，与孔子一样，管子也主张救助弱者。

救助弱者，孔子的主张体现在理论层面上，而管子主张既体现在理论层面上，又体现在实际的政策之中。

《管子·入国》有"九惠之教"——"一曰老老，二曰慈幼，三曰恤孤，四曰养疾，五曰合独，六曰问病，七曰通穷，八曰振困，九曰接绝"。救助弱者的理论，在"九惠之教"这里化为非常具体的救助政策。这里选择几项介绍如下：

（一）养老

"九惠之教"第一项是"老老"。何谓老老？管子的解释如下：

70岁以上的老人，免除一子的征役，每年有三个月可以得到官府赠送的肉食。

80岁以上的老人，免除二子的征役，全年每月都可以得到官府赠送的肉食。

90岁以上的老人，免除全家的征役，每天可以得到官府赠送的酒肉。

（二）养小养孤

"九惠之教"有"慈幼"和"恤孤"内容。何谓慈幼？管子的解释如下：

有三幼者，妇无征。即征者，徭役也。有三个幼儿，可免除母亲的徭役。

四幼者，尽家无征。即有四个幼儿，可免除全家的徭役。

五幼者又予之葆，受二人之食，能事而后止。即有五个幼儿，官府配给保姆，供应两个人的口粮，直到幼儿成人为止。

何谓恤孤？管子的解释如下：

失去父母的孤儿，可以由乡亲、朋友、故旧抚养。

养一孤者，一子无征。

养二孤者，二子无征。

养三孤者，全家无征。

抚养孤儿，官府是要监管的。

（三）养残疾

《管子·入国》列出了八种残疾之人：聋、盲、喑、哑、跛、躄、偏枯、握递。第八种残疾病为"握递"，这种残疾为抽搐拘挛。《黄帝内经·素问·阴阳应象大论》："在体为筋，在藏为肝……在变动为握。"因为今天已经不用这个病名了，所以在这里加以解释。

官府会设立医馆，将这八种残疾之人养于医馆之中，供应其衣食，直到身死。

（四）救疾病

医师一职是在《周礼·天官》中出现的。医师的职责是治病救人："医师掌医之政令，聚毒药以共医事。凡邦之有疾病者，有疕疡者造焉，则使医分而治之。"《周礼·天官》这里谈的是治病救人。《管子·入国》这里谈的是亲情慰问：

90岁以上的病人，每天问候一次。

80岁以上的病人，每两天问候一次。

70岁以上的病人，每三天问候一次。

一般的病人，每五天问候一次。

问候者是官府的官员，问候是代表国君问候的。

（五）救困

何时为困？岁凶之时。岁凶，即天灾之年。救困如何救？《管子·入国》这里有三项措施：第一是宽刑罚；第二是赦天下；第三散仓粟。

（六）合鳏寡

丈夫无妻为鳏，妇人无夫为寡。政府有责任使这两种人走到一起。《管子·入国》说："取鳏寡而和合之，予田宅而家室之三年然后事之，此之谓合独。"鳏夫与寡妇结婚，一是官府有责任撮合；二是官府还要照顾田宅。

（七）通穷

有夫妇无居所者，有旅客旅途绝粮者，乡党们有发现的责任。发现而报告官府者有赏，发现而不报者有罚。《管子·入国》说"此之谓通穷"。

（八）济葬事

无儿无女的老人，死后谁来安葬？《管子》中的答案是由官府来安葬。《管子·揆度》："老而无子者为独。"又："父母为独，上必葬之，衣衾三领，木必三寸，乡吏视事，葬于公壤。"

三、民间救助

《诗经》中有救助寡妇的诗句。诗中说，收麦子时，要故意遗留一些麦穗，留给那些失去丈夫的寡妇。"此有滞穗，伊寡妇之利。"（《诗经·小雅·大田》）这里的救助，应该属于民间救助，无涉官府。

《诗经·小雅·鸿雁》："爰及矜人，哀此鳏寡。"怜爱苦人，怜爱鳏寡，是中华民族的传统美德，《诗经》时代就古而有之。

令笔者高兴的是，在兄弟民族的经典同样有遗留麦穗、橄榄、葡萄给寡妇、孤儿的哲理。《塔木德·第7章》：

"当你在田地里收割庄稼并把一捆稻穗遗落在田地里时，不要再回去捡，那些东西应该属于陌生人、失去父亲的人和寡妇……

"当你摇动橄榄树捡取果子时，不要再搜找一遍，那些东西应该属于陌生人、失去父亲的人和寡妇……

"当你在葡萄园收取葡萄时，不要再挑选一遍，那些东西应该属于陌生人、失去父亲的人和寡妇……"

救助弱者，是人文之文；弱肉强食，是野兽之文。进化论，所讲的"物竞天择，适者生存"，实际上是动物哲学、是野兽哲学。野兽哲学的出现，为战争发动者提供了理论依据。第二次世界大战，就产生在"物竞天择，适者生存"的理论上。

第五节　关于人天关系问题

天，在中华先贤认识里，具有两重重要意义：一是自然之天；一是权威之天。

中华先贤在中华元文化里，建立起了两重重要意义的人天关系：一是人与自然之天的关系；一是人与权威之天的关系。

先谈人与自然之天的关系。从根本上说，人天关系是"一而三，三而一"的关系。进一步说，人天关系是分而为三、合而为一，一损皆损、一荣皆荣的关系。如此人天关系，是从八卦三爻开始的。

人与自然之天的关系，一是应该效法，二是应该研究。人效法自然之天，以自然之天为参照坐标，进行触类旁通，引申出了一系列基础性成果，例如前面已经谈到过的，从天文引申出了人文，从天理引申出了人理，从天时引申出了人时，从天德引申出了人德，从天序引申出了人序（礼）……

人研究自然之天，从自然之天这里解释出了一系列基础性成果。首先，产生的是关于人的成果。例如人由天地所生，人体相通于天体，人气相通于天气；其次，产生的是相关于各个学科、各个领域的基础性成果，例如确定了三维（六合）空间，确定了周而复始的时间，并由此确定了时空物三位一体的时空观。例如以天地为基础解释出了奇偶之数——天一，地二；天三，地四；天五，地六；天七，地八；天九，地十。以天地为基础解释出了形象——在天成象，在地成形。如以天地为基础解释出了阴阳——天为阳，地为阴。如以天地为基础创作出了八卦——仰则观象于天，俯则观法于地……于是始作八卦。自然之天是中华文化的基础，是中医文化的基础，也是各种器具发明创造的基础，这里是一座取之不尽的大矿山，是一座用之不尽的大宝库。从自然之天这里，中华先贤引申出了一个观象比类（又称："取象比类"）的方法论。在笔者看来，领先于世界的中华文明与这个方法论有着直接的关系。关于观象比类与中华文明的源流关系，会在第三篇中详细讨论。

再谈人与权威之天的关系。在权威之天这里，中华先贤解答出了三大问题：一是天民一体问题；二是天君可亲可仇问题；三是人顺权威之天问题。

中华元文化里的权威之天非常可爱，其爱民亲民呵护民，始终与民保持着身心一体的关系。《圣经》中的上帝既具有人格意义，又具有具体形象；中华元文化里的权威之天，只具有人格意义，但没有具体形象。那么，在何处能够认识权威之天呢？答案是在民心民意中，在民的眼睛中，在民的耳朵里。民心民意就是天心天意，民的眼睛就是天的眼睛，民的耳朵就是天的耳朵。天民一体，得罪了民如同得罪了天，这就是中华元文化里的权威之天。

如果说天民关系始终是一体关系，那么，天君关系，则是可合可分的可变关系。天与君，可以是一体关系，也可以是两分关系；可以亲，也可以仇。天亲亲民之君，天仇仇民之君，这就是中华元文化里权威之天。权威之天，详细的讨论在第四篇中的《"天"的本义与歧义》与《"君权天授"的本义与歧义》中进行，此处不赘。

日常生活中的权威之天，实际上是今天所讲的自然法则。权威之天，一应该敬畏，二应该顺从。

昼动夜静、昼夜更替是自然法则，如果在生活中违背这一法则，昼静而夜动，昼夜不分甚至混乱，要不了多久就会付出身体健康的代价。

寒来暑往是自然法则，如果在生活中违背这一法则，寒来衣不来，暑来衣不减，要不了多久就会付出身体健康的代价。

春生夏长秋收冬藏是自然法则，春不种秋肯定不能收；没有秋收，下一年的生活如何过？

权威之天，顺之则昌，逆之则亡。权威之天，实际上是自然法则的人格化。

第六节　关于人物关系问题

在人物关系这里，中华先贤解答这样几大问题：一是人物同源问题；二是人物差别问题；三是用物惜物问题；四是物的保护问题；五是物的研究问题。

一、人物同源

《尚书·泰誓上》："惟天地万物父母，惟人万物之灵。"

《周易·序卦》："有天地然后有万物，有万物然后有男女。"

《周易》《尚书》以天地为基础，解答了人与万物的来源问题。在这个答案中，天地是人之父母，也是万物之父母；人与万物同源而生，应该是同胞兄弟。

人与万物虽然同由天地而生，但在时间顺序上，万物诞生在前，男女出现在后。一母同胞，这就是人物在亲缘上的关系。

二、人物差别

人与物是有差别的，两千多年前的中西方的贤者都注意到了这一问题。

（一）亚里士多德谈人物之别

古希腊哲学家亚里士多德，在《论灵魂》一书中，以灵魂的功能为标志对人物进行了区分。亚里士多德认为，一切有生命的实体都有灵魂，但灵魂的功能各不相同。植物灵魂的功能是消化繁殖；动物灵魂除了具有植物灵魂的功能之外，还有感觉、欲望和位移的功能；人类灵魂除了具有植物灵魂和动物灵魂的功能之外，还有理性思维的特殊功能。按照灵魂功能的不同，有生命的实体可以分为植物、动物和人三大类。

（二）荀子谈人物之别

以气、知、义为标准，荀子将物分为四类——水火、草木、禽兽、人。

《荀子·王制》："水火有气而无生，草木有生而无知，禽兽有知而无义，人有气有生有知亦有义，故最为天下贵也。"在荀子这里，人同时具备了水火、草木、动物的所有功能，而且还有自己的独特的一面——仁义之义，义理之义，义气之义，所以万物之中以人为贵。

人物之别，古希腊的亚里士多德有一个解释，中华大地上的荀子同样有一个解释。同一个问题，仍然是你有你的解释，我有我的解释。

三、用物惜物

（一）取物有时

上帝造人之后，就赐福于人。把地上结籽的菜蔬，树上结核的果子，都赐予人做食物。这是《圣经》开篇处所讲的道理。

天予时地予财，万物养育人，这是中华元文化中所处所讲的道理。

人可以利用万物，这是中华元文化与儒家文化反复强调的哲理。利用万物必须取之有时，这同样是中华元文化与儒家文化反复强调的哲理。

研究天时，规定人时，认识与确定春生夏长秋收冬藏的顺序，部部经典都谈到了一个"时"字。

"大哉乾元，万物资始……六位时成，时乘六龙以御天。"《周易·乾·彖传》告诉后人，万物资始与六时之时相关。阳六时阴六时，阴阳十二辰是一天，阴阳十二月是一年。万物资始即万物的生长相关于阳六时阴六时。万物资始之后是万物资终——万物的成熟。万物的成熟同样相关于阳六时阴六时。物在时间中生，在时间中长，在时间中成熟，所以人们利用万物、采取万物时必须讲究一个"时"字。一切都在"时止则止，时行则行"的原则之中。

《尚书·尧典》："以闰月定四时成岁。允厘百工，庶绩咸熙。"允即用，厘即管理，百工即百官，庶绩即各种事物，咸即全部，熙即兴旺。尧以闰的办法调配四时，用时令之时来规定与管理百官的任务，把各种事物全都兴旺起来。时间之时，四时之时，是尧施政的前提与基础。

《礼记·祭义》："夫子曰：断一树，杀一兽，不以其时，非孝也。"

《周礼》讲四时，《逸周书》讲四时，《礼记》讲四时，《管子》讲四时，《孟子》讲四时，《吕氏春秋》讲四时；四时从孔子之前讲到孔子之后，四时关乎万物的生，万物的长，关乎万物的成熟与收藏……四时关乎万物之理，关乎养生之理，关乎治理天下之理，不知四时不能治家，不知四时也不能治天下，如《管子·四时》所言："唯圣人知四时。不知四时，乃失国之基。"

"不违农时，谷不可胜食也；数罟不入洿池，鱼鳖不可胜食也；斧斤以时入山林，材木不可胜用也。"（《孟子·梁惠王上》）到了孟子这里，取物有时已经形成了系统理论。孟子见梁惠王，讲了一系列"应该"与"不应该"，其中有"如何播种，如何捕鱼，如何伐木"的问题，几个"如何"中最为核心的东西就是按时。按时播种，按时伐木，按时用大眼的网罟捕鱼。

取物有时，是中华先贤所一致关注的大问题。

（二）用物有度

"天地节而四时成，节以制度，不伤财，不害民"。（《周易·节·象传》）

请看，《周易》里已经有了"制度"一词。"天地节而四时成"是自然哲理，"节以制度"是人文哲理，"节以制度"的人文哲理源于自然哲理。"制度"一词由节约之节而来，制度的落脚点是"不伤财，不害民"。

"泽上有水，节；君子以制数度，议德行"。（《周易·节·象传》）

请看，《周易》里的君子必须讲究节约之节。节约之节，在数理层面上，《周易》已经规定了数与度。节约之节，在道德层面上，《周易》已经视为是人之德行。

"生有害，曰欲，曰不知足"。（《黄帝四经·经法》）

害，在于无底之私欲，在于不知足。人为了一己之私，无休止地向大自然索取，形成了人与自然之间的不可调和的矛盾。"曰欲，曰不知足"，这就是害之根本原因。人之害、家之害、一国之害、一球之害的原因莫不相关于此。面对几千年前中华先贤的论断，面对当今世界的污染之害，亲爱的读者朋友，阁下会作何感想？

"节用水火材物"。（《史记·五帝本纪》）

据《史记》记载，黄帝治理天下的大政方针中有一条为"节用水火之物"。黄帝时代，真正的地大物博，人少而物多，一不缺水二不缺木，但在这里却出现了"节用水火之物"的治国方针。面对黄帝"节用水火之物"的主张，除了感叹英明与高瞻远瞩，还能做出何种评价呢？

四、最早的自然保护法

最早的万物保护之法，或者说是最早的自然保护之法，是在《逸周书》出现的。

《逸周书·大聚》："旦闻禹之禁：春三月山林不登斧，以成草木之长；夏三月川泽不入网罟，以成鱼鳖之长。且以并农力执，成男女之功。夫然，则土不失其宜，万物不失其性，人不失其事，天不失其时，以成万财。万财既成，放以为人，天下利之而勿德，是谓大仁。"

《逸周书·文传》："山林非时不升斤斧，以成草木之长；川泽非时不入网罟，以成鱼鳖之长；不卵不馔，以成鸟兽之长。畋猎唯时，不杀童羊，不夭胎，童牛不服，童马不驰。土不失其宜，万物不失其性，天下不失其时。"

《大聚》篇中的法令是以大禹名义出现的，《文传》篇中的法令是以文王名义出现的，无论是以大禹为基准，还是以文王为基准，毫无疑问，这两部法令应该是世界上最早的环境保护法。

这两部法令有五大共同点：

其一，环境保护首先强调的是时令之时。四时之中各有不同的保护对象与内容：春天是万物生发的季节，树在长，草在长。夏天鱼鳖在产卵，所以"春三月"禁止斤斧进山，"夏三月"禁止网罟入水。强调时令之时，强调的是取物取在"该"取之时，而在万物生发的季节千万不要去干扰它，不要去索取它。"春天里万物状态如何，夏天里万物状态如何，秋天里万物状态如何，冬天里万物状态如何"在先贤们的眼里，有着清楚的认识。在这一基础上，产生了"春天里应该干什么和不应该干什么，夏天里应该干什么和不应该干什么，秋天里应该干什么和不应该干什么，冬天里应该干什么和不应该干什么"的规定。一切与时令合拍，如《周易·艮·象传》总结的那样："时止则止，时行则行，动静不失其时，其道光明。"

其二，保护关心幼小的家禽与鸟兽。没有小就没有大，没有幼就没有壮。家畜中的牛犊，身体娇嫩不能用于拉车；家畜中的马驹，身体娇嫩不能乘其肆意驰骋。捕鸟时要避开产卵的季节，狩猎一定避开野兽怀孕的季节。

其三，环境保护强调广泛的空间性。上至高山丘陵，下至江河湖泊，均在保护之列。

其四，法令必须由君王带头遵守。圣贤君王既是法令的制定者，也是遵守法令的典范。首先是君王自己知道应该"这样做"，然后是教育天下人民应该"这样做"。这与后来需要大臣与士人提醒与告诫"应该这样，不应该那样"的国君相比，显出了先王的优秀。

其五，这里的法令并不是冰冷的条文，而是具有艺术性与人情味的论文。笔者切身感受到，阅读这两个法令可以很轻松地受到四个方面的教育：法律教育，自然知识的教育，文理文风的教育，美学教育。

拍案叫绝，这是笔者读"禹之禁"时的真实感受。中华先贤在遥远的古代就重视的问题，在当代人这里居然被忽视。中华先贤在遥远的古代就明白的问题，在当代人这里至今居然还稀里糊涂。

五、物的研究

物是分类的，物类不能乱，人类先贤特别重视各从其类的问题。前面已经谈过这一问题，此处不赘述。这里从物的识别、物的味道、物的成分与结构上，认识中华先贤所下的功夫与经典中的结论。

（一）物类的识别

"天与火，同人；君子以类族辨物"。（《周易·同人·象传》）自强不息，是针对君子的基础之论。君子在任何时候、任何领域都应该自强。以类族辨物，是针对君子具体之论。这一具体之论，要求君子在"术"的层面上去认识一物与万物，以"类"的特点去辨别物与物的异同。

同人卦的卦象由八卦中的乾、离两卦所组成。乾卦象征天，离卦象征火，天加火组成了同人卦。天与火之间有类似点吗？有！起码有两个类似点：一是天在上，火升腾的方向永远向上，这是方向上的类似点。二是天道光明，火焰亦光明，这是在功能上的类似点。

抓住了"类"特点，可以辨别"一类"的物，用先贤话说是以"族"辨物。辨物之辨，可以以鱼辨鱼，以虾辨虾，以猫辨猫，以狗辨狗，以人辨人……在一类一族之物中，可以从体貌上去辨，可以从成分上去辨，可以从结构上去辨，可以从功能上去辨，可以从动作上去辨，可以从时空上去辨……抓住了这些基本特点，先分出大类，进一步就可以分出类中的异同。笔者认为，这应该是中华先贤认识世界所掌握、所使用的一种方法。

"火在水上，未济；君子以慎辨物居方"。（《周易·未济·象传》）八卦中离、坎两卦组成了六十四卦中的未济卦。离象征火，坎象征水。火升腾，水下流，水火的背道而驰，这是未济——未能成功——在原因上的"所以然"。由未济卦演化出的人文哲理，要求君子以方向、方位的差异上去辨别物与物的异同。空间方位，中华先贤做出了这样几种区分：东西南北四方；东西南北中五方；四方上下六方；东西南北、东南、西南、东北、西北四面八方。物的空间属性体现在三方面：一是此方有此物，即四方有四方之物，五方有五方之物，六方有六方之物，八方有八方之物。二是物本身有空间性，即物本身上下、左右、前后空间的延展性。三是物有空间转移性，例如候鸟具有空间转移性。

"于是始作八卦……以类万物之情"。（《周易·系辞下》）这句话告诉后人，八卦的功能之一就是"以类万物之情"。在一部《周易》之中，八卦可以比类天体，可以比类人体，可以比类四时八节，可以比类四面八方，可以比类万物中的一物与几物的组合……八卦这里，隐藏了一种类比、类推的方法，只要掌握了这种方法，既可以类比、类推一事一物，又可以类比、类推万事万物。论一物，可以类比、类推其结构构造；论万物，可以类比、类推物物之间的相关性、相通性。

如果在八卦这里，后世子孙延续了中华先贤"以类万物之情"的思路，不知会在自然科学的领域内做出多少贡献，绝不会出现后来落后于西方的悲哀。

（二）结构与成分

此物与他物，结构与成分，是完全不一样的。特殊性构成了物物之间的差别，那么物物之间有没有共性呢？有！物物之间在成分上有共性，在结构上同样有共性，这是老子的认识。《道德经·第42章》："万物负阴而抱阳。"这句话告诉后人，组成现实世界的万物，在结构上的共性是阴阳两分，在成分上的共性是一阴一阳。笔者有一位可以讨论问题的好朋友，美学博士，曾经质疑"万物负阴而抱阳"的普遍意义，问笔者："月球上的石头成分是什么？"笔者回答："手中没有月球上的石头，所以不知道某一石头的具体成分，但毫无疑问，月球上的石头，除了单质之外，肯定都是由阴阳两种离子、两种离子团所组成。"

（三）物的味道

一物有一味，万物有万味，万味归类可以归为酸、苦、甘、辛、咸五味。

五味有时间属性，《周礼》最早记载了这一点。《周礼·天官·冢宰》："春多酸，夏多苦，秋多辛，冬多咸，调以滑甘。"春酸、夏苦、秋辛、冬咸、四时调甘，四时不同偏重的味道也不同，五味的时间属性，被中华先贤所发现被《周礼》所记载，被《黄帝内经》在医病、养生两个领域所传承。

五味有空间属性，《黄帝内经》最早记载了这一点。《黄帝内经·素问·金匮真言论》："东方青色……其味酸，南方赤色……其味苦，其中央黄色……其味甘，西方白色……其味辛，北方黑色……其味咸。"

五味与五脏有相宜性，具体的对应关系是：入肝宜酸，心宜苦，肺宜辛，肾宜咸，脾宜甘。关于五味与五脏的关系，《黄帝内经·灵枢·五味》精辟的描述是："五味各走其所喜，谷味酸，先走肝，谷味苦，先走心，谷味甘，先走脾，谷味辛，先走肺，谷味咸，先走肾。"谷有味，果有味，菜蔬有味，牛肉、羊肉、猪肉各有其味，万物之味可以归结为五味，根据五味与五脏对应的原理，中华先贤利用五味创立独特的养生之术与医病之术。

草部药有味，木部药有味，水部药有味，土部药有味，介部药有味，鳞部药有味，虫部药有味，金石部药有味，这里的味都可以归结为五味。根据五味与五脏对应的原理，中华先贤利用五味创立独特的养生之术与医病之术。抗生素有时间上的局限性，源于大自然的五味之味永远也不会有时间上的局限性。

（四）"知类通达"与"学之大成"

《礼记·学记》："九年知类通达，强立而不反，谓之大成。"儒家办学，学期九年。七年小成，九年大成。小成成在"论学取友"上，即学习七年一能明白学问中的深奥道理，二能在人群中辨别出谁可能成为朋友。大成成在"知类通达"上，即学习九年一能触类旁通，二能闻一知十，三有稳固的立场而不易被迷惑。知一类而通达百类、千类、万类，谓之通达。《周髀算经·阵子模型》："问一类而以万事达者，谓之知道。"九年大成的目标，实际上就是"知道"。

"人不学，不知道。"《礼记·学记》在开篇处告诉后人，就学、求学其目的不仅仅是学一门手艺，不仅仅是学一门技术，不仅仅是成为某个领域的专家，而是要成为一名知道者。人不学，不知道。求学，目的就在于知道。知道知在何处？在"问一类而以万事达"上，在"知类通达"上。如果后世为师者、为学者能够明白"知类通达"与"学之大成"之间的关系，中华大地上代代所出的不仅仅是会写三篇好文章的状元，而是会著出新经典、会解答大问题与新问题的圣贤。

（五）"格物"与"平天下"

"古之欲明明德于天下者，先治其国；欲治其国者，先齐其家；欲齐其家者，先修其身；欲修其身者，先正其心；欲正其心者，先诚其意；欲诚其意者，先致其知；致知在格物。物格而后知至，知至而后意诚，意诚而后心正，心正而后身修，身修而后家齐，家齐而后国治，国治而后天下平"。这是《礼记·大学》的一段话。正是这段话将"格物"与"平天下"联系在了一起。

格，认识也，穷究也。物，事物也，万物也。所谓"格物"，就是认识、穷究事物、万物的根本道理。认识与穷究物与时空的关系，认识与穷究物与气候的关系，认识与穷究物与地理的关系，认识与穷究物物之间的异同，认识与穷究物的结构与成分，所有这些，都在格物的范围之内。

平天下的基础在于格物，平天下者必须是格物者，格物的伟大意义就在这里。

《周易》中的君子，应该是善于辨物之人；《周易》中的圣人，应该善于在万物之中认识物物异同之人；《礼记》中的平天下者，必须是格物之人，由此可见，对物的认识在元文化与儒家文化中具有非常重要的基础性。

物在天地中，物在宇宙间，不在现成的书本中，元文化与儒家文化重视的是对书外自然的研究。

以格物为基准稍加对照，就会发现千年的荒唐，无赖出身的刘邦，乐不思蜀的刘阿斗，"何不食肉糜"的晋惠帝，哪一个是格物之人？

如果沿着识物、辨物、格物的道路一路走来，一直不停止对自然界的研究，不停止对万物的研究，不停止对物物异同的研究，不停止对物与时空关系的研究，中华儿女会在关于物的学科中提出与解答多少的问题啊？

六、臣撕君网：一个非常有意义的故事

《国语·鲁语》中记载了一个非常有教育意义的故事——里革断宣公罟而弃之。故事的大意如下：鲁宣公要在夏天的池塘里捕鱼，被大臣里革所制止。里革的制止，一是用语言制止，二是用动作制止。里革说，鸟兽鱼怀孕繁殖的季节，不应该在这个时候捕杀它们，这是古之先贤的遗训。现在是鱼刚刚开始繁殖的季节，这个时候下网捕鱼，真是贪心无度——"贪无艺也"。艺即限度，无艺即无限度。"里革断网"在笔者的眼里，其意义有三：一是臣可以批评君；二是君也必须遵守物序；三是人不能危害无语的万物，君王也没有这一特权。里革为臣，鲁宣公为君；里革可以批评鲁宣公，证明臣可以批评君。道理体现在物序中，物序体现在物的生长成熟次序中，遵守万物生长之序就是遵守道理，违反物序就是违反道理，君王也没有违反道理的特权。万物无语，鱼无语，人不能肆意侵害无语之物，人不能肆意侵害无语论。在这里，里革批评鲁宣公不能肆意侵害无语之鱼。爱护自然，爱护万物，爱护鱼虾，里革给后人生动地上了具有常青意义的一课。非常遗憾的是，在人类的历史上，在征服自然的哲学中，这一课被后世子孙忘得干干净净。

人生在天地之间，人们的生产活动不能上逆天道、下绝地理，否则，"天不予时，地不生财"。中华先贤最早认识到了不能掠夺自然的道理。生产过程中不能掠夺自然，这个道理是否应该坚持下去呢？

第七节 关于进退的考核制度

为官可不可以终身制，可不可以只升不降，中华元文化给出了否定性的答案。

为官必须有政绩，政绩的大小与好坏，由考核制度来决定。能者升，庸者降，完全不能者黜，这是中华先贤所创立的"为官如何为"的考核制度。这一制度，最早是在《尚书》中出现的。《尚书·舜典》："三载考绩，三考，黜陟幽明，庶绩咸熙。"幽者，昏暗也，昏庸也。明者，贤明也，贤能也。这一论断告诉后人，舜时代就确立了百官政绩考察制度，考察考三次，分别出昏庸与贤明，罢免庸者，提升贤明者，把众多的政务都兴办起来。在中华先贤所创立的考核制度里，没有为官终身制一说，没有只升不

降一说。官员终身制，官员只升不降，有悖于中华元文化。

为官者的政绩需要考核，为医者的医绩同样需要考核。医生的考核制度，最早是在《周礼》中出现的。《周礼·天官》："医师：掌医之政令，聚毒药以共医事。凡邦之有疾病者，有疕疡者造焉，则使医分而治之。岁终，则稽其医事，以制其食：十全为上，十失一次之，十失二次之，十失三次之，十失四为下。"

医师掌管医药政令，收集天下药材供医疗之用。国中有疾病者，头上生疮和身上有创伤者，使医生分而治之。年终考察医生的业绩，以制定俸禄标准。当时的俸禄标准是：

给十个病人全部治好的为之十全，十全者食上等俸禄。

给十个病人治好九个的医生，食次等俸禄。

给十个病人治好八个的医生，食三等俸禄。

给十个病人治好七个的医生，食四等俸禄。

给十个病人治好六个的医生，食下等俸禄。

给十个病人有五个没治好的医生怎么办？《周礼》没有记载。没有记载，即"不足论矣"。不足论的医生，就在医生队伍之外了。

为医者，应该有奖有惩，这是中华元文化中的基本道理。医生终身制，有悖于中华元文化。

政绩需要考核，医绩需要考核，凡是有人和事的领域，都有"考绩"之"考"的出现。早期的中华民族之所以优秀，之所以样样都能走在世界的前头，与这个"考"字恐怕不无关系。

能者不能上进，庸者不能罢黜，大不能治国，小不能齐家。《红楼梦》中的王熙凤，曾经协理宁国府。一接手就发现了宁国府中混乱的五大弊端，最大的弊端就是"有脸者不服钤束，无脸者不能上进"。治家用人不论"能不能"，只论"有没有脸"，宁国府焉有不败之理。

第八节　关于战争问题

战争，是《周易》研究的课题之一。

六十四卦中，有关于战争的一卦，这就是师卦。六十四卦，六十四环，战争是六十四环中必然的、不可缺少的一环，这就是《周易》对战争的基本把握。

在战争问题上，中华先贤解答了以下几个问题：战争的起因问题；战争的立足点问题；战争的兵法问题。

关于战争的起因，中华先贤解释在饮食不公上。六十四卦中第七卦为师卦，师卦之前是象征诉讼的讼卦，讼卦之前是象征饮食之道的需卦。需、讼、师，如此顺序是有一定道理的。《周易·序卦》对这个顺序的解释是："需者，饮食之道也。饮食必有讼，故受之以讼。讼必有众起，故受之以师。"饮食之需分配不公，就会引起诉讼；诉讼解决不了问题，就会引起战争，战争的起因关乎切身利益。生活资料会引起战争，这是中华先贤对战争起因的解释。

战争的立足点必须立在一个"正"字上，即战争必须是正义之战，这是中华先贤对战争立足点的解释。如《周易·师·彖传》所言："师，众也。贞，正也。能以众正，可以王矣。"一个"正"字，能说服人，能有号召力，所以战争的基础之论就是"正不正"。《尚书》记载了两种战争，一种是华族与外族的战争，一个是民族内部的革命战争。华族与外族的战争，有与苗族战争的例子。苗族与中央对抗，舜、禹征伐时以武力为基础又采取了文德教化，使苗族心悦诚服中央。《尚书·大禹谟》："帝乃诞敷文德，舞干羽于两阶，七旬有苗格。"——舜帝大施文德，在殿堂的台阶之间拿着盾牌与羽翳跳舞，过了七十天，苗民不讨自来。民族内部的革命战争，有"汤武革命"为例。商汤与武王所发动革命战争有两个重要支点：一是天道；二是民心。天道民心是发动革命战争的基本理由。以一个"正"字为基点，在战争中可以不战而胜，可以以弱胜强，可以以小胜大。失去一个"正"字的无义之战，无论你多么有力——能力与实力，最终的结果必然是以失败而告终。

中华先贤以道论"如何战"，形成了一部部可以跨越时空的兵法——《六韬》《吴子兵法》《孙子兵法》。兵法不同，但立论基础相同，道是一部部兵法的立论基础。《六韬·守国》："春道生，万物荣；夏道长，万物成；秋道敛，万物盈；冬道藏，万物静。"《六韬·兵道》："凡兵之道，莫过于一。"《六韬》用兵之妙，在于人却根于道。《吴子·图国第一》："夫道者，所以返本复始。"《吴子》用兵之妙，在于人却根于道。《孙子兵法》在开篇之处连续三次出现了一个"道"字："兵者，国之大事……一曰道，二曰天，三曰地，四曰将，五曰法。"《孙子》用兵之妙，在于人却根于道。今天的西方军事学院，大都用《孙子兵法》做教材。中华先贤以道论兵，论出了超越时空的军事教材。

春秋时期的诸侯国君，完全抛弃了元文化中的道理，挑起战争不再论"正""不正"，即不再论战争的正义性，论的是"有没有力"与"有没有术"。"春秋无义战。"（《孟子·尽心下》）孟子一句话，否定了春秋时期的全部战争。在不讲道理的无义之战面前，没有具有永恒意义的胜利者。如同老猴王终会被新猴王所取代一样，老胜利者会被新胜利者所取代。胜利者可以享受胜利所带来的一时愉悦，而对于天下人民来说，无论谁是胜利者，所享受的只有苦难。除了苦难，还是苦难。"兴，百姓苦；亡，百姓苦。"（《山坡羊·潼关怀古》）张养浩的这首曲精辟地总结了新老胜利者与天下百姓之间的关系。

"春秋无义战"。希望后世子孙能够记住这一评价。同时，也希望后世子孙能像孟子一样，研究战争时，不单单看"谁是胜利者"，还要看"谁是正义者"。正义与非正义的判断，最直接、最明白的一个标准就是：是否给天下百姓带来了利益。

第四章　由崇尚自然到崇拜君王：人道的变质

天理、道理，是中华先贤所认识到的终极真理。为人、为事、为政必须合于天理，必须合于道理，这是中华先贤立人之道的基本准则。

变质了天理、变质了道理，将君王之理同于天理，用君王之理取代道理，具体来说，将君理等同于天理，用君理取代道理，笔者认为，人道之变就变在这里。

要研究中华文明的"所以然"，要追溯中华文明为什么会一步步黯淡，人道之变在这里是一个绝对不能忽略的因素。人道之变，在笔者的研究中，变在形上形下两个领域，首先是哲理之变，其次各个领域的具体之变。分别讨论如下：

第一节　哲理之变

哲理之变，核心集中在道的变质上。大道变伪道，在第一篇里已有详细的讨论，这里不再重复，此处只做简要的回顾。

一、简要的回顾

（一）道之变

"一阴一阳之谓道"，这是《周易·系辞上》所界定的"道"。"阳为阴纲之谓道"，这是《春秋繁露·基义》中的道。前者是本义上的大道，后者是歧义上的伪道，从大道到伪道的变化，这里是分界点。

（二）阴阳关系之变

"阴阳合德"，这是《周易·系辞下》中阴阳关系。"保和太和"，这是《周易·乾·彖传》中的阴阳关系。"阳为阴纲"，这是《春秋繁露·基义》中的阴阳关系。"和合"是阴阳之间"本来如此，应该如此"的关系，"纲目"是阴阳之间"本来不如此，后来偏偏如此"的关系；阴阳之间从正常到非常的变化，这里是分界点。

（三）阴阳同功之变

"天地氤氲，万物化醇。男女构精，万物化生。"天为阳，地为阴；男为阳，女为阴；阴阳在万物的"化醇"与"化生"的过程中具有同等的功劳，所以《周易·系辞下》对它们进行了同等的评价。阴阳同劳也同功，这是《周易》的基本立场。

"阳常居大夏，而生育长养万物；阴常居大冬，而积于空虚不用之处。"（《汉书·董仲舒传》）阳有功，阴无用，这是董仲舒的基本立场。

阴阳同功，元文化中的基本立场变质在董仲舒的这一论述中。

阴阳须臾不可分离的关系，也变质在董仲舒的这一论述中。

（四）道天关系之变

"道生一，一生二，二生三，三生万物。"（《道德经·第42章》）"是故夫礼，必本于大一，分而为天地。"（《礼记·礼运》）"夫道……生天生地。"（《庄子·大宗师》）道生地，道先天后，这是儒道两家的共同认识。"道之大原出于天，天不变，道亦不变。"道出于天，天先道后，这是董仲舒的一家之言。道天关系之变，这里是分界点。

变化之道，变化之天，变化的时间与空间，变化的万物，一切都是变化的，人也必须随之变化，这是《周易》的基本立场。这一立场也被"天不变，道亦不变"所误解。

（五）效法对象之变

如何为人？效天法地，这是《周易》中的答案。"崇效天，卑法地。"天和地，这是《周易·系辞上》所指出的效法对象。"君为臣纲，父为子纲，夫为妻纲。"如何为臣，以君为纲；如何为子，以父为纲；如何为妻，以夫为纲。君、父、夫，这是《白虎通德论·三纲六纪》所建立的大纲。为人如何为？标准在三条大纲里。效法对象之变，这里是分界线。

（六）不事王侯，高尚其事

这是《周易·蛊》上九爻辞所奠定的为臣原则，这一原则变质在"君为臣纲"里。为臣原则之变，这里是分界线。

二、几句应该记住的名言

离开了天地，无法论人；论人，必然论及天地。这是元文化中的论证方式。记住了这一论证方式，可以轻易地识别出异端邪说。现将体现这一论证方式的六句名言集中摘录如下：

其一，《周易·系辞下》："易之为书也，广大悉备。有天道焉，有人道焉，有地道焉。兼三才而两之，故六。六者非它也，三才之道也。"

其二，《周易·说卦》："立天之道，曰阴与阳；立地之道，曰柔与刚；立人之道，曰仁与义。"

其三，《诗经·大雅·烝民》："天生烝民，有物有则。"

其四，《礼记·礼运》："圣人作则，必以天地为本。"

其五，《黄帝内经·素问·举痛论》："善言天者，必有验于人。"

其六，《黄帝内经·素问·气交变大论》："夫道者，上知天文，下知地理，中知人事，可以长久。"

记住了这几句名言，掌握了天人一体而论的基本立场，马上可以辨别出百年的谬误、千年的谬误。

第二节　具体变化

形上之理决定着形下之行之动，有大道之理必有理性之行之动，有谬误之理必有谬误之行之动。大道变伪道之后，形下之行之动的方方面面就出现了谬误。

一、君臣礼仪之变

（一）礼重要性回顾

在《礼记·曲礼》的开篇处，孔夫子告诉后人，礼是人禽的分界线，礼是人兽的分界线。

《春秋左传》告诉后人，礼是立人之本，立家之本，立国之本。

《周易·序卦》告诉后人，男女、夫妇、父子、君臣、上下之间的五伦关系，正常状态应该是礼仪关系。

礼从道中来。讲不讲礼是表象，讲不讲道理是实质。

在早期的中华大地上，是人就要讲礼。我讲礼你也要讲礼，这就是《礼记·曲礼上》所说的"礼尚往来"。"礼尚往来，往而不来，非礼也；来而不往，亦非礼也。"不同的对象，不同形式的礼。无论形式怎么不同，礼的灵魂却是不变的，即"往来"二字是不会改变的，

《周易》《尚书》《周礼》《礼记》共同告诉后人这样一些基础性常识：

男女之间，讲究礼尚往来。

夫妇之间，讲究礼尚往来。

父子之间，讲究礼尚往来。

君臣之间，讲究礼尚往来。

上下之间，讲究礼尚往来。

朋友之间，讲究礼尚往来。

老幼之间，讲究礼尚往来。

按照道理，交往的双方都应该讲礼。无论哪一方失礼，都是道理所不允许的。

（二）有往无来之礼

礼尚往来之礼，首先变质在君臣之间。礼尚往来之礼，变质为有往无来之礼。有往无来之礼，始作俑者是西汉的叔孙通。

君臣礼仪之变，对于中华民族的伤害，具有根本性。下面以《史记》中的资料为基础，梳理这一问题。

（三）叔孙通其人

叔孙通，秦薛县人。曾因长于文章而征召入宫，侍奉过秦二世，后又投奔过项梁、项羽，最终以汉刘邦为主人。秦二世、项羽、刘邦，叔孙通灵活地游历于三者之间。叔孙通自称为儒，但这一灵活的人生历程，与孟子所主张的"天下有道，以道殉

身；天下无道，以身殉道”是完全背道而驰的。

（四）叔孙通的人品

《史记·刘敬叔孙通列传》中有两件具体的事例，可以说明叔孙通的人品：

其一，善于说假话。陈胜起义后，秦二世召来博士、儒生想问个究竟。儒生们如实回答，说是聚众造反。秦二世认为自己主政的天下是太平天下，不可能出现造反之事，于是变了脸、发了火。此时的叔孙通走上前，对秦二世说出了这样的话："儒生的话都不对。当今天下哪有敢造反的，可能是一伙盗贼行窃罢了，不足挂齿。"事情的结局是：实话实说的儒生被治罪，逢君之恶的叔孙通受到了赏赐——秦二世赐帛二十匹，服装一套。回到住所后儒生们质问叔孙通为何说假话？叔孙通的回答是"不说假话，就逃不走了"。为一己之私，张口就是假话，道理与事实可以完全不顾，这就是叔孙通。

其二，灵活地化妆自己。叔孙通又改换门庭投靠汉王刘邦后，开始总是穿着一身儒生服装。汉王见了非常讨厌，叔孙通随即改换了服装，改换成了汉王所喜欢的短袄。为投君所好，灵活地化妆自己，道理与立场是没有的，这里的叔孙通不是戏子胜似戏子。

（五）叔孙通制礼

正是这样一个叔孙通，制定出了一套只有"往"而没有"来"的、只有服从而没有平等、无限扩大皇帝而无限缩小大臣的礼仪。制礼过程如下：

刘邦用武力与阴谋诡计夺取天下之后，并没有立刻享受到皇帝的乐趣。因为杀猪屠狗出身的武将其文明程度远不如尹伊、姜尚那样的先知先觉者，他们甚至连起码做人的规矩也不懂，自恃战功卓著在朝廷饮酒作乐、争论功劳，喝醉了酒敢在殿堂之上拔剑乱砍。刘邦对这帮曾经共过患难的"功狗"毫无办法。这时，早有准备的叔孙通，完全揣摩到了刘邦的心意，乘机进言制定礼仪。这一建议，一开始没有得到刘邦的完全同意。为什么？因为无赖出身的刘邦害怕麻烦，只是让叔孙通试一试。

叔孙通得到刘邦应允之后，到鲁地招募懂得礼仪的儒生。没想到的是，叔孙通遭到儒生们的一顿痛斥。儒生当面指责叔孙通善于改换门庭、善于阿谀奉承，以无耻来换取荣华。儒生们说："如今天下初定，死去的还没有埋葬，伤残的还没有康复，有什么理由来制定礼乐法规。礼乐的产生从根本上看是积德的结果，积德百年自然会兴起礼乐。我们不能违心地替您办这种事。您办的事与传统不合，您自己去做吧，不要玷辱了我们！"

儒生不干就自己干。叔孙通把自己的弟子与皇帝左右有学问的侍从集中起来，一起到郊外进行演练。叔孙通所制的礼，突出的是权威，突出的是服从。叔孙通在郊外立茅草以定尊卑之位，拉绳子以定序列规矩。尊卑之位不能随便逾越，序列规矩不能随便逾越。先是弟子们演练，得到皇帝的肯定后，又命群臣进行实际排练。

长乐宫建成后，群臣按照叔孙通制定的礼仪朝拜皇帝。《史记》所记载的礼仪是这样的：天刚亮时，谒者开始主持礼仪，引导群臣、文武百官依次进入殿门，廷中排列着战车、骑兵、步兵和宫廷侍卫军士，摆设着各种兵器，树立着各式旗帜。谒者传呼"趋"（小步快走）。于是所有官员各入其位，大殿下面郎中官员站立在台阶两侧，台阶上有几百人之多。凡是功臣、列侯、各级将军军官都按次序排列在西边，面向东；凡文职官员从丞相起依次排列在东边，面向西。大行令安排的九个礼宾官，从上到下地传呼。于是皇帝乘坐"龙辇"从宫房里出来，百官举起旗帜传呼警备，然后引导着诸侯王以下至六百石以上的各级官员依次毕恭毕敬地向皇帝施礼道贺。诸侯王以下的所有官员没有一个不因这威严仪式而惊惧肃敬的。

仪式完毕，再摆设酒宴大礼。诸侯百官等坐在大殿上都敛声屏气地低着头，按照尊卑次序站起来向皇帝祝颂敬酒。斟酒九巡，谒者宣布"罢酒"宴会结束。

最后，监察官员执行礼仪法规，找出那些不符合礼仪规定的人把他们带走。从朝见到宴会的全部过程，没有一个敢大声说话和行动失当的人。

大典之后，刘邦舒畅地说："吾今日知为皇帝之贵也。"于是授给叔孙通太常的官职，赏赐黄金五百斤。如此礼仪的全部收效，就在于让皇帝知道了当皇帝至高无上的尊贵。

（六）严重的后果

以《周易》以及儒家典籍为坐标，马上就可以发现此礼仪谬误之极。谬误的礼仪引起了一系列相悖于元文化的严重后果。简析如下：

其一，君之礼不见了。《周易》所主张的礼仪，是相互之礼，即交往的双方如男女、夫妇、父子、君臣、上下之间都要讲"礼"。具体到君臣之间，那就是先有君之礼，后有臣之礼。君臣双方都应该讲礼，但君讲礼在先。而在叔孙通的礼仪里，皇帝高高在上只受礼不还礼，在如此礼仪中，只有臣之礼，而君之礼不见了。

其二，面对面的关系变成了台上台下的关系。在《尚书》之中，尧与大臣之间是面对面的关系，舜与大臣之间是面对面的关系，禹与大臣之间同样是面对面的关系。叔孙通的礼仪，把君臣之间面对面的关系变成了台上与台下的关系。面对面，体现的是平等；台上与台下，突出的是权威。

面对面，《尚书》之中君臣之间是可以平等讨论问题的。台上与台下，平等讨论问题成了大逆不道。

其三，抛弃了小心谨慎的原则。为君者应该有"履虎尾"的心态，即应该有像走在老虎尾巴后面的那种小心谨慎的心态，这是《周易》的教导。

大禹留给后人的警戒是人生名言："若朽索之驭六马。"一条腐朽的绳子驾御六匹烈马，时时都有翻车的危险，为君者应该如此小心谨慎，这是《尚书》的教导。

尧、舜、禹之间交接时，反复嘱咐的话就是"小心啊，小心啊"。周代的大臣周公、召公在与君王谈话时，"小心谨慎"之语是必不可少的内容。周穆王甚至以"若蹈虎尾，涉于春冰"来描述自己为君的真实心情。

居安思危、小心谨慎是中华元文化的基本精神，这一精神在叔孙通的礼仪里完全彻底地不见了，只要坐到皇帝这个位置上，就可以享尽至高无上的尊贵，小心谨慎成了另外一个世界的事。

其四，抛弃了"君如何视我，我如何视君"的原则。

《孟子·离娄下》："君之视臣如手足，则臣视君如腹心；君之视臣如犬马，则臣视君如国人；君之视臣如土芥，则臣视君如寇雠。"君与臣都是人，是人就应该讲究人格上的平等。在孟子这里，没有一味磕头的理。

在叔孙通的礼仪中，文武群臣像马戏团里的动物一样，在指挥者的指挥棒下会做各式各样的规定动作。皇帝该不该还礼，用不着追问，也无须思考。一切"该不该"的疑问，一切"君为何不讲礼"的疑问，在威严的礼仪之中根本不会产生。

其五，皇帝的权威被无限放大。在叔孙通的礼仪中，大臣的地位越缩越小，基本趋于零；皇帝权威被无限放大，大到天地那样大。

其六，为臣的原则由此改变。《周易》所创建的为臣原则是"不事王侯，高尚其事"。这一原则在叔孙通的礼仪里变质为"不尚其事，专事王侯"。

其七，百无一用的小人有了可乘之机。叔孙通不懂天文，不懂治水，不懂务农，这样的人在尧、舜、禹时代属于毫无用处的小人，而在汉高祖刘邦这里，叔孙通既授官又授金，此例一开，那些百无一能、以溜须拍马为能事的无耻之徒找到了升官发财的机会。到了汉末，朝廷之上已经充满了舔痔做官之臣。《三国演义》中的诸葛亮对这样的情况有以下的描述："庙堂之上，朽木为官，殿陛之间，禽兽食禄；狼心狗肺之辈，滚滚当道，奴颜婢膝之徒，纷纷秉政。"树立皇帝绝对权威的礼仪，使那些有百害而无一利的无耻之徒取代了有能有志之士，等到这些无耻之徒充满朝堂之时，刘氏王朝已经走到了穷途末路。

其八，浩然之气被化解了。《孟子·离娄下》："舜，人也；我，亦人也。"在儒家文化里，臣是人，是堂堂正正的人，顶天立地的人。在叔孙通的礼仪里，臣是奴，是磕头虫。浩然之气被一系列跪拜的程序化解得干干净净。

其九，"选贤"愿望被化解了。孔子、墨子一直希望找回大道之行的公天下即通过选贤选举天下贤者为君王。叔孙通关心不是"如何选君"，关心的是"如何向君行礼"。不论是谁，也不论通过什么方式戴上了王冠，为臣者都可以规规矩矩磕头跪拜。楚汉相争，胜利者无论是无赖刘邦还是文盲项羽，叔孙通之礼均可适用。

其十，臣的座位不见了。孔子、孟子游说列国时，臣是有座位的，君臣之间是坐着说话的。孔子的弟子子贡经商每到一个诸侯国，国君要到庭中迎接。《史记》记载这些事例时使用了"分庭抗礼"一词。子贡与诸侯国君之间也是坐着说话的。在叔孙通的礼仪里，为臣的座位被剥夺了。这里，只有皇帝有座，文武大臣不论年纪大小统统没有座。为臣者的座位，就丧失在这里。从西汉开始到清朝，关于大臣的座位，历代皇帝再也没有提起过，历代的大臣再也没有追问过。

（七）从遵守秩序到戴上枷锁

衍生于大道的礼，体现的是秩序，体现的是"为人应该这样"的规定性。遵守本于一的礼，遵守相互负责的礼，实际上遵守的是秩序。每一个施礼者，既用礼衡量自己，也会用礼衡量别人。使大家都规范在秩序的范围之内。

叔孙通所制的礼，是伪道基础上衍生出的礼。如此之礼，是束缚人的枷锁。懂得这样的礼，除了懂得"如何站，如何立；如何磕头，如何作揖"之外，根本没有用礼衡量权威的欲望。遵守如此之礼，真是犹如钻进了画地为牢的枷锁。

（八）跪拜错了对象

前面谈过《圣经》中的"摩西十诫"。"摩西十诫"的第一诫强调的是神的唯一性。神告诉摩西："除了我之外，你不可有别的神。"站在中华文化的立场上解读"摩西第一诫"，那就是：世界上最重要的是生之源主，人只能尊崇。除此之外，人不能尊崇任何东西，包括君王。在"摩西第二诫"中，神告诉摩西不可跪拜自己创造的"那些像"。

透过表象，用冷静的态度进行经典比较，可以清楚地发现，《周易》《尚书》这两部经典以及儒家典籍所讲的道理实际上与《圣经》相仿佛。

《周易》是让人尊崇天地、尊崇道的，六十四卦第一卦始于天，第二卦始于地，"有天地然后有万物"——天地是造物主，《周易》讲的是"如何效天法地"，没有讲"如何朝拜君王"。

《尚书》是让人尊崇天文、尊崇时空的。《尚书》中的第一个帝王是尧，尧在任内，研究天文制定历法，并以此为基准进行行政。《尚书》中的第二个帝王是舜，舜上任之初，朝拜的是天地四时。尧和舜讲的都是"如何顺应天地四时"，没有讲"如何朝拜自己"。

《礼记·月令》记载了先王的大型祭祀活动。这里的祭祀，祭祀的是四时。每年的立春、立夏、立秋、立冬之日，天子要亲率三公、九卿、诸侯、大夫分别到东西南北四郊去迎春、迎夏、迎秋、迎冬。大型祭祀活动，祭祀的是四时，不是君王。

《吕氏春秋》所记载的祭祀，与《礼记》相同，祭祀的是天地四时，不是君王。

叔孙通颠倒了尊崇的对象，实际上是颠倒了元文化基本立场。元文化的基本立场是尊崇天地四时，是效天法地，是顺应自然；叔孙通所制定的礼仪，尊崇的是皇帝，敬重的是皇权，顺应的是权威。中华元文化中虽然没有不可跪拜自己创造的"那些像"这样明确的信条，但是从《周易》开始一直到儒、道、墨三家乃至其他诸子，没有研究"如何在仪式上把君王捧上天"。

以《周易》为坐标，并参考于《圣经》，完全可以说，叔孙通的礼仪在中华大地是空前的大逆不道，是有悖于元文化的大逆不道。这种威严的礼仪，与主张和合的中华元文化是完全相悖的。对于叔孙通制礼，当时已经有人提出了质疑，即鲁地儒生的质疑。但这些质疑，只是限于叔孙通的人品与战后时机上的"当不当"，并没有质疑到尊崇对象的根本错误上。在《圣经》中，国王不能等同于神，这是常识。如果有人要混淆这一界限，《圣经》的阅读者与信仰者，肯定不会答应，也会毫不犹豫地加以拒绝。在《周易》《尚书》中，皇帝不能等同于天地，这同样是常识。叔孙通混淆了这一界限，天下的读书人却奇怪地全都默认与接受了，更为奇怪的是，为了一己之私代代读书人又主动地加以延续。叔孙通的礼仪树立了皇帝的威严，威严的皇帝制造出了千奇百怪的灾难，这就是中华大地上两千多年的荒谬历史。

罗素先生在《东西文明比较》中比出了这样一些异同："我们发现中国的许多文明可以从希腊文明中找到。但是，中国文明中缺少我们西方文明中的其他两个因素，即犹太教与科学。"罗素先生在这个结论中，说出了一个相同点和两个不同点：一个相同点是欧洲与中国都有自己的文明，而且两个文明有相似之处。两个不同点是西方有犹太教中国没有，西方有科学中国没有。在两个不同点这里，笔者想接着罗素先生"继续说"。既然中国有文明，那么必然有相应的、支撑这个文明的"学"，没有科学会有另外的学，否则就不会产生中国文明。你有你的学，我有我的学，这一点罗素先生没有区分开。说中国没有犹太教，这一点罗素先生把握得真好。犹太先贤从一开始就讲神理，中华先贤从一开始就讲道理；神理讲在教堂，道理讲在学庠，中华大地上的确本来就没有宗教。在笔者看来，有没有"犹太教"，不是东西的真正差异，真正的差异是犹太人信神时是真诚的信，而中国人讲道理往往是体现在口头上。笔者这里只讲一个例子说明问题：如果犹太人的王违背了神理，犹太人会毫不犹豫地制止他；而中国的皇帝违背了道理中国人会去纠正他吗？有神理讲神理，有道理而讲君理，在笔者看来，这里才是东西方差别之所在。

董仲舒变质了道理，叔孙通制出有悖于道理的礼，清源变浊流，在笔者的研究中，此处是两大关键处。

二、称呼之变

（一）君王称呼之变

梳理一下君王称呼的源流之变，可以清楚地反映出文化的清浊之变。

燧人氏、有巢氏、伏羲氏、神农氏，远古时期的君王是以功绩命名的。

尧、舜、禹，中古时期的君王是可以直呼其名的。这种直呼其名的习惯，一直延续到孟子、庄子时代。

"皇"之称、"帝"之称，按照《逸周书·谥法》的说法，并不是当世之称，而是后世的褒奖。这里特别值得注意的是：在三皇五帝这里，皇是皇，帝是帝，没有人能够享受皇与帝并称的荣耀。

"非台小子敢行称乱！"《尚书·汤誓》中的商汤，大庭广众之下自称"小子"。

"肆予小子发，以尔友邦塚君，观政于商。"《尚书·泰誓》中的武王，面对会师的诸侯自称"小子"。

"予小子其承厥志。"《尚书·武成》中的，武王，在讨伐殷纣王胜利后，祭祀祖庙、上天、山川时自称"小子"

后来的君王，贱称为"孤""寡""不谷"，老子在《道德经·第39章》解释了君王贱称的原因："是以侯王自谓孤、寡、不谷。是其以贱为本也？"这个称呼都在低贱的范围之内，"以贱为本"是君王之所以贱称的所以然。

秦嬴政打败六国后，开始自皇与帝并称，且自称"始皇帝"。皇帝且始，这不单单是一个称呼改变的小问题，而是一个以什么样的姿态面对天下的大问题。秦始皇理直气壮把天下当成了自家的私产，准备把天下在自己家里由始皇帝到二世皇帝，由二世皇帝到三世皇帝，由三到四，由四到五，无穷无尽在自家传下去。从此以后，皇帝这一称呼被沿用了两千多年，人民的天下永远成了皇帝一家的天下。

（二）"万岁"之称的出现

从《礼记》《论语》中可以看出，孔子对尧、舜、禹是非常尊重的。但是，孔子对尧、舜、禹是直呼其名的。请看以下几个例子：

其一，《礼记·中庸》："仲尼祖述尧舜。"

其二，《论语·泰伯》："大哉！尧之为君也。巍巍乎，唯天为大，唯尧则之。"

其三，《论语·泰伯》："舜有臣五人，而天下治。"

其四，《论语·泰伯》："禹，吾无间然矣。"

孟子与孔子一样崇尚尧、舜、禹，但孟子对尧、舜、禹也是直呼其名的。请看以下几个例子：

其一，《孟子·滕文公上》："孟子道性善，言必称尧、舜。"

其二，《孟子·离娄上》："舜不告而娶，为无后也，君子以为犹告也。"

其三，《孟子·离娄下》："舜人也，我亦人也。"

其四，《孟子·离娄下》："禹、稷当平世，三过其门而不入，孔子贤之。"

孔孟尊崇尧、舜、禹，尊崇的是他们的品德与功绩。没有将他们神化，没有把他们捧到高不可攀的地步。尊敬发自内心，用不着肉麻的言语，用不着任何大而无用的形容词。

庄子对尧、舜、禹也是直呼其名的。一部《庄子》多处谈到尧、舜、禹。与孔孟不同的是，庄子对尧、舜、禹批评的多，歌颂的少。庄子认为尧、舜、禹人为的东西太多，打破了自然秩序与宁静。在《天运》一文中，庄子借老子之口，先是批评尧、舜、禹，然后批评三皇五帝，批评他们名义上治理天下，实际上破坏了自然秩序，扰乱了天下。庄子批评得正确与否可以另行讨论，笔者注意的问题是：在道家人物眼里，从三皇五帝到尧、舜、禹都是正常的人，他们所做的一切都是人做的事，这里的人和事都没有绝对的意义，世人与后人完全可以以道为标准进行评论。三皇五帝都可以批评，对尧、舜、禹直呼其名那就是再平常不过的事了，这就是可爱的道家文化。

呼万岁的陋习，始于汉高祖刘邦。《史记·高祖本纪》记载：

未央宫成。高祖大朝诸侯群臣，置酒未央前殿。高祖奉玉卮，起为太上皇寿，曰："始大人常以臣为无赖，不能治产业，不如仲力。今某之业所就孰与仲多？"殿上群臣皆呼万岁，大笑为乐。

无赖做了皇帝仍不失无赖之本色，当着诸侯群臣的面，把青年时因懒惰而挨父亲唾骂的事端了出来，并嬉笑父亲："你当初说老二勤劳，骂我无赖，断定将来老二的产业比我多，现在你看看天下都成了我的了，我与老二到底是谁的产业多呢？"天下者天下人之天下，这是中华元文化中的基本道理。"天下非一人之天下也，天下之天下也"，这样的话，这样的理，一直延续至《吕氏春秋》。刘邦把天下当做自己一人之私产，这完全是无赖说的无赖话，不知群臣以什么理由高呼的"万岁"，又以什么理由"大笑为乐"。

《周易》中没有出现"万岁"，《尚书》中没有出现"万岁"。儒家不会喊"万岁"，道家更不会喊"万岁"，毫无道理的"万岁"之称始于西汉，始于胜者为王的无赖刘邦。

以功绩命名，这是开始；死后褒称皇帝，这是上古；直呼其名，这是三代之前；自称小子，这是三代之时；生前自称始皇帝，始于秦；毫无道理地喊"万岁"，始于汉。从西汉开始，荒唐的、完全有悖于元文化的"万岁"之称，代代不绝于耳。

（三）女性地位之变

文化的源流之变，变走了女性的地位。女性的崇高地位，在变质文化中彻底丧失。若问谁是变质文化的最大受害者？答案只有一个：妇女也。

天地是自然界的基础，男女是人间的基础。没有天地，自然界的演化就无从谈起。没有男女，人类的演化就无从谈起。犹如凤凰的两只翅膀一样，一男一女是人类两只同等重要的翅膀，这就是中华先贤在源头的中华文化里留下的男女观。这里的男与女，其地位在同一等高线上。

在元文化里，男女与天地往往是一体出现的，男女与阴阳往往是一体出现的，男女与乾坤往往是一体出现的，欲知男女关系如何？完全可以可以在天地、阴阳、乾坤三者的关系中找出答案。请看《周易》里的三个论断：

其一，"乾道成男，坤道成女。乾知大始，坤作成物"。（《周易·系辞上》）

其二，"一阴一阳之谓道"。（同上）

其三，"天地绸缪，万物化醇。男女构精，万物化生"。（《周易·系辞下》）

第一个论断讲的是乾坤之道。乾道、坤道具有同样的功能，万物始于乾而成于坤。在乾坤之道这里，以乾道论男，以坤道论女，男女的地位在同一水平线上。

第二个论断讲的是道。道在一阴一阳的组合中，道在一阴一阳的平衡中，男女即阴阳，在道理这里，男女的地位在同一水平线上。

第三个论断讲的是天地与男女的功能。天地氤氲是因，万物化醇是果；男女构精是因，万物化生是果；有此因才有此果，有天地、男女之因才有万物化醇、化生之果。在这一论断里，天地的功能在同一水平线上，男女的功能在同一水平线上。在这一论断里，天地、男女的地位在同一水平线上。

阴阳、乾坤、天地、男女，在四组对应关系中，两两相对的元素一具有相同的功能，二具有相同的地位，这是《周易》的基本立场。女性本来的地位，就确定在这四组对应关系中。在《周易》里，中华先贤通过天地关系、阴阳关系、乾坤关系告诉后人，女子与男子具有同样的地位。

《周易》里的女子有地位，《诗经》里的女子同样有地位。千古流传、令人神往的"窈窕淑女"之称，就是始于《诗经》的第一首。清末民初的辜鸿铭先生，在《中国人的精神》一书中对"窈窕淑女"做出了精美的解释："'窈窕'两字与'幽闲'有同样含义，从字面上讲，'窈'即幽静恬静的、温柔的、羞羞答答的；'窕'字则是迷人的、轻松快活的、殷勤有礼的。'淑女'两字则表示一个纯洁或贞洁的少女。"

《礼记》中的女子是有地位的。《礼记·哀公问》中的孔夫子以指导性的严肃口吻告诉鲁哀公，古之先王大婚之日都是穿戴祭祀天地的冕服去迎亲的。之所以穿戴祭祀天地的冕服迎亲，表示的是对新娘的尊重。《礼记·昏义》中的孔夫子告诉后人，在婚礼上，新郎新娘同一个碗吃饭，同喝交杯酒，意味着从此两人合为一体。夫妇之间的关系，从结婚第一天就是"同尊卑，共相亲"的关系。"夫妇同尊卑"，孔子在《礼记》中不止一次谈到。名正言顺，是中华先贤的基本主张。女子在不同几个阶段有不同称呼，如此体现了中华先贤对女性的尊重。《春秋公羊传·隐公二年》曰："女曷为或称女，或称妇，或称夫人？女在其国称女，在途称妇，入国称夫人。"这个论断记载了女子在不同几个阶段的不同称呼：未结婚的姑娘称女；结婚当天前往婆家的路途上就称妇；进了婆家的地界就开始称夫人。严肃的称谓，体现的是女性的庄严地位。

流文化，变走了妇女的崇高的地位。女性的地位，具体丧失在列子、董仲舒的学说里，《列子》中出现了"男尊女卑"之说，董仲舒的《基义》中出现了"阳为阴纲"之说，女性地位由崇高到低贱的源流之变，这里是转折点。

女性地位从高到低的变化，最能说明问题的是把低贱之词、毫无价值的糠皮与女性联系在了一起。

将"糟糠"变为妻子的代名词，始于东汉。这里有一个故事，故事本身很优美，但留下的代名词却非常糟糕。《后汉书·宋弘传》记载了这个故事，故事梗概是这样的：东汉光武帝想把姐姐湖阳公主嫁给宋弘，宋弘这位大臣本身已有妻子。光武帝希望他将妻子换一换。宋弘没有接受，对光武帝说："臣闻贫贱之知不可忘，糟糠之妻不下堂。"宋弘之论的本义是：贫贱之时的朋友是重要的，结发妻子是重要的，两者都不能轻易放弃。出乎宋弘的意料，后人没有记住宋弘的本义，却完全彻底地贬低了妻子的地位。本来与丈夫同尊卑的妻子，从此与腐朽的、毫无价值的稻糠、谷糠联系在了一起。已故的相声大师侯宝林曾经调侃过"糟糠"这个代名词："糟糠！好糠才多少钱一斤？""糟糠"一词，把女性的高贵地位贬到了不值钱的地步。不知从什么时候起，丈夫介绍妻子，不再称夫人，而称"贱内"。贱，市场上的便宜货；贱，地位卑下的卑贱者。在一个"贱"字里面，哪里还能看到女性的崇高地位？

最能说明女性卑下地位的，还有两句流传甚广的民间俗语：

其一，娶来的媳妇买来的马，任我骑来任我打。

其二，打到的媳妇揉到的面。

在这两句民间俗语里，普天下的媳妇们还有一丝一毫的地位吗？将这两句民间俗语与《周易》里关于男女的论断对比，马上就可以发现元文化的精致秀美与流文化的庸俗不堪，马上就可以发现元文化的文明与流文化的野蛮。

男女不再对应合和平衡的天地，不再对应合和平衡的乾坤之道，不再对应合和平衡的一阴一阳，女性的地位完全被一个具有卑贱意义的"卑"字所限定，完全被一个阳为阴纲的"纲"字所束缚，这就是毫无道理的流文化。

这里有必要再进行一下在女性问题上的文化对比。女性是人类的一半，或许是一大半，所以人类先贤都以非常慎重的态度解答了女性的地位问题。

《圣经》中的女子，本来就是男子的身体中的一部分。《圣经》的故事告诉世人，上帝先创造了男人亚当，后创造了女人夏娃。上帝在男人的身上取出一条肋骨，再和上肉，造出了女人。以此说明，女人本来就是男人身上的一部分。上帝为什么没有其他部位、偏偏要用肋骨造女人？《塔木德·第4章》有精美的解释：上帝斟酌该用男人的哪一部分创造女人。他说，我不能用头来造女人，以免她傲慢；不能用眼睛来造她，以免她过于好奇；不能用耳朵来造她，以免她偷听；不能用嘴巴来造她，以免她滔滔不绝；不能用心脏来造她，以免她太嫉妒；不能用手来造她，以免她占有欲过强；不能用脚来造她，以免她四处闲逛；而应该用身体上隐藏的一部分造她，以便让她谦恭。

请看，为造女人上帝花费了多大的心思。在下面五个论断中，可以清晰地看到女人的地位。

其一，"人要离开父母，与妻子结合，二人成为一体"。（《塔木德·第4章》）

其二，"男人娶了妻，他的罪恶就埋葬了"。（同上）

其三，"在没有男性与女性结合的地方，看不到神的存在"。（同上）

其四，"世界都变得黑暗了，因为一个男人的妻子死了。……他的步伐变缓……他的智慧崩溃"。（同上）

其五，"一个人为了结婚的目的，可以卖掉一卷《托拉》"。（同上）

五个论断，个个都在讲解着女子的重要性。男人要离开父母与妻子连成一体；娶妻可以消除罪恶；男女结合可以显示神的存在；妻子去世整个世界都要黑暗；为了结婚可以卖掉经典中的经典《托拉》。《托拉》是什么？《托拉》有广义与狭义之分。广义的《托拉》是指上帝启示给以色列人的真义。狭义的《托拉》是指《圣经·旧约》中的《摩西五经》，即《创世纪》《出埃及记》《利未记》《民数记》与《申命记》。《托拉》被犹太人评价为经典中的经典，但是为了结婚，可以卖掉《托拉》，女人的重要性此时此刻超过了经典。女性在犹太文化中的地位，还有什么糊涂的吗？

中华先贤与犹太先贤一样，界定出了男女同尊卑的地位。元文化主张的男女同尊卑，流文化主张的男尊女卑。文化变化变走了女性的崇高地位，至于男女同尊卑为什么会变为男尊女卑，将在下文进行讨论，此处不赘。

（四）大臣地位之变

文化的源流之变，首先变走了妇女的地位，其次变走了大臣的地位。本来与男子构成两翼关系的妇女，被变质文化作践到了奴婢的地步；本来与君王为股肱关系的大臣，同样被变质文化作践到奴婢的地步。若问谁是变质文化中的前两位受害者？正确的答案是：第一位是妇女，第二位是大臣。为了说明大臣地位之变，这里仍需要进行简要的历史回顾大臣的五大特征。

元典中所记载的臣，有这样五大特征：

其一，是人不是奴；

其二，是治理天下的栋梁，不是畏畏缩缩的听差；

其三，是协助君王解决大问题、创造中华文明的学者，不仅仅是简单执行君命的工具；

其四，是君之师、君之宾、君之友，不是君之牛马、君之婢、君之奴；

其五，是君命的赞成者、修正者或否定者，不仅仅是唯命是从的应声虫。

《周易》里有为臣的原则——"不事王侯，高尚其事"，没有出现君臣"如何往来"的画面。《尚书》从第一篇开始，出现了一幕幕君臣直接往来的场景。场景中臣的意见形成了一句句至理名言，臣的指导性意见形成了一篇篇流传千古的文章。

尧帝时代的臣。《尚书·尧典》中的臣有羲、和二氏与四岳。羲、和二氏是天文历法的大学者。他们最大贡献是协助尧制定出了阴阳合历。羲、和二氏测出了一岁有366天，这应该是中华大地上关于一岁的最早数据，也应该是人类最早的伟大成果之一。四岳是四方诸侯之长，四岳的最大贡献是发现并推荐了舜。舜当时是一介平民，四岳认为舜有德行，就推荐舜为尧的接班人。接班人的产生，四岳的意见起了决定性作用。尧帝时代的臣，是有人样、能办事、敢发表个人意见的人。

舜帝时代的臣。在《尚书·舜典》中，最重要的臣有五位：大禹、后稷、契、皋陶、夔。大禹的贡献是治理了洪水；后稷的贡献是培育了五谷良种；契的贡献是制定了父义、母慈、兄友、弟恭、子孝的五常之教；皋陶的贡献是制定了五种刑罚；夔的贡献是以典乐教化儿童，"诗言志，歌永言，声依永，律和声"这样的句子是在夔的任务中出现的。尧帝时代的臣，是有人样、能办事、有贡献的人。这里有必要介绍一下对蒙童少年制定的刑罚。《史记·五帝本纪》记载了舜时代教育中的刑罚——"扑作教刑"。扑者，木板、木棍的敲打也。教刑者，教育中的刑罚也。中华先贤认识到，孩子应该被疼爱，这是必须的。但是必须清楚的还有，没有开化的蒙童犹如没上笼头的野马，仅仅用道理启蒙是不够的，有必要辅助以刑罚。新加坡今天仍然延续着对不良少年的鞭刑。据报道，一个美国少年在新加坡用颜料乱喷涂，被法庭判处鞭刑。当时成了新加坡与美国两国外交中的大事，美国总统亲自出来讲话要求免刑，新加坡方面说，美国总统求情，鞭刑数量可减，但鞭刑不可免。最后的结局，似乎是由八鞭减成了五鞭。笔者重复"扑作教刑"，其目的不是要恢复刑罚教育，而是试图讲清楚一个显而易见的道理：需要教化的蒙童，其所作所为完全有可能在道理之外，做错事必须受到惩罚。现实生活中，不讲道理，任意胡来的问题孩子越来越多，在笔者看来，就是只有教化而无刑罚的恶果。中华先贤在皋陶这里就清楚地认识到，蒙童不是上帝，所以，其行为需要纠正，其要求也不是必须满足的宇宙终极准则，所以，不能放纵蒙童在道理之外的任何行为，不能毫无道理地去满足蒙童在道理之外的任何要求。皋陶主管刑罚，"扑作教刑"有可能是皋陶协助舜制定出来的。

舜帝时代，第一次出现了处罚大臣的记载。大臣犯错和渎职是要受到惩罚的。舜以流放的方式处罚了三位大臣：共工、鲧、驩兜。共工被流放到了幽州，驩兜被流放到了崇山，鲧被流放到了羽山。有错有罪之臣应该受到惩罚。有赏有罚，赏罚分明，赏罚是从舜帝时代开始的。有错有罪之臣应该罚，有功有绩之臣不但应该赏，而且应该被尊重甚至于敬重。

舜为君时禹为臣，禹对舜面对面说出了执政的基本点应该是："德惟善政，政在养民。"还要求舜帝深深地记住这一点——"帝念哉"。《尚书·大禹谟》记载了这次君臣对话。谟者，谋也，谋划也。舜为圣人之君，圣人之君也需要贤臣的谋划。舜帝时代的臣，是有人样、能办事、敢发表个人意见的人。大臣中还有能够指导君王的人。

禹帝时代的臣。大禹为君时皋陶为臣，但皋陶对大禹说了许多指导性的话，这些话形成了《尚书·皋陶谟》。《尚书·皋陶谟》留下的至理名言有：

其一，"在知人，在安民"。这是谈"如何为君"的。皋陶告诉大禹，为君者要善于知人善任，要能够安定民心。

其二，"宽而栗，柔而立，愿而恭，乱而敬，扰而毅，直而温，简而廉，刚而塞，强而义"。九德，这是谈为官标准的。九德之一：宽厚而严谨。九德之二：温和而卓立。九德之三：谦虚而庄重。九德之四：多才而认真。九德之五：驯服而刚毅。九德之六：正直而温和。九德之七：简易而廉洁——简，反对的是烦琐；廉，针对的是贪污。九德之八：刚正而笃实。九德之九：坚强而善良。皋陶告诉大禹，三德之人可以治家，六德之人可以治国，九德之人可以辅佐君王治天下。皋陶首先告诉大禹应该知人，其次又告诉大禹应该如何知人。

其三，"无教逸欲，有邦兢兢业业，一日二日万几"。这是谈"如何为君，如何为政"的。为政者不能贪图安逸，不能有私欲，应该兢兢业业，因为事情在一日两日之内就会变化万千。"兢兢业业"一词，就源于《尚书·皋陶谟》。

其四，"无旷庶官"。这是谈"官员设置"的。君王有权任命官员，但是不要虚设冗官冗员。

其五，"天聪明，自我民聪明。天明畏，自我民明威"。这是警戒君王的。皋陶告诉大禹，天民是一体的，天的耳目就是民的耳目，天的赏罚就是民的赏罚。皋陶这里所讲的是民与天同的道理。

对话结束之时，皋陶还对大禹说："我的话一定会得到实行吗？"大禹保证说："你的话会得到实行并会获得成功。"《史记》中记载有《皋陶谟》的内容。禹帝时代的臣，是有胆识、能办事、敢发表个人意见的人。大臣中还有能够指导君王的人。

武王时代的前朝臣。武王是当时之君，箕子是前朝大臣，如果按照后来历代的道理，箕子是应该改造的对象，而在武王那里，箕子却受到了师的待遇。武王革命成功后，问箕子殷商灭亡的所以然，箕子却不忍言说纣王之恶，只告之以国之存亡之道。箕子论国之存亡，留下了一篇被历代重视的政治、哲学著作《洪范》。

清晰的五行哲理，首出《洪范》。

八政食为首，民以食为天的哲理，首出《洪范》。

五福临门的哲理，首出《尚书·洪范》。

重视岁、月、日、星辰、历数的哲理，首出《洪范》。

以天文论天气、以天文论四季的至理名言首出《洪范》："星有好风，星有好雨。日月之行，则有冬有夏。月之从星，则以风雨。"

关于王道平坦的至理名言首出《洪范》："无偏无党，王道荡荡；无党无偏，王道平平；无反无侧，王道正直。"

前朝大臣的贤哲，也可以指导当代君王。《史记》中同样有记载。

武王时代的当朝臣。武王伐纣革命成功后，西旅国献来一种名为獒的大犬，大臣召公劝阻武王不要接受。召公认为，君王应该重视贤能，安定国家，关心百姓，千万不要沉迷于声色犬马，千万不要玩物丧志。召公的话，被史官记录下来形成了名篇《尚书·旅獒》。《尚书·旅獒》留下的两句至理名言：一句是"玩人丧德，玩物丧志"；一句是"为山九仞，功亏一篑"。这里，有必要对"玩人丧德，玩物丧志"这句至理名言进行评论。多少年来，流传的只是"玩物丧志"，失传的是"玩人丧德"。面对千年历史，可以查一查胜者为王们在胜利之前向人民所许出千般愿中有几般兑了现？历史中的胜者为王者，是不是大都属于"玩人丧德"者？术不胜道，权谋权术可以胜一时，不可以胜长远，"玩人丧德"者有谁能持久呢？源头的理，大都让先贤讲到了关键之处，极难超越。当朝大臣为贤哲，同样可以指导君王。这是武王时代的当朝大臣。

历史回顾，暂停于此。《尚书》中君王交往的片段告诉后人这样一些事实：

尧帝时代的臣，是有模有样的人，是顶天立地的人，是敢于发表意见的人。

舜帝时代的臣，是有模有样的人，是顶天立地的人，而且大都是各个领域中开拓者，大都是大问题、基础问题的解答者。

禹帝时代的臣，是有模有样的人，是顶天立地的人。历史中的皋陶，是刑罚狱讼的奠基者。站在今天的立场上看，皋陶也应该是一位大哲学家。

武王时代的臣，是有模有样的人，是顶天立地的人，是敢于发表意见的人。站在今天的立场上看，箕子应该是一位卓越的大哲学家、大学者。

君为臣纲之后的臣，人的模样越来越淡，奴的模样越来越明显。这里不再进行详细的对比。只举两个例子以供参详。

一是西汉的"烹走狗"的例子。在楚汉相争中，韩信使刘邦夺得了胜利。今天的乐曲中的"十面埋伏"就是表现垓下之战的。垓下之战，是由韩信指挥的、具有决定性意义的一战。刘邦夺得了天下，韩信的结局是灭三族。"狡兔死，良狗烹；高鸟尽，良弓藏；敌国破，谋臣亡。"这是韩信重复的一句话，也是韩信解释自己下场的谬误之理。韩信所陈述的，是历史事实，也是现实事实，但是有道理吗？实际上，狡兔死，良狗不一定被烹，因为狩猎还有下一次；高鸟尽，良弓不一定藏，即使藏了还会再取出来，因为狩猎还有下一次，但是，"敌国破，谋臣亡"却是实实在在的事实。将亡的韩信并没有问一个为什么，韩信之后历朝历代的诸如此类的人物同样也没有问一个为什么，对比《尚书》中的大臣，韩信和韩信们有人样吗？

二是清朝大臣自称奴才的例子。清朝的满族大臣在皇帝面前自称奴才，汉族的大臣可以称臣，但汉族大臣的地位位于满族大臣之下，虽然嘴上不称奴才，实际上比奴才还低下。在这里，还能看到"不事王侯"的原则吗？在这里，还能看到"股肱一体"的君臣关系吗？在这里，还能看到皋陶、尹伊这样的大臣吗？还能看到曹刿这样的布衣之士吗？总而言之，这里还能看到顶天立地的人吗？

（五）人的地位变化

《塔木德》在"人的教义"下，出现的这样一段文字："人首先是以个体被创造出来的，这样做是要教导人们无论谁毁灭了一条生命，上帝便视为毁灭了整个世界；无论谁拯救了一条生命，上帝便视为拯救了整个世界。因此，对人类的冒犯就是对上帝的冒犯。"（《塔木德·第2章》）

"对人类的冒犯就是对上帝的冒犯"，把人的重要性与上帝放在一起来认识，并在人与上帝之间画出恒等号，这是犹太先贤对人的认识与结论。

把人与天地放在一起来认识，冒犯了人如同冒犯了天，这是中华先贤的认识与结论。

远在《塔木德》之前，中华先贤创作出了八卦，八卦的三爻把人与天地放在了一起——上天下地中间人。由此演化出了天地人三才之说。八卦之后有六十四卦，从八卦到六十四卦，三爻变为六爻，无论爻数怎么变，表达的仍然是天地人三才。如《周易·系辞下》所言"六者非它也，三才之道也"。

人是不能冒犯的，冒犯了人如同冒犯了天。天人一起会惩罚冒犯者。"汤武革命，顺乎天而应乎人。"《周易·革·彖传》以顺天应人解释了汤武两场革命的合理性与合法性。在这个解释中，顺天即应人，应人即顺天。天与人、人与天的重要性，在这个解释中相同相当，对人的冒犯就是对天的冒犯，天人一起会对冒犯者发动革命。

将人与天地视为一体的立场始于八卦，延续于六十四卦，又延续于儒道两家文化以及中医文化。天地之间最高贵的是人，万物之中最灵秀的是人，在《周易》《尚书》与儒道两家的典籍之中，都可以发现这样的论断。

其一，"易之为书也，广大悉备。有天道焉，有人道焉，有地道焉"。（《周易·系辞下》）天地人三道，在这里是一体而论的。这一论断告诉后人，人道可以与天地之道相并列。

其二，"是以立天之道曰阴与阳；立地之道曰柔与刚；立人之道曰仁与义"。（《周易·说卦》）天地人三道，在这里仍然是一体而论的。这一论断告诉后人，立人之道不能立在人本身，而必须立在天地之道这里。同时，这一论断也告诉后人，人道可以与天地之道相并列。

其三，"惟人万物之灵"。（《尚书·泰誓上》）这一论断讲的是人与万物的关系。《尚书》告诉后人，人与万物是兄弟关系，但人是万物中的灵秀。人物关系，人优于物。

其四，"故人者，天地之心也五行之端也"。（《礼记·礼运》）人集天地之特点于一身，所以，人可以称之为"天地之心"。人之一身集中了五行的所有特点。可以称之为"五行之秀"，这是孔夫子的认识和结论。

其五，"可以赞天地之化育，则可以与天地参矣"。（《礼记·中庸》）参者，三也。儒家认为，人可以辅助天地之化育，所以可以与天地并列为三。

其六，"天覆地载，万物悉备，莫贵于人"。（《黄帝内经·素问·宝命全形论》）《黄帝内经》是中医文化的代表作，中医文化是以人为贵的文化。在中医文化里，天地之间，万物之中，人是最宝贵的。

其七，"神明者，以人为本者也"。（《鹖冠子·博选》）《鹖冠子》被《汉书·艺文志》界定为道家著作。书的开篇处，出现了"以人为本"一词。神明，道也。按照道理，君王行政应该以人为本，这是鹖冠子的认识与结论。

曾经主政文化部的王蒙先生，在中央电视台上面对全国的观众说，中华文化里没有"以人为本"一说，"以人为本"之说源于党的十七大报告。王蒙先生在新疆写的小说以及那篇《坚硬的稀粥》，是笔者百读不厌的著作。但是，爱先生的小说，也不应该遮盖先生的错误。笔者这里郑重说明，中华文化里有"以人为本"一说，具体源于《鹖冠子》一书的开篇处。

其八，"天下之本在国，国之本在家，家之本在身"。（《孟子·离娄上》）身者，人之自身也。人为家之本，家为国之本，国为天下之本，这样推理下来，天下最基础的本应该是人之自身。孟子这里，强调的是人在天下的基础性地位。在相当长时期内，人们所听到、所接受的是"没有国哪有家，没有国哪有我"的论点。"没有家哪有国，没有人哪有家"，人在天下之中具有基础性，这是孟子所讲述的道理。

其九，"天有其时，地有其财，人有其治，夫是之谓能参"。（《荀子·天论》）参者，三也。天有时令，地有物产，人有秩序，人与天地并列为三，就三于此处。人与天地并列而论，这是荀子所讲述的道理。

人的地位变化，体现在两个地方：一是变小了人的地位；二是变低了人的地位。顶天立地的人为什么变小了、变低了？树叶的变化是表象，树根的变化是原因。人的地位变化，根本问题出在文化的变质上。文化变质，一是大道变伪道；二是阴阳关系和合变纲目；三是"天地君亲师"的牌位的出现。正是这三大原因，变低变小了人的高贵地位。

大道变伪道，把天民一体之天变质为天君一体之天。在伪道的解释下，君来自于天，代表于天，君的地位远远高于人，所有的人都应该听命于君，听命于君就等于听命于天。人之地位变化，这里是第一关键处。从天民一体到天君一体的变化，还要在第四篇中进行专题讨论。

和合的阴阳关系变为阳纲阴目关系，变低了臣、子、妻的地位。君为阳臣为阴，君为臣纲；在君为臣纲这里，变低了臣的地位。父为阳子为阴，父为子纲；在父为子纲这里，变低了子的地位。夫为阳妻为阴，夫为妻纲；在夫为妻纲这里，变低了妻的地位。人之地位变化，这里同样是一大关键处。

"天地君亲师"，产生于宋明理学的背景之下。清雍正皇帝第一次以帝王的名义，确定了"天地君亲师"的次序。从此，大江南北、黄河两岸的城市与乡村，家家户户立起了"天地君亲师"牌位，初一、十五烧香供奉。这个牌位的出现，使中华元文化发生了基础性变化：

其一，元文化与儒家文化讲的是天地人三道，这里讲的是天地君亲师五道，相比之下马上就可以发现，在天地君亲师五道之中人的位置已被分而置之。

其二，元文化与儒家文化论证问题的方式是天地人三道合一而论，在天地君亲师的牌位之中，天地人三道合一而论的论证方式不见了。

其三，天地君亲师的牌位之中，"以人为本""以人为贵"的哲理不再突显了。

长期以来的文化评论，谬解中华文化，说是重视集体、轻视个人是中华文化的特色。西方人也认同、接受了这个看法。实际上，这个结论适用于变质文化，而不适用中华元文化。降低与抹煞人的地位，是变质文化而不是中华文化本身。希望今后的文化批评者能够注意这一点。犹太文化将人与上帝并列而论，中华先贤将人与天地并列而论，希望中华儿女记住这一点。

三、家庭秩序之变

先有小家而后有天下，家是天下的基础，这是《周易》中的基本道理。如何立家？是中华先贤所研究的基础性课题。

研究如何立家，是从先天八卦这里开始的。中华先贤利用先天八卦，一解释出了天体，二解释出了一个人体，三解释出了一个完整的家庭。将先天八卦比类一个家庭，完整的解释出于《周易·说卦》，详细的解释如下："乾，天也，故称乎父。坤，地也，故称乎母。震一索而得男，故谓之长男。巽一索而得女，故谓之长女。坎再索而得男，故谓之中男。离再索而得女，故谓之中女。艮三索而得男，故谓之少男。兑三索而得女，故谓之少女。"在先天八卦中，乾卦为父，坤为母，震卦为长男，巽卦为长女，坎卦为中男，离卦为中女，艮卦为少男，兑卦为少女。父母之下有三男三女，一个完美的家庭成立在先天八卦之中。天地生万物，父母生子女，以天地喻父母，在先天八卦这里，实际上已经确立了父母共为一家之长的地位。

八卦是一个完美的整体，但是八个具体的卦却是一个个具有独特作用的个体。每一卦都有每一卦的作用，《周易·说卦》对此的解释是"雷动之，风散之，雨润之，日煊之，艮止之，兑说之，乾君之，坤藏之。"一卦有一项具体的作用。八卦内部，每两卦都存在着相互作用。《周易·说卦》对此的解释是天地之间存在相互作用，山泽之间存在相互作用，雷风之间存在相互作用，水火之间存在相互作用，八卦之中相对应两卦之间都存在着相互作用，具体之卦有具体之用，具体之用发挥在整体之中。两卦之间的相互作用，同样发挥在整体之中。整个不掩盖具体，具体不危害整体，这是中华先贤所认识到的八卦之理，也是中华先贤所认识到的家庭之理。

六十四卦之中，有家人卦之专题。六十四卦中的家人卦，延续了先天八卦中的哲理，论家庭之理论在了相互关系与理性秩序上。六十四卦中的家庭秩序集中表现在相互尊重、相互负责上，用《周易·家人·象传》的话说就是："父父，子子，兄兄，弟弟，夫夫，妇妇，而家道正"。前面已经谈过，这段话有两种解释：一是名分与责任的统一，即父有父的名分，父有父的责任；子有子的名分，子有子的责任。另一种解释是：父亲有父亲的样子，儿子有儿子的样子。两种解释，一个道理，家庭成员之间的关系是相互关系——相互尊重，相互负责。"家人有严君焉，父母之谓也。"《周易·家人·象传》用文字明确地指出，在一个家庭之中，家长是父母两个人。

舜重视家庭伦理，《尚书·舜典》说，伦理五教是舜委托契制定出来的。五教，《春秋左传·文公十八年》中的解释是："父义，母慈，兄友，弟恭，子孝。"《春秋左传》告诉后人，"内平外成"是五教的落脚点。"内平"即家庭和平，"外成"即事业有成。和、平、均、中，是天地之理，是人文之理，也是家庭之理。生生不息，是天地之理；开物成务，是人文之理，也是家庭之理。每个家庭都应该有所成，而事业外成的基础就是家庭之内平。在八卦、六十四卦的家庭之理中，找不到极端的理论。

《礼记·礼运》论家庭秩序，所出现仍然是相互负责的"父慈子孝，兄良弟悌，夫义妇听。"在元文化与儒家文化里，凡论及家庭之理，均没有极端的成分。

"妻子好合，如鼓瑟琴。兄弟既翕，和乐且湛。"用优美的琴瑟之声来形容夫妻、兄弟关系，《诗经·小雅·常棣》中的家庭关系是那样的美，是那样的和谐。

家庭秩序的破坏，始作俑者是韩非子。韩非子对家庭秩序的破坏，体现在两个地方：一是在哲理上废除了母亲在家庭中的家长的地位；二是创立了家庭关系中一方永远负责，一方永远不负责的"三事说"。

韩非子在《韩非子·扬权》一文中，以"一家二贵，事乃无功。夫妻执政，予无适从"为立论基础，反对父母共为一家之长，否定了母亲在家中的家长地位。破坏父子、夫妻之间相互负责关系的"三事说"，是在《韩非子·忠孝》一文中出现的。韩非子说："臣事君，子事父，妻事夫，三者顺则天下治，三者逆则天下乱，此天下之常道也"。事者，侍奉也。韩非的"三事说"，讲的是后者对前者的侍奉，讲的是后者对前者的顺从。《周易》里父父，子子，兄兄，弟弟，夫夫，妇妇，讲的是相互负责；《尚书》里父慈子孝，讲的是相互负责；《礼记》里父慈子孝，兄良弟悌，夫义妇听，讲的仍然是相互负责。韩非子的"三事说"讲的是单方面负责，所谓单方面负责，即一方面永远负责，一方面永远发号施令。"三事说"之中，后两事是铺垫，前一事是根本。韩非子想要是以子事父、妻事夫来铺垫臣事君的。韩非子以"常道"论"三事"，实际上，这里的"常道"是伪道。因为，按照"一阴一阳之谓道"的道理，阴阳双方的相互负责才符合道理；反之，即在道理之外。破坏家庭秩序的相互负责关系，韩非子是千古第一人。

从哲理上彻底破坏家庭秩序的，当推董仲舒。在董仲舒的阳为阴纲基础上，父慈子孝变质为父为子纲。在董仲舒的阳为阴纲基础上，夫义妻听变质为夫为妻纲。纲，准绳也，准则也。以道理为纲的人伦关系，被董仲舒变质为以人理为纲、以权威之理为纲的人伦关系。

宋代理学家又创造出了"天下无不是的父母"之说，锁住了天下儿女。实际上，"天下无不是的父母"之说是完全不合道理的胡说。《孝经》《荀子》共同告诉后人，天下有不是的父母。《孝经》主张，"父不义"时为人子者要敢于诤于父。《荀子·子道》主张，"父不义"时人子者要从道不从父。《墨子》甚至说，天下为父母者众而仁者寡。在实际生活中，支持《孝经》《荀子》《墨子》的依据，随处可以找到。《水浒传》讲的是宋代的故事，试问：泼皮牛二这样的人为人父，有没有"不是"？京剧《李慧娘》中的贾似道，也是宋代人物，试问：奸相贾似道这样的人为人父，有没有"不是"？还有那个众所周知的西门庆，有没有"不是"？一句"天下无不是的父母"犹如一条精神枷锁，将家中儿女捆绑得结结实实。

家庭秩序之变，还体现在儿女对婚姻选择权与决定权的丧失上。儿女们之所以丧失了婚姻的选择权与决定权，根本原因在于后世之儒错误地解释了一句名言——"父母之命，媒妁之言"。这句话出自于《孟子·滕文公下》，但本义是孟子讨论如何求官时引用的比喻。有一个叫周霄的魏国人，与孟子讨论君子应该"如何求官"。对话的开头，周霄问君子该不该做官——"古之君子仕乎？"对话的中间，周霄问君子求官为何不轻易做官——"君子之难仕，何也？"对话的结论是，君子完全可以求官，但忌讳钻狗洞爬墙头走歪道——"古之人未尝不欲仕也，又恶不由其道。不由其道而往者，与钻穴隙之类也。"此时，孟子引用了"父母之命，媒妁之言"这句话来阐明自己的观点。引用名言、创造寓言来阐明自己的观点，是先秦诸子行文的习惯。墨子、韩非子、孟子、庄子都有这样的习惯。穿皮袄的大富翁偷穷人的破棉袄、刻舟求剑、守株待兔、庖丁解牛、拔苗助长，这些都是他们论证问题时创造和引用过的寓言。问题是，诸子是人不是道，是人不是神，他们使用比喻、引用名言、创造寓言也有不恰当的地方。例如，引用"父母之命，媒妁之言"来阐明如何求官，本身就有文不对题之嫌。

真正谈婚姻问题时，孟子并没有将"父母之命，媒妁之言"绝对化。孟子有一个学生叫万章，他以《诗经·齐风·南山》中的"娶妻如之何？必告父母"为依据，质疑尧嫁女、舜娶妻的合理性。尧嫁女于舜，没有告诉舜的父母；舜娶尧的两个女儿为妻，同样也没有父母之命。万章对此有质疑，尧、舜两人都是圣人，圣人所为为什么会与《诗经》中的道理相违背？他问老师孟子，尧、舜这样做对不对？孟子回答得很干脆，尧、舜两人都没有错。孟子说，结婚是人伦大事，美好的婚姻事先应该告诉父母，但是，如果美好的婚姻与"父母之命"发生冲突，听从父母之命反而会使美好的婚姻破碎，那就遵循人伦之大道理，该娶则娶，该嫁则嫁，完全不必等待"父母之命"。后世之儒把"父母之命，媒妁之言"绝对化了。使之成为清规戒律，成了铜墙铁壁。这一清规戒律、铜墙铁壁，死死地挡住了男女青年对自由婚姻的追求。以至于秦汉以后的中华大地出现了这样荒唐的局面：一面朗诵着"关关雎鸠，在河之洲。窈窕淑女，君子好逑"，实际上却死死固守着"父母之命，媒妁之言"。

家庭秩序之变，一变走了母亲在家中的家长地位，二变走了夫妻、父子间的相互关系，三变走了儿女的恋爱自由与婚姻自由。在家庭秩序上，元文化与流文化在如何立家问题上，有着完全不同的主张。立家立在理性上，立在秩序上，立在家庭成员的相互负责、相互尊重上，这是中华元文化。立家立在权威上，立在服从上，立在家庭成员的纲目关系上，这是变质的流文化。两种文化，两种主张，前后的巨大反差影响深远。

四、人格之变

本文这里所讲的人格，主要指的是人的尊严，尤其是为臣者的尊严。文化源流之变，变走了人的尊严，特别是变走了为臣者的尊严。

中华元文化孕育出了真正的人，在中华元典与先秦典籍中，处处可以发现有人格的中华先贤。

例一，尹伊，《尚书·太甲》中的殷朝大臣；太甲，《尚书·太甲》中的殷王。殷王太甲不守法典，尹伊将其流放，流放于桐宫。太甲悔过自新，尹伊又迎太甲回朝。君王不守法典，臣可以按照法典进行制止，甚至于处罚，这是中华先贤所表现出的人格。

例二，祖伊，殷朝大臣；纣王，殷朝君王；纣王不守法典，祖伊当面指责他"乃罪多"，并预言殷朝行将灭亡。《尚书·西伯戡黎》记载了祖伊当面指责纣王的事迹。在暴君面前，大臣敢于一五一十地批评其罪其恶，这是中华先贤所表现出的人格。

例三，武王革命，天下赞同；革命成功，天下歌颂。但是伯夷、叔齐二位兄弟反对。伯夷、叔齐，在《论语》里被褒称为"古之贤人"。正是这两位古之贤人，在武王伐纣时，拦住王的马头，试图阻止武王的革命。武王革命成功后，又批评武王的革命是"以暴易暴"。《史记·伯夷列传》作为第一传记载了伯夷、叔齐的事迹。在千军万马的统帅面前，敢于发表反对意见，这是中华先贤所表现出的人格。

例四，"齐人归女乐，季桓子受之三日不朝，孔子行。"《论语·微子》中记载了孔子挂冠而去的故事。齐国赠送了个女子乐队，鲁国的主政大臣季桓子沉迷于女乐，三日不办公，孔子挂冠而去。宁愿丢弃官职，不愿丢弃做人原则，这是孔子所表现出的人格。

例五，《春秋左传·庄公十年》所记载的曹刿，是以乡村布衣身份去见鲁庄公的，论战时曹刿没有丝毫的客套，通篇说的是"应该这样，应该那样"的话。乡村布衣见国君，没有说"激动"与"感谢"，说的是"你应该这样，你应该那样"的意见，这是中华先贤所表现出的人格。

例六，颜斶为布衣之士，齐宣王为齐国国君，布衣之士在国君面前毫不犹豫地保持了尊严。国君令颜斶向前，颜斶令国君向前。布衣之士在王侯面前不卑不亢，保持着我比你高贵的心态，这是中华先贤所表现出的人格。颜斶之事前面已有议论，此处不赘。

例七，这里再介绍两个有人格的鬼。诸子之中，谈鬼的唯有墨子这一家，但稍微留心就会发现，墨子所说的鬼大都是有人格的人。

鬼之一：周之大臣杜伯。宣王为周天子，杜伯为其臣。杜伯无罪而被杀害，临死前发下誓言：如死后有知，三年之内必定报复。果然，在第三年周宣王打猎时被杜伯用箭射杀。"戒之！慎之！凡杀不辜者，其得不祥，鬼神之诛，若此之惨速也！"哪怕你是君王，也不能滥杀无辜。墨子从杜伯为鬼射杀周宣王这一事例中，告诫为君者不能滥杀无辜。

鬼之二：燕之臣庄子仪。庄子仪为燕国之臣，无辜被燕简公所杀。临死前发下誓言，如死后有知，三年之内必定报复。果然，一年之后燕简公在祭祀的途中，被庄子仪用一根红色木杖击杀。当时男男女女集会在这里，很多人都看到了这件事，很多人都看到了那根红色的木杖。在庄子仪为鬼击杀燕简公这一事例中，墨子重复了为君者不能滥杀无辜的哲理。

这是《墨子·明鬼下》所记载的两个鬼。不畏权威，敢于讨回公平；哪怕你是天子、哪怕你是诸侯，你冤枉了我，我也一定要讨回公道。这就是鬼的人格。《墨子·明鬼下》篇中鬼神的事例很多，这里仅引用两例。君王冤枉我，至死也要讨回公道，这是中华先贤所表现出的人格。

有人格者，被孟子界定为"大丈夫"。《孟子·滕文公下》曰："居天下之广居，立天下之正位，行大天下之大道；得志，与民由之；不得志，独行其道。富贵不能淫，贫贱不能移，威武不能屈，此之谓大丈夫。"大丈夫的一切行为都有一个"该不该"的判断标准，这个判断标准不是权威，不是金钱，而是道理。无论处境多么艰难，也不能逆大道而与邪恶同流合污，这是孟子对中华先贤人格特征所做出的基本概括，也是孟子对自己人格特征所做出的基本概括。

不顾人的尊严、只要荣华富贵的人格之变，其先例始于秦。这里举两个例子。

例一，法家李斯的人格。认识李斯的人格，最直接的途径是阅读李斯的《谏逐客书》。《谏逐客书》真是一篇不可多得的美文。它论点明晰，论据无可辩驳——以历史论现实，以大量成功的事例论眼前一事一理。阅读此文，使局外人马上能够明白逐客之举实为愚蠢之举，逐客之令实为自残之令。论证方式异常新颖，论文幽默化，形象化。文风犀利，言语如箭，箭箭中的。阅读此文，可以使读者马上接受作者的认识，感情立刻会偏向客者一方。鲁迅先生对《谏逐客令》做出了如此评价："秦之文章，李斯一人配。"（《汉文学史纲要·李斯》）这一评价，是客观如实的评价。但是，书外读书，马上就可以发现《谏逐客书》作者人格的卑鄙。李斯在这里只讲利益交换，丝毫不讲道理。一篇美文，核心可以归纳在一个毛骨悚然的规则上——狼与狈相互利用的规则。华丽的文采，卑鄙的目的。卑鄙的目的就隐藏在这华丽的文采背后：只要大王不赶我走，只要大王给我官做，我会死心塌地地为秦国效劳。我可以助秦国夺东西南北之地，取五湖四海之宝；我可以为大王聚天下之美女，采古今之音乐，敛六国之钱财，成一统之霸业。纵看《谏逐客书》全文，横看《谏逐客书》全文，无论如何也找不到"善不善""该不该"的价值标准与判断，通篇只有"你先满足我，我再满足你"的条件交换。李斯，法家人物也。只讲利益、不讲道理、不讲人格的为臣原则，始于法家李斯这里。

例二，指鹿为马者的人格。秦二世时代，中华大地上出现了一场令时人与后人永远蒙羞的闹剧——指鹿为马。据《史记·秦始皇本纪》记载，宦官赵高企图取二世而代之，恐群臣反抗，于是，设计了一个测试手段——辨鹿辨马。赵高把一头鹿牵到了朝堂之上，让秦二世与满朝文武辨认是鹿还是马。秦二世辨认出了是鹿，满朝文武中的相当一部分面对一只活生生的鹿，居然做出了与事实相反的结论，一个劲儿地说是马，就是马。主政天下的大臣竟然屈服在了一个宦官的淫威之下。

在指鹿为马的过程中，一个"真"字不见了，一个"善"字不见了，天道民心不见了，和而不同的原则不见了，最终的结果是一个"人"字发生了残缺。顶天立地的人，完全退化为不顾羞耻、只认利害的动物。

认不清是鹿是马，并不是一时的眼睛昏花，而是为了保住一时官位、一时俸禄、一时车马。为了乌纱，可以背弃道理，可以背弃天地良心，总而言之，为了逢迎眼前的权威既可以不顾眼前的事，也可以不顾身后的一切。

"人而无礼，虽能言，不亦禽兽之心乎？"人不讲礼，犹如禽兽，这是孔子在《礼记·曲礼》开篇处所下出的一个结论。

"人而无义，唯食而已，是鸡狗也。"人而无义，犹如鸡狗，这是列子在《说符》一文中所下出的一个结论。

两句话一个意思，即如果做人不信守人的标准，那么只是外形似人，而实质上已与禽兽无异，与鸡狗无异。

按照孔子与列子所界定出的标准，庙堂之上的指鹿为马者，该不该都界定在禽兽鸡狗范围之内？在指鹿为马的过程中，你能够看到具有人格的人吗？

指鹿为马的事件发生在公元前210~207年之间。东方的指鹿为马事件发生不久，在西方的古罗马发生了这样一件惊天动地的大事——英雄恺撒被刺。恺撒之所以被刺，理由很简单，这就是：罗马的地位高于一切，任何人都不能置于罗马之上。恺撒一生，为罗马立下了一大串功绩：他开拓了疆土，兴修了水利，改革了历法……罗马人授予恺撒许多大权，例如军事权、行政权、司法权、宗教权，但是无论你手中有多大的权力，都不允许你高于罗马。当恺撒试图把自己凌驾于罗马之上时，罗马人毫不犹豫地抛弃了他。公元前44年，恺撒被刺杀在罗马元老院。事后，曾参加刺杀恺撒的罗马将军勃鲁脱斯说过一句可以永远启示后人的话："并非不爱恺撒，只是更爱罗马。"中国档案出版社出版的威尔·杜兰特《哲学的故事·亚里士多德与希腊哲学》一书这样说。

"我爱恺撒，但更爱罗马；为了罗马，不得不抛弃恺撒。"权威与国家的地位发生矛盾时，古罗马人要的是国家，如果用古汉语来表达，那就是天下的地位高于君王的地位，天下的利益高于君王的利益。参照"并非不爱恺撒，只是更爱罗马"，针对指鹿为马这幕丑剧可以总结出这样的一句话："并非不爱中华，只是更爱乌纱；为了乌纱，完全可以抛弃中华。"

指鹿为马，整个过程不过短短的几十分钟，但给中华民族带来的伤害与耻辱却是永久性的。元文化所塑造出的人格，彻底变质在指鹿为马的事件之中。指鹿为马在先，抛弃恺撒在后，对比之下，这应该给中华儿女一个什么样的启示与教训呢？

抛弃了一个恺撒，所以罗马之后的历史中再也没有出现过恺撒。指鹿为马的丑剧中保住了乌纱，所以中华大地上代代上演着指鹿为马的丑剧。

科举制度之后的读书人，人生目标锁定在"卿相宰辅"上，只要有官做，便顾及人格者极少，不顾人格者极多。所以，不管皇帝怎么作践，像孔夫子那样挂冠而去的极少。

第三节　对比与总结

一、从康德的墓志铭谈起

德国大哲学家康德的墓志铭上写着这样一句话：有两样东西，我们愈经常持久地加以思索，它们就愈使心灵充满不断增长的景仰和敬畏：在我之上的星空和居我心中的道德法则。

星空在头上，道德法则在心中，从现象上看，这两者相距遥远、毫不相关，但是，康德偏偏将两者联系在了一起。为什么将头上的星空与心中的道德法则相联系？已经睡在地下的康德并没有明确说明。

远在康德之前的我中华先贤却将宇宙间的天文与人行法则之间的关系描述得那样的详细、那样的清晰与明确。

前面谈过，伏羲氏作八卦是以"仰则观象于天"为起点的，八卦的诞生标志着中华先贤将天文转化成了人文。天文、天理、天则，同类而异名。由八卦开始的中华元文化，将头上的星空与心中的道德法紧紧地、详细地联系在了一起：

天文如此，人文如此，这是一；天理如此，人理如此，这是二；天时如此，人时如此，这是三；天德如此，人德如此，这是四；天行如此，人行如此，这是五；天序如此，人序如此，这是六；天体如此，人体如此，这是七；天气如此，人气如此，这是八；天如此变化，人如此变化，这是九；天如此循环，人如此循环，这是十。

人理发源于天理，天理是人理的坐标，中华先贤以天理为坐标，创建了"人之所以为人""家之所以为家""天下之所以为天下"所需要的一切理。简述如下：

中华先贤以天理为坐标，创建了天下基础之理，基础之理中包括了男女之理、君子之理、大人之理与圣人之理。

中华先贤以天理为坐标，创建了家庭之理，家庭之理中包括了夫妇之理、父子之理与兄弟之理。

中华先贤以天理为坐标，创建了治理天下之理。

中华先贤以天理为坐标，创建了育人的启蒙之理。

中华先贤以天理为坐标，创建了礼仪之礼。

中华先贤以天理为坐标，创建了医病之理，创建了建筑之理，创建了数理，创建了乐理。这些问题，将在第三篇继续讨论。

西方人在危急时刻会呼喊上帝，为什么？因为上帝是人之根本。中华大地的人在危急时刻会呼喊上天，会呼喊妈妈，为什么？因为上天与母亲是人之根本。《史记·屈原贾生列传》云："夫天者，人之始也；父母者，人之本也。人穷则反本，故劳苦倦极，未尝不呼天也；疾痛惨怛，未尝不呼父母也。"人求始，水寻源，天为人之始、人之源，天理为人之本，《史记》这里的诠释无疑是符合元文化之本义的。

呼喊上帝时，你看不见上帝；呼喊上天时，你可以马上看见上天，天理的优越性就在这里。

由天文到人文，中华元文化的源泉无疑具有源源不断、永不枯竭的优越性。由天文到人文，中华元文化的基础无疑是坚实的。由天文到人文，中华元文化的活力无疑是可以超越时间的。由天文到人文，中华元文化的意义无疑是永恒与常青的。由天文到人文，中华元文化的状态无疑是动态、有序的。由天文到人文，中华元文化的容量无疑是广大的。

头上的星空和心中的道德法则相关，康德认识到了，但是康德并没有系统地表达出来。天文与人行法则相关，远在康德之前的中华先贤不但认识到了，而且进行了系统的表达。中华先贤是那样的卓越。

以天文论人文，中华先贤由此开创了八卦，由此开创了中华元文化。中华元文化一开始就区别于希腊文化、希伯来文化与印度文化，虽然文化的目的都是化人的，即把人与禽兽区别开来，但不同的文化，有着不同的化人方法。这就把天理抽象为道，以道理解释物理与人理，用阴阳和合的观点去解释宇宙之理与人生之理，都是中华元文化与西方文化在起源处的基本差别。

认识江河，需要从源头开始；认识文化，同样需要从源头开始。在文化的源头处进行比较，可以迅速发现文化间的异同，并有助于认识中华元文化。这是一条迅速接近文化的捷径。

二、源流文化在人理中的变化

中华元文化在历史的流传中发生了根本性的变化，具体变化在以下几个方面：

其一，元文化中的"阴阳和合"，在流文化中变质为"阳为阴纲"。

其二，元文化中的"效天法地"，在流文化中变质为"君为臣纲，父为子纲，夫为妻纲"。

其三，元文化中的"天位于君之上"，在流文化中变质为"君等同于天"。

其四，元文化与儒家文化中的"君有道从君，君无道从道；父有义从父，父无义从义"，在流文化中变质为"君叫臣死，臣不死为不忠；父叫子死，子不死为不孝"。

其五，元文化中的"民为君之天"，在流文化中变质为"君为民之天"。

其六，元文化中的"讲天理，节人欲"，在流文化中变质为"存天理，灭人欲"。

其七，元文化中的"窈窕淑女，君子好逑"，在流文化中变质为"父母之命，媒妁之言"。

其八，元文化中的"崇高莫大乎富贵"，在流文化中变质为"为富不仁"。

其九，元文化中的"士商工农"四民皆为国之基石，在流文化中变质为"农本商末"。

其十，元文化中的"合鳏寡"，在流文化中变质为"饿死事小，失节事大，寡妇不能改嫁"。

总之，立人之理在源流文化中发生了南辕北辙的变化。重视人、尊敬人，尤其是照顾弱者的中华元文化，在变质过程中一步步变质为轻视人、禁锢人、想尽办法作践人的文化。

三、比出来的缺陷

这里必须谈一谈中华元文化的缺陷。

中华元文化无疑是优秀的。优秀不等于完美。优秀的中华元文化还没有达到完美无缺的地步。否则，就不能解释佛教的传入与落地生根，也不能解释《圣经》的传入与落地生根。

以佛经、《圣经》哲理为坐标，中华元文化起码在三方面存在着缺陷：

（一）拒绝解释死后之事

中华元文化认为，生死是自然之事。生死如同日往月来、寒往暑来一样自然而然。所以，中华元文化重生不重死。孔夫子继承了元文化的基本立场，完全拒答死后的问题。子路问死后之事，孔夫子回答了一句流传千年的至理名言——"未知生，焉知死"。道家更是不谈死后之事。妻子死，庄子以唱歌的方式来庆祝妻子回归自然。

你可以不回答这一问题，但是，不回答并不等于问题不存在。历史证明，人们的确非常好奇死后之事。死后之人到哪里去，经过什么地方，落脚于何处？然后又怎么样？好人怎么样，坏人又怎么样？这些中华元文化与儒道两家文化拒答的问题，被宗教学说解释得生动而曲折。

佛教中有西方极乐世界之说，《圣经》中有天堂之说，这两者都是解答死后问题的。

佛教中有阿弥陀佛一佛，他是释迦牟尼之外的佛，是西方极乐世界的教主。阿弥陀佛曾发过大愿说："十方国土的众生，凡是念他名号的人，此人临终之时，他就会和诸位菩萨前来接引去西方极乐世界"。念"阿弥陀佛"，实际上是颂扬"无量光明"之意。"阿弥陀佛"之前有时还有"南无"二字——"南无阿弥陀佛"。"南无"是梵语的音译念做"那摩"，意为敬礼。只要你敬重佛，只要你口中念佛、心中有佛，临终之时阿弥陀佛就会前来接你上西天。能上西天极乐世界，这无疑是对死者的一个精神安慰。

《圣经》与《塔木德》中有末日审判的教义，作恶者死后会受到审判，行善者死后会进入天堂。《塔木德·第8章》："最后审判牵涉到三种人：至善的义人，彻底的恶人和一般人。第一种人被登记并判定获得永生，第二种人被登记并判定进入地狱，第三种人将下到地狱，并且（因在那里遭受的痛苦而）哭喊，然后再升起来。"天堂又是怎么样？《塔木德》继续解答说："在将归去的世界里，没有吃没有喝没有生育没有贸易没有珠宝没有愤怒没有抱怨。而正直的人头戴冠冕而坐，而且他们享受着如神般仪态的尊严……像天使一般。"

如此恐怖的地狱，对作恶之人的确有着恐吓作用。如此美如此妙的天堂，不能说对临终者有强烈的吸引力，但起码会消除临终者对死亡的恐惧。

宗教中生动而曲折的天堂地狱之说，元文化里没有，儒道两家文化里也没有，历史证明，天堂地狱说的确吸引了不少人。笔者认为，外来宗教之所以能在中华大地上落地生根，死后问题的神话解释应该是重要原因之一。

（二）不能简练地解释人生困境

《周易》所讲的理，是现实世界中的理。现实世界中有很多哲理与实际冲突的矛盾。

例一：自强了，也不息了，可是有耕耘却无结果，为什么呢？很多自强不息者对此不理解，不服气，也咽不下这口气。对这一问题，中华文化可以解答，但不能干脆利索地解答，解答这一问题需要一大篇说教。用佛教哲理解答，四个字就可以说明问题，这四个字就是"有因无缘"。因，是你本身的努力；缘，是外部的条件。你努力了，但缺少一个良好的外部条件。万物的成熟，万事的成功，必须要有因有缘即内外因两个条件。仅用自身之因论成功，缺了一个条件。

例二：相亲了，相爱了，两个人就是走不到一起，为什么？描述有爱情无婚姻的悲剧，中华大地出现过一首首催人泪下的诗词，出现过一部部悲悲切切的戏剧。但问题答案的所以然，诗词与戏剧中均没有答案，也做不出答案。如果用佛家哲理解释这一问题，同样是四个字就够了，这四个字仍然是"有因无缘"。相亲相爱是两个人自身的因，但没有外部条件这个缘。有因无缘，你们两个就是走不到一块。因缘合和，不但能解释万物的构成，而且也能解释婚姻的构成。相亲相爱而一辈子走不到一起的，在实际生活中比比皆是。对此，佛教哲理可以精练地给出"有因无缘"的答案。尽管这个答案非常消极，但是非常符合实际。

"点化"一词，是佛教启发人、教化人的术语。实际生活中的很多人，一辈子把种种不顺心压在心中，在思想上背包袱。这是一种无药可治的病。这种无药可治的病，往往因高僧的一句话而恍然大悟，瞬间解开了心中的疙瘩，顷刻甩掉了思想上的包袱，这就是点化。点化，实际上就是用高明的哲理说话。中华元文化里只有入世进取的超脱哲理，没有出世的高明哲理，所以，对于一些积极进取的失败者来说，佛教出世的哲理有脱胎换骨的魅力。

例三：不能解释善恶之报的不对称性。现实生活中，有人一辈子行善却没有落得善报，有人一辈子作恶却没有落得恶报。善恶之报并不对称，如何解释？中华元文化解答不了这一问题。佛教有来世之说，一句"今世不报来世报"就可以使问题圆满地得到解决。能够简练地解释人生困境，把今世的问题推到来世，佛教哲理弥补了中华文化的不足，这也是佛教在中华大地上落地生根的重要原因之一。

这里有必要澄清一下两种佛的差别，即寺庙中的佛与佛教哲理中的佛之间的差别。

《金刚经·第5品》："凡所有相，皆是虚妄。"《金刚经·第26品》："若以色见我，以音声求我，是人行邪道，不能见如来。"《金刚经·第29品》："如来者，无所从来，亦无所从去，故名如来。"

三条哲理，一个意思，真正的佛是无形无相之佛，是无声无色之佛，是无所从来、无所从去之佛。《金刚经》告诉世人，如来不在声色之中，所以，沿着音声色这条路不能见如来，即无法见到真佛。寺庙里那个金碧辉煌的佛，放在《金刚经》的哲理中看，应该是虚妄之相。对偶像磕头，给泥胎烧香，是有悖于佛教本义的。

中华元文化不足之处可能不止三点，这里仅谈三点。实际上，任何一种文化，都不可能完美无缺。中华文化也有所不足，但仍然属于优秀文化。如果世界上的优秀文化有排列顺序的话，中华文化无疑应该是在靠前的位置上。

四、值得思考的几个问题

在本篇行将结束之时，笔者这里再提几个问题，希望与读者一起思考。

第一，世界上每一种文化，都创建了人之所以为人的永恒坐标。这里的问题是：

中华文化里的坐标在哪里？

第二，世界上优秀的民族，都以呵护生命的态度呵护祖先留下的元典。历史中的犹太人，在任何艰难困苦的条件下，都紧紧拥抱着《圣经》；现在的犹太人，一面认认真真地阅读着《圣经》，一面研究着世界前沿的新问题。还有，美国新总统将手放在了《圣经》之上宣誓，人家以如此的态度对待自己的经典。同样，中华先贤有没有为子孙留下可以与《圣经》相媲美的经典？如果有，先贤的子孙应该以什么样的态度对待自己的经典呢？

第三，寻找人生之理，犹太先哲认准了上帝；寻找人生之理，中华先贤认准了天理以及天理之前的道理。犹太人与西方人从认准上帝那天起就一直没有丢掉上帝，而中华先贤的子孙为什么一次次丢掉了天理，丢掉了道理？这里的问题是：中华先贤所认准的天理、道理有没有错。如何认识这一问题，中华先贤的子孙们能否进行一次真正的文化讨论？所谓真正的文化讨论，就是用道理说话，用证据说话，而不是用情绪说话或用权势说话。

第四，韩国把太极与卦放在了国旗上，中国的算命先生把太极与卦放在了地摊上，出现在中华元文化源头的卦，对中华民族到底有什么样的意义，整个民族应不应该有一个基本的判断？

第三篇
发明创造哲理的创建与失传

　　亚当、夏娃一出世就有神赐的伊甸园。伊甸园里不需要动手动脑，就可以过上幸福美满的生活。

　　中华大地上从一开始就没有伊甸园。要想生存，必须自己去解答一切难题。火要自己取，巢要自己造。源头的中华先贤——燧人氏、有巢氏、伏羲氏、神农氏、黄帝，个个都是发明创造的典范，他们身上具有四大特征：特别能提出问题；特别能解答问题；特别善于动手动脑；特别善于发明创造。做人讲究道，做事讲究器，道器并重是源头中华先贤的特色，是中华元文化的特色。

引　论

本篇讨论的问题主要是：

1. 中华先贤与其他民族的先贤有什么"不一样"？

2. 中华先贤创造出了什么成果，解答了什么问题？

3. 中华文明背后的思路与方法"是什么"？能否在先贤的基础上再出发，重新创造出让世界敬仰的新的中华文明。

先谈独特的"不一样"。与世界上的优秀民族相比较，中华民族在源头处就表现出了非常独特的"不一样"。

先贤比先贤，中华民族有睿智的先贤。经典比经典，中华民族有那样多具有永恒意义的经典。不一样的经典，在第一篇里已经进行过比较，这里不再比较。这里要讨论的是"不一样"的先贤。

与古希伯来先贤比，中华先贤的"不一样"，首先表现在善于动手动脑，善于发明创造上。若问"为什么不一样"，因为中华大地从一开始就没有出现神赐的伊甸园。亚当有神赐的伊甸园，伊甸园里应有尽有，不需要任何创造就能过上幸福的日子。中华先贤没有伊甸园，必须不断地动手动脑、不断地进行发明创造才能有幸福的日子。两种先贤的"不一样"就体现在不断地动手动脑、不断地进行发明创造上。

与古希腊先贤比，中华先贤的"不一样"首先表现在名下记载的不同内容上。古希腊源头出现的是一群神，神的名下记载的是一场场战争和战绩。中华民族源头出现的是三皇五帝，三皇五帝名下记载的是一件件发明创造的功绩。一场场战斗的战绩与一件件发明创造的功绩，两种先贤的"不一样"就体现这里。

中华先贤的基本特征可以归纳为"四特别",即特别善于提出问题,特别善于解答问题,特别善于动手动脑,特别善于发明创造。

这里仅举十例,简要说明中华先贤的"四特别"与"不一样":

其一,创造出了不一样的经典。世界上凡是称得起"优秀"二字的民族,都创造出了自己的经典。希伯来先贤创造的是《圣经》,印度先贤创造的是《奥义书》,中华先贤创造的是《周易》。《圣经》的基础是神,《奥义书》的基础是梵,《周易》的基础是道。换言之《圣经》是用神解答问题的,《奥义书》是用梵解答问题的,《周易》是用道解答问题的。神、梵、道,不一样的经典与经典中的不一样,这是一。神理、梵理都是用文字表达的,道理是用卦象与文字两种符号表达的,不一样的经典与经典中的不一样,这是二。

其二,创造出了不一样的历法。历法是人类第一法。今天的根本大法是宪法,当初的根本大法是历法。世界上有太阳历、太阴历,而中华先贤采用的是独一无二的阴阳合历。

其三,创造出了不一样的音乐。中华大地上的音乐与西洋音乐有两个"不一样":一是来源不一样。西方人说,音乐是上帝送给人类的礼物。东方的孔子认为,音乐是自然天地产生出来的。《礼记·乐记》曰:"乐者,天地之和也。"又曰:"乐由天作。"二是演奏音乐的乐器不一样。

其四,创造出了不一样的器具。器具的差别,这里只举一例,那就是刀叉与筷子的差别。

其五,创造出了不一样的医术。西医与中医在认识论、方法论上是不一样的,中医与西医在治病的方法与目的上是不一样的。

其六,创造出了不一样的饮食。这里仅举两例:面包与馒头;黄油与大酱。

其七,创造出了不一样的服装。

其八,创造出了不一样的礼仪。西方人结婚进教堂拜上帝,中华大地上结婚在自己家拜的是天地。握手与拱手,直呼父母之名与避讳父母之名,这些都是礼仪中的"不一样"。

其九,创造出了不一样的文字。同样是文字,西方人创造了表音不表义的字母,中华先贤创造出的是形音义三位一体的汉字。

其十,创造出了不一样的语言。语言的差别,众所周知,不再举例。

不一样的思路,不一样的智慧,不一样的思维方式,不一样的行为方式。相同的问题不一样的解答方法,正是在这些"不一样"的背景下,中华大地上率先诞生了光彩夺目的、永不褪色的中华文明。中华文明有三个特点:

一是独创性。中华文明诞生的时候,东西方还没有交流,所以,中华文明是中华先贤完全依靠自己的智慧创造出来的。这里没有抄袭,这里没有模仿,中华文明的独创性就体现在这里。

二是空前性。从自身历史上看,中华文明之前没有更早的文明;从人类历史上看,中华文明并不晚于古希腊文明、两河流域文明与印度文明，所以说中华文明在人类历史上具有空前性。

三是永恒性。利用自然，爱护自然，不危害自然，是中华文明的基点，这一基点决定了中华文明的可延续性。可以延续的文明具有永恒性。现代西方文明以征服自然为基点，这一基点决定了现代西方文明无法延续。无法延续的文明，谈不上永恒性。

这样的"不一样"，那样的"不一样"，众多的"不一样"，形成了"道器并重"的中华元文化。"道器并重"的中华元文化，在《周易》中是这样归纳的："形而上者谓之道，形而下者谓之器，化而裁之谓之变，推而行之谓之通，举而措之天下之民谓之事业。"形而下对应形而上，器对应道，由道转化为器，将形而上的道理与形而下的器具一并交给天下之民，这就是中华先贤对"事业"的定位。"道器并重"的中华元文化，区别于兄弟民族的文化。

《圣经》中，没有任何东西可以与神并列并重；《周易》中，道至高无上，但器具之器可以与之并列并重。讲道又讲器，道器并重，按照道理进行发明创造，是《周易》的特色，实际上也是中华元文化的特色。

《圣经》中没有神器并重的理，《奥义书》中没有梵器并重的理，佛经中没有佛器并重的理，在源头的重要经典中，唯有《周易》讲道又讲器。知道了这一点，就知道中华文明率先诞生的所以然。

道器并重的中华元文化，向后人讲述了六方面的道理：

第一，道为生生之源，道理即生生之理。生生之理之中隐藏有器具创造之理。实际上，道理、器理是一个理。明白了道理，就可以进行器具的发明创造。

第二，认识了生生之物同样可以创造器，天地间的一物与万物之中都隐含有器具之理，万物中的每一物都可以启示发明创造。

第三，创造器与传承道具有同等意义。

第四，器具的创造不能超越道理，更不能违背道理。

第五，朋友是旧的好，器具是新的好。

第六，务农、务工、务渔、交通运输，生产与生活的方方面面都离不开器具之器，所以，发明器具者可以称之为圣人，发明器具的功劳可以与日月的功劳相并列。

总之，有道器并重的中华元文化，才有光彩夺目的、让世界心悦诚服的中华文明。

耀眼的中华文明发生在历史上，发生在中华先贤这里。作为子孙面对中华先贤所创造的文明，不能仅仅停留在欣赏、赞美的层面上，是不是还要追问一些根本性的问题：

其一，中华文明到底是怎么产生的？换句话说，产生中华文明背后的方法是什么？

其二，创造中华文明的行为方式是什么？

其三，源头的智慧、先贤的方法在今天是否还有用？能否解答今天的难题，尤其是世界性难题？子孙能否像先贤那样创造出领先于世界的新文明？

希伯来先贤讲神，中华先贤讲道。神至高无上，没有任何人、任何物可以与之并列并重；道至高无上，但有一个"器"字可以与之并列并重。道器并重，是中华元文化的核心。非常遗憾的是，这一核心变质了。文化核心的质变，是中华民族由先进变落后的真正原因。认识中华民族的落后挨打，如果仅仅认识到慈禧太后一个女人这里，那就永远也不可能找出落后挨打的真正原因。

探寻中华民族前后两种不同状态的原因，应该从"道器并重"这四个字的演变入手。笔者认为，真正认识这四个字的演化，可以有多方面的收获：①能够找到中华民族文明先进的真正原因；②能够找到中华民族落后挨打的真正原因；③如果认清并找回道器并重的中华元文化，可以肯定地说，要不了一百年，中华民族仍然会重新走在世界的前列。中华儿女会像先贤那样创造出领先于世界的中华文明——利用自然、和谐自然而不危害自然的文明。

第一章　这里没有伊甸园

第一节　《圣经》中的伊甸园

《圣经·旧约·创世纪》告诉世人，上帝在造出亚当之后，马上在伊甸之地创立了一个丰美的园子，把亚当安置到了这里。

伊甸园受着四条河的滋养，即比逊河、基训河、底格里斯河和幼发拉底河。河水滋润着整个园子，园子里生长着各式各样的果树，河岸边还有金子、珍珠与红玛瑙。

各式各样的果树上结着各式各样的果子。上帝先告诉亚当，后又告诉夏娃，除了善恶树上的果子，其他树上的果子可以随意取、随意吃。园子是那样的丰美，是那样的肥沃。"人之初"的他们在这里是那样的悠闲，是那样的无忧无虑。亚当与夏娃一出世就受到了神的呵护，不需要付出任何辛劳——不需要动手，不需要动脑，不需要如何发明创造，就能过上幸福的日子。特别需要说明的是，园子中的四条河从来没有泛滥过，从来没有对亚当与夏娃造成过任何危害。

在《圣经》的解释中，亚当与夏娃是人类的开端。这里的人类开端，开得是那样的美，开得是那样的好。

第二节　苦难的中华大地

中华大地上的中华民族，开端处充满了无助与痛苦。中华大地从一开始就没有出现造人、呵护人的耶和华，所以，这里没有出现丰美的伊甸园，出现的却是上上下下、大大小小的苦难。

中华民族的开端，真可谓苦难多多：天上有漏洞，地上有洪水，天地之间有毒蛇猛兽。一切必须靠自己：天上的漏洞自己补，地上的洪水自己治，毒蛇猛兽也要靠人的力量去扫除。

经典中的治水之说，最早出于《尚书》。治理洪水，始于尧，经过舜，终于禹，这是《尚书》的记载。是禹用导的方法治水，导水入海，最后取得了成果。

"汤汤洪水方割，荡荡怀山襄陵，浩浩滔天。"方者，四方也。割者，害也。滔滔洪水从四面包围了高山，淹没了丘陵，危害着天下人民。这是《尚书·尧典》。

"洪水滔天，浩浩怀山襄陵，下民昏垫。"下民者，天下人们也。昏垫者，没落陷落也。滔滔洪水从四面包围了高山，淹没了丘陵，天下人民陷落在洪水之中。这是《尚书·益稷》所记载的洪水之害。

神话中的补天之说，出于《淮南子》。天是女娲补的，除了补天之外，女娲还做了几件大事，例如治水、除猛兽、杀黑龙。完整的故事，《淮南子·览冥训》是这样讲述的："往古之时，四极废，九州裂，天不兼覆，地不周载；火燼焱而不灭，水浩洋而不息；猛兽食颛民，鸷鸟攫老弱。于是女娲炼五色石以补苍天，断鳌足以立四极，杀黑龙以济冀州，积芦灰以止淫水。苍天补，四极正；淫水涸，冀州平；狡虫死，颛民生。"

中华大地上的景象，完全不同于美丽的伊甸园。伊甸园里的景象这里全部没有——没有各式各样的果树，没有潺潺流动的河流，更没有珍珠、金子与玛瑙。有什么呢？有的是恐惧的景象：天上有漏洞，地上有裂缝；天不能覆盖万物，地不能运载万物，撑天的柱子也坍塌了。还有熊熊烈火、滔滔洪水、猛禽猛兽……如此恶劣环境中，万能之神一次也没有出现。大大小小灾难，都是人去消除的。英勇而睿智的女娲炼五色石补天，断鳌足支撑天，杀黑龙济天下百姓，积芦灰治理洪水。天下的太平与太平的天下，是人开创出来的。女娲是人不是神。

这里没有伊甸园，决定了中华先贤不靠神的人生之路。要想过上幸福的日子，需要人去补天，需要人去治水，需要人去除蛟龙之害，需要人去取火、去筑巢、去发明衣裳、去创造车船、去种植五谷……所以，在中华民族的开端之处，出现的是一系列有关发明创造的人和事。靠人的智慧去提出问题，靠人的力量去解决问题；生活由自己去创造，难题由自己去解答；这里尊崇的是圣人而非神灵。善于提出问题、善于解答问题者，被誉为圣人。靠人不靠神的人生路，是中华先贤与亚当、夏娃的基础性区别。

这里没有伊甸园，奠定了允许超越的优秀传统。自己的生活由自己去创造，就必须允许超越。一是允许今天超越昨天；二是允许别人超越自己；三是允许后人超越前人；四是允许一般人超越圣人；五是允许学生超越先生。自己会提出、解答问题，也允许别人提出、解答问题，所以圣人不是一个而是一群人。圣人辈出，在没有伊甸园的中华大地上是允许的。前人的成果，只是后人前进的基础，而非后人前进的障碍。当代人可以解答问题，后代人同样可以解答问题。代代出圣人，在没有伊甸园的中华大地上是允许的，所以早期的中华大地上代代出圣人。"日新日日新"这一名言，所讲的道理就是允许超越，允许天天超越。"易穷则变"这一名言，所讲的道理就是所有的事、所有的人都可以超越。允许超越，是中华先贤的特色，是中华元文化的特色。

这里没有伊甸园，这里没有万能之神，这里没有任何神秘的力量，是中华文化的基点。伊甸园里神解答的问题，在中华大地上，在中华先贤这里，都是由人来解答的。不了解"这里没有伊甸园"这一基点，就无法接近中华元文化；不了解这一基点，就无法接近中华先贤。

第二章　善于发明创造的中华先贤

有神助，就依靠神，这是亚当的路。

没有神助该如何？没有神助就自助，这是伏羲氏们的路。

中华先贤完全依靠自己的智慧解答了一系列基础问题，例如生存的问题，例如发展的问题。饭如何熟？房如何建？河如何渡？远如何致？天下如何卫？还有哲理上的人天关系问题，人地关系问题，人和万物的关系问题……没有神就事事处处自助，这是中华先贤的人生之路。自力更生、发明创造、靠人不靠神，是这里的基本特色。

中华元典与先秦诸子分别记载了中华先贤发明创造、解答问题的事例，分述如下。

第一节　诸子记载的人和事

一、第一把火

中华大地上人工取出的第一把火，是《韩非子》里记载的。

《韩非子·五蠹》："民食果蓏蚌蛤，腥臊恶臭而伤害腹胃，民多疾病。有圣人作，钻燧取火以化腥臊，而民说之，使王天下，号之曰燧人氏。"

据韩非子记载，中华大地的第一把火是燧人氏钻燧取出来的。从燧人氏开始，中华先贤掌握了人工取火的方法。钻燧取火，使腥臊恶臭的鱼虾变成了味道鲜美的佳肴。

古希腊的火，是普罗米修斯从天堂里偷来的。为此，普罗米修斯付出了沉痛的代价。

中华大地上的火，是燧人氏用智慧从木头中钻出来的。为此，燧人氏赢得了万世美名。

有大功于天下者，这是为君为王的基本前提。天下人民"使不使"，是为君为王的基本途径。选贤者为王，在韩非子的记载中，是从燧人氏这里开始的。

普罗米修斯与燧人氏的故事，后人一直在传诵。非常遗憾的是，很少有人在两者之间进行"不一样"的区分。让人间有火，是古希腊先贤与中华先贤的共同点。取火时采用了完全"不一样"的方法，是古希腊先贤与中华先贤的重大区别。同样是取火，两种先贤仍存在着靠神与靠人的区别。

中华大地的第一把火，其意义丝毫不逊色于今天的氢弹、原子弹的出现。衣食住行，四大课题这里解答了一个"食"字。

取火，《礼记》也有记载。《礼记·礼运》曰："未有火化，食草木之实，鸟兽之肉，饮其血，茹其毛……后圣有作，然后修火之利……以炮，以燔，以烹，以炙，以为醴酪。"没有火，日子怎么过？孔夫子描述的是：茹毛饮血，生食草木之实。圣人取火之后，产生炮、燔、烹、炙的烹调工艺，美食美味从此出现在了中华大地上。中华民族以烹调艺术高超而闻名于世。没有火，烹调艺术就失去了基础。生活因火而改变，烹调由火而开始。

遗憾的是，孔夫子没有指明最初取火的人为谁。

二、第一所茅屋

中华大地上的第一所茅屋，是《韩非子》里记载的。

《韩非子·五蠹》："上古之世，人民少，而禽兽众，人民不胜禽兽虫蛇。有圣人作，构木为巢以避群害，而民悦之，使王天下，号曰有巢氏。"

中华大地的第一所茅屋是有巢氏创建出来的。从有巢氏开始，中华先贤走出了洞穴。构木为巢，一可以避开禽兽虫蛇的危害，二有了迁徙的自由。构木为巢使有巢氏赢得了万世美名。

建造宫室，《礼记》《墨子》中也有记载。《礼记·礼运》："昔者先王，未有宫室，冬则居营窟，夏则居橧巢。后圣有作……范金，合土，以为台榭宫室牖户。"冬居洞穴，夏居树巢，原来的生活是如此的生活。圣人建宫室，使人走出了洞穴，使人走下了树杈。这一变化，与钻木取火一样伟大。

墨子不但记载了宫室的建造，而且记载了宫室的建造之法。《墨子·辞过》："为宫室之法，曰：室高足以辟润湿，边足以圉风寒，上足以待雪霜雨露，宫墙之高，足以别男女之礼，谨此则止。"

室基之高，避的是潮湿；室基四边，御的是风寒；屋顶设计，防的是雨露霜雪；宫墙高度，别的是男女。这是墨子记载的宫室建造法则。

衣食住行，四大课题这里解答了一个"住"字。

三、第一件衣裳

"衣裳"一词，经典中最早出在《周易》。《周易·系辞下》曰："黄帝尧舜垂衣裳而天下治，盖取诸乾坤。"衣裳的出现，在中华大地上不是一件小事，而是一件文明天下的大事。人由裸体到穿上衣裳，这是一大进步。所以，《周易·系辞下》把"衣裳"的出现与"天下太平"联系在了一起——"垂衣裳而天下治"。衣裳的发明，《周易》将功劳记在了黄帝名下。"始制文字，乃服衣裳。"《千字文》将文字与衣裳发明创造也记在了黄帝名下。

这里的"衣裳"应该是两个单音词——"衣"和"裳"。《说文》中有这样一个解释："衣，依也。上曰衣，下曰裳。"

还记得吗？夏娃、亚当之所以被上帝赶出伊甸园，根本原因是背叛了上帝而听信了蛇，直接后果则是用无花果的树叶制出了衣裳。在伊甸园里，穿衣裳是不允许的。夏娃、亚当为一件极其简单的衣裳付出了沉痛的代价，他们从此永远失去了幸福的伊甸园，他们从此背上了永远赎不完的原罪。

在中华大地上，发明衣裳有功而没有罪。穿上衣裳，是文明之事而非坏事。《诗经·邶风·绿衣》留下了赞美"衣裳"的美妙诗句："绿兮衣兮，绿衣黄裳。"穿衣着裳不但不应该受到惩罚，而且应该受到歌颂。这就是中华元文化。

衣裳的出现，《墨子·辞过》有如下的记载："古之民，未知为衣服时，衣皮带茭，冬则不轻而温，夏则不轻而清。圣王以为不中人之情，故作诲妇人治丝麻，梱布绢，以为民衣。"

墨子说，起初的人不会制作衣裳，穿兽皮，围草索，冬天不轻便也不温暖，夏天不轻便也不凉爽。圣王认为这样不合人情，于是教女子制丝麻、织布匹，从此有了衣裳。衣裳，衣裳，冬天轻便又温暖，夏天轻便又凉爽。

衣食住行，四大课题这里解答了一个"衣"字。衣裳也是人创造的，创造衣裳的人被世人称之为圣人。

四、第一辆车、第一只船

舟车出现，《周易·系辞下》有如下记载："神农氏没，黄帝尧舜作……刳木为舟，剡木为楫，舟楫之利，以济不通，致远以利天下，盖取诸涣。服牛乘马，引重至远，以利天下，盖取诸随。"舟，可以"以济不通"；车，可以"引重至远"。舟有舟的功能，车有车的功能，功能有两种，目的却只有一个，这就是"以利天下"。

车辆舟船的由来，《墨子·辞过》有如下记载："古之民未知为舟车时，重任不移，远道不至，故圣王作为舟车，以便民之事。其为舟车也，完固轻利，可以任重致远，其为用少，而为利多，是以民乐而利之。故法令不急而行，民不劳而上足用，故民归之。"

墨子说，起初没有车，重的东西搬不动，远的地方去不了。起初没有船，有河无法渡，对岸到不了。圣王制作出了舟，制作出了车，重物可以运输，远路可以达到，大河可以渡过，对岸可以到达，费用少而利益大，所以民众乐于使用。如此发明创造者，被称之为圣人，被推选为王。天下民众，乐意归顺于如此圣王。

衣食住行，四大课题这里解答了一个"行"字。舟车也是人创造的，创造舟车的人被称之为圣人。

五、第一个杠杆

中华大地上的第一个杠杆，是墨子、庄子共同记载的。

杠杆是用于增大力量的简单机械。《简明不列颠百科全书》中记载了公元前1500年的埃及和意大利使用杠杆的实例，但没有记载中国使用杠杆的实例。

《庄子》中已经有了"杠杆"的详细记载。

《庄子·天地》："子贡南游于楚，反于晋，过汉阴，见一丈人方将为圃畦，凿隧而入井，抱瓮而出灌，搰搰然用力甚多而见功寡。子贡曰：'有械于此，一日浸百畦，用力甚寡而见功多，夫子不欲乎？'为圃者卬而视之曰：'奈何？'曰：'凿木为机，后重前轻，挈水若抽。数如泆汤，其名为槔。'"

书中通过子贡之口，向一位正在浇菜的老人介绍了省力而高效的机械，这种机械用木头做成，其特点是后头重前头轻，利用它一天可以浇菜百畦。这就是庄子所记载的杠杆。

《墨子·经说下》中也有杠杆的记载，这里有原理，有比喻。墨子用秤为例形象地比喻了杠杆。

这里需要说明一下墨子与庄子的差别：同样是杠杆的记载者，墨子是杠杆的肯定者，而庄子则是杠杆的否定者。

六、第一个机器人

第一个机器人，不是在美国出现的，也不是在日本出现的，而是在《列子》中出现的。

《列子·汤问》篇记载了人类历史上的第一个机器人："周穆王西巡狩，越昆仑，不至弇山。反还，未及中国，道有献工人名偃师，穆王荐之，问曰：'若有何能？'偃师曰：'臣唯命所试。然臣已有所造，愿王先观之。'穆王曰：'日以俱来，吾与若俱观之。'翌日，偃师谒见王。王荐之曰：'若与偕来者何人邪？'对曰：'臣之所造能倡者。'穆王惊视之，趋步俯仰，信人也。巧夫锁其颐，则歌合律；捧其手，则舞应节。千变万化，惟意所适。王以为实人也，与盛姬内御并观之。技将终，倡者瞬其目而招王之左右侍妾。王大怒，立欲诛偃师。偃师大慑，立剖散倡者以示王，皆傅会革、木、胶、漆、白、黑、丹、青之所为。王谛料之，内则肝、胆、心、肺、脾、肾、肠、胃，外则筋骨、支节、皮毛、齿发，皆假物也，而无不毕具者。合会复如初见。王试废其心，则口不能言；废其肝，则目不能视；废其肾，则足不能步。穆王始悦而叹曰：'人之巧乃可与造化者同功乎？'"

这段话的现代汉语意思是：周穆王到西部视察，一名叫偃师的人献上了自己发明创造的机器人。这个机器人走路、低头、抬头都与人一样。摇他的头，他就唱歌；摇他的手，他就跳舞。当周穆王邀集后宫美人一起观看机器人跳舞时，这个机器人竟然飞眼传情，挑逗穆王身边的侍妾。周穆王大怒，要杀偃师。偃师马上打开机器人向穆王展示，机器人身体外部的肢体与内部五脏都是用皮革、木料、胶、漆做成的。去掉他的肝，机器人的眼睛就不能活动；去掉心脏，口就不能说话；去掉肾脏，脚就不能行走。看到这些，周穆王又高兴了起来，赞叹说："人的技巧可以和造物主相比了。"

现实中的机器人，为现代人所制造。《列子》的机器人，为古代人所制造。这个机器人，即便不是实际中的"实在"，也是认识中的"已有"。《列子》里的机器人，应该是世界上最早的机器人。

能不能制造机器人，是衡量一个民族科学水平的重要标志。会走路、会跳舞、会唱歌、会使眼色的机器人，今天的人制造出来了吗？

机器人的研究没有继续下来，这实在是中华民族的一大损失。试想一下，如果偃师的研究不间断地延续到今天，中华民族制造机器人的水平会落后于他人吗？

七、第一例染丝术

第一例染丝术是由《墨子》记载的。

"子墨子言见染丝者而叹曰：'染于苍则苍，染于黄则黄。所入者变，其色亦变；五入必而已则为五色矣。'"（《墨子·所染》）

染丝，用青色染，丝就染成了青色；用黄色染，丝就染成了黄色；用什么颜色染，丝就染成了什么颜色；用五种颜色去染，丝就染成了五色。这是墨子所看到的染丝技术与染丝工艺。

墨子谈染丝，引申出的是治国育人的道理。笔者此处关注的不是治国与育人，而关注的是染丝工艺、染丝染料与染丝技术。

让白丝着色，这是技术。没有染料，丝又如何染。染色第一步如何，第二步如何，这是工艺。墨子谈染丝，说明了五大问题：一是墨子时代的中华大地上已经有了丝；二是墨子时代的中华大地上已经有了丝织品；三是中华民族已经掌握染丝的技术与工艺；四是中华民族已经掌握染丝的多种技术与工艺；五是中华民族已经找到了染丝的染料。

八、第一例换心术

第一例换心术，是列子记载的。

换心术，《列子·汤问》是这样记载的："鲁公扈赵齐婴二人有疾，同请扁鹊求治。扁鹊治之。既同愈。谓公扈齐婴曰：'汝曩之所疾，自外而干府藏者，固药石之所已。今有偕生之疾，与体偕长，今为汝攻之，何如？'二人曰：'愿先闻其验。'扁鹊谓公扈曰：'汝志强而气弱，故足于谋而寡于断。齐婴志弱而气强，故少于虑而伤于专。若换汝之心，则均于善矣。'扁鹊遂饮二人毒酒，迷死三日，剖胸探心，易而置之；投以神药，既悟如初。二人辞归。于是公扈反齐婴之室，而有其妻子，妻子弗识。齐婴亦反公扈之室，有其妻子，妻子亦弗识。二室因相与讼，求辨于扁鹊。扁鹊辨其所由，讼乃已。"

故事的白话意思是：鲁国的公扈和赵国的齐婴两个人有病，一起去找名医扁鹊。扁鹊把他们的病治好后，对他们说："病，有外因之病，有内因之病。外因之病是外界因素侵入内脏引起的，内因之病则是从娘胎里带出来的。外因之病用药物和针石能够治愈，内因之病则需要另一种办法。你们所患的是内因之病，这种病会随着身体的生长而发展。要治这种病，需要特殊的方法。"

公扈和齐婴说："请你先讲一下内因病的症状。"

扁鹊对他们说："公扈智慧高而性柔弱，所以，计谋虽多却缺乏决断；而齐婴智慧不足而性格坚强，所以，缺乏计谋却过于专断。如果把你们俩的心对换一下，那就都好了。"

两人同意扁鹊的治疗方案。于是，扁鹊就给他们两个喝了毒酒，让他们昏迷了三天，接着剖开他们的胸膛，取出心脏，再互相换置。然后给他们服用一种药物，两个人醒后，就像当初一样。两个人告别扁鹊，各自回家。于是，公扈回到了齐婴的家里，可齐婴的妻子并不认识公扈。齐婴也回到了公扈的家里，可公扈的妻子也不认识齐婴。结果两家的妻室为了这件事争吵起来，求扁鹊辨别是非。扁鹊说明了事情的根由，两家的争吵才停止了。

换心术，在当今世界上也属于先进的手术。可是，它在《列子》这里出现了。也许和愚公移山一样，这里换心术属于寓言性质。换心术出现在《列子》里，说明的问题是：这样的手术，这样的事，在中华民族这里的确想到了。没有这样的认识，就不可能有这样的文字。心是可以换的，这是列子时代认识中的"已有"。

列子讲的是寓言还是事实，笔者不再探讨。但"解剖"一词，的的确确是在《黄帝内经》中出现的。《黄帝内经·灵枢·经水》："若夫八尺之士……其死可解剖而视之，其藏之坚脆，府之大小，谷之多少，脉之长短。"《黄帝内经》是经典，不讲寓言。其所记载的"解剖"，应该是实实在在的事例。以解剖认识人体，这应该是实际层面上的"事实"。

非常遗憾，精湛的外科手术一没有完美地继承，二没有进一步的发展，最后反而失传了，而且至今也没有找回来。今天的中医，一不会换心术，二不会人体解剖。中西医相比较，在外科手术上，中医不是稍逊一筹，而是逊了几筹。

九、九九之数

《管子·轻重戊》中记载了源头中华先贤的几件重大贡献，例如神农氏树五谷，燧人氏钻燧取火，在此之前，还有伏羲氏作九九之数。《管子·轻重戊》："伏羲作，造六法以迎阴阳，作九九之数以合天道。"管子的这一记载，在大数学家刘徽那里可以进一步得到验证。刘徽为《九章算术》作序，序言的第一句话就是："昔在庖牺氏始画八卦，以通神明之德，以类万物之情，作九九之术，以合六爻之变。"

九九之数，乘法口诀也。管子把乘法运算归功在了伏羲氏身上，刘徽与管子持同一看法。

十、其他

诸子中记载器、技、术最多的，当属墨子。凹面镜、凸面镜、云梯、梯车……一系列实用的器具都是墨子记载或是由墨子创造的。

除了使用的器、技、术，《墨子》中还有41条自然科学原理。如果在墨子的基础上继续前进，中华民族将会在众多领域继续领先于世界，而且是远远领先于世界。非常遗憾，墨子的学术思想没有得到继承，更谈不上什么发展。

墨子的学术思想失传，董仲舒必须负责。

董仲舒建议独尊儒术，在独尊儒术这里，墨术当然在废黜之列。西汉以后，中华民族不再重视发明创造，皇帝不谈发明创造，文人也不谈发明创造，甚至于鄙视发明创造，究其原因，应该追溯在独尊儒术这里。若论对中华民族的伤害，独尊儒术远远超过了焚书坑儒。为什么这样说？因为焚书坑儒只是一件残暴之事，这件残暴之事并没有改变中华元文化的基本精神。而独尊儒术恰恰改变了中华元文化的基本精神，改变了中华元文化所主张的道器并重的基本精神。独尊儒术改变了中华民族对器、技、术的基本态度。关于这一问题，将在以后的章节中讨论，此处不赘。

下面介绍一下几项有关器、技、术令人遗憾的事：

1. 削冰取火。"削冰令圆，举以向日，以艾于后承其影，则得火。"（《博物志·戏术》）削冰取火，在这里是作为戏术出现的。先贤与高倍望远镜、高倍显微镜擦肩而过。

2. 化学反应。"烧白石作白灰……遇雨及水浇，即便烟焰起。"（《博物志·戏术》）中华民族最早发现了生石灰遇水在空气中最后可以生成碳酸钙，可是具体的化学反应式却没有最早出现在中华大地上。

3. 风扇制造。"七轮扇……一人运之，满堂寒战。"（《续博物志》）七轮扇再向前进一步就是风扇，但是七轮扇一直没有变为现代意义的风扇。

4. 滑翔器制造。"从风远行"的滑翔器是在《述异志》中出现的。从风远行的滑翔器，在道器分离中的文化背景下，始终没有发展为超音速飞机与隐形飞机。

第二节　经典中的人和事

源头的中华先贤，人是善于发明创造的人，事是发明创造的事，诸子是这样的记载的，经典也是这样的记载的。

一、《周易》中的人和事

在《周易》的记载里，中华先贤是从伏羲氏开始的，然后是神农氏、黄帝、尧、舜，一共五位。《周易》所记载的这五大先贤，人人都是发明家。他们每个人名下所出现的都是发明创造的功绩。

（一）伏羲氏与第一张网

据《周易》记载，中华大地上的第一张捕鱼狩猎用的网罟，是伏羲氏发明的。

《周易·系辞下》曰："古者包牺氏……作结绳而为罔罟以佃以渔，盖取诸离。"

中华先贤从伏羲氏这里开始，做事讲究智慧，讲究力智结合。

狩猎用两种方法：一种是纯粹用力；一种是力智结合。追赶、追堵、围攻用的是力，而网罟用的是智。无论办什么事，都要讲究智慧，都要讲究智力结合，这是中华先贤为后人所树立的榜样。

力智结合者，被《周易》界定为君子。纯粹用壮力者，被《周易》界定为小人。大壮卦九三爻辞曰："小人用壮，君子用罔，贞厉。羝羊触藩，羸其角。"这句爻辞的意思是：围猎羝羊，小人的办法是纯粹用壮力追捕；君子则是巧用网罟，使网罟缠住羝羊的羊角，然后捕捉之。用壮用网是表象，用不用智慧是实质，以善用智者为君子，以只用笨力者为小人，《周易》这种界定，实质是对子孙的一种警示。

伏羲氏，这位先贤名下记载了八卦与网罟两大功绩。八卦属人文，网罟属器具，八卦与网罟一起而论，这说明人文创造与器具创造具有同等的重要性，这说明圣人之圣应该体现在人文创造与器具创造两大方面，如果仅仅偏颇于一面，圣人之圣就缺了一角。

以伏羲氏为坐标，马上就可以发现汉之后的两千年里，重文章轻器具的荒谬。

据《周易·系辞下》介绍，网罟的发明，其参照物是离卦。"盖取诸离"指离卦之卦象卦理对于网罟发明创造的启示关系。卦，为什么可以启示发明创造，将在后面"尚象制器"内容中讨论。

（二）神农氏与第一件农具

据《周易》记载，中华大地上的第一件农具是神农氏发明的。

《周易·系辞下》曰："包牺氏没，神农氏作，斫木为耜，揉木为耒，耒耨之利以教天下，盖取诸益。"

神农氏，是《周易·系辞下》记载的第二位先贤，他的贡献首先体现在农业上。为发展农业生产，神农氏发明了历史上第一件先进器具——耒耜。

务农者可以称圣，以神农氏为坐标，马上可以发现，儒家将务农之事贬低为小人之事，将务农者贬低为小人是错误的。

以发明器具促进生产，以发明器具发展生产，以神农氏为坐标，马上可以发现，仅仅靠愚公移山的精神发展生产是有局限性的。以神农氏为坐标，还可以发现，发展生产仅仅强调"出大力，流大汗"远远不够。勤劳是必须的，善用器具则是非常重要的。不出力的劳动者，是懒汉。不用智的劳动者，是笨汉。

耒耜的发明关乎"盖取诸益"，这说明益卦与耒耜之间有着或形象或哲理的联系。"为什么"的讨论在下面进行。

（三）黄帝制衣裳

据《周易》介绍，衣裳是黄帝发明的。

黄帝，是《周易·系辞下》所记载的第三位先贤，随黄帝之后还有尧、舜两位先贤。三位先贤名下出现了十项重大发明创造的功绩，而衣裳排在十大发明创造之首。黄帝在三位先贤中排第一位，衣裳在众多的发明创造中排第一位，所以将衣裳的发明归功于黄帝，应该是没有问题的。

在没有伊甸园的中华大地上，穿衣裳是文明天下的大事。人穿上了衣裳，就和禽兽有了基本区别。人之所以为人，穿上衣裳是第一步。在"人能不能穿衣裳"的问题上，

《周易》与《圣经》出现了差别。

（四）十大发明创造

衣裳是在黄帝、尧、舜名下的第一件发明创造，第一件之后还有第二件，第二件之后还有第三件……黄帝、尧、舜名下一口气出现了十多项重大发明创造，请看《周易·系辞下》记载"十大发明创造"的原文：

"黄帝尧舜垂衣裳而天下治，盖取诸乾坤。

"刳木为舟，剡木为楫。舟楫之利以济不通，致远以利天下，盖取诸涣。

"服牛乘马，引重致远，以利天下，盖取诸随。

"重门击柝，以待暴客，盖取诸豫。断木为杵，掘地为臼，臼杵之利，万民以济，盖取诸小过。

"弦木为弧，剡木为矢，弧矢之利，以威天下，盖取诸睽。

"上古穴居而野处，后世圣人易之以宫室，上栋下宇以待风雨，盖取诸大壮。

"古之葬者，厚衣之以薪，葬之中野，不封不树，丧期无数，后世圣人易之以棺椁，盖取诸大过。

"上古结绳而治，后世圣人易之以书契，百官以治，万民以察，盖取诸夬。"

一项发明创造，一个重大问题的解决。舟楫之利，解决的是渡河问题。车马引重，解决的是致远问题。重门击柝，解决的是盗贼预防问题。臼杵之利，解决的是稻谷脱皮问题。弧矢之利，解决的是保卫天下问题。宫室之利，解决的是风雨侵袭问题。棺椁的出现，解决的是安葬问题。书契取代结绳，解决的是天下管理问题。

每一项新的发明创造，出现在一个新的领域之内。每一项新的发明创造，带动的是一个新的领域。十多项发明创造，解答了十多个难题，带动了十多个领域。

臼杵使带皮的稻谷变成了白生生的大米。臼杵的出现与火的利用一样，都是人类进步的大事件——火使饮食变生为熟，臼杵使粮食变粗为细。

宫室的形成，起码有三重重要意义：一是告别了自然，进入了文明；二是告别了群居，建立起了家庭；三是躲避了风雨的危害。

弓矢的发明，使天下有了足够的威风。有先进的武器，才会威慑外部敌人；威慑外部敌人，自己才会有太平之天下。有先进的武器，才会有威武之天下。中华先贤这一认识，在远古时期有意义，在中古时期有意义，在今天有意义，在明天仍然有意义。"弓矢之利，以威天下"之哲理，永远也不会过时。发明先进的武器，目的不是为了侵略别人；但有了先进的武器，谁人敢对华夏大地起觊觎之心？

《周易·贲·彖传》有"观乎人文，以化成天下"这句话；《周易·系辞下》有"弧矢之利，以威天下"这句话。化天下用文化，卫天下用武器。以文化化天下，以武化感天下。几千年过去了，这一哲理过时了吗？

生活、生产、交通、运输、粮食加工、防贼、御敌、建筑、管理，众多领域里的难题，都是靠发明创造解决的。发明创造，一利于发展生产，二利于改善生活，三可以维护安宁和平。先进之器一利于天下，二利于万民，三威慑敌人。中华先贤的榜样，是不是具常青意义？

《周易》记载的五大圣人，每个人都会做事，每个人都会运用智慧做事，做史无前例的事，做利于天下、利于人民的事。所有的事，都关乎发明创造。这里的发明创造，都具有原创性。这里的原创性，可以对历史而言，也可以对世界而言。今天现实生活的发明创造，大都具有模仿性。先贤的原创性与子孙的模仿性，两者相比较，子孙是不是应该有所反思？

这里每一项发明创造都与一卦有关，"所以然"的讨论将在下面进行。

在文化源头出现的人和事，人是圣人，事是光照千秋的事。这里的人不是项羽这样的文盲，也没有刘邦那样的无赖。总而言之，这里的圣人与阴谋诡计无关，与翻云覆雨无关。这里的事，一利于当时，二利于后代，三能够赢得四邻乃至世界的尊重。

每一个人，每一件事，实际上是一种榜样。非常遗憾的是，先贤树立起的榜样根本没有起到应有的作用。西汉之后的《周易》研究者，醉心于"人事占卜"者众多，醉心于"先贤如何发明创造"者极少。

二、《尚书》开篇处的人和事

《尚书》在开篇处记载了三大圣贤——尧、舜、禹。三大圣贤名下均记有发明创造的功绩，或亲力亲为，或组织领导。这里的人是理性而聪慧的人，这里的事是利于当时、及于万代的事。

（一）尧制历法

尧是《尚书》记载的第一位圣贤。尧名下记载了两大功绩：敬授民时；治理洪水。治理洪水，有始无终没有效果，所以这里的讨论，集中在"敬授民时"的制历上。

《尚书·尧典》："历象日月星辰，敬授民时。"这句话告诉后人，"敬授民时"的前提是"历象日月星辰"。历，观测与推算也。象，取法与效法也。日月星，太阳、月亮与二十八宿也。辰，一可以指标志星，二可以指日月相会的瞬间。《春秋左传·昭公七年》："日月之会是谓辰。"这里指的是日月相会的瞬间。

《尚书·尧典》中的尧，指令羲氏、和氏两位大臣观测日、月、星的位置与变化，然后以天文为坐标制定出对人民有法则作用的历。

羲、和二氏制历，在天文地理中取法了五大坐标：一是太阳的变化；二是二十八宿的变化；三是昼夜的变化；四是鸟兽的变化；五是人民的变化。

太阳的变化，体现在出没的位置上。四时不同，太阳在地平大圆上出没的位置也不同。

二十八宿的变化，体现在黄昏时哪一宿出现在南方正中天。

昼夜的变化，体现在时间长度的差异与均等上。一年之中，昼夜的时间长度只有春分、秋分这两天相等，其余时间均有差异——要么昼长夜短，要么昼短夜长。

鸟兽的变化，体现在"生殖有其时"与"羽毛变化有其时"这两方面。春季里鸟兽生殖繁育，去年如此，今年如此，年年如此。夏季鸟兽羽毛稀疏，秋季里鸟兽羽毛更替，冬季鸟兽羽毛细密，去年如此，今年如此，年年如此。

人民的变化，体现在活动范围的变化上。春秋两季人民活动在田野，夏季人民活动在高地，冬季人民进入室内。四时不同，人民活动的空间范围也不同。

根据这五大坐标，羲、和二氏先是确定了春夏秋冬四时与春分、秋分、夏至、冬至四大节气，然后确定了一年的时间长度是366天。

这些重大成果，在《尚书·尧典》中分别进行了记载。关于观天文之象、观鸟兽之象的记载是：

"日中，星鸟，以殷仲春。厥民析，鸟兽孳尾……

"日永，星火，以正仲夏。厥民因，鸟兽希革……

"宵中，星虚，以殷仲秋。厥民夷，鸟兽毛毨……

"日短，星昴，以正仲冬。厥民隩，鸟兽鹬毛。"

星鸟，二十八宿中的鸟星也。日中昼夜长短相等也。春分这一天，昼夜长短相等，黄昏时鸟星出现于南方正中天，人们在平原田野中活动，鸟兽开始生育繁殖。日中，指的是昼夜平分。

星火，二十八宿中的火星也。夏至这一天，昼长夜短，黄昏时火星出现于南方正中天，人们在高处荫凉处活动，鸟兽开始羽毛稀疏。日永，指的是白天长。夏至这一天，昼长于夜。

虚星，二十八宿中的虚星也。秋分这一天，昼夜长短相等，黄昏时二十八宿中的虚星出现于南方正中天，人们又回到了平原田野，鸟兽开始更换新的羽毛。宵中，指的是昼夜平分。

昴星，二十八宿中的昴星也。冬至这一天，夜长昼短，黄昏时昴星出现于南方正中天，人们活动在室内，鸟兽羽毛细软稠密。日短，指的是白天短于黑夜。

春夏秋冬，每一季分为孟仲季三个月。孟，一也。仲，二也。季，三也。仲春、仲夏、仲秋、仲冬，指的是每个季节的第二个月，实际上指的是二分二至（春分、秋分、夏至、冬至）四大节气。

春分、秋分、夏至、冬至，这是中华先贤第一次用文字向子孙、向世界公布的四大节气。

太阳出没的位置，昼夜长短比例，二十八宿中某一宿黄昏时出现在南方正中天，人们活动的空间范围，鸟兽的生存状态。五大依据实际上是一个完整的大系统。这个系统，只能用人的智慧、人的眼睛来认识。再精密的仪器，只能认识这个大系统的一个方面，完全不可能将这个大系统组织在一起。

关于一岁的时间长度，《尧典》中的答案是："期三百有六旬有六日，以闰月定四时，成岁。"366日，中华先贤第一次用文字向子孙、向世界公布了一岁的时间长度。

短短的一篇《尧典》，其中有五项关于历法的重大成果：

其一，分出了春夏秋冬四时。

其二，确定了仲春、仲夏、仲秋、仲冬即春分、夏至、秋分、冬至四个重要节气。

其三，确定了一年的时间长度为366日。

其四，确定了"如何闰"的根本法则。

其五，确定了"以闰月定四时"的具体法则。

闰，调配的是时间差。太阳历回归年时间长度实际与历法中的时间长度有误差，将每年的误差时间积为一天设为闰日——太阳历闰天。恺撒所创建的儒略历，一开始实行的是4年1闰，后来北格里高利精确为400年97闰。太阳历设闰与四时无关。

尧以闰月定四时，说明尧的时代中华民族已经求证出了两种历——太阳历与太阴历。太阳回归年一岁的时间是365.25天，而太阴历12个朔望月的时间是354天，3年下来就盈余33天有余，所以必须设立闰月加以平衡。阴阳合历从一开始实行的是3年1闰，5年再闰，19年7闰。阴阳合历闰的是月。据《史记》记载，闰是从黄帝开始的。

一个"闰"字，充分证明了中华先贤的求证能力。

以春分、夏至、秋分、冬至四个节气为标志区分气候、物候的原则，从遥远的昨天一直用到今天。毫无疑问，还要用到遥远的明天。具有永恒意义的成果背后，必然有永恒意义的思路（方法），如果沿着先贤的思路前进一步，完全可以解答用仪器不能解答的大问题，例如天灾（地震、洪水、海啸、飓风）的长期预报问题。

年月节令是上帝的安排，这是《圣经》的说法。历的出现是人的贡献，这是《尚书·尧典》的说法。历的出现，组织领导者是尧，具体的贡献者是羲、和二氏。

尧是《尚书》记载的第一人，观象授时是《尚书》所记载的第一件事。《尚书》中的第一人值得尊敬的人，《尚书》中的第一件事是值得发扬的事。

在这里，笔者要赞颂一下中华先贤求证问题的方法。求证一个问题，中华先贤往往会采用多种途径，往往会采用多种方法。例如求证春夏秋冬四时与二十四节气，中华先贤采用了三种方法：《尧典》采用的天文坐标是二十八宿；《周髀算经》采用的天文坐标是太阳；《黄帝内经》与《鹖冠子》采用的天文坐标则是北斗星。解答一个问题用三种方法，这就是源头的中华先贤。解答一个问题会找出三种途径，这就是走在世界前头的中华先贤。如此先贤，后人认识了吗？如此思路，后人认识了吗？

（二）舜同律度量衡

秦始皇统一了度量衡，历史教科书上如是说。实际上，秦始皇统一度量衡，是第二次统一。第一次统一度量衡的是舜。

《尚书·舜典》："同律度量衡。"舜名下的功绩之一，就是统一音律与度量衡。

舜统一音律，《尚书》的记载也可以在《论语》里找到相应之音。"尽美矣，又尽善也。"就是孔子对韶乐的评价。韶乐是舜时代的音乐，舜时代的音乐已经达到了"尽善尽美"的境界。在《管子》与《吕氏春秋》里，同样可以看到与《论语》相似的记载与评价。

舜统一度量衡，《尚书》的记载也可以在《汉书》里找到相应之音。《汉书·律历志》开篇之处说："《虞书》曰：'乃同律度量衡'，所以齐远近，立民信也。自伏羲画八卦，由数起，至黄帝、尧、舜而大备。"虞者，舜也。《虞书》者，《尚书·舜典》也。在《汉书》的记载里，是舜第一次统一了度量衡。

统一，是在已有基础上的统一。没有，则谈不上统一。没有多种多样，也谈不上统一。笔者在这里赞颂的是度量衡的统一者，但更好奇的是度量衡的起源。

关于度量衡的起源，笔者收集到三种起源说：《孙子算经》一说，《汉书》一说，《类经》一说。

《孙子算经》的记载的是：度起于丝，量起于粟，衡起于黍。请看原文：

"度之所起，起于忽。欲知其忽，蚕所生，吐丝为忽。十忽为一秒，十秒为一毫，十毫为一厘，十厘为一分，十分为一寸，十寸为一尺，十尺为一丈，十丈为一引；五十尺为一端；四十尺为一匹；六尺为一步。二百四十步为一亩。三百步为一里。

"称之所起，起于黍。十黍为一絫，十絫为一铢，二十四铢为一两，十六两为一斤，三十斤为一钧，四钧为一石。

"量之所起，起于粟。六粟为一圭，十圭为一抄，十抄为一撮，十撮为一勺，十勺为一合，十合为一升，十升为一斗，十斗为一斛。"

《孙子算经》告诉后人，中华先贤从一根丝这里出发，创建了度量衡的度；从十粒黍这里出发，创建了度量衡的衡。从六粒粟这里出发，创建了度量衡的量。

关于度量衡的起源，以《类经》记载得最为简洁。《类经·律原》告诉后人，中华先贤以一粒黍为基础创建了度量衡。"一黍之广，积为分寸以著于度；一黍之多少，积为圭和以著于量；一黍之铢两，积为轻重以著于权衡。"

《类经》告诉后人，一粒黍积长短为度，积体积为量，积重量为衡。以简单的方法，解答基础性的问题，是中华先贤的特长。以一粒黍为基础创建度量衡，这里就是一大例证。《类经》为明朝名医张介宾所著，他一没有说明是"谁"以一粒黍创建度量衡，二没有说明其引用出于"何经何典"，在言必有据的笔者看来，这是一件十分遗憾的事。

度量衡怎么会与音律之律发生关系？《汉书》有详细的解释，度量衡三者均发源于十二律中的黄钟。请看《汉书·律历志》中的原文：

"度者，分、寸、尺、丈、引也，所以度长短也。本起黄钟之长。

"量者，龠、合、升、斗、斛也，所以量多少也。本起于黄钟之龠。

"权者，铢、两、斤、钧、石也。所以称物平使，知轻重。本起于黄钟之重。"

黄钟之长定度，黄钟之龠定量，黄钟之重定衡。黄钟定度量衡，《汉书》做出了如此解释。

1978年，湖北随州市在战国的曾侯乙墓出土了六十五枚青铜铸造的编钟。敲击钟的正、侧两面可以奏出升、降两个音。曾侯乙墓编钟音域宽广，有五个八度，比现代钢琴只少一个八度。音色优美，音质纯正，基调与现代的C大调相同。用此钟可以演奏出各种中外名曲。

"这是真的吗？"面对编钟，首先怀疑其真实性，是外国人的第一个表现。钟，实实在在，千真万确。怀疑编钟的真实性，实际上是没想到中华先贤会有如此的智慧，是没想到中华大地上会有如此超前的成果。

编钟之钟，有长度，有容量，有重量，有优美之声，度量衡与律，在编钟这里得到了统一。度量衡与律的统一，在编钟这里可以得到验证。

舜是《尚书》记载的第二人，"同律度量衡"是《尚书》所记载的事中事，即几件事中的一件事。《尚书》中的第二人是不是值得尊敬的人，"同律度量衡"是不是值得继承与发展的事？

（三）禹划九州

禹，是《尚书》记载的第三人。禹治水有功，被后人美誉为"大禹"。

《尚书》开篇处有四篇文章涉及了大禹，大禹名下有治水的功劳，还有划分九州的功劳。大禹治理洪水的功劳，在中华大地上家喻户晓。但禹划九州却鲜为人知。实际上，今天大家所使用的"九州"一词，就是始于大禹。

九州，源于《尚书·禹贡》。《尚书·禹贡》告诉后人，是大禹将中华大地一分为九，分为冀州、兖州、青州、徐州、扬州、荆州、豫州、梁州、雍州。豫州居九州之中，其他八州分布在豫州的四面八方。

从文章内容上看，划分九州的具体依据，应该是大江大河的流向及其流域。《尚书·禹贡》曰："冀州：既载壶口，治梁及岐。济、河惟兖州。海、岱惟青州。海、岱及淮惟徐州。淮、海惟扬州。荆及衡阳惟荆州。荆、河惟豫州。华阳、黑水惟梁州。黑水、西河惟雍州。"

九州每一州的边界都关乎水，少者一水，多者三水。水，大江大河也。大江大河是州与州的自然边界。

汉之后对《禹贡》的研究，其意义大都结论在"任土作贡"上，即按照土地的质量纳税进贡。作为地质工程师，笔者认为《禹贡》是一篇异常优秀的、内容丰富的地质地理学论文。天下分九州，九州分五方东西南北中。五方分布着白、黑、赤、青、黄五色土。五色土下隐藏着不同的矿产，五色土上生长着不同的植物，活动着不同的动物。不同的土与不同的矿产有关，不同的土与不同的植物有关，不同的土与不同的动物有关，这是现代地质学中既基本又重要的常识。远在几千年前的大禹，奠定了现代地质学的基本常识。非常遗憾的是，历代《禹贡》的研究者，都把注意力集中在了"任土作贡"上，即"有什么样的土纳什么样的税"，完全忽略了《禹贡》在地质学中的意义。大禹开其头，如果子孙能够续其尾，中国的地质学一定会遥遥领先于世界。谈高山谈江河，谈地理谈水文，谈五色土与五谷、矿产的关系，大禹是中华大地上的第一人。

希望与读者一起记住《禹贡》中的几条重要哲理：

其一，不同的空间，有不同的地质条件——不同的山水，不同的地形地貌，以及不同的土壤。

其二，不同的地质环境，分布着不同的动物与植物。

其三，不同的地质环境，隐藏着不同的金属、非金属矿产。

为什么划九州而不是八州、十州？《吕氏春秋》与《淮南子》中有相同的解释。《吕氏春秋·有始》和《淮南子·天文训》中有天文与地理的对应之论，天有九野，地有九州。天上九野，是按照二十八宿的分区所分出的九个区域。地上九州，是按照天文分区所进行的地理分区。

以天文论地理，以二十八宿论九州，这一解释被后人所接受。"豫章故郡，洪都新府，星分翼轸，地接衡庐。"唐代大才子王勃作《滕王阁序》，开篇就谈了南昌的地理位置与天文的对应关系，"洪都新府"对应的是二十八宿中的翼和轸。

笔者认为，九州的划分应该与图书、八卦的宇宙观息息相关。宇宙即时空，时空即宇宙。时间被图书、八卦表达为四时八节，空间首先被图书、八卦表达为四面八方，四时八节与四面八方都围绕着一个中心点旋转，加上这个中心点，至关重要的一个"井"字形平面图就产生了。用方块将"井"字包围，形成了中央加四面八方的九宫。九宫，奠定了一个基本模型。九州之九，九宫八风之九，井田制之井，明堂制中有九，都市建筑中城门有九，道路有九，针灸九针有九，乘法口诀九九之术中有九……文化之源的一个"九"字，进入了生活的方方面面，进入了器、技、术等各个领域。大禹划九州，应该与更早的中华先贤所创建的宇宙观有关，这是笔者粗浅之见。

大禹治水之时，还有一项重大贡献，这就是创造了四种工具——陆行有车，渡水有船，沼泽有橇，登山有檋。《史记》对此有专门的记载。杜甫写《禹庙》诗，诗云："早知乘四载，疏凿控三巴。"这里的"四载"，指的就是这四种交通器具。

司马迁认为，大禹的功劳比尧大。《史记》中两处高度赞扬禹。《史记·五帝本纪》："唯禹之功为大，披九山，通九泽，决九河，定九州。"《史记·匈奴列传》："尧虽贤，兴事业不成，得禹而九州宁。"

划九州，定九州，平九州，安宁九州，这是司马迁对禹的高度评价。笔者完全赞同这一评价。但是，笔者认为大禹有巨大的贡献，也有根本性的过失。这一根本性的过失对中华民族所造成的伤害至今无法平复。公天下与家天下之变，是禹之后开始的。孔夫子批评的"大道即隐，天下为家"就是始于大禹之后。"夏传子，家天下。"《三字经》指出，夏开始了"天下传子"的恶习。所以，歌颂禹无论如何不能忘记天下的公、家之变。

（四）后稷育百谷

后稷这个人物，在《尚书》中出现过，在《诗经》中出现过，在《国语》中出现过。后稷有三重身份：一是舜时代主管农业的大臣；二是周之始祖；三是神农氏之后的育种专家。

《尚书》中的后稷，是在《舜典》出现的。《舜典》中的舜，任命后稷为主管农业的大臣："弃，黎民阻饥，汝后稷，播时百谷。"这里后稷的身份是大臣，任务是树艺五谷、教民稼穑。

《尚书》中关于后稷的记载，可以在《诗经》中找到相应的例证。《诗经·大雅·生民》中的后稷既培育瓜又培育豆，种瓜丰收瓜，种豆丰收豆。后稷，在《诗经》中是歌颂的对象。《国语·周语上》中也有后稷的记载。

与后稷有关的事是五谷，是农事，是树木。后稷首先是一个育种专家，还是一个良种技术的推广者与普及者。"播时百谷"与"教民稼穑"是后稷名下的功绩。

务农成圣，神农氏是中华大地上的第一人。务农成大，后稷是中华大地上的第二人。

（五）箕子论天气预报

在2500年前的中华大地上，没有卫星，没有高倍望远镜，可是他们也能准确地做出天气预报。为什么呢？箕子在《洪范》一文中回答了这一问题。

《尚书·洪范》："庶民惟星，星有好风，星有好雨。日月之行，则有冬有夏。月之从星，则以风雨。"

钻进书内读书，在这段文字中，读出的是优美的文辞与优秀的哲理。站在书外读书，在这段文字中，读出的是一种天气预报方法。以日月之行论四季，以月亮与星宿的对应关系论风雨，这是中华先贤所采取的天气预报方法。没有这个有那个，没有精密的仪器有优秀的方法，以天文论天气，是中华先贤预报天气的优秀方法。

"星有好风"之星，被汉马融注释为二十八宿中的箕星。"星有好雨"之星，被汉马融注释为二十八宿中的毕星。箕星、毕星为恒星，月为卫星。当卫星月球与恒星、箕星之间发生近距离对应关系时，地球上观测者所处的区域内就会出现刮风的天气。马融说："箕星好风，毕星好雨。"

《尚书·洪范》告诉后人，当地球与月球、二十八宿中的某一星三者之间发生对应，即三点成一线时，地球上的观测区内就会发生或风或雨的气象。月球与地球之间，随时都存在着对应关系，但这种对应关系并不能随时引起或风或雨的气象。

以天文论天气，这是《尚书》中天气预报的原则。某种天文现象与某种天气之间存在着对应关系，这是《尚书》中天气预报的方法。这种方法中华民族一用就是几千年。具有几千年生命力的方法，难道不值得重视，不值得研究吗？

谈日月星辰与天气、天灾之间的关系，谈天文与天气之间的关系，箕子是《尚书》中的第一人。

三、《周礼》中的人和事

《周礼》记载了周代的官员设置，周代设置了六种官员——天官、地官、春官、夏官、秋官、冬官。六种官员各有职责，冬官的职责是负责器具的发明与制造。这里记载了一系列器具，阅读《周礼·冬官》，简直就是在参观一个器具的博览会。

这里的运输器具有：车、舟。车有六种之多。

这里的兵器有：弓、矢、剑、戈、戟、矛、兵车。

这里的铠甲有：犀甲、兕甲、合甲。

这里的礼器有：钟、鼓、磬、圭、璋。

这里的饮食器具有：簋、勺、爵、觚。

这里的天文观测仪器有：土圭、圭璧。

这里出现了丝织之技、染色之技、制陶之技、冶金之技、五色彩绘之技。

这里出现了都市建筑之法。

这里的学科涉及了天文、生物、数学、物理、化学等多个领域。

这里出现了工种类别的分工：攻木之工、攻金之工、攻皮之工、设色之工、制玉的刮摩之工、制陶的搏埴之工。

这里出现了制器之工与制器之圣的区别。守成制作者为工，"知得创物，巧者述之守之，世谓之工。"发明创造者为圣，"烁金以为刃，凝土以为器，作车以行陆，作舟以行水，此皆圣人之所作也。"工与圣，区别有三：一是"照旧做"与"从新做"；二是"做小的"与"做大的"；三是"从人"与"从道从己"。

这里的制器要讲究四大条件——天时、地气、材美、工巧。人的聪明才智，四大条件中四占其一。制器还要讲究天时与地气，这和现代人完全不顾天地感受的行为完全不同。

《周礼》六官，制器之冬官六占其一。由此可见，中华先贤重视器具的传统在周代还具有极其重要的位置。

《周礼·冬官》这里的人和事，人是重视器具的人，事是制器的事。这里的器具，没有一件是引进的，没有一件是仿照别人的。这里的器具，全部是中华先贤依靠自己用力、智创造出来的。中华先贤是那样地善于发明创造，这里又是一证。

冬官，主管制器的官员，这一编制在秦汉之后的朝代中不是被取消，就是处于可有可无的位置。关于中华民族的落后，冬官的位置丧失也应该是一个重要原因。

《周礼·冬官》，又称《考工记》或《冬官·考工记》。汉代以及汉之后的唐、清两代，都有学者对其进行研究。这里的研究，其内容大都集中于"有什么"或"什么样"上，或恢复"原来的模样"上，至于中华先贤制器的"思路为何"与"方法为何"，以及"有，为什么有"的研究，基本上是空白。

《周礼·冬官》这篇文献，有人说是汉代的作品。笔者这里有一个瓜菜之别的看法。菜农种菜，瓜农种瓜；菜农应该关心菜，瓜农应该关心瓜；菜农关心瓜实在是越界之事，反之亦然。文化研究与考据研究，应该注意瓜菜之别。文化研究关心的对象是"该不该"与"善不善"，过多地引入文化研究，这样好吗？

《周礼·冬官》里的人和事，与《周易·系辞下》中的人和事相似相通，两部经典中的人都是重视发明创造之人，两部经典中的事都是器具制造之事。希望未来的《周礼·冬官》研究者，能够注意到两部经典的相似点。

四、《黄帝内经》中的人和事

《黄帝内经》这部中医经典是以黄帝与岐伯两人之间的问答形式写成的，平素之问，集之成册，谓之《素问》。明朝名医张介宾对《内经》的解释是："内者，性命之道；经者，载道之书。平素所问，是谓《素问》。"

书中的黄帝是帝王，但这个帝王在岐伯面前，是问题的提出者，是以学生身份出现的。这个学生是一位"不知为不知"的模范学生。

书中的岐伯是以先生的身份出现的，他是问题的回答者，是一个以平常心对待帝王的贤哲。"你不懂我就认真教你"，我所教的是学生，君王也可以做学生，这就是早期中华大地上的君臣关系。岐伯这位先生是一位"诲人不倦"的模范先生。

黄帝问，岐伯答，一部中医奠基的经典《黄帝内经》就产生在黄帝与岐伯的问答之中，所以中医又称"岐黄之术"。孙中山先生曾经发广告介绍自己是"学宗孔孟，业绍岐黄"。岐指岐伯，黄指黄帝，"岐黄"称谓之中，老师的位置在前，学生的位置在后。

"岐先黄后"的位置排列，向后人讲述了这样一条重要的道理：早期的为帝为王者，并没有以导师自居。君是君，师是师。君应该虚心地向师请教问题。除了岐伯之外，黄帝还请教过伯高、少俞、少师、鬼区臾等贤哲。

中医养生的哲理、治病的医术，就诞生在师生的一问一答之中。虚心的黄帝为后世子孙树立起了永恒的榜样。与虚心的黄帝相比，再看秦汉以后一开口就是金口玉言的骄横皇帝，马上就会感到装腔作势的可笑与荒唐。

《黄帝内经》中的黄帝是善于提出问题的人，《黄帝内经》中的岐伯是善于解答问题的人，两个人所合作的事是具有开天辟地意义的事，是具有永恒意义的事。如果后世子孙都是这样做人、这样做事，中医会落后吗？

五、《周髀算经》中的人和事

《周髀算经》中出现了两对人物：前一对是周公与商高，后一对是荣方与陈子。

两对人物有一个共同特点。前者是请教者，后者是教授者。

周公请教商高，讨论了三大问题：方圆问题、三角形问题、勾股定理证明问题。

荣方请教陈子，讨论了六大问题：一与万相通、类与类相合问题，天体模型问题，立竿测影问题，人天、人极距离问题，月令音律问题，破方为圆、破圆为方问题。

如果展开讨论，这里的每一个问题都会演化出一篇大篇幅的专题论文。所以，这里只进行原则性介绍，而不做详细的讨论。

现代人（以两岸的《辞海》与《大辞典》为准）介绍《周髀算经》有这样的认识："主要阐明的是盖天说和四分历法。在数学方面使用了复杂的分数算法与开方法，最早运用了勾股定理。"

在笔者看来，《周髀算经》是中华大地上第一部关于天文历法的经典，为了讨论天文历法，必须借助数学，所以这里第一次出现了勾股定理，第一次出现了比例测量，第一次出现了分数四则运算。

除了这些基本上的把握，笔者高度注意的是"一根竿"的故事。"一根竿"是立竿测影的竿，故事则是一系列空前的大成果。这些大成果其中有：

1. 发现了直角三角形。

2. 发现了圆——周天日影的轨迹是椭圆。

3. 发现了直线——周岁日影的轨迹是直线。

4. 确定了冬至点与夏至点、春分点与秋分点。

5. 分出了二十四节气。

6. 确定了太阳回归年为365.25天，确定了朔望月为$29\frac{999}{940}$天。

7. 发现了六气。

8. 发现了天籁之音与时令相关。

9. 确定了赤道与南北回归线三条线。

10. 确定了"以一类论万事"的简约方法。

还有被人们遗忘的一点，这就是被《黄帝内经》所运用的六气也就是源于《周髀算经》。

这里只对直角三角形与圆做出简要的解释，其他问题在下面专题讨论。

竿为股，影为勾，竿端与影端相连的斜线为弦，直角三角形就此成立。中华先贤在立竿测影的过程中发现了直角三角形。谈直角三角形，离不开古希腊大哲学家毕达哥拉斯。毕达哥拉斯重大贡献之一就在于画出了直角三角形。发现与解答同样的直角三角形，中华先贤与毕达哥拉斯有许多不同之处。这些不同之处异常有趣，下面专门讨论。

立竿测影，影子顶端一天移动的轨迹就是一个圆。圆不但会形成圆规之下，还会形成于直角三角形这里。

这里的人和事，是聪慧之人与伟大之事。

第三节　李约瑟谈中国古代科学

满清帝国的大门被西方列强的枪炮打开之后，洋油、洋烟、洋火、洋车等各种洋货随之进入中国，除此之外，随之而来的还有西方中心论的文化观。如果说洋货进入中国还有强加的成分，那么，西方中心论的文化观进入中国，则是中国学者——尤其是那些游学过东西两洋的莘莘学子——主动接受的。挨打之后的中国学人对胜利者的文化由羡慕到崇拜，提出要"全盘西化"，要引进西方的民主，要引进西方的科学。此时此刻，一个外国学者却发出了与中国学者不一样的独特声音：中国有科学，中国古代就有科学。现代科学没有诞生在中华大地上，这是近代的事，而不是古代的事。这个外国人就是英国科学院院士李约瑟博士。

李约瑟博士研究中国，写出了两部辉煌的巨著——《中国科学技术史》与《中国古代科学思想史》。

《中国科学技术史》谈事，谈中华大地上发明创造的事，谈科学范畴之内的事。在这部巨著中，李约瑟称中国为"世界发明摇篮"。即，中国古代有科学。

《中国古代科学思想史》说理，说发明创造背后的哲理。有其事必有其理。中国古代科学背后的理是什么？在这部巨著中，李约瑟称阴阳、五行、卦象是中国古代科学的三大理论基础。即，中国古代有产生科学的思想。

中国古代有科学，中国古代有产生科学的思想，古代的中国人特别善于发明创造，中华民族并不是一开始就落后的民族，而是长期领先于世界的民族，这是李约瑟博士的基本认识。严重的问题在于，中华大地上出现了前后不一的变化。一个善于发明创造的民族消失了，一个领先于世界的民族不见了，取而代之的是一个"事事不如人"的落后民族。李约瑟先生以婉转的口气表达了自己的看法："为什么近代科学只在欧洲文明中发展，而未在中国（或）印度文明中成长？"这就是著名的"李约瑟难题"。

对中国"原来与后来"的研究，李约瑟博士给出了"前后不一"的结论。进行中西比较，李约瑟博士给出了"原来的中国先进于欧洲，近代的中国落后于欧洲"的结论。对于李约瑟的这两个结论，以往的文化研究者与文化批判者没有给予足够的重视。

李约瑟在《中国科学技术史》中画出了一个表，表中列举了26项远远早于欧洲的重大发明创造。李约瑟博士用客观事实说明，中华民族原来不是后来的样子——落后挨打的样子。请看下表：

表3-1　中国26项早于欧洲的重大发明创造

（单位：世纪）

名称	早于欧洲的大致时间	名称	早于欧洲的大致时间
1. 龙骨车	15	16. 铸铁	10～12
水力驱动的石碾	9	17. 游动常平悬吊器	8　9
2. 石碾	13	18. 拱桥	7
3. 水排	11	19. 铁索吊桥	10～13
4. 风扇车和簸扬器	14	20. 河渠闸门	7～17
5. 活塞风箱	约14	21. 造船和航运原理	多于10
6. 提花机	1	22. 船尾舵	约4
7. 缫丝机	3～13	23. 火药	5～6
8. 独轮车	9～10	用于战争的火药	1
9. 加帆手推车	11	24. 罗盘（磁匙）	14
10. 磨车	12	罗盘针	1
11. 两种马具：胸带	8	航海罗盘针	2
套包子	5	25. 纸	10
12. 弓弩	13	雕版印刷	6
13. 风筝	约12	活字印刷	4
14. 竹蜻蜓（用线拉）	14	金属活字印刷	1
走马灯（热空气驱动）	约10	26. 瓷器	11～13
15. 深钻技术	11		

实际上，早于欧洲的重大发明创造远不止这些，例如历，例如律，例如经络，例如奇偶之数、直角三角形以及勾股定理的证明……

数量上的多少，不是笔者关注的核心。笔者此处关注的问题有四：

其一，原先有，后来为什么没有了？

其二，原先会，后来为什么不会了？

其三，"原先有"背后的哲理是什么？"后来没有"背后的哲理是什么？

其四，为什么会出现前后不一的变化。

这些"为什么"的问题，会在后面穿插讨论。笔者此处要说的是：中华民族上下几千年，并非一直文明先进，也非一直落后挨打。上下几千年中，有文明先进的辉煌，也有自相残杀、落后挨打的荒唐。历史回望，回望历史，一要看到辉煌，二要看到荒唐。更为重要的是，看辉煌一定要看到辉煌背后的智慧，看荒唐一定要看到荒唐事实背后的荒唐谬理。一味地肯定，不可能得出正确的结论；一味地否定，同样不可能得出正确的结论。中华民族的几千年前后不一，李约瑟的这一结论与"文化不如人，事事不如人"的结论截然相反。

从在器具领域内远远领先于欧洲，到"近代科学为什么没有诞生在中华大地上"的质疑，这是李约瑟的困惑。李约瑟的困惑，没有引起中国文化界应有的重视。笔者认为，在中华大地上，"李约瑟难题"什么时候有了正确答案，此时此刻，便是中华民族得以复兴的起点。

第三章　耀眼的东方文明与基础问题的解答

"在历史的黎明期，文明首先在中国以及幼发拉底河、底格里斯河、印度河和尼罗河几条大河的流域中，从蒙昧中诞生出来。"这是英国学者W·C·丹皮尔在其大作《科学史》第一章上写下的第一句话。

对中国、巴比伦、印度、埃及四大文明，W·C·丹皮尔将中国排在了首位。

在百年来的文化批判运动中，中国的读书人对自己的文化表现出了两种截然相反的立场：文化捍卫者与文化否定者。

面对西方文化，文化捍卫者往往会以自豪或不屑的态度说："我们早就有！"文化否定者则以挖苦的态度说出同样一句话："我们早就有！"还会再追加一句："老子当年阔多了。"

实际上，文化捍卫者与文化否定者，都忽略了两个基本问题——"早就有，有什么？""有！为什么有？"

文明，是需要一系列基础性成果来支撑的。换言之，是文明就要解答一系列基础性问题。没有一系列基础性成果来支撑，没有一系列基础性问题的解答，是称不起"文明"二字的。

度量衡，是W·C·丹皮尔引用的第一个文明成果。公元前2500年前巴比伦王室公布了长度、重量、容量标准。W·C·丹皮尔将度量衡作为第一文明成果引用进了《科学史》。

巴比伦王室公布度量衡的时间为公元前2500年，是孔夫子所处的时代。而中华大地上的度量衡，是远在孔夫子之前出现的。《尚书·舜典》"同律度量衡"一句话，五个单音词。同，统一也。律，音律也。度，长度标准也。量，容量标准也。衡，重量标准也。这一论断告诉世人与后人，是舜第一次统一了音律与度量衡。统一，是"已有"基础上的统一。假若没有，谈不上统一。准确地说，中华大地上的度量衡，应该是在舜之前出现的。

度量衡、奇偶之数、音乐、历法、文字、衣裳、建筑、医学……这些都是支撑文明的基础性成果，换言之，这些都是文明必须解答的基础性问题。

支撑文明的成果，中华先贤一件件都创造了。文明应该解答的问题，中华先贤一个个都解答了。

下面依次讨论两个问题是："早就有，有什么？""有！为什么有？"

第一节　历律

历是计时之历，律是音律之律，没有这两项成果，对于一个民族来说，是配不起"文明"二字的。没有计时之历，没有音律之律，对于一种文化来说，是配不起"优秀"二字的。

历，是衡量一个民族是否进入文明的重要标志。律，同样是衡量一个民族是否进入文明的重要标志。

何谓历，何谓律？《大戴礼记·曾子天圆》中给出了两个答案："圣人谨守日月之数，以察星辰之行，以序四时之顺逆，谓之历。截十二管，以宗八音之上下清浊，谓之律也。"孔夫子之前的中华先贤，在遥远的古代，就解答了历、律两大问题，而且是同时解答的。

源于天文的历律，奠定了中华文化的基础。一棵树结出了千个果，一条根开出了万朵花。以天文历法为基础，演化出了各个学科，演化出了诸子百家。

一、历

历，是人类进入文明的第一标志。

历，是衡量一个民族是否进入文明的重要标志。

何时有历，是衡量一个民族开化早晚的重要标志。

世界民族之林之中，凡是文明的民族，都有自己的历。

人类先贤为了生活，为了生存，需要在天地间寻找生活生存的必需品——要采取野果，要捕鱼狩猎。采取野果，必须弄懂野果成熟之规律；捕鱼狩猎，必须明白鱼虾何时产卵，何时长大？鸟兽何时繁殖，何时肥胖健壮？什么时候才是采取野果、捕鱼狩猎的最佳时机？地上万物的成长与天上的星星、太阳、月亮有没有对应性关系？生活之必需，生存之必需，使人类先贤开始了天文的研究。

哪颗星星升起，果树开花了；哪颗星星升起，果树结果了；哪颗星星升起，果子成熟了。天文与果树，在此建立起了对应关系。

太阳在地平线上哪个方位上升起，小草开始发芽了；太阳在地平线上哪个方位上升起，果树开花了；日影在什么位置，瓜果成熟了；日影在什么位置，鸟兽鱼虫开始肥胖了。天文与草木瓜果、与飞鸟与走兽，在此建立起了对应关系。

为了认识天文，中华先贤选择了多种对象，例如太阳、月亮、北斗星、金木水火土五行与二十八宿……

天文观测，产生了天文学。天文的量化，产生了历法。天文学是人类第一学，历法是人类第一法。今天的根本大法是宪法，古初的根本大法是历法。根本大法，是人人必须遵守的法则。

欧美有太阳历，阿拉伯世界有太阴历，唯我中华先贤既创造出了太阳历，又创造出太阴历，最终合二而一，形成了阴阳合历。现在很多人认为先贤留下的历是阴历，这是不对的。

（一）阳历

阳历，即太阳历。太阳历是以太阳视运动为依据制定出来的。

犹如坐在客车上看青山，山是动态的一样；站在地球上看太阳，太阳也是动态的。人眼睛中的太阳运动，称之为"视运动"。以太阳视运动为依据，中华先贤制定出了太阳历。

太阳历的制定，关键是对太阳视运动的定量。对太阳视运动的定量，中华先贤采用了多种方法，这里仅介绍两种：一是地平大圆定量法；二是立竿测影定量法。地平大圆定量法，定的是日出点与日落点。立竿测影定量法，定的是日影的长短变化点。这两种方法，在《周髀算经》中都有记载。

站在大地上，向四周观测，大地与蓝天的交线即是360度的地平大圆。

利用地平大圆观察日出，日出点规律地变化在寅位与巽位之间。寅，十二支中的寅，方位在东北。巽，八卦中的一卦，方位在东南。日出东北之寅位，这是一个极限。日出东南之巽位，这是一个极限。日出点由东北而东南，然后由东南而东北，周而复始地变化在这两个极限之间。日出于寅，这一天昼长夜短。日出于巽，这一天昼短夜长。寅位，实际上是夏至点。巽位，实际上是冬至点。从寅至巽，历时近183天，从巽返寅，历时近183天。日出在两个方位之间往返循环一次，历时365～366天——利用地平大圆观察太阳视运动，然后对其定量。太阳历由此而生。

利用日出点与日落点对太阳视运动进行定量，《山海经》中也有记载。《山海经·大荒东经》记载了六座日月所出之山，《山海经·大荒西经》记载了六座日月所入之山，神话背后所隐藏的应该是远古时期的山头历。

利用日影的长短变化，同样可以对太阳视运动进行定量，而且可以进行更为精密的定量。中华先贤立竿测影发现，日影的变化有着严格的规律性。日影最长的极限为1丈3尺5寸，最短的极限为1尺6寸。日影的变化就在这两个极限之间。日影的真正重复需要1461天。在这1461天里，日影长短变化了四次。1461÷4=365.25（天）。365.25天，这个数据是在《周髀算经》中出现的。这个数据，就是太阳回归年的数据。在欧洲，这个数据是在儒略历中出现的。

太阳回归年，实际上是地球绕太阳一周所需的时间。365.25，尾数为0.25。0.25是一的四分之一。所以，称之为"四分历"。

（二）阴历

即太阴历。月亮称太阴星，太阴历即月亮历。

月亮会圆会缺。月缺为朔，月圆为望。月亮圆缺一次，即一个朔望月。12个朔望月为一年。一年12个月，六大六小，大月30天，小月29天，一年354天。太阴历，是以月亮圆缺为依据制定出来的。

伊斯兰世界采用的是太阴历。

（三）阴阳合历

将阴历、阳历合二为一，即阴阳合历。

阴阳合历，兼顾三大自然因素：一兼顾了太阳，二兼顾了月亮，三兼顾了北斗星。

阴阳合历一年的时间长度，是365.25日。这是太阳回归年的时间长度。这个数据是在《周髀算经》中出现的 ——这里兼顾了太阳。

阴阳合历一月的时间长度，是29天。这个数据是朔望月的时间长度，也是在《周髀算经》中出现的 ——这里兼顾了月亮。

以寅月为正月，以寅月为一年之首，这里兼顾了北斗星。

这里，希望与读者一起记住阴阳合历中一阴一阳的两个数据：365，源于太阳回归年，属阳；29，源于朔望月，属阴。月属阴，岁属阳，阴阳合历，首先合在岁月两个数据上。

二、图书历、八卦历

有文字，历用文字来表达。没有文字之前，历是用图书、八卦表达的。

（一）图书历

彝族文化中有河图，也有洛书。彝族文化告诉世人，河图洛书表达的是宇宙起源与演化的大道理，但首先表达的是太阳历。

洛书中有历，河图中有历。洛书中有十月太阳历，河图中有十二月太阳历。十二月太阳历兼顾到了北斗星因素。

先看洛书中的十月太阳历。洛书中的阳数布于四方，阴数布于四隅。太阳历，就隐藏在阴阳二数中。分述如下：

以阳数九论夏季72天；

以阳数一论冬季72天；

以阳数三论春季72天；

以阳数七论秋季72天。

这里四个72天，分布在洛书的四方。

以阴数八论冬春之间的18天；

以阴数二论夏秋之间的18天；

以阴数六论秋冬之间的18天；

以阴数四论春夏之间的18天。

这里四个18天，分布在洛书的四隅。

$72×4=288$，$18×4=72$，$288+72=360$（天）。四个阳数四个阴数表达了一年五季，

表达了360天。

平年365天，剩余的5～6天，不计入月，而用于过大小两个年。大年3天，小年2天。

闰年366天，剩余的6天，不计入月，用于过大小两个年。大、小年均3天。四年之中，三个平年，一个闰年。四年一闰，与儒略历完全一致。

再看河图中的十二月历。以阴阳之数组成的图书，用阴阳两个数字解答与十二月历的关系。具体的解答如下：

以三八论春季90天；

以二七论夏季90天；

以四九论秋季90天；

以一六论冬季90天。

三与八，一组奇偶之数；二与七，一组奇偶之数；四与九，一组奇偶之数；一与六，一组奇偶之数。四组奇偶之数，一可以表达东西南北四方，二可以表达春夏秋冬四季。春夏秋冬四季融合在了这四组奇偶之数的组合中。一季90天，四季（4×90）360天，再加上两个过年日的5～6天。五年闰两个月，平均下来，一年的时间长度仍然是365.25天。河图以极其简易的方式，表达了四季十二月。

十月历一年分五季，春季为木，夏季为土，春夏之交为火，秋季为铜，冬季为水。一季72天，五季360天。后来，铜统称为金。金木水火土五行，在太阳历中，是五个季节。

每一季分出公母（阴阳）两个月，一季一公一母两个月，五季之中五公五母十个月。公月母月，实际上是阳奇阴偶。奇数月为公，一、三、五、七、九月为公月。偶数月为母，二、四、六、八、十月为母月。公母即阴阳，阴阳即公母。一阴一阳，在十月历里，是一奇一偶。

太阳历十个月，用十天干甲乙丙丁戊己庚辛壬癸来表述。十个月依次可以记为甲月、乙月、丙月、丁月、戊月、己月、庚月、辛月、壬月、癸月。十天干，是对十个月的抽象表达。十天干状如圆环，圆环循环不休，周而复始。

太阳历每月36天。36天分三旬，每旬12天，用十二支子丑寅卯辰巳午未申酉戌亥来表述。12日依次可以记为子日、丑日、寅日、卯日、辰日、巳日、午日、未日、申日、酉日、戌日、亥日。十二支，是对一旬12日的抽象表达。十二支状如圆环，圆环循环不休，周而复始。

十月历变十二月历，干支的功能发生了转换，地支用来记月，天干用来记日。

在彝族文化中，十二地支可以用六种家养动物、六种野生动物来表达。六种家养动物是马、羊、鸡、狗、猪、牛；六种野生动物是虎、兔、龙、蛇、鼠、猴。这样一来，枯燥的历法变为生动有趣的形象，顺利轻松地走入了千家万户。

解释"图书历"，彝族先贤留下了《土鲁窦吉》一书。据此书的保存者、翻译者王子国先生介绍，土、鲁与图、洛，只是字音上的一点方音差异。土鲁窦吉，汉语的意思是"宇宙生化"。彝族文化解释河图洛书，一开始就解释在了宇宙发生论上，一开始就解释在天文历法上。这里没有出现关于图书的神话，例如河马，例如神龟。

（二）八卦历

八卦可以表达天地人三才的道理，但首先表达的是历法。请看以下两个依据：

其一，"伏羲始画八卦，别八节而化天下"。（《尸子》）八节者，春分，秋分，夏至，冬至，立春，立夏，立秋，立冬是也。"别八节而化天下。"尸子说八卦中有历。

其二，"又四时之变焉，不可以万勿尽称也，故为之以八卦"。（《帛书周易·要》）

四时之变，还不足以表达万物的变化，所以又创造出了八卦。《帛书周易》告诉后人，八卦是四时基础上的进步，所表达的是比四时更为详细的八节。

在彝族文化中，洛书融合了先天八卦，河图融合了后天八卦，图书与八卦都是表达天文历法的。

洛书与先天八卦的融合，《土鲁窦吉》是这样解释的：

乾卦在天九的位置上，坤卦在天一的位置上，离卦在天三的位置上，坎卦在天七的位置上；乾坤离坎四卦分布于东西南北四方。

震卦在地八的位置上，巽卦在地二的位置上，艮卦在地六的位置上，兑卦在地四的位置上；震巽艮兑分布于东北、西南、西北、东南四隅。

洛书与先天八卦如此融合在了一起，凡洛书表达的所有内容，先天八卦一样能表达。

河图与后天八卦的关系，《土鲁窦吉》是这样解释的：

震、兑、离、坎四卦分布于东西南北四方；坤卦位于西南，乾卦位于西北，巽卦位于东南，艮卦位于东北。

震卦合于三八之数，兑卦合于四九之数，离卦合于二七之数，坎卦合于一六之数。乾坤巽艮四卦分布在四方之数相交的四隅的位置上。河图与后天八卦如此融合在了一起，凡河图能表达的内容，后天八卦都能表达。

（三）六十四卦历

"《易》以历为本，历在《易》先。"（《律历融通附录·进历书奏疏》）这是十二平均律的整理者、明世子朱载堉的看法。朱载堉说，中华大地上先有历而后有《易》——《周易》。朱载堉认为，八卦、六十四卦都是表达历的。

阅读《周髀算经·日月历法》，笔者在其中发现大岁之数为 $383\frac{847}{940}$。平岁有12个月，大岁含闰月有13个月。13个月的天数几近384。众所周知，六十四卦每卦六爻，64×6=384。爻数与大岁几近，能否说明卦中有历？

再，一月之数为30或29。如果在大岁之数减去一月之数，两个算式两个结果为：384−30=354，384−29=355。354与355，是太阴历一年的数据。如此看来，六十四卦的爻数，恰恰是阴阳合历的一岁的数据。换句话说，六十四卦的爻数，反映的正是阴阳合历。

又，384（爻）÷13=29.53。这个数字几近于《周髀算经》中的一月之数29，几近于今天的一月之数29.5306。

三处数据几近，不能以偶然偶合论之。结合《周易·系辞上》中的"五岁再闰"来看，结合唐一行和尚的大衍历来看，六十四卦中的确有历。

历出文字之前，这应该是历史事实。图书与卦，都是表达天文历法的。只有从天文历法入手，才能解开《周易》之谜。以卦论卦，以书论书，以经解经，无论如何也打不开《周易》的大门。

三、中外历法对比

（一）时间对比

历出现的早晚，标志着一个民族开化的早晚。

历，在中华大地上到底是什么时候出现的？有这样几种说法：

其一，黄帝时代就有了历。《史记·历书》："盖黄帝考定星历，建立五行，起消息，正闰余。"《史记》说，黄帝时代就有了历。

《管子·五行》："黄帝得蚩尤而明于天道……立五行以正天时……人与天调，然后天地之美生。"《管子》说，黄帝时代就有了历，历是蚩尤帮助黄帝制定的。

五行金木水火土，一行主72天。一岁之中，以木行为始，依次是火行、土行、金行，以水行为终。五行实际上是五个季节。五行的起点在冬至，五行的终点在冬至。起于冬至，终于冬至，这里讲的实际是太阳回归年周期。

其二，伏羲时代就有了历。《周髀算经》："古者包牺立周天历度。"《尸子》："伏羲始画八卦，别八节而化天下。"《周髀算经》与《尸子》共同指出，伏羲氏时代就有了历。

其三，伏羲氏之前就有了历。八卦是伏羲氏的作品，图书是伏羲氏之前的作品。如果说，八卦历为伏羲氏所作，那么，图书历应该是伏羲氏之前的成果。

如此回顾，是想说明一个问题：中华大地上的历，是在史前出现的。换句话说，中华大地上的历，是在文字之前出现的。

玛雅文化、埃及文化、古希腊文化中都有历，因为资料的局限，笔者无法知道这几种文化中的历出现的具体时间。

但可以清楚的是，欧洲太阳历所出现的时间。欧洲今天所采用的格利高里历始于恺撒主持制定出的儒略历。

儒略·恺撒，生于公元前102至100年，死于公元前44年。在这一期间，恺撒在亚历山大天文学家索西琴尼的帮助下制定出了太阳历。

稍加比较，就可以知道，恺撒生活的年代，相当于中华大地上的汉武帝后期。所以，古六历中的哪一种历都远远早于《儒略历》，遑论八卦历、图书历。

就历出现的时间而论，中华先贤的确走在世界前列。

（二）种类对比

从依据来分，历有太阳历、太阴历、阴阳合历之分。

欧美大地上有太阳历，伊斯兰世界有太阴历。中华大地上既有太阳历，又有太阴历，还有阴阳合二而一的阴阳合历。

就历的种类而论，中华先贤的确走在世界前列。

（三）数量对比

种类之外还有数量。《汉书·律历志》记载了"古六历"。"古六历"者，黄帝历、颛顼历、夏历、殷历、周历、鲁历也。六历都是四分历。所谓四分历，就是365.25天的尾数0.25是一的四分之一。六历之中，无论哪一个都远远早于恺撒制定的旧太阳历。

就历的数量而论，中华先贤的确走在世界前列。

（四）精度对比

366天，这是《尚书·尧典》中一岁的天数。《黄帝内经·灵枢·九宫八风》中也是366天这个数字。到了《周髀算经》，一岁的天数被精确为365.25。公元后的《儒略历》，一岁的天数也是365.25。同一个数据，不同的是中华先贤早求出了几百年，甚至几千年。

1281年，元代郭守敬改历，在其制定的《授时历》中，将回归年长度由365.25精确度为365.2425。301年后的1582年，教皇格利高里修改儒略历，将回归年长度由365.25精确度为365.2425。

365.2425，这一数据是阴阳合历一岁的数据，也是太阳历一岁的数据。同一个数据，不同的是中国人早求出了三百年。

若从历之数据而论，上下五千年，进步仅仅体现在两位小数上，即从0.25精确到了0.2425。这说明了什么？说明了中华文化在基点上的稳固性与永恒性。

（五）优点对比

阴阳合历，将太阳历、太阴历合在了一起，又兼顾了北斗星的因素，所以，具有非常多的优越性。这里仅举五例说明问题：

其一，四季分明。阴阳合历的起点在正月，正月十二支中属寅，这是以北斗星斗柄指向了东北方向的寅位。以北斗星斗柄指向寅位为依据，阴阳合历确定以寅月为一年的新起点。

"斗柄东指，天下皆春。斗柄南指，天下皆夏。斗柄西指，天下皆秋。斗柄北指，天下皆冬。"《鹖冠子·环流》告诉世人，只有利用北斗星斗柄的指向，才能区分出春夏秋冬四季。

太阴历没有兼顾北斗星的因素，所以分不出春夏秋冬四季。

太阳历的起点在冬至，冬至在十一月。十一月在十二支中属子。如果以十一月为起点，同样无法使四季分明。

其二，寒暑有定。在阴阳合历中，一寒一暑，界限有定，周期有定，转换点有定，有着严格的规律性。

太阳从南回归线到北回归线这一期间为暑，太阳从北回归线到南回归线这一期间为寒　——界限有定，千古不易，万古不易。

冬至之后到夏至为暑，夏至之后到冬至为寒　——周期有定，千古不易，万古不易。

冬至点是寒之终点，暑之起点；夏至点是暑之终点，寒之起点　——转换点有定，千古不易，万古不易。

太阴历没有太阳的因素，所以无寒暑之分。

其三，望月知日。一看到天上圆圆的月亮，马上就知道今天是十五了。望月知日，太阳历达不到这一点。

其四，易于预测。"春雨惊春清谷天，夏满芒夏暑相连；秋处露秋寒霜降，冬雪雪冬小大寒。"这是至简至易的二十四节气歌。只要记住了这首歌，就可以进行节气预测。知道了立春，立刻可以推算出何时立夏。知道了立夏，立刻可以推算出何时立秋……

在《周髀算经》里，二十四节气，是以日影长短变化为依据制定出来的。

太阴历不考虑日影的长短变化，所以，太阴历里没有二十四节气。西方有太阳历，却没有二十四节气。二十四节气，为阴阳合历所独有。

其五，由气知天。气，节气也。天，天文也。因为节气是由天文决定的，所以，认识了节气马上可以反推天文。

知道了冬至，马上可以知道太阳到达了南回归线；知道了夏至，马上可以知道太阳到达了北回归线；知道了春分、秋分，马上可以知道太阳到达了赤道线。

知道了冬至，马上可以知道北斗星斗柄指向了子位；知道了夏至，马上可以知道北斗星斗柄指向了午位；知道了春分，马上可以知道北斗星斗柄指向了卯酉位；知道了秋分，马上可以知道北斗星斗柄指向了酉位。

其六，老少咸宜，各行皆宜。阴阳合历中，五天一候，三候一气，六气一时，四时一年，这些基本规律极易掌握。二十四节气同样极易掌握。所以，在医学经典中，在文学作品中，在古代军事典籍中，都可以看到阴阳合历的影子。孙悟空与贾宝玉，这两个艺术形象的出身，都关乎石头，石头长宽高的数据，均出于阴阳合历。

这里有两个重要问题需要补充说明：一是世界上文明古国的序列问题；二是汉族有没有十月历？历，是判断一个民族是否进入文明以及进入文明早晚的基本标志。在彝族十月历被发现之前，四大文明古国的序列是埃及、巴比伦、印度、中国。彝族十月历被发现之后，中国排在了四大文明之首。这一重要结论，详见于两本著作：一本是由吉克曲日主编，云南民族出版社2009出版的《彝族文明知识读本》第348页；另一本也是吉克曲日主编，云南民族出版社2009年出版的《彝族研究论文集》第7页。

汉族也有十月历，《管子·五行》中有记载，《黄帝内经》也有记载。问题是有记载而没有完整完美的解释。

四、历的常识

（一）闰

闰，是调整人时与天时时差的方法。

时有两种：自然天时与人定之时。人时，是人参照天时定量出来的。人时与天时，两者之间，相近而不相等，即两者之间并不完全一致。要想使两者一致起来，必须调整人时——调历。调历以合天时，这就是闰，又称置闰。

闰有三种闰。太阳历置闰，太阴历置闰，阴阳合历置闰。

太阳历置闰，闰的是天。十月太阳历、《儒略历》施行四年一闰，四百年一百闰，即四年多出一天，四百年多出一百天。置闰的原因何在？原因是：太阳视运动在南北两条回归线之间往返一次的实际时间是365.2422天，这是自然之天时。但是，太阳历以365天为一年，这是人为之历法。天时与历法，每年相差0.2422天，积四年，约积一天。所以，太阳历四年一闰，即四年历法中多出一天。四百年置一百闰，历中之时与自然之时不符，四百年多闰了三天。所以，格利高里修正儒略历，施行四百年九十七闰。

太阴历置闰，闰的也是天。伊斯兰世界使用的是太阴历。太阴历以十二个朔望月为一年，一年354日。而十二个朔望月的实际时间长度是354日8时48分34秒，每年多出8小时有余。所以，太阴历也要置闰。每30年共置11闰日，平年354日，闰年355日，闰日放在十二月。

伊斯兰教历每三十年置闰十一天，在三十年中，第2、5、7、10、13、16、18、21、24、26、29年为闰年，闰天放在12月。

阴阳合历置闰，闰的是月。阴阳合历实行的是三年一闰，五年再闰，十九年七闰，即三年多置一个月，五年多置两个月，十九年多置七个月。所以然则何？阳历一岁365.25天，阴历一年354天，两者相差11.25天。一年相差11.25天，积三年有11.25×3=33.75（天），积五年有11.25×5=56.25（天）。积三年多出一个月，积五年多出两个月，积十九年多出七个月。所以，阴阳合历实行的是三年一闰，五年再闰，十九年七闰。

阴阳合历置闰，表面上闰的数字，实质上是在寻找日月的共同出发点。

《周髀算经·天文历法》："日行天七十六周，月行天千一十六周，及合于建星。"日行一度，一岁一周天。月行一日13度。日行与月行，何时才能一致？需要76年。日行天76周，月行天1016周。这时，太阳月亮才会在建星处会合。会合，同一也。

追寻太阳月亮出发点与落脚点，《周髀算经》推算到了31920年。《周髀算经·天文历法》："……极三万一千九百二十岁。生数皆终，万物复始，天以更元作纪历。"制历置闰，最终目的是研究日月运行规律。研究日月运行的规律，最终目的是研究万物生长的规律。

万物生长靠太阳，万物生长也靠月亮，所以要研究日月的运行。研究日行，阳历产生了。研究月行，阴历产生了。最终，阴阳合历产生了。阴阳两种历要完美地合在一起，一个奥妙无穷"闰"字就产生了。中华先贤所重视的一个"闰"字，现代人无法理解，业已忘记久矣。

（二）年与岁

相当多的人认为年与岁是一样的。实际上，两者并不一样，年岁之间存在着三大差别：一是阴阳之差；二是时间长度之差；三是起点之差。

先说阴阳之差。阳历论岁，阴历论年。准确地说，是太阳历论岁，月亮历论年。

《周髀算经》以太阳论岁。《周髀算经·日月历法》："日复星，为一岁。"日，太阳也。星，恒星也。太阳从某恒星点出发并再次对应于这一恒星时，为一岁。《周髀算经》的这一论断，是以太阳历论岁的。

《汉书》以太阳论岁。《汉书·天文志》："岁始或冬至日，产气始萌。"新岁始于冬至，冬至阳气始萌。这一论断，讲了两条道理：一是冬至是新岁的开始，二是阳气的起点在冬至。

《后汉书》以太阳论岁。《后汉书·律历》："日影长则日远，天度之端也。日发其端，周而成岁。"立竿测影，日影的最长点为天度之端。日影从端点出发再回到端点，如此一周即是一岁。《后汉书》的这一论断，是以太阳历论岁的。

《后汉书》以日月论岁首论月首。《后汉书·律历》："岁首至也，月首朔也。"岁首，新岁第一天也。至，冬至也。新岁第一天，是从冬至开始的。太阳到达南回归线，这一天就是二十四节气的冬至。以冬至为岁首，显然，这是以太阳历论岁的。月首，初一也，每月的第一天也。朔，月亮运行到了太阳地球之间，这时的月亮不发光，这一天在历法中谓之朔。初一为朔，十五为望。

再谈时间之差。岁的时间长，年的时间短，岁的时间长度大于年。太阳视运动从南回归线出发，又返回南回归线，为一岁。一岁的时间长度为365.25天。这个数据是在《周髀算经》中出现的。

月亮圆缺一次为一个朔望月，12个朔望月为一年。一年的时间长度为354天。这个数据也是在《周髀算经》中出现的。

365.25-354=11.25（天），年岁之间，存在着11.25天的差距。

再谈起点之差。年有年的起点，岁有岁的起点。岁的起点在冬至，冬至点是以太阳到达南回归线确定的。年的起点在12地支的寅位，是以北斗星斗柄指向寅位确定的。

最后谈置闰之差。岁闰天而年闰月，这是年与岁的又一差别。岁四年闰一天，即四年多一天。《周髀算经》中的太阳历、彝族文化中的十月太阳历，以及恺撒的《儒略历》，都是四年闰一天。年闰月，三年一闰，五年再闰，十九年七闰。年闰月，三年多出一个月，五年多出两个月，十九年多出七个月。《周易·系辞上》中有"五年再闰"之说，《周髀算经》中有"十九年七闰"的所以然。

"今年是闰年"，这是习惯性的说法。但是，没有"今岁是闰岁"的说法。有闰年无闰岁，这也是年和岁在民间语言上的差别。

（三）建正

确定哪一月为正月，为建正。

《史记·历书》云："夏正以正月，殷正以十二月，周正以十一月。"

《史记》告诉后人，夏朝以一月为正月，殷朝以十二月为正月，周朝以十一月为正月。今天仍然以一月为正月，实际延续的是夏历。以寅月为正月，这在历法运算中称之为"建寅为正"。

"建正"的目的是将四季与月份配合起来。

五、第一学·母亲学

在人类先贤所创造的众多学科中，首先出现的是天文学。天文学是首先之学，这是西方学者的看法。

在人类先贤所创造的众多学科中，天文学是带头之学，这是《中国大百科全书》中的结论。

从排列顺序上看，天文学是第一学；从源流关系上看，天文学是源始之学；从亲缘关系上看，天文学是母亲学，之后的其他学均发源于此。中华大地的历法、音律、奇偶之数、几何学、医学、农学、军事学、建筑学，以及人理、物理众学科均发源于天文学。天文学在众学科中是第一学，也是众学科的母亲学，这是笔者的看法。

历法，是天文学的第一落脚点。没有文字之前，历法是用图书八卦表达的。图书，是史前历法。

不知源头，不足以言江河。不知根本，不足以言松柏。以自然哲理而论，完全可以说，不知天文历法，不足以言图书八卦。不知图书八卦，不足以言中华文化。就中医而论，不知天文历法，不知图书八卦，根本无法进入中医经典《黄帝内经》的大门。

第二节　律

阅读到此处的朋友，这里有五个问题正在等待您的思考与回答：

其一，历是记时之历，律是音律之律，两者之间有什么关系？

其二，记时之历与音律之律，这两者是如何发现的呢？

其三，记时之历与音律之律可以论人体经络，您知道这一点吗？

其四，您知道吗？目前世界通行的标准音调是中华民族所创建的十二平均律。

其五，您知道吗？黄帝时代的中华大地上就有了音乐，舜时代的音乐已经达到了尽善尽美的程度。

没有音乐的民族，一定是沉闷的民族。没有音乐的大地，一定是沉闷的大地。中华民族是喜欢音乐的民族，中华先贤是热爱音乐的先贤。从《诗经》中看，中华大地上处处都有诗，诗与歌紧紧相连，有诗的地方必然有歌声。

很多人知道"诗言志"一说，"诗言志"之后还有"歌永言"之说。"诗言志"与"歌永言"两说均源于《尚书》。

《尚书·舜典》曰："诗言志，歌永言，声依永，律和声。八音克谐，无相夺伦，神人以和。"这句话的意思是：诗表达的是志向，歌咏是语言，声依照咏唱而定，律和谐的是音声，八种乐器高低清浊相和，不相互袭扰，那就形成了人和谐于自然的美妙音乐。诗与歌，在这里是紧密相连的前后关系。中华先贤既热爱诗，又热爱歌；诗讲究声韵，歌讲究音律；诗之后就是歌，关乎歌的六律六吕自然而然就产生了。

乐源于上帝，这是西方的答案。宗教改革家马丁·路德说："音乐是上帝除《圣经》以外赐给人类的第二件礼物。"乐出自然，这是中华大地上的答案。中华大地的音乐源于自然，源于天籁之音、地籁之音，如《礼记·乐记》所言："大乐与天地同和，大礼与天地同节。"

"大乐与天地同和"，这是原则性的说法，具体究竟怎么"和"呢？请看以下的几种说法：

一、时空出五音

四时春夏秋冬，四方东西南北，四时有四时之音，四方有四方之音，再加上中间之中，产生了与时空相对应的五音——角徵宫商羽。具体对应关系为：

角音对应四时之春，对应四方之东。

徵音对应四时之夏，对应四方之南。

商音对应四时之秋，对应四方之西。

羽音对应四时之冬，对应四方之北。

宫音对应四时中的长夏，对应中间之中。

五音对应时空，在《黄帝内经》可以看到这种说法，在《礼记》《管子》《吕氏春秋》同样可以看到这种说法。

二、律出十二月

历律同源，中华先贤立竿测影，既制出了历，又分出了律。

历分十二月，六月阴六月阳。阳六月一月一律，六月有六律。阴六月一月一吕，六月有六吕。阳论律，阴论吕，阳六律、阴六吕对应着阴阳十二个月。

这样说读者会肯定感到玄虚，如果与天文历法结合而论，月律的对应关系马上就可以像筐子里的黄豆、黑豆一样清晰可辨，并且一目了然。

一年之中，太阳往来于南北回归线之间，由南而北，由北而南，一来需要六个月时间，一往需要六个月时间，一共需要十二个月时间。十二个月前六月为阳、后六月为阴。阳月生律，阴生月吕。十二月这里产生了阳六律、阴六吕。

太阳从南回归线出发，由南而北时，称之为"南来"。太阳南来，阳气一步步上升，一月一阳，六月六阳。一月一律，六月有六律。实际上，每个月都有属于此月的天籁之音，每个月都有属于此月的地籁之音。六律说明的是，月不同而天籁地籁之音也不同。

太阳从北回归线出发，由北而南时，称之为"北往"。太阳北往，阴气一步步回升，一月一月，六月六阴。一月一吕，六月有六吕。同六律一样，六吕说明的是，由于月不同而天籁地籁之音也随之变化。

太阳相交于南回归线，为二十四节气中的冬至。冬至为阴极，阴极生阳。冬至一阳升，然后每月阳气上升一步，升六步到极点，六阳为极点。阳极而阴，周而复始，年年如此。

太阳相交于北回归线，为二十四节气中的夏至。夏至为阳极，阳极生阴。夏至一阴升，然后每月阴气上升一步，升六步到极点，六阴为极点。阴极而阳，周而复始，年年如此。

《周髀算经》："冬至夏至，观律之数，听钟之音。"这一论断告诉后人，冬至、夏至关乎"律之数"，关乎"钟之音"。历出自然，律亦出自然，两者同出于以太阳变化为大背景的天文之中。黄钟大吕之声出于自然，《周髀算经》做出了如是解释。

记时之历与音律之律同根同源，就同在了立竿测影的制历处。

最早记载六律六吕的经典是《周礼》。《周礼·春官·宗伯》曰："大师掌六律、六同以合阴阳之声。阳声：黄钟、大簇、姑洗、蕤宾、夷则、无射。阴声：大吕、应钟、南吕、函钟、小吕、夹钟。皆文之以五声：宫、商、角、徵、羽；皆播之以八音：金、石、土、革、丝、木、匏、竹。"这一论断告诉后人，大师的责任是负责调音与乐器标准的。阳声有六律，阴声有六吕。阳声起于黄钟，阴声起于大吕。阴阳十二律和于宫、商、角、徵、羽五个音阶。阴阳十二律，可以用八种乐器来演奏。调音如何调？阴阳十二律如何和于五个音阶？奏乐的乐器有几种？这些都是大师责任。阴阳十二律，阳声起于黄钟，阴声起于大吕，这是《周礼》的解释。

律历一体而论，在《礼记》《管子》《吕氏春秋》以及《黄帝内经》中均可以看到这种论断。律者，法也。万物有一定之律，万事有一定之律。在没有刑罚之法之前，有的是自然之法。律即自然之法。

将律明确解释为万物万事之法的是《史记》。《史记·律书》："王者制事立法，物度轨则，一禀于六律，六律为万事根本焉。"律历一体。以律立法，与以历立法是一回事。法律，法的就是自然之律。治理天下的法则合于律历，实际上就是合于以太阳为背景的天文变化。法出自然，法出天文，序出自然，司马迁的这一立场与《周易》《尚书》的基本立场是一致的，与《道德经》中的基本立场是一致的。

将历律合一而论的是《汉书》。《汉书·律历志》就是谈历律如何统一的。"律有十二，阳六为律，阴六为吕。"《汉书·律历上》一是将十二律与十二月进行了对应，二是将十二律与物候进行了对应，三是将十二律的黄钟与度量衡进行了对应。此处不再详细地讨论，有心的读者可以直接去查阅《汉书》。

将律吕变化合于八卦变化而论是《后汉书》。《后汉书·律历上》曰："阳下生阴，阴上生阳，终于中吕，而十二律毕矣。……夫十二律之变至于六十，犹八卦之变至于六十四卦也。"音律之根，根于阴阳。八卦变化，根于阴阳。所以，可以以八卦的变化论律历变化。

三、三分损益法

第一次公布如何使用"三分损益法"分出五音的是《史记》。《史记·律书》曰:

"律数:九九八十一以为宫。

"三分去一,五十四以为徵。

"三分益一,七十二以为商。

"三分去一,四十八以为羽。

"三分益一,六十四以为角。"

去者,损也,减法也。益者,加法也。这里出现了损益之法即十二律正音的"三分损益法"。

正音一正编钟,二正笛声。编钟正音取决于钟的长度、容量、重量,笛声正音取决于笛子的长度。

笛声正音的基础长度是九九八十一。九,阳之极数也。九九八十一,阳之极数自乘之结果也。以81为基础,进行三分损益,很快可以得出其他四音正音所需的长度:

三分去一者,81-(81÷3)=54,即徵。

三分益一者,54+(54÷3)=72,即商。

三分去一者,72-(72÷3)=48,即羽。

三分益一者,48+(48÷3)=64,即角。

四、八千多年前的骨笛

1987年,在河南省舞阳县贾湖裴李岗文化遗址中,发现了八千多年前的十六只完整的、用鹤类长骨制成的骨笛。七孔的骨笛已经具备了七声音阶,这一发现改变了音乐史界曾经认为的中国传统音乐以五声为主的看法。宫、商、角、徵、羽相当于简谱中的1、2、3、5、6,缺4与7二音。骨笛七声音阶,1、2、3、4、5、6、7七音齐全,一音不少。

舞阳贾湖骨笛应该是人类历史上最早的骨笛。骨笛的出现,证明了六大问题:

其一,证明了中华大地上的音乐史是那样的悠久。

其二,证明了在"金、石、土、革、丝、木、匏、竹"八种乐器之外,还多出了一种"骨"质乐器。

其三,证明了中华先贤既创造了五音,又创造出了七音。

其四,证明了早期的中华民族是那样的热爱音乐。

其五,证明了中华先贤是那样地善于求证与解答问题,在音乐领域内同样有领先世界的成果。

其六,证明了孔夫子赞美舜时代的音乐已经达到了"尽善尽美"的程度,此言的确言之不虚。

五、十二平均律与世界音乐

中华民族的十二平均律，被世界音乐界所接受，所引用。将十二平均律贡献给世界的，是明朝世子朱载堉。

朱载堉创造"新法密律"，用等比级数平均划分音律，至此，阴阳十二律精密成了十二平均律。在十二平均律（又称"十二等程律"）这里，八度分成了十二个音程相等的半音。近代键盘乐器、竖琴等乐器均依此律制定弦。

16世纪，十二平均律传到西方。18世纪，西方音乐家开始将十二平均律用于创作实践。1722年，巴赫将十二平均律引入著作《平均律钢琴曲集》（上卷），十二平均律从此传遍了西方，并延续至今。

这里要说明的一个问题是：十二平均律由阴阳十二律而来。朱载堉是十二律的继承者、发展者，而不是十二律的创始者。

律合阴阳，《周礼》中有原则性的答案；乐起天地，《礼记》中有原则性的答案；律历、律卦相关，《史记》《汉书》有原则性的答案。详细的答案在哪里？在朱载堉的《律历融通》一书中。

阴阳十二律与河图洛书的关系，阴阳十二律与六十四卦的关系，阴阳十二律与二十四节气的关系，朱载堉在《律历融通》都做出了详细解答。

在朱载堉这里，河图洛书反映的天文地理，六十四卦反映的天文历法，二十四节气源于太阳在赤道两侧的视运动，律、历、气三者均源于自然变化，具体是源于天文与地气的变化。律、历、气三者之间具有的严密性，朱载堉引用《大戴礼记》中"间不容发"一词描述了三者之间的严密对应性。

笔者阅读《律历融通》的基本体会是：没有天文常识，无法知道律之源；没有天文常识，不会知道历之源；同理，没有天文常识，不可能知道二十四节气之来源。总之，没有天文常识，根本无法接近中华元文化。

六、"尽善尽美"与"尽美而不尽善"的音乐

"尽善尽美"，是孔子对《韶》乐的评价。"尽美而不尽善"，是孔子对《武》乐的评价。请看《论语·八佾》篇中孔夫子的原话："子谓韶：'尽美矣，又尽善也。'谓武：'尽美矣，未尽善也。'"

《韶》乐是舜时代的音乐，《武》乐是武王时代的音乐。请看，在舜时代，中华大地上的音乐已经尽善尽美。关于音乐问题的解答，中华先贤是不是走在了世界的前头？

舜时代中华大地上，真的有尽善尽美的音乐吗？请看以下五个论断：

其一，《尚书·舜典》："同律度量衡。"

其二，《礼记·乐记》："昔者舜作五弦之琴，以歌南风。"

其三，《庄子·至乐》："奏九韶以为乐。"

其四，《吕氏春秋·古乐》："帝舜乃令质修《九韶》《六列》《六英》，以明帝德。"

其五，《白虎通德论·礼乐》："黄帝乐曰咸池，颛顼乐曰六茎，帝喾乐曰五英，尧乐曰大章，舜乐曰萧韶，禹乐曰大夏，汤乐曰大濩，周乐曰大武，周公之乐曰酌合、曰大武。"

五个论断共同告诉世人，舜时代已有音乐。《尚书·舜典》告诉世人，是舜第一次统一了音律与度量衡。同者，统一也。统一，是"已有"基础上的统一。中华民族是热爱音乐的民族。热爱音乐，是从源头的中华先贤开始的。

七、赞美·继承·发展

历的解答，中华先贤走在了世界的前头。乐的解答，中华先贤走在了世界的前头。律是一大问题，历是一大问题，这两大问题，在中华先贤那里是同时解答的。律与历，均产生于立竿测影的竿子下。

作为先贤的子孙，对于先贤的伟大成果，应该感到骄傲，应该热情赞美。但仅仅如此是远远不够的。作为先贤的子孙，应该去研究先贤成果背后的智慧，应该去研究先贤成果背后的方法。

几千年前创造的阴阳合历之原则，今天的子孙仍然在采用。几千年前创造的阴阳十二律合历之原则，今天的世界仍然在采用。这说明了什么？这说明中华先贤创造的思路是正确的，这说明中华先贤创造的方法是正确的。如果子孙继承了先贤的思路、方法去继续创造，完全会产生出超越先贤的成果，完全会产生类似先贤那样的辉煌！

第三节　数

数，是数学的基础。

数，是哲学的基础。

数，是文化的基础。

没有数就不可能有数学。推而言之，没有数就不可能有化学，就不可能有物理学。没有数就不可能有A学B学C学，归根结底，没有数一切学就无从谈起。

没有数这一基础，任何哲学都不能成立。同样的道理，没有数这一基础，任何文化都不能成立。

牛顿有一部非常著名的著作，名字叫《自然哲学之数学基础》。这部著作告诉人们，没有数学这一基础，自然哲学这座大厦根本就建立不起来。实际上，没有数学这一基础，神学、自然哲学都无法创立。

一、神学中的数

数起于上帝，这是犹太教的解答。犹太教有一部《创世之书》，书中以上帝的名义解答了十个数，每一个数代表上帝的一个方面，依次为：至高冠冕、慧、智、爱、大能、美、永恒、威、根本和王权。

二、文化中的数

中华先贤用道理、天地之理解答了数的起源问题。

（一）道理中的数

中华先贤用阴阳解答了奇数与偶数——阳奇而阴偶。《周易·系辞下》："阳卦奇，阴卦偶。"《黄帝内经·灵枢·根结》："阴道偶，阳道奇。"《周易》与《黄帝内经》这两部经典共同指出，奇数起于阳，偶数起于阴。"一阴一阳之谓道。"奇偶之数起于阴阳，阴阳之理即道理，这里就出现了等量代换关系：道理即数理。道是生生之源，奇偶之数是从生生之源这里诞生的。数随道而生，道玄数不玄，定量始于文化之源。

（二）天地中的数

一二三四五六七八九十，中华先贤以自然之天地解答了这十个数。《周易·系辞上》曰："天一，地二；天三，地四；天五，地六；天七，地八；天九，地十。"自然之天解答的是五个奇数一三五七九，自然之地解答的是五个偶数二四六八十。天数相加一共二十五，地数相加一共三十。这里的数不是冰冷的数字，而是活生生的变化之数，用《周易·系辞上》的话说是："天数五，地数五，五位相得而各有合。天数二十有五，地数三十。凡天地之数五十有五，此所以成变化而行鬼神也。"

宋代学者将天地之数视为是图书之数，因为缺乏本源性依据的支持，宋人之说一直受到质疑。有幸的是，彝族文化里也有天地之数。天地之数就是河图洛书的基本成分。

（三）彝族文化里的数

在彝族同胞的文献里，笔者发现了与《周易》相同的有关数的论述。一二三四五六七八九十，《西南彝志》同样是以天地而论的。《西南彝志·论十二属相》："一三五七九，是天气形成的。二四六八十，是地气形成的。……天数二十五，代表了天空；地数三十，象征大地。"数起天地，彝族同胞的解答与《周易》的解答一模一样。

数表四方东西南北，数表五方东西南北中。彝古文是这样介绍的：

"天一与天九，在宇宙的南、北两方，管理着这两门，合起来一共是十，人们称它为老阳。

"天三与天七，在宇宙的东、西两方，管理着这两门，合起来一共是十，人们称它为少阳。

"地二与地八，在宇宙的东北、西南两方，管理着这两门，合起来一共是十，人们称它为老阴。

"地四与地六，在宇宙的西北、东南两方，管理着这两门，合起来一共是十，人们称它为少阴。

"天五生成宇宙，管理着中央，两个五加起来也是十，福禄不断洒满宇宙之间。

"从此，天九成了头，天一成了尾；天三成了左，天七成了右；六八是脚，二四为手；天五护五脏，五脏成了人体的全部。宇宙的八个角，完全护卫着天五。"

将天一与天九、天三与天七、地二与地八、地四与地六、天五地十中央摆在平面上，就是洛书。

"天一见五成了六，地二见五成了七，天三见五成了八，地四见五成了九。"一六，二七，三八，四九，这是河图之数。

奇偶之数组成了洛书，奇偶之数组成了河图，河图洛书解答了四时八节与四面八方的统一。汉族文化无法解答的千古之谜，在彝族文化这里得到解答。

奇偶之数解答了老阳少阳、奇偶之数解答了老阴少阴，《黄帝内经》中有"其然"，彝族文化里有"所以然"。

"书中没有的，等等地下。地下没有的，到山里看看。"这是笔者的一个研究思路。基本意思是：文化研究，完全依靠现有的典籍，并不能完全解答现有的疑问，可以等等地下文物的出土。如果地下文物还不能解答疑问，可以到山里少数民族那里，看看他们的典籍，听听他们的说法。彝族文化里的河图洛书，就是按照这一思路寻找出来的。源头文化，应该是民族融合的产物。应该以敬慎的态度研究少数民族（例如彝族、苗族）的文化，只有这样，才能真正认识源头的中华文化。

（四）数进时空

奇偶之数一可以表达春夏秋冬四时，二可以表达东西南北四方，奇偶之数在这里进入了时空领域。用奇偶之数描述春夏秋冬，用奇偶之数描述东西南北，在《礼记·月令》中可以看到，在《黄帝内经》中可以看到，在《吕氏春秋》与《淮南子》中同样可以看到。

这里仅以《黄帝内经》为例来说明问题。《黄帝内经·素问·金匮真言论》："东方青色……其数八。南方赤色……其数七。中央黄色……其数五。西方白色……其数九。北方黑色……其数六。"这里的数，是河图之数。河图之数，可以表春夏秋冬四时，可以表东西南北中五方。

（五）数进五脏

《黄帝内经·素问·金匮真言论》告诉后人，五脏有五数——肝脏其数八，心脏其数七，脾脏其数五，肺脏其数九，肾脏其数六。八、七、五、九、六，这一组数字合于河图之数。天人合一，也合在奇偶之数这里。在《礼记·月令》里同样可以看到数进五脏的论述。

（六）数进五行

三八为木，二七为火，四九为金，五十为土，一六为水，《黄帝内经》与汉扬雄的《太玄》都有这样的表达。数进五行，在彝族同胞的《西南彝志》《土鲁窦吉》中有与中华文化一样的表达。这里引用彝族文化五行之数来说明问题。《土鲁窦吉·五生十成》："天一地六水，地二天七火，天三地八木，地四天九金，天五地十土。"这里的数，是洛书之数。洛书之数，可以表达五行。

（七）数进五音

五音角徵宫商羽，一可以对应时空，二可以对应五行，与时空、五行相关的奇偶之数顺利地在角徵宫商羽五音之间建立起了对应关系。

（八）数进万物

"万物负阴而抱阳。"《道德经·第42章》指出，万物之中的任何一物，其结构皆为阴阳两分结构，其成分皆为一阴一阳。

阳奇阴偶，万物负阴而抱阳，在老子的解释中，奇偶之数顺利地进入万物。

（九）数进干支

干支可以对应五行，干支可以对应四时，这样一来，数进干支的系就成立了。

（十）奇偶之数与二进制、三进制

八卦中的一阴一阳，被莱布尼茨解释为二进制。二进制演化出了数字化，数字化推动了整个现实世界。

八卦与六十四卦是两爻卦，两爻卦之外，汉扬雄还创作了三爻卦。两爻卦这里隐藏有二进制，二进制逢二进一；三爻卦这里隐藏有三进制，三进制逢三进一；二进制已被现实世界所利用，三进制还有待现实世界的开发。

数起阴阳，数起天地，总而言之，中华大地上有了人文，就有了数。

数在文化中的基础性，除了上面所引用的论断外，还体现在下面几句话中。

其一，《周易·说卦》："昔者圣人之作易也……参天两地而倚数……穷理尽性以至于命。"

其二，《周易·系辞上》："参伍以变，错综其数，通其变，遂成天下之文，极其数，遂定天下之象。"

其三，《周易·节·象传》："泽上有水，节；君子以制数度，议德行。"

其四，《黄帝内经·素问·阴阳离合论》："阴阳者，数之可十，推之可百，数之可千，推之可万，万之大不可胜数，然其要一也。"

其五，《庄子·秋水》："号物之数谓之万。"

其六，《汉书·律历志》："数者，一、十、百、千、万也。"

"一切都是数。"这是古希腊大哲学家毕达哥拉斯留下的名言。毕氏认为，现存的一切事物都可以归结为数的关系，而数字中最主要的是单双关系。一切都是数，数的关键是单双（奇偶）。毕氏认识到了，中华先贤早已做到了。

天地是一个完整的体系，这个体系可以用奇偶之数来表达。时空是一个完整的体系，这个体系可以用奇偶之数来表达。人体五脏是一个完整的体系，这个体系可以用奇偶之数来表达。中华先贤将天地、时空、人体这三个完整的体系，最终都统一在了奇偶之数之中。天人合一，也可以合在奇偶之数里。

第四节 质与力

宗教关心的是内心世界，关心内心世界中的灵魂与精神，物理学关心的是外部世界，关心外部世界中的质与力。

质，物质也。物质分宏观与微观两种。微观物质现在已经认识到了夸克和轻子。宏观物质分为固体、液体、气体三大类。

力，致使物质结合、运动的力量也。现代物理学在物质世界中解释出了四种力——引力、强相互作用力、弱相互作用力与电磁力。这四种力是存在于现实世界之中，至于现实世界最初的力，牛顿把它交给了上帝。

质力问题，在中华大地上是否有解答？如果有解答，是何时解答的？质力问题，在中华大地上一是有解答，二是中华先贤很早就做出了解答。在阴阳这里，中华先贤解答了质力问题。

阴为质，阳为力。质的世界可以分为大到无外、小到无内的两个物质世界。至大无外，论的是宏观世界；至小无内，论的是微观世界。力的种类可以分为这样几类：升力与降力；相互吸引力与相互排斥力；相互推动力与相互平衡力。阳气上升，阴气下降，这里必须有升降两种力才能完成阴阳二气的升降。一阴一阳永不分离，这里有相互吸引力；一阴一阳永不重合，这里有相互排斥力。阴阳互动，这里有相互推动力；阴阳均衡，这里有相互平衡力。阴阳初动，需要原动力，《周易》告诉后人，原动力源于阴阳本身；阴阳恒动，需要恒动力，《周易》告诉后人，恒动力还是源于阴阳本身。原动力与恒动力，中华先贤同样是用阴阳做出了解答。

质力问题，中华先贤在阴阳这里做出完美的解答，这是笔者的看法。笔者的看法源于严复先生的看法。

严复先生翻译《天演论》时，曾写了一篇《译序》。先生在《译序》中写道："近二百年，欧洲学术之盛，远迈古初。其所得以为名理公例者，在在见极，不可复摇。顾吾古人之所得，往往先之……夫西学之最为切实而执其例可以御蕃变者，名、数、质、力四者之学是已。而吾《易》则名、数以为经，质、力以为纬，而合而名之曰《易》。大宇之内，质力相推，非质无以见力，非力无以呈质。凡力皆乾也，凡质皆坤也。"

严复先生认为，名、数、质、力，是欧洲近代学术的四大基础。质者，物质也，有形之物也。力者，力量也，能量也。名者，逻辑也。数者，奇偶之数也，数学也。在严复先生看来，欧洲近代学术的四大基础，《周易》已经全部解答。本文这里只谈质、力。

严复先生指出，中华先贤在阴阳乾坤这里，完美解答了质力问题。严先生的这一看法，笔者完全赞同。笔者在严先生的基础上，又进行了进一步的分析。简述如下：

阳论乾，阴论坤。宇宙之内，一乾一坤也。阳论力，阴论质。宇宙之内，一质一力也。

阴阳可以论乾坤，可以论天地，可以论刚柔，论寒暑，论日月，论风雷，论水火……凡是由阴阳延伸出来的一对相反相成的元素，其关系皆为相互推动、相互交往的关系。描述相反相成一对元素的关系，《周易》使用的词语是相推、相摩……请看下面九个论断：

其一，《周易·泰·象传》："天地交而万物通也。"

其二，《周易·泰·象传》："天地交，泰；后以财成天地之道，辅相天地之宜，以左右民。"

其三，《周易·复·象传》："反复其道，七日来复，天行也。"

其四，《周易·归妹·象传》："天地不交，而万物不兴。"

其五，《周易·系辞上》："刚柔相摩，八卦相荡。"

其六，《周易·系辞上》："刚柔相推而生变化。"

其七，《周易·系辞下》："日月相推而明生焉……寒暑相推而岁成焉。"

其八，《周易·系辞下》："上下无常，刚柔相易。"

其九，《周易·说卦》："山泽通气，雷风相薄，水火不相射。八卦相错。"

在相交、相推、相摩、相x、相y的状态中，一有质的存在，二有力的存在。质有大小之分，力有种类之分。质力的认识，中华先贤的确远远早于欧洲。

严复先生翻译《天演论》，其目的之一就是想通过中西文化对比来证明中华民族有文化。以西对比东，以今对比古，严复先生比出了文化自信心。中华先贤所创造的元文化，的确是优秀的、不输于人的文化。通过对比可以知道，欧洲近两百年的学术研究，的确没有超越《易》理的范围。

那么，中华民族为什么会落后呢？为什么会挨打呢？严复先生指出了两大原因：一是先贤开其头，子孙没有续其尾；二是先贤开其大，子孙没有续其精。严复先生的原话是："古人发其端，而后人莫能竟其绪；古人拟其大，而后人莫能议其精。"

严复先生翻译《天演论》，其目的之一就是希望唤起中华儿女对中华元文化热爱之心。万万没有想到的是，当时的学子与学者接受的只是《天演论》内容本身，尤其是那条"物竞天择，适者生存"的动物哲学。

严复先生临终的遗嘱，其第一条就是："须知中国不灭，旧法可以损益，必不可叛。"旧法者，源头之文化也。

中华民族为何会落后？严复先生的结论是"元文化没有传下来，先贤的精神没有传下来"。非常遗憾，严先生的这个结论，当时没有被重视，如今又被遗忘。

一阴一阳，可以解答质力问题，这是严复先生的结论。

实际上，一阴一阳在解答质力之外，还可以解答结构问题。阴阳合二而一，结构就产生了。苗族文化用"能量、物质、结构"三点论解释了宇宙的起源与演化。

阴阳太极这里，隐藏有多种力——原动力、恒动力、相互吸引力、相互排斥力、相互平衡力、相互推动力，这是笔者的论断。

第五节　人体经络

的的确确存在于人体之中的经络，用解剖与分析的方法根本无法认识，用西方文化、西方医学的方法根本无法解释。这是为什么？

仪器是精密的，显微镜是高倍的，可是精密的仪器、高倍的显微镜为什么发现不了经络？

仪器没问题，那就是人本身有问题，是人的认识论、方法论有问题。只能认识有形之物，无法认识无形之因素，这是西方文化、西方医学的根本缺陷。

几千年前的中华大地有先进的实验室吗？没有！有精密的仪器吗？也没有。可是，在这"两个没有"的前提下，中华先贤的的确确发现并解答了经络。除了拥有优秀的认识论与方法论，还能做出何种解答呢？

人体经络，是在《黄帝内经》中出现的。那么，《黄帝内经》是怎样论经络的呢？请看下面五个论断：

其一，"四经应四时，十二从应十二月，十二月应十二脉"。（《黄帝内经·素问·阴阳别论》）

其二，"六律建阴阳诸经而合之十二月、十二辰、十二节、十二经水、十二时、十二经脉者"。（《黄帝内经·灵枢·经别》）

其三，"经脉十二者，以应十二月"。（《黄帝内经·灵枢·五乱》）

其四，"故足之十二经脉，以应十二月"。（《黄帝内经·灵枢·阴阳系日月》）

其五，"经脉留行不止，与天同度，与地合纪"。（《黄帝内经·灵枢·痈疽》）

五个论断，一个思路。这个思路就是：十二月、十二律是论证十二经络的坐标。

在第一篇、第二篇里已经谈过，以造物主论人之模样，以天体论人体，这是人类先贤的一致思路。这里再略作回顾：

《圣经》以上帝的模样，论出了人的模样。神什么样，亚当就什么样。《塔木德》又进了一步，在天体结构论与人之结构之间一一进行了对应。

《奥义书》以大梵之成分论出了人的成分，以天体结构论出人之结构。

《周易》首先以八卦论天体，然后又以八卦论人体，天体与人体在八卦这里得到了统一。《黄帝内经》比《周易》又进了几步，在天体结构论与人之结构之间一一进行了二十多处对应。

同样是天体论人体，唯我中华先贤论出了经络。奥秘何在？奥秘就在于中华先贤的眼里既看到了有形之物，又看到了无形之因素——时间。时间，在中华先贤眼里化为具体的四时，化为具体的十二个月。中华先贤高度注意到了时间这一无形因素。《圣经》谈到了节令，《奥义书》谈到了四时，但都没有谈到时间与人体的对应关系。

时间与人体有对应关系吗？请看看树木中的年轮。时间会在树木中留下痕迹，一年一轮，十年十轮，百年百轮。根据时间的痕迹——年轮的多少，可以推测出树木年龄的长短。时间与树木之间，都有一定的对应关系。身为万物之灵的人，对时间会毫无反应吗？

时间会在人体留下影子，换言之，就是人体会对时间做出灵敏的反映。关于这一点，《黄帝内经》给出了肯定而详细的答案。人体经络就是时间在人体中留下的影子，人体经络就是人体对时间的反映。树木一年一轮，人体一月一轮，十二月十二轮。人为万物之灵秀，人优于树木，所以，对时间的反应更为精致。

十二月分阴分阳，十二经络分阴分阳。十二月分六阴六阳，经络分六阴六阳。天人合一，在《黄帝内经》中有多重含义，月律与经络的相应相和，这是其中之一。

关于人体经络，这里起码有六个问题需要回答：

问题一：年轮可以用肉眼发现，而经络用仪器也难以发现，这是为什么呢？

答：十二月与十二经络的关系，犹如水中月、镜中花的原理一样，是相映关系。相映关系看得见但摸不着，感觉得到但摸不到。人体经络感觉得到，但看不到也摸不到。宇宙间有无形之时间，人体中有无形之经络。真正理解了"无形"因素对人体的作用，才会真正理解中医的许多奥秘，包括精气神，包括经络。

问题二：几千年的中华大地上一没有实验室，二没有精密仪器，中华先贤何以能发现经络？现代西方一有实验室，二有精密仪器，西方科学家为什么发现不了经络，这是为什么呢？

答：天体大宇宙，人体小宇宙，大小两个宇宙之间存在着对应关系，所以，可以以大宇宙论小宇宙，即以天体论人体。

以大宇宙论小宇宙，以时间空间论人体，这是中华先贤论人体的基本方法。中华先贤发现大小两个宇宙之间有相应的关系。宇宙圆周三百六十度，人体骨骼三百六十节；天体五行东西南北中，地之五行金木水火土，人体五行肝心脾肺肾……宇宙间有形与无形两种因素在人体中都会有所反映。人体经络就是对无形因素的反映。仪器再精密也发现不了人体与时间之间的相应关系，西方在经络问题上的束手无策，关键的原因就在这里。

李约瑟博士在其大作《中国古代科学思想史》里谈到，以大宇宙论小宇宙是中国古代科学的基本方法。

问题三：时间（年岁）会在树木中留下痕迹，时间（岁月）会与人体形成相应的关系，那么，时间会不会在万物中留下痕迹，会不会与其他动物形成相应的关系呢？

答：时间会在所有自然之物中留下痕迹，问题在发现与没有发现上。时间会在所有动物身上形成相应关系，具体问题等待人们的发现。

问题四：几千年前所发现的经络，几千年后的今天，西方仍然无法做出解释。整个西方在今天仍然困惑于经络。这说明了什么？

答：这说明西方的认识论、方法论与中华先贤的认识论、方法论原本就不一样，而且还说明中华先贤的认识论、方法论优于今天西方的认识论、方法论。

问题五：中华先贤的认识论、方法论核心性的东西是什么？其优秀之处究竟在哪里？

答：这一问题是本文关注的基础问题之一，详细的讨论将在下面进行，这里只做简要介绍。

以形上形下两种因素认识宇宙与天体，这是中华先贤与《黄帝内经》的认识论。以道论之，这是中华先贤与《黄帝内经》的方法论。

问题六：能否沿着发现经络的思路再出发？

答：中华先贤将人体放在宇宙之间来认识的这一思路没有错！人生活生存在天地之间，就肯定与天地之间有着密切的联系；人生活生存在时间空间之中，就肯定与时间空间之间有着密切的联系；而认识与解释这些联系，仪器显示出了极大的局限性。笔者认为，如果沿着以大宇宙论小宇宙的思路再出发，中医文化可以解释许多西方文化解答不了的问题。这里仅举三例说明问题：一是可以在经络的基础上论病治病——论疑难病、治疑难病；二是可以在天气地气这里解释仪器无法认识的疾病外因；三是可以在时间空间这里解释仪器无法认识的疾病外因。

第六节　直角三角形

一、三角形的发现

谈古希腊哲学，绕不过毕达哥拉斯；谈西方哲学，绕不过毕达哥拉斯。为什么？笔者这里仅谈众多原因中的两点：一是宇宙观的独特。别人（从泰勒斯开始的众多哲学家）解释宇宙，都解释在了形下之物上，唯独毕达哥拉斯解释在了抽象之数上。二是画出了直角三角形，并推导出了勾股定理。

直角三角形与勾股定理，奠定了毕达哥拉斯在古希腊与西方哲学的坚实地位。

面对毕达哥拉斯，自然而然就产生了下面两个问题：

其一，中华大地上有没有直角三角形，有没有勾股定理？

其二，如果有，是怎么产生的，其产生途径与古希腊一样吗？

中华大地一有直角三角形，二有勾股定理，三还有勾股定理的证明，而且发现直角三角形的途径与毕达哥拉斯完全不一样。

先说发现途径的不同。毕达哥拉斯的直角三角形，是在纸上画出来的，而中华大地的直角三角形是空间中形成的——中华先贤在立竿测影时发现了直角三角形。立竿为勾，影长为股，竿影顶端相连为弦，这里的直角三角形不是在纸上画出来的，而是在空间中形成的。同样是直角三角形，发现的途径却不同。

纸上画直角三角形，画一个是一个。空间中的直角三角形，日影一动就是一个，一天之中，随着日影的变化，可以产生亿万个直角三角形。如此不同，是不是另一个不同？

勾三股四弦五的勾股定理，在《周髀算经》中叫商高定理。是一位名字叫商高的，对周公解答了"勾广三，股修四，径隅五"的直角三角形定理。所以，在中华大地上的勾股定理又称"商高定理"。"商高定理"并不是起于商高，按照商高说法，直角三角形与勾股定理始于大禹。利用直角三角形，可以测高，可以测深，可以测远；直角三角形成方，可以成圆……大禹治理洪水、治理天下，利用直角三角形与勾股定理解答了很多天下难题，用商高的话说是："故禹之所以治天下者，此数之所生也。"大禹远远早于毕达哥拉斯，按照商高的解释，中华大地上的直角三角形与勾股定理应该产生在远古时期。商高是直角三角形与勾股定理的传承者，而不是创造者。按照商高的解释，勾股定理应该定名为"大禹定理"。

关于直角三角形与勾股定理，还有一种解释，就是解释在洛书的阳数里。洛书的阳数为：1、3、5、7、9。五阳数相加为：1+3+5+7+9=25。25，恰巧满足勾股定律的结果：$3^2+4^2=5^2=25$。

毕达哥拉斯的直角三角形没有与方圆相联系，而中华大地上的直角三角形，合而成方，围而成圆。三角形关乎方圆，这是中华先贤与中华元文化的又一独特之处。

图3-1　三角形变圆图

笔者在大禹与毕达哥拉斯之间进行对比，丝毫没有轻视毕氏的意思，只是想提醒读者千万不要妄自菲薄。大哲学家毕达哥拉斯解答的问题，中华先贤同样做出了解答，而且解答得非常漂亮，非常巧妙。

二、勾股定理的证明

证明勾股定理，西方学者找到了许多方法，据说有370种之多。欧几里得在370多种方法中，选择出最简洁、最优美的一种，载于《几何原本》的第一卷第47题的位置上。

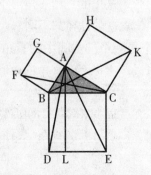

图3-2　勾股定理证明图

证明勾股定理，需要由一个直角三角形演化出三个正方形，然后证明两个小正方形的面积恰恰等于一个大正方形的面积。用"因为，所以"的方法完成勾股定理的证明，其运算步骤需要十步以上。在当时的西方，这是370多种方法中最简洁、最优美的一种。

中华先贤是怎样解答这一问题的呢？这里没有用"因为，所以"的形式逻辑，而是采用了非常形象的折矩之法。用这个方法，三步之内可以干净利索地完成勾股定理的证明。

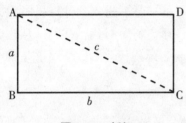

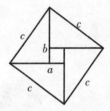

图3-3A　折矩　　　　　　　　　　**图3-3B　环而共盘**

图3-3A　告诉人们，长方形对折为折矩。

图3-3B　告诉人们，四个直角三角形环而共盘，其面积等于四个直角三角形的面积与一个小正方形的面积和。其公式为：$c = 4 \times \frac{1}{2}ab + (b-a)^2$，其运算过程与结果为：$2ab + b^2 - 2ab + a^2 = a^2 + b^2$。

证明勾股定理，完成在三步之内。这里的比较，只想说明一个问题：解答同一问题，中华先贤都有自己的不同办法。简易、简洁，充分体现在了勾股定理证明的过程之中。

这里希望读者记住的一点是：中华大地上的直角三角形不是源于纸上，而是源于天文观测时的空间中。

在《周髀算经》与《几何原本》之间进行比较，其目的只是为了证明中西方在证明勾股定理时走的完全不是一条路。道路之外还有路。不仅仅是证明一个勾股定理，而在整个数学领域里，中西方走的都不是一条路。

三、吴文俊先生对中国数学的评价

中国科学院院士、数学家吴文俊先生在《光明日报》发表《东方数学的使命》一文，这篇文章被《新华文摘》转载。吴文俊先生认为，同样是数学，中国和西方走的不是一条路。

下面是《东方数学的使命》一文中的五段话，引用于此，希望能够惊醒一些"文化不如人，事事不如人"的文化批判者：

1. 一提到科学或者数学，脑子里想到的就是以欧美为代表的西方科学和数学。我要讲的是，除了以西方为代表的科学和数学之外，事实上还有跟它们完全不同的所谓东方科学与数学。这个意见也不是我第一次这样讲，在《中国科学技术史》这一鸿篇巨制里面就已经介绍了这一点。李约瑟在著作里讲，东方不仅有科学和数学，而且跟西方走的是完全不同的道路，有不同的思想方法。究竟怎么不一样呢？

2. 所谓东方数学，就是中国的古代数学及印度的古代数学。东西方数学的异同，也就是现在欧美的数学跟东方数学（主要是古代的中国数学）有什么异同。我们学现代数学（也就是西方数学），主要内容是证明定理；而中国的古代数学根本不考虑定理不定理，没有这个概念，它的主要内容是解方程。我们着重解方程，解决各式各样的问题，着重计算，要把计算的过程、方法、步骤说出来。这个方法步骤，用现在的话来讲，就相当于所谓算法。美国一位计算机数学大师说，计算机数学即是算法的数学。中国的古代数学是一种算法的数学，也就是一种计算机的数学。进入到计算机时代，这种计算机数学或者是算法的数学，刚巧是符合时代要求，符合时代精神的。从这个意义上来讲，我们最古老的数学也是计算机时代最适合、最现代化的数学。这是我个人的一种看法。

3. 我们再来说一下东方数学，也就是中国古代数学的精神实质是什么。我们古代数学的精髓就是从问题出发的精神，和西方的从公理出发完全不一样。为了从问题出发，解决各式各样的问题，就带动了理论和方法的发展。从问题出发，以问题带动学科的发展，这是整个数学发展的总的面貌。

4. 我想特别提到一点，就是我们经常跟着外国人的脚步走。我们往往花很大的力气从事某种猜测的研究，希望能够解决或者至少推进一步。可是不管你对这个猜测证明也好，推进也好，提出这个猜测的人，就好比老师出了一个题目，即使你把它解决了，也无非是把老师的题目做出来，还是低人一等，出题目的老师还是高你一等。在计算机时代，这个问题值得思考。当然，不管谁提出来这样的问题，我们都应想办法对其有所贡献，可是不能止步于此，我们应该出题目给人家做，这个性质是完全不一样的。

5. 我们现在拥有计算机这样的便捷武器，又拥有切合计算机时代使用的古代数学。怎样进行工作，才能对得起古代的前辈，建立起我们新时代的新数学，并在不远的将来，使东方的数学超过西方的数学，不断地出题目给西方做，我想，这是值得我们大家思考和需要努力的方面。

这篇文章为吴文俊先生所写，所以文章中主要是吴先生的话，可是文章里吴先生还引用了英国科学院院士李约瑟的话，还引用了美国计算机数学大师的话。英国的李约瑟说的是中国的路与西方本来就不一样；美国的计算机数学大师说的是"计算机数学即是算法的数学"。

美国的计算机数学大师在太平洋彼岸，吴文俊教授在太平洋此岸，李约瑟院士在世界的另一端，世界上的大师级人物认识是一致的，即：古老不等于落后！古代的科学有着新鲜的现实意义！

古老的方法与现代科学相结合就会产生推动世界进步的计算机。现在的问题是，中国古代的算法在西方开发出了"符合时代要求，符合时代精神"的计算机，作为祖先的子孙应该有一个什么样的感想呢？是否应该思考一下这样一个问题：是文化本身有问题，还是子孙根本就没有认识祖先留下的文化。

中西方的不同，仅仅是一个数学领域吗？

第七节　二十四节气

历，在世界大家庭中家家都有，而有二十四节气者，唯我中华一家。

二十四节气一可以指导生活，二可以指导生产。在中华大地上，二十四节气已经使用了几千年，可能还要使用几千年。一项成果具有上下几千年的生命力，说明了什么？说明了两大问题：一是具有常青意义的成果背后必然有常青意义的哲学；二是具伟大意义的成果背后必然有精妙的方法。讨论二十四节气的目的，不仅仅是回顾历史，而是希望延续中华先贤的方法去解答当代的、眼下的难题。

比，知长短；衡，知轻重。可以浏览一下近代西方所出现重大的成果——化肥、农药、抗生素、塑料，其生命力有几个超过了三百年，还有牛顿力学、相对论，其正确性有哪一个超过了一百年？短命成果的背后，会有常青意义的哲学吗？短命成果的背后，会有具有永恒意义的方法吗？

一、二十四节气的广泛运用

"过了芒种，种了白种。"今天的东北农村，农民们仍然按照二十四节气去安排种植与收获。他们知道下种必须赶在芒种之前，如果芒种之后播种，就会严重影响收获。

"惊蛰乌鸦叫，小满雀儿全。"这也是东北农村的谚语。乡亲们知道到了二十四节气中的惊蛰这一天，乌鸦才开口；到了二十四节气中的小满这一天，各种鸟雀才会齐全。

实际上，中华大地上的东西南北，都有用二十四节气指导生产的谚语。因为空间的不同，所以，对二十四节气的利用也不同，所以，谚语也不同。请看张闻玉教授在《古代天文历法讲座》一书中所收集到的谚语：

新疆北疆："立秋早，寒露迟，白露种麦正当时。"

北京地区："秋分种麦，前十天不早，晚十天不迟。"

中原地区："寒露种麦，十种九得。"

华中地区："寒露、霜降，种麦正当时。"

浙江地区："大麦不过年，小麦立冬前。"

这些谚语告诉人们，在中华大地上，处处都在利用二十四节气指导播种。

二十四节气可以入诗，一可以描述节令与气候的关系，二可以描述文人骚客的感怀。

"清明时节雨纷纷，路上行人欲断魂。"东西南北的小学生，大都会朗诵这一诗句。

"好雨知时节，当春乃发生。"黄河两岸的骚客文人，大都会朗诵这一诗句。

"梅熟迎时雨，苍茫值小春。"岭南的骚客文人，大都会朗诵这一诗句。

"黄梅时节家家雨，青草池塘处处蛙。"今天的电脑，一按拼音就会出现这一诗句。

二十四节气在生产领域有意义，二十四节气在文学领域有意义，二十四节气在医学领域同样有意义，一项成果应用领域的广泛与否，是衡量此成果是否伟大的重要标志。

二、记载二十四节气的经典

二十四节气是什么时候出现的呢？不知道！笔者只知道最早记载二十四节气的是《逸周书》，然后是《周髀算经》。

《逸周书·时训》中出现了二十四节气、七十二候。五天一候，三候一气，一岁之中七十二候、二十四节气。"五日谓之候，三候谓之气，六气谓之时，四时谓之岁，而各从其主治焉。"《黄帝内经·素问·六节藏象论》的候、气、时、岁之论，其理论基础与《逸周书》完全一致。在《黄帝内经》中，天文天气是养生的基础，是论病的依据。

《逸周书》的二十四节气，与现在所利用的二十四节气在顺序上略有差别，例如春季的六个节气，今天的顺序是：立春、雨水、惊蛰、春分、清明、谷雨，而《逸周书》中出现的顺序却是：立春、惊蛰、雨水、春分、谷雨、清明。现在所利用的二十四节气，出之于《周髀算经》，本文此处讨论二十四节气，以《周髀算经》为准。

三、《周髀算经》中的二十四节气

在《周髀算经·天体测量》中，出现了立竿测影而来的二十四气：

"凡八节二十四气，气损益九寸九分又六分之一。冬至晷长一丈三尺五寸，夏至晷长一尺六寸。问次节损益寸数长短各几何？

"冬至晷长1丈3尺5寸。

"小寒1丈2尺5寸，小分五。

"大寒1丈1尺5寸，小分四。

"立春1丈零5寸2分，小分三。

"雨水9尺5寸3分，小分二。

"惊蛰8尺5寸4分，小分一。

"春分7尺5寸5分。

"清明6尺5寸5分，小分五。

"谷雨5尺5寸6分，小分四。

"立夏4尺5寸7分，小分三。

"小满3尺5寸8分，小分二。

"芒种2尺5寸9分，小分一。

"夏至1尺6寸。

"小暑2尺5寸9分，小分一。

"大暑3尺5寸8分，小分二。

"立秋4尺5寸7分，小分三。

"处暑5尺5寸6分，小分四。

"白露6尺5寸5分，小分五。

"秋分7尺5寸5分。

"寒露8尺5寸4分，小分一。

"霜降九尺5寸3分，小分二。

"立冬1丈零5寸2分，小分三。

"小雪1丈1尺5寸1分，小分四。

"大雪1丈2尺5寸，小分五。

"凡为八节二十四气。

"气损益九寸九分又六分之一。

"冬至夏至，为损益之始。"

今天仍在广泛运用的二十四节气，就源于此处。

后人将二十四节气编成了一首歌，易于记忆、易于背诵，因此大江南北的男男女女、老老少少中间，很多人会背诵这首"节气歌"——

春雨惊春清谷天，夏满芒夏暑相连；

秋处露秋寒霜降，冬雪雪冬小大寒。

每月两节不变更，最多相差一两天，

上半年来六、廿一，下半年来八、廿三。

四、《周髀算经》的启示

阅读与研究二十四节气，可以受到多方面的启示与教育。

（一）天文与气候关系的启示

日月变化属于天文，二十四节气属于气候，天文与气候是两分关系还是一体关系，二十四节气告诉你，这两者是一体关系，而不是两分关系。

影响地面气候的根本因素是太阳，二十四节气是以太阳为背景制定出来的。气候变化随太阳而变化。天上太阳的位置在变化，地上的气候也在变化。一天之中的气候随着太阳的起落而变化，一年之中的气候随着太阳在南北回归线之间的往来而变化。

"太阳如何节气如何"是二十四节气所建立的大思路。如果用孤立的观点来研究气候，那就割裂了天文与节气之间的源流关系。

（二）规律对应性启示

节气变化极其有规律。节气变化的规律对应于太阳视运动规律。天上的太阳往返与南北回归线之间，原始反终，周而复始；地上日影伸缩在长短两点之间，原始反终，周而复始。太阳往返在天上，日影伸缩在地上。冬至日影最长，以这个长度为基点，每缩短9寸9，产生一个新节气。夏至日影最短，以这个长度为基点，每增长9寸9，产生一个新节气。增有规律，缩有规律，增长与缩短，都有规律，而日影伸缩之规律对应着太阳在两线之间的往返规律。

（三）永恒性启示

太阳视运动，具有万古长青的永恒性。以太阳视运动为背景的二十四节气，同样具有万古长青的永恒性。永恒的坐标，永恒的成果，对今天的启示是什么？对笔者启示是，今天完全可以以太阳为背景观察重大天灾的产生，例如地震、海啸、台风、飓风以及大涝大旱。

五、天文三线·时令四点·阴阳五行

立竿测影的影子，确定了天文三条线与时令四个点。天文三线是：南回归线、北回归线与赤道线。时令四点是：冬至、夏至点与春分、秋分点。

（一）天文三线

垂直于日影长、短两个顶端的两条直线，实际上就是两条回归线——日影长的一端是南回归线，日影短的一端是北回归线，日影的中间点是赤道线——三线在此处成立。

（二）时令四点

日影最长点是冬至点，冬至点在南回归线上；日影最短点是夏至点，夏至点在北回归线上；日影的中间点是春分点与秋分点，春分点与秋分点在赤道上——四点在此处成立。

（三）阴阳

周日可以论阴阳，周日的阴阳是无限循环的昼夜。周岁能否论阴阳？能！周岁的阴阳是无限循环的寒暑。寒暑如何论？以太阳视运动而论。太阳从南回归线至北回归线，即从冬至点到夏至点，这是前半年。前半年阳气一步步上升，为暑为阳。太阳从北回归线至南回归线，即从夏至点到冬至点，这是后半年。后半年阴气一步步上升，为寒为阴。

属于阳的前半年，天气一步步变热；属于阴的后半年，天气一步步变冷。

春分、秋分两点即赤道线这里，则是阴阳转换的重要分界点：春分点阴阳二气平均，阴气在地面之下，阳气在地面之上，万物由此而一派生机。秋分点阴阳二气平均，阳气沉入地面，阴气在地面之上，万物由此而开始成熟，开始枯黄，开始收藏。

（四）五行

今天的阴阳合历一年分四季，当初的太阳十月历一年分五季。四季用春夏秋冬来表达，五季用金木水火土五行来表达——木一季，火一季，土一季，金一季，水一季；一季一运，五季五运；首尾相连，如环无端。这里是"五行"抑或"五运"之说的发源地。五行，实际上是五个生生不息、相互联系的五个季节。中华先贤最早创造了十月太阳历，后来十月历在中原大地失传了。失传了十月太阳历，五行就失去了理论依据。五行学说，有其然而无所以然的根本原因，就在于十月太阳历的失传。深山里的彝族同胞还保存着十月太阳历，十月太阳历可以完美地解释阴阳五行——五行（又称五运）之说，发源于十月历。

（五）六气

以太阳在南北回归线之间运动为依据，还可以制定出十二月历。十二月历可以分出阴阳各六个月——六个月阴，六个月阳。一月一气，阴阳各六气，十二个月一共十二气。这里是"六气"之说的发源地。六气，实际上是阴六气、阳六气。"日复星，为一岁。外衡冬至，内衡夏至。六气复返，皆谓中气。"《周髀算经》以太阳视运动在南北两条回归线之间的往返为依据，划分出了六气——六气之说，发源于十二月历。

第八节　时空·干支·数字化

一、时空

时间与空间，也是每一种优秀文化必须解答的问题。

此处，先温习关于时空的几句名言作为本节的开始：

其一，"四方上下为宇，往古来今为宙"。（《尸子》）——宇表的是空间，宙表的是时间。时空即宇宙，宇宙即时空。

其二，故"月与日合，为一月；日复日，为一日；日复星，为一岁"。（《周髀算经·》）——日、月、岁的划分，其参照坐标是太阳、月亮、恒星，是日月星三者之间的对应关系或运动周期。日、月、岁的确定，本身就关乎外物。

其三，"大曰逝，逝曰远，远曰反"。（《道德经·第25章》）大，空间也；远，时间也。反，往而返的循环也。老子这里的时间，是动态的时间。老子这里的空间，是动态的空间。动态之动，循环往复也。老子这里的时间与空间，均为道的产物。

其四，"春秋冬夏，阴阳之推移也；时之短长，阴阳之利用也；日夜之易，阴阳之化也"。（《管子·乘马》）春夏秋冬、日夜、时间，在管子这里，都被归纳在了阴阳学说之中。

其五，"中数曰岁，朔数曰年。中数者，谓十二月中气一周，总三百六十五日四分之一，谓之一岁。朔数者，谓十二月之朔一周，总三百五十四日，谓之一年"。（《礼记·月令》疏）——太阳历论岁，太阴历论年。岁长365.25日，年长354日。时间的长短区分出了年与岁的差别。

其六，"世为流迁，界为方位。汝今当知：东西南北、东南西南、东北西北上下为界。过去、未来、现在为世"。（《楞严经》）——世表时间，界表空间。四面八方为界，历史、现实、未来为世。佛教中的时空，与中华文化中的时空，其描述具有相似性。

解答时空问题，中华先贤是与宇宙发生论一起解答的——道生天地，道生时空。

与西方不一样的是，中华先贤没有创立时空的定义，而是直接以六时六合、四时四方告诉人们"何谓时间，何谓空间"。

时论六时，空论六合。六时者，阴六时阳六时也。这里可以论一天的十二时辰，这里可以论一年的十二个月。"大明终始，六位时成，时乘六龙以御天。"论六时，在《周易》里，始于六十四卦为首的乾卦。这里的龙，是时间龙。时间龙，由太阳而生。大明即太阳，如《礼记·礼器》所言："大明生于东，月生于西。"《周易》与《礼记》联系起来看，六时的划分与太阳的视运动相关。

六合者，四方加上下也。六合中有东西一维，南北一维，上下一维，三维空间在六合之说中正式形成。在笔者看来，六合之说比现代物理学中的三维空间更为完美。所以然则何？因为三维空间中的三维永远是直线，而六合中的三维局部是直线，空间中的无限延伸则成了圆环。

与牛顿不同的是，在中华先贤的视野里，时空是一体的，没有绝对与相对之分。日行一度，历中一天。太阳周天365.25度，回归年365.25天。度论空间，天论时间。时间与空间，上关乎天文，下关乎万物。万物衍生之前，时空两位一体。万物衍生之后，时空物三位一体。人出现之后，时空物人四位一体。时与空一不远物，二不远人，这就是中华先贤所建立的时空观。牛顿绝对时空观止于爱因斯坦，而源头中华先贤所创建的时空物三位一体的时空观至今没有遇到任何挑战。

在解答时空问题的同时，中华先贤又解答了与时空相关的一系列问题：例如时空与天文的一体关系，四时与四方的对应关系，时空与人体的对应关系……更为宝贵的是，中华先贤将时空进行了数字化与干支化。解答一个问题的同时，又解答了与此相关的一系列问题。这就是触类旁通。触类旁通，是中华先贤的过人之处，也是中华元文化的优秀标志。

这里集中时间讨论时空问题。时空问题的讨论，与前面其他问题的讨论有所区别，这里将充分使用图像。

二、四时与四方

春夏秋冬，四时也。东西南北，四方也。在现实生活中，人人都知道四时与四方。四时与四方，在今天已经不是问题。

但在源头处，区分四时与四方，颇费了一番功夫。

（一）《尚书》中的四时

在文献中，最早界定出四时的是《尚书》，最早界定出四方的是《周髀算经》。

《尚书》中的四时。仲春、仲夏、仲秋、仲冬，这四个词最早出现在《尚书·尧典》之中。先贤笔下的孟、仲、季，今之第一、第二、第三也。仲春之仲，即春季第二个月也。尧所讲的仲春，实际上指的是春分。仲春、仲夏、仲秋、仲冬，春分、夏至、秋分、冬至也。这里以春分、夏至、秋分、冬至四个节气表达春夏秋冬四季 ——四仲，解答了四时问题。

"四时"一词明确出现在尧的敕令中。"期三百有六旬有六日，以闰月定四时，成岁。允厘百工，庶绩咸熙。"（《尚书·尧典》）允，用也。厘，治理也。百工，百官也。庶，众也。咸，所有也。熙，兴也。这句话是尧的敕令，完整意思是：以四时为准则，百官们要把各项事务办好。这一敕令告诉后人，历为立政之本。尧时代的政令并不是出于帝王个人的意志，而是以四时之序为准则的。

日月星辰在天上变化，春夏秋冬在地面上变化，这是天地之理。春生、夏长、秋收、冬藏，这是万物之理。君王行政一要合乎天理，二要合乎物理。天地之理、日月之理、万物之理，集中在了历法之中，这就是历为立政之本的理论依据。

在《尚书·尧典》中，界定仲春、仲夏、仲秋、仲冬坐标有三：一是天文；二是鸟兽之文；三是人文。天文因素有二：太阳出入的方位；二十八宿中标志星在南天的出现。鸟兽之文，即鸟兽羽毛的变化。人文，即人民活动情况的变化。

图3-4 四时十字坐标图

（二）《周髀算经》中的四方

利用立竿测影的方法界定四方，最早是在《周髀算经》出现的。

《周髀算经·盖天模型》："以日始出，立表而识其晷，日入复识其晷。晷之两端相直者，正东西也；中折之，指表者，正南北也。"

东西南北，是在这段论述中确定的。东西南北"如何确定"的方法，也是在这段论述中出现的。

东西如何确定？其方法是：日出时，测影之表竿下会有日影；日落时，测影之表竿同样会有日影；在日出之影、日落之影的两个端点之间连出一条直线，直线的两个指向就是正东正西两方。

南北如何确定？《周髀算经》中的方法是：在东西连线中间画出一条平行于表的垂线，垂线所指方向即正南正北两方。

与日影相关的两条直线，其指向确定了东西南北。

测影之标竿，是确定四方的基本条件。日影连线，是确定四方的基本依据。这里画出的四方，与天文有关，准确地说，与太阳有关。

立竿测影，目的是求证四时，这里又求证出了四方。

图3-5　四方十字坐标图

（三）卦中的四时四方

在后天八卦中，出现了四时四方。

《周易·说卦》："震，东方也。……离也者，明也，万物皆相见，南方之卦也。……兑，正秋也，万物之所说也。坎者，水也，正北方之卦也。"

这段论述告诉后人，震为东方，离为南方，兑为正秋（西方），坎为北方。

东方合于春，南方合于夏，西方合于秋，北方合于冬。这段论述同时告诉后人，后天八卦中的四时与四方有着对应关系。

后天八卦中的四时与四方一直处于运动状态。运动是自左而右的圆周运动，运动是周而复始、原始反终的圆周运动。

"与四时合其序。"治理天下，必须高度重视四时之序，这是《周易·乾·文言》对治理天下者的基本要求。

图3-6　四时四方十字坐标图

万物随四时生长，万物生长于四方，四时四方与万物的关系是一体关系，这里没有与万物毫无联系的空间，也没有与万物毫无联系的时间，一句话，这里的时间空间均关乎万物，这里的万物一刻也离不开时间与空间。八卦中的时空观，是时空物三位一体的时空观。

图3-7　四时四方与万物状态图

（四）数字中的四时四方

《礼记·月令》中出现了与四时四方相匹配的数：

东方、春季其数八；

南方、夏季其数七；

中央、长夏其数五；

西方、秋季其数九；

北方、冬季其数六。

数配时间，数配空间，《礼记》只是继承，而不是起点。《礼记》中的这一组数，实际上是河图之数。图书，是数配时空的起点。

图中有数，书中有数，河图洛书中的数，彝族经典描述得更为流畅。

洛书中的数，是两数合十之数。合十之数与空间相关。

《西南彝志·论十二属相》："天一和天九，二数合为十，主管南北方；天三和天七，二数合为十，主管东西方；地四和地六，二数合为十，主管东南西北角；地二和地八，二数合为十，主管东北西南角。"这里的合十之数分四组，四组分数管宇宙的四方四隅——数与空间联系在了一起。

河图中的数，是一奇一偶并列之数。奇偶并列之数与五行相关。

《土鲁窦吉·五生十成》："天一地六水，地二天七火，天三地八木，地四天九金，天五地十土。"这里并列的奇偶之数，是河图之数。河图中相并列的五组奇偶之数（一六、三八、二七、四九、五十）可以表达金木水火土五行。

金木水火土五行每一行主管一方，五行主管五方，五行关乎空间，彝族文化描述得清晰而流畅。"五行中的木，它主管东方，掌握东方权；五行中的金，它主管西方，掌握西方权；五行中的火，它主管南方，掌握南方权；五行中的水，它主管北方，掌握北方权；五行中的土，它主管中央，掌握中央权。"《西南彝志》中有一篇文献《论金木水火土方位》，同样讲的是五行主管五方，东西南北中受制于金木水火土。

彝族源头的文化，在笔者看来，与汉族的文化并无二致，但表述上彝族先贤更为优秀。

（五）八卦中的四时八节与四面八方

四方进一步划分，可以分为八面。四时进一步划分，可以分为八节。四时八节与四面八方，可以融合在一起。最先融合四面八方与四时八节的，就是八卦。

八卦表达是八节，《尸子》有这种说法。

八卦表达是八节，《帛书周易·要》同样有这种说法。

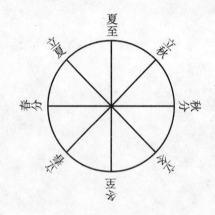

图3-8　四时八节坐标图

图3-9　四方四隅"米"字坐标图

图3-10　四时八节四方四隅坐标图

（六）八节·八方·八风·九宫

四时八节与四面八方，还有一种表达方式，这就是平面上的九宫。九宫是由九个小正方形组成的一个大正方形。

九宫，是在《黄帝内经·灵枢》中出现的。九宫一表八节，二表八方，三可以表八风。

请看《黄帝内经·灵枢·九宫八风》对四时八节与四面八方与北斗星斗柄之间关系的描述：

"太一常以冬至之日，居叶蛰之宫四十六日，明日居天留四十六日，明日居仓门四十六日，明日居阴洛四十五日，明日居天宫四十六日，明日居玄委四十六日，明日居仓果四十六日，明日居新洛四十五日，明日复居叶蛰之宫，曰冬至矣。"

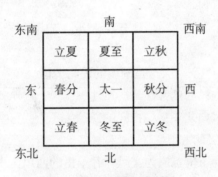

图3-11　九宫八风（灵枢）

先解释一下何谓太一。太一，在《庄子》与《吕氏春秋》中被解释为造物之道。《庄子·天下》："建之以常无有，主之以太一。"《吕氏春秋·大乐》："万物所出，造于太一，化为阴阳。"

太一，被《鹖冠子》解释为中央之位。《鹖冠子·泰鸿》："中央者太一之位。"太一居中央，中央住太一，

太一，被《史记》解释为天极星。《史记·天官书》："中宫天极星，其一明者，'太一'常居也。"

太一，在郭店竹简中被解释为"万物之母"与"万物之经"："是故，太一藏于水，行于时。周而又始，以己为万物母。一缺一盈，以己为万物经。"

十二月顺序的确定与北斗星指向相关，《淮南子·天文训》对此的解释是："帝张四维，运之以斗，月徙一辰，复反其所。正月指寅，十二月指丑，一岁而匝，终而复始。"月圆月缺为一月，月的时间长度由月亮而定。十二月为一年，一年开端由谁而定？由北斗星斗柄的指向而定。北斗星斗柄指向十二辰的寅位为一月，指向丑位为十二月。

解释"太一"，出现了多种解释，但主要意思集中在造物之道与北斗星上。《黄帝内经》中的"太一"，可以理解为北斗星。《黄帝内经》以太一所居住的八个行宫为依据，划出了八节。

八宫可以表达八节，可以表达八方，还可以表达八风。

八宫为何？叶蛰宫、天留宫、仓门宫、阴洛宫、上天宫、玄委宫、仓果宫、新洛宫是也。

八节为何？立春、立夏、立秋、立冬、春分、夏至、秋分、冬至是也。

八方为何？东、西、南、北四方加东北、东南、西南、西北四隅也。

一宫一节，八宫八节。八节始于冬至，终于冬至，这和《周髀算经》中的太阳回归年的起点与终点完全一致。

一节或45日或46日，八节的日期相加为366日，这个数据和《尚书·尧典》中的数据完全一致。366日，实际上在365～366日之间。

八节合于八宫，八宫对应八方，八方生八风，八风分虚实，实风主生，虚风主害。实风养人养万物，虚风害人害万物。

"立夏吹北风，十个鱼塘九个空。""夏至西北风，菜园一扫空。"这是广东的民间谚语。

"冬天有雷声，十个牛栏九个空。"这是湖南的民间谚语。

在这些谚语里，可以看到虚风的危害性与严重性。

实风、虚风如何区分？从风向北斗星柄指向的逆顺关系上去区分。逆斗柄指向而来的风为实风，顺斗柄方向而来的风为虚风。

斗柄东指，风从东方来，春季里东风为实风，春季里的西风为虚风。

斗柄南指，风从南方来，夏季里南风为实风，夏季里的北风为虚风。

斗柄西指，风从西方来，秋季里西风为实风，秋季里的东风为虚风。

斗柄北指，风从北方来，冬季里北风为实风，冬季里南风为虚风。

风为百病之始，这是《黄帝内经》判断疾病的基本依据。认识了四时之虚风，就可以判断由外因引起的脏腑之病。把人放在时间空间中来认识，把人放在四时八节中来认识，把体内之病与体外八风相联系，这就是《黄帝内经》的认识论。用这种认识论去认识任何事物，都会联系到天文现象。小蚯蚓的入土与出土，小草的出土与发芽，钱塘江大潮的潮起潮落，小鸟的产卵与换毛……统统与天文现象有关。所以然则何？天文决定时令，时令决定万物的生息。一部经典，一个进步；一步步进步，把人与时空紧紧地联系在了一起。

天文与时空，如流随源，如影随形；时空与时令，如流随源，如影随形。理解了这一点，就理解了中华先贤的系统论。如果继承发展了以天文论万事万物的基本方法，完全有可能解答先贤还没有解答的问题。例如，把别人视为谜一样的各种天灾的奥秘揭示出来。

九宫，是中华元文化浓缩出的精品。九宫，其特点有八：①统一了天文与人文；②统一了天文与地理；③统一了天文与天气；④统一了太阳历与太阴历，即统一了太阳在南北回归线之间的视运动与北斗星的圆周运动；⑤统一了人文中的太极、图书、八卦；⑥统一了四时八节与四面八方；⑦实现了宇宙的数字化即物理与数理的统一；⑧实现了现实世界的微型化。

实际上，井田制与九宫的外在形式相关；天下九州与九宫的外在形式相关；都市模型与九宫的外在形式相关；四合院模型与九宫的外在形式相关。只要稍微留心一下，还会有新的发现。

（七）《鹖冠子》中的四时与四方

"斗柄东指，天下皆春。斗柄南指，天下皆夏。斗柄西指，天下皆秋。斗柄北指，天下皆冬。"（《鹖冠子·环流》）

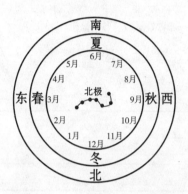

图3-12 圆内北斗圈外四时图

谈天文与时令的统一，诸子之中以《鹖冠子》表述得最为优美。《鹖冠子》以北斗星斗柄的指向为依据，划出了春夏秋冬四季。四季之后有八节，在四季的基础上进一步，可以细分为八节。在八节的基础上进一步，可以细分为二十四节气。求证二十四节气，《周髀算经》中的坐标是太阳，《淮南子》《鹖冠子》中的坐标是北斗星，运用不同的坐标，利用不同的方法，去求证一个问题，这就是中华先贤。这里需要补充说明的是，彝族、苗族先贤与汉族先贤一样，同在中华先贤之列。

（八）四时·四方·五脏

以天体论人体，这是始于八卦的论证方式。

以天体论人体，这种论证方式，被诸子所继承。在《礼记》《管子》中可以看到，以四时四方论五脏的论断。在《鹖冠子》中可以看到"天人同文，地人同理"的精辟概括。

天体论人体的论证方式，被《黄帝内经》所继承、所发展。《黄帝内经·素问·金匮真言论》中出现了黄帝与岐伯的一段对话，对话中出现了四时四方与五脏的对应关系。请看原文：

"帝曰：五藏应四时，各有收受乎？"

"岐伯曰：有。东方青色，入通于肝，开窍于目，藏精于肝，其病发惊骇，其味酸，其类草木，其畜鸡，其谷麦，其应四时，上为岁星，是以春气在头也，其音角，其数八，是以知病之在筋也，其臭臊。

"南方赤色，入通于心，开窍于耳，藏精于心，故病在五藏，其味苦，其类火，其畜羊，其谷黍，其应四时，上为荧惑星，是以知病之在脉也，其音徵，其数七，其臭焦。

"中央黄色，入通于脾，开窍于口，藏精于脾，故病在舌本，其味甘，其类土，其畜牛，其谷稷。其应四时，上为镇星，是以知病之在肉也，其音宫，其数五，其臭香。

"西方白色，入通于肺，开窍于鼻，藏精于肺，故病在背，其味辛，其类金，其畜马，其谷稻，其应四时，上为太白星，是以知病之在皮毛也，其音商，其数九，其臭腥。

"北方黑色，入通于肾，开窍于二阴，藏精于肾，故病在溪，其味咸，其类水，其畜彘。其谷豆，其应四时，上为辰星，是以知病之在骨也，其音羽，其数六，其臭腐。"

表3-2　时空五脏对应表

五方	东	南	中	西	北
五季	春	夏	长夏	秋	冬
五脏	肝	心	脾	肺	肾

五脏在人体之内，四时四方在人体之外，两者之间有联系吗？有！这段对话解释了四时四方与五脏的对应关系。

四时与五脏的对应关系为：肝应春，心应夏，脾应长夏，肺应秋，肾应冬。

四方与五脏的对应关系为：肝应东，肺应西，心应南，肾应北，脾应中央。

五行与五脏的对应关系为：肝属木，心属火，脾属土，肺属金，肾属水。

以五行为桥梁，四时四方与五脏联系到了一起。以五行为桥梁，天体与人体联系到了一起。

建立时空与五脏的联系，在医学哲学上是一大突破。四时有四时之病，四方有四方之病；人在四时中成长，病在四时中产生；一方水土养一方人，一方水土也生一方病；时间可以论病，空间可以论病，这就是《黄帝内经》的时空观。一步步地进步，此处体现在了时空与五脏的联系上。时间空间与疾病的联系，仪器是无法发现的。中医优秀的时空观，无论多么先进的仪器也无法取代。如果在中医时空观基础上继续前进，是不是可以认识仪器无法认识的疑难病，是不是可以解答仪器无法解答的问题？

三、干支

干支，是中华先贤的又一伟大创造。

分出了四时四方，八节八方之后，中华先贤研究的脚步并没有停止，又创造出了十天干与十二地支，简称干支。

干支，是对时空的抽象。干支，建立起了一个圆环模型。这一圆环模型，用无端之圆环来表达无限流动、无限循环的时间与空间。

天干有十：甲乙丙丁戊己庚辛壬癸。

地支十二：子丑寅卯辰巳午未申酉戌亥。

干支创造于何时？为何人所做？汉族、苗族、彝族几个兄弟民族，各有自己的说法。

（一）汉族说

《吕氏春秋》《史记索隐》都说甲子产生于黄帝时代，是一个名为大桡的贤者创作了甲子。请看下面两个论断：

其一，《吕氏春秋·勿躬》："大桡做甲子。"

其二，《史记·历书·索隐》："黄帝使羲和占日，常仪占月……大桡做甲子。"

（二）苗族说

大尧，苗族同胞说这是苗族的祖先。苗族同胞说，大尧归顺了黄帝。归顺黄帝之后，先是将自己的妹妹嫘祖（雷祖）嫁给黄帝为妻，又后辅佐黄帝在文化创建上做了一系列重大贡献。甲子的创建就在这些贡献之中。按照苗族同胞的说法，大尧的几项贡献为：一是改九卦为八卦；二是改一分为三（阳、阴、不阳不阴）为一分为二（阳、阴）；三是将十干支与十二生肖配合创立了天干、地支、六十甲子；四是将五行金水木火土与五方西北东南中相联系；五是将金水木火土五星与日月相配合创建立了七曜历。苗族先贤大尧辅佐黄帝造甲子之说，记载在石启贵先生的《湘西苗族实地调查报告》一书中。苗族古历是中华大地上现存古历之一，由此可见，苗族同胞的说法绝非空穴来风。

（三）彝族说

在彝族典籍中，干支是随宇宙发生论一起解释的，是与五行、四方、十月历一起解释的。这里摘录《土鲁窦吉》一书中两篇论干支产生的文章，了解一下彝族先贤对干支的解答。

《论甲干的产生》（全文）

远古的时候，还不止这些，

甲乙与丙丁，戊己与庚辛，

壬癸十甲干，怎样产生的，

何处出现的，要请问摩首（智者）。

甲与乙，丙与丁，

戊与己，庚与辛，

壬与癸十干，生成五行底，

又生出甲干，它自生形成，

确实是这样。

还不止这些，甲与乙，

丙与丁，戊与己，

庚与辛，壬与癸，

各主管何方，能否讲得清，要请问摩首。

宇宙的东方，六甲六乙管；

宇宙的西方，六庚六辛管；

宇宙的北方，六壬六癸管；

宇宙的南方，六丙六丁管；

宇宙的中央，六戊六己管。

相生相连的，确实是这样，是这样的嘛。

这里十天干之间反复出现了一个"六"字，寓意为何？天干与地支相配，60年一个甲子，十天干中的每一干总共出现六次，这里是"六甲六乙"之六的所以然。

彝族同胞的解释，与《说文解字》中的解释完全一致。干支结合60日一循环，其间十天干每一干都出现了六次。六，所表达的是十天干在一轮循环中所出现了次数。

《论十二地支》（节选）

苍天十二重，清浊二气盈，

元气虚空空，后来又变化，

子丑寅卯，辰巳午未，

申酉戌亥，成十二地支，

主天十二角，管天地间事。

生育有命的，从古直到今，

一人一宇宙，一姓一根源，

确实是这样。

世间要做事，由子午卯酉，管宇宙四方；

由丑未辰戌，管乾坤四隅；

其中五行主，寅申与巳亥，

天地富贵根，其上生五行。

这些不别说，这十二属相，

产生出之后，子变生了水，

丑变生了土，寅变生了木，

卯变生了木，辰变生了土，

巳变生了火，午变生了火，

未变生了土，申变生了金，

酉变生了金，戌变生了土，

亥变生了水，五行的根源，

五行自己变，就是这样的。

在彝族文化中，干支关乎时间，关乎空间。干支分属五行，主管四时四方。在彝族十月太阳历中，十天干记月，十二地支记日；一月一天干，一日一地支；天干轮一周，一年十个月；地支轮三周，一月36天。彝族文化对干支的解释，完整而完美。

彝、苗、汉三个民族的文化里都有干支，这说明了什么？这说明源头的中华文化融合了多个民族的智慧。三个民族相比较，汉族为大。大，不仅仅体现在数量上，主要还体现海纳百川的胸怀与雅量上。

（四）干支的作用

干支可以纪年，干支可以纪月，干支可以纪日，这是干支在《周易》《尚书》《黄帝内经》中的作用。

离开了干支，早期的历史也许会成为一团乱麻。

天干可以定日，《周易》中有天干定日的例子。

例一，"先甲三日，后甲三日"。这是《蛊》卦的卦辞。这一爻辞说明，在爻辞产生的时代，中华大地上是以干支记日的。

例二，"先甲三日，后甲三日，终则有始，天行也"。（《周易·蛊·象传》）"终则有始"讲的是终点之处重新开始的无限循环。

谁在无限循环？天道也。天道何在？"时乃天道。"《尚书·大禹谟》指出，时序即天道。

"如日月东西相从而不已也，是天道也。"《礼记·哀公问》指出，日月运行之理即是天道。

"日中立竿测影，此一者，天道之数。"《周髀算经·陈子模型》指出，立竿测影下的日影，即是天道。可以从测影测出来的数字中认识天道之数。日月是无限循环之日月，天道是无限循环之道，终则始，始则终。

天道即时序，甲子的出现，是对循环之天道的量化。

天干可以定日，《尚书》中有多处天干定日的例子。如，《尚书·益稷》："予创若时，娶于涂山，辛壬癸甲。"这句话是大禹的话。大禹说自己结婚四天就去治水了。这里出现了"辛壬癸甲"四干，四干定四天。这里的天干定的是日。《尚书·牧誓》："时甲子昧爽，王朝至于商郊牧野，乃誓。"甲子日黎明，武王革命的军队到了商都牧野，在此举行誓师。甲子者，甲子日也。昧爽，日出之前也。这里出现的甲子，定的也是日。

天干可以定日，《礼记》中有实例。

"孟春之月……其日甲乙。孟夏之月……其日丙丁。中央土，其日戊己。孟秋之月……其日庚辛。孟冬之月……其日壬癸。"（《礼记·月令》）这里的天干有多重意义：一是定日，二是对应四时四方。

天干可以定日，《黄帝内经》中有实例。

"肝主春……其日甲乙。心主夏……其日丙丁。脾主长夏……其日戊已。肺主秋……其日庚辛。肾主冬……其日壬癸。"（《黄帝内经·素问·脏气法时论》）这里的天干有多重意义：一是定日，二是对应四时四方，三是对应五脏。

干支结合可以记年。干支记年永远不会出现错误。如若不信，可以去翻阅一下《辞海》与《大辞典》后面的《中国历史记年表》。

表3-3 六十甲子顺序表

甲子	乙丑	丙寅	丁卯	戊辰	己巳	庚午	辛未	壬申	癸酉
甲戌	乙亥	丙子	丁丑	戊寅	己卯	庚辰	辛巳	壬午	癸未
甲申	乙酉	丙戌	丁亥	戊子	己丑	庚寅	辛卯	壬辰	癸巳
甲午	乙未	丙申	丁酉	戊戌	己亥	庚子	辛丑	壬寅	癸卯
甲辰	乙巳	丙午	丁未	戊申	己酉	庚戌	辛亥	壬子	癸丑
甲寅	乙卯	丙辰	丁巳	戊午	己未	庚申	辛酉	壬戌	癸亥

十天干，在《史记》《汉书》《说文解字》中被解释为万物生长的十种状态：

甲，万物剖符甲而出也。

乙，万物出生，冤屈而出。

丙，万物炳然。

丁，万物丁实。

戊，万物茂盛。

己，万物茂盛期已过，进入衰退状态。

庚，万物成熟，开始更替。

辛，万物开始新生。

壬，妊娠，万物新生。

癸，万物可揆度。

十二地支，被《史记》《汉书》《说文解字》解释为阴阳二气和万物一岁一枯荣的十二种状态：

子，兹也；一阳滋生，万物兹萌。

丑，纽也；二阳上舒，万物纽而未出。

寅，引也；三阳开泰，万物始生。

卯，茂也；阳出地面，万物茂盛。

辰，震也；五阳艳丽，万物震动而长。

巳，尽也；六阳盛极，万物盛极。

午，阴阳交替；一阴始生，万物根部开始变化。

未，味也；二阴始生，万物滋味成就。

申，身也；三阴平均，万物身已成就。

酉，老也；四阴盛强，万物老也。

戌，灭也；五阴盛壮，万物尽灭。

亥，核也；六阴盛极，万物收藏。

（五）历法平面图

在少数民族的历法中，还可以看到干支表达的历法平面图。

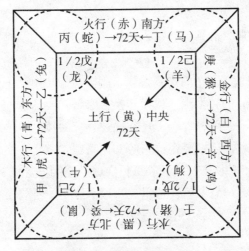

图3-13　彝族历法平面图

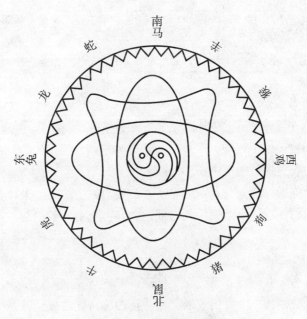

图3-14　傈僳族历法平面图

笔者认为，十二地支是在四时四方、八节八方基础上的成果。地支的出现，解答了一系列基础性问题：

其一，将时空融入了一个圆环之中，使人一目了然。

其二，将时空与阴阳二气的无限循环性融入了一个圆环之中，使人一目了然。

其三，将时空划出了十二等分，将阴阳二气变化划分出了十二个阶段，将万物一岁一枯荣划分出了十二个阶段，使人一目了然。

其四，在四时八节与北斗星斗柄两者之间建立起了源流联系。

其五，将时空进行了符号化与数字化，可以使人在几分钟时间内，理解并认识时空变化的规律。

其六，将时空与五脏之间建立起了对应关系，使人知道了时令的变化，就可以知道人体的变化。

日中为午，夜半为子。子午两点是昼夜（阴阳）的转换点。夏至在午，冬至在子。子午两点是寒暑（阴阳）的转换点。昼夜转换，寒暑转换，千古不易，万古不变。地支的永恒意义就在这里。子午两支在今天还在描述昼夜的转换，子午两支在今天还在描述寒暑的转换。知道了这些，还敢轻视源头的文化吗？

南为午，北为子。南北子午线是东西两半球的空间分界线。这一分界线，千古不易，万古不变。地支的永恒意义就在这里。知道了这些，还敢轻视源头的文化吗？

四、时空的数字化

宇宙可以数字化，天地可以数字化，时空可以数字化，五脏可以数字化，万物可以数字化，在源头的元文化里，一切都可以数字化。

（一）洛书中的数字化

将宇宙数字化，这是始于图书的表达方法。图书中没有文字，只有实心圆与空心圆，空奇实偶。

洛书用四个奇数表达了四时四方。一表达的是北方与冬季，九表达的是南方与夏季，三表达的是东方与春季，七表达的是西方与秋季。

洛书用四个偶数表达了四隅，四、二表达的是东南、西南，八、六表达的是东北、西北。五这个奇数表达的是中枢中央。

整个宇宙与时空的循环演化都浓缩在一二三四五六七八九这九个数字之中，这就是洛书。这里要说明的一点是，洛书中的奇偶之数是分别而论的。奇一方，偶一方；奇是奇，偶是偶。

（二）河图中的数字化

河图与洛书有一个共同点，有一个不同点。共同点是同用数字表达时间与空间。不同点是在洛书中奇数偶数是分别出现的，而在河图中奇偶之数是并列成组出现的。奇偶并列，彝族文化称之为阴阳"联姻"。

在河图中，奇偶相互并列，一可以表达四时，二可以表达四方：

三与八，这一奇一偶并列，表达的是东方与春季；

二与七，这一奇一偶并列，表达的是南方与夏季；

四与九，这一奇一偶并列，表达的是西方与秋季；

一与六，这一奇一偶并列，表达的是北方与冬季；

五与十，这一奇一偶并列，表达的是中间中央。

一六、二七、三八、四九、五十，五奇五偶，相互并列，阴阳联姻，表达了四时的周而复始，表达了四方中央的无限循环。循环，是有中心中枢的。五十，是循环的中枢。

奇偶之数这里，一有时空，二有时空动静，三有时空动静的无限循环。时空演化之理就浓缩在了这十个数字之中。

（三）《周易》里天地与卦的数字化

"天一，地二；天三，地四；天五，地六；天七，地八；天九，地十。天数五，地数五，五位相得而各有合。天数二十有五，地数三十。"《周易·系辞上》以天地论奇偶之数——天地可以数字化。

"阳卦奇，阴卦偶。"《周易·系辞下》以阴阳之卦论奇偶之数——卦可以数字化。

（四）《黄帝内经》里的五脏数字化

五脏肝心脾肺肾，五数八七五九六。《黄帝内经·素问·金匮真言论》在五脏与五数之间建立起了对应关系。因为五脏还对应于时间与空间，所以，这里的五数，还对应于春夏秋冬加长夏五季，东西南北中五方——五脏可以数字化。

《礼记·月令》中有一组数字——八七五九六，这组数字同样对应于四方四时与五脏。其具体对应关系，与《黄帝内经》大同小异。

用数字描述宇宙与万物，中华先贤所取得的成果，在世界范围内，再找不出第二例。古希腊大哲学家毕达哥拉斯曾经说过"一切都是数"的著名名言，但是毕氏没有用数来描述一切。用奇偶之数描述一切，是中华先贤完成的。奇偶之数描述一切，这一方法始于图书、八卦。

第九节　简要述评

通过回顾与对比，可以清晰地认识到：

一、中华先贤的确是优秀的先贤

他们不依赖神的恩赐，依靠的是人的聪明，人的智慧。他们善于提出问题，也善于解答问题。西方解答的问题，中华先贤解答了。西方没有解答的问题，中华先贤也解答了。更为关键的是，解答问题方法独特而简洁，与西方完全不一样。这里没有抄袭，这里没有模仿。下面会专题讨论"中华文明背后的方法"，此处不赘。

二、中华元文化的确是优秀的文化

优秀的文化首先体现在坐标的永恒上。希伯来先贤以神文为坐标创建了人文，中华先贤以天文为坐标创建了人文。天文是人文的坐标，天理是人理的坐标，天则是人则的坐标，日月之序、四时之序是人序的坐标……总而言之，天理、日月之理、自然之理是"如何为人"的终极坐标。坐标之理是理性的，做人也要有理性。只要坐标没有失去永恒性，人文也不会失去意义。

天文是日新的天文，万物是日新的万物。天地时时刻刻都在变化，万物时时刻刻都在更新。"日新日日新"的哲理与实际，首先体现在天文地理上，其次体现在万物的更新上。效法天地变化，人也应该变化。人的变化，体现在发明创造上，体现新问题的提出与解答上。优秀文化育人，要育出日新之人，要育出日新之事。

三、中华文明的确是领先于世界的文明

早期的中华大地上，出现了一系列先是令周边敬佩、后是令西方惊奇的成果。历法、文字、衣裳、器具、礼仪、度量衡、奇偶之数、直角三角形……一系列的先进成果，组成了真正的、并非自吹自擂的中华文明。真正的中华文明，赢得了"近者悦，远者来"的局面。如若不信，请看看南韩国旗的太极图与天地水火四卦，请看看日文中的汉字，请看看越南所采用的历法。

"早就有，的确有。"一非虚言，二非戏言。

问题是，以往的文化批判，一没有讲清"到底有什么？"二没有讲清"有！为什么有？"

以上的内容，集中讨论的是"有什么"，下面集中精力讨论"有！为什么有？"

这里，希望与读者一起重温《周易》里的一句话，《周易·贲·彖传》曰："刚柔交错，天文也。文明以止，人文也。观乎人文，以化成天下。"化天下，化文明之天下，根本因素是人文，是源于天文的人文而非其他。

第四章　中华文明背后的独特方法

第一节　两个基本点

探索中华文明背后的方法，认识与探索早期中华大地上的奥秘，必须把握两个基本点：第一，书中的道理在书外；第二，筷子和刀叉原本就不一样，东方与西方在认识论与方法论上原本就有差别。

一、先谈"书中的道理在书外"

还记得"书不尽言，言不尽意"这句话吗？前面说过，身边很多朋友知道这句话，但不知道出处在哪？这句话出于《周易·系辞上》。这句话告诉人们，凡是"书"都有局限性，凡是"言"都有局限性。实际上，凡是人都有局限性。

若问：谁没有局限性？正确的答案是：日月没有局限性，四时没有局限性，天地没

有局限性，宇宙没有局限性，总之，大自然没有局限性。

书中的道理在书外。因为中华先贤的作品，全部是参照天文地理创作出来的。请看下面两个依据：第一，河图、洛书是参照天文创作出来的。第二，八卦是参照天文地理创作出来的。之后有了六十四卦，有了《周易》中的文字。六十四卦是八卦的衍生物，《周易》中的文字全部是对卦象、卦理、卦序的注释。《周易》这部经典，所揭示的事实就是：书中的道理在书外。

认识中华文明，探索中华文明背后的方法，认识与探索早期中华大地上的一切奥秘，若想从书中找出正确的答案，其荒谬程度犹如想从珠穆朗玛峰上捕鱼捉蟹一样。顺便说一句，以经解经，以卦解卦，永远也打不开第一部经典——《周易》的大门。

问：孔夫子是圣人，在孔夫子的书中，能否认识中华文明背后的方法，能否认识早期中华大地上的奥秘？答：不能！

为什么？因为构成中华文明的奠基之作，在孔夫子之前业已完成。这里仅举9个例子来说明问题。

第一例：具有文明标志意义的历法，产生于孔夫子之前。《论语·卫灵公》篇记载了颜渊请教孔夫子如何"为邦"的对话。孔夫子讲了四条方略，这第一条就是"行夏之时"。

"夏之时"就是夏历。夏历，阴阳合历也。夏，位于孔夫子时代之前。历，产生于夏之前。阴阳合历，夏朝已完全成熟。孔夫子没有参与制历，这里一没有制历的方法，二没有历之原理的奥秘，所以，探索历法"所以然"的脚步不能停留在孔夫子这里。

第二例：具有文明标志意义的舟车，产生于孔夫子时代之前。孔夫子向颜渊所讲的第二条方略是"乘殷之辂"。

"殷之辂"就是殷朝的车子。殷商，位于孔夫子时代之前。舟车，产生于商之前，产生于黄帝时代。孔夫子没有参与舟车的制造，这里一没有制造舟车的方法，二没有舟车原理的奥秘，所以，探索舟车"所以然"的脚步不能停留在孔夫子这里。

第三例：具有文明标志意义的衣裳，产生于孔夫子时代之前。孔夫子向颜渊所讲第三条方略是"服周之冕"。冕，礼帽也。"周之冕"就是周朝的衣帽。周，位于孔夫子时代之前。衣裳冠冕，产生于周之前。衣裳，始制于黄帝时代。始制衣裳，孔夫子没有参与，这里一没有制衣的方法，二没有衣裳原理的奥秘，所以，探索衣裳"所以然"的脚步，不能停留在孔夫子这里。

第四例：具有文明标志意义的音乐，产生于孔夫子之前。孔夫子向颜渊所讲第四条的方略是"乐则韶舞"。

韶乐，是舜时代的音乐。《庄子·天下》曰："舜有《大韶》。"孔夫子曾用"尽美矣，又尽善也"这样的语句来评价韶乐。韶乐，产生于孔夫子之前。孔夫子这里一没有制乐的方法，二没有乐理的奥秘，所以，探索音乐"所以然"的脚步不能停留在孔夫子这里。

第五例：直角三角形，始于孔夫子之前。《周髀算经》将直角三角形的功劳，记载在了立竿测影者的名下。最早的天文观测者为谁？《周髀算经》介绍的是包牺氏（伏羲氏）。善用直角三角形者为谁？《周髀算经》介绍的是大禹。大禹在治水过程中，用直角三角形测高、测深、测远。直角三角形，产生于孔夫子之前。所以，探索直角三角形的"所以然"的脚步不能停留在孔夫子这里。

第六例：孝道的创建，始于孔夫子时代之前。孔夫子主张孝道，但孝道是早于孔夫子的圣贤创建的。《孝经·开宗明义》："先王有至德要道，以顺天下。民用和睦，上下无怨。"这里的先王，就是指孔夫子之前的圣贤。这里的至德要道，就是孝道。孝道的教育，始于孔夫子之前。所以，研究孝道的"所以然"，不能停留在孔夫子这里。

第七例：礼仪之则，始于孔夫子时代之前。儒家讲礼。《礼记》说，人不知礼，如同禽兽。但是，礼仪之则不是始于孔夫子，而是始于孔夫子时代之前。《礼记·礼运》曰："圣人作则，必以天地为本，以阴阳为端，以四时为柄，以日星为纪……"孔夫子说，人与动物相区别的礼，是圣人参照自然法则制定出来的。礼仪之则，早于孔夫子。所以，探索礼仪的"所以然"，不能停留在孔夫子这里。

第八例：制器之道，成熟于孔夫子时代之前。建筑之术，成熟于孔夫子之前。烹调技艺，成熟于孔夫子之前。天体测量，始于孔夫子之前。所以，探索这些技艺"所以然"的脚步均不能停留在孔夫子这里。

第九例：根本大道的确立，始于孔夫子之前。生生之源的追溯，希伯来先贤追溯出的是神，中华先贤追溯出的是道。神是人格神，道是自然之道。一阴一阳分而为二、合二为一的道，确立在了图书之中，确立在了八卦之中。道，是天地万物的根本，是中华文化的根本，是中医文化的根本，也是诸子百家的根本。"朝闻道，夕死可矣！"（《论语·里仁》）道，高于孔夫子，出现于孔夫子之前。孔夫子是闻道的圣人，但孔夫子不等于道。根本大道在书外，不在书里，包括孔夫子的书。人不是道，哪怕是圣人。以人为道，一定会误入歧途。轻者是教条，重者是邪教。真诚地希望读者能够理解孔夫子"朝闻道，夕死可矣"这句话。

这里要穿插一个小故事：笔者曾向一位朋友讲述了"圣人不是道"的这一认识，他说佛教不是以释迦牟尼为道的吗？笔者告诉这位朋友，释迦牟尼本身从来就没有把自己视为道，更没有把他说的话视为道。《金刚经》有这样两句话：第一句是"如来所说法，皆不可取"；第二句是"一切贤圣皆以无为法而有差别"。释迦牟尼从来没有把自己的话当做终极真理，释迦牟尼也从来没有把自己当做真理的化身。释迦牟尼倡导觉悟，悟到何处？悟到空无之处。释迦牟尼只是觉悟的桥梁。空，本来是《奥义书》所解释的生生之源，被佛教全盘继承后，解释为宇宙本体。"自古佛佛惟传本体，师师密付本心。"这是禅宗弘忍五祖向六祖慧能传授衣钵时所讲的一句话。佛教以空为本体，讲究的是本心合于本体。这和中华文化里讲天地良心是一致的。以无为法，以空为法，是佛教的真谛。孙悟空是《西游记》中的艺术形象，但"悟空"之名反映的却是佛教的价值取向。佛教没有以释迦牟尼为终极坐标，没有以释迦牟尼的话为终极坐标。实际上，磕头烧香拜佛早已偏离了佛教的宗旨。《金刚经》："凡所有相，皆虚妄。"磕头烧香，拜的是虚妄之相，这与佛教的宗旨是相悖的。

问：究竟什么东西没有局限性？正确的答案是：象。何谓象？图书与八卦。图书与卦是模拟大自然的抽象之象，这里没有文字，这是没有语言，所以这里没有局限性。"书不尽言，言不尽意。然则，圣人之意，其不可见乎？子曰：'圣人立象以尽意。'"《周易·系辞上》这句话告诉后人，书有局限性，言有局限性。象没有局限性。书不能尽的言，言不能尽的意，可以尽在象里。

还有两句关于书有局限性、人有局限性的话。《孟子·尽心下》："尽信《书》，则不如无《书》也。"《荀子·解蔽》："凡人之患，蔽于一曲，而暗于大理。"

二、再谈筷子和刀叉的差别

动不动拿西方的标准来评价中华大地上的事物，几乎成了一种时尚。

笔者多次谈到这样一个观点：地球从形成起，就有东西之分；人形成之后，就有东西之别。两种空间中的人创造了不同文化，不同的文化有不同的智慧。解答同一问题，不同的智慧往往采用不同的方法。东方成语中有"殊途同归"一说，西方谚语中有"条条道路通罗马"一说，要达到同一目的，可以有多种道路，可以有多种方法。话语不同，意思一样。

解答同样的问题，东西方却采用了不同的方法。前面已经举过十个例子，这里再补充三个说明问题。

（一）直角三角形

在古希腊，直角三角形是大哲学家毕达哥拉斯在纸上画出来的，而在中华大地上则是立竿测影时发现的：竿为股，影为勾，竿端与影端相连的斜线为弦，直角三角形就此成立。纸上的直角三角形，画一个是一个；空间中的直角三角形，日影之下，一天会产生亿万个直角三角形。直角三角形产生的同时，圆也随之诞生。发现的途径差别是那样的大，但勾三股四弦五有差别吗？

（二）度量衡

度量衡在科学史中占有基础性地位。英国学者 W·C·丹皮尔在《科学史》中指出，最早的度量衡不是产生在西方，而是产生在两河流域。公元前2500年，巴比伦尼亚国王的敕令中出现了度量衡。《尚书·舜典》曰："同律度量衡。"这句话告诉后人，中华大地上的度量衡产生在舜之前，是舜第一次统一了音律与度量衡。在《十大算经》与医学典籍中可以看到，创立度量衡，中华先贤采用多种方法，其中最简洁的一种方法就是利用一粒米确立了量、度、衡的基本单位——米长为度、米广为量、米重为衡。西方还"没有"的时候，东方已经"有"了，"有没有"是一种差异，提前"有"也是一种差异。

（三）造物主

天地万物从何而来？《圣经》以一个万能之神做出了解答，《周易》《礼记》《道德经》以自然之道做出了解答。请看，在生生之源这一根本问题上是不是你有你的解法，我有我的解法？

东方西方，两种空间；两种空间，两种文化；两种文化，两种方法。有了这一认识，才能理性地讨论中华文明背后的独特方法。

书中的道理源于书外，源于天地之理、日月之理、四时之理、万物之理，有了这一认识，才能理性地讨论中华文明背后的独特方法。

将西方文化绝对化，将眼睛死死盯住书内，无法进行理性的文化讨论。

第二节　行而论道：中华先贤的行为方式

在伏羲氏、神农氏、黄帝、尧、舜、禹这一类中华先贤身上，可以看到一种优秀的行为方式，这就是行而论道的行为方式。行而论道，行在何处呢？分而述之如下：

一、善于用眼观察

有谁会想到，"观察"一词是在伏羲氏名下形成的？请看以下三个论断。

其一，《周易·系辞上》："易与天地准，是故能弥纶天地之道。仰以观于天文，俯以察于地理，是故知幽明之故。原始反终，故知死生之说。"

其二，《周易·系辞下》："古者包牺氏之王天下也，仰则观象于天，俯则观法于地，观鸟兽之文与地之宜，近取诸身，远取诸物，于是始作八卦，以通神明之德，以类万物之情。"

其三，《周易·贲·象传》："观乎天文，以察时变；观乎人文，以化成天下。"

伏羲氏名下出现的"观"与"察"，是两个单音词。观的是天文，察的是地理。观、察演变成了今天所采用的"观察"。"观察"一词，始于伏羲氏对天文地理的研究。

在这三个论断中，可以清晰地看到一个善于用眼观察的伏羲氏。这里的伏羲氏，用自己的眼睛详细而周道地观察着外部世界。天文、地理、昼夜（幽明）、鸟兽、诸物、自身，都在伏羲氏观察的范围之内。上中下六合，一合都不少；圆周三百六十度，度度都不缺；都在伏羲氏观察的范围之内。

伏羲氏所观察的内容，不是静止的，而是动态的，是不断变化的。天文是变化的，地理是变化的，昼夜是变化的，寒暑是变化的，鸟兽是变化的，诸物即万物是变化的，人类自身是变化的……变化随时而变，时随天文而变。

伏羲氏所观察的变化，具有周期性。天文变化有周期性，昼夜变化有周期性，寒暑变化有周期性，万物变化有周期性，鸟兽变化有周期性，生命变化有周期性……周期性，可以用"原始反终""终则有始"之词来描述。

善于用眼观察，这是行而论道的基础内容。

二、善于动手做事

用眼之后是用手，用眼观察，用手作文做事。"于是始作八卦。"（《周易·系辞下》）"于是"之前是观察，是详细而周到地观察，观察之后是动手"作八卦"。用眼用手、动脑动手，在伏羲氏这里完美地融合在了一起。

八卦是人的作品，所以属于人文。但人文源于自然之文，首先是源于天文。

作卦的目的，《周易·系辞下》的介绍是："以通神明之德，以类万物之情。"

"以通神明之德"是作卦的第一目的。神明，即产生天地万物的生生之源。神明之德，即生生之德。"天地之大德曰生。"《周易·系辞下》将生产之生生喻为天地之大德。作卦的第一是对生生之源追溯。

"以类万物之情"是作卦的第二目的。天地万物的观察之后作八卦，八卦是对天地万物的归纳。

八卦所表现、所表达、所描述的就是天地万物。这里出现了一个"类"字。类者，类似也。类者，比类也。八卦卦形，类似天地万物之情。八卦卦理，类似天地万物之理。人文是人的创造，是圣人的创造。圣人创造人文，是为了人文和谐于天文。

关于八卦创作的目的，第一篇中已经谈过，之所以再次重复，目的是想提醒读者：伏羲氏作卦的目的，绝不是为今天算命先生创造饭碗的。

动手作文，八卦出现了。动手做事，网罟出现了。在《周易·系辞下》中，网罟是在伏羲氏名下出现的——"作结绳而为罔罟以佃以渔，盖取诸离。"

伏羲氏名下有两大功绩：一是创作了八卦；二是结绳结出网罟。八卦，属于文化创造；网罟，属于器具创造。既重视文化创造，又重视器具创造，伏羲氏的事迹，起码说明五条道理：

其一，以文化育人，以器具发展生产。文化创造与器具创造，犹如车之两轮，鸟之两翼，具有同等的重要意义。

其二，文化创造与器具创造，两种创造完全可以同步进行。

其三，文化创造者也可以是器具创造者，两种创造者可以是同一个人。

其四，文化创造者应该积极地进行器具的创造，文化创造者不应该鄙薄动手，不应该鄙薄器具的创造。

其五，文化创造与器具创造，都应该符合天理与人理。文化创造与器具创造，既不应该与天理相冲突，也不应该与人理相冲突。

善于动手做事，这是行而论道的基础内容。

三、善于因时因势

（一）善于因时的理和事

"与四时合其序。"（《周易·乾·文言》）乾卦中已隐藏有"与四时合其序"的哲理，文字诠释乾卦，揭示出了这一哲理。与四时合其序，顺应自然法则，在《周易》这里，是治理天下者必须遵循的哲理。

春生、夏长、秋熟、冬藏，中华先贤发现，万物会自觉地遵循着自然法则。

春种、夏长、秋收、冬藏，中华先贤认为，生产必须严格地遵循四时之序。

生有时，死有时，草木如此，禽兽如此，五谷如此，瓜果如此，人亦如此。所以，必须重视时间之时，必须重视时序之序。因时，珍惜时间，重视 时序也。作卦者，善因时者也。释卦者，善因时者也。早期的文化创造者与治理天下者，善因时者也。

重视四时，重视时序，经典与诸子留下了让人易于接受的、赏心悦目的哲理与名言。

其一，"天地以顺动，故日月不过，而四时不忒"。（《周易·豫·象传》）

其二，"日月得天而能久照，四时变化而能久成，圣人久于其道而天下化成。观其所恒，而天地万物之情可见矣"！（《周易·恒·象传》）

其三，"天地节而四时成，节以制度，不伤财，不害民"。（《周易·节·象传》）

其四，"广大配天地，变通配四时，阴阳之义配日月，易简之善配至德"。（《周易·系辞上》）

其五，"变通莫大乎四时"。（同上）

其六，"万物春生、夏长、秋收、冬藏。天地之正，四时之极，不易之道"。（《逸周书·周月》）

其七，"天有四时，春秋冬夏"。（《礼记·孔子闲居》）

其八，"唯圣人知四时。不知四时，乃失国之基"。（《管子·四时》）

其九，"故阴阳四时者，万物之终始也，死生之本也，逆之则灾害生，从之则苛疾不起，是谓得道"。（《黄帝内经·素问·四气调神大论》）

以上是因时之理，接下来讲因时之事。《逸周书》记载了大禹时代的一件事——大禹所下达因时采伐之禁令。《逸周书·大聚》："旦闻禹之禁：春三月山林不登斧，以成草木之长；夏三月川泽不入网罟，以成鱼鳖之长。""春三月"不应该这样，"夏三月"不应该那样；春天不应该带斧头进山，夏天不应该带网下水。人的生存，有取于山川，有取于江河。但是，必须取之有时。在大禹时代，中华大地上已经形成了保护环境、保护自然的法令。

在《孟子》里，可以看到与"禹之禁"相似的内容。不同的是，在大禹时代，"禹之禁"是君王教育天下；而在孟子时代，"禹之禁"是士人教育国君。

（二）善于因势的理和事

《尚书·皋陶谟》："决九川距四海，浚畎浍距川。"

疏通九州的河流，使大水流进四海；疏通田间小沟，使田里的水都流进大河。这是大禹所讲的因势之理。所谓因势之理，就是利用地势，利用水往低处流的水性，将大江大河引入东海，将小溪小河引入大江大河。洪水需要因势治理。

《尚书》记载了治理洪水两种方法与两种后果——鲧治水，用堵；禹治水，用导。堵，逆于势；导，因于势。逆于势，治水失败；因于势，治水成功。因于势，因势利导也。

善于因时因势，这是行而论道的基础内容。

四、善于因性因类

（一）先谈因物之性

因性，因物之性，利用的是物的特殊性。阳刚阴柔，中华先贤在阴阳这里，发现了同类不同性的一阴一阳具有各自的特性。火性上升，水性低流，中华先贤在水火这里发现了既不同类又不同性的水火具有各自的特性。利用物之特性，可以创造各式各样的器具。

结绳为网，利用的是绳的特殊性。绳，性软，可以打结。因绳之性，捕鱼狩猎的网罟出现了。结绳为网的奥秘，在于绳子的柔软之性上。

因木之性，可以为舟为楫。木，可以浮于水。木浮于水，造船的哲理产生了。为舟为楫的奥秘，在于木可以行于水上的物性。

因木之性，可以为车为轮。木，可塑性强，尤其是经火之木，可以方，可以圆。方圆中规中矩，造车的哲理产生了。为车为轮的奥秘，在于木性的可方可圆性上。

因木之性，还可以制造宫室。

因土之性，可以制容物之陶。

因水之性，可以治水。因水之性，还可以创造出新型臼杵——水磨。

因金之性，可以制器——生产之器、生活之器、狩猎之器、装饰之器、制敌之器。

因火之性，可以制陶，可以冶铜冶铁。

一物有一物之性，不同之物的组合，可以创造出性质奇特的器具。

例如用绳子与木竹结合，可以制造出弓箭。弓箭，一可以狩猎，二可以保卫家园。

例如用木头与石头组合，可以制造出臼杵。臼杵可以使稻谷变成白生生的大米。

例如用细绳与皮革组合，可以制造出铠甲。铠甲可以保护将士的安全。

例如用铜铅、铜锡、铜锌或铜铅锌组合，可以制造出各式各样、各种用途的青铜器。

中华先贤很早就发现了磁铁有磁性，利用磁铁的磁性，造出了指南针。传说，黄帝利用指南针战胜了蚩尤。

谈因物之性的发明创造，不能忘记与黄帝同时代的蚩尤。蚩尤是一个值得重新认识的先贤，《管子·五行》中曾两次正面评价蚩尤：一记载了蚩尤辅佐黄帝制出了五行历；二记载了蚩尤利用金属制出了剑、铠、矛、戟等兵器。利用金属制造兵器，金属之性在各种兵器中得到了淋漓尽致的发挥。

（二）因物之类

因物之类，利用的是物的相似性、相通性与伴生性。

《周易·系辞上》："方以类聚，物以群分。"方者，四方之方也。方者，区域空间也。类聚者，一种物、几种物之相聚也。中华先贤在很早以前就发现了物的几种特性。

一是物有空间性。所谓物的空间性，就是一定的物与一定的空间相关。换句话说，就是这种物与这几种物只生长在某一空间。一方水土生一种物，一方空间生一种物。以空间为坐标，可以进行物类的划分。

二是物有时间性。所谓物的时间性，就是一定的物，与一定的时间相关。换句话说，就是一定时间生一种物，这种物或这几种物只生长在这一时间。一时生一物，一时养一物。以时间为坐标，可以进行物类的划分。

三是物有伴生性。人有朋友，物也有朋友，这里衍生了"物以类聚，人以群分"的哲理。以伴生性为坐标，可以进行物类的划分。

《管子·地数》篇中记载了黄帝与伯高的一段对话，伯高告诉黄帝这样一条经验：如何利用地表的特殊之物识别地下的矿产。伯高说："上有丹砂者，下有黄金；上有磁石者，下有铜金；上有陵石者，下有赤铜；上有赭者，下有铁……"

物有伴生性，植物是这样，矿物也是这样。认识了矿物的伴生性，在地表如果发现了A矿，就可用确定地下有B矿或C矿。伯高就是用矿物的伴生性，向黄帝解释找矿原理的。

伯高，黄帝时代的贤哲。《管子》里有伯高，《黄帝内经》里也有伯高。《管子》里的伯高，向黄帝讲述了找矿之理。《黄帝内经》里的伯高，向黄帝讲述的识病治病之理。因物之类，可以找矿；因物之类，也可以识病。

按照东西南北中五个区域，中华先贤分出了五谷、五果、五菜、五虫……

按照春夏秋冬加长夏五个季节，中华先贤分出了春酸、夏苦、秋辛、冬咸、长夏甘甜五种味道……五味，最早是在《药典》《神农本草经》中出现的。药分五味酸苦甘辛咸，应该是以十月太阳历中的五季为基础划分出来的。

善于因性因类，是行而论道的重要内容。

五、善于归纳推理

（一）先谈归纳

归纳，用形象而通俗的话说，就是将众多的现象归纳出一个名字。这个名字可以叫做定义，叫做概念。

中华先贤是那样的善于归纳，请看以下实例。

其一，"一阴一阳之谓道"。（《周易·系辞上》）

其二，"富有之谓大业，日新之谓盛德，生生之谓易，成象之谓乾，效法之谓坤，极数知来之谓占，通变之谓事，阴阳不测之谓神"。（同上）

其三，"形而上者谓之道，形而下者谓之器，化而裁之谓之变，推而行之谓之通，举而措之天下之民谓之事业"。（同上）

这里所谈的归纳，是文字归纳。八卦，是天文地理的归纳。太极，则是生生之源的归纳。没有归纳，就没有太极；没有归纳，就没有八卦；完全可以说，没有归纳，也就没有《周易》这部经典。

第一篇已经谈到，道、大一、太一、泰一、一、太极，这些极其简单的名词，都是中华先贤对生生之源的简洁表达。用极其简单的名词表达极其复杂的宇宙起源与演化。中华先贤归纳的能力，由此可见一斑。

中华先贤善于归纳，被诺贝尔奖获得者、著名物理学家、美籍华人杨振宁教授所肯定。杨振宁教授于2004年9月3日，在人民大会堂发表演讲，演讲的题目是《〈易经〉对中华文化的影响》，其中谈到《易经》对中医的影响，他说："《易经》的精神是什么？是浓缩化、分类化、抽象化、精简化、符号化。而这种精神我认为贯穿到了几千年以来中国文化里面每一个角落。譬如分类精简，例子极多。今天大家知道中医的理论其中重要的一点就是把疾病与医药各分成阴阳、寒暖、表里等类，用这个分类的观念做大前提发展中医理论。这是从《易经》的传统所遗留下来的。"

浓缩化、分类化、抽象化、精简化、符号化，杨振宁教授所总结出的"五化"，每一"化"都体现了中华先贤高超的归纳能力。

（二）再谈推理

推理，用形象而通俗的话说，就是由一推导出二，由一推导出三，由一推导出万；由这个推导出那个，由现象推导出规律。用学术语言来说，推理就是由一个或几个已知判断（前提）推出另一判断（结论）的思维形式。

讨论这一问题，需要多费一点时间。为什么？因为同一个杨振宁教授在分析"近代科学为什么没有在中国萌生"时，总结出了五点原因，其中第四点原因是：《周易》里有归纳没推理，所以，中国传统里面无推演式的思维方法。

有归纳没推理，文化上的缺陷直接影响到了近代科学在中华大地上的产生。这是杨振宁教授的看法。笔者的问题是：《周易》以及中国传统文化里到底有没有推理？《周易》里是否真的缺少了推理这种方法？

正确的答案是：《周易》里有推理这种方法，而且有多种推理方法。请看以下几个论据。

第一种推理方法：抽象符号推理法。太极是抽象符号，八卦是抽象符号，六十四卦是抽象符号，三组抽象符号之间，隐含有推理方法。三组抽象符号之间的关系属于生生关系。生生关系之中以太极为源，由太极生八卦，由八卦生六十四卦。生生之步骤由推理而来。此说依据何在？因为这里用实证的方法均无法认识。

卦本身隐含有推理方法。卦与卦之间，隐含有推理方法。每一卦的六爻之间，同样隐含有推理方法。"有天地然后万物生焉。盈天地之间者唯万物，故受之以屯。"（《周易·序卦》）这一论断，描述的是乾、坤、屯三卦之间的生生关系。乾坤两卦为父为母，屯卦为万物。万物由天地而生，这是世人能接受的结论。问题是，这一结论是实验室实证出来的吗？不是。这一结论是由推理而来的。

《周易·序卦》卦与卦之间，或生生关系，或因果关系。"有天地然后万物生焉。盈天地之间者唯万物，故受之以屯"，如此论断描述的是生生关系。"睽者，乖也。乖必有难，故受之以蹇。蹇者，难也，物不可以终难，故受之以解。解者，缓也。缓必有所失，故受之以损。损而不已必益，故受之以益"，如此论断描述的是因果关系。卦与卦之间或生生关系，或因果关系，两种关系皆由推理而来。

六十四卦每一卦由六爻组成，六爻上下之间，同样隐含着推理方法。六爻，一可以表达自然与人事的六种状态，二可以表达时间与空间上的变化规律。只要把握了基本原理，就可以由这一步推理出下一步、下几步。例如，《乾》卦的最上面的第六爻，在人事中象征君王之位。君王之位，在《周易》的哲理中属于高危之位，因为六爻的第六爻是卦中的最后一爻，物极必反，下一步必然发生变化，而且是阳极而阴的变化。所以，《周易·乾·文言》提醒在位者，在这个位置必须认真思考有序之进退，否则就会发生灭亡之危。"亢之为言也，知进而不知退，知存而不知亡，知得而不知丧，其唯圣人乎？知进退存亡，而不失其正者，其为圣人乎？"进退、存亡、得丧（失），这六字箴言就是在这一论断中出现的。夏之后的上下几千年，一顶顶王冠的落地，其教训是不是在"知进而不知退"上？每一时间，每一空间，都存在下一步、下几步的变化问题，这就是卦中的推理方法。

第二种推理方法：数字推理法。《周易·系辞上》曰："易有太极，是生两仪。两仪生四象，四象生八卦。"这里的太极，是分裂而变的生生之源。一分为二、二分为四、四分为八，是生生的过程。太极的分裂而变，演化出了由天地、山泽、雷风、水火八种元素所组成的现实世界。现实世界是用八卦表达的。八卦是太极分裂而变的产物。

分裂而变的过程是人的亲身经历吗？当然不是！在实验室里，用仪器能把这一过程求证出来吗？不能。如何得出答案？只有推理。除了推理，别无他路。此处的推理，是用二、四、八三个数字表达的。数字推理，是《周易》所创建的第二种推理方法。

数字推理，在《道德经》中同样可以看到。《道德经·第42章》曰："道生一，一生二，二生三，三生万物。"生一、生二、生三、生万物的这一过程，无法实证。除了推理，没有第二条路。

第三种推理方法：文字推理法。《周易·序卦》曰："有天地然后有万物，有万物然后有男女，有男女然后有夫妇，有夫妇然后有父子。"描述宇宙演化，以一个"有"字为界。"有"之前为无，"有"之后才有一连串的"有"：有AB然后有CD，有生生之源然后有生生之物，有前因然后有后果。从有天地到有父子的出现，前后演化只用了四步。求证这个演化过程，除了推理，没有第二条路。

第四种推理方法：因果推理法。世间人有积善之人，也有积恶之人；有积善之家，也有积恶之家；积善有善果，积恶有恶果。因果推理，《周易》里有令人信服的精辟之论，请看以下两个论断。

《周易·系辞下》曰："善不积不足以成名，恶不积不足以灭身。"积善者的后果是成名，积恶者的后果是灭身。积善积恶，两种后果。两种后果，《周易》是推理出来的。

《周易·坤·文言》曰："积善之家必有余庆，积不善之家必有余殃。"积善、积恶是现实之因，余庆、余殃是将来之果。以现实推断将来，算不算推理？善因推理善果，恶因推理恶果，在因果之间建立起联系，这是不是推理？

第五种推理方法：自然现象推理法。"履霜，坚冰至。"霜雪来了，坚冰还会远吗？脚下一旦踏上了霜雪，马上就应该想到即将出现的冰天雪地。这是《坤卦》爻辞以自然哲理所推演的人生哲理。

这里，再介绍一个推理的事实。《周髀算经·盖天模型》："北极左右，夏有不释之冰。"又："中衡左右，冬有不死之草。"创作《周髀算经》的中华先贤，一没有到过北极，二没有到过赤道，依靠推理，得出了"北极夏有不融之冰，赤道之下冬有不死之草"的结论。中衡，即实际中的赤道。

最后，再介绍两句关于推理的至理名言：

《周易·系辞下》："夫易，彰往而察来。"何谓彰往？回顾历史也。何谓察来？推演未来也。彰往察来，用今天的话说，就是"让历史告诉未来"。以昨天推理明天，以历史推断未来，算不算推理？

《周易·系辞下》"是故君子安而不忘亡，治而不忘乱，是以身安而国家可保也。"安全时想到危亡，和平时想到动乱。没有推理，会产生这一名言吗？

离开了推理，不可能产生卦。离开了推理，不可能产生《周易》这部经典。同样的道理，离开了推理，不可能产生领先于世界的中华文明。

领先于世界的文明，最早是在中华大地上出现的，这是西方今天也承认的史实。试想一下，以《周易》为基础的中华文化如果是残缺的文化，中华大地上会出现领先于世界的文明吗？

落后是后来的事，落后是子孙的责任。后来的事，能算在祖先的账上吗？子孙的责任能算在先贤身上吗？账，时间上有前后两本账，人头上有先贤子孙两本账，两本账不能算错了，也不能记错了。反思"后来的落后"，能不能换一个角度去思考问题，即中华民族后期的落后责任在于元典智慧的失传。

推理，作为一种常用方法，起于《周易》，延续于诸部经典与诸子百家。在《周髀算经》与《黄帝内经》里，可以看到"以一论万"的哲理。在《荀子》《庄子》里，可以看到"以道论尽"的名言。大家知道，孔子教学，强调举一反三。这些都在推理的范畴之内。说《周易》以及中国传统文化没有推理，是不符合事实的。

善于归纳推理，是行而论道的重要内容。

六、善于创新，勇于超越

主张创新，善于创新；勇于超越，敢于超越，是行而论道的重要内容，也是中华先贤的显著特征。

《周易》与《尚书》，两部经典所记载的人，都是创新之人。《周易》与《尚书》，两部经典所记载的理，都是创新之理。

先谈人和事。《周易》中所记载的第一位先贤是伏羲氏，第二位先贤是神农氏，第三位先贤是黄帝，第四位先贤是尧，第五位先贤是舜。五位先贤的名下，都记载有发明创造的功绩。伏羲氏名下有八卦与网罟两项功绩，神农氏名下有耒耜与市场两项功绩，黄帝、尧、舜名下出现了十大项功绩：衣裳、舟车、臼杵、弓箭、书契、宫室……

《尚书》开篇处依次出现了三位先贤尧、舜、禹。三位先贤名下都记载有发明创造的功绩。尧名下有历法；舜名下有音律与度量衡的统一，禹名下有洪水治理。

空前性、创新性、超越性，是中华先贤发明创造三大特征。

所谓空前性，即史无前例，在历史上是第一次出现。

所谓创新性，有两重含义：一指本身之新，即这一项发明创造本身具有空前性；二指领域之新，即这一项发明创造是在新领域内出现的。

所谓超越性，指的是先贤允许后贤的超越，而后贤又能够超越先贤。在中华先贤这里，在中华元文化这里，在《周易》《尚书》两部经典这里，先贤的功绩是后人创新的基础，是后人创新的台阶，而不是后人创新的障碍，更不是后人前进的铜墙铁壁。

再谈创新之理。《周易》与《尚书》，两部经典的文字中，都讲日新的理。《周易·系辞上》："日新之谓盛德。"《尚书·咸有一德》："时乃日新。"《尚书·康诰》："作新民。"《礼记·大学》所记载的"苟日新，日日新，又日新"，是商汤刻在洗脸盆上的名言。商汤，是《尚书》中的人物。

理是事的总结，理是事的抽象。有日新之理，必有日新之事。有日新之事，必有日新之理。日新之理与日新之事，前面已经讨论过，此处的简要重复，目的是希望与读者一起记住中华先贤留下的哲理与榜样：在中华先贤这里，没有不可超越的人，没有不可超越的事。前人的贡献再大，也只能是后人创新的基础。前人的贡献，永远不能是后人创新的障碍。在中华先贤这里，没有不可超越的"顶峰"。

行而论道，坐标是道，关键是行。行的内容广泛，领域广阔。凡是与人与物与天地相关的内容，都应该去研究；凡是与人与物与天地相关的领域，都应该去探索；这就是"行"。行，行在道理之下。一事之行，万事之行，都不能违背道理，都应该行在道理之下，这就是"行而论道"。

源头的中华先贤都是行而论道者。

行而论道，是中华文明之所以产生的奥秘，是中华先贤为子孙所树立的榜样。

第三节　以道论之：中华先贤的思维方式

一、从罗素的一句话谈起

"像上帝那样去看"，这是英国大哲学家罗素在其大作《哲学的价值》中所说的一句话。罗素认为，看问题，看世界，看某事物与一切事物，仅仅用人的眼光去看是远远不够的。应该怎么看？应该像上帝那样去看。

为什么说人的眼光有局限性？因为人有老少之别，有目光远大与鼠目寸光之别，有民族之别，有文化背景之别以及文化程度的深浅之别，有东西方区域之别，有政治立场之别，有此一时、彼一时之别。因此，同一问题会有不同的看法，甚至还会有截然相反的看法。人的局限性在上帝这里并不存在。上帝者，造物主也。造物主这里，没有年龄的局限，没有民族的局限，没有政治派别的局限，没有经验的局限，没有学科与专业的局限，没有时间与空间的局限，总而言之，人的局限性在上帝这里统统不存在。所以，看问题应该像上帝那样去看。

像上帝那样去看，可以超越人的局限；像上帝那样去看，可以超越时空的局限；像上帝那样去看，可以超越学科的局限；像上帝那样去看，可以超越经验的局限；像上帝那样去看，可以超越地位的局限……

二、中华先贤的以道论之

在中华大地上，从一开始，就没有出现具有人格意义的上帝。罗素所主张的"像上帝那样去看"，相当于早期中华大地的以道理论之。简而言之，就是以道论之。

（一）何谓道

《周易》与《道德经》从不同角度对道做出不同解释。

先看《周易》的解释。《周易·系辞上》："一阴一阳之谓道。"又："形而上者谓之道。"前一个解释，解释在了成分上。道的成分是一阴一阳。后一个解释，解释在了形态上。道的形态是无形无体。

再看《道德经》的解释。《道德经·第42章》："道生一，一生二，二生三，三生万物。"老子的解释，解释在了功能上。道的功能是生生，道为生生之源。

（二）以道论之

从研究生生之物开始，最终找出了生生之源——道，然后站在生生之源高度上去论证一切问题，去进行文化、器具的发明创造，这就是中华元文化中所隐藏的思维方式。道为生生之源，所以这种思维方式可称之为"以道论之"。

以道论之，可以超越人的局限；以道论之，可以超越时空的局限；以道论之，可以超越学科的局限；以道论之，可以超越经验的局限；以道论之，可以超越地位的局限……

罗素的"像上帝那样去看"，中华元文化中的以道论之。罗素说到的，中华先贤与先秦诸子早已做到了。

（三）以道论什么

一是论根本问题，二是论文化创造，三是论器具发明。

以道论之，论根本问题。中华先贤以道论之，第一是论出了生生之源；第二是论出了人生坐标；第三是论出了发明创造的坐标。

前面已经谈过，宇宙与人生是人类先贤所论述的两大问题。中华先贤除了这两大问题之外，还多论了一个问题，这个问题就是如何发明创造。

道生天地，生万物，生男女。探索生生之源，希伯来先贤找到了万能之神，中华先贤认识了自然之道。在造物功能上，中华元文化里的道与希伯来文化中的神一模一样。

谁有资格成为人的终极坐标？只有造物主才有资格成为人的终极坐标。在这一问题上，中华元文化与希伯来文化、西方文化完全一样。

希伯来文化、西方文化以神（上帝）为造物主，所以，以神理为人理之坐标。中华元文化以道为造物主，所以，以道理为人理之坐标。不一样的是，古希伯来人和西方人视造物主为人格神，而中华先贤视造物主为自然存在。道是"如何做人"的终极坐标，做人应该讲道理。

以道论之，论文化奠基之作。有以下实例：

河图洛书，由一奇一偶、一阴一阳所组成。按照"一阴一阳之谓道"的界定，图书显然是以道论之的作品。河图洛书本身，表达就是道理。河图洛书由阴阳构筑，阴阳学说发端于此处。"一阴一阳之谓道"，则是图书之后的归纳。

太极，由一奇一偶、一阴一阳所组成。按照"一阴一阳之谓道"的界定，太极显然是以道论之的作品。

八卦，由一奇一偶、一阴一阳所组成。按照"一阴一阳之谓道"的界定，八卦显然是以道论之的作品。

六十四卦，由一奇一偶、一阴一阳所组成。按照"一阴一阳之谓道"的界定，六十四卦显然是以道论之的作品。

图书、太极、八卦、六十四卦组成了《周易》，"一阴一阳之谓道"这一界定本身就出于《周易》，《周易》显然是以道论之的作品。

中华文化源头的奠基之作，与以道论之密切相关，这里没有以神论之，更没有什么以君论之或以权威论之。

以道论之，论器具的发明创造。《周易·系辞下》所记载的史无前例的器具，都是在卦理基础上发明的。卦理即道理，在道理的基础上进行器具的发明创造是伏羲氏、神农氏、黄帝所树立起的榜样。这一榜样，一可以超越时间，二可以超越空间，具有永恒意义。

发明创造，不能不讲道理。违背道理的发明创造，是要付出代价的。违背道理的程度越深，付出的代价越大。这一问题，下面专题讨论。这里仅举一例说明问题。"各从其类"，这是《周易》所主张的道理，也是《圣经》所主张的道理。所谓"各从其类"，即禽从禽类，兽从兽类，鱼从鱼类，果从果类，谷从谷类……吃草的、吃肉的、吃米的，必须遵循此哲理此原则。英国用骨粉喂牛，这违背了"各从其类"的哲理。疯牛病就是违背"各从其类"所付出的代价。美国人所进行的转基因，严重违背了"各从其类"的道理，将来肯定是要付出代价的。

（四）诸子的论证方式

诸子百家，所关注的问题各有侧重，但是论证问题的依据却是相同的。道，是诸子百家的立论基础。以道论之，是诸子百家的论证方式。

道是儒家的立论基础。以道论之，是儒家的论证方式。儒家以道论礼，礼本于一。"道无双，故曰一。"一即是道，道即是一。儒家论礼，是以道为立论基础的。儒家以道论公天下，公天下是天下人之天下。儒家以道论君，君应该产生于民心民意的选贤举能中，臣民对君的基本态度应该是"君有道从君，君无道从道"。儒家以道论人生，孔夫子留下了千古名言"朝闻道，夕死可矣"。"孔子讲仁，孟子讲义。"多少年来，历代儒者，一直重复着这一看法。实际上，仁与义，都是道的衍生物。道才是儒家论证问题的终极坐标。若以源流比喻，在儒家这里，道为源，礼为流，仁与义也是流。

道是道家的立论基础。以道论之，是道家的论证方式。在《道德经》里可以看到，老子以道论天，以道论地，以道论德，以道论政，以道论真善美。在《庄子》里可以看到，庄子以道论逍遥人生，以道评论先贤。黄帝、尧、舜，乃至三皇，都是庄子的批评对象。这里需要提醒读者的是：千万不要认为道起于道家。"一阴一阳之谓道。"按照这一界定，去看看图书，去看看八卦。"道起于何时"的答案，马上就会呼之欲出。

道是兵家的立论基础。以道论之，是兵家的论证方式。在《六韬》《孙子兵法》《吴子兵法》里可以看到，兵家都是以道论兵的。《六韬·守国》："春道生，万物荣；夏道长，万物成；秋道敛，万物盈；冬道藏，万物静。"《六韬·兵道》："凡兵之道，莫过于一。"《吴子·图国第一》："夫道者，所以返本复始。"君王的意志，并不是论兵的依据。

道是原始法家的立论基础。以道论之，是原始法家的论证方式。《黄帝四经·经法》："道生法。"起初的法家，是以道论法的。后来的法家，如韩非、李斯，是以君论法的。前后法家，立论基础、论证问题的方式发生了质的变化。"法家法家，前后有差；起初法家，以道为法；战国法家，以君为法；法家之变，坐标之差。"这是笔者关于法家的看法。《周易》谈刑罚，《尚书》谈法度，法本身没有错。韩非、李斯之错，错在了立法的坐标上。以道为法，法有永恒性。以君为法，法只有暂时性。如若不信，请看看历代王朝的法，哪一家延续了下来？

道是医学家的立论基础。以道论之，是《黄帝内经》的论证方式。《黄帝内经》以道论医理，以道论病理，以道论诊病之法望闻问切，以道论医病之药汤液醪醴。道在何处？道在时间中，道在空间中。以道论病，有春夏秋冬四时，一时有一时之病。以道论病，有东西南北四方，一方水土养一方人，一方水土也生一方病。病与时空的联系，只有以道论之方能得出正确的结论。显微镜可以发现细菌，但发现不了疾病与时空的联系。

道是阴阳家的立论基础。以道论之，是阴阳家的论证方式。《周髀算经》里，阴阳家以阴阳论日月，以日月论历法，以日影论勾股弦，以日影长短论损益，以日影之损益论二十四节气。这里阴阳之道一点也不虚无缥缈。这里阴阳之道化出了严肃的数字——年、月、日。

这里有必要再解释一下"满招损，谦受益"这一名言。这一名言出于《尚书·大禹谟》，过去基本都解释在了人文上。实际上，这一名言相关于天文。《周髀算经·天体测量》是以"损""益"二字论日影变化的——"冬至夏至，为损益之始。"立竿测影，影竿下的日影，前半年一天天变长，后半年一天天变短。冬至这一天日影长到极点，夏至这一天日影短到极点。短到极点开始变长，长到极点开始变短。长为益，短为损。损益变化，变化在日影长短之极点上。长极而损，短极而益。物极必反，原始反终，形象地反映在了日影的损益上。所以，才有了《周髀算经·天体测量》中的"冬至夏至，为损益之始"的这句名言。

"满招损，谦受益，时乃天道。"这是《尚书》中完整的原话。时间之时，天道也。影竿下的日影，其损其益产生了太阳历，产生了二十四节气。日影损益，满而损，短而益。日影损益变化，即时间变化。时间变化，即天道变化。只有从天文变化这一角度，只有从日影损益这一角度，才能真正理解源头文化中的众多词句。例如"满招损，谦受益，时乃天道""原始反终""终者有始""阳极生阴，阴极生阳""否极泰来""物极必反"……

庖丁以道论解牛之技。《庄子·养生主》记载了一位解牛的庖丁。庖丁解牛，技艺精湛，达到了出神入化的程度。一只牛，在短时间内，皮肉分离，骨肉分离。解牛的动作像舞蹈，解牛的声音如音乐。一把刀居然用了几十年。庖丁的奥秘在于以道论解牛之技。从庖丁的解牛之技这里，文惠君又悟出了养生术。

驼背老人以道论承蜩之术。《庄子·达生》篇记载了一位善于捉蝉的驼背老人。老人以道论捉蝉之术，孔子听了之后，又从捉蝉之技里悟出了学习之道。

道，是中华先贤论证问题的立论基础。以道论之，是中华先贤论证问题的论证方式。这一立论基础、这一论证方式，被诸子百家所继承。

道，又被儒道两家简洁为"一"。以道论之与以一论之，具有同等意义。在符合道理亦即和谐自然的前提下，什么问题都可以提出，什么问题都可以研究，启发人们在各个领域内提出新问题，是以道论之这种思维方式的第一特征。以道论之，论出了早期中华大地上所出现的、领先于世界的灿烂文化。

（五）以道论之的名言

以道论之，在经典与诸子文献中，留下了一系列的名言。

其一，"八卦而小成，引而伸之，触类而长之，天下之能事毕矣"。（《周易·系辞上》）

其二，"能者由一求之，所谓得一君（群）毕矣"。（《帛书周易·要》）

其三，"问一类而以万事达者，谓之知道"。（《周髀算经·陈子模型》）

其四，"言一而知百病之害"。（《黄帝内经·素问·标本病传论》）

其五，"持一而不失，能君（群）万物"。（《管子·心术下》）

其六，"以近知远，以一知万，以微知明……以道论尽"。（《荀子·非相》）

其七，"通于一而万事毕"。（《庄子·天地》）

其八，"知一即无一不知也"。（《文子·九守》）

其九，"欲近知而远见，以一度万也"。（《鹖冠子·度万》）

今天西方的实验室，是用仪器论证问题的。早期的中华大地，是用道理论证问题的。用仪器论证问题，论证一个是一个。用道理论证问题，可以举一反三，也可以举一反万。

道在天地之理中，道在日月之理中，道在时间空间中，道在万物秩序中，道在人体五脏中，道在气血经络中……明白了道理，的确可以提出很多很多问题，可以解答很多很多问题。在没有实验室，没有仪器的条件下，中华先贤之所以能够解答那么多问题，奥秘就在于他们明白了道理。

道路之外还有道路，方法之外还有方法。中华先贤所走的路与别人不同，中华先贤所采用的方法与别人不同。两个不同，决定了"我之所以是我"。"道路与方法"问题，下面将专门讨论。

第四节　以道论之的几种模型

一、实验室之外的方法

《黄帝内经·素问》第七十六篇为《示从容论》，这一篇所讲的是中华先贤所掌握、所运用的一个重要方法——从容。

从、容，实际上是两个单音词。从，有依从、比照之义。容，即模式、模型、样子。《周礼·冬官·考工记》："凡为甲，必先为容，然后制革。"这里的"必先为容"，就是必先建立一定的样子、一定的模式、一定的模型，然后按照"容"的样子去剪裁，去制作铠甲。

欲制甲先为容，是一种方法，也是一种思路。

铸造青铜器，先建立样子——模型，然后按照样子去制造。

育人，先建立样子——礼，然后按照这个样子育人。

解方程，先建立样子——机械换算法，然后按照这种方法去解方程。

识病治病，先建立模型，然后按照这个模型去认识疾病，判断疾病。《黄帝内经》论出了上百种疾病，论出了上百种疾病的病名、病因、病症与医治的方法。所有这些，在今天的中医界仍然发挥着指导作用。

先为容，再从容，是中华先贤论证问题、解答问题的方法，是中华先贤论证问题、解答问题的思路。两个字叫"从容"，四个字叫"从容比类"，相似的名字叫"观象比类""援物比类"。名称不同，实质相同，这就是以一定的样子、模式、模型去类比去认识去论证一事一物，以及一切事物。

根本的样子、根本的模式、根本的模型，是道。具体的样子、模式、模型，是阴阳五行，是河图洛书，是九宫八卦。《黄帝内经》就是按照这些模式去论病因病理的。

从容比类、观象比类、援物比类，是实验室之外的方法。在远古时期，一没有实验室，二没有显微镜，中华先贤就是利用这种独特的方法去认识问题、去解答问题的。

非常遗憾的是，这种独特的方法失传了。"从容""从容比类""观象比类""援物比类"这几个词，海峡两岸所出版的《辞海》《大辞典》中都没有收录，近几年出版的《中医大辞典》居然也没有收录。以至于在大学课堂上，有老师把《黄帝内经》中的"从容"解释为"从容不迫"。

二、从容比类的几种模型

下面讨论中华先贤认识问题、论证问题的几种模型。

（一）阴阳模型

阴阳模型是基础模型。中华元文化中的基础问题，都是用阴阳模型解答的。现代西方发现的新问题，包括科学之冠的物理学中发现的新问题，也要借助阴阳模型来解答。

阴阳模型（阴阳学说），源于天文，奠定于历法。周日可以论阴阳，周岁可以论阴阳。周日之阴阳，为无限循环之昼夜。周岁之阴阳，为无限循环之寒暑。昼夜循环，是由日月往来决定的。寒暑循环，是由太阳视运动在南北回归线之间往来所决定的。

彝族与苗族的古历均以冬至为阳旦、夏至为阴旦。以冬至夏至为界，分出了阴阳两个半年——前半年为阳，后半年为阴。冬至阳旦过大年，夏至阴旦过小年。粤港澳有"冬至大过年"的说法，这一说法应该源于远古历法。

《周易·系辞上》："阴阳之义配日月。"《黄帝内经·素问·阴阳离合论》："日为阳，月为阴，大小月三百六十日成一岁。"日为阳，月为阴。运行的日月，一旦定量量化，这就是历。月亮运动演化出了阴历，太阳视运动演化出了阳历。阴阳两历，合二为一，即阴阳合历。

在中华大地上，以源于天文历法的阴阳为模型，解答了各个学科的基础性问题。这里摘其要者，分述如下：

其一，解答了奇偶之数问题。《黄帝内经·灵枢·根结》："阴道偶，阳道奇。"《黄帝内经》告诉后人，数由道生，奇数源于阳，偶数源于阴。奇偶之数，组成了图书，组成了八卦。图书、八卦均可以表达现实世界。图书、八卦可以表达的内容，奇偶之数同样可以表达。刘徽在《九章算术·序》说："观阴阳之裂变，总算术之根源。"刘徽认为，算术溯源应该追溯到阴阳这里。数学的基础在奇偶，奇偶的基础在阴阳。阴阳，是数学的基础。换句话说，数学的基础是用阴阳解答的。

其二，解答了律吕问题。礼乐教化，一半是礼，一半是乐。没有乐，礼乐教化就残缺了一半。乐之律吕，根于阴阳。

《周礼·春官·宗伯》曰："大师掌六律、六同以合阴阳之声。阳声：黄钟、大簇、姑洗、蕤宾、夷则、无射。阴声：大吕、应钟、南吕、函钟、小吕、夹钟。"《周礼》以阴阳论律吕，论出了阳六声，阴六声。《汉书·律历志》："律有十二，阳六为律，阴阳六为吕。"《汉书》以阴阳论律吕，论出了阳六律，阴六吕。阳律阴吕，这是大纲。阳六律阴六吕，这是具体。音乐的基础在律吕，律吕的基础在阴阳。音乐，是从阴阳这里出发的。

其三，解答了物理基本问题。"万物负阴而抱阳，冲气以为和"。（《道德经·第42章》）一物有一物的成分，万物有万物的成分；一物有一物的结构，万物有万物的结构。成分与结构，有其特殊性。有没有共同性呢？老子认为，万物的成分与结构有共同性。共同性在于，万物的基本成分可以归结为一阴一阳两种成分，万物的结构可以归结为阴阳两分结构。成分与结构，是物理之基础。物理之基础，是用阴阳解答的。

其四，奠定了两点论的认识论。阴有形，阳无形。有形、无形之两点认识论，可以论大到无外的宇宙，可以论小到无内的基本粒子，还可以论由气血二字组成的人体。

今天，西方一些一流的科学家，在寻找宇宙暗物质。暗物质，是相对物质而言的。

物质，有形有体，看得见摸得着。暗物质，无形无体，看不见摸不着。"暗物质"一词的出现，证明了两点论的正确性。

人由形、神两种因素组成，神位于形而上，无形无体，看不见摸不着；形位于形而下，看得见摸得着。诊病治病必须重视形上形下两种因素，既重视形下之体又重视形上之神——精神之神，这就是中医文化的认识论。《儒林外史》中的范进，一听到中举的喜讯而昏迷；《红楼梦》中的王熙凤，一听说抄家的噩耗而昏厥，两人的病因都在无形无体的精神因素上。

无形无体之病因用显微镜是无法发现的。仪器只能发现有形之病菌，在无形之精神面前，就显示出了极大的局限性。

以有形、无形两点论来认识宇宙，以有形、无形两点论来认识人体，上下五千年的历史证明，两点论的认识论具有永恒意义。

其五，奠定了认识疾病的基本理论。《黄帝内经·素问·调经论》："血气不和，百病乃变化而生。"血气不和，百病化生。这一论断讲的是百病之因。病，由一到百，由百到万。病因，由复杂到简单，最后均可以归结为"血气不和"上。《黄帝内经·素问·调经论》："人之所有者，血与气耳。"这一论断直接告诉人们的哲理是：血与气是人之两大基本要素。这一论断间接告诉人们的哲理是：养生，应该高度重视"血气"二字。治病，同样应该高度重视"血气"二字。《黄帝内经·素问·至真要大论》："气血正平，长有天命。"这一论断告诉人们，血气和平是长命百岁的基本原因。

《黄帝内经·素问·至真要大论》："谨察阴阳所在而调之，以平为期。"以细菌论病，一菌一病，百菌百病，万菌万病；旧菌旧病，新菌新病。人永远跟在细菌屁股后面，无法超越，无法归纳。以阴阳论病，病由一到万，理由万到一。万种病可以治之于一种方法，当然是平衡阴阳的以平为期。以阴阳论病，可以高屋建瓴地看问题，可以超越性地看问题，人永远可以站在疾病的前面与上面。

《黄帝内经·素问·阴阳应象大论》："阴阳者，天地之道也，万物之纲纪，变化之父母，生杀之本始，神明之府也，治病必求于本。"这一论断指明，阴阳是《黄帝内经》的理论基础。真正明白了阴阳，才能合理地认识天地，才能合理地认识万物及其生死变化，才能合理地解释人体疾病。不懂阴阳，无法理解中医。阴阳，中医之基础也。博大精深、方便实用的中医，是从阴阳这里出发的。

其六，奠定了音韵的理论基础。没有平仄，就没有音韵。没有音韵，就没有诗词歌赋、楹联骈文。平声，汉语四声中的平声也。仄声，汉语四声中的上、去、入三声也。平声与仄声相互调节，才有声调和谐，才有音韵分殊。平仄平仄平平仄，仄平仄平仄仄平；阴阳阴阳阴阴阳，阳阴阳阴阳阳阴。音韵的基础在平仄，平仄的基础在阴阳。和美之音韵是从阴阳这里出发的。

其七，《周易参同契》："物无阴阳，违天背元。牝鸡自卵，其雏不全。夫何故乎，配合未连。"没有公鸡作用的鸡蛋是不能孵出小鸡的。这一论断，以形象的比喻说明：两种元素之所以能够化合，在于属性上的阴阳之分。同性的两种元素是不能化合的。三国时期的炼丹家魏伯阳著《周易参同契》，表面上谈的是炼丹，实际上谈的是化学元素的化合。在世界化学史中，《周易参同契》属于奠基之作。离开了阴阳属性，谈不上化学元素的化合。只有用阴阳模型，才能解开化合分解的秘密。

其八，奠定了围棋的理论基础。《围棋十三经·棋局篇》曰："夫万物之数，从一而起。……一者，生数之主，据其极而运四方也。三百六十，以象周天之数。分而为四，以象四时。……棋三百六十，白黑相伴，以法阴阳。"围棋的棋子一黑一白所法的是一阴一阳。棋理，源于阴阳之理。

其九，奠定了物理学重建的理论基础。"物理学的基础结构注定要坍塌并将重建在一个新的基础之上。"这是美国物理学家、美国科学院院士、美国物理学学会主席、美国哲学学会副主席惠勒教授的结论。实际上，这也是大物理学家爱因斯坦的结论。

自身无法统一是现代物理学的根本缺陷之一。量子力学与相对论根本不可能协调（惠勒语），而相对论的出现，本身就是对牛顿力学绝对时空的否定。根本缺陷之二，就是不能完整地解释宇宙。根本缺陷之三，就是基础理论的局限性。

前两个根本缺陷，是已有的结论。第三个根本缺陷是笔者的认识。众所周知，开普勒三定律：牛顿力学—相对论—量子力学，这是现代物理学的演化顺序。这个顺序告诉世人，开普勒三定律是现代物理学的基础。这里，有必要对开普勒三定律加以回顾。

行星运动第一定律：行星轨道是一个椭圆，太阳在这个椭圆的一个焦点上。

行星运动第二定律：行星与太阳的连线在相等的时间内扫过相等的面积。

行星运动第三定律：所有行星的椭圆轨道的长半轴的三次方与公转周期的平方的比值都相等。

开普勒三定律无疑是正确的。但是，开普勒三定律解答的只是局部问题，而根本性、全局性、系统性、规律性问题开普勒三定律远没有涉及。

在笔者看来，现代物理学对现实世界的解释，尚有一系列任务远没有完成：

1. 有无转化问题，即先后天两个世界的演化问题。

2. 宏观世界与微观世界的统一问题。

3. 物质世界与精神世界的统一问题。

4. 原动力与恒动力的统一问题。

5. 时间、空间与万物运动的统一问题。

6. 质量、能量、结构的统一问题。

7. 一物与宇宙的统一问题。

8. 人体与宇宙的统一问题。

9. 物生物死的合理演化问题。

物理学必须在新的基础上重建，这是爱因斯坦、玻尔、惠勒的共同结论。新的基础在何处？这里举玻尔、惠勒两人的认识来说明问题：

例一，玻尔崇尚太极图。与爱因斯坦发生争论的、同样是诺贝尔奖获得者、著名量子物理学家玻尔，在1937年访问中国之后，谈了两点感受：一是"中国的治学传统使他产生了灵感"；二是"中国古今伟大思想家的真知灼见令人倾倒"。（详见《惠勒演讲集：物理学与质朴性》第1页）

中国行，玻尔带走了太极图，并把太极图设计进了家族的族徽。太极位于中华元文化源头，并协原理位于西方科学前沿，但是，在玻尔眼里，两者之间有相通性。

例二，惠勒崇尚太极。惠勒通过对玻尔观点的陈述，对阴阳太极做出了高度的评价。他说："在西方，并协观念似乎是革命性的。然而，玻尔高兴地发现，在东方，并协观念乃是一种自然的思想方法。为了采用象征性的方法表述并协性，玻尔选择中文的'阴阳'以及拉丁谚语'相反相成'。"太极图作为并协原理的象征，赫然出现在惠勒演讲集的第一页。

一边是西方物理学中具有革命性的并协观念，一边是古老的东方太极图，在玻尔的视野中，两者不是两回事而是一回事。据《物理学和质朴性》的编者介绍，"惠勒在每次演讲中，都要提到1937年春玻尔对中国的访问，那次访问使玻尔发现他那时所倡导的并协性原理，竟然早在中国的古文明中就有它的先河，他认为'阴阳'图是并协原理的一个最好标志。"惠勒完全同意玻尔对太极图的看法，这不仅仅是一张图，而是代表着"一种自然的思想方法"。

在笔者的看来，太极图所蕴含的天文法则确实可以构成物理学重建的哲理基础。一寒一暑，一阴一阳，是太极图表达内容之一。寒暑即阴阳，阴阳即寒暑。阴阳寒暑相关于太阳视运动。太极图中的太阳视运动是圆周运动。圆周运动，周而复始，原始反终，终则有始，无限循环。太极图所反映的天文法则具有全局性、根本性、规律性、系统性与永恒性。如果把洛书中的天文历法与太极图中天文法则相联系，可以得出这样几条定理性的看法：

其一，太阳视运动是圆周运动，圆周运动具有周期性。

其二，太阳视运动一年一个小周期，四年一个大周期；小周期365天，大周期1461天。

其三，太阳视运动，是不匀速运动。

其四，太阳视运动一天一度。天为时间，度为空间，时间空间在太阳视运动这里得到了统一。

其五，太阳视运动关乎寒暑，关乎四时八节与二十四节气。寒暑、四时八节与二十四节气随太阳视运动无限循环。地面上的气候变化与太阳视运动有着间不容发的对应关系。

其六，太阳与地球之间永远是两点一线关系。

其七，太阳、地球、月亮之间一个月可以构成两次三点一线关系。

其八，运动是自动运动，而非机械外力所决定。

全局性、根本性、规律性、系统性与永恒性的天文法则，完全可以与开普勒三定律相媲美。完全可以这样说，如果重建物理学，一定离不开中华先贤的智慧，离不开太极、图书中的天文法则。

回到阴阳模型的讨论中。阴阳模型，可以解释天地万物以及人体的基本成分与基本结构，可以解释大至无外、小到无内两种世界的基本成分与基本结构，可以解释昼夜寒暑的有序变化，可以解释一切生生之物的生死过程，可以解释奇数偶数，可以解释音律，可以解答雌雄、质力、动静、升降、沉浮、正负、循环、平衡、一分为二又合二而一等诸多问题。阴阳，是中华先贤论证问题的一级模型。

用阴阳模型解答问题的例子，还可以举出很多，但本文的讨论暂停于此。第一篇已经谈过，阴阳模型解答了宇宙演化问题，就是那个把卦图寄给莱布尼茨的法国传教士白晋，对卦图中的阴阳做出了一个至高无上的、再无法超越的评价。白晋认为，中国古老哲学体现在《易》图之中，它以阴阳简明自然的方法表示了所有科学原理。可以详见胡阳、李长铎所著的《莱布尼茨二进制与伏羲八卦图》一书，第2页。卦图中的阴阳，在传教士白晋眼里，可以涵盖所有科学的原理。请注意，不是一门科学，而是所有科学。实际上，卦中的道理在卦外，卦中的阴阳之理源于卦外的天地之理、日月之理、水火之理。人的智慧，无法与自然智慧相比肩。阴阳之理之所以能涵盖所有科学的原理，奥秘就在这里。

昨天，中华先贤利用阴阳模型，解答了一系列重大的基础问题。今天，西方的科学家利用阴阳模型，还在继续解答问题。明天，优秀的文化继承者和没有偏见者，还会利用阴阳模型解答出人们意想不到的问题。

非常遗憾，具有根本意义的阴阳模型，几乎被有些人忘得干干净净，时时还会听到轻薄的否定之声。

（二）五行模型

五行模型与阴阳模型来源一样，也是源于天文，奠定于历法。

五行模型源于十月太阳历。十月太阳历在中原失传了。失传了十月太阳历，五行学说就成了无根之浮萍。幸运的是，十月太阳历在彝族同胞那里得到了完整的保存。在十月太阳历这里，可以看到五行模型本身的合理性，还可以看到五行模型解答问题的合理性。五行模型，解答的主要是现实世界的问题。五行模型解答重要问题有：

其一，时空问题。彝族十月太阳历，一年分五季，五季金木水火土。春天为木，春夏之交为火，夏天为土、秋天为金，冬天为水 ——五行，这里解答的是时间问题。东西南北中五方，由五行金木水火土主管，这是彝族文化的解释。五行管五方：木主管东方，火主管南方，土主管中央，金主管西方，水主管北方。一行管一方，五行管五方 ——五行，这里解答的是空间问题。

其二，容纳现实的世界简图。利用五行模型，中华先贤绘制出了一幅容纳现实的世界简图。这一简图，以《黄帝内经》诠释得最为简洁，最为精巧。《黄帝内经·素问·金匮真言论》："东方青色，入通于肝，开窍于目，藏精于肝，其病发惊骇，其味酸，其类草木，其畜鸡，其谷麦，其应四时，上为岁星，是以春气在头也，其音角，其数八，是以知病之在筋也，其臭臊……"

五方东西南北中，五季春夏秋冬加长夏，五脏肝心脾肺肾，五畜鸡羊牛马彘，五谷麦黍稷稻豆，五星木火土金水，五音角徵宫商羽，五病筋脉肉皮骨，五数八七五九六……短短的三百多字，绘出了一幅现实世界的简图。在这幅简图以五行模型为基本框架，容纳了现实世界中的五方、五季、五脏、五畜、五谷、五星、五病、五音、五数。

在五行模型中，时空物三者得到了统一，时空人三者得到了统一，时空音三者得到了统一，时空病三者得到了统一。

试图作出一幅万物相互联系的简图，实际上是现代西方科学家的愿望。非常遗憾，这幅图一直没有作出来。

其三，相互联系、相互制约问题。五个季节之间的生生不息与无限循环，是五行相生的哲理之源。五行相生，在平面上可以连接为一个圆环。

春生秋死，夏生冬死，秋生夏死，冬生长夏死，物之生命周期，是五行相克的哲理之源。五行相克，在平面上可以连接为一个五角星。

在季节转换中，中华先贤发现了相互联系的哲理。在物生物死的时间性上，中华先贤发现了相互制约的哲理。在此基础上加以触类旁通，五行生克的哲理进入了现实世界的各个领域。

其四，"治未病"问题。"治未病"是中医的独特方法，也是西方最不理解的方法。

"治未病"的原则出于《黄帝内经》，而具体诠释却出于《难经》。

《黄帝内经·素问·四气调神大论》："圣人不治已病治未病。"这里是"治未病"的出处。

《难经·第七十七难》："经言上工治未病，中工治已病者，何谓也？然。所谓治未病者，见肝之病，则知肝当传之与脾，故先实其脾气，无令得受肝之邪，故曰治未病焉。中工者见肝之病，不晓相传，但一心治肝，故曰治已病也。"这里是如何"治未病"的解释。

见肝之病，实之以脾。《难经》对"治未病"的解释，是按照五行相克哲理解释的。五脏分属五行，肝属木，心属火，脾属土，肺属金，肾属水。五行相克的顺序是木克土，土克水，水克火，火克金，金克木。肝属木，脾属土，木克土。由此而论，见肝之病，应先治之以脾。

见肝之病，治之以脾；见脾之病，治之以肾；见肾之病，治之以心；见心之病，治之以肺；见肺之病，治之以肝。有五行生克哲理，才有如此"治未病"的方法。没有五行生克哲理，就没有如此方法，也不可能理解这一方法。

救火救在火前头，治病治在病前头。如此大局观与系统论，完全优于"头痛医头，脚痛医脚"的具体论。按照相生相克的原理，利用五音、五谷、五果、五味各自的特性，去医治疾病，可以达到平衡之平的效果。

其五，物之属性问题。五行五物，五物五性，五物五味，这一解释最早出于《尚书》。

《尚书·洪范》："五行：一曰水，二曰火，三曰木，四曰金，五曰土。水曰润下，火曰炎上，木曰曲直，金曰从革，土爰稼穑。润下作咸，炎上作苦，曲直作酸，从革作辛，稼穑作甘。"

金木水火土五物，有润下、炎上、曲直、从革、稼穑的五性，有咸苦酸辛甘五味。

五物、五性、五味，属于自然哲理。自然哲理，可以转化为治国之道。《尚书·洪范》中的箕子，就是以自然哲理向武王讲解治国之道的。

万物为何可以归结于五行？这关乎中华元文化中的时空观。时间可以分为金木水火土五季，空间可以分为东西南北中五方，五季五方决定了物的五行之属性。

五行模型，可以解释时间与空间，可以解释万物的基本属性与基本功能，可以解释音乐中的五音和万物中的五色、五味，也可以解释万物之间的相互联系与相互制约。五行，是中华先贤论证问题的重要模型。

（三）八卦模型

八卦模型，同样是源于天文，奠定于历法。八卦，有自然八卦与人文八卦之分。由太极而生八卦，属于自然八卦。由伏羲氏所作的八卦，属于人文八卦。

《周易·系辞上》曰："圣人有以见天下之赜，而拟诸其形容，象其物宜，是故谓之象。"

这一论断告诉世人，人文之象源于天下之赜，天下之赜即繁杂的自然之象。由自然之象所绘出的人文之象，实际上就是八卦。八卦是对自然之象的抽象与归纳。

《周易·系辞下》曰："古者包牺氏之王天下也，仰则观象于天，俯则观法于地，观鸟兽之文与地之宜，近取诸身，远取诸物，于是始作八卦。"这一论断告诉世人，八卦是观察天文地理之后的人文作品。天人同文，地人同理。八卦是天文人文、地理人理的统一体。

《周易·系辞上》："八卦而小成，引而伸之，触类而长之，天下之能事毕矣。"在八卦这里加以引申，加以触类旁通，就可把天下的能事办好。创作八卦的重要目的之一，就是为了很好地利用八卦。以八卦为模型可以进行推理，可以触类旁通于各种事物。利用八卦模型，中华先贤解答了一系列重大问题。分述如下：

其一，解释了天体。天体由八大元素天地、山泽、雷风、水火所组成。八大元素分为四组，一组两卦，两卦之间是两两相对的相互关系。

《周易·说卦》："天地定位，山泽通气，雷风相薄，水火不相射。"这一论断准确地描述了八卦的三重重要含义：组成天体有八大元素；八大元素如何分为四组；四组元素之间是两两相对的相互关系。

其二，解释了人体。人体同样由八大元素所组成。八大元素是首腹、足股、耳目、手口。"乾为首，坤为腹，震为足，巽为股，坎为耳，离为目，艮为手，兑为口。"天体与人体之间的对应，《周易·说卦》进行了如此描述。"天地合气，命之曰人。"（《黄帝内经·素问·宝命全形论》）人生在天地之间，人和天地应该有所对应。关于这一领域的研究，完全有必要在先贤的基础上继续。

其三，解释了家庭。《周易》用八卦模型解释了家庭模型。以天地对应父母，以其他六卦对应三男三女，《周易·说卦》在天体与家庭之间做了如此对应。《周易·家人·象传》以天地之间的相互关系，解释了家庭成员之间的相互关系。天地之间是相互交通的关系，以天地之理论家庭之理，家庭成员之间应该是相互负责的关系。

其四，解释了四时八节与四面八方的统一。彝族文化解释八卦，一开始就解释在四时八节与四面八方的统一上。《尸子》解释八卦，解释出的是八节。《帛书周易》解释八卦，解释出的同样是八节。八卦八个节气。八卦每卦三爻，三八二十四爻，二十四爻二十四个节气。结绳记事，结的是绳结，记的是节气。一天一小结，十五天一大结。小结记天，大结记节。起初的算卦，算的是节气，算的是历法。起初的算命，算的是万物的生长期与成熟期，算的是自然性命的周期。

其五，解释了八种能量。雷动、风散、雨润、日煊、艮止、兑说、乾君、坤藏，《周易·说卦》解释八卦解释出了八种能量。一卦一种能量，八卦八种能量，或者说一卦一种功能，八卦八种功能。正是有了这八种能量，万物才有从出生到成长，从成长到成熟的曲折而完整的过程。

八种能量正常，则有万物的正常。八种能量的缺失或过度，都会发生异常之天灾。异常之天灾下的万物，就会出现非常。

其六，解释了具体与整体的统一。八卦是八个具体卦组成的统一体。八卦合八为一，这是一个整体。整体有整体的作用，整体并不压制具体作用的发挥。

八卦一分为八，是八个具体卦。具体有具体的作用，具体作用合理地发挥在整体之中，具体作用绝不会危害整体。

整体不压制具体，具体不危害整体。整体与具体之间是平衡的关系，八卦和谐完美的意义就体现在这里。如果西方科学家懂得具体不能危害整体的哲理，上污染天、下污染地、中间污染水与空气的发明创造一定会得到有效的遏制。

其七，解释了"一分为三，合三为一"的天人关系。八卦的三爻，隐含有"天地人"三才之哲理。上爻天，下爻地，中爻人，在三爻这里，人天关系是分而为三、合三为一的关系。换句话说，天地人三者之间是"一而三，三而一"的关系。前面已经谈过，"天人合一"之语出于后人之口，"天人合一"之理却是出于八卦的三爻。

三爻中的天人关系表明，中华元文化一开始就是崇尚天地，崇尚自然的文化。征服自然，属于野蛮；挑战自然，属于狂妄。在天地面前，野蛮与狂妄，一不能持久，二要付出沉痛的代价。野蛮、狂妄到什么程度，就要付出什么样的代价。

"一而三，三而一"的天人关系，是保护环境、消除污染、进行可持续发展的哲理之源。后现代化的创建，毫无疑问，唯一可以选择的哲理就是天人合一的理性哲理。

其八，解释了无限循环的变化。卦外一天体，卦内一天体。卦外的天体是循环变化的，卦内的天体同样是循环变化的。

循环之变，在空间中终于东北，起于东北。循环之变，在时间中终于冬天，起于新春。"艮，东北之卦也，万物之所成终而所成始也。"《周易·说卦》中的这一论断，讲的就是循环之变的终点与起点。

其九，其他。诸葛亮看八卦，从中看出了阵法。于是，从八卦图里演化出了八卦阵。"功盖三分国，名成八阵图。"杜甫的《八阵图》，歌颂的就是诸葛亮的八卦阵。

建筑学家看八卦，从中看出了建筑格式。于是，从八卦图里演化出了八卦村、元大都。

法国传教士白晋看八卦，从阴阳动静中看出了所有科学的原理。

德国数学家、哲学家莱布尼茨看八卦，从中看出了二进制。

八卦模型，可以解释天体的整体性与具体性，可以解释时间中的四时八节与空间中的四面八方，八卦还可以解释人体结构与家庭模式……

从八卦的三爻里，演化出了天人合一的哲理，演化出了人与万物互为兄弟的哲理，演化出了建筑模式……

八卦，是中华先贤论证问题的重要模型。

（四）九宫模型

九宫模型，是脱胎于洛书的一种模型。洛书，太阳历也。九宫，加进了北斗星因素的阴阳合历也。九宫是以阴阳合历为基础的一种时空模型。

九宫之名，出于《黄帝内经·灵枢·九宫八风》篇。《九宫八风》告诉世人，九宫之中宫是北斗星居住的位置，九宫周围有八宫，这是北斗星斗柄一年之中轮换居住的地方。

九宫南北两宫表达的是"两至"——夏至与冬至；东西两宫表达的是"两分"——春分与秋分。东北、东南、西南、西北四宫依次表达的是"四立"——立春、立夏、立秋、立冬。斗柄在八宫中轮流居住，是从冬至这一宫开始的。

八宫中的六宫各司45天，两宫各司46天。45×6+46×2=366（天）。一宫一节，八宫八节，八宫八节一共366天。八节之外，八宫每一宫还对应于四面八方中的一方。八宫八节，八宫八方，天文与历法，时间与空间，在九宫这里得到了完美地统一。

九宫，源于天文，奠定于历法。请注意，这里的天文依据是北斗星。

《周髀算经》告诉世人，二十四节气是立竿测影确定的。立竿测影，测的是日影。日影的长短两点，是确定夏至与冬至的依据。日影长短的中间点，是确定春分与秋分的依据。夏至与冬至、春分与秋分，此时令四点是二十四节气的基本框架。这里的天文依据是太阳。

九宫中的八节，终而复始、复返于一（起点）的时间长度是366日。这一数据，几近于太阳回归年的365~366日。九宫讲北斗星，北斗星属阴；数据为太阳回归年数据，太阳属阳。九宫中的历应该是阴阳合历。

求证一个问题，中华先贤会采用多种方法。创立二十四节气，中华先贤采用了太阳、北斗星两种坐标。两种坐标，全部是天文。人文源于天文在九宫这里又是一个坚实的例证。九宫的创建，是文化建设中的一项大而又大的基础性贡献。

利用九宫模型，中华先贤解答了一系列问题，这些问题至今还在发挥着作用。简述如下：

其一，将文化要素浓缩在了一起。图书八卦、天干地支、奇偶之数，这是中华元文化的基本要素。前面已经谈过，九宫将这些基本要素统一在了一起。关于这一点，我国的安徽、甘肃和朝鲜出土的式盘可以证明。

其二，将天文人文浓缩在了一起。太阳、北斗星、二十八宿属于天文，图书、八卦、天干、地支属于人文。九宫将天文与人文统一在了一起。

其三，将时间空间浓缩在了一起。四时八节属于时间，四面八方属于空间，九宫将时间与空间统一在了一起。

其四，画出了天文三线。冬至，太阳至于南回归线；夏至，太阳至于北回归线；春分与秋分，太阳相交于赤道线。九宫这里有天文三线南北回归线与赤道线。

其五，奠定了以天气论疾病的理论基础。八宫八节，八宫八方。一种时令一种气，一种方位一种风。八节八方有八风，八风的虚实关乎人体的安康。《黄帝内经·灵枢·九宫八风》按照风向与北斗星斗柄指向的顺逆，区分出了虚实两种风。逆于北斗星斗柄指向的风为实，顺于北斗星斗柄指向的风为虚。实风养人养万物，虚风伤人伤万物。夏季斗柄南指，南风为实风，北风为虚风，夏季里北风伤人伤万物。夏季里的北风伤人，具体伤的是肾脏。同理，冬季里的南风伤人，具体伤的是心脏；春季里的西风伤人，具体伤的是肺脏；秋季里的东风伤人，具体伤的是肝脏。人是独立之人，但独立之人并不能独立存在。人与天地之间，有着须臾不可分割的联系。天气正常则人体安康，天气异常会引起人体疾病。以天气的异常论疾病，这种方法具有永恒性。

其六，奠定了以天文预报天气的理论基础。一种天文，一个节令；一个节令，一种气候；八个节令，八种气候；节令转变之时，天气变化之日。这是中华先贤所创建的以天文论气候（风雨）的天气预报方法。"太一移日，天必应之以风雨"。（《黄帝内经·灵枢·九宫八风》）"太一移日"，即节令转换之日；"天必应之以风雨"，即天气必然有或风或雨的变化。节令转换之日，即刮风下雨之日。没有气象卫星之时，中华先贤是以天文节令为坐标进行天气预报的。气象卫星论天气，论的是短时间内的精确。天文节令论天气，论的是上下几千年的规律。中西文化的结合，不应该是形而下的筷子与刀叉的结合，而应该是形而上哲理的结合。例如在天气预报这里，中西文化的结合，应该结合在系统认识论与精细认识论上。

其七，奠定了一种可以广泛运用的建筑模型——明堂。明堂，这种建筑模式，从小处讲，衍生出了四合院；从大处讲，衍生出了大都市。

其八，奠定了一种教化模式。明堂，不仅仅是一种建筑模型，而且还是一种教化模式。

九宫，演化出了明堂与明堂之制。关于明堂与天文历法的关系，有必要进行认真的回顾。古之圣人君王，一是居住在明堂，二是在明堂里发布治理天下的政令。明堂，是上合天文，下合历法的一种建筑。明堂之制，则是上合天文，下合历法的一种建教化。

"与日月合其明，与四时合其序"。（《周易·乾·文言》）先有赞颂光明、遵循时序的哲理，后有向往光明、合于时序的明堂与明堂之制。以向往光明、讲究时序为基础，出现了上合天文、下合历法、中合四时之序的明堂建筑，出现了严格遵循四时之序的明堂之制。

先说明堂。明堂，是一种方形建筑。明堂，方位上坐北朝南，这是形式上的"向明"。明堂，外形上为方形建筑——正方形或四边形。方形的四边，明合于东西南北四方，暗合于春夏秋冬四时。方形可以进一步细分，分成大方形中的小方形；小方形有两种形式：一种是九宫型，即中央一宫，四周八宫；一种是十三宫型，即中央一宫，四周十二宫。八宫，合于八节八方。十二宫合于十二月十二支。明堂是在天文历法基础上衍生出的典型性、模型性建筑。

再谈明堂之制。明堂之制是人文合于天文的一种教化。历法演化出明堂，明堂里进行历法教化，这就是明堂之制。

明堂之制，一化君王，二化天下。

化君王，化在两方面：首先是君王一年之中的起居必须合于天文历法，二是君王发布的政令，必须符合天文历法。一年春夏秋冬四季，居住在明堂之中的君王，按东南西北四方轮流居住。居于东意味着在春季，居于南意味着在夏季，居于西意味着在秋季，居于北意味着在冬季。十二间房十二个月，每换一次房就意味着处在某一月。君王的起居，合于天文历法。

在不同的方位，在不同的房间里，君王与大臣讨论着不同的问题。例如东面第一间房，意味着春季开始的第一个月，君王与大臣讨论的问题是：春季的天文如何？春季的万物如何？春季应该如何生活？春季应该如何生产？春季应该如何养生？春季应该如何调味？春季河中的鱼虾应该如何保护？春季山上的林木应该如何护理？南面、西面、北面第一间房，分别意味着处于夏季、秋季和冬季第一个月，此处此时讨论的问题是"夏天、秋天、冬天应该如何如何"。君王的政令，合于天文历法。

明堂之制，与深厚的文化基础密切相关。有以下历史事例：

其一，"古者包牺立周天历度"，《周髀算经》所记载的包牺即伏羲氏，既是创造历法者，又是历法教化者。

其二，"伏羲始画八卦，别八节而化天下"，《尸子》所记载的伏羲氏，既是创造历法者，又是历法教化者。

其三，"历象日月星辰，敬授民时"，《尚书·尧典》所记载的尧，既是创造历法者，又是历法教化者。

其四，《尚书·舜典》："在璇玑玉衡，以齐七政"。这是舜接班之后所做的第一件事。《汉书·天文志》对此的解释是："北斗七星，所谓'璇玑玉衡，以齐七政'。……斗为帝车，运于中央，临制四海。分阴阳，建四时，均五行，移节度，定诸纪，皆系于斗。"舜与尧一样，同样是以天文制历法，以历法立政令。所不同的是，尧制历的坐标是太阳，舜制历的坐标是北斗。《尚书·舜典》所记载的舜，既是创造历法者，又是历法教化者。

其五，《逸周书·大聚》所记载的大禹，以春夏秋冬为标准发布出了"禹之禁"。禁令明确提出了"四不该"，即"春天不该干什么，夏天不该干什么，秋天不该干什么，冬天不该干什么"。《逸周书》所记载的大禹，是遵守历法、遵守时序的典范。

其六，《礼记·月令》记载，立春之日，天子要带领大臣到都市的东郊去迎春；立夏之日，天子要带领大臣到都市的南郊去迎夏；立秋之日，天子要带领大臣到都市的西郊去迎秋；立冬之日，天子要带领大臣到都市的北郊去迎冬。迎春之后，春天来了，应该干什么，不应该干什么；迎夏之后，夏天来了，应该干什么，不应该干什么；迎秋之后，秋天来了，应该干什么，不应该干什么；迎冬之后，冬天来了，应该干什么，不应该干什么。"应该"与"不应该"是政令的基本内容。天子在明堂中居住，要随四时变换而变换的。《礼记·月令》所记载的古之天子，是遵守历法、遵守时序的典范。

其七，《黄帝内经·素问·五运行大论》："黄帝坐明堂，始正天纲，临观八极，考建五常。"天纲，指的是天文变化之大纲。八极，指的是时之八节，地之八方。五常，指的是五行十月历。《黄帝内经》所记载的黄帝，既是历法的创造者，又是历法教化者。明堂是黄帝实施教化的课堂。

其八，《管子·五行》："黄帝得蚩尤而明于天道……立五行以正天时……人与天调，然后天地之美生。"这里的五行，是五行十月历。黄帝在蚩尤的辅佐下，制出了五行十月历。《管子》所记载的黄帝，既是历法创造的组织者，又是历法的教化者。五行历是安排生产生活的依据。

其九，《史记·历书》："盖黄帝考定星历，建立五行，起消息，正闰余。"《史记》所记载的黄帝，既是历法的创造者，又是历法的教化者。

历法与明堂，明堂与历法，实际上是一个统一体。明堂，按历法而建。历法，在明堂里实施教化。明堂之制，应该是历法教化之制。

关于明堂与明堂之制，《淮南子》有这样两段归纳，笔者认为，这里的归纳，是符合先贤本意的。摘录如下：

《淮南子·时则训》："明堂之制，静则法准，动则法绳，春治以规，秋治以矩，冬治以权，夏治以衡，甘雨膏露以时降。"这一论断指出，春夏秋冬四时里面隐藏有人之准绳，隐藏有人之规矩，隐藏有人之权衡。

《淮南子·时则训》："制度：阴阳大制有六度：天为绳，地为准，春为规，夏为衡，秋为矩，冬为权。绳者，所以绳万物也；准者，所以准万物也；规者，所以员（圆）万物也；衡者，所以平万物也；矩者，所以方万物也；权者，所以权万物也。"方圆规矩在何处？在天地四时之中。

所谓明堂之制，即人之准绳应合于天地之准绳，人之规矩应合于四时之规矩，人之权衡应合于万物之权衡。明堂之制化天下，同样是化在两个方面：一是让天下人民在生产生活中，自觉地合于四时之序、四方之序与万物之序。最终的目的是让天下人民懂得这样的基本道理：人文一定要合于天文，人时一定要合于天时，人理一定要合于天理。

（五）圆周十二次模型

"十二"这一数字，在中华元文化中有着极其重要的地位。先看以下实例：

其一，《尚书》中的十二。《尚书·舜典》："肇十有二州，封十有二山……十有二牧。"舜在接班之后，在行政区划中划出了十二州，又在十二州内确定了十二名山。《尚书》中的十二，其意义体现在行政区划与名山命名上。

其二，《周礼》中的十二。《周礼·春官·宗伯》："冯相氏掌十有二岁，十有二月，十有二辰，十日，二十有八星之位，辨其叙事，以会天位。"周代的官员中有冯相氏一职，其职责是：掌管岁星即木星环绕周天十二年的位置和一年十二月、一日十二时辰、一旬十日以及二十八宿的对应关系，使一年四季的行政合于天时。《周礼》中的十二，其意义体现在天文、历法与君王行政的相互对应上。

其三，《黄帝内经》中的十二。《黄帝内经·素问·阴阳别论》："黄帝问曰：'人有四经十二从，何谓？'岐伯对曰：'四经应四时，十二从应十二月，十二月应十二脉。'"黄帝问经脉为什么有十二条的所以然，岐伯给出了"十二月应十二脉"的答案。中华先贤以月亮圆缺一次为一个月，月亮圆缺十二次为十二个月。十二月是按照月亮一年圆缺十二次划分出来的。如果以十二月论十二经脉，这就等于说，运行的月亮，在人体中留下了自己的影子。

十二从，前人解释为子丑寅卯辰巳午未申酉戌亥十二地支。这样解释是可以接受的，因为十二支本来就与十二月有对应关系。

《黄帝内经·素问·移精变气论》中直接出现了"脉以应月"的论断。这一论断告诉人们，月亮与经脉构成了相对应的镜像关系，月亮一年之中运行十二月，人体之中相应地出现十二脉。

《黄帝内经》中的十二，论的是发现经络的奥秘。论的是十二月与十二经脉之间的对应关系。

其四，《春秋左传》中的十二。《春秋左传·襄公九年》："十二年矣，是谓一终，一星终矣。"意思是：十二年为一终，正是岁星绕周天运行一周的终止。《春秋左传·哀公七年》："周之王也，制礼：上物不过十二，以为天之大数也。"意思是：周有天下后，制定礼仪：上等礼品的数目不能超过十二，以符合天之大数。《春秋左传》中的十二，其意义体现在星纪、天文、历法、礼仪四方面的相互对应上。

其五，《楚辞》中的十二。《楚辞·天问》："天何所沓？十二焉分？"忠君爱国的屈原有一肚子的困惑，在人间无法找出合理的答案，只好问天。在《天问》中，屈原一口气提出了170多个问题，"天道为何划为十二等份"这一问题位列其一。《楚辞》中的十二，其意义体现在天文研究上。

其六，大圆中的十二。春秋时期，观象授时者把天赤道大圆平均划为十二等份，名十二宫，又名十二次，由西向东分别命名为星纪、玄枵、娵訾、降娄、大梁、实沈、鹑首、鹑火、鹑尾、寿星、大火、析木。每年岁星即木星按顺序移一次，十二年一转头，称之为"岁星纪年"。因木星运行周期是11.822年，而非12年，所以岁星纪年被舍弃不用。此时的观象授时者并没有停止思考与研究，他们又按照天赤道大圆十二等份的划分法，将地平大圆平均划分为十二等份，以北为起点，分别命名为子、丑、寅、卯、辰、巳、午、未、申、酉、戌、亥。

历史告诉人们，十二这个数字应用范围实在太广泛了。它可以出现在大政方针中，可以出现在行政区划中，可以出现在天文历法中，可以出现在天球赤道大圆、黄道大圆上，可以出现在地平大圆上，可以出现在十二生肖中，可以出现在十二经络中，可以出现在抽象的十二地支中……

圆周十二次模型，是对天体、地球的定量，是对时空的定量。依据太阳视运动，中华先贤画出了黄道；平分地球南北两半球，中华先贤画出了赤道。黄道可以平分成十二等份，赤道可以平分成十二等份，地平大圆同样可以平分成十二等份。十二之数可以解释一年十二个月，可以解释一日十二时辰，可以解释人体十二经络，可以解释地支十二支，可以解释远古中古时期的明堂制。圆周十二次是中华先贤论证问题的重要模型。

（六）动而变模型

在中华先贤的视野里，一切都是动态的。天地是动态的，日月是动态的，风雷是动态的，昼夜是动态的，寒暑是动态的，时空是动态的，龙是动态的，人亦是动态的……相对之静，绝对之动，是动态世界的基本特征。

描述动态的世界，《周易》留下了许多优美的名言，如：

其一，《周易·乾·彖传》："乾道变化，各正性命。"

其二，《周易·豫·彖传》："天地以顺动，故日月不过，而四时不忒。"

其三，《周易·坤·文言》："天地变化，草木蕃。"

其四，《周易·系辞上》："故阖户谓之坤，辟户谓之乾。一阖一辟谓之变，往来不穷谓之通。"

其五，《周易·系辞下》："日往则月来，月往则日来，日月相推而明生焉。寒往则暑来，暑往则寒来，寒暑相推而岁成焉。"

五个论断，一个指向：世界是动态的。一切都是动态的。中华先贤所创造的文化，是动态的文化。

太极是动态的！太极之动，体现在分裂而变上。

八卦是动态的！八卦之动，一体现在内部的相互交通上；二体现在整体的无限循环上。

阴阳是动态的！阴阳之动，一体现在内部的相互推动上；二体现在整体无限循环上。

五行是动态的！五行之动，一体现在相生的相互联系上；二体现在相克的相互制约上。

描述动态的文化，《周易》留下了许多优美的名言，形象而逼真者，莫过于下面三个论断：

其一，《周易·系辞上》："参伍以变，错综其数，通其变，遂成天下之文。"

其二，《周易·系辞下》："《易》穷则变，变则通，通则久。"

其三，《周易·系辞下》曰："《易》之为书也不可远，为道也屡迁，变动不居，周流六虚，上下无常，刚柔相易，不可为典要，唯变所适。"

三个论断，一个指向：文化是动态的。《圣经》尚信，《周易》尚变。《圣经·新约·约翰福音》："信者能得到永生。"《周易·系辞下》："变则通，通则久。"又："唯变所适。"

世界是动而变的世界，文化是动而变的文化，哲理是动而变的哲理，名言是动而变的名言，中华先贤为子孙留下的是一个动而变的模型。

眼中有动而变，心中有动而变，手下有动而变，动在道理之下，变在道理之中，如此子孙方称得起先贤的孝子贤孙，如此子孙才有可能在先贤的基础上再造辉煌。

以上几种模型，属于人文模型。万万不可忘记的是人文模型源于自然模型。

道在天地中，道在时空中，道在万物中，道在小草小花、小猫小狗、小鱼小虾中，道在风雷闪电中，这些鲜活的自然模型会时时刻刻给人以启发。记住人文模型，观察自然模型，不断地提出新问题，不断地解答新问题。如此，怎么会落后于他人？

第五节　比类：实证之外的方法

观象比类、从容比类、援物比类，是实证之外的方法。

比类，充分利用人的智慧，巧妙地进行归纳与推理。比类，可以解答实证方法解答的问题，也可以解答实证方法不能解答的问题。

这里，以实例说明比类方法的巧妙性与可行性。有以下实例：

河边有花，陆地上的花会映在水中。看到水中的花，转眼就可以找到陆地上的花　——由假象可以找出真相，这就是"比类"。

阳光会发热，但水中的阳光没有热，中华先贤认识到：水中的阳光是反射物，反射光不发热。月亮光没有热度，这说明月亮光是反射光　——由眼前正确的结论推理出遥远的真相，这就是"比类"。

镜外的景物会反映到镜中，知道了镜中有何物，就知道了镜外有何物　——镜内镜外有对称性，知道了对称的这一面，就知道了对称的另一面，这就是"比类"。

大山本身不会发出声音，但是大山会对声音产生回声。人的高喊，老虎的吼叫，都会引起回音。听见了山中的回音，就可以找到发出声音的人或动物　——由回声推导出声源，这就是"比类"。

风起了，树枝动了。看到了树枝的摇动，就可以得出"风来了"的结论　——由现象找到产生现象的原因，这就是"比类"。

源流相连。下游干枯了，由此可以得出结论：千里之外的源头出了问题　——事情发生在此处，事情的原因却在彼处，由此处之事找出遥远的彼处之因，这就是"比类"。

根与枝相连。枝叶干枯了，由此可以得出结论：根本出现了问题　——由枝叶之病推理出根本之因，由看得见的现象推论出看不见的病因，这就是"比类"。

内外相连。外部出现了异常，由此可以得出结论：内部出现了问题　——由外部之病推理出内部之因，这就是"比类"。

品尝一口汤，知一锅汤的咸甜；品尝半杯酒，知一瓮酒的醇厚　——以其少知其多，这就是"比类"。

见庭前一花落，知天下之秋至；见室内一瓶水结冰，知天下严寒来临　——以其近论其远，这就是"比类"。

见一斑而知全豹，闻一声而知远近　——以局部论全局，见微而知著，这就是"比类"之法的奥妙。

A物出现在此地，B物出现在此地，C物出现在此地，由此可以得出结论：ABC三物与此地必然存在着因果关系　——在一二三四的统计中找出空间中的规律性，这就是"比类"。

A物出现在此时，B物出现在此时，C物出现在此时，由此可以得出结论：ABC三物于此时必然存在着因果关系——在一二三四的统计中找出时间中的规律性，这就是"比类"。

　　……

　　《黄帝内经·灵枢·外揣》中有"外揣"一法。"外揣"之法，仍然在"比类"之法范围之内。"日与月焉，水与镜焉，鼓与响焉。夫日月之明，不失其影，水镜之察，不失其形，鼓响之应，不后其声，动摇则应和，尽得其情。"这一段话，所讲的就是"外揣"之法。

　　为了说明何谓"外揣"之法，《黄帝内经》举了三组例子：日与月、水与镜、鼓与响。日与月因其明而有影，所以可以通过影子判断日月之明。水与镜因其性而可以反射物之形，所以通过水中、镜中之物判断实际之物。鼓会发出响声，所以由听到的鼓声可以判断此处有鼓。

　　"比类""外揣"之法，是实证之外的方法。道路之外还有道路，方法之外还有方法。"比类""外揣"之法是实证方法永远也取代不了的方法。

　　在没有仪器的条件下，中华先贤利用比类之法，解答了一个又一个问题，这些问题在当时大都具有领先于世界的意义。今天有了各式各样的仪器，中华先贤的子孙能否利用仪器与"比类""外揣"之法相结合，作为发现问题、解答问题的又一条新路呢?

第六节　爱因斯坦对中华先贤的评价

　　爱因斯坦在《西方科学的基础与中国古代的发明》中写下了这样一段话："在我看来，中国贤哲没有走上这两步（笔者按：指希腊发明的形式逻辑和系统实验可能找出的因果关系），那是用不着惊奇的。令人惊奇的倒是这些发现'在中国'全都做出来了。"

　　爱因斯坦，世界一流的物理学家，他用客观如实的态度，比较了中西文化的相同与不同：不同，是方法的不同；相同，是殊途同归，都能解答问题。

　　"形式逻辑和系统实验"是一种方法，以道论之同样是一种方法。两种方法，都能解答问题。这是爱因斯坦的看法与结论。

　　希望更多人了解爱因斯坦的这一看法与结论，只有这样才会避免很多笑话式的文化批判：例如拿西文的标准评判中文，拿西医的标准评判中医，拿面包的标准评判馒头，拿刀叉的标准评判筷子……

　　真正的文化批判，应该在"不同"背后发现不同的方法。例如爱因斯坦这样的文化批判者，会在两种文化背后发现不同的方法。还有一种文化批判者，会在"不同"中发现"对"与"错"：一方对，一方错。然后是众所周知的结论：彻底肯定一方，彻底否定一方。

第五章　道器并重的文化与三步重要变化

有这样的果，一定有这样的因。

没有这样的因，绝不会有这样的果。

一个光芒四射的果，绝不会是无因之果。

一个谁都可以捏，而且谁都会捏破的"软柿子"，绝不会与坚不可摧的金刚石在成因上有着一致性。

文明先进，有其因；落后挨打，有其因。文明先进与落后挨打，各有其因。中华民族前后两种截然相反的状态，应该是两种因而不是一个因造成的。

笔者的研究证明，源头的中华文化，即中华元文化其核心在道器并重。道器并重的中华元文化孕育出了中华民族的文明先进。文化的失传与变质，使中华民族一步步走向了落后挨打。变质文化的核心在伪道无器。两种文化两种因，两种因结出了两种果：一个文明先进，一个落后挨打。

两种状态背后的两种因是本章讨论的核心。

第一节　道器并重的文化

以上所有的议论，就是为了证明下面这个论点：中华元文化是"道器并重"的文化。

这里，有必要再进行一下"何谓道，何谓器"的简要回顾。

先说道。《周易·系辞上》："一阴一阳之谓道。"又："形而上者谓之道。"道，是中华先贤所认识的生生之源，是中华先贤所认识的造物主。

有生生之物，那么，生生之源在哪里？找出生生之物背后的生生之源，即找出生生之物的造物主，是人类先贤的第一要务。在第一篇里已经谈过，只要把世界上影响最大的几部经典——《周易》《奥义书》《圣经》《古兰经》以及佛教经典，同时放在办公桌上，然后一一打开，在短短的几分钟内，你就会有这样发现：几部经典的第一页上，讨论的竟是同一个问题，即宇宙发生论。

大梵生空。印度先贤创造的基础性经典是《奥义书》。《奥义书》一开篇，出现的是宇宙精神大梵。大梵解答的第一个问题是天地万物的诞生。这里的答案是：大梵生空，空生四大——地火水风。四大组成生气勃勃的万物，组成了生气勃勃的男女。大梵用生生不息的方式，解答了现实世界的起源与演化。

缘起性空。释迦牟尼觉悟在菩提树下，悟出的不是浩瀚如海的佛教经典，而是"缘起性空"四个字。释迦牟尼以空为本体，然后用因缘两种元素解答了万物的诞生与演化。因为内因，缘为外因。因缘和合，万物产生；因缘分离，万物毁灭。一切从空中来，一切还要归于空。孙悟空的"悟空"二字，反映的就是佛教宇宙观与价值观的统一。

神造宇宙。希伯来先贤创造的经典是《圣经》。《圣经》一开篇，迎面而来的是万能之神。万能之神解答的第一个问题就是创造宇宙。神用"要什么立刻就有什么"的命令，在六天时间内创造了一个生气勃勃的现实世界。生气勃勃的现实世界里面包括不断惹上帝生气的人类祖先——亚当与夏娃。古希伯来先贤用一个万能的上帝回答了天地起源问题，回答了亚当与夏娃的诞生问题。

真主造宇宙。《古兰经》用唯一的真主解答了天地起源问题，解答了人之诞生问题。

道生天地。中华先贤创造的根本经典是《周易》。《周易》一开篇，出现的是纯阳与纯阴的乾卦与坤卦。阴阳交合，产生了天地；天地交合，产生了万物与男女。一阴一阳之谓道。《周易》用阴阳之道解释了天地的诞生与万物演化。一阴一阳是自根自本、自动永动、永不分离又永不重合的两种自然元素。中华先贤以自然之道为根本，解释了宇宙诞生与演化。

在造物功能上，道和上帝一模一样，都是生生不息的生生之源。面对茫茫宇宙追问"为什么这样"，中华先贤没有追问出人格神，而是问出了一个自然之道。

有相同也有不同。道和上帝，有相同点，也有不同点。一是形体上的不同；二是创造宇宙的方式不同。在形体上，道和上帝就完全不同：上帝有形有象，道无形无体。上帝有语言有脾气，与几代人有过直接接触；道无声无息，从来没有与任何人有过接触。造物，上帝采用的是指令式——"要什么，立刻就什么"；道采用的是阴阳裂变式——一分为二，二分为四……

道，解答了宇宙的诞生与演化问题。道，是中华先贤所创建的宇宙观。

找到生生之源，找到了造物主，人类先贤利用其解答了两大根本问题：一是解答了"宇宙如何演化问题"；二是解答了"如何为人"的坐标问题。只有生生之源，只有造物主才有资格成为人的坐标。找到了生生之源，就找到了"如何为人"的终极坐标。

佛教主张悟空，《圣经》主张人服从上帝，《古兰经》主张信仰真主，中华文化主张人法道。表达方式不同，实际意思一样：人只能效法生生之源。

"朝闻道，夕死可矣。"孔子如是说。"人法天地，地法天，天法道，道法自然。"老子如是说。中华先贤面对茫茫人生追问："应该怎么样？"结论是做人应该讲道理。

道，是"如何为人"的坐标。道，是中华先贤所创建的人生观。

宇宙与人生，这两大问题，中华先贤用一个"道"字做出了解答。宇宙观与人生观的统一，统一在了自然之道这里。

再谈"器"。《周易·系辞上》："形而下者谓之器。"《周易·系辞下》："弓矢者，器也。"《周易》把有形有体的生产工具、生活器具、自卫武器统称为"器"。网罟，器也。耒耜，器也。弓矢，器也。舟车，器也。臼杵，器也。鼎，器也。宫室，器也。一个"器"字，在《周易》之中有极其显著的三大特色：一是器本身有着极其重要的地位，可以并列并重于至高无上的道；二是器的创造者具有极其重要的地位，可以称圣，可以称神；三是制器之哲理以道为坐标。

前面谈过，在《圣经》里，神至高无上，没有任何人任何物可以与神并列并重。在《周易》里，道至高无上，但有一个"器"字，可以与之并列并重。《周易·系辞上》："形而上者谓之道，形而下者谓之器。"这里的道与器，其重要性如"车之两轮，鸟之两翼"，缺一不可。器，一为自然之器，二为人工之器。自然之器，天地万物是也。人工之器，人创造的各种器具也。"形而上者谓之道，形而下者谓之器。化而裁之谓之变，推而行之谓之通，举而措之天下之民谓之事业。"经过化裁，道可以化器。经过推行，天下之民在一举一措之中可以运用器。这里的器，显然是人工之器。人工之器，可以与造物之道并列并重，器之至高无上的地位，由此可见一斑。道器可以转化，明白道即可以化出器。谈道又谈器，道器并重，是《周易》基本的特色。《圣经》谈神不谈器，佛经谈出世，自然也不会谈器，只有《周易》这部经典谈道又谈器。道至高无上，器可以与之并列并重，这说明器本身同样具有极其重要的地位。

制器者的地位又如何？请看《周易·系辞上》中的两个论断。

《周易·系辞上》："易有圣人之道四焉，以言者尚其辞，以动者尚其变，以制器者尚其象，以卜筮者尚其占。"圣人有四道，制器为四道之一。显而易见，制器者是可以称圣的。

《周易·系辞上》："见乃谓之象，形乃谓之器，制而用之谓之法，利用出入，民咸用之谓之神。"由看得见的象制出有形之器，将有形之器具普及至民用，如此制器者即可称之为神。

前一论断讲制器者可以称圣，后一论断讲制器者可以称神。显而易见，制器者有着至高无上的地位。

制器，一靠经验，二靠哲理。历史证明，经验可以引起新的发明创造，哲理同样可以引起新的发明创造。经验引起的发明创造往往带有偶然性、单一性，而哲理引起的发明创造往往带有前瞻性、系列性、循序渐进性与触类旁通性。《周易》谈器的发明创造，重视的是哲理。

"尚象制器"与"道器转化"，是中华先贤所认识的发明创造的系统哲理，是中华先贤所找到的、可以启示发明创造的永恒坐标。

欲制器先尚象，象在何处？象在形象之象中，象在抽象之象中。天地、山泽、水火、雷风、小猫小狗、小鱼小虾、一花一叶，这些都是自然的形象之象。而卦象，则是人文的抽象之象。

象即是卦，卦即是象。《周易·系辞上》曰："圣人有以见天下之赜，而拟诸其形容，象其物宜，是故谓之象。"《周易·系辞下》曰："八卦成列，象在其中矣。"《周易》中用这两个论断，在卦与象之间建立起了等量代换关系。

抽象之象源于自然的形象之象，卦象是由鲜活的形象之象而来。天下之赜，就是鲜活的、繁杂的、千差万别的形象之象。将形象之象加以抽象，产生了太极、八卦、六十四卦。太极、八卦、六十四卦，为人文抽象之象。两种象，都是器具发明创造的坐标。《周易·系辞下》所记载的发明创造，均是在卦象卦理启发下进行的。

形象之象千奇百怪且日新月异，抽象之象包罗万象简单而深邃。所谓尚象制器，就是仿照形象之象与抽象之象本身以及背后的原理去进行器具的发明创造。欲制器先尚象。象在形象之象中，象在抽象之象中。

形象之象可以启示器具的发明创造。一片带刺草叶能启示锯的发明，一片枫叶的旋转下落可以启示螺旋桨的创造。锯的发明，是古代的事；螺旋桨的创造，是现代的事。草叶与枫叶，均属于形象之象。自然的形象之象，具有常青意义。

抽象之象可以启示器具、新技术的发明创造。在卦象卦理的启示下，伏羲氏、神农氏、黄帝、尧、舜进行了多项器具的发明创造，这是远古与中古时代的事。莱布尼茨会从卦象中发现二进制，玻尔会从太极图中发现量子互补原理，这是昨天的事。太极与卦象，均属于抽象之象。人文的抽象之象，具有永恒意义。

认识了象——形象之象与抽象之象，就认识了制器的永恒坐标。

再谈"道器转化"。道无形无体，位于形而上；器有形有体，位于形而下。形而上的道与形而下的器，两者之间为何能够转化？明白道的赋存状态，这个问题就迎刃而解。

道在何处？换句话说，在何处能够认识道？在天地万物中可以认识道。《庄子·知北游》中有一段庄子与东郭子的对话，解答的就是"道在何处"的问题。庄子说，道无处不在。大不避天地，小不避蚂蚁。圣洁不避荷花，肮脏不避屎尿。总而言之，道在天地万物中。天地万物是自然的形象之象，形象之象可以启示器具的发明创造。道器转化与尚象制器在此走到了一起。

太极、八卦、河图、洛书，均由一阴一阳所组成。一阴一阳之谓道。太极、八卦、河图、洛书所反映的就是道理。道理是形象之象的归纳与抽象。形象之象可以启示发明创造，抽象之象同样可以启示发明创造。道器转化，可以从抽象之象这里开始。

除了可以看得见的两种象之外，还有看不见的道理。

道理还体现在天地万物的变化之中。日往月来，昼往夜来，四时循环，草木成长，鸟兽繁殖，无不体现着道理的变化与变化的道理。

更为巧妙的是，道理还体现在阴阳两爻的无穷变化之中。阴阳两爻在卦中的位置稍有移动，就会引起无穷的变化。易穷则变、唯变所适，这是中华先贤的思维方式。早期的中华大地之所以出现那么多的新器具、新技术、新理论，除了有鲜活的、坚实的参照坐标之外，还与这种尚变的思维方式密切相关。

经典与经典相比，《周易》多讲了一个"器"字。道与上帝相比，道比上帝多解答了一个问题，这个问题就是"如何发明创造"。

宇宙与人生的哲理，集中在一个"道"字上。发明创造的哲理，集中在一个"器"字上。谈道又谈器，道器并重，是《周易》的特色，也是中华元文化的特色。中华先贤所创建的中华元文化应该是"道器并重"的文化。

正是这个"道器并重"的文化，孕育出了一个先进的、文明的、强大的中华民族。正是这个"道器并重"的文化，孕育出了一个领先于世界的中华文明。"道器并重"的文化是因，领先于世界的中华文明是果，这是笔者的研究结论。

第二节　道器分离的文化

领先于世界的中华文明为何没有得以延续？原因何在？因为文化的失传与变质。

文化失传在何处，文化变质在何处？文化失传在老子、孔子这里；文化变质在董仲舒这里。

一、文化在老子这里的失传

一个"器"字，失传在了老子这里。"道器并重"的文化，在老子这里，变成了"道器分离"的文化。

老子崇尚道而反对器。老子认为，器是动乱的根源。所以，老子既反对使用现有的器，又反对发明新的器。老子把"追求什么与反对什么"的两个目标清楚地写入了《道德经·第80章》：

"小国寡民，使有什伯之器而不用，使民重死而不远徙；虽有舟舆，无所乘之；虽有甲兵，无所陈之；使民复结绳而用之。甘其食，美其服，安其俗，乐其业。邻国相望，鸡犬之声相闻，民至老死，不相往来。"

"民至老死，不相往来"的"小国寡民"，是老子的理想国。在这个理想国里，人民安分守己，安居乐业；以自己的饮食为美，以自己的服饰为美，以自己的风俗习惯为美。人民安于现状，既不希望到别国去，也不希望外人到这里来。桃花源式的小国，安分守己的人民，是老子的希望，是老子的追求，是老子的最高理想。

在桃花源式的理想国里，不需要舟车，不需要弓矢，不需要任何器具。把过去的器具封存起来，现在与将来，也不要再发明任何新器具。器具，所有的器具，被老子彻底否定。

老子是圣人。桃花源式的理想国，是圣人的理想，是圣人的情怀。问题是"你不往并不等于他不来"。

古今中外大量的历史事例证明："你不往而侵略者他偏偏就是要来。"这个世界中的人，并不都是圣人。圣人之外，还有小人。小人之外，还有弱肉强食的强盗。有弱肉强食的强盗存在，桃花源式"寡民小国"就不可能长久存在。

先说昨天的例子。北京的慈禧太后有去八国的打算吗？没有！慈禧太后根本没有打算到八国去，但这并不影响八国联军进北京。南京的蒋介石没有到东京杀一个人，但这并不影响日本鬼子到南京大屠杀。

说当时的例子。老子的家乡楚国，在老子身后不久，被秦国所灭。你不往秦兵就不来吗？孔、孟的家乡在齐鲁，被秦国所灭。你不往秦兵不是照样来吗？

再说外面的例子。文明古国古埃及与巴比伦被波斯帝国所灭，古希腊先后多次被外族所占领，科威特一日之内被伊拉克占领，这些例子说明了什么？说明侵略者均是不请自到的。老死不相往来，大家都过安分的太平日子，这是圣人的理想。而真实的情况是：你不往而弱肉强食者他偏偏就是要来。

没有先进的自卫武器，既不能救当时，也不能救将来。没有先进的自卫武器，无论是寡民之小国，还是庶民之大国，就有被消灭、被侵吞的危险。中外历史均可以证明这一点。

中华先贤是如何对待战争的呢？《周易》六十四卦中有象征军队与战争的一卦，这一卦为《师》卦。《师》卦的排列位置非常有意味——《需》《讼》《师》，《师》卦排列在《需》《讼》两卦之后。《需》卦象征饮食之需，《讼》卦象征诉讼，《师》卦象征战争，这一排列顺序隐含了这样的哲理：饮食分配不公会引起诉讼，诉讼解决不了问题会引起战争。战争根源在于争夺饮食之需，这是中华先贤对战争原因的分析。今天的战争，其目的不还是在争夺资源上吗？六十四卦，《师》卦独占其一，战争不可避免，这是中华先贤对战争的态度。

制止战争、保卫天下最有效的手段是发明出先进的自卫武器，如《周易·系辞下》所言"弧矢之利，以威天下"。有先进的武器，天下不怒而威。有"弧矢之利"，才能威慑侵略者的觊觎之心。用先进武器保卫天下，用先进武器制止战争，这是《周易》对武器的态度。

《周易》关于用先进武器制止战争的哲理，用先进武器自卫天下的哲理，经得起时间的检验，经得起空间的检验。老子小国寡民的理想，经不起时间的检验，经不起空间的检验。

老子为何崇尚道而反对器？原因是老子算错了一笔账。老子认为，器是天下动乱的根源。实际上，天下安宁与动乱，其根本原因在于有道与无道，而不在于有器与无器。如若不信，请看看伏羲氏中的网罟，请看看神农氏手中的耒耜，这些先进的、史无前例的器，给天下带来了灾难还是给人民带来了幸福？

一个"器"字被老子所否定，中华元文化在老子这里就发生了残缺，"道器并重"的文化变成了"道器分离"的文化。

道器分离，起码在三方面产生了严重后果：一是"器"字在哲理上失去了崇高地位，道器并列并重的关系从此不复存在；二是制器者在哲理上失去了崇高地位，制器者的地位从此再不能与圣人相等同；三是制器的哲理从此无人研究。

必须明白的是，文化在老子这里有所失传，文化在老子这里也有所继承、有所发展。例如用简洁的语言阐述道为生生之源，这就是老子对先贤的继承，这就是老子对文化的发展。

二、文化在孔子这里的失传

与老子一样，孔夫子既是文化的继承者、发展者，也是文化的失传者。

文化在孔子这里的失传，表现以下三个方面：

首先是天之道、地之道的失传。从伏羲氏画下三爻那时起，中华先贤所确立的研究对象是天地人三道，即天之道、地之道、人之道。天之道，涉及天文历法。地之道，包括地理地貌，包括江河水流，包括土壤、物产矿产与鸟兽。人之道，包括如何立人，如何立家，如何立天下。孔夫子一生关注的重点是人之道，即如何立人，如何立夫妇，如何立父子，如何立朋友，如何立君臣，至于涉及自然科学的天之道与地之道，孔夫子一生很少涉猎。《礼记·月令》讲的是天文历法，但《逸周书》里有《月令》之名而内容缺失，据贵州大学教授张闻玉先生研究，《礼记》中的《月令》可能是《逸周书》中的内容。关于天之道与地之道，孔夫子自己一没有研究，二没有指示学生们研究。缺失，首先是从天之道、地之道这里开始的。用自己人的话说，孔夫子这里缺失了物理。用外人的话说，孔夫子这里缺失了自然科学。

然后是务农之道的失传。"周监于二代，郁郁乎文哉！吾从周"。（《论语·八佾》）孔夫子对周代的典章制度，由衷地敬佩。但笔者认为，孔夫子从周，所从的只是周之礼，并没有从周之事。后稷，周之始祖。据《尚书》《诗经》这两部经典记载，后稷是最早最优秀的农业专家，是他培育出了五谷良种，是他培育出了瓜果良种。《尚书·舜典》："弃，黎民阻饥，汝后稷，播时百谷。"《尚书》记载舜接班之后，马上任命后稷为主管农业的官员。《诗经·大雅·生民》中的后稷，既培育瓜又培育豆，种瓜丰收瓜，种豆丰收豆。无论《尚书》还是《诗经》，对后稷都是持歌颂态度的。务农之事，在后稷这里是大人之事。但务农在孔夫子这里却变成了小人之事。

在《论语》中，孔夫子的学生樊迟请教务农务菜，被夫子斥之为"小人"。《论语·子路》篇中的故事如下：樊迟请学稼，子曰："吾不如老农。"请学为圃，曰："吾不如老圃。"樊迟出，子曰："小人哉，樊须也！上好礼，则民莫敢不敬；上好义，则民莫敢不服；上好信，则民莫敢不用情。夫如是，则四方之民，襁负其子而至矣。焉用稼！"

务农，在神农氏、黄帝这里是圣人之事；务农，在后稷这里是大人之事；为何在孔夫子这里变成了小人之事？只讲如何做人，不讲如何做事；尤其是不讲如何务农务菜，自己不讲，也不许学生讲，这就是真实的孔夫子。农业大国的圣人不研究务农，这无论如何都是不应该的。不务农，粮食从何而来。没有粮食，是要饿死人的呀！完美的圣人应该既讲做人又讲做事，既讲人理又讲物理，既讲仁义又讲粮食。在务农务菜问题上，笔者赞同樊迟，而不同意孔夫子。当时就有人批评孔夫子"四体不勤，五谷不分"，令笔者欣慰的是，孔夫子接受了这一批评，《论语》也记载了这一批评。能够虚心接受批评，这是教育家与政治家的重要区别，也是孔夫子令人敬重之处。

孔夫子没有重视制器之事，没有研究制器之理。《周礼·冬官·考工记》是专门讲器具制造的：如何造生产工具、如何造生活器具、如何造自卫武器等等。而这里的制器之事与制器之理，孔夫子一辈子也没有涉猎。孔夫子一生只讲礼，不讲器。无器又如何？历史告诉人们，只有礼而没有器的结果非常糟糕。"兵马俑"的原型一到，齐鲁大地马上屈服在长矛短剑之下。讲礼的圣人遇见不讲礼的兵，现实世界马上就会按照兵的意志所改变。独尊儒术的中原，一曾经败在成吉思汗的弯弓之下，二曾经败在满人的长矛之下，三曾经败在八国联军与日本鬼子的枪炮之下。缺失一个"器"字，毁灭性的灾难就会反复重演。放眼于九州之外，就会马上知道这样一个残酷的事实：中国之外的世界文明古国，例如古希腊等，都不是被比自己更文明、更先进的国家所取代，而都是惨败于野蛮民族的刀枪之下。

孔子不谈器但没有反对器，而且还在《论语·卫灵公》中留下了一句颂扬器具的名言——"工欲善其事，必先利其器"。

孔夫子的立人之道讲得实在是好：为人子，要讲孝；为人父，要讲慈；为君者，要讲仁；为臣者，要讲忠；夫妇间，同尊卑；朋友间，讲信义；为师者，应该诲人不倦；为弟子，应该学而不厌。人与人之间应该相互理解，"己所不欲，勿施于人"……总而言之，人与人之间应该建立相互负责、相互尊重的关系。"己所不欲，勿施于人"的哲理，恐怕一万年以后也适用。

儒家文化育人，可以育出文明之人；儒家文化育家，可以育出和谐之家；儒家文化育天下，可以育出文明之天下。但是，儒家文化不能育出器具的发明创造者，不能育出农业专家，也不能育出文明强大、威风凛凛的天下。不讲务农、不讲器的教训实在是太大太大大啦！所以，儒家文化应该尊重，但无论如何不能"独尊"。

笔者由衷地尊敬孔夫子，之所以敢于对夫子提出批评，一是因为夫子有"仁不让师"的教导，二是因为夫子能够容忍子路式的鲁莽。

还需要特别指出的是，孔夫子所推崇的周礼并不是完备之礼。因为周礼中忘记了"选贤与能"的"选"字，所以，既有礼又有器的周，并没有跳出起初兴旺、中间衰败、最终灭亡的怪圈。有礼有器没有"选"字，照样重复着夏、商无法延续的悲剧。

理性做人，做人讲礼又讲理，这一主张没有错。如果说有错，那就是错在了理论的不完整性即理论的残缺上。理性做人，这是其一；智慧做事，这是其二。其一加其二，才是完美的主张。理性做人，智慧做事，这是中华元文化所讲的道理。智慧做事，包括了很多内容，例如研究天文地理，培育五谷良种，器具的发明创造……而智慧做事的研究，大部分落在了孔夫子的视野之外。行而论道，在孔夫子这里完全彻底地变成了坐而论道。

坐而论道的儒学，对后世产生了极大的消极影响。如若不信，请看看历代以后的秀才、举人、进士、状元，有几个是器理的研究者，有几个是器具的发明者？历朝的读书人，有谁还尊重制器者，有谁还把制器者与圣人相等同？有几个秀才还谈"尚象制器"？有几个状元还谈"道器转化"？有几个人还谈务农务菜？出来那么多的状元，为什么中华民族却一步步地落后？

道器并重的文化，越往后丢失得越彻底。后来的儒生越来越把身心局限在书内。宋有"半部《论语》治天下"一说，此说非常豪迈，有强烈的文化自信心。假定此说是正确的，此处请教的问题是：当日本兵、八国联军来临之际，拿出整部《论语》，可以退却敌兵吗？

半部《论语》能否治天下，有待探讨；而整部《论语》不能卫天下，却是事实，是被历史反复检验的事实。实际上，把中华先贤创造的全部经典放在一起，再加上儒家的典籍，也退不了、吓不倒一丁半卒。治天下与卫天下，是不可分割的道理。治天下用道理，卫天下用武器。

三、允许批评的圣人，可以找回的文化

老子、孔子都是圣人。圣人也是人，圣人的学说是可以讨论，可以批评的。司马迁在《史记·太史公自序》中对儒、道两家的学说都进行了理性的评论。

"四体不勤，五谷不分，孰为夫子！"这是《论语·微子》所记载的一位"丈人"对孔夫子的批评。

"累累如丧家之狗。"这是《史记·孔子世家》所记载的郑人对孔夫子的挖苦。

对于这些批评，对于这些挖苦，孔夫子听之，笑之，容之。孔夫子没有把自己绝对化。孔夫子是允许别人批评自己的。

在批评与讨论中，失传的"器"字还是可以找回来的。

问题出在了文化专制的"独尊儒术"的上，失传的"器"字就永远失去了。下面讨论这一问题。

第三节　伪道无器的文化

伪，相对真而言，相对正而言。

伪道，相对真道而言，相对正道而言。

弄清了正道、真道，立刻就能识别出伪道。

关于正道、真道的论述有以下几点：

其一，《周易·系辞上》："一阴一阳之谓道。"又："阴阳之义配日月。"

其二，《尚书·大禹谟》："时乃天道。"

其三，《周髀算经·陈子模型》："日中立竿测影，此一者，天道之数。"

其四，《逸周书·周月》："万物春生夏长，秋收冬藏。天地之正，四时之极，不易之道。"

其五，《道德经·第42章》："道生一，一生二，二生三，三生万物。"

其六，《尸子》："昼动而夜静，天之道也。"

其七，《管子·枢言》："道之在天者，日也。"

其八，《史记·太史公自序》："夫春生夏长，秋收冬藏，此天道之大经也。"

这八个论断，论的是自然之道。自然之道有多重含义：一是生生之源为道，这是根本之道；二是往来有序、更替有序的日月为道，这是后天之道；三是春夏秋冬四时为道；四是立竿测影，竿下变化的日影即是天道；五是时间为天道。

八个论断，没有一个论断将人与道相等同，没有一个论断将君与道相等同。

人为何不能称其为道？因为你不能生万物，因为你不是太阳不是月亮，因为你不能决定日月的有序往来，寒暑的有序更替。人可以认识道、接近道、明白道，但人永远也不能成其为道，也不能称其为道。

本源清，底气足。明白了真道正道，再来识别伪道，就不会有什么障碍了。

下面谈伪道以及伪道的发源地。

何谓伪道？"阳为阴纲之谓道"。此道即是伪道。伪道的哲理发源于《春秋繁露》，伪道之恶果结果于《白虎通德论》。

《春秋繁露·基义》："君臣父子夫妻之义，皆与诸阴阳之道。君为阳，臣为阴；父为阳，子为阴；夫为阳，妻为阴。……王道之三纲，可求于天。"

真与伪、正与伪的区别，就区别在"一阴一阳"与"阳为阴纲"上。

《白虎通德论·三纲六纪》："三纲者何谓也？谓君臣、父子、夫妇也。……故君为臣纲，父为子纲，夫为妻纲。"

形而上的阳为阴纲，形而下的君为臣纲、父为子纲、夫为妻纲。道理变质于前，人理变质于后。这两个论断变质了"道器并重"的中华元文化。

大道变伪道，第一是变质了道的概念。《周易》论道，论出的是"一阴一阳之谓道"。董仲舒论道，论出的是"阳为阴纲之谓道"。道的概念，被董仲舒变质了。

大道变伪道，第二是变质了阴阳关系。《周易》论阴阳关系，论出的是阴阳和合，论出的是阴阳合德。董仲舒论阴阳关系，论出的是阳为阴纲。阴阳关系，被董仲舒变质了。

大道变伪道，第三是将君等同于道，将君理等同于道理。君是君，道是道；道位于君之上，君位于道之下；君必须有道，君必须行道。这是中华元文化中的道与君的关系。君有道从君，君无道从道。这是中华元文化中的君臣关系。君是道，道是君；君等同于道，道等同于君；或者说天等同于君，君等同于天。这是变质文化中的道君关系。君有道从君，君无道也要从君；君可以不君，臣不可以不臣；君叫臣死，臣不死为不忠。这是变质文化里的君臣关系。君臣关系，被伪道变质了。父不义，子可以争于父；夫不义，夫妻可以反目。这是中华元文化中的父子、夫妻的关系。父叫子死，子不死为不孝；嫁鸡随鸡，嫁狗随狗，嫁给狐狸满山走。这是变质文化里的父子、夫妻关系。父子、夫妻关系，被伪道变质了。

大道变伪道，第四是改变了做人的坐标。做人的坐标在天地之理中，在日月之理中，在四时之序中，总之，做人的坐标在自然哲理中，这是大道、正道、真道所创立的人理。做人的坐标在君理中，在父、夫之理中，在权威之理中，归根结底在君理中，这是伪道所创立的人理。做人的坐标，被伪道变质了。

楚汉相争，胜者为王，两千年来中华大地上的君王就是在如此方式中产生的。这种方式，完全相悖于选贤举能的中华元文化。众所周知，楚汉相争的双方，一方是项羽，一方是刘邦。项羽是文盲，刘邦是无赖。双方之中无论谁取胜，天下只能在文盲与无赖中被动地接受其中一个。不是文盲，就是无赖；不是无赖，就是文盲。这样的无赖，这样的文盲，怎么有资格与道相等同？

选贤举能，贤者为王。这是儒家、墨家、法家三家所记载的君王产生方式。为王的贤者，也不能等同于道，也不能等同于天。"大哉！尧之为君也。巍巍乎，唯天为大，唯尧则之"。（《论语·泰伯》）尧是圣人君王。孔子尊敬尧，但是孔子所尊敬的尧，也不能等同于天。尧是则天的典范。则天，实际上就是法道。

伪道变质了人理，伪道也抛弃了器理。《春秋繁露》没有谈"尚象制器"，《白虎通德论》没有谈"道器转化"，伪道无器的文化，始于董仲舒，确立在汉。

董仲舒之后，整个中华民族所信奉的就是伪道无器的文化。

这里需要进行一下中西比较。在西方，古代没有混淆神与王的关系：神是神，国王是国王，两者的关系清清楚楚。神位于王之上，国王也要信神，也要讲神理。在西方，今天没有混淆神与总统的关系：神是神，总统是总统，两者的关系清清楚楚。神位于总统之上，总统也要信神，也要讲神理。过去，如果将国王等同于神，这是不允许的。现在，如果将总统等同于神，这同样是不允许的。

刚刚谈过，在老子、孔子这里失传的文化完全可以找回来，所以然则何？因为老子、孔子这里允许讨论。在讨论中，完全可以对两位圣人否定的东西重新肯定，完全可以对两位圣人遗失的文化重新认识。

为什么董仲舒这里变质的文化找不回来，因为董仲舒"独尊儒术"的建议被皇帝肯定之后，百家争鸣变成了一家独鸣，百花齐放变成了一花独放，自由的文化从此变成了专制的文化。专制的文化一不允许批评，二不允许讨论。不允许批评，不允许讨论，是非分不清了，长短分不清了，善恶好坏分不清了，失去的就永远失去了，哪怕是再宝贵的东西。

"独尊儒术"，实际上独尊的是董仲舒之术，独尊的是违背道理的"三纲"——君为臣纲、父为子纲、夫为妻纲。

"独尊儒术"之后，真正的儒术没有得到起码的尊重。有以下几个例子：

其一，"故君命顺，则臣有顺命；君命逆，则臣有逆命"。（《礼记·表记》）

其二，"故当不义，则子不可以不争于父，臣不可以不争于君"。（《孝经·谏净章》）

其三，"君之视臣如手足，则臣视君如腹心；君之视臣如犬马，则臣视君如国人；君之视臣如土芥，则臣视君如寇雠"。（《孟子·离娄下》）

其四，"舜人也，我亦人也"。（同上）

其五，"鲁穆公问于子思曰：'何如而可谓忠臣？'子思曰：'恒称其君之恶者，可谓忠臣矣'"。（《郭店楚简·鲁穆公问子思》）

以上关于君臣关系的论断，是真正的儒术。这样的儒术，两千多年来不要说独尊，有哪一家皇帝提及过？

此处，还有一个严肃的问题需要解答。这个问题是：伪道之谬误，在当时与之后的两千多年里，为何没有得以纠正？

伪道的谬误，谬误的伪道，之所以没有得到纠正，之所以无人纠正。原因有三：文化从属于君纲，这是谬误得不到纠正的第一原因。

十月太阳历的失传，这是谬误得不到纠正的第二原因。源于天文的阴阳五行学说，首先奠定于十月太阳历。失传了十月太阳历，既无法认识阴阳五行，也无法解释阴阳五行。不识阴阳，不识五行，就失去了判别伪道之伪的哲理坐标。

天文历法被皇家垄断，这是谬误得不到纠正的第三原因。"三代以上，人人皆知天文……后世文人学士，有问之而茫然无知者。"这是明末学者顾炎武在《日知录》中所说的无限伤感的话。为何后世文人对天文茫然而无所知？因为天文历法被皇家垄断了。书中的道理在书外，图书、八卦的道理在天文在历法。不知道天文历法，就无法打开图书、八卦的大门。打不开图书、八卦的大门，就无法明白源头的文化——中华元文化。不明白源头的文化，就解释不了阴阳五行。解释不了阴阳五行，就无法识别董仲舒学说的基础错误。识别不了董仲舒学说的基础错误，就识别不了谬误的伪道与伪道的谬误。

不知天文历法而研究文化，等于不识根本而研究大树。不知天文历法研究文化，等于不识本源而研究江河。不知天文历法，就失去了文化根基。失去了文化根基，就失去的鉴别能力。没有鉴别能力，只能听任谬误一误再误。

书中的道理在书外，首先在天文历法。不知天文历法，不足以言图书、八卦。不知图书、八卦，不足以言中华文化。不知天文历法的文化批判，基本上都是文化大门之外的呐喊。无论浪费多大精力，都无法正本清源。这是笔者研读经典的体会，希望能够得到读者的批评，也希望能够得到读者的认同。

第六章　在先贤的基础上再出发

这里所说的先贤，指的是源头的、创建文化的中华先贤。这里所说的基础，指的是源头文化背后的思路与方法。

找到了源头的文化，认识了中华先贤的创造思路与方法，然后在此基础上再出发，像先贤那样创造出领先于世界的辉煌，应该是有可能的。

犹太人一边读《圣经》，一边解答世界前沿的问题，这是不是一个值得思考的现象。滚滚江河会不会因为下游的广阔而告别源头？参天大树会不会因为干支的高大而告别根本？犹太人敬重源头文化的态度，有没有启示意义？问题的答案，都是显而易见的。

第一节　先贤创造思路与方法的再认识

认识先贤的创造思路与方法，应该从认识源头文化开始。

源头文化在何处？在天文历法。前面说过，天文学是人类第一学，也是中华民族的第一学；历法是人类第一法，也是中华民族的第一法。人类的文化创造，是从天文历法开始的；中华先贤的文化创造，同样是从天文历法开始的。认识与评价先贤，认识与评价源头的文化，理应从天文历法开始。

源头文化背后的思路与方法在何处？中华先贤的创造思路与方法是否正确，是否有现实意义？看三个关键地方就可以得出结论。这三个关键是：一是历法的参照坐标；二是历法的数据；三是从天文历法中所提炼的动态人文观念。

先谈历法的参照坐标。谈参照坐标，谈的是永恒性。如果参照坐标没有永恒性，那么，这就是中华先贤选择错了。如果参照坐标具有永恒性，那么，这就证明中华先贤的创造思路是正确的。

欧美采用的是太阳历，太阳历只有一个参照坐标，这个参照坐标就是太阳。伊斯兰世界采用的是太阴历，太阴历只有一个参照坐标，这个参照坐标就是月亮。中华民族采用的是阴阳合历，阴阳合历参照坐标有三个：太阳、月亮、北斗星。只要太阳、月亮、北斗星依然挂在天上，只要太阳、月亮、北斗星的秩序没有混乱，那么，中华先贤所选择的历法参照坐标就是正确的。三个坐标优于一个坐标，这属于常识。

再谈历法数据。谈历法数据，谈的是精确性。如果中华先贤制出的历数据不精确，经不起时空的检验，那么，这就证明中华先贤的创造思路与方法有问题。如果历法数据是精确的，那么，这就证明中华先贤的创造思路与方法是正确的。

利用太阳与地球之间的相对相应的动态关系，利用日影投在观测竿上一长一短的变化周期，中华先贤确定了回归年时间长度为365.25天。彝族文化用洛书所表达的十月太阳历，太阳回归年时间长度是365.25天。《周髀算经》中的十二月太阳历，同样是365.25天。这个数据被元郭守敬精确为365.2425。两位小数的进步，只是技术层面上的进步，而非原则上的突破。上下几千年，进步仅仅体现在小数点后的第三、第四两位小数上，这说明什么？这说明了历法背后的思路与方法是正确的。

同样是利用太阳与地球之间的相对相应的动态关系，中华先贤确定了二十四节气。二十四节气，从出现至今，已经用了几千年，肯定还要继续用下去。具有永恒的生命力的成果，背后必然隐藏有具有永恒生命力的哲学，隐藏有具有永恒生命力的思路与方法。

利用太阳与地球之间的相对相应的动态关系，中华先贤画出了天文三线——南北回归线与赤道线。立竿测影，日影最长点的垂线是南回归线，日影最短点的垂线是北回归线，日影长短中间点的垂线是赤道线。天文三线的位置，至今没有任何改变。

利用月亮的圆缺，中华先贤一是确定了月亮、地球、太阳三者之间的两种对应关系，二是确定了朔望月的时间长度为29.53天。利用月亮的圆缺，判断其与地球、太阳之间的对应关系，这一方法今天仍然在用。

利用北斗星斗柄的东西南北四个指向，中华先贤分出了春夏秋冬四季。"斗柄东指，天下皆春。斗柄南指，天下皆夏。斗柄西指，天下皆秋。斗柄北指，天下皆冬"的结论，几千年来没有人提出质疑。

历法数据的精确性，经得起时间的检验。历法数据的实用性，经得起时间的检验。这能不能证明中华先贤的创造方法与思路具有永恒性！

三是谈从天文历法中所提炼的动态人文观念。变化，无时无处不在变化，这是中华先贤从天文历法中提炼出的最基本的动态观念。"一阖一辟谓之变，往来不穷谓之通。"没有天文历法常识，理解不了《周易·系辞上》中的这一论断。知道了太阳南北回归线之间的一来一往，知道了测影竿下日影的一长一短，知道了气候中的阴阳寒暑的无限循环，才能从根本上理解这一论断。"易穷则变"与"唯变所适"，是《周易·系辞下》中的两个论断。前一个论断讲的是日月的变换规律，后一个论断讲的是人必须随天文而变，以"日月为易"。月满而后亏，月亏而后盈。日影长极而后短，短极而后长。先有日月之变的"易穷则变"，后有人文之变的"唯变所适"。变化的天文与人文，一致而协调。变、化、变化、变通，这几个单音词与双音词，全部是在《周易》中出现的，也全部是用于解释天文与人文的。变化、变通，是中华先贤从天文历法中提炼出的最基本的动态观念。

物极必反，这是中华先贤从天文历法中提炼出的又一基本观念。天文变化，不是直线上的单向变化，而是圆周上的无限循环。北斗星斗柄的运动，变化在圆周上。太阳黄道上的视运动，变化在圆周上。直线上的变化有去无回，圆周上的变化有去有回。有去有回，即物极必反。北斗星斗柄的圆周运动，物极必反。太阳黄道上的视运动，物极必反。与天文相关的昼夜变化，物极必反。与天文相关的寒暑变化，物极必反。与天文相关的万物变化，物极必反。物极必反，这一自然现象无处不在。

"终则有始""周而复始""原始反终""穷则反，终则始"，诸如此类的词语，在《周易》《周髀算经》《黄帝内经》《道德经》《庄子》《列子》《管子》《吴子兵法》均有出现，这些词语都是描述物极必反的。"如环无端"，这是《黄帝内经》描述阴阳、气血运动状态所用的词语，这一词语也是描述物极必反的。

物极必反，解释了天文之理，也解释了人文之理。与自然哲理一样，人文中的变化同样存在着物极必反的现象与规律。成败转换，安危转换，高低转换，富贫转换，乐悲转换，都在物极必反的范畴之内。

物极必反，经得起大自然的检验，经得起人类社会的检验。

阳极生阴，阴极生阳。这一观念，是物极必反的一种具体形式。这一观念可以解释一日中的昼夜，可以解释一岁中的寒暑。

一日之中，阳极在中午，阴极在子夜。午点生阴，子点生阳。子午点是一日的阴阳转换点。

一岁之中的阳极在夏至，阴极在冬至。夏至生阴，冬至生阳。夏至与冬至是一岁的阴阳转换点。夏至在午位，冬至在子位。实际上，子午点也是一岁的阴阳转换点。

昼夜、寒暑转换的基本规律，均可以用"阳极生阴，阴极生阳"这一观念来解释。这一观念经得起时间的检验，也经得起空间的检验。

阴阳是中华先贤在动态人文中所创建的基础观念。阴阳，一日之内可以表达无限循环的昼夜；阴阳，一岁之中可以表达无限循环的寒暑。动态的昼夜，动态的寒暑，动态的阴阳，如此抽象、简易而简洁。简易到了极点，简洁到了极点。所以，以阴阳为动态人文的最高抽象与最高境界是恰当的。

坐标是永恒的，数据是精确的，动态的人文观念是经得起检验的，这三大关键明确无误地指出，中华先贤的创造思路是正确的，中华先贤的创造方法是优秀的。后人完全可以在此基础上再出发，即后人完全可以接过先贤的思路与方法进行新的创造。

第二节　再出发

所谓"再出发"，就是用中华先贤创造文明的思路提出新问题，就是用中华先贤创造文明的方法解答新问题。所谓新问题，就是人家没有提出的问题，就是人家没有解答的问题。

放眼全球，当今世界上还有一系列难题尚未解决，例如重大天灾的成因与预报问题、沙漠化问题、疑难病（糖尿病、白血病、肥胖病、自闭症、颈椎病）问题、工业废烟问题……

所有这些尚未解答的难题，中华文化能否有所贡献？所有这些尚未解答的难题，利用先贤的思路能否认识，利用先贤的方法能否解答？笔者认为，在这些尚未解答的难题面前，中华文化完全有能力做出贡献；中华先贤的思路与方法，完全可以发挥作用。

一、重大天灾的成因与预报

（一）成因

天文决定天气，这是中华先贤、中华文化对天气成因的解释。

《尚书·洪范》："星有好风，星有好雨。……月之从星，则以风雨。"《尚书》这一论断告诉世人，天文与风和雨有着对应关系。在汉马融的注释中，与风相对应的星，是二十八宿中的箕星。与雨相对应的星，是二十八宿中的毕星。箕星、毕星为恒星，月为卫星。站在地球上观天文，当月球与箕星之间发生对应关系时，观测者所处的区域内就会出现刮风的天气。当月球与毕星之间发生对应关系时，观测者所处的区域内就会出现下雨的天气。马融说："箕星好风，毕星好雨。"——风雨的成因在天文，箕星是判断风的标志星，毕星是判断雨的标志星，这是《尚书》的解释。

《诗经·豳风·七月》云："七月流火，九月授衣。""流火"之火，亦称大火，指的是二十八宿中的心星。从地球上观测，心星一直处于运动状态，春天在东，夏天在南，秋天在西，冬天在北。地球是动态的，站在地球上观测天文，星星都是动态的。一旦发现心星西移，当时的农夫就知道该准备御寒的衣服了 ——天气变化的原因在天文，二十八宿中的心星是判断天气变化的标志星，这是《诗经》的解释。

《诗经·小雅·渐渐之石》："月离于毕，俾滂沱矣。"月，月球也。毕，毕星也。离，通丽，靠近也。月球靠近毕星时，地球上的观测区内就会出现大雨滂沱的天气 ——大雨的成因在天文，具体在月亮与毕星的对应，这是《诗经》的解释。

《周髀算经·陈子模型》："故春秋分之日夜分之时，日光所照适至极，阴阳之分等也。冬至夏至者，日道发敛之所生也，至昼夜长短之所极。"上面这句话的意思是：春分、秋分之日的昼夜交替，日光恰好照到了极下（太阳视运动到达赤道），这两日的昼夜阴阳是平分的。冬至与夏至，是太阳扩张与收敛之时，这两日的昼夜阴阳是长短不一的。《周髀算经》以太阳视运动为坐标，划分出了二十四节气 ——二十四节气的成因在天文，具体的坐标是太阳的视运动，这是《周髀算经》的解释。

《黄帝内经·灵枢·九宫八风》："太一移日，天必应之以风雨。"太一，北斗星也。移日，北斗星斗柄在八宫（八节）之中的转换也。在《黄帝内经》这里，北斗星斗柄的圆周运动，决定着立春、立夏、立秋、立冬、春分、秋分、冬至、夏至八大节气的转换。八大节气的转换之日，"天必应之以风雨"，即天气必然发生变化　——风雨的成因在天文，北斗星斗柄是判断风雨的标志，这是《黄帝内经》的解释。

风雨的成因在天文，这是中华先贤的结论。以天文论天气，这是中华先贤的思路。以太阳或以北斗星斗柄为坐标将气候的变化规律化，以月亮与恒星的对应关系论风雨，这是中华先贤进行天气预报的方法。

能不能沿着先贤的思路再出发，以天文论天灾呢？能不能沿着先贤的方法再出发，以太阳视运动为坐标论天灾呢？例如天文论台风、论暴雨、论暴雪、论大旱、论厄尔尼诺……当然可以！为什么？因为天灾本来就在天气的范围之内，只不过属于异常而已。正常是天气，异常是天灾。所以，既可以以天文论天气，也可以以天文论天灾。

以天文论天气，这是中华先贤的基本思路。这一思路，今天没有过时，明天也不会过时，永远也不会过时，完全可以沿着这一思路再出发。

以太阳视运动为坐标将节气规律化，这是中华先贤所运用的优秀方法。这一方法，今天没有过时，明天也不会过时，永远也不会过时。所以，完全可以继续运用这一方法。

（二）预报

今天如果以太阳视运动为背景、以天文三线与时令四点为框架来观察天灾，天灾立刻会在空间与时间上显示出非常清晰的规律性。

1. 以台风为例。广东有民谣："台风台风，喜欢广东；台风一来，大闹天宫。"这一民谣也适用于台湾、福建、浙江、海南岛……

台风有规律性吗？有！台风的规律，空间上集中在"两线之间"与"赤道左右"，时令上集中在"两点左右"。

两线，指的是北回归线与赤道。太阳视运动由北向南运动，在两线之间或相交于两线时，是台风发生的空间段。太阳视运动接近与相交于赤道时是台风集中发生的空间段。太阳视运动越过赤道，在向南的方向上离开赤道越远，台风的着陆点就会离开广东，就会离开中国内地，而发生在中国以南的地区。

两点，指的是夏至点与秋分点。夏至到秋分之间，夏至点与秋分点左右是台风发生的时间段。主要集中在秋分点左右。秋分之后，台风最迟会延续至立冬。

2. 暴雨、大雨之灾，在空间与时令上，与台风有一致性，也是发生在两线之间、两点左右。两线之间，即太阳视运动在北回归线与赤道之间。两点左右，即夏至、秋分两点左右。所不同的是，台风只是发生在南方，暴雨既会发生在南方，也会发生在北方，还会发生在中国之外的其他地方。

与台风不同的是，太阳视运动越过赤道之后，暴雨、大雨之灾的几率会越来越小。

3. 雪灾。雪灾的规律在空间上主要集中在"一线附近"，在时令上主要集中于"一点前后"。一线,指的是南回归线。一线附近分两种情况:一是太阳视运动由北而南靠近南回归线;二是太阳视运动由南而北离开了南回归线。一点,指的是冬至点。雪灾在时令上主要集中在冬至前后。太阳视运动到达赤道之后,即时令上的春分之后,雪灾发生的几率极小,除非有特殊天文因素的介入,否则不会发生雪灾。

4. 厄尔尼诺。西班牙语中的"厄尔尼诺",汉语译为"圣婴"。之所以昵称为"圣婴",是因为这种自然现象往往发生在"圣诞节"前后。圣婴来临,沿赤道的太平洋东部和中部的洋面上,水温会升温2度左右。太平洋洋面升温,不但会引起中美洲气候的异常,还会影响到亚洲的气候。在西方,厄尔尼诺至今仍然是个谜。

以太阳视运动为背景、以天文三线与时令四点为框架研究厄尔尼诺,在空间上,厄尔尼诺发生在"一线附近";在时令中,厄尔尼诺发生在"一点前后"。一线,指的是南回归线。一点,指的是冬至点。12月25号为"圣诞节",12月21~23日是二十四节气中的冬至。冬至,太阳视运动相交于南回归线。12月25日之后,太阳离开了南回归线,但仍然在南回归线附近。厄尔尼诺就发生在这一空间、这一时段。站在二十四节气的立场上看,厄尔尼诺也可以称之为"冬至效应"。

5. 北方冷空气南侵。其规律在空间上起于"一线附近",在时令上起于"一点前后"。

一线,指的是赤道线。一点,指的是秋分点。从空间线上看,太阳视运动由北向南,接近赤道线时,北方会产生一年之中的第一次冷空气,之后会一而再、再而三地产生冷空气,而且会南侵到南方的广东。从时令点上看,秋分前10天左右会产生一年之中的第一次冷空气,之后会一而再、再而三地产生冷空气。

此处,可以进行这样的归纳:天文三线是线,时令四点是点。线区域是天灾的发生区域,点时段是天灾发生的时段。这一区域、这一时段发生的天灾,可以称之为"点线效应"。

把天气放在天文中来认识,这是中华先贤所开创的系统认识论。将地球上的气候之谜用变化的天文来解答,这是中华先贤所开创的方法论。运用这种优秀的认识论与方法论,中华先贤创造了一系列领先于世界的重大成果。例如四时八节、二十四节气,例如太阳历、太阴历与阴阳合历。笔者认为,如果将如此系统的认识论与方法论同精密仪器相结合,十年内的天灾会一目了然,百年千年内的天灾会一目了然,千年万年内的天灾也会一目了然。重大天灾在空间中的规律性可以找出来,重大天灾在时令中的规律性同样可以找出来。利用太阳视运动为背景,利用天文三线、时令四点为框架观察天灾,各种天灾会一览无余,显示出了严格的时间性与空间性。

有些天灾年年有,例如台风。有些天灾并非年年有,例如暴雪,例如厄尔尼诺。为何去年有而今年没有,或者今年有而去年没有?奥秘何在?奥秘就在于太阳与地球之间有没有另外天文因素的介入。

太阳与地球的关系,永远是两点一线的关系。两点一线的直线上及其附近,如果没有其他天文因素的介入,大地上会有正常的一寒一暑、一阴一阳,会有正常的春夏秋冬四季与二十四节气。如果有另外天文因素的介入,正常的寒暑就会出现异常。正常即天气，异常为天灾。

太阳、地球、月亮，可以构成三点一线关系——朔望月的初一，月亮出现在地球与太阳之间，这是一种三点一线关系。朔望月的十五，地球在太阳与月亮之间，这是另一种三点一线关系。三点一线的直线上及其附近，如果没有另外天文因素的介入，大地上会有正常变化的气候，如果有另外天文因素的介入，正常的气候就会出现异常。正常即天气，异常为天灾。

天灾"有没有"的奥秘，要看两点一线、三点一线的直线上，有没有另外的天文因素介入。

这里用一个形象的比喻来解释天灾的形成，那就是"糖葫芦串"。太阳与地球两点之间可以连出一条连线，太阳、月亮与地球三点之间也可以连出一条连线。这条连线，可以看做是"糖葫芦串"的轴。太阳、地球、月亮可以看做是三个冰糖果。一串糖葫芦，本来串的是两个或三个冰糖果，如果有一个或两个行星靠近或进入了这条连线，好比"糖葫芦串"的轴上原有的冰糖果之间又加进了冰糖果，这时异常的天灾就会出现。

继承了中华先贤以天文论天气的思路，继承了以地球与太阳动态对应关系论气候变化的方法，一定会在空间与时间中找出重大的天灾的规律性。西方文化割裂了天文与天气的联系，天文与气象在西方属于不同的专业，属于不同的领域。会天文者不会气象，会气象者不会天文，这是专业分类的严密性与荒唐性。这一割裂，一是永远也找不出天灾的根本原因，二是永远也找不出天灾在时空中的规律性。

关于天文与天灾的关系，笔者归结出下面三段话。

一

日影变化处，天文有三线，
天文变化处，时令有四点。
三线与四点，远古与今天，
永恒即规律，规律即永恒。

二

正常为天气，异常为天灾。
天文正常时，天气亦正常，
天文异常时，天气即异常。
天文论天气，先贤开其头。
天文论天灾，子孙续其尾。

三

太阳为背景，行星行其中，
星地呈一线，天灾必发生，
五星决旱涝，一月定乾坤。
天文论天灾，大道理常青，
天文论天灾，规律明而清，
弃天论天灾，近清远不清。

二、地震的成因与预报

（一）成因

地面与地下的震动为地震。地震的成因，目前地质学的解释是：地应力集中与释放的过程。这个解释是有局限性的，因为这个解释把地震的成因只是解释在了地球本身，完全忽略了天文因素。

天地之间有不等分割的联系，解释是从《周易》开始的。《周易·乾·象传》："大哉乾元，万物资始，乃统天。云行雨施，品物流形。大明终始，六位时成，时乘六龙以御天。乾道变化，各正性命，保合大和，乃利贞。首出庶物，万国咸宁。"乾，乾卦也。乾卦的第一重意义就是自然之天。"大哉乾元，万物资始，乃统天"，讲的是自然之天与万物生长的亲缘关系。

大明即太阳。《礼记·礼运》："大明生于东，月生于西，此阴阳之分。"日行一度，历中一天。日行365.25度，历中365.25天。在中华先贤这里，太阳是划分时间的坐标。一日可以一分为十二，分为阴六时阳六时。一岁同样可以一分为十二，分为阴六时阳六时，或者是阴六气阳六气。"大明终始，六位时成，时乘六龙以御天。"这句话的意思是：太阳是六时划分的决定性因素。

《周易》告诉人们，地上万物，哪怕是一棵小草的发芽，一朵小花的开放，乃至于小鱼、小虾的繁殖与成长，都与自然之天有着紧密的联系，都与太阳有着紧密的联系。天文变化决定着时间变化，时间变化决定着万物的变化。

天地合一而论、天物合一而论、天人合一而论，这是中华先贤的根本思路。以太阳为坐标确定时间，以时间为坐标区分万物与人在一日之内、一岁之内的不同状态，这是中华先贤论证问题的根本方法。

从乾卦这里开始，中华先贤就将大地上的万物与自然之天联系在了一起，就将大地上的万物与太阳联系在了一起。那么，地球上的地震与天文会毫无关系吗？按照先贤的思路，地震的成因肯定与天文有着紧密的、对应性的联系。按照先贤的方法，完全可以以天文论地震。

笔者认为，地震的成因应该是由两方面因素所决定的：一是地球本身的因素，二是地球之上的天文因素。

这里还可以借用佛教哲学来解释地震。释迦牟尼认为，万事万物均产生于内因与外因两个基本条件之下。内因为因，外因为缘。因缘和合，万法产生；因缘分离，万法毁灭。万法，即万事万物。按照佛教哲学，万事万物皆产生于内因与外因的和合之中。地球上的地震，在万事万物之内。那么，这里的问题是：地震的成因是不是也应该用内因与外因的和合来解释？答案是显而易见的。

他地不震此地震，属于内因。他时不震此时震，属于外因。外因，即某种奇特的天文现象。

（二）预报

地震的发生，在地球上并不是杂乱无章的，而是有规律地集中在某些地段、某些区域，在地质学中称之为地震带。站在中华元文化的立场上看地球，地球是在运动中形成的，形成之后的地球每时每刻都在继续运动。地球在形成时，形成了地壳破碎带与地壳薄弱带。地壳的破碎与地壳的薄弱，是引发地震的内因。他地不震此地震，原因就在于地壳的破碎与地壳的薄弱。

为什么他时不震此时震？一定要抬头观察天上的天文。地震时，太阳在什么位置（以天文三线为框架），月亮在什么位置？这是应该研究的第一外因。太阳与地球（地震区）之间，除了月亮的因素之外，还有没有地内行星的出现？地球之外还有没有地外行星的出现？这是应该研究的第二外因。

地震区与太阳两点之间会连出一条连线。这次地震，这颗行星、这几颗行星出现在了地震区与太阳的连线上。上次地震，连线上出现的还是这颗行星或这几颗行星。一次是这样，两次是这样，次次都是这样，那么，他时不震此时震的结论就可以产生了：某一行星、某几颗行星就是诱发地震的重要天文因素。

人为的原因也会引起地震。以征服自然为哲学的超大型工程，会打破区域地质已有的平衡。区域地质平衡状态被打破，会形成各种自然灾害，其中包括地震。

火山，他地不爆此地爆，他时不爆此时爆，也应该从地球与天文内外两种因上去认识。

大旱，他地不旱此地旱，他时不旱此时旱，也应该用这样的思路与方法来解释。

以太阳视运动为背景，天地合一而论、天物合一而论、天人合一而论，这一思路、这一方法具有永恒意义，只要沿着这一思路与方法向前跨越一步，后贤一定会创造出像先贤那样的辉煌。中华先贤将天气变化的规律规范在了二十四节气中，是先贤的优秀子孙，就应该像先贤那样将各种天灾的规律规范在一定的、易于认识的模式之中。

三、新设想

（一）简要总结

中华先贤以太阳视运动为坐标，划分出了二十四节气。二十四节气，一节有一节之气，一气有一气之候，节节气气气候不同。

中华先贤以北斗星指向为坐标，划分出了春夏秋冬四季。春夏秋冬四季，一季有一季的风向，季季的风向不同。

中华先贤以月亮圆缺为坐标，确定出了潮起潮落的规律。

天文与天气，两者之间在时间中的对应，如擂鼓听响。天文与天气，两者之间在空间中的对应，如日下观影。

天文与天灾，两者之间在时间的对应，如擂鼓听响。天文与天灾，两者之间在空间的对应，如日下观影。

以天文论天气，以天文论天灾，是中华先贤的基本思路。这一思路具有永恒性。

在不同的天文与不同的天气、与不同的天灾之间建立起对应关系，是中华先贤的基本方法。这一方法具有永恒性。

（二）新设想

按照中华先贤以天文论天气、以天文论天灾的思路与方法，在南北回归线与赤道上建立四个观测点（四个观测点对应于冬至、夏至、春分、秋分四个时令点），在这四个观测点上，对以下几项内容进行定量：

第一，重新对太阳视运动与天气的关系进行定量。

第二，重新对北斗星指向与风向的关系进行定量。

第三，对太阳、行星、月亮、地球之间的纵向联系与各种天灾的关系进行定量。

第四，对二十四节气重新进行定量。

第五，对异常天气与疾病的关系进行定量。

笔者相信，沿着中华先贤创造文明的思路，一定会找出天文与天气、天文与天灾之间规律性的对应关系。

四、疑难病的医治

白血病、肥胖病、糖尿病、艾滋病、自闭症、脑血管病、心脏病，在这些疾病面前，实证方法（只相信经验事实的方法）显示出了极大的局限性，因此，这些疾病被当今界定为疑难病。

疑难病患者成千上万，患者生也痛苦，死也痛苦，有其病为什么不能医治？能否在实证方法之外找出认识、医治这些疾病的方法呢？

道路之外还有道路，方法之外还有方法。要达到某一目的地，道路绝不是只有一条，方法也绝不是只有一种。西医不能医治的疑难病，中医有没有办法，可不可以医治呢？完全可以。如果在《黄帝内经》的基础上再出发，不可医治的疑难病应该会变成可治之病。

（一）《黄帝内经》论病的思路与方法

先谈思路。把人放在天体中来认识，把人放在时间空间（四时四方）中来认识，把人放在天气中来认识。病在人体之内（或外），病因可能在人体之外（或内）；人体内外（五脏与五官，五脏与骨肉筋皮、五脏与四肢）是一个相互联系的整体。天人合一而论，内外合一而论，这就是《黄帝内经》论病的基本思路。

天体变化，人体变化，人体会随天体一体变化。日月变化，气血变化，气血会随日月一体变化。天气变化，人气变化，人气会随天气一体变化。天体异常、天气异常会引起温病与疫病。把人放在天体中来认识，是论病思路第一落脚点。

四时有四时之病，四方有四方之病。具体而言，即春有春之病，夏有夏之病，秋有秋之病，冬有冬之病。一方水土养一方人，一方水土也生一方病。把人放在时空中来认识，是基本思路的第二落脚点。

内有病会形于外，外有病会传于内；左有病会传于右，右有病会传于左；脏有病会传于腑，腑有病会传于脏；气有病会影响血，血有病会影响气。把人体内外看做是一个整体，这是出发点，也是落脚点。

再谈方法。当时没有精密仪器，没有先进的化验室，那么，《黄帝内经》是怎么论病的呢？请看以下五个论断：

其一，"夫四时阴阳者，万物之根本也，所以圣人春夏养阳，秋冬养阴，以从其根，故与万物沉浮于长之门"。（《黄帝内经·素问·四气调神大论》）

其二，"故阴阳四时者，万物之终始也，死生之本也，逆之则灾害生，从之则苛疾不起，是谓得道。道者，圣人行之，愚者佩之"。（同上）

其三，"阴阳者，天地之道也，万物之纲纪，变化之父母，生杀之本始，神明之府也，治病必求于本"。（《黄帝内经·素问·阴阳应象大论》）

其四，"言一而知百病之害"。（《黄帝内经·素问·标本病传论》）

其五，"谨察阴阳所在而调之，以平为期"。（《黄帝内经·素问·至真要大论》）

没有实验室，没有仪器，五个论断里有的是道理，有的是阴阳之理，有的是阴阳四时之理。道理、阴阳之理、阴阳四时之理，是《黄帝内经》论病的基本方法。

五个论断中的前两个论断，以阴阳四时论万物的生长，以阴阳四时论万物的沉浮，以阴阳四时论一切，其中包括养生与治病。在这两个论断中，阴阳四时与道是一回事。

第三个论断以阴阳论一切，包括治病之本。

第四个论断指出，明白了一即可以论百病。明白了一，既可以明辨百病之名，又可以明辨百病之因。一就是道，道就是一。论百病之名，论百病之害，关键在于明白道理。

第五个论断以阴阳论百病之治。病由一到万，理由万到一。万病归一，归于阴阳。调平阴阳，百病可治。

以阴阳论病，与实证方法完全不一样。阴阳学说，源于天文，奠定于历法。

第一，可以在太阳于南北回归线之间的一往一来之中看到阴阳。太阳从南回归线到北回归线为阳，从北回归线到南回归线为阴。"一年分两截，两截分阴阳。"彝族十月太阳历将一年分为阳半年，阴半年。太阳在南北回归线之间的视运动，是划分阴阳的实际依据。

第二，可以在立竿测影的日影中看到一阴一阳。一岁之中，日影在长短两极变化。日影从最短点到最长点，这一区间为阴。日影从最长点到最短点，这一区间为阳。日影的长短变化与太阳在南北回归线之间的视运动，具有严密的、分毫不差的一致性，所以日影的长短变化也可以论阴阳。

第三，可以在节气中看到阴阳。苗族古历以冬至为阳旦，以夏至为阴旦。阳旦是阳气的起点，冬至一阳生。阳气到夏至升到了极点，并终于夏至。所以，从冬至到夏至，这半年为阳年。阴旦是阴气的起点，夏至一阴生。阴气到冬至升到了极点，并终于冬至。所以，从夏至到冬至，这半年为阴年。

太阳在南北回归线之间的一来一往，来为阳，往为阴。立竿测影下的日影一短一长，短为阳，长为阴。二十四节气中的冬夏两至，冬至为阳，夏至为阴。这里的阴阳，是以太阳为坐标论出来的。以太阳为坐标论出来的阴阳，关乎着气候的变化，关乎着万物的生长收藏，关乎着"离离原上草，一岁一枯荣"。

太阳可以论阴阳，日月的交替也可以论阴阳。日往月来，月往日来，日月交替形成的昼夜就是一阴一阳。牵牛花昼开夜闭，小公鸡晨鸣夜息；百鸟迎着太阳歌唱，百花迎着太阳开放，百鸟与百花静悄悄休息在月光下。以日月为坐标论出来的阴阳，关乎着万物的一动一静。

阴阳，是太阳视运动规律的抽象。阴阳，是日月交替规律的抽象。由天体到人体，阴阳进入了脏腑、气血。阴阳，是人体脏腑的抽象。阴阳，是人体气血的抽象。天人合一，首先合在了阴阳学说上。阴阳可以论日月变化，可以论四时变化，可以论万物变化，同样的道理，阴阳也可以论人体的脏腑气血变化以及疾病的变化。阴阳平衡，一切安宁。阴阳失衡，百病丛生，物也生病，人也生病。阴阳学说，在《黄帝内经》中，既是理论基础，又是论病的方法。在中华文化与中医文化里，阴阳是一切生生之物的母源。以母源论生生之物，这是最简洁、也是最根本的方法。

五行学说与阴阳学说一样，源于天文，奠定于历法。所以，五行学说也可以论人体的变化以及疾病的变化。五行学说，前面已有详细的讨论，此处不再回顾。

以阴阳五行为理论基础，中华先贤创造出了领先于世界的中华文明，创造出了光照千秋的医理医术。今天，后世子孙能否运用阴阳五行学说，解答一些世界性的疑难疾病呢？

（二）论几大疑难病的医治思路

沿着中华先贤的思路与方法，笔者对以下几种疑难病提出医治的方法，希望批评与争鸣。

1. 关于白血病。白血病，《简明不列颠百科全书》中的定义是："以血循环中白细胞大量增生为特征的造血组织恶性疾病。"病因，是造血组织出现了问题。特征，是白细胞的大量增加。这是西医对白血病的定位。医治白血病在当今仍然是一大难题。

医治白血病，西医曾以杀死白细胞为目标。造物系统有问题，而着手于所造之物，其荒唐犹如汽车制造厂有问题，办起汽车修理部。这种方法是典型的治标不治本。

移植骨髓以治疗白血病，是目前普遍采用的一种方法。但这并不是完美的办法，这里存在着两大缺陷：一是骨髓是他人的，欲治此而先伤彼；二是配型相当困难。能否在这种移植骨髓之外再找出一种方法呢？换句话说，中医能否在医治白血病上发挥作用？道路之外还有道路，方法之外还有方法，中医完全可以有所作为。

《黄帝内经》里没有"白血病"一病，但有"血如何形成"的认识与解释。如果抓住"血如何形成"这一根本，是不是有助于攻克白血病？

血之形成，《黄帝内经》的解释是：血之源，源于水谷之汁；血之成，成于中焦。《黄帝内经·灵枢·决气》曰："中焦受气取汁，变化而赤，是谓血。"

简短的一句话，讲述了三方面的道理：一是讲清了血的发源地。中焦，是血的发源地；二是讲清了血之形成的物质基础。无色之汁是形成血的物质基础；三是讲清了血之形成的外因。气是形成血的重要外因。

血有形，气无形，无形之气恰恰是有形之血形成的重要外因。有气汁则赤，无气汁则白。血为阴，气为阳。阳气之气在造血过程中是必须的、不可缺少的因素。

气如此重要，那么，如何认识气？请看以下三个论断：

其一，《黄帝内经·素问·调经论》："人之所有者，血与气耳。"

人体是复杂的。认识复杂的人，有没有更为简洁的办法？有。从气血二字入手，一可以把握复杂的人体，二可以把握复杂的疾病。

其二，《难经·第八难》："故气者，人之根本也。"

人少气则病，无气则死，这一论断阐明的是气的重要性与根本性。

其三，《难经·第六十六难》："脐下肾间动气者，人之生命也，十二经之根本也，故名曰原。"

这一论断告诉世人，生命之气在人体之中赋存在两个地方：一是肾间；一是脐下。

气有病，可以医治吗？可以。请看下面两个论断：

其一，《黄帝内经·素问·至真要大论》："调气之方，必别阴阳，定其中外，各守其乡，内者内治，外者外治……谨道如法，万举万全，气血正平，长有天命。"

其二，《难经·第七十二难》："调气之方，必在阴阳，何谓也？然。所谓迎随者，知荣卫之流行，经脉之往来也，随其逆顺而取之，故曰迎随。"

气有病，用药物可以调。这是第一个论断的基点。药物调气如何调？首先是分辨阴阳，其次是认清内外。辨别阴阳的目的是平衡阴阳。平衡阴阳的方法是：寒则热之，虚则补之。气之为病，相关于寒，相关于虚。认清内外的目的是辨别病的位置。病在内从内治，病在外从外治。"谨道如法，万举万全。"这里所出现的方法，是医疗所有疾病的方法。

气有病，用针刺可以调。调气之方，必别阴阳。这是第二个论断的两个基点。这里的阴阳，引出两个专用词——迎、随。针刺的关键是分清流行之气的迎与随。逆着经气运行的方向叫做迎，顺着经气运行的方向叫做随。明白了迎随，然后取穴针刺。

重温经典，可以明白两条基本道理：一是气在人体之中具有根本性；二是气有病可以治。治气之病，既可以用药物，又可以用针灸。总而言之，气有病是可以医治的。

气是形成血的唯一前提，气有病可以治，在这里是不是看到了医治白血病的希望。

白血病，以道论之，可以得出以下认识：

以阴阳哲理论之，为阴阳失衡，阴盛阳衰。

以五行哲理论之，为水火失衡，火弱于水。

以脏腑哲理论之，为心火不足，中焦失温。

以气血之理论之，为正气不足，气不化血。

以疾病症状论之，为汁不着色，红少白多。

简言之，白血病之病因在于心火不足，气温不足，温不及中焦，温不及汁水着色的温度。病症在于气不化血，汁不着色，红少白多。

白血病如何医治？治水先治源，治病先治本，医治白血病能否在血之形成的源头、根本处着手呢？笔者以"温阳补气"为纲，对医治白血病提出三点建议：

第一，关注中焦。血化于中焦，医治血之病，在脏腑中中焦为血之发源地，所以应该将中焦纳入关注的重点。

第二，关注气。血化于气，在哲理中气为血之源，所以医治血之病，应该将气纳入关注的重点。

第三，以补阳为重。血化于气，气属阳，所以医治血之病，应该将补阳纳入关注的重点，重点之中，首先应该关注的是补心阴。

温阳补气，用热能恢复中焦的气化功能，可以作为医治白血病的一条思路。治血先补气，符合阴有病治于阳的哲理。

补气先补心，补心火以温三焦之阳，增强化汁的功能，以此法医治白血病，完全可以作为一种方法进行尝试。

温三焦之阳，中药可以发挥作用，艾灸可以发挥作用，针灸与电的结合可以发挥作用，针灸与超声波的结合同样可以发挥作用。

2. 关于肥胖病。《简明不列颠百科全书》对肥胖病的介绍为："身体脂肪过度蓄积的一种病态，通常因身体所进食物的热量超过所能利用的热量而引起。"

病因，是脂肪的过度蓄积，热量过剩。特征，是体重超标。这是西医界定的肥胖病。西方文化中没有阴阳学说，所以，西医对肥胖病束手无策。

中华文化以阴阳解释形与神，《黄帝内经》以阴阳解释了气与形。阳论精气神，阴论形体。所以，阴阳学说可以在肥胖病医治上发挥作用。

《黄帝内经·素问·阴阳应象大论》："阳化气，阴成形。"这里的一阴一阳，阳对应的是气，阴对应的是形。这一对应关系明确地指出，阳有病病在气，阴有病病在形。

肥胖病病在形，以阴阳论之，肥胖病显然属于阴盛之病。阴盛必然阳衰。肥胖病属于阴盛阳衰之病。

肥胖病，以道论之，可以得出以下认识：

以阴阳哲理论之，为阴阳失衡，阴盛阳衰。

以五行哲理论之，为水火失衡，水盛火弱。

以脏腑哲理论之，为脏腑两虚，运化无力。

以平衡哲理论之，为进出失衡，进有余出不足。

《黄帝内经·素问·三部九候论》："无问其病，以平为期"。无问其病者，所有疾病也。平者，平衡也。期者，终极目标也。无论什么病，均以平衡为终极目标。平衡什么？平衡阴阳。

肥胖病如何医治？笔者以"温阳补火"为纲，对医治肥胖病提出以下建议：

第一，按阴阳理论论治。阴有病，治于阳。医治肥胖病，应该补阳。以补阳达到阴阳平衡。

第二，按寒热理论论治。"阳化气，阴成形"之论之后，《黄帝内经·素问·阴阳应象大论》还有"寒气生浊，热气生清"之论。浊，可以论形体。寒气生浊，浊寒相连。寒因之病如何治？《黄帝内经·素问·至真要大论》中有"寒者热之，热者寒之"的治病原则。肥胖病病因属寒，所以，应该治之于温，治之于热。

第三，按脏腑理论论治。《黄帝内经》告诉人们，五脏六腑是一个分工合作的大系统。在这个系统中，五脏之中的肾主管大小便的排放，六腑之中的三焦主管水的分布。

《黄帝内经·素问·五常政大论》曰："肾……其主二阴。"这一论断告诉人们，肾主大小便的排放。肾脏功能正常，则大小便正常；肾脏功能非常，则大小便就会出现异常。进出正常，体重自然会正常。由脏腑而论，肥胖病应该补肾。

《黄帝内经·素问·灵兰秘典论》："三焦者，决渎之官，水道出焉。"这一论断告诉人们，三焦主管着人体之内的水道。人体之内，津液为水，汗液为水，尿液为水，水的正常分布与排放，取决于三焦。三焦功能正常，水道功能正常。水道功能正常，汗出也正常，尿出也正常。津液分布排放正常，体重自然会正常。由脏腑而论，肥胖病应该补三焦。

第四，按五行论之，补阳首先是补心。心属火，在五脏中为司令。心属火正常，则可以正常司令五脏。五脏之阳正常，体重自然会正常。

医治肥胖病，不可急功近利，应该依照时序循序渐进。《黄帝内经·素问·四气调神大论》中有"春养肝、夏养心、秋养肺、冬养肾、长夏养脾"的养生哲理。用养生的方法减肥，一年下来，体重就会恢复正常。

3. 关于自闭症、忧郁症。《简明不列颠百科全书》介绍了一种与自闭症、忧郁症相似相通的疾病——自向症。书中是这样介绍的："自向症，又称孤独症。一种行为障碍，表现为极端地倾注于自我，通常伴随有脱离现实、沉湎于幻想、不与人来往。自向性思维最常见的例证为想入非非、空想联翩、白日做梦。病理性自向症的特征是不与现实接触，退缩到妄想和幻觉之中作为逃避的手段。自向症是伴有许多行为障碍的精神病，特别是伴有精神分裂症的一种症状。"

自向症，相似相通于今天所说的自闭症、忧郁症。

自闭症、忧郁症，在这些疾病面前，实证的方法基本上是束手无策。那么，中医能不能拿出有效方法呢？完全可以。

在阴阳学说中，阳动而阴静。动静平衡，正常。动静失衡，反常。正常为健康，反常即是病。

《黄帝内经》中没有自闭症、忧郁症之病，但有可以对应于自闭症、忧郁症的"阳狂阴闭"之病。

以动静失衡为基准，《黄帝内经》论出了"阳狂阴闭"两种病。

狂病在阳，《黄帝内经·素问·生气通天论》有如是论述："阴不胜其阳，则脉流薄疾，并乃狂。"阴阳失衡，阳胜于阴，就会产生"狂"病。

狂病的特征，《黄帝内经·素问·阳明脉解》给出了四大特征：一是"弃衣而走"；二是"登高而歌"；三是"数日不食"；四是"逾垣上屋"。平常不是这样，如今为什么会这样？这是书中黄帝的疑问。书中的岐伯以阴阳失衡、阳气太盛做出了解答："阳盛则使人妄言骂詈不避亲疏而不欲食，不欲食故妄走也。"其病因就是：阴阳之气相争，阴虚而阳实，阴并于阳。在于阳实阴虚。

谈阳狂，目的是引出阴闭。

闭病在阴。阳主动，阴主静。动过则狂，静过则闭。狂病在阳，闭病在阴。《黄帝内经·素问·脉解》对阴闭病的解释是："所谓欲独闭户牖而处者，阴阳相薄也，阳尽而阴盛，故欲闭户牖而居。"

独者，独自也，孤独也，孤零零独自相处也。闭户牖者，关门闭窗也。喜欢安静，喜欢独处，喜欢孤零零的一个人世界。安静到关门闭窗户的程度，孤独到谁也不想见、什么也不想看的程度。如此疾病，是不是相似相通于今天的自闭症、忧郁症。

那么，病因何在？病因在于"阳尽而阴盛"。阳尽者，阳衰也。阳衰而阴盛，产生了自闭症。一阴一阳之谓道，阴阳偏颇之谓病。此时此地，偏颇的是阴。阴主静，静到了极点即是病。

自闭症、忧郁症，以道论之，可以得出以下认识：

以阴阳哲理论之，为阴阳失衡，阳衰阴盛。

以五行哲理论之，为水火失衡，火弱水寒。

以脏腑哲理论之，为心温下降，脾肾皆寒。

以疾病症状论之，为动静失衡，静大于动。

病症在于动静失衡，静大于动。病因在于心温不足，脾肾皆寒。

自闭症如何医治？笔者以"温阳"为纲，对医治自闭症建议如下：

第一，应以补阳为纲。笔者认为，滋补阳气是医治自闭症的根本方法。补阳，一可以补之以药，二可以补之以食，三可以补之以针。补阳，包括良好的生活习惯，昼动夜静，多做户外活动。

第二，补阳先从补肾入手。"诸寒收引，皆属于肾。"（《黄帝内经·素问·至真要大论》）这一论断告诉人们，寒气入肾。寒属阴，阴主静，静极而病，所以，医治自闭症应先从补肾阳入手。

第三，补阳应从补脾入手。《黄帝内经·素问·阴阳应象大论》指出，脾"在志为思"，又曰："思伤脾。"脾主思虑，思虑伤脾，这与忧郁症患者喜欢胡思乱想的病症吻合在了一起。所以，医治忧郁症应补脾阳。

目前，自闭症患者越来越多，尤其是儿童。儿童患病的原因在父母，父母中有一方或双方的肾虚，都可能会引起孩子自闭症。

伤肾伤脾是青年或成年人自闭症、忧郁症的原因。而伤肾伤脾，原因在于不良的生活习惯。例如违反昼动夜静的规律，晚上不睡觉，白天不起床。"以酒为浆，以妄为常，醉以入房。"《黄帝内经·素问·上古天真论》所谈的这三大陋习，同样会伤脾伤肾。脾肾受伤，会引起自闭症、忧郁症。

内蒙古呼伦贝尔大草原产一种叫黄芪的中药材。过去，人们重视的是黄芪的根，而忽略了黄芪叶。黄芪叶补气功能良好，且口感甘甜。不是茶叶，胜似茶叶。黄芪叶可以作为自闭症、忧郁症的重要选择。

4. 关于颈椎痛、头痛、五脏痛。面对各种疼痛，西医采用的止痛片止痛。止痛片止的是痛，并没有除去疼痛之因。所以，止痛片只能止一时之痛，不能医治疼痛之病。医治疼痛，在今天的西方仍然是一大难题。

疼痛之因在何处？在一个"寒"字里。

《黄帝内经·素问·痹论》："风寒湿三气杂至，合而为痹也。……寒气胜者为痛痹。"又："痛者，寒气多也，有寒故痛也。"

《黄帝内经·灵枢·周痹》："风寒湿气，客于外分肉之间，迫切而为沫，沫得寒则聚，聚则排分肉而分裂也，分裂则痛。"

水遇寒则冰，这是自然之理。血遇寒则凝，这是疾病之理。血遇寒凝结成沫，沫积聚致使肌肉分裂，这就是痹与周痹疼痛的原因。

风气、寒气、湿气是人体外部的三种气，这三种气侵入、留驻人体，就会产生痹病。痹病症状中有疼痛一种，疼痛的原因与三气中的寒气有关。以上两个论断，以"风寒湿"三个字论出了痹与周痹的病因。以一个"寒"字论出了疼痛之因。

寒气侵入何处，留驻何处，疼痛就发生在何处。颈椎之处是人体暴露之处，一是风寒湿三气易于侵入；二是易于留驻。这就是颈椎病患者众多的根本原因。

痹与周痹，相当于西医所定名的颈椎病、脊椎病、关节炎、痛风等疾病。中医治疗痹与周痹，偏重于治风治湿。实际上，治风治湿不治寒，医治不了疼痛之源。记住了风湿，忘记了一个"寒"字，这是理论上的错误。

《黄帝内经·素问·举痛论》："帝曰：'愿闻人之五藏卒痛，何气使然？'岐伯对曰：'经脉流行不止，环周不休，寒气入经而稽迟，泣而不行，客于脉外则血少，客于脉中则气不通，故猝然而痛。'"这个论断，以一个"寒"字论出了五脏猝痛的病因。五脏在人体之内，寒气在人体之外。人体之外的寒气，恰恰是五脏猝痛的根本原因。五脏的部位不同，但疼痛之因却会完全相同。《黄帝内经》告诉后人，寒气客于冲脉，会引起五脏猝痛。

《黄帝内经·素问·奇病论》："帝曰：'人有病头痛以数岁不已，此安得之，名为何病？'岐伯曰：'当有所犯大寒，内至骨髓，髓者以脑为主，脑逆故令头痛，齿亦痛，病名曰厥逆。'"这个论断，以一个"寒"字论出了头痛、齿痛两种痛的病因。寒入肾，肾主骨，骨主髓。所以，寒入骨，也入髓。大寒入骨髓，脑为髓海，寒邪上逆于脑，所以头痛齿也痛，病名叫做厥逆。

西医论疼痛之病，从来没有论及一个"寒"字。一个"寒"字的缺失，致使因寒而痛的疾病成了疑难病。

面对疼痛，西医为何会束手无策？原因有三：

一是西方文化中没有天人合一的哲理，西方文化中没有天气通于人气的基础理论，所以，西医论病完全忽略了天气。这里看不到天气进一步细分的风寒湿热燥暑六气，也根本没有在寒气与疼痛之间建立联系。不知道疼痛之因，如何会医治疼痛之病。

二是西方文化中没有内外相互联系的系统论。论疼痛之病，西医只会用显微镜与各种仪器在人体之内找病因，不知道病在人体之内，而病因完全可以在人体之外。

三是西药只有化学药品，而没有自然药物。化学药品本身没有温热寒凉之分，所以，西药医治不了疼痛之病。

疼痛之病如何治？如果认准了寒为疼痛之因，那么，医治疼痛之病并不困难。《黄帝内经·素问·至真要大论》曰："寒者热之，热者寒之。"按照"寒者热之"的医治原则，疼痛之病可以用热性药物医治，可以用热性食物医治，可以用针灸与电、与超声波结合的方法医治。更重要的是，用温性之食品进行食补，一年之内疼痛之病会消失于不知不觉之中。

5．关于大厥病。大厥，可以类比于西医定名的脑失血、脑溢血、脑血管疾病。中医医治大厥，可以达到"覆杯得安"的效果。

《黄帝内经·素问·调经论》："血之与气并走于上，则为大厥，厥则暴死，气复反则生，不反则死。"大厥之病名，源于此处。这一论断，指出了一种急性病大厥。突然昏厥，短时间内死亡，是大厥之病症。血气聚积在一起沿经脉上逆，是大厥之病因。

血气运行，正常之时有升有降，非常之时有升无降。血气有升无降，就会产生各种疾病，其中包括急性病大厥。大厥，可以医治。医治大厥的妙法就是让气"复反"，即用降气的方法让血气升降恢复正常。

西医谈血不谈气，这一先天不足决定了医治方法的局限性。西医医治脑血管疾病，唯一的手段就是手术，有效的药物过去没有，现在也没有。

中医可以用药物来医治大厥。清末山东名医张伯龙，第一次提出大厥之病相似于西医所论的脑血管病。民国浙江名医张山雷在张伯龙的基础上，提出了非常有效的医治方法。以潜阳镇逆的方法，以介类生物外壳为第一主药，医治大厥可以达到"覆杯得安"的效果。

所谓介类药物，就是海洋生物的外壳。如紫贝齿、玳瑁、石决明、牡蛎、海龟等，这些海洋生物的外壳是医治大厥的主要药物。海陆两栖生物可以入药的介类外壳还有乌龟壳、鳖甲。

介类药物+金石药物+植物药物，可以使大厥病人在短时间内起死回生。用前辈的话说就是"覆杯得安"。覆杯者，喝酒者表示酒量至此，把酒杯翻转过来放在桌子上，这就是覆杯。得安者，身体复原也。中药就有如此的神效。张伯龙、张山雷两位前辈所处的时代，当时的学术界还没有造假的陋俗，所以，笔者相信前辈的结论。

以中药抢救大厥，一是可以使患者免受手术之苦；二是在手术之外走出了一条新路；三是证明了"气复反则生，不反则死"这一结论的正确性与真实性。

张伯龙著有《雪雅堂医案》，其中一篇《类中秘旨》是谈大厥的。张伯龙著有《中风斠诠》，系统论述了大厥之病症、病因与医治方法以及用药。

脑血管疾病，是当今世界上发病率较高的一种疾病，能否在手术之外再走出一条路？能否用中医的方法使患者免受手术之苦？能否用中药使患者起死回生？中医中药应该有所贡献，也能够有所贡献。

下面摘录前辈医治大厥的两则病例。

病例一：这是高行素前辈所治愈的病例，记载于《重订中风斠诠·序》中，原文摘录如下：

"徐州南门外益泰栈肖子青君，年五十，素劳擘画，体丰痰多，忽然昏瞀暴仆，两目失明，气促涎流，危在旦夕。邀仆至时，晨曦初上。脉则滑数洪大，欲视其舌而不可见，面色绯红，喉声曳锯，举家哭泣，以为恐无生望，仆急授以潜镇大剂，方用三甲（鳖甲、龟甲、穿山甲）、龙齿、石决、白芍，佐以二至、桑菊等物，覆杯得安。午后加冬、地、玄、丹甘寒之品，连进两剂，次日目明舌和，语言清晰。调理两月，竟以渐愈。"

病人的症状，明显属于大厥，高行素前辈按照潜阳镇逆之原则，授平常之药，效果是"覆杯得安"。此病例证明，大厥是可救的。

病例二：这是张山雷前辈所治愈的病例，记载于《中风斠诠·自序》中，原文摘录如下：

"胡氏七十老妪，体本丰硕，猝然昏瞀，不动不言，痰鸣鼾睡，脉洪浮大。重投介类潜阳，开痰泄热，两剂而神识清明，行动如故。又治南翔陈君如深，年甫三旬，躯干素伟，忽然四肢刺痛，不可屈伸，虽神志未蒙，而舌音已謇，其脉浑浊，其舌浊腻，大腑三日不行。且授以大剂潜降，清肝泄热，涤痰通腑之法，仅一剂而刺痛胥蠲，坐立自适，乃继以潜阳化痰，调治旬余，即以康复。

"又尝治热痰昏冒，神志昏蒙，语言无序者数人，一授以介类潜镇泄痰降逆之品，无不应手得效，覆杯得安。"

张山雷前辈先谈了两个有名有姓的病人，后谈了无名无姓的众多病人，授潜阳镇逆之药，效果是"覆杯得安"。众多病例证明，大厥是可救的。

在《中风斠诠·自序》中，张山雷前辈将大厥与脑失血、脑溢血、脑血管破裂相类比。前辈的经验证明，用潜镇泄痰降逆之法，可以在短时间内治愈大厥。

张伯龙、张山雷之前，大厥被混同为中风，病名的混乱，致使中华大地上多了一种难以医治的疑难病。

混乱，是从《金匮要略》开始的。《金匮要略·中风历节病脉证并治》曰："夫风之为病，当半身不遂，或但臂不遂者，此为痹，脉微而数，中风使然。"由于《黄帝内经》医道的失传，由于后人误读误解了这一论断，使整个中医界忘记了大厥，而将突然昏厥、口目不正、半身不遂、舌强难语、神情闷乱之症误判为"中风"。

西汉以后，历代名医均延续了《金匮要略》之术将其按中风医治，多用温热之药。例如续命汤。续命汤含麻黄、桂枝，药性温热。气血已乱，仍以温热之药治之，犹如抱薪救火，其后果不是药到病除，往往是药到命除。

在《黄帝内经》与《难经》两部经典中，中风只是寻常之病。请看以下三个论断：

其一，《黄帝内经·素问·风论》："风之伤人也，或为寒热，或为热中，或为寒中，或为疠风，或为偏枯，或为风也，其病各异，其名不同，或内至五藏六腑……饮酒中风，则为漏风。入房汗出中风，则为内风。新沐中风，则为首风。久风入中，则为肠风飧泄。"

外因之风可以伤五脏六腑，可以伤十二经络，这里所列举的几种疾病，如寒热、热中、寒中、疠风、偏枯等，均不至于暴死。中风引起的疾病与突然昏厥之大厥是完全不同的。

其二，《黄帝内经·灵枢·邪气藏府病形》："黄帝曰：'五藏之中风奈何？'岐伯曰：'阴阳俱感，邪乃得往。'"

黄帝与岐伯论中风，没有论到突然昏厥，没有论到突然失语。

其三，《难经·五十八难》："伤寒有五，有中风，有伤寒，有湿温，有热病，有温病，其所苦各不同。"

伤寒有五种疾病，中风五居其一。五种病中没有一种是突然昏厥、突然失语之病。

风为百病之长，这是《黄帝内经》的基本观点。但是，外因之风可以伤五脏六腑，可以伤十二经络，可以引起多种疾病。但是，这些疾病均不至于突然昏厥。中风之病与突然昏厥之大厥，完全不是一回事。

研读经典可以知道，中风与大厥，有着完全不同的三大区别：

其一，病因上的区别。中风，病因在外；大厥，病因在内。中风，外因之风中人体；大厥，内部气血有上行无下行。这是两种病在病因上的区别。

其二，病症上的区别。中风，会发热发烧；大厥，会突然昏厥，会人事不醒。这是两种病在病症上的区别。

其三，医治方法上的区别。中风，不需要抢救，可以从容不迫地治疗。大厥，必须抢救，必须在第一时间内或半天之内使气血运行恢复正常。这是两种病在医治方法上的区别。

张伯龙、张山雷两位前辈纠正了一个病名，也纠正了一个两千多年的谬误。纠正了一个病名，使疑难病变成了可治之病。《论语·子路》："名不正，则言不顺。"这一哲理既是治国之理，实际上也是医病之理。治病，首先应该正名。正名，正的是病因。

6．关于心脏病。与脑血管疾病一样，心脏病同样是当今世界上发病率较高的一种疾病。

山西灵石县中医院院长李可先生用独创的"破格救心汤"医治心脏病，尤其是抢救危急心脏病病人，取得了比西医更好的疗效。凡心跳未停，一息尚存者，用"破格救心汤"，患者一小时可以起死回生，一昼夜可以转危为安。

李可先生的妙法，就是大量使用附子。李可先生在附子的使用量上高达200克。利用大剂量附子，李可先生抢救过上百名心脏病患者，其中多是西医放弃治疗的。

附子，有大毒。在《中华人民共和国药典·一部》中，附子的使用量是3~15克。使用200克远远超过了药典的规定。

胆大包天，并不是无法无天。附子使用量的突破，并非李可先生的肆意妄为。李可先生大量使用附子的依据有三：

其一，《伤寒论》中的附子使用量本来就大于药典中的使用量。

其二，张仲景使用的是生附子，今天使用的是制附子，生附子的毒性远远大于制附子。

其三，附子之毒恰恰是抢救心脏病的灵丹。李可先生几十年行医使用附子超过五吨之多，经治病人在万例以上，从无一例中毒。

附子使用量的恢复与突破，可以使西医放弃的心脏病患者起死回生，中医中药之妙，此处可见一斑。

救心，中药可以有所作为，而且已经有所作为。那么，救肺、救肝、救脾、救肾呢？中医中药应该有所作为，也可以有所作为。

张伯龙、张山雷两位前辈纠正了一个病名，使大厥病变成了可治之病。李可先生突破了一味中药的用量，使危重心脏病变成了可治之病。前者的贡献在理论上，后者的贡献在实际中。中医界如果多一些张伯龙、张山雷、李可这样的人物，中医肯定不会落在人后面，肯定会为人类做出大贡献。

在张伯龙、张山雷、李可先生之后，应该考虑的问题有三：

其一，医治大厥、危重心脏病的汤药能否丸散化呢？

其二，其他疑难病有没有重新认识的必要，可不可以重新正名？

其三，可以突破使用量的仅一味附子吗？

7. 关于艾滋病。又名"爱滋病"，全名为"获得性免疫缺陷综合症"。

《辞海》对艾滋病的介绍是："一种严重细胞免疫功能缺陷，且常合并多种机会性感染及恶性肿瘤的疾病。病原体是人类免疫缺陷病毒。……临床症状呈多样化，有发热、淋巴结肿大、咽炎、皮疹、肌痛、关节痛、恶心腹泻、头痛脑病、白细胞及血小板减少等表现。"

艾滋病是免疫力的丧失。中医文化里没有免疫力之说，《黄帝内经》中却有阳气、卫气之说。阳者，卫外而为固也。阳卫之说相似于西医中的免疫力。

《黄帝内经·素问》指出，阳气固密于人体外部，像保护伞一样护卫着人体。《黄帝内经·素问·生气通天论》："阳气者若天与日，失其所，则折寿而不彰，故天运当以日光明。是故阳因而上，卫外者也。"又："阳者，卫外而为固也。"两句话一个意思，天上的太阳照耀着万物，人体中的阳气护卫着人体。所以，宇宙间阳光明媚是重要的，人体中阳气的运行是重要的。

《黄帝内经·灵枢》告诉后人，食物进入人体，一分为二化为气血，气又一分为二化为卫气与营气，营气温柔行于内，卫气强悍行于外。强悍之卫气，像保护伞一样护卫着人体，抵御着外来的一切邪气。

关于卫气，《黄帝内经·灵枢·营卫生会》中有这样一段重要的论述："人受气于谷，谷入于胃，以传于肺，五脏六府，皆以受气，其清者为营，浊者为卫，营在脉中，卫在脉外，营周不休，五十而复大会，阴阳相贯，如环无端。"这段论述解答了一系列问题：第一解答了"气的来源问题"；第二解答了"营卫二气的分类问题"；第三解答了"营卫二气的位置问题"；第四解答了"气的运行问题"。气源于水谷，分为清浊二气——清为营，浊为卫。营气在内，卫气在外；营卫二气的运行状态如同圆环一样相通相贯。

关于卫气的功能，《黄帝内经·灵枢·本藏》篇的介绍如下："卫气者，所以温分肉，充皮肤，肥按理，司关阖者也。"卫气的作用为何？温养内外，保护肌表，抵御外邪，滋养膝理，开阖汗孔等。抵御一切外邪，就是卫气的功能。

"运行于脉外的气。卫有保卫、护卫之义。"这是《中国大百科全书·祖国传统医学》对"卫气"与"卫气功能"的介绍。

"高等生物体识别自身物质和非自身物质的能力，具有保护机体的作用。"这是《简明不列颠百科全书》对"免疫"与"免疫力"的介绍。

通过中西古今对比可以知道，抵御外邪的卫气，相似相通于今天之免疫力。

免疫力的丧失是不是与卫气的丧失相仿佛？要恢复免疫力，救卫气如何？

卫气正常，防御力正常，恢复卫气以医治艾滋病，是不是可以作为一条路？

卫气如何救？一可以救在根本处，二可以救在司令部，三可以治在经络枢纽处。

卫气的根本在何处？在发源处。《黄帝内经·灵枢·营卫生会》："营出于中焦，卫出于下焦。"卫气源于下焦，恢复下焦的功能，是救卫气之根本。以此而论，治下焦应该是恢复卫气的首选。

司令全身之气的司令部在何处？《黄帝内经·素问·六节藏象论》："肺者，气之本。"肺司令全身之气，营卫之气是由肺输送到身体各个角落的，肺为气的司令部，救卫气显然应从补肺入手。

营卫二气是沿经络分布全身的，所以，救卫气还应该以经络理论论之。人体之经络分阴阳，阴阳之经络分开分合，在表为开，在里为合，半表半里为枢纽之枢。《黄帝内经·素问·阴阳离合论》指出："太阳为开，阳明为阖，少阳为枢。"又："是故三阴之离合也，太阴为开，厥阴为阖，少阴为枢。"经络在人体之中如环状的大圆，这个大圆的枢纽是少阳与少阴。交通枢纽出现了问题，车辆就不能流通——里面的出不来，外边的进不去。以此而论，卫气不能流通，是不是经络枢纽这里出了问题，阻碍了卫气的流布？如果疏通枢纽，生于里而布于外的卫气是不是就能够得以恢复？救卫气无论如何不能忘记经络中的枢纽。

救卫气，还有两点辅助的办法可以采用：一是治皮毛；二是补血。

为何治皮毛？因为《黄帝内经·素问》中一有"肺生皮毛""肺主皮"的论断，二有"善治者治皮毛"的论断，外邪从外进入人体，是从皮毛开始的，而艾滋病患者恰恰经不起各种外邪，例如风雨、风寒。所以，医治艾滋病可以以治皮毛为辅助手段。

为何补血？因为《黄帝内经·灵枢》中一有"血之与气，异名同类"的论断，二有"营卫者精气也，血者神气也"的论断。依这两个论断而论，医治卫气可以从补血入手。

综上所述，救卫气以救艾滋病，应该是一条可以尝试的路。

8．关于糖尿病。糖尿病，已经影响到了千百万人的健康。有其病，无有效的医治之法。糖尿病，目前也是世界难题。

有其病为何无有效的医治方法？难题之难，原因何在？

有多个靶，只打一个靶，会打得准吗？有多种因，只治一种因，会治好病吗？一类病当成一种病治，遗漏的疾病会好吗？以上三个原因，是难题产生的基本原因。

面对糖尿病这道世界难题，中医文化有责任给出一个答案。

《黄帝内经》中没有糖尿病，但有可以与糖尿病类比的消渴病、尿崩。

《中国大百科全书·中国传统医学》"消渴"条指出："消渴病基本上相当于西医的糖尿病，尿崩症也具有消渴病的一些特征。"

《黄帝内经》论消渴之病因，因不是一种因。

《黄帝内经》论消渴之病位，位是多种位。

《黄帝内经》论消渴之病症，不是一种病而是一类病。

寒也消，热也消，寒热两种因都能引起消渴病，只关注一种病因，致使可治之病变成了疑难病。

五脏皆会患上消渴病，六腑中的胃也会患上消渴病，如此众多的部位，如果只关注一个病位，可治之病当然会变成了疑难病。

病因是多种因，病位是多个位，病症是多种症。明明是一类病，偏偏当成一种病来医治，所遗漏的疾病根本没有得到医治，可治之病当然会变成了疑难病。

类似于糖尿病的消渴病，之所以在中医这里成为难题，主要原因是医道医理的失传。请看《黄帝内经》关于消渴、消之病的论述：

其一，肺消。《黄帝内经·素问·气厥论》："心移寒于肺，肺消，肺消者饮一溲二，死不治。""饮一溲二"，即饮一杯水撒两杯尿。多尿是肺消的特征。这一特征，符合糖尿病的第一特征。心寒肺亦寒，寒因引起肺消。肺消，为寒因之消。

其二，热中、消中。《黄帝内经·素问·脉要精微论》："瘅成为消中。"王冰注："瘅为湿热也，热积于内故变为消中。消中之症善食而瘦。"张介宾注："瘅，热病也。"善食而瘦，是热中、消中之主要特征。善食，指的是患者特别能吃。瘦，指的是患者吃饭不长肉。善食而瘦，这两大特征，符合糖尿病饥饿、消瘦之特征。

《黄帝内经·素问·腹中论》："夫子数言热中消中，不可服高粱芳草石药，石药发癫，芳草发狂。"这一论断，所讲的是治疗消中时用药的两大禁忌。治疗消中，一不可用石药，二不可用芳草。

《黄帝内经·灵枢·寒热病》："暴瘅内逆，肝肺相搏，血溢鼻口，取天府。"这一论断，讲的是暴瘅病两大病位、两大症状与针刺的穴位。肝与肺，是暴瘅的两大病位。木金相搏，金不制木，应该是暴瘅的病因。鼻口出血是暴瘅的两大特征。天府穴是治疗暴瘅的针刺穴位。

热中、消中、瘅、暴瘅，病名不同而病因相同，病皆因热而成，此病为热因之病。

其三，谷消抑或消谷。《黄帝内经·灵枢·师传》："胃中热则消谷，令人悬心善饥，脐以上皮热。"

《黄帝内经·灵枢·大惑》："精气并于脾，热气留于胃，胃热则消谷，谷消故善饥。"

这两个论断中均出现了"善饥"一词。善饥，符合糖尿病的特征。谷消、消谷，皆有胃热而起。此处之消，为热因之消。

其四，肾热。《黄帝内经·素问·刺热》："肾热病者，先腰痛胻酸，苦渴数饮身热。热争则项痛而强"。

肾热而病，病症有三：苦渴、数饮、身热。苦渴、数饮之病症，符合糖尿病的特征。肾热之病，为热因之病。

其五。鬲消。《黄帝内经·素问·气厥论》："心移热于肺，传为鬲消。"张介宾："鬲消者，鬲上焦烦，阴水多而善消也。"阴水多即尿液多。尿液多，符合糖尿病的特征。心之热传于肺，鬲消。鬲消，为热因之消。

心传寒于肺，会引起肺消。心传热于肺，同样可以引起肺消。肺部之消，仅以病因而言，就可以分为寒热两种消。

其六，脾瘅。《黄帝内经·素问·奇病论》："津液在脾，故令人口甘也。此肥美之所发也。此人必数食甘美而多肥也。肥者令人内热，甘者令人中满，故其气上溢，转为消渴。治之以兰，除陈气也。"张介宾注："热留不去，久必伤阴，其气上溢，转变为消渴。"内热而消渴，此病为热因之病。

其七，胃热消。《黄帝内经·素问·奇病论》："二阳结谓之消。"又："所谓二阳者，阳明也。"《黄帝内经·灵枢·经脉》："胃足阳明之脉……气盛则身以前皆热，其有余于胃，则消谷善饥，溺色黄。"将三个论断相联系，可以理出一条清晰的路线：二阳即阳明，阳明即胃经，胃热则消谷善饥。

张介宾注："阳邪留结肠胃，则消渴善饥，其病曰消。"消谷善饥，符合糖尿病的特征。胃热而消，此消为热因之消。

其八，五脏消。《黄帝内经·灵枢·邪气藏府病形》："心脉……微小为消瘅。肺脉……微小为消瘅。肝脉……微小为消瘅。脾脉……微小为消瘅。肾脉……微小为消瘅。"

《黄帝内经·灵枢·五变》："五藏皆柔弱者，善病消瘅。"

一脏柔弱一脏消瘅，五脏柔弱五脏消瘅。柔弱会引起五脏消瘅之病。远离经典已久，目前的中医界，几乎完全忘记了五脏瘅。

五藏柔弱，是五脏瘅之病因。五脏瘅之病症，《内经词典》介绍了五大特征：一是身热消瘦；二是易于饥饿；三是暴躁易怒；四是眼球突出；五是目光有神。

其九，怒气瘅。易怒之人可以引起消瘅，此论断是在《黄帝内经·灵枢·五变》中出现的。原文如下："此人薄皮肤而目坚固以深者，长冲直扬，其心刚，刚则多怒，怒则气上逆，胸中蓄积，血气逆留，脱皮充肌，血脉不行，转而为热，热则消肌肤，故为消瘅。"

肌肤薄弱，是怒气瘅的外部第一特征。目深而不灵活，是怒气瘅的外部第二特征。热，是怒气瘅的病症特征。而怒气之怒，则是怒气瘅的根本原因。发怒的结果是"血气逆留"。留即停留。停留之留，不通也。不通则病，怒气瘅由此而生。

通过回顾可以清楚地知道，消之为病，因不是一种因，而是有三种因：寒因可以致消，热因同样可以致消，怒气同样可以致消。主要是寒热两种因。

通过回顾可以清楚地知道，消之为病，病位有脏腑多种位——五脏均可以是发病部位，胃同样可以是发病部位。

通过回顾可以清楚地知道，消之为病，是一类病，而不是一种病。

寒因消，以"溲二"即尿多为特征，可以类比于糖尿病。热因消，以"善食而瘦"

为特征，可以类比于糖尿病。需要清楚的是，寒因消与热因消可以类比于糖尿病，但并不完全等于糖尿病。

寒消之病，以道论之，可以有以下认识：

以阴阳哲理论之，为阴阳失衡，阴胜于阳。

以五行哲理论之，为水火失衡，水胜于火。

以脏腑哲理论之，为心火虚弱，肾水实寒。

以病症病理论之，为津液不升，寒水下行。

寒因之消，《气厥论》中出现了"死不治"的结论。可是，由寒所引起的疾病，在《黄帝内经》中并不是必死之病。寒病可以治之以热，这一治疗原则在《黄帝内经·素问·至真要大论》中称之为："寒者热之。"能否按照这一原则讨论肺消的医治呢？答案是显而易见的。

笔者这里以"升火温阳"为纲，对肺消病治疗提出三点看法与建议：

其一，按照"寒者热之"的原则，病因于寒可以治之以热。心五行属火。心火，是广义上的正常温度。治之以热，就是恢复正常之心火。

按道理、物理而论，水在自然界有三种状态：一是上升之气；二是下行之水；三是固体之冰。

人体之中不可能出现固体水。所以，可以先将冰排除在外。

人体中的气态水，就是口中的津液与眼中的眼泪。人体中的液态水，主要是汗水与尿液。火不足则津液不能升，这是患者口渴的原因所在。寒有余则尿液下行，这是患者尿多的原因所在。

之所以尿中的糖分过多，原因在于心火虚弱，糖分不能化为热能。心火正常，体内糖分自然会化为热能，尿中的糖分自然会恢复正常。

由此而论，温阳升火以治肺消，显然是一条可行之路。

温阳升火，有三条途径：一是温肝以升心火；二是温肾消寒以助心火；三是直接补心阳。

第一条途径。按照五行哲理而论，木生火，木为火之母。《难经·第六十九难》："虚者补其母。"温肝以升心火，符合"补母救子"之原则。

第二条途径。按照五脏表里而论，"肾开窍于二阴"，寒水下行，与肾阳不足相关。温肾消寒，一可以助心火复原；二可以医治"溲二"之病态。

第三条途径。病在此处就治在此处，按照《难经·第七十七难》的界定，属于中工之为。中工不是庸工，更不是错工。所以，病在此处就治在此处，也没有错。

补火以治肺消，具体方法有三：一是药物；二是针灸；三是针灸+热。

利用药物补心火，治疗糖尿病已有实例。山西灵石县中医院老院长李可先生以"引火归原"为原则，治愈过虚寒型糖尿病患者，且在一月之内见效。详见李可先生在山西科学技术出版社2006年出版的《急危重症疑难病经验专辑》一书，第55页。

其二，针灸可以介入肺消病的治疗。药物可以治疗的疾病，针灸同样可以治疗，这在《黄帝内经》的基本常识之内。药物可以补火，针灸（包括艾灸）同样可以补火，把药物补火与针灸补火结合起来治疗肺消即虚寒型糖尿病，应该是一条可行之路。

其三，治疗肺消病，现代科技可以介入。药物可以产生热，针灸可以产生热，艾灸可以产生热，这些都是先贤们的经验。电可以产生热，光可以产生热，超声波可以产生热，这些都是现代科技中的常识。能否让现代科技介入肺消病的治疗呢？针灸+热治疗肺消病，在这条道路上，可不可以进行有目的的试验？"寒者热之"是不变的原则，热的方法与手段应该是多种多样的。让现代科技所产生的热介入寒因之消的治疗，这条路应该是可行的。

再谈热因之消。热因之消以消渴、消谷、消中为代表。热因之消以善饥、消瘦之特征可以类比糖尿病。

消渴、消谷、消中、肾热、胃热，病名不同，但病因相同。一个"热"字，是几种疾病的共同病因。善饥，消瘦是热因之消的两大特征。热因之消，以道论之，可以有以下认识：

以阴阳哲理论之，为阴阳失衡，阳胜于阴。

以五行哲理论之，为水火失衡，火胜于水。

以脏腑哲理论之，为心火有余，肾水不足。

以病症病理论之，为善饥善食，食不养身。

热因之病，可以治之以寒。"热者寒之"，这是《黄帝内经·素问·至真要大论》所讲的医病原则。热因之消，热因之病，均可以治之以寒。

消渴病是可以治疗的，《黄帝内经·素问·奇病论》指出，服用带有芳香味的兰草类药物，除掉陈腐之气，即可以治好消渴病。

以芳香味的药物治疗消渴病，这是一条路。这条道路之外还有没有另外的道路，这个方法之外还有没有另外的方法呢？按照"治未病"与"五行相克"的哲理，笔者对消渴病治疗谈三点看法与建议：

其一，按照五行哲理，酸味可以治热因之渴。"酸胜甘"之说，在《黄帝内经·素问》中先后出现两次：第一次出现在《黄帝内经·素问·阴阳应象大论》篇中；第二次出现在《黄帝内经·素问·五运行大论》篇中。酸胜甘，既是五行相克的哲理，又是治疗疾病的原则和方法。消渴病以口甘为第一特征，酸味胜甘，治疗消渴病，完全可以把酸味考虑进去。

其二，按照"治未病"的原则，以补肾为纲治疗热因之消。《黄帝内经·素问·四气调神大论》中出现了"圣人不治已病治未病"的论断。《难经·七十七难》按照五行相克的哲理，对这一论断进行了"见肝之病，先实其脾气"的解释。肝有病，脾无病，为何"见肝之病"而治之以脾呢？因为在五行相克顺序中，肝属木，脾属土，木克土，所以，肝有病必然影响至脾。见肝有病先实脾气的道理，就在五行相克的哲理中。以五行相克哲理论之，脾之病应治之于肾。热因之消位在脾，在五行相克顺序中，脾属土，肾属水，土克水，所以见脾有病理应先补肾气。治疗消渴病，应该引用"圣人不治已病治未病"这一哲理，按照上工"治未病"的原则，脾有病应该首先治之以肾。

其三，按照"热者寒之"的原则，消渴病应该治之以寒。消渴病与肺消病的病因相反，肺消在寒，消渴在热。按照"热者寒之"的治病原则。治疗热因之消，应该首先滋阴。

再谈柔弱而起的五脏瘅。五脏柔弱，均可以引起消瘅。这是西医所没有论到，而中医又完全忘记的疾病。

柔弱者，虚实之虚也。五脏瘅的病因，在于一个"虚"字。"虚者实之，满者泄之。"这一医病原则首先是在《黄帝内经·素问·宝命全形论》中出现的。

"盛者泻之，虚者补之。"相似医病原则在《黄帝内经·素问·至真要大论》中又一次出现。虚者补之，应该是医治五脏瘅的纲领。春养肝、夏养心、秋养肺、冬养肾、长夏养脾，这是《黄帝内经·素问·四时调神大论》中以时养生之法。按照四时调神之法则调摄五脏，应该是医治糖尿病的根本方法。

寒也消，热也消。消之病，病因不是一个因，而是寒热两个因。寒因以尿多为特征，热因以口渴善饥为特征。

正确区分病因中的寒与热，是医治消之病的关键所在。消之病之所以疑难，病因不清是第一难。寒者热之，热者寒之。温阳可以驱寒，滋阴可以祛热。分清病因之寒热，然后施治，是第一关键所在。

肝也消，心也消，脾也消，肺也消，肾也消，胃也消。病的部位有六，而只治其一，等于六个靶子只瞄准一个打。消之病之所以疑难，无的放矢是疑难中的第二难。五脏有病，专治于脾，会有良好的效果吗？分清病位之所在，然后施治，是第二关键所在。

补火以治寒因消，效果可以立竿见影。医治五脏柔弱消，效果不可能立竿见影，一定不能急功近利，应按照时序调养五脏——春养肝、夏养心、秋养肺、冬养肾、长夏养脾，一年下来一定会有良好的效果。

再谈怒气消的医治。医治由怒气而引起的消瘅，首先分清病因与病位。请看以下几个论断：

其一，"肝气盛则梦怒"。（《黄帝内经·素问·脉要精微论》）

其二，"所谓少气善怒者，阳气不治，阳气不治则阳气不得出，肝气当治而未得，故善怒"。（《黄帝内经·素问·脉解》）

其三，"肝……其志为怒。……怒伤肝"。（《黄帝内经·素问·五运行大论》）

其四，"肝风之状，多汗恶风，善悲，色微苍，嗌干善怒"。（《黄帝内经·素问·风论》）

其五，"胆为怒"。（《黄帝内经·素问·宣明五气》）

其六，"血有余则怒，不足则恐"。（《黄帝内经·素问·调经论》）

其七，"血并于上，气并于下，心烦惋善怒"。（《黄帝内经·素问·调经论》）

其八，"其生于阴者，得之饮食居处，阴阳喜怒"。（同上）

八个论断，主要的指向是把五情之怒与肝胆联系在了一起，五情之怒与有余之血联系在了一起。怒，在五脏中与肝相关，在六腑中与胆相关，在气血中与血相关。怒气是怒气瘅的主要病因。阳气不舒、血气有余，则是产生怒气的原因。

第八个论断所论之怒，原因较为特殊。饮食失节，居处失宜，房劳太过，会引起喜怒无常。

认清了病因，分清了病位，怒气瘅的医治，就在难题之外了。病在肝胆，治已病可以疏肝疏胆，治未病可以补脾实脾。病在气，舒气，滋阴可以舒气。病在血，舒气，舒气可以通血。

这里，需要重复强调的一点是：寒热消不等于糖尿病，这是一类疾病。在这类疾病中，有相当于糖尿病的疾病，还有相当于西医定名的其他疾病，例如尿崩、甲亢。相似不等于相等，这是必须明白的常识。

消之为病，为何分不清病因，为何认不准病位呢？这是一个应该深刻反省的问题。有其病分不清病因，有其病认不准病位，基本原因就是经典的失传。

《黄帝内经》论消之病，论出的是一类病——消渴、肺消、膈消、消中、五脏消，而消渴只是这类疾病中的一种热因病。《金匮要略》论消渴，论出的是一种病。后人法张仲景，以一种病代替了一类病。经典医理的失传，使一类病变成了一种病。

《黄帝内经》论消之病因，论出的是寒热两种因，论出的是五脏柔弱因，还有一种怒气另类因。但在金元名医四大家的刘河间、朱丹溪这里，寒热因被狭义为一种热之因。刘河间、朱丹溪提出了三消燥热说。以燥热为因，创立了以清热泻火、养阴生津为纲的治疗原则。从刘河间、朱丹溪开始至今，消之寒因被中医界所遗忘，五脏柔弱因被中医界所遗忘，怒气因被中医界所遗忘。多种因在金元名医这里变成了一种因。金元之后，清热泻火、养阴生津成了医治消渴病的基本原则。寒因之消再用寒凉之药，如何能医治疾病！本来应该雪中送炭，如今却是雪上加霜，这道难题如何能解得开？按照医道医理应该"寒者热之"，实际上却是"寒者寒之"，难题之难岂不是难上加难。

《黄帝内经》论消，病位一在五脏上，二在六腑之胃上。张仲景之后，以空间上中下为基准将消渴分为上消、中消与下消。对三消之特征还有进一步的归纳：上消多饮，中消多食，下消多尿。此归纳缺憾有四：一是没有反映出寒热两大病因，上中下只有空间位置不同，没有寒因热因之分；二是完全摒弃了怒气之因与五脏柔弱因；三是没有如实反映出多种病位；四是错判了肺消的特征，肺为五脏之华盖，在五脏中处于上部，肺消的特征是多尿。依照"上消多饮"之界定，就无法解释肺消的"饮一溲二"。

《金匮要略》至今，《黄帝内经》里消之为病的病理基本被遗忘。

明代名医张介宾提出了医治三消应以治肾为本。"多个靶"在张介宾这里变成了一个靶。

《文心雕龙·宗经》："经也者，恒久之至道，不刊之鸿教也。"经之所以为经，因为经所言的道为永恒长久之道。经之所以为经，因为经所言的理，是不可改变之理。医术可以进步，医技可以日新日日新，但经典不可失传，医道不可改变，医理不可遗忘。忘记了经典，忘记了医道，忘记了医理，致使一类病变成了一种病，致使寒热消变成了疑难病。

糖尿病，也是西医的难题。这是为什么？一是没有认清病因，二是没有认清病位。难题之难，就难在这两大原因上。

《简明不列颠百科全书》对糖尿病之病因，做出了两种解释：

其一，"糖尿病"条目的界定是："一种碳水化合物代谢障碍的疾病。"

其二，"胰腺炎"条目的界定是："胰岛细胞破坏可致糖尿病。"

糖尿病病症，《简明不列颠百科全书》介绍有如下几种：多尿、尿频、口渴、饥饿、消瘦、软弱，特征性的表现为血及尿中葡萄糖含量增高。糖尿病的特征多种，最主要症状有三：多尿；口渴；尿中含糖。糖尿病是西医无法治愈的疾病。

西医论糖尿病病因，一是论出了"碳水化合物代谢障碍"；二是论出了"胰岛细胞破坏"。这两个界定，前者范围过于广大，后者目标过于具体。范围过于广大，无法辨认明确的目标。目标过于具体，会遗漏致病的其他原因。

西医理论中没有寒热理论，所以西医只论代谢，不论寒热。病位只是盯住了胰腺，不论五脏，更不论六腑之胃。谈病因，多种因变成了一种因；谈病位，"多个靶"变成了"一个靶"。这应该是西医医治不了糖尿病的重要原因。

9．关于疫病。病，有疾病与疾疫之分，这两者是有巨大差别的。疾病病在个人，疾疫病在天下。疾病病在一家一户，疾疫病在千家万户。腰疼腿疼胃疼头疼，这是疾病，疾病没有传染性。鸟瘟鸡瘟猪瘟猫瘟，这是疾疫，疾疫有很强的传染性。疫，如徭役一般，需要家家户户负担，需要整个天下负担。

当今世界上流行的禽流感、鸡流感、猪流感，就属于疾疫。

在世界民族之林中，中华民族是最早研究疾疫并取得重大成果的民族。

在《黄帝内经》与诸子的视野里，疾疫之病因不是起于鸡，不是起于鸟，不是起于鼠，更不是起于猪羊，总之，不是起于动物而是起于反常的天气。

禽鸟、鸡、猪、羊、小猫、小狗、小老鼠只是疾疫的中转站，而不是疾疫之本源。本源在哪里？在反常的天气里。请看下面几个论断：

《礼记·月令》："孟春……行秋令，则其民大疫。季春……行夏令，则民多疾疫。"

《黄帝内经·素问·六元正纪大论》："风雨大至，……病腹满溏泄肠鸣……清气大至，草木雕零，邪乃伤肝……大风迅至，邪伤脾也。"又："疠大至，民善暴死。"

《吕氏春秋·十二纪》："孟春……行秋令，则民大疫。季春……行夏令，则民多疾疫。仲夏……行春令，民殃于疫。仲冬……行春令，民多疾疫。"孟仲季，一二三。孟春，即春季的第一个月。仲春，即春季的第二个月。季春，即春季的第三个月。以此可以类推孟夏，孟秋，孟冬。

《礼记》《黄帝内经》《吕氏春秋》共同告诉后人，天气异常会引起疾病或疾役。

"该冷不冷，人死断种。该热不热，皇粮不接。"这是河南的民间谚语，它说明了天气异常的危害性与严重性。异常的天气，一会伤人，二会伤五谷。

一年四季，春夏秋冬。一时气候异常，会引起一时之疫。"立夏吹北风，十个鱼塘九个空。""夏至西北风，菜园一扫空。"这是广东的民间谚语。"冬天有雷声，十个牛栏九个空。"这是湖南的民间谚语。这些谚语告诉后人，气候异常一会伤鱼；二会伤菜；三会伤牛。气候异常会不会伤人呢？答案是显而易见的。

《黄帝内经》论异常之天气，论出了一种疠气。疠气，又称疠疫之气、毒气、异气、戾气或杂气。疠气，也可以引起疾疫。

《黄帝内经》用了五分之一的篇幅来描述天气异常所引起的疾病——疫、大疫、瘟疫，疠疫。《黄帝内经·素问·刺法论》以金木水火土五行为依据将疾疫分为五种——木疠、火疠、土疠、金疠、水疠。

异常之天气，显微镜无法认识。异常之气候，化验室无法化验。异常之气候，只能以阴阳寒暑的规则而论，只能以历法而论，只能用二十四节气的规律而论。总而言之，只能以人的智慧而论。

以天气论人气，以天气异常论疾病，这是《黄帝内经》的基本思路。这里的问题是：一般人可以辨别天气的正常与异常吗？完全可以。只要掌握了下面几种方法，一般人就可以轻松地区分开气候的正常与异常。

第一种方法：以三点而论。这三个点，是太阳回归年的起点、终点与转换点。冬至是太阳回归年的起点与终点，夏至是太阳回归年的转换点。从冬至到夏至，这半年为阳年。从夏至到冬至，这半年为阴年。阳年的天气规律是：寒—温—热。阴年的天气规律是：热—温—寒。阳年由寒而热，阴年由热而寒。无论是由寒而热还是由热而寒，其过程都是一个渐进渐变的缓慢过程。渐进渐变，这属于正常。大起大落，这属于反常。如果出现了大起大落的"马鞍形"天气，这就属于异常。异常的天气，无论出现在哪一季，都会引起疾病。

第二种方法：以四季而论。春夏秋冬，这是一年四季。春暖、夏热、秋凉、冬寒，这是一年四季正常的天气。与此相反的天气，即是异常天气。

第三种方法：以阴阳而论。在彝族、苗族所保留的古太阳历中，在《周髀算经》所记载的二十四节气中，时令四点——冬至、夏至、春分、秋分——最为重要。冬至为阴极点，夏至为阳极点，春分、秋分为阴阳平分点。

阴极生阳，所以，冬至为阳旦。阳旦生阳气，冬至一阳升。一阳二阳三阳四阳五阳六阳，从阳旦至阴旦这六个月内，阳气一步步增强。上升的阳气止于阴旦夏至。

阳极生阴，所以，夏至为阴旦。阴旦生阴气，夏至一阴升。一阴二阴三阴四阴五阴六阴，从阴旦至阳旦这六个月内，阴气一步步增强。上升的阴气止于阳旦冬至。

春分、秋分，阴阳平分点。不同的是，春分点阳气在下而阴气在上，秋分点阴气在下而阳气在上。

阳气主生主长，阴气主收主藏。知道了纯阴、纯阳点，知道了阴阳平分点，就可以对一年之中的阴阳状态进行基本评价。该阴而阴，该阳而阳，万物正常，人体也正常；该阴不阴，该阳不阳，万物异常，人体也异常。正常即安康，异常即疾病。

第四种方法：以斗柄而论。《黄帝内经·灵枢·九宫八风》告诉后人，以北斗星斗柄指向，可以判断天气的正常与异常。

斗柄东指，风从东方来，这是正常天气。

斗柄西指，风从西方来，这是正常天气。

斗柄南指，风从南方来，这是正常天气。

斗柄北指，风从北方来，这是正常天气。

斗柄东指，风从西方来，这是异常天气。

斗柄西指，风从东方来，这是异常天气。

斗柄南指，风从北方来，这是异常天气。

斗柄北指，风从南方来，这是异常天气。

在中华大地上，还有一个民族特别重视疫病的研究，这就是彝族同胞。

"病根变化快，一病变百病。"树木有根，疾病也有根，这是彝族文化的认识与结论。彝族文化研究疾病，非常重视病因的研究。《彝医揽要》记载了三大病根——邪、毒、伤。三大病根中，邪居第一。毒，主要指食物之毒与虫蛇之毒。伤，主要指内因的劳伤、扭伤、气伤、血伤与外因的刀斧剑矛箭石之伤。这里主要介绍病根之邪。

邪，指外因之天气。邪一分为二，分为风邪与杂邪两种。这里主要介绍风邪。风邪一分为九，分为游风、火风、水风、岩风、雪风、神风、杂风、暴风。杂风，又分为狂风与扫地风。风邪，会引起疾病。每一种风都会引起疾病。

风邪，会直接致病，也会间接致病。火风所产生的细菌、真菌、蠕虫会致病，也会引起相互传染的流行性疾病。细菌、真菌、蠕虫致病，是间接之因，直接原因还在异常天气里。彝族的火把节，意义之一就是在季节变换、天气变换之际用火去灭菌驱邪。天气会引起疾病，天气异常会引起传染性的疾疫。与汉族一样，彝族同胞在异常天气与疾疫之间建立起了源流联系。

在具有强烈传染性的疾疫面前，为何有人没被传染呢？《黄帝内经·素问·刺法论》中的答案是："正气存内，邪不可干。"正气足，邪不可染。反之，正气虚，邪必相染。

温补正气，一可以避免疾疫，二可以医治疾疫。

医治疫病的关键，应以温补正气为纲。一味地对症下药，可能会出现谬误。补正气以治疾疫，有先例吗？有。这里推荐一个以温补正气医治流行性疾疫的例子：

金元四大医家之一的李东垣先生，在其大作《东垣医集·内伤辨惑论·辨阴证阳证》中记载了770多年前的一场疫病：

"向者壬辰改元，京师戒严，迨三月下旬，受敌者凡半月，解围之后，都人之不受病者，万无一二。既病而死者，继踵而不绝。都门十有二所，每日各门所送，多者二千，少者不下一千，似此者几三月，此百万人岂俱感风寒外伤者耶？……非唯大梁为然，远在贞佑、兴定间，如东平，如太原，如凤翔。解围之后，病伤而死，无不然者。余在大梁，凡所亲见，有发表者，有以巴豆推之者，有以承气汤下之者，俄而变结胸、发黄，又以陷胸汤、丸及茵陈汤下之，无不死者。"

在李东垣先生的记载中可以看出，这场疫病有五大特征：

其一，具有强烈的传染性。"都人之不受病者，万无一二"。

其二，每天都死人，而且数量惊人。"都门十有二所，每日各门所送，多者二千，少者不下一千"。

其三，持续时间长，这场疫病延续了三个月。

其四，死亡几率高。"五六十日之间……将百万人"。

其五，传播范围广。"非唯大梁，远在贞佑、兴定间，如东平，如太原，如凤翔"。

病可以致人死亡，医药之误也可以致人死亡。当时的中医界，以伤寒论病因，以寒凉论医治。结果造成了"用药之误"的"壬辰药祸"。

当时的病症，具体特征有六：①发热；②恶风寒；③手心热；④头痛、身痛、颈痛、腰痛；⑤汗出而热不解。

面对发热发烧，当时的中医界以"正病正治"的"热者寒之"为原则立方，立出了巴豆、承气汤、陷胸汤与茵陈汤，对症下药不但没有治住病，反而使很多患者送掉了性命。

李东垣先生以"热者热之"为纲，以"甘温除大热"为法，用补中益气汤控制住了这场传染病。

"热者热之"符合医道医理吗？完全符合。《黄帝内经》中的两种奇妙的医病方法：一是正者正治；二是反者反治。

《黄帝内经·素问·至真要大论》："谨察阴阳所在而调之，以平为期，正者正治，反者反治。"中医医治疾病的终极目标不是杀死病菌，而是平衡阴阳。平衡阴阳，有两种方法：一是"正者正治"；二是"反者反治"。"寒者热之，热者寒之"，这属于"正者正治"。"热者热之，寒者寒之"，这属于"反者反治"。李东垣先生"甘温除大热"的方法，属于"反者反治"。

需要解释的一点是，李东垣先生"甘温除大热"的方法是正确的，但先生对疾疫的界定是不对的。李东垣先生将这场传染性极强的疫病界定为脾胃病，这一解答有商榷的余地。脾胃病，不会传染。只有疾疫，才会有如此强的传染性。对李东垣先生的巨大贡献，应该充分地肯定。对李东垣先生的不足，也应该恰如其分地指出。

总结前人的经验，指出前人的不足，目的只有一个，那就是为了有效地医治今天或今后的疾疫。对待今天或今天的疾疫，"反者反治"的原则仍然适用，"甘温除大热"的方法仍然适用。医治疾疫，不能一味地对症下药，例如见发烧就开凉药。

这里还必须说明这样一个问题，即异常天气除了自然异常之外还有人为异常。千千万万个工业烟囱冒出来的废烟，引起的气候变暖，这是人为异常。人为异常，同样会引起疾疫。

人为气候的异常，会在某地某国空间中出现，也会在全球空间中出现。工业烟囱数量越多的地方，气候异常的几率越高。一地气候异常，会引起一地之疫；一国气候异常，会引起一国之疫；一球气候异常，会引起一球之疫。无语之天地不可欺，无语之自然不可欺。挑战自然、征服自然肯定要付出代价。疫病之疫，只是代价中的一种。征服自然，最终的失败者与毁灭者，肯定是征服者一方。

10. 关于积（癌）之病。癌病患者，绝大部分不是死于疾病本身，而是死于精神崩溃。为什么？

在西医的解释中，癌症是绝症。"绝症"一词，不知使多少患者对生命丧失了的信心。中医经典中没有"癌"这种病，但有相对应的"积"之病。

积之病，病因在寒，是因寒而生的一种疾病。因寒而生的疾病，是可以治愈的。关于积之病的成因、病位与病形，《黄帝内经》与《难经》中有详细的论述：

其一，《黄帝内经·灵枢·百病始生》："积之始生，得寒乃生，厥乃成积也。"这一论断论的是病因，积是因寒而生的一种疾病。寒，强调的是外因。

其二，《黄帝内经·灵枢·百病始生》："黄帝曰：'其成积奈何？'岐伯曰：'厥气生足悗，悗生胫寒，胫寒则血脉凝涩，血脉凝涩则寒气上入于肠胃，入于肠胃则（䐜）胀，（䐜）胀则肠外之汁沫迫聚不得散，日以成积。"这一论断，论出了四大问题：一论积之病因——内外两种因；二论积之形成途径与过程；三论积之病位；四论积之形状。

寒，积之外因也。暴饮暴食、起居不节、用力过度致使络脉伤而血之外溢，积之内因也。起于足悗，经于腿胫，入于肠胃，寒入人体的途径与积之形成的过程也。六腑之肠胃，积之病位也。"凝血蕴裹而不散"形成的血块，就是积。

其三，《黄帝内经·灵枢·百病始生》："卒然多食饮则肠满，起居不节，用力过度，则络脉伤，阳络伤则血外溢，血外溢则衄血；阴络伤则血内溢，血内溢则后血。肠胃之络伤，则血溢于肠外，肠外有寒汁沫与血相搏，则并合凝聚不得散而积成矣。"论病因，这一论断论出的是内外两种因：内因是饮食过多、起居不节、用力过度三种因，外因还是一个"寒"字。

饮食过多会引起肠满，肠满会引起阳络血溢于肠外，外溢之血遇到寒气就会凝聚形成血块。凝聚之血块一旦形成，积之病就形成了。

起居不节、用力过度，会引起阳络血之外溢，外溢之血一旦遇到寒气就会凝聚形成血块。血凝聚成块，积之病就形成了。

其四，《黄帝内经·灵枢·百病始生》："卒然外中于寒，若内伤于忧怒，则气上逆，气上逆则六输不通，温气不行，凝血蕴裹而不散，津液涩渗，著而不去，而积皆成矣。"在这一论断中，寒因之外，又出现了另外一种病因——忧怒，忧怒则气会上逆，气上逆则经络不通，经络不通则温气不行，温气不行则血凝聚而不散。血凝聚成块，积之病就形成了。

其五，五脏受寒，皆会成积。积，是原则之病名。五脏之积，各有病名，各有病形。《难经·五十六难》对五脏之积的病名与形状的描述是：

肝之积，名曰肥气。在左胁下，如覆杯，有头足。

心之积，名曰伏梁。起脐上，大如臂，上至心下。

脾之积，名曰痞气。在胃脘，覆大如盘。

肺之积，名曰息贲，在右胁下，覆大如杯。

肾之积，名曰贲豚。发于少腹，上至心下，若豚状，或上或下无时。

《黄帝内经》与《难经》告诉后人，积是因寒而凝聚的血块。这种凝聚有形的血块，可以发生在五脏，也可以发生在六腑。积之形成，有内外两个原因：一是外因之寒；二是患者本人在饮食、起居、劳作、情绪诸方面存在着问题。

值得注意的是，诸多论断中没有出现"绝症"一词。

认识了病因，可以辨因施治。认识了病位，可以辨位施治。针对寒因，应温补升阳。针对病位，既可以治已病，也可以治未病。

寒因之病，可以驱寒。温阳寒自去，寒去积自消。所以，积之病一可以治愈；二可以带病生存。

积之病，历史上有治愈的病例吗？有。

在李东垣先生的《东垣医集》中，在明朝名医李中梓先生的《医宗必读》中均有积之病治愈的病例。

《东垣医集·试效方·五积门》针对五脏之积，列出了五个药方——肝之积，有肥气丸；心之积，有伏梁丸；脾之积，有痞气丸；肺之积，有息贲丸；肾之积，有息豚丸。

所谓试效方，是实际使用过的、且行之有效的药方。在李东垣先生这里，积之为病是可以治愈的。在试效方结尾之处，李东垣先生借许学士之名，对治积之要法做出了一个纲领性的总结：

"许学士云：'大抵治积，或以所恶者攻之，或以所善者诱之，则易愈。如卤砂、水银治肉积，神曲、麦蘗治酒积，水蛭、虻虫治血积，木香、槟榔治气积，牵牛、甘遂治水积，雄黄、腻粉治涎积，礞石、巴豆治食积，各从其类也。若用群队之药，分其势则难取效。须是认得分明，是何积，更兼见何证。然后增加佐使之药，不尔反有所损，要在临时变通也。'"

一种积，一种药。不同的积，不同的药。消除有形之积，可以用不同的药物。针对性与不同性，是这个纲领性总结的第一特征。这里所出现的金石草虫，都是治积之药物。这些药物可以使有形之积化为无形。手术刀，可以去掉肿瘤。药物，同样可以去掉肿瘤。消除有形之积，奥妙的中药可以发挥出良好的作用。

需要郑重说明的是：手术刀割掉肿瘤，去掉的是病症而不是病因。医治有形之积，一需要去掉有形之物；二需要去掉无形之因。积之病，以寒为因。医治积之病，理应该先攻后补。攻，攻的是有形之肿瘤。补，补的是一身之正气。补，也可以达到攻的效果，例如用牵牛、甘遂可以泻水，补阳气同样可以泻水。

医治积之病，明朝李中梓先生在李东垣先生的基础又前进了一大步。进步体现在以下三个方面：

其一，体现在病因的完善归纳上。在《医宗必读·积聚》中，李中梓先生以正邪二气论病因，应视为是一大进步。李中梓先生云："积之成也，正气不足，而后邪气踞之，如小人在朝，由君子之衰也。正气与邪气誓不两立，若低之昂然，一胜则一负，邪气日昌，正气日削，不攻去之，丧亡从及矣。"正气十足，邪不相干。正气不足，邪必相干。积之所成，根本原因在于正气不足。补正气，李中梓先生介绍的方剂有：补中益气汤、四君子汤、归脾汤与十全大补汤。以正邪二气论积之病因，论积之演化，应视为一大进步。实际上，以正邪二气为纲，可以论所有慢性病的病因与演化。

其二，体现在药方的简约上。李东垣先生治五脏之积，一积有一方，五积有五方。

李中梓先生，治五脏之积，五积用一方。《医宗必读·积聚》记载了李中梓先生所制的"阴阳攻积丸"，适用于各种积。李中梓先生对此丸的介绍是："治五积、六聚、七癥、八瘕……不问阴阳皆效。"

阴阳攻积丸的具体内容与用法为：

吴茱萸（炮）、干姜（炒）、官桂（去皮）、川乌（炮）各一两，黄连（炒）、半夏（洗）、橘红、茯苓、槟榔、厚朴（炒）、枳实（炒）、菖蒲（忌铁）、玄胡索（炒）、人参（去芦）、沉香、琥珀（另研）、桔梗各八分，巴豆霜（另研）五钱。

为细末，皂角六两，煎汁，泛为丸，如绿豆大，每服八分，渐加一钱五分，生姜汤送下。

五方，具有特殊性。一方，具有普遍性。一方制一丸，方便而适用。五方简约为一方，应视为一大进步。

其三，体现在医治方法的灵活上。任何事物都有一个"开始、中间、最后"的发展过程，积之为病同样如此。积之为病，开始阶段如何治？中间阶段如何治？最后阶段如何治？李中梓先生总结出了一套方法，《医宗必读·积聚》："初者，病邪初起，正气尚强，邪气尚浅，则任受攻；中者，受病渐久，邪气较深，正气较弱，任受且攻且补；末者，病魔经久，邪气侵凌，正气消残，则任受补。盖积之为病，日积月累，匪伊朝夕，所以去之亦当有渐，太亟则伤正气，正气伤则不能运化，而邪反固矣。"积之病，初起宜攻，中期可以且攻且补，后期则应以补益为主。病分期而论，先攻后补，攻补平衡，这是李中梓先生的经验。这一经验，应该视为一大进步。

"余尝制两积之剂，药品稍峻，用之有度，补中数日，然后攻伐，不问其积去多少，又与补中，待其神壮则复攻之，屡攻屡补，以平为期。此余得之诀，百发百中也。"这是李中梓先生的经验谈。如此自信，源于众多成功的实践。积之病——有形之血块，在中医这里并不是绝症，而是能够治愈的疾病。

李中梓先生这里，有一个值得商榷的地方。《黄帝内经·素问·至真要大论》："盛者泻之，虚者补之。"盛即实，实病用泻法，虚病用补法，这一论断讲的是医治虚实两种疾病的原则。这一论断告诉后人，补与泻应该分别进行。人参为补，巴豆为泻，阴阳攻积丸将两者融为了一体，与"盛者泻之，虚者补之"的原则有冲突之处。补与泻，还是应该分别而论。阴阳攻积丸可以分别而制，将补药与泻药分别制成丸，补药泻药分别而用，效果应该会更好。

李东垣、李中梓两位先生是古人。积之病，在古人这里是可以治愈的。

今人论癌不论积。治愈癌症，今人中有没有实例呢？有。

在当代中医李可先生的经验专辑中，癌症一可以治愈，二可以带病生存。李可先生的母亲患食道癌晚期，水米未进已达五天，西医下了病危通知。李可先生用针灸和中药，使老母亲又生存了10年。李可先生所用的方法，与李中梓先生一样，用的是补泻两种方法。化癌的药物与攻积的药物基本相同，为卤砂、雄黄、火硝之类。补益，也与李中梓先生一样，为人参、黄芪、当归、山萸肉之类。在李可先生的经验专辑中，还有治愈骨癌、宫颈癌的病例。

中华文化与中医文化特别重视防患于未然。《周易·系辞下》中有"安而不忘亡，治而不忘乱"之论，《道德经·第64章》中有"治之于其未乱"之论，《黄帝内经·素问·四气调神论》中有"不治已病治未病，不治已乱治未乱"之论，这些论断都是讲究防患于未然的。"治未乱，治未病"的原则，完全适用于积之病的预防。如何预防？人到一定年龄之后，多注意温阳补气即可预防。

一定的年龄段如何确定？《黄帝内经·素问·上古天真论》在开篇之处论人生过程，论出了"女七七，男八八"的变化规律，即女子七岁一个变化，男子八岁一个变化。女子一七长牙，二七月信，四七二十八岁身体发育到了极致，男子五八四十岁身体发育到了极致。女子从五七三十五岁开始，身体开始退化，男子从五八四十岁开始，身体开始退化。一定的年龄段，男子应定在四十岁，女子定在三十五岁。女子从三十五岁开始，男子从四十岁生开始，应该注意培育正气。如何培育正气？用食补或药补。正气不衰，积之病就失去了产生的前提。

还有一个办法也可以预防积之形成，这就是运用"寒者热之"的原则经常地给身体加温。人身上有两个部位最为重要——肾间与脐下。《难经·第六十六难》："脐下肾间动气者，人之生命也。"脐下肾间之动气，关乎人之生命。这两个病位恰恰最容易受寒，经常给肾间与脐下这两个地方加温，可以预防百病，也可以预防积之病。

真诚地希望，众多的患者能够明白以下之事实：西方文化并不是人类唯一的文化，西医也不是人类的唯一医术。因此，西医对癌症的结论并不是唯一的结论，更不是唯一正确的结论。对待西方文化，对待西医，正确的态度是尊重，错误的态度是迷信。

真诚地希望，癌症患者明白这样一个病理：有形之血块，并不是绝症，只是因寒而生的一种疾病。药物，有温热寒凉之分。食物，也有温热寒凉之分。利用温热之药物，可以进行药补。利用温热之食物，可以进行食补。药补可以驱寒，食补也可以驱寒。寒热一旦平衡，血块一可以缩小，二可以消除。千万不要自己恐吓自己，千万不要对生命丧失信心。

（三）一定要呵护根本

呵护根本，草木才会茂盛。呵护源头，江河才会流长。同理，呵护根本，不离根本，才会有中医的辉煌。中医的根本在阴阳，阴阳的根本在天文在历法。掌握了天文历法，就掌握了阴阳这把万能钥匙。掌握了阴阳这把万能钥匙，可以打开中华文化与中医文化的大门，可以打开自然界一切奥秘的大门，当然也可以打开一切疾病奥秘的大门。

中医离开了天文历法，犹如草木离开了根本，犹如江河离开了源头。非常遗憾，中医界基本上忘记了天文历法。忘记了天文历法，阴阳学说就成了无法解释的、虚无缥缈的玄学。无根之草木，肯定会干枯。无源之江河，肯定会枯竭。无根无源，中医的命运会如何？

这里有两个问题，希望和中医界的朋友一起思考：

其一，从经典中看，《周易》谈阴阳，《尚书》谈阴阳，《诗经》谈阴阳，《周髀算经》谈阴阳，《黄帝内经》谈阴阳，《孙子算经》谈阴阳，如果阴阳毫无意义，会进入部部经典吗？

从诸子中看，老子谈阴阳，孔子谈阴阳，管子谈阴阳，列子谈阴阳，庄子谈阴阳。如果阴阳毫无意义，会赢得诸子的敬仰吗？

其二，《黄帝内经·素问·六节藏象论》"不知年之所加，气之盛衰，虚实之所起，不可以为工矣。""三不知"不可以为工。"年之所加"指的是天文历法，"气之盛衰"指的是阴阳二气的相互转化，"虚实之所起"指的是疾病之因，天文、天气、人体疾病在天文历法中得到了统一。所以，为工为医的第一前提就是要深知历法。面对《黄帝内经》所创立的为工标准，试问：中华大地上还有真正的工吗？换句话说，中华大地上还有真正的中医吗？

五、用新器具治理沙漠

中华先贤特别重视绿化，特别重视草木的保护。在中华元典与诸子典籍里都可以看到重视草木、重视绿化的论断。

《周易·离·象传》："日月丽乎天，百谷草木丽乎土，重明以丽乎正，乃化成天下。"日月附丽于天，百谷草木附丽于大地，日月光明在天，百谷草木茂盛在地，如此即为正道。如此正道，化成了人间天下。请看，日月与百谷草木，在《周易》里是对应对称而论的。天下的化成，日月与百谷草木有着同等重要的意义。中华先贤对百谷草木的重视，此处可见一斑。

《尚书·舜典》："帝曰：'畴若予上下草木鸟兽？'佥曰：'益哉！'帝曰：'俞，咨！益，汝作朕虞。'"管理山林草木鸟兽，舜时代就设置了专职官员。这段对话是君臣之间的对话。对话主题是选择管理山林草木鸟兽的虞官。大臣们一致认为一个叫益的最为合适。舜帝接受了大臣们的推荐，任命益做了虞官。在《论语》《孟子》里，舜是圣人。爱护呵护山林草木鸟兽，是圣人之圣的一项重要标志。

《周礼·天官》："以九职任万民：一曰三农，生九谷。二曰园圃，毓草木。三曰虞衡，作山泽之材。"《周礼》记载的是周朝官员的设置与职责。周设置官员，有三农、园圃、虞衡之职。三农管九谷，园圃管草木，虞衡管山泽之材——山林草木。主管山林草木有专职之官员，周对草木山林的重视，此处可见一斑。

《逸周书·大聚》："且闻禹之禁：春三月山林不登斧，以成草木之长。"立禁令以保护山林，保护草木，据《逸周书》记载，是从大禹时代开始的。中华先贤对山林草木的重视，此处可见一斑。

《礼记·月令》："孟春之月，……禁止伐木。"

《管子·五行》："日至，睹甲子木行御，天子出令，……出国衡，顺山林，禁民斩木，所以爱草木也。"

《管子·五行》记载的是金木水火土五行历，五行历一年分五季，五季的第一季是木行之季，木行之季禁止砍伐树木。日至即冬至。木行之季是冬至开始的。冬至为第一季的始点，说明这里的历是太阳历。

四季历与五行历，这是《礼记》与《管子》的不同点。第一季禁止砍伐树木，这是

《礼记》与《管子》的相同点。

《孟子·梁惠王上》：“斧斤以时入山林，材木不可胜用也。”伐树一定要遵守时序，树木发芽生长的季节是不能带斧进山的。只有这样，才有丰富可用的木材。这句话是孟子教育梁惠王的。爱护草木，砍伐有时，这样的道理，在舜、禹时代帝王教育臣民，在战国时代儒家教育国君。公天下与家天下的优劣，此处可见一斑。

《史记·五帝本纪》：“顺天之纪，幽明之占……时播百谷草木，淳化鸟兽虫蛾，旁罗日月星辰水波土石金玉，劳勤心力耳目，节用水火材物。有土德之瑞，故号黄帝。”《史记》中的黄帝，既是帝王，又是文化始祖，但首先是文化始祖。“顺天之纪”，指的是天文研究。“幽明之占”，指的是历法的创建与阴阳学说的创立。从这里看，黄帝是人文始祖。“时播百谷草木”之后的五大功绩，应视为是治理天下的功绩。五大功绩之中，“时播百谷草木”位列第一。百谷是食物，民以食为天，重视百谷是必须的。为何将百谷与草木并列而论呢？因为在黄帝这类中华先贤看来，草木与百谷对于人之天下来说，具有同等的重要意义。五大功绩告诉后人，黄帝治天下第一重视的粮食与草木。

重视绿化，重视草木，砍伐有时，这就是中华先贤，这就是中华元文化。重视绿化，重视草木，最早可以追溯至黄帝，可以追溯至于舜，可以追溯至禹。舜设置主管山林草木的专职官员，禹发布了禁止滥伐的禁令。

几千年后的人类，却肆意地砍伐草木，肆意毁坏森林，肆意地毁坏草原，致使全球沙漠面积不断扩大。沙漠化，已经成了当今世界的重大难题。面对此情此境，笔者痛心思考的问题是：历史前进了，人类真的进步了吗？在环境与人的关系上，在草木与人的关系上，后人的定位真的优于先贤吗？

重视绿化，呵护草木，中华先贤为后人树立了光辉榜样。这一光辉榜样，是笔者研究如何在沙漠中植树的基本动力。

用发明器具来解答生产生活中的难题，中华先贤为后人树立了光辉榜样。这一光辉榜样下，笔者曾经思考这样一个问题：可不可以发明适用于沙漠植树的新器具呢？用新器具在沙漠中植树，以器具提高树的成活率，以器具来控制沙漠化。对照善于用器具解答生产难题的中华先贤，这一思考显然是成立的。

用器具在沙漠中种植蔬菜，在沙漠中种草种树，以色列科学家走在了世界的前列。

以色列科学家发明滴灌的器具，将珍贵的水一滴一滴滴入地下，在沙漠中节水以种植蔬菜，在沙漠中节水以种草种树。从历史中看，这一技术史无前例。从现实中看，这一技术的确适用于沙漠。问题是，滴灌器具的成本太高。经济落后地区，很难买得起或根本买不起滴灌器具。成本太高，这是与生俱来的局限性。以色列科学家，给出的是一种启示，可以用器具来绿化沙漠。至于器具，可以这样，也可以那样，还可以取这样那样之外的另一个样。

“易穷则变，变则通，通则久。”这一哲理，在《周易·系辞下》中是在黄帝、尧、舜名下出现的。这一哲理告诉后人，任何事物都是发展变化的。天地之间没有不变的事，没有不变的理。这一哲理告诉后人，任何发明创造都不是发明创造的终极。任何技术都可以继续进步，任何器具都可以继续改进。理解了这一哲理就会知道，滴灌器具之外还有器具，滴灌技术之上还有技术。

笔者用器具在沙丘上植树，成活率几近百分之百。

"一个坑+一桶水+一棵树"，这是不知起于何时，但今天仍然在沿用的植树方法。这种植树方法，适用于平原，不适用于沙漠。为什么？因为沙漠中的水蒸发速度快，水被蒸发，树就难以成活。

器具，能不能引用于植树领域？器具，能不能应用于沙漠植树呢？

这一设想，理论上完全可以成立。那么，实际上能否成立呢？家庭与办公室的桌子上，瓶子插鲜花可以活相当长时间。瓶子插某些特定树苗，可不可以成活呢？把阳面可以的"成果"运用到阴面，可不可以呢？道理是一样的，完全可以试验。

笔者从上个世纪的80年代开始进行试验，一直试验到本世纪初，实践证明，使用器具在沙漠中植树是一条方便易行、切实可行的大路。

种树，笔者设计了多种器具。在笔者的器具没有投产之前，使用矿泉水瓶子、植物油油桶装水扦插杨树、柳树、泡桐树。杨树、柳树的成活率几近百分之百。

用器具植树，具体方法是：将杨、柳枝条插在一个装水的容器里，然后像平常植树那样将其埋入地下。

器具植树法，优点有五：

其一，节约水。一桶水一棵树，这是传统的植树方法。用器具植树，一桶水可以种活三棵树。

一桶水按7.5公斤计算，可以装满三个容量为2.5公斤植物油油桶。在这个装水的植物油油桶里，扦插一棵杨柳枝条，2.5公斤水可以保证这棵树的发芽，可以保证这棵树的成活。如果当年天气正常，有雨水降落且降雨量在500毫米左右，那么，桶水+雨水，这棵树肯定会茁壮成长。如果当年天气干旱，再往瓶子里补充一次水，这棵树照样能成活。

一个矿泉水瓶可以装0.5公斤水。一个矿泉水瓶里扦插一棵杨柳枝，可以保证这棵树的发芽。补充一次水，可以保证一棵树的成活。如果当年天气正常，有雨水降落且降雨量在500毫米左右，那么，桶水+雨水，这棵树肯定会茁壮成长。如果当年天气干旱，往瓶子里补充两次水，这棵树照样能成活。

其二，节约树苗。一棵苗一棵树，这是传统的植树方法。用器具植树，一棵2米长的杨柳树苗可以变成三棵树。方法是将2米的杨树苗一分为三剪为三段，每一段就是一棵树。柳树亦然。泡桐树树枝、树根都可以扦插。一棵三年的小杨树，树干上的嫩枝条，可以变为百棵树。

其三，成活率高。用器具扦插杨树、柳树，成活率近于百分之百。杨树、柳树，可以直接扦插。泡桐、法桐以及另外一些树种，可以在大棚中育苗，然后再进行植树。

其四，成本低廉。节约了水，这是一。节约了树苗，这是二。成活率提高，这是三。三项合一，会大大地降低成本。

其五，适用空间广泛。用器具在沙漠中种草种树，适用于亚洲也适用于非洲，适用于北半球也适用于南半球。

植树，笔者设计了多种器具。笔者设计的器具，比矿泉水瓶、植物油桶优越，其优越性在于可以自动接收雨水。

种草，笔者同样设计了多种器具。笔者设计的器具，可以接收雨水，而且不易挥发。

为收集储存沙漠中的雨水，笔者还设计了一种沙漠井。

笔者从上个世纪80年代开始，一直在构思、改进在沙漠中种草植树的器具，一直在等待一种可降解塑料的诞生。

如今，可降解塑料已经诞生，所担心的污染问题业已解决。笔者曾经有这样两个设想：

其一，器具种草植树的方法+当地的农民工+有河水、季节河水的沙漠+国家的资金，在两个五年计划之内，完全可以使中国相当一部分沙漠绿起来。

其二，器具种草植树的方法+农民工+两河（底格里斯河与幼发拉底河）流域沙漠+澳大利亚的沙漠+联合国的资金，在两个五年计划之内使两河流域完全绿起来。

顺便说明一下，笔者用器具种草植树的设想与实践，中国国际广播电台于1997年9月18号进行过报道。报道的题目是：《刘明武发明设计出利用雨水、季节河水在沙漠中种草植树的'人造沙漠井'及'新型营养钵'》。

六、用新器具控制工业废烟

工业废烟向天空排放，是气候变暖、空气污染的第一原因。

笔者曾经说过这样的话：第一座烟囱竖起来的时候，工业革命开始了。地球上到处竖烟囱的时候，工业灾难开始了。

工业废烟，以目前人类所掌握的技术手段而言，完全是可以控制的。为什么没能控制呢？西方科学家在工业废烟面前为什么束手无策？答案是：西方文化中没有水火相济的哲理。

水火不容，这是一般常识。西方文化中不缺这种常识。水火相济，这是常识之外的综合性哲理。西方文化中缺的就是这种综合性哲理。

《周易》六十四卦中，第六十三卦是既济卦。《周易·既济·象传》："水在火上，既济。"这一论断是解释既济卦卦象的。既济卦为六爻卦，六爻卦由八卦中的两个三爻卦所组成。这两个三爻卦是八卦中的坎、离两卦。既济的卦象是坎卦在上，离卦在下。坎为水，离为火，水上火下，按照常识理解，这样的排列令人难以理解。但在中华先贤的解释中，火性炎上，水性就下，只有水上火下的排列，才能使水火相交。水往低流，火苗上升，水火相交，名曰既济。水火不交，名曰未济。水火相济的哲理，心肾相交的哲理，均源于既济卦。如此综合之论，只有在中华元文化里才有如此奇特之论，只有中华先贤才有如此巧妙之论。

水火相济之哲理对控制工业废烟有没有作用？

笔者认为，利用水火相济之哲理研制出一种器具，完全可以对控制工业废烟进行有效地控制。

如若不信，请看水烟袋这一实例。抽烟，燃烧的是烟草。西方人抽烟，直接将烟吸入口中。在中华大地上，出现了水烟袋。烟+装水的器具=水烟袋。水烟袋，优点有二：一是能将烟草之烟温度降低；二是能将烟草燃烧过程中产生出来的杂质过滤掉。

水火相济，能控制烟草之烟，能否控制工业废烟呢？相信读者瞬间即可以给出答案。

水火相济，能过滤烟草燃烧过程中产生的杂质，能否控制工业废烟中的杂质呢？原理一样，结果会不同吗？

水烟袋装水，装的是正常温度的水。正常温度的水，有降低温度、过滤杂质两大优点。那么，利用制冷技术，将水变为冷水或接近零度的冰水，会不会控制高温且富含杂质的工业废烟呢？答案是显而易见的。

《周易·系辞下》所记载十多项重大发明创造，都是在卦象卦理的启示下发明的。卦象，源于天理地理万物之象。卦理，反映的是自然哲理。一片带刺的草叶，可以启示鲁班发明木工所使用的锯。一片下落的枫叶，可以启示螺旋桨的发明。卦象卦理中所隐含的哲理，包括了草叶枫叶之理，但比草叶枫叶不知要广博多少倍。明白了卦象卦理中的哲理，完全可以提出新问题，完全可以从事器具的发明创造。

工业烟囱冒出的烟或火烟，可以转化为电能，电能可以制冷，冷气输入水，冷水可以使烟降温，可以过滤杂质。最古老的卦象卦理，是不是可以为解答当今世界难题做出贡献！

一阴一阳所组成的太极图，一阴一阳所组成的八卦、六十四卦，里面蕴含有很多很多宝藏。莱布尼茨在这里发现了二进制，玻尔在这里发现了并协原理，白晋在这里发现了所有科学的原理……笔者真诚地希望，中华先贤的子孙也能在这里有所发现。

七、"举一反万"的方法

正如爱因斯坦所评价的那样，解答问题，中华先贤和西方走的不是一条路。在中华先贤这里，看不到先进的实验室，看到的首先是简单的天文观察仪，然后是触类旁通、观象比类、举一反三、以一论万、以道观尽的独特哲理与方法。明白了道理即可以举一反万。换言之，明白了道理可以提出很多问题，明白了道理可以解答很多问题。请看笔者对此的认识。

"一阴一阳之谓道。"道理告诉人们，阴的对面是阳，阳的对面是阴。明白了阴阳的对称性，就会知道此问题对面必然有一个相反的问题，此课题对面必然有一个相反的课题。阴阳相合，即两个相反的问题相合，又是一个新课题 ——明白了道理，是不是可以提出很多问题。

八卦每一卦的对面，必然是相反的一卦。明白了卦的对称性与对应性，就会知道此问题对面必然有一个相反的问题，此课题对面必然有一个相反的课题。你有这样的方法，我马上就会想起另外一个对称对应的方法。

八卦每卦三爻，爻是可变之爻，三爻中一爻变化，就会产生新的一卦。明白了这一点，就会知道此课题在题材上稍有变动，就会产生出一个崭新的课题。三爻全部变化，就会变为相反的一卦。明白了这一点，就能在任何基础上提出新问题。

弄懂了卦理，可以在自己的基础上提出问题，也可以在别人的基础上提出问题。

笔者曾利用太极图修正过物理学原理。泡利不相容原理指出，同一原子内不能有两个具有相同位置、相同状态、相同运动速度的电子。笔者认为：在太极图中即在同一原子内，两个同类不同性即一阴一阳两个电子可以处在相反相对的位置，以相同的力相互推动，并以相同的速度旋转。

笔者曾利用卦理，解释了水稻杂交的奥秘。

水稻，雌雄同体。正常的水稻，一株上有雌雄两种花。雌雄花交配，孕育出下一代。水稻杂交，其前提是要培育出雄性不育系，即将正常的水稻变为非常。所谓非常，就是让雌花正常地保持受精生育能力，而让雄花失去授精能力。

雌雄花正常，如此组合犹如穆桂英、杨宗保式组合。雌花正常，雄花不正常，如此组合犹如潘金莲、武大郎式组合。水稻专家的任务，就是要把穆桂英、杨宗保式的组合人为地变成潘金莲、武大郎式的组合。雄性不育系，就产生在潘金莲、武大郎式的组合之中。

如何将正常变为非常？明白了万物生长与演化所需要的基本条件，问题即刻就可以得到解答。

万物演化需要几个基本条件？答案是：需要四大基本条件。四大基本条件为何？答案是：天地水火。

万物演化是从有天地开始的。先天八卦是从天地开篇的，六十四卦也是从天地开篇的。天地是万物演化的两大基本条件。《周易·序卦》对此的解答是"有天地然后有万物"，《周易·泰·象传》对此的解答是"天地交而万物通也"。

有天地之后，水火是万物演化的两大基本条件。在后天八卦中，水火取代了天地的位置。这就告诉人们，在有天地之后的后天世界中，万物的演化需要的是水火这两大因素。水，狭义上的水，广义上的湿度。火，狭义上的火，广义上的温度。水为生命之源之说，并不完善。只有水而没有温度，产生不了万物。如果不信，请看南北两极。

天地水火，是万物演化所必须的四大基本条件。南韩国旗上太极图周围四卦就是乾坤坎离即天地水火四卦，这足以证明韩国先贤对天地水火的重视。

水稻杂交，首先是化正常为非常，培育出非常的雄性不育系。如何才能培育出非正常的雄性不育系呢？答案是：降低温度。

万物演化需要天地水火四大基本条件，水稻生长同样需要天地水火四大基本条件。四大基本条件中，天不可改变，地不可改变，水是必需的，可以改变的只有温度。要使可育之雄花变成不育之雄花，唯一手段就是改变温度，把正常雄花所需要的温度降低。

降低温度，一可以降低水温，二可以降低光温或气温。降低水温方法有多种：一可以用水温较低的山溪水取代水温正常的小溪、小河水；二可以用物理手段降低水温。

降低阳光温度方法同样有多种：一可以用改变时间的方法使温度降低，例如在同一空间内改变时间，将播种时间提前或推后；二可以用改变空间的方法使阳光温度降低，例如在同一时间内改变种植空间，从海南转移到湖南，从湖南转移到东北；三是在同一空间内用人为的方法遮盖阳光，使温度降低。

培育出了雄性不育系之后又如何？答案是：引进优良的雄性可育系的水稻。

在人伦道德中，无论潘金莲与武大郎多么不般配，都不允许西门庆的出现与介入。在科学试验中，在雄性不育系的水稻杂交过程中，"西门庆""东门庆""南门庆""北门庆"的出现与介入都是应该的、必须的。

在人伦道德中，王婆将西门庆介绍给潘金莲，是要受到谴责与惩罚的。在科学试验中，在雄性不育系的水稻杂交过程中，科学家将各式各样的"×门庆"——优良的水稻品种引入水稻杂交，是要受到赞扬与鼓励的。

水与火，是水稻生长的外部条件。水稻生长还需要自身的内部因素。因缘和合，万法产生。用佛教因缘哲学解释，水火属外缘，稻种为内因。水稻杂交使产量增加，目前的功夫只是下在了"缘"字上，即功夫下在了外因上。水稻还能不能继续增产呢？能。因为种子本身还有文章可做。

专家专的是术，如果专家们认真研究源头的文化，弄懂卦理与道理，弄懂源头文化中的万物生长的哲理，那么一门术肯定会变为多门术，专家就能变为通才。术有差别，道理相通。按道理而论，可杂交的不止是水稻。水稻之外还有小麦，小麦之外还有大豆、玉米、高粱……所有的粮食作物，均有文章可作。

水火相济，刚柔亦相济，这是卦理的基本常识。造飞机刹车片，离不开刚柔相济的哲理。至刚易碎易折，至柔不足以受力，要想取得既受力又不易折碎的效果，必须运用刚柔相济的哲理，巧妙地使刚柔两种元素结合。

真诚地希望专家们懂一点哲学，懂一点起于八卦的触类旁通。此类与此类相同相通，此类与他类相似相通。一物一理，万物万理，万理归一，即是道理。真正明白了道理，那么，专家会在自己的领域内触类旁通到相近相通的领域。如果"专家+哲学家"成为一种模式，毫无疑问，每一个专家肯定会在自己研究领域的基础上提出很多新问题。试想，一个民族中有众多的新问题提出者，这个民族会落后于他人吗？

道，是中华先贤在观察生生之物之后所认识到的生生之源。认识到这个生生之源之后，中华先贤就找到了论证问题的制高点。中华先贤站在这个制高点上，去论证一事一物以及万事万物。中华先贤就站在这一制高点上去进行文化、器具的发明创造。如此论证问题的方式，可以简称之为"以道论之"。阴阳家以道论历，儒家以道论礼，道家以道论德，兵家以道论兵，医家以道论医的"所以然"，就在于延续了"以道论之"的论证方式。

笔者接续了这一论证问题的方式，解答了以上问题。欢迎批评，欢迎争鸣。

这里，希望与读者一起思考几个问题。

其一，如何对待源头的文化？任何一个有文化自信心、有责任心的民族，都会极其慎重地对待源头的文化。文化起源处的道理，决定了这个民族的基本走向。

以天文论人文，这是源头的中华文化。优秀先贤的子孙，有几人还记得源头中的天文、天时、天理、天则呢？

其二，如何对待中华文化所独有的卦？卦，为中华文化所独有。放眼世界，唯有中华先贤为子孙创造了这组抽象符号。"书不尽言，言不尽意"这八个字，批评了书与言的局限性。卦没有局限性，书不尽的言，言不尽的意，全部可以尽在卦中。卦，是中华先贤的成果，是中华文化的骄傲，是后世子孙的福分。如此珍贵的卦，为什么不珍惜呢？人家把卦放在国旗上，这边把卦放在地摊上，对比之下，不羞愧吗？

其三，如何对待中华先贤所创立的道？《圣经》中的人格神，昨天有牧师与神父专门宣传，今天有牧师与神父专门宣传，明天还会有牧师与神父专门宣传。宣传与解释，古今不断。

《周易》中的自然之道，昨天与今天，有专人进行宣传与解释吗？以至于"一阴一阳之谓道"被曲解为"阳为阴纲之谓道"，而整个民族信奉伪道两千多年却浑然不知。西汉之后的两千年里无人再谈"道器并重"与"道器转化"，发明创造哲理几乎完全失传，这是不是整个民族的悲哀！

其四，如何对待中华先贤所创造的经典。神造天地万物的《圣经》，犹太人一直在读，西方人一直在读，包括一流的科学家。人家是那样地敬重元典。《周易》讲天地生万物，讲错了吗？《周易》讲自强不息，讲厚德载物，讲错了吗？《周易》得到尊重了吗？

其五，如何对待中华先贤所创造的思路与方法。以天文论人文，以天文论历法，以天文论天气，以天文论音律，以天文论奇偶之数，以天文地理论病理，以天地万物之理论器具的发明创造，以道理论技论术，总之，以天地日月、以天地万物为参照坐标去进行人文创造与器具技术的创造，这是中华先贤的思路与方法。这一思路、这一方法有没有问题，有没有错误？如果没有问题，如果没有错误，应不应该延续？延续中华文化，阅读经典是必须的，更重要的是不是要延续创造的思路与方法！

八、一切发明创造必须置于道理之下

按照道理，天地为人之父母，所以一切发明创造不能危及天地。

按照道理，万物为人之同胞，所以一切发明创造不能危及万物。

按照道理，水火为生命之源，所以一切发明创造不能危及水火。

按照道理，万物应该各从其类，所以一切发明创造不能违背物从其类的哲理。

按照道理，繁衍子孙是男女的共同责任，所以发明创造不能将共同责任变为一方的责任。

道无言，但是道理不可违背。违背道理，是要受到惩罚的，是要付出代价的。这里由小到大举几个例子来说明问题：

其一，违背了各从其类的哲理，艾滋病来了。各从其类，是六十四卦第一卦乾卦所强调的哲理。"各从其类"一词，在《圣经》中出现了近20次，显然，这也是《圣经》最喜欢的哲理。天上飞的，水里游的，地上跑的，应该各从其类。两条腿的，四条腿的，应该各从其类。草木蔬菜，结籽的、结果的，应该各从其类。人是人，动物是动物，应该各从其类。人和猩猩不是一类，不能交配。违背了各从其类的哲理，艾滋病来了。艾滋病，让整个人类付出了代价。

其二，违背了各从其类的哲理，疯牛病来了。动物与家畜，有吃草的，有吃肉的，有吃果实的，应该各受本分，各从其类。牛，属于吃草的一类，不属于食肉类。让牛吃骨粉，违背了各从其类的哲理。违反了这一哲理，疯牛病来了。

转基因，违背了各从其类的哲理；人与动物胎胚杂交，违背了各从其类的哲理；克隆人，违背了亚当夏娃结合才能生孩子的原则，违背了"男女构精，万物化生"的哲理。所有这些，会让人类付出比艾滋病、疯牛病更多更大的代价。

其三，违背了天人合一的哲理，环境污染来了。"征服自然"这条理到底对不对？"挑战自然"这条理到底对不对？目前人类面临的环境是：天脏了，地脏了，水脏了，空气脏了，还有气温变暖了。

反思环境污染的原因，不能仅仅反思在形而下的这件事那件事上，应该反思在形而上的哲理上。是不是人类信奉的哲理出了问题，即人类信错了理。

笔者曾经说过这样几句话：

吃错了一服药，一个人要付出代价。

吃错了一锅饭，一家人要付出代价。

信错了一条理，一国人要付出代价。

信错了一条理，全球人要付出代价。

环境的污染，污染的环境，是人类造成的。是人类信错了理所付出的代价。错误之理为何？征服自然与挑战自然。

还有，科学是"用不用"的方法，构不成"信不信"的信仰。科学能造物，但不是天地万物的创造者，不是整个宇宙的创造者，所以不能构成信仰。

科学讲"真不真"。真不等于善。例如侵华日军731部队，繁殖出的鼠疫是真的鼠疫，制造出的毒气，均经得起实证，经得起重复，都是真东西。用科学标准看，这些都是史无前例的大发明。但站在道的立场上看，这些真东西都是伤天害理的。同样的道理，制毒者制造出的冰毒、海洛因都是真东西，都经得起实证，都经得起重复。可是，有谁说冰毒、海洛因不是大祸害呢？

道理既讲"真不真"，又讲"善不善""该不该"。所以一切科学探索，一切发明创造，都应该置于道理之下。

有新技术而无大智慧，是当今人类的基本特征。养育人类的地球，已经被人类折腾得千疮百孔。此情此境，一个两难的问题油然而生：人类到底是进步了还是退步了？

今天的世界，今天的人类，创造出了这个，创造出那个，但并没有创造出新的根本性经典来取代《周易》和《圣经》，并没有新的上帝新的道取代本来的上帝本来的道。这说明了什么？这说明源头文化的基础是无法动摇的，这说明根本性经典是无法动摇的。既然无法动摇，为什么不再认真回头看看，看看源头文化处到底还有哪些不能违背的根本性哲理，看看还有哪些根本性因子还决定着今天的走向。

　　水源，决定着江河的命运；根本，决定着树木的命运；所以江河再长也不会告别源头，大树再高也不会告别根本。这是笔者对源头文化即中华元文化与现实关系的基本看法。希望引起读者的批评、争鸣、共鸣。

第四篇

变质了的概念与名言

　　没有优秀的文化，领先于世界的中华文明从何而来？有优秀的文化，又为什么会落后挨打？有其事必有其理，有其果必有其因。中华民族前后两种截然相反的状态说明：上下五千年，文化并没有源远流长，而是发生了质的变化。

引　论

复兴中华民族，这是中华儿女的共同愿望。但是，优秀的中华儿女思考过下列几个问题吗？

1. 中华民族到底什么时候兴旺过？

2. 兴旺之时的中华民族在日常生活中所崇信的基本信条是什么？

3. 从那些基本信条的变化中能否发现从兴旺到衰败、从衰败到挨打的奥秘？

笔者在开篇处说过这样的话：文明先进的中华民族是条腾飞的巨龙，落后挨打的中华民族是一条大而无用、猥猥琐琐的胖胖虫。龙虫之变，总应该有个原因吧？这个原因与日常生活中所崇尚、所践行的基本信条有没有关系呢？

梳理一些基本概念与重要名言的工作，就是在这一认识前提下开始的。笔者很快有了一个重大的发现，即中华先贤所崇尚、所信守的一些基本概念与重要名言，在西汉以后出现了南辕北辙的解读。中华先贤本身的目的是育人、育才、育贤、育圣；西汉以后的目的是育奴、育婢、育狗、育虫。龙虫之变的原因首先是文化的变质，首先体现在基本概念与重要名言的变质上。龙文化与虫文化之间，存在着180度的反差。笔者困惑的是，只要打开元典原著，一个小时就可以消除这种荒唐的解读，但两千多年来，就是没有人跳出这个荒唐的怪圈。"在循环不休的民族灾难中，读书人必须承担责任。"笔者的这一看法，就产生于优秀的文化有人糟蹋而没有人真正传承的激愤之中。

第一章　变质的概念

第一节　元典中被变质的基本概念

一、"龙"的本义与歧义

（一）本义

源头的龙，有三重基本意义：一是纯阳之阳；二是龙人一体之龙；三是时空之龙。动态之动，是龙的第一特征。《周易》六十四卦的第一卦为乾卦。龙，就出现在乾卦爻辞之中。

初九　潜龙勿用。

九二　见龙在田，利见大人。

九三　君子终日乾乾，夕惕若。厉，无咎。

九四　或跃在渊，无咎。

九五　飞龙在天，利见大人。

上九　亢龙有悔。

用九　见群龙无首，吉。

纯阳为龙。乾卦六爻皆阳，在六十四卦中是唯一的纯阳之卦。把龙的阴阳属性清晰地显示在了人们的面前——龙为纯阳之阳，为阳刚之龙。

人龙一体之龙。九三爻辞中出现了"君子"一词，龙与君子，在此合到了一起。《周易》以龙论人，论出了一种自强不息、朝乾夕惕、进退有序的人文精神。这种精神，体现在君子、大人、圣人三种人身上。

关于自强不息，其意义为大家所熟知。这里简要介绍一下朝乾夕惕与进退有序。朝者，昼也。乾者，奋斗也。夕者，傍晚也。惕，谨慎反思也。也就是说，白天努力奋斗，傍晚认真反思。人有原罪，需要每天祷告，求主的宽恕，这是《圣经》对人的要求。《周易》认为，人没有原罪，但需要每天在傍晚进行反思。

"知进而不知退，知存而不知亡，知得而不知丧，其唯圣人乎？"（《周易·乾·文言》）这句话表达的是一种至高的、难以企及的境界。仅以"进退"两字为例，上下五千年的历史中达到此境界者几稀。尧、舜达到了这一境界，进也有序，退也有序，所以留下了千古美名。几千年所出现的几百名皇帝，没有一个真正明白"进退"二字的，他们只知进而不知退，所以每一次被迫之"退"，都会引起一场灾难。

《帛书周易·二三子》在开篇之处有龙德之论。孔子把龙德界定在一个"大"字上："二三子问曰：'《易》屡称于龙，龙之德何如？'孔子曰：'龙大矣。'"在之后的问答中，孔子解释出了龙的多种功能，例如能阴能阳，能上能下，能做云、蛇、鱼、虫各种变化。最终，孔子将龙与君子联系在了一起。以龙德论人德，龙德人德是一种德。在这一基点上，《帛书周易》与通行本《周易》是一致的。

时间为龙。《周易·乾·文言》曰："终日乾乾，与时偕行……时乘六龙，以御天也。"《周易·乾·彖传》曰："六位时成，时成六龙以御天。"乾卦六爻，被喻为六条龙，乾卦的六龙象征昼的六个时辰，坤卦的六爻象征夜的六个时辰，二六一十二，十二爻可以象征昼夜十二时辰，可以象征一年十二月。中华民族的祖先有非常强烈的时间观念。《尚书》第一篇文献为《尧典》。《尧典》有一半内容所论的是四时的确定与一岁的确定。有文字，时间出现在文字之中；没有文字之前，时间出现在卦象符号之中。1987年，在河南濮阳西水坡六千年前的古墓中，发现了蚌壳组成龙虎。龙，被史学界命名为"中华第一龙"。天文学家认为，这里的"龙虎四象"与中华先贤最早所划分的天文"四象"——东青龙、西白虎、南朱雀、北玄武——体系相吻合。龙，时间上代表的是春天，空间上代表的是东方。

《周易》中的龙位于形而上。以龙论人，论出的是神圣之德，论出的是善变之智，论出深知有序之进退的理性。

龙，还有一重解释，这就是"良马为龙"。《周易·说卦》诠释乾卦，解释出了"良马与老马"。《周礼·夏官·司马》记载了"马八尺以上为龙"。马有柔顺贞洁之美德，龙有阳刚自强之美德。中华民族所信奉的龙马精神，其根源出于六十四卦的第一卦——乾卦。

（二）歧义

《史记·高祖本纪》记载了一则经不起推敲的鬼话——龙种之说，欺骗了中华民族两千多年。在早期的中华大地上，能不能登上帝位，看的是有没有大贡献。龙种之说产生之后，能不能登上帝位，标准改变为是不是龙种。称王称帝不论贡献，只论血统。这一荒谬的标准始于西汉，一直延续到满清。

"龙种"一说的始作俑者是无赖刘邦。《史记·高祖本纪》中的故事有五大严重的谬误：

第一，形而下的龙，《周易》《尚书》没有记载，《诗经》也没有记载。《春秋左传》中有形而下的龙，但是这里的龙，是人可以驯养、可以食肉的龙，和形而上的龙完全不是一回事。刘太公能够直接看见龙，属于作恶造孽的龙。如此之龙，并不是《周易》中所推崇的龙。

第二，龙与刘媪的交配，能够证明的是刘太公一个人。中华民族的祖先有敢于向邪恶宣战的传统。《周易》《尚书》中人民敢于对暴君进行革命，《尚书》中人民敢诅咒太阳，《诗经》中的人民敢批评不公正的昊天、上帝。刘太公看见的龙，是邪恶的龙，是强暴女人的龙，而且强暴的还是自己的妻子，他为什么没有上前搏斗？好像出现这种非常之事恰恰是一种求之不得的期盼。

第三，刘媪产下龙子，能够证明的还是刘太公一个人。"不相信我，请去问我爹。"这种论证方式属于"我证我"的论证方式。"我证我"的论证具有不可重复性，在科学中是站不住脚的。

第四，刘邦人如龙相，史无前例。什么相属于龙相，西汉以前的所有经典中均没有实例的记载。

第五，整个故事，起于"龙种"，终于"大丈夫当如此也"。如此者，如秦始皇也。当秦始皇式的皇帝是刘邦的终极目标。"龙种"之说的真实目的在于解释皇帝的合理性与合法性。早期的取火者、构巢者、治水者是靠巨大功绩来赢得天下的，刘邦靠的是编造鬼话来欺骗天下。

从龙的传人到龙种，这个变化是南辕北辙的变化。在龙种身上自强不息的精神不见了，朝乾夕惕的精神不见了，进退有序的制度不见了，发明创造的智慧不见了。两千年来的龙种，后宫有能歌善舞的三千粉黛，殿前有善于高呼"万岁"的群臣；一个旧龙种下台，便又有一个新龙种上台，新旧龙种交替，需要付出血流成河、尸积如山的代价。在龙种这里，"龙"的本义丧失殆尽。

二、"道"的本义与歧义

（一）本义

道在中华文化中，其意义是基础性的。如果进行文化比较，马上可以得出这样的结论：基督文化中的上帝，中华文化中的道，一切宇宙与人生的基础都是从这里出发的。

"一阴一阳之谓道。"这是道的基本概念。从《周易·系辞上》这里，后人知道了"道是什么"或"什么是道"。

天地起源问题、一男一女起源问题，《圣经》用万能之上帝提交了答案。

天地起源问题、一男一女起源问题，中华文化用自然之道提交了答案。

道生天地，天地一生万物，二生男女，中华先贤在天地起源问题上没有造神，在男女起源上也没有造神，希伯来先贤创造出了一个万能之神，中华先贤创造出了一个自然之道。道，解答的第一个问题是生生之源问题。

谁是宇宙的创造者，谁才有资格成为做人的永恒坐标，这是人类先贤的一致认识。上帝是宇宙的创造者，做人必须以上帝为坐标，这是《圣经》的主张。天地生人，做人必须崇天法地，人的言行必须仿效天地，这是《周易》的主张。天地之前还有道，所以，做人必须讲道理。做人应该效法道是儒道两家的共同主张。老子说："人法地，地法天，天法道，道法自然。"孔子说："朝闻道，夕死可矣。"道，解答的第二个问题是人生坐标问题。

在古希伯来，在现代西方，上帝至高无上。古代，上帝高于君王；今天，上帝高于总统。在早期的中华大地上，道和《圣经》中的上帝一样，具有至高无上的地位。君王也必须信守道、效法道。在《庄子》中可以看到，黄帝为不能得道而苦恼。"得道者多助，失道者寡助"，臣助有道之君，无道之君就失去了臣助的资格。君王之所以为君与能否继续为君，道是终极的裁判者。至高无上是上帝与大道在地位上的共同点。

《圣经》谈上帝不谈器具之器，器具之器不能并列并重于上帝。《周易》谈道又谈器，器具之器可以并列并重于大道。道器并重，是《周易》的特色，也是《周易》与《圣经》的区别。

阅读《周易·系辞下》可以知道，网罟、耒耜、舟楫、臼杵、弓矢、宫室等一系列重大成果都是在象——卦象的启示下创造出来的。卦象何以能够启示发明创造？答案是道在卦象中。

阅读《道德经》可以知道，有无结合可以有车之用、室之用、器之用。有无者，一阴一阳也。一阴一阳者，道也。

阅读《庄子》可以知道，道中隐藏有解牛之技。解牛之技，还可以转化为养生之术。道中隐藏有承蜩之技。承蜩之技，又被孔子转化为教学之术。道何以能转化出技与术，庄子的答案是"依乎天理""因其自然"。天理与自然，体现的都是道理。

道何以能启示发明创造？原因是自然之道一体现在自然的形象之象中，二体现在人文的抽象之象中。天地万物为形象之象，卦象为抽象之象，在这两种象的启示下，人们可以尽情地进行各式各样的发明创造。

这里还要特别谈一谈道理中的人际关系。以道理论人理，这是中华元文化的基本原则。道由一阴一阳所组成，一阴一阳之间是一比一的和合关系，是一比一的平衡关系，是一比一的合作关系、和谐关系、同劳同功的关系。正是按照这一原则，中华先贤创立出了以和谐为第一特征的人天关系、人物关系与人际关系。

在中华元文化中，人天关系是和谐的，人物关系是和谐的，男女关系是和谐的，父子关系是和谐的，君臣关系是和谐的，人际关系以及万邦关系都是和谐的。

阴阳和合、阴阳和谐、相异而和的原则被儒道两家的文化以及中医文化所继承，完全可以说，一阴一阳之间的关系稍有变动，中华元文化、儒家文化、道家文化以及中医文化就会发生伤根动本的变化。

（二）歧义

道之歧义，发生在西汉。始作俑者是董仲舒。董仲舒从三方面变质了自然之道：一是变质了道的概念；二是变质了阴阳关系；三是变质了人际关系。

在《周易》中，道的基本概念是"一阴一阳之谓道"，而董仲舒将其变质为"阳为阴纲之谓道"。《周易》中的阴阳关系是和合关系，董仲舒将阴阳关系变质为纲目关系。

在《周易》中，人际关系是以天理地理而论的，是以道理而论的。天地之间是相互交合关系，人际关系是相互负责的关系。道理中一阴一阳是和谐关系，人际间的夫妇、父子、君臣也应该是和谐的礼仪关系。

（三）对比

大道与伪道之间的差别有九：

其一，在形而上方面，前者在阴阳之间所强调的是和合关系，后者所强调的是纲目关系。

其二，在造物作用上，前者所强调的是阴阳同劳同功，后者所强调的是阳有功，而阴无用。

其三，在运动中，前者强调的是阴阳互动，后者强调的则是一阳独动。

其四，在人际关系中，前者强调的是和谐与相互负责，后者所强调的是阴方面的服从与屈从。

其五，在崇尚对象上，前者崇尚的是自然，后者崇尚的是地位与权威。

其六，在人天关系中，前者揭示的是自然之天，后者宣扬的是神灵之天。自然之天是天人合一之天，神灵之天是天君合一之天。

其七，在发明创造上，"一阴一阳之谓道"中的道可以启迪与诱发人们在各个领域内提出新问题，而"阳为阴纲之谓道"中的道，则在各个领域内阻止人们提出新问题。

其八，在道君关系上，"一阴一阳之谓道"中的道，其地位位于君之上。"阳为阴纲之谓道"中的道，君之地位与道相等同。

其九，在君王的产生方式上，前者强调的是贤者为王，后者强调的则是胜者为王。

道之本义在董仲舒的伪道里丧失殆尽。如何做人，西方人信奉的是上帝之理。中华先贤信奉的是道理、天理。令人痛心的是，西汉以后的两千多年里，整个中华民族所信奉的道却是伪道——以君为纲，以父为纲，以夫为纲。中华民族丢掉了道理，如同西方人丢掉了上帝。

若问中华民族循环不休的灾难根源何在？答曰：不讲道理。忘记了大道，崇信伪道是中华民族落后的根本原因。

三、"器"字地位的失传

（一）优秀的行为

与世界上兄弟民族相比较，源头处的中华先贤显示出了不同于一般的优秀，其体现在生产工具、生活器具的发明创造上。燧人氏、有巢氏、伏羲氏、神农氏、黄帝，这是经典与诸子记载的中华先贤，这些先贤个个都是新器具、新技术的发明创造者。燧人氏钻木取火，有巢氏构木为巢，伏羲氏结绳为网，神农氏揉木为耒耜，黄帝制衣裳、制弓箭、造舟船……行而论道，是中华先贤的行为方式。这一行为方式，无论从哪个角度上看，都是优秀的。

（二）优秀的哲理

"形而上者谓之道，形而下者谓之器，化而裁之谓之变，推而行之谓之通，举而措之天下之民谓之事业。"（《周易·系辞上》）道器并重的关系，正式形成于《周易》。道器可以转化的关系，正式形成于《周易》。将道器转化定位为"事业"，始于《周易》。当官不是事业，发财不是事业，什么是事业？进行道器转化，由道理转化出器具，最终将道理与器具一并教与天下人民，如此方为事业。如此哲理显然在优秀范围之内。

（三）器之崇高地位

优秀的行为方式体现在器具的发明创造上，优秀的哲理体现在道器转化上。行为涉及到器，哲理涉及到器，由此可以知道在早期的中华大地上器具之器的崇高地位。

从《周易》的三个论断中，可以知道器具之器的地位到底崇高到何种程度。

1. "《易》有圣人之道四焉，以言者尚其辞，以动者尚其变，以制器者尚其象，以卜筮者尚其占。"（《周易·系辞上》）圣人有四道，其三是制器，制器之道位占其一。器之崇高地位，由此可见一斑。以圣人四道为评价坐标，仅仅立言者并不是圣人，起码不是完美的圣人。

2. "见乃谓之象，形乃谓之器，制而用之谓之法，利用出入，民咸用之谓之神。"（《周易·系辞上》）能看得见的称之为象，有形体的称之为器，仿照象创造器具，让天下之民随时随地能够利用器的人，可以称之为神。在这一论断中可以看出神的多重意义：识象制器者，神也；教民灵活运用者，神也。制器者可以称神，器之崇高地位，由此可见一斑。

3. "是故，法象莫大乎天地，变通莫大乎四时，悬象著明莫大乎日月……备物致用，立成器，以为天下利，莫大乎圣人。"（《周易·系辞上》）制器者是有功之人，功劳有多大？大到可以与天地、四时、日月的功劳相比较、相并列。没有天地、四时、日月，万物不可能生长；没有器具，天下不可能进步。把制器者的功劳与天地、四时、日月的功劳相并列，器之崇高地位，由此可见一斑。

当其他优秀民族造神的时候，中华民族创造出的是一件件器具之器。烧饭取暖的火，遮风避雨的草屋，捕鱼狩猎的网，耕地的耒耜，与动物相区别的衣裳，渡河的舟楫，陆地上的牛车、马车，稻谷脱皮的臼杵，这些都是中华元文化所记载的器。这些器具全部是人创造出来的，没有一件是源于神的恩赐。重视器而非重视神，器之崇高地位，由此可见全豹。

（四）经典与诸子论器

除了《周易》之外，中华元典《尚书》与《周礼》都谈到了器，儒家、法家也都谈到了器。

1. 《尚书》论器。朋友是旧的好，器具是新的好，这是《尚书》中的哲理。《尚书·盘庚》曰："人惟求旧，器非求旧，惟新。"商代的第二十位君王盘庚要迁都于殷，很多大臣不愿意，盘庚在解释迁都的意义时，引用了古代贤哲迟任的一句话。迟任此人早于盘庚，这证明商代之前的贤哲已经认识到了器具更新的重要性。

2. 《周礼》论器。制器为六政之一，这是《周礼》中的哲理。《周礼》按照天、地、春、夏、秋、冬的自然哲理设置了天官、地官、春官、夏官、秋官、冬官六种官员。六种官员主管六种朝政，其中冬官主管器具制造。器具包括生产工具、生活器具、交通运输工具、武器以及铠甲等等。将器具制造列为六种朝政之一，这足见当时对器具的重视程度。

3. 《论语》论器。以器做事，这是《论语》中的哲理。《论语·卫灵公》曰："工欲善其事，必先利其器。"孔夫子教书育人，通常只讲"如何做人"的道理，不怎么讲发展生产与发明创造，但孔夫子清楚地认识到了"善其事"与"利其器"的关系，要想做好某一件事，必须有相应的利器。做事，愚者只知道用力，而智者则知道用器。

4.《春秋谷梁传》《管子》论器。工为四民之一，为国之基石，这是《春秋谷梁传》《管子》中的哲理。《春秋谷梁传·成公元年》中记载"古者有四民：有士民，有商民，有农民，有工民。"这里所分出的士、商、农、工四民中，工民就是制器之民。

制器之民与士一样，具有崇高的社会地位。管仲认为，兴旺天下四民缺一不可。四民全部是国家的基石。《管子·小匡》曰："士农工商四民者，国之石民也。"国之四大基石，制器之民四占其一。

（五）"器"字的失传

一个可以与道并列并重的"器"字，首先被老子所批判、所抛弃。老子认为，器具之器是天下动乱的根源。对于世外桃源式的寡民小国来说，一切人工之器都是无益而有害的。老子主张，眼前应该抛弃原有的器具，未来也不要再制造什么器具，最好重新返回结绳记事的时代。燧人氏、有巢氏、伏羲氏、神农氏、黄帝所建立起的"道器并重"的文化，在老子这里变成了"道器分离"的文化。器，在文化中失去了与道相并列的重要地位。从庄子开始，制器之事不再被视为是圣人之事，而是被贬低为违背道的雕虫小技。器，在实际生活中失去了重要地位。

需要说明的一点是：老子虽然反对制器，但深知制器之理。老子认为，器、室、车皆源于有无之结合。有无者，阴阳也。阴阳者，道也。《道德经·第11章》告诉人们，理解道可以创造出各式各样的器。

（六）制器的哲理失传在皇帝文化里

秦汉以后，历代都是靠武功登上王位的。与取火者相比，与构木为巢者相比，与结绳为网者相比，为君为王的条件与前提发生了质的变化，圣者为王变质为胜者为王。所以，道器转化之哲理再也没有哪位皇帝倡导过、推行过。一个利国利民的"器"字，一步步离开了中华民族，一步步离开了中华大地。中华先贤创造的是道器并重的文化，秦汉以后的文化是伪道无器的文化。在道器并重的文化里，称皇称帝者个个都是器具之器的发明创造者。三皇五帝，不论哪一位出现，伴随出现的是一件或几件促进天下进步的新器具。在伪道无器的文化里，历朝历代的开国皇帝、新皇帝上场，伴随的是一场场千千万万人付出生命的战争。他们有几个是器具之器的发明创造者呢？制器之理，被胜者为王的历代皇帝所抛弃，被皇帝文化所抛弃。

信奉伪道是中华民族落后的真正原因之一，忘记器则是中华民族落后的真正原因之二。能不能重新找回与道相并列的一个"器"字呢？

（七）重温《周易》所重视的一个"器"字

一部《周易》，原则上把道器相并列，具体中则反复强调器的重要性。

"弧矢之利，以威天下。"有利器，才有威风之天下；有利器，才有天下之威风。

"形而上者谓之道，形而下者谓之器。"中华文化是道器并重的文化，道器二字对于中华民族来说，一个字都不能少。

这里有必要解释一下"汉唐盛世"的"所以然"。汉以后两千多年的历史中，中华大地曾经出现过几次简短而耀眼的辉煌，这是不是可以证明皇帝文化也能创造辉煌呢？非也。笔者认为，两千多年中之所以会出现的几次短时期的辉煌，实际上是文化一时回归的结果。这里仅以贞观之治为例说明问题。唐太宗李世民本身不是选举产生的贤者，但他能够重用贤者。李世民治天下能够讲道理而不以君为纲。他重用贤者与能者，允许君臣之间和而不同，容忍大臣否定自己的意见。唐朝留下了"不知《易》，不足以为卿相"与"不知《易》，不足以言知医"的名言。"贞观"一词，就是出于《周易·系辞下》。所有这些都是文化回归的证明。文化回归是产生"贞观之治"的根本原因，也是几次耀眼辉煌的根本原因。汉唐辉煌，是文人墨客一直谈不尽说不完的话题。但是，辉煌回顾者很少思考这样一个问题：如此辉煌为什么总是如此短暂，为什么总是无法延续？

总之，以道理治天下是汉唐辉煌的根本原因。不以道理治天下，是汉唐辉煌短暂而无法延续的根本原因。不肯把天下还给天下人，仍在子孙中传递，是"贞观之治"无法继续的根本原因，也是几次无法继续辉煌的根本原因。

四、"天"的本义与歧义

（一）本义

天，在中华元文化里有两重含义：一是自然之天，二是具有人格意义的权威之天。

先谈自然之天。《周易》第一页上首先出现的是乾卦。乾卦被诠释为自然之天，它的第一功能就是生万物，如《周易·序卦》所言："有天地然后万物生焉。"

中华先贤睁开眼睛看世界的时候，第一眼所看到的就是自然之天。《周易·系辞下》："古者包羲氏之王天下也，仰则观象于天，俯则观法于地，观鸟兽之文与地之宜，近取诸身，远取诸物，于是始作八卦。"这一论断告诉人们，伏羲氏观察外部世界的第一对象就是自然之天。

1. "唯天地万物父母，唯人万物之灵。"（《尚书·泰誓上》）

2. "天何言哉？四时行焉，百物生焉。"（《论语·阳货》）

3. "大哉乾元，万物资始，乃统天。"（《周易·乾·彖传》）

4. "天地之大德曰生。"（《周易·系辞下》）

5. "有天地，然后有万物。有万物，然后有男女。"（《周易·序卦》）

6. "夫人生于地，悬命于天，天地合气，命之曰人。"（《黄帝内经·素问·宝命全形论》）

这几个论断里的天，全为自然之天。自然之天是生万物的天，是生男女的天。中华大地的万物、中华大地最初的人，都与人格神无关。

自然之天是人的榜样，做人必须上效法天，下效法地。

1. "人法地，地法天，天法道，道法自然。"（《道德经·第25章》）

2. "唯天为大，唯尧则之。"（《论语·泰伯》）

3. "天行健，君子以自强不息。"（《周易·乾·象传》）

4. "夫大人者，与天地合其德。"（《周易·乾·文言》）

5. "天地变化，圣人效之。"（《周易·系辞上》）

在这些论断中可以知道，是人都应该效法天，无论是君子，还是大人与圣人。在《周易》与儒、道、墨、兵家的典籍里，君、父、夫均没有资格成为人效法的榜样。有资格成为人效法榜样的，只有自然之天、自然之地。

再谈权威之天。天的另一重意义是权威之天。权威之天的权威主要体现在对君王裁判上。

能够对君王行使裁判权的权威之天有一个根本性的特点。这个特点就是与天下人民保持着一体关系——天民一体。

1. "天聪明，自我民聪明。天明畏，自我民明威。"（《尚书·皋陶谟》）

2. "民之所欲，天必从之。"（《尚书·泰誓上》）

3. "天视自我民视，天听自我民听。"（《尚书·泰誓中》）

4. "汤武革命，顺乎天而应乎人。"（《周易·革·象传》）

聪者，听者，耳朵也。明者，视者，眼睛也。第一个论断告诉后人，天的眼睛就是民的眼睛，天的耳朵就是民的耳朵。天民一体，这里体现在同一双眼睛、同一对耳朵上。

欲者，意也，愿望也。第二个论断告诉后人，天的愿望就是民的愿望，民的愿望就是天的愿望；天意即民意，民意即天意。天民一体，这里体现在同一愿望上。

天视与天听对民的行为具有不容更改的决定作用。第三个论断告诉后人，天的耳目就是民的耳目，天的赏罚就是民的赏罚。天民一体，这里体现在同一赏罚上。

顺天即是应人，应人即是顺天。第四个论断告诉后人，顺天与应人是一回事。得罪了人，如同得罪了天，为臣者是可以对君发动革命的。

权威之天与君王之间的关系是两重可变关系，即可以亲、可以仇；可以取、可以弃的关系。

1. "唯天无亲，克敬为亲；民罔常怀，怀于有仁。"（《尚书·太甲下》）

2. "天难谌，命靡常。常厥德，保厥位。厥德非常，九有以亡。"（《尚书·咸有一德》）

3. "皇天无亲，唯德是辅；民心无常，唯惠之怀。"（《尚书·蔡仲之命》）

4. "四海困穷，天禄永终。"（《尚书·大禹谟》）

第一个论断所讲的道理是：天，不可能永远保佑一家一姓做帝王，这就是"唯天无亲"。天，只亲近敬天爱民的帝王，这就是"克敬为亲"。民，不可能永远归附一家一姓的君主，这就是"民罔常怀"。民，只归附"忧民之忧，乐民之乐"的仁德之君，这就是"怀于有仁"。

第二个论断所讲的道理是：天命难测，命运无常，做君主的必须小心谨慎，修仁德、行仁政，才能保其位。否则，会丧失天下。天，处罚过夏桀，处罚过殷纣。当然，惩罚的具体执行者还是老百姓。这些行动都代表了天的意志。

第三个论断与第一个论断所讲的道理大体是一致的，即权威之皇天无亲无疏，只辅助有德之人；民心无恒无常，只怀念仁爱之君。

第四个论断特别重要，《尚书》中出现过一次，《论语》中又出现一次。《尚书·大禹谟》中说，这段话是舜禹之间交接班时，舜对禹的嘱托。《论语·尧曰》中说，这段话是尧舜交接班时，尧对舜的嘱托。总之，这句话是尧、舜、禹之间交接班时相互嘱托的一句话。这一论断告诉后人，天下人民一旦陷入困境，责任在于君王。如果出现四海困穷的灾难，即使是尧、舜、禹这样的圣人君王，上天也会照样惩罚他。

（二）歧义

自然之天与权威之天，在西汉之后发生了质的变化。质的变化体现在三大方面：

其一，天的自然意义越来越淡，神秘意义却越来越浓。最终，自然之天变质为神秘之天。

其二，权威之天与民分离，与君结合在了一起。天民一体之天变质为天君一体之天。

其三，皇帝可以代表天，皇帝的意愿就是天意。

天君一体之天的始作俑者是董仲舒。"皇上犹天"，从董仲舒以后，皇帝们有了"受命于天"的理论依据。在汉之后、清之前的文学作品中可以看到，皇帝的宝座是神灵之天早就安排好的：让张三坐就是张三，让李四坐就是李四，人民根本没有说话的份，胆敢反对者就要受到"天"的惩罚。书上这么写，戏里这么唱；皇帝这么说，老百姓也这么信。

汉之后，还出现了与天同等意义的玉皇大帝。玉皇大帝位于形而下，是以人的模样出现的。玉皇大帝有自己的耳朵与嘴巴，但他的视听与人民的视听之间没有任何联系。西汉以后，亲民的天变质为亲君之天，爱民之天变质为爱君之天，天民一体之天变质为天君一体之天，天心与民心、天意与民意从此两分。

天的本义与歧义完全南辕北辙，天的本义丧失殆尽。

五、"卜筮"的本义与歧义

在笔者的研究中，作卦者所重视、所常用的卜筮，与天文的观测、历法的推演紧密相关，后来的算命者所常用的卜筮，与人事的吉凶祸福紧密相关，与天文历法无关。下面，以《周易》为基础，对卜筮的本义与歧义进行梳理。

（一）本义

以正治国，以奇用兵，这是中华先贤治国治兵的基本原则。卜筮，在《周易》《尚书》《周礼》《礼记》中为治国大方略。由此观之，卜筮显然在"正"的范围之内。

1. 卜筮的地位。卜筮，在《周易》中是作为圣人之道出现的。《周易·系辞上》曰："易有圣人之道四焉，以言者尚其辞，以动者尚其变，以制器者尚其象，以卜筮者尚其占。"圣人四道，之一为立言，之二为行动，之三为制器，之四为卜筮。四道之中，卜筮四分有一。完美的圣人百分之百，卜筮占百分之二十五。卜筮之重要位置，由此可见一斑。

2. 从圣人四道的并列关系中接近卜筮。卜筮是重要的，但卜筮等同于今天的算卦吗？如果卜筮等同于今天的算卦，伟大的中华先贤为什么会将其放在圣人四道之中？卜筮的本义如何？到底应该如何认识卜筮？这里先从圣人四道的并列关系中去接近卜筮。

圣人四道中的言，就是超越时空的不朽之言。"大上有立德，其次有立功，其次有立言，虽久不废，此为不朽。"（《春秋左传·襄公二十四年》）圣人有三立，立德、立功、立言。六十四卦第一卦留下的"天行健，君子以自强不息"，上下流传了几千年，这就是圣人立起来的言。"以言者尚其辞"这句话指明，立言要尚辞。辞在何处？辞在卦之后，辞在爻之后。起初的圣人作卦，之后的圣人作辞。卦是抽象之象，辞是象之后的后缀文字。要想知道辞在何处？《周易·系辞上》开篇之处有答案："圣人设卦观象，系辞焉而明吉凶。""齐小大者存乎卦，辨吉凶者存乎辞……是故卦有大小，辞有险易。辞也者，各指其所之。"要想立出超越时间的言必须尚辞，辞是对象的解释，象是对天地万物的归纳。天地万物是立象的依据，象是立言的依据，这一源流关系告诉后人，真正能够超越时间的名言，必须合于天文地理。那些违背天文地理的名言，只能流传一时，绝不能流传千年。

"以动者尚其变"，在圣人四道中属于第二道。动，就是动静之动。人有一日之动，有一生之动，到底应该如何动？尚变而动。在《周易》中，天地是变化的，昼夜是变化的，四时是变化的，人之动必须与自然变化相一致。

圣人之动必须与天地变化相一致，《周易·系辞上》中有名言："天地变化，圣人效之。"

大人之动必须与四时变化相一致，《周易·乾·文言》中有名言："夫大人者……与四时合其序。"

日常之动，必须合时，《周易·艮·彖传》中有名言："时止则止，时行则行，动静不失其时，其道光明。"

动，一日之动要合昼夜之序，一年之动要合四时之序，一生之动要合于天道，这就是圣人四道中的动。

制器，是圣人四道中的第三道。制器，就是制作生产工具、生活器具与狩猎、自卫用的武器。"以制器者尚其象"这句话指明，制器是有参照坐标的，这个坐标就是象。尚象制器，象在何处？一在形象之象中，二在抽象之象中。形象之象即天地万物，抽象之象即卦象，卦象源于天地万物之象，归根结底，制器所尚的象在书内书外的自然哲理中。

圣人四道中的三道，都在法天则地的范围内，都在理性做人、智慧做事的范围内。立言立在天文天理中，动静动在天时天序中，制器制在象形象理中——象形象理关乎天理、关乎道理。一句话，圣人四道中的三道都在天理大道范围内，那么，卜筮一道呢？这一道会在邪道歪道、邪术小术范围内吗？

3. 从圣人四道的落脚点上接近卜筮。圣人四道的落脚点落在何处？《周易·系辞上》的答案是："夫《易》，圣人之所以极深而研几也。唯深也，故能通天下之志。唯几也，故能成天下之务。唯神也，故不疾而速，不行而至。子曰：'《易》有圣人之道四焉'者，此之谓也。"这一论断指明，研究天下难题，解答天下难题，是圣人四道的落脚点。为了进一步紧接卜筮，下面剖析这一论断。

"夫《易》……极深而研几也。"《周易》在圣人手里到底有什么用？这句纲领性的话告诉人们，《周易》在圣人手里是用来穷究幽深事理与细微问题的。深，深到哪里去？深到"能通天下之志"上。"唯深也，故能通天下之志。"这句话告诉后人，"极深"之落脚点，就落脚在"能通天下之志"上。研几之几何谓也？《周易·系辞下》："几者，动之微。"动之微者，终始转换之间、往返转换之间的细微点也。研几，研究的就是从终到始、从往到返、从盛到衰之间的细微点。这个细微点是变化的转折点，是一个极其精细微妙的点。这个细微点，关乎天下之务。研几的落脚点就在"能成天下之务"上。一个细微点会有这么大的作用吗？可参看第一、第三篇谈到的冬至点与夏至点。冬至点与夏至点是关乎万物生死的天文点与阴阳二气转换点，研究几之精微，即"能成天下之务"，绝非虚言。

圣人要研究的神是什么神？是关乎变化的自然神。《周易·系辞上》："阴阳不测之谓神。"又："知变化之道者，知神之所为乎。"所谓神，指的是奇妙的自然变化，神之道就是变化之道。《周易·系辞上》在神与变化之间，在神道与变化之道之间画出了一个等号。

日月是变化的，日月变化体现在有序的日往月来上。寒暑是变化的，寒暑变化体现在有序的寒往暑来上。自然变化变在不知不觉中，"不疾而速，不行而至"这八个字就是自然变化的基本特点。

通过剖析可以知道，"天下之志"与"天下之务"是圣人四道的关注点、落脚点；自然变化是圣人四道的关注点、落脚点，这里没有一点鬼鬼怪怪的成分，所以，卜筮之道在大道、正道的范围之内。

4. 从天文历法这一角度认识卜筮。在"圣人四道"与"夫《易》"这个结论之间，还有这样一句话："参伍以变，错综其数，通其变，遂成天下之文，极其数，遂定天下之象。"明白了这句话，就可以进一步认识卜筮。

参者，三也。伍者，五也。"参伍以变"，讲的是三五之变。何谓三五？"五日谓之候，三候谓之气，六气谓之时，四时谓之岁。"《黄帝内经·素问·六节藏象论》中的三五，关乎气候。五天是一候，三候是一气，六气是一时，四时成一岁。三五是确定年岁的基础。

"错综其数"就把自然界的气候变化用规定的数字来表达。三，就是数。五，就是数。五天一候，三候一气，六气一时，四时一岁，一岁365.25日。这里出现了一连串的数，都在"错综其数"的范围内。

在笔者的研究中，把自然变化的气候用规定之数制成历，即是"错综其数"。《帛书周易》和《尸子》共同指出，八卦中隐含有四时八节。四时者，春夏秋冬也。八节者，立春、立夏、立秋、立冬、春分、秋分、冬至、夏至也。四时之四是数，八节之八是数。源于自然的数，首先体现在八卦中。

"通其变，遂成天下之文。"这句话在"变"与"天下之文"之间建立起了源流关系。"通其变"即明白了变化，明白了变化就可以创建天下之文。中华先贤在早期的经典中告诉子孙，中华大地上的人文源于天文。

其一，"动静参于天地谓之文。"（《黄帝四经·四度》）

其二，"观乎天文，以察时变；观乎人文，以化成天下。"（《周易·贲·彖传》）

其三，"仰则观象于天，俯则观法于地……于是始作八卦。"（《周易·系辞下》）

以上这三个论断，在天文与人文之间建立起了必然的源流关系。由规定性的岁月之数、节气之数表达天文变化与气候变化，"极其数，遂定天下之象"的意义就在这里。

天文学是中华民族的第一学；历法是中华民族的第一法。中华元文化根植于天文之中，立政、立德、立言、立时、立功的基础全部在天文这里。明白这些，再看卜筮之道，就会知道卜筮之道首先关乎天文。

5. 以天文制定历法，以历法彰往察来。"以卜筮者尚其占。"如果先弄清何谓占，卜筮的本义则呼之欲出。

占有用数演算之义，有以数推演未来义。《周易·系辞上》曰："富有之谓大业，日新之谓盛德，生生之谓易，成象之谓乾，效法之谓坤，极数知来之谓占，通变之谓事，阴阳不测之谓神。"这里，出现了一系列源流关系对应的名词，"之谓"之前的词语为源，"之谓"之后的词语为流。有源才有流，流因源而成。由源流关系而形成的这些词语，用今天的话说，就是中华文化的基因。占，就出现在基因其中。何谓占？"极数知来之谓占"。极，穷极之极也。数，演算之数与演算之术的总称也。用数的演算以推测未来就是占。

占有天文观测之义。《文心雕龙·书记》："占，觇也。星辰飞伏，伺候乃见。登观书云，故曰占也。"日月星辰时隐时现，只有守候才能看到。所以，中华先贤建观星台，用书写的方法记录日月星辰变化与正常气候、自然灾害之间的关系。《文心雕龙》告诉后人，原始之占，占的是天文。

天文观测是人文创建的基础。《史记·历书·索隐》说黄帝组织人创造了"六术"，最终综合"六术"而成历："黄帝使羲和占日，常仪占月，鬼区臾占星气，伶伦造律吕，大挠作甲子，隶首作算术，容成综六术而著调历。"占日、占月、占星气，这是天文之占。造律吕、作甲子、作算术，这是人文创造。占日、占月、占星气，实际上就是日月星辰与气候关系的观测与研究。先有天文之占，后有人文创建，占天文是人文创建的基础。人文创造的落脚点是调历。历是六术的综合体。

了解了占的本义，卜筮之本义呼之欲出。卜以天文制定历法，以历法彰往察来，筮之本义，就在于此。

历法真的能够彰往察来吗？能。为什么？因为天文变化有一定之规，气候变化有一定之规，变化前后的联系有一定之规，将这些一定之规表现在数字中，就可以由去年推演今年，由今天推演明天。彰往，彰的是昨天，是去年，是历史；察来，察的是明天，是明年，是未来。卜筮的目的是彰往察来，就是要在古今之间，过去与未来之间建立起联系。

利用历法不但可以预测未来，而且可以预测千年万年。

其一，"阴阳之数，日月之法。十九岁为一章，四章为一蔀，蔀七十六岁，二十蔀为一遂，遂千五百二十岁，三遂为一首，首四千五百六十岁，七首为一极，极三万一千九百二十岁。生数皆终，万物复始，天以更元作纪历。"（《周髀算经》）以历法彰往察来，一推就是31920年，这是《周髀算经》中出现的数字。

其二，"天以六为节，地以五为制。周天气者，六期为一备；终地纪者，五岁为一周……五六相合而七百二十气，为一纪，凡三十岁；千四百四十气，凡六十岁，而为一周，不及太过，斯皆见矣。"鬼臾区告诉黄帝，五运有周期性。三十年为一纪，六十年为一周。（《黄帝内经·素问·天元纪大论》）以历法彰往察来，一推就是60年，这是《黄帝内经》中出现的数字。

其三，"天之高也，星辰之远也，苟求其故，千岁之日至，可坐而致也。"（《孟子·离娄下》）以天文制历，以历推测未来，可以坐在室内求出千年之后的冬至点，这是《孟子》中出现的数字。

占之本义，从原则上讲，是用天文推演人文，让以往告诉未来；从具体上讲，是用天文制定历法，以历法彰往察来。

6. 卦与卜筮解。利用卦可以进行卜筮，这是为什么呢？知道了卦的无限容量，这一问题就会迎刃而解。卦的容量有多大？天的容量有多大，卦的容量就有多大；宇宙的容量有多大，卦的容量就有多大。

卦可以表达一个天体，卦可以表达一个人体；卦可以表达万物，卦可以表达一物；卦可以表达时间，卦可以表达空间；卦可以表达阴阳二气，卦可以表达奇偶两数；卦可以表达变化次序，卦可以表达变化终始……这里，仅以后天八卦中的时空观为例，说明卜筮的一二三。

后天八卦每一卦可以表达空间中一个方位，八卦可以表达空间中的四面八方，这是一。后天八卦每一卦可以表达历中的一个节气，八卦可以表达时间中的四时八节，这是二。后天八卦每一卦可以表达天文的一种现象，八卦可以表达天文中的八种现象，尤其是上下左右四正卦可以表达四种重要的天文现象，这是三。

利用卦的无限循环性可以进行卜筮。八卦无首无尾无端点，春夏秋冬四时八节无首无尾无端点。无首无尾无端点之大圆，表达的是周而复始的无限循环。知道了卦的无限循环性，再利用卦进行卜筮，就可以轻松地明近知远，以古论今。

利用四正卦可以进行卜筮。四正卦第一可以表达东西南北四方；第二可以表达四时八节中的四个节气——冬至、夏至、春分、秋分；第三可以表达四种天文现象——太阳相交于天赤道的两个点与交于南北回归线；第四可以表达阴阳二气的四种状态——冬至点一阳生，夏至点一阴生；春分点阳气露出地面，秋分点阳气沉入地面；第五可以表达万物生长收藏的一个完整过程。

利用卦进行卜筮，看到了这一卦就可以知道下一卦，知道这个节就可以推测下个气，例如知道了这个节是立春，下一个节气肯定是雨水。

利用卦进行卜筮，看到这种天文现象可以推测下一种的天文现象，例如知道了太阳到达了南回归线，下一个重要的天文现象肯定是太阳相交于天赤道。

利用卦进行卜筮，看到这种气候，就可以推测下一种气候，如坤卦初六爻辞所言"履霜，坚冰至"。

利用卦进行卜筮，知道了四面八方就知道了八面来风，例如知道了此时来的是东风，下一步来的肯定是东南风；知道了此时来的是西风，下一步来的肯定是西北风。

利用卦进行卜筮，知道了节气就可以知道万物此时的物候如何。一种风一种物候，东风万物生，南风万物长，西风万物熟，北风万物藏。

利用卦进行卜筮，知道了四时八节顺序就知道了春生夏长秋收冬藏的顺序。

（二）歧义

研究天文历法，这是卜筮之本义。占人事，这是卜筮之歧义。《春秋左传》记载了诸侯用卜筮推演人事吉凶的大量事例。问战事、问婚姻、问前程，问所有的希望能否会有满意的结局，诸侯国君们把命运全部交给了卜筮，民心民意在卜筮之中完全被忽略了。周武王所讲过的优秀哲理——"天视自我民视，天听自我民听"，在子孙这里被忘记得干干净净。对于卜筮言虚妄，有些明智者表示明确地反对。

1. 姜太公反对邪门卜筮。《论衡·卜筮》曰："周武王伐纣，卜筮之逆，占曰大凶。太公推蓍蹈龟而曰：'枯骨死草，何知吉凶。'"卜用龟壳，筮用蓍草。在决定军国大事之际，姜太公一把推掉了蓍草，一脚踩碎了龟壳，斥之为"枯骨死草"。

2. 孔子反对邪门卜筮。马王堆出土的《帛书周易·要》中以孔子的立场说出："德行亡者，神灵之趋；智谋远者，卜筮之繁。"意思是：丧失德行的人，趋于神灵；远离智谋的人，卜筮频繁。孔子认为，恒心恒德之人不必卜筮。子曰："南人有言曰：'人而无恒，不可以作巫医。'善夫。'不恒其德，或承其羞。'"子曰："不占而已矣。"这几句话记载在《论语·子路》篇中。其中"不恒其德，或承其羞"这句话，是孔子引用《恒》卦中九三爻的爻辞。恒德、恒心之人必定成功，何必卜筮。三心二意、翻云覆雨之人必受羞辱，何必卜筮。"不占而已矣。"这是孔子对卜筮的态度。《礼记·经解》曰："洁静精微，《易》教也。……《易》之失，贼。"同样是研究《周易》，却有两种完全不同的结果。正面的结果是纯洁宁静、心思精微，负面的结果是有害于大道之理。这里的"贼"，不是名词——偷东西的贼，而是具有伤害之义的动词。不谈崇尚自然，不谈自强不息，不谈善恶，不谈民心民意，仅仅以卜筮论人事，此之为"《易》之失"也。

3. 韩简反对邪门卜筮。《春秋左传·僖公十五年》中记载了一位反对卜筮的智者——韩简。韩简认为，诸侯国君结局的好坏与其德行的好坏有因果关系，根本用不着求助卜筮。他说："龟，象也。筮，数也。物生而后有象，象而后有滋，滋而后有数。先君之败德，及可数乎？"韩简认为，物有其象，象有其数，这是自然之理。在韩简看来，卜筮与自然之象、自然之数有关，而与人事毫无关系。数学之数、数字之数，正是筮之本义。

4. 韩非子反对邪门卜筮。《韩非子》中有《饰邪》一篇，是专门揭露挖苦龟策卜筮的。韩非子在文章开篇处列举了一连串用龟策卜筮战争胜负的荒唐实例。燕、赵、魏几个诸侯国之间进行战争，战争之初往往用龟、策进行卜筮，一旦兆曰"大吉"，即发动战争。可是，战争的结果往往与卜筮之结论相反，往往会以"大吉"的愿望发兵，以兵败国亡的结果告终。因此，韩非子做出结论："龟策鬼神不足举胜，左右背乡不足以专战。然而恃之，愚莫大焉。"意思是卜筮鬼神不能决定战争的胜负，天文现象中的方位变化不会决定战争的结果。相信龟策星象卜筮是再愚蠢不过的人。

5. 庄子调侃卜筮。《庄子·应帝王》篇中记载了一则调侃预测的故事。郑国有一个神巫季咸，能"知人之生死、存亡、祸福、寿夭……"季咸的预测，能够精确到年、月、日，世人视其如神。列子结识季咸后，对其佩服得五体投地。列子对自己的老师壶子说："原来我觉得先生已经达到了最高境界，没有想到还有比您更高的！"壶子问清原委之后，让列子请季咸来给自己预测。季咸先后给壶子预测了四次。

第一次预测结果是：壶子的死期在十天之内。

第二次的预测结果是：又有了生机。

第三次的预测结果是：壶子内心世界与外表不一，无法预测。

第四次，季咸一见壶子扭头就跑，列子追也没追上。

壶子这时告诉列子说："刚才我所显示的是道的境界，我的心境万象俱空，随机应变，像草一样随风摇摆，像水一样随波逐流，他怎么能预测得了呢？"

实际上，这几次预测，壶子以不同的心境示之以不同的神态，季咸仅仅从表象上进行判断，所以出现了一次预测一个结果的荒谬结局，最后不得不逃之夭夭。通过这个实例可以知道，庄子对预测是持否定态度的。

《庄子·外物》篇中记载了另一则占卜的例子：宋元君梦见一位披头散发的人向他求救，说是一个叫余且的渔民捉住了他。宋元君梦醒之后，让人占卜，答案为："这是一只神龟求救。"宋元君从余且那里把神龟弄到了手，是杀是放，犹豫再三，最后又是用占卜做出决断。占卜的结果是："杀掉神龟用来进行占卜。"于是，宋元君杀掉了神龟，并钻了七十二个眼用之占卜，次次都灵验。

庄子以孔子的立场发表了对这一事例的看法。神龟虽然能托梦给宋元君，却逃脱不了余且的渔网；虽然利用龟壳占卜次次灵验，但神龟并没有逃脱开膛剖肚的灾难。预测别人的事次次灵验，自己却逃脱不了被捉、被杀的厄运。庄子描绘出如此滑稽的结局，其对利用龟壳占卜的否定态度可想而知。

6. 卜筮无奈之实例。《楚辞·卜居》篇记载了屈原占卜之事。屈原被流放三年，一直见不到楚怀王，心中悲愤。求助太卜詹尹请其决疑。屈原一口气提出了十几个问题，例如如何为人，如何为臣？做人是应该诚诚恳恳、朴素忠实，还是应该顺从俗流？做人是应该做志行高远之千里马，还是做泛泛漂浮、随波上下之野鸭？做人是应该如同一飞千里的黄鹄，还是应该如同争食糟糠的鸡猪？为臣者是应该以真诚的态度对待君王，还是应该媚言承色谄事君王呢？如果君王有错误，为臣者应该不避忌讳直接指出君王错误，还是闭口不言、苟且偷生、享受荣华富贵？太卜初见屈原，还认认真真地"端策拂龟"，准备为屈原占卜。但十几个"为什么"一摆在面前，太卜一个也回答不了。只好致歉说："夫尺有所短，寸有所长，物有所不足，智有所不明，数有所不逮，神有所不通，用君之心，行君之意，龟策不能知此事。"太卜詹尹这里的数，即占卜的卦数。不逮，即不知。"数有所不逮"，意思是屈原的疑问，占卜根本不能做出回答。

7. 一件事七个结论的荒唐。汉朝的皇帝办喜事，希望选一个好日子，请来了天下一流的算命先生，结果一件事占出了七个结论。

"孝武帝时，聚会占家问之，某日可取妇乎？五行家曰可，堪舆曰不可，建除家曰不吉，丛辰家曰大凶，历家曰小凶，天人家曰小吉，太一家曰大吉。"这个例子记载在《史记·日者列传》中。

试想一下，不是一流的算命先生，能在皇帝面前占卜吗？同一件事，一家占出一个结论，七家竟然占出七个结论，这样的结论可靠吗？普通百姓求卦，能请到的只是街头巷尾的算命先生，他们的水平能是一流的水平吗？

从西汉开始，准确地说，从无赖刘邦编造龙种之说开始，以卜筮论人事的邪风由宫廷蔓延到了民间。伏羲氏、神农氏、黄帝、尧、舜、禹这些中华先贤是以大贡献赢得民心民意的，刘邦这样的无赖是以鬼话来欺骗民心民意的。皇帝编造鬼话欺骗天下，民众以卜筮欺骗自己。一个人，一个家，一个民族，如果把命运交给了"枯骨死草"，就已经埋下了落后挨打的种子。至于什么时候收获这种结果，那也只是时间问题了。以卜筮论人事的著作，最早也是从汉代出现的。关于汉代的卜筮，《史记》《汉书》中均有记载，本文不做展开讨论。

笔者以《礼记》与《汉书》中的两句话作为本文的结束：

其一，《礼记·经解》曰："《易》之失，贼"。

其二，《汉书·艺文志》曰："阴阳家者流，盖出于羲和之官。敬顺昊天，历象日月星辰，敬授民时，此其所长也。及拘者为之，则牵于禁忌，泥于小数，舍人事而任鬼神"。

六、卦的本义与歧义

最难懂的就是卦，最难理解的就是卦。这是众多研习《周易》者的共同体会。

要想尽快接近卦、认识卦，一个最方便的捷径就是经典对比。把世界上最根本的几部经典同时摆在面前，同时打开第一页，卦之地位、卦之意义马上会一目了然。

《圣经》第一页上首先出现的是上帝，《奥义书》第一页上首先出现的是大梵，《周易》第一页上首先出现的是卦。"我不知道你是谁，但我知道你的位置和谁在一起，我就知道了你是谁。"相同的位置告诉你，卦与上帝、大梵具有同等的地位。相同的位置告诉你，卦可以解答上帝、大梵所解答的一切问题。

（一）本义

"有天地然后有万物，有万物然后有男女。"卦的第一重意义，解答了"宇宙如何发生"。

"知崇礼卑，崇效天，卑法地。"卦的第二重意义，解答了"人生如何度过"。

"以制器者尚其象""形而下者谓之器，化而裁之谓之变，推而行之谓之通，举而措之天下之民谓之事业。"卦的第三重意义，解答了"如何发明创造"。

卦中有宇宙人生之理，卦中有时空物三位一体的时空观，卦中有奇偶之数，卦中有变化的阴阳二气，卦中有各式各样器具的影子与哲理，简易的卦容纳了无限的内容，知道了这一点，就基本接近了卦。

泰勒斯研究的是宇宙，苏格拉底研究的是人生，毕达哥拉斯研究的是数，古希腊哲学家分阶段研究的问题，中华先贤利用卦一起做出了解答。即，卦之本义，洁净精微，没有任何玄虚。

（二）歧义

沦为算命先生糊口的工具，沦为预测"天上何时掉馅饼"的小数小术，卦之歧义就体现在这里。

算命先生可以把六十四卦背诵得滚瓜烂熟，可以利用卦推测出你的命中五行缺什么。不管五行你缺哪一行，算命先生的五行永远缺金，你不把算卦的卦金给他，他今天的早茶就不知道在哪座茶楼喝，他今天的烧饼就不知道怎么卖。"天行健，君子以自强不息"是六十四卦第一卦中的人生哲理。自强不息，这里有算命先生的什么事吗？

七、"天子"的本义与歧义

（一）本义

天地生人，人人皆是天之子，天子之本义本在"天地生人，人为天之子"这里。

人是上帝创造的，《圣经》如是说。最初的人由天地而生，之后的人由父母而生，《周易》《尚书》《黄帝内经》如是说。天地生人，人人皆是天之子。郑玄注《尚书·召诰》说："凡人皆天之子，天子为之首耳。"天为自然之天，天之子为自然而然的产物——自然之子。天与天之子，均没有任何神秘的意义。

早期的君王自称"小子"或他称为"元子"。早期的中华大地上，曾经发生过两场革命——"汤武革命"。革命之前的誓师大会上，商汤、武王发表讲话，讲话中他们都是以"小子"自称的。

"元子"之元，在时间与空间排列上有第一的意思，如元旦、元月、元年，如元首、元帅、元凶等。元子的含义为天之子的排头兵、带头人，并没有特殊的含义。居元子之位，意味着要承担重大的责任。《尚书·汤诰》与《论语·尧曰》中记载了意思相似的一句话，即"万方有罪，罪在朕躬；朕躬有罪，无以万方。"这句话是商汤说的。这句话讲述着一条基本道理：天下出现了问题，第一责任人应该是元子。

总之，无论是自称的"小子"还是他称的"元子"，都不具备神秘意义。

　　"天子"意义的正式界定，作为君王的代名词，首先出现在《尚书·说命》篇。《尚书·说命》曰："天子唯君万邦。"意思是：天子是万邦的领导者。《尚书·西伯勘黎》里殷纣王被大臣称呼天子，这证明天子之称已被君王所专用。

　　《黄帝内经》《庄子》《尸子》《吕氏春秋》中皆有关于天子的定位。天子是聪明的人，天子是认识、顺应自然法则的人，天子是大公无私的人，这里的"天子"并没有与君王、与皇帝相联系。

　　《黄帝内经·素问·宝命全形论》："人能应四时者，天地为之父母；知万物者，谓之天子。"

　　《庄子·人世间》曰："与天为徒者，知天子之与己皆天之所子。"

　　《庄子·庚桑楚》："天之所助，谓之天子。"

　　《尸子》："天无私于物，地无私于物，袭此行者，谓之天子。"

　　《吕氏春秋·本生》："始生之者，天也；养成之者，人也。能养天之所生而勿撄之谓天子。"

　　聪慧有学识者，知道事物规律者，不扰乱自然秩序者，大公无私者，谓之天子。这里的天子只是贤者、能者、智者、大公无私者，而不是具有至高无上权威的横行霸道、为所欲为者。

　　天子是可以批评的。《尚书》把天子一词与君王之职固定在了一起。但是《尚书》里的天子并没有神圣意义，他们可能会出错，可能会犯罪；出错、犯罪的天子，大臣与民是可以批评的，是可以对其进行革命的。

　　殷朝大臣祖伊一面称纣王为天子，一面当面批评纣王罪恶太多。"唯王淫戏用自绝"，纣王是历史上有名的暴君，暴君面前有净谏之臣。"民不堪命矣"，这是周朝大臣召公当面对周厉王的批评。"苛政猛于虎"，这是孔子批评朝政时所用的生动比喻。商汤逐放夏桀，武王讨伐殷纣，《逸周书》《易传》中称之为"汤武革命"。"汤武革命"得到了儒家文化的歌颂。孟子说得好，天子不修仁义就是独夫，残害仁义就是残贼。诛之不是诛天子而是诛贼。

　　过去的文化批判中，很多学者认为，传统文化没有批评精神。实际上，中华元文化与儒家文化均有强烈的批评精神。没有批评精神的文化并不是真正的传统文化，而是与传统文化相反的文化即变质的文化。

　　天子和平民一样应该加强自身的修养。"自天子以至于庶人，壹是皆以修身为本。"这是《礼记·大学》里的一个重要记载。儒家认为，天子和平民一样应该加强自身的修养。平天下的起点是修身，天子的才能并不是与生俱来的。

　　"故自天子至于庶人，孝无终始而患不及者未之有也。"这是《孝经》里的一个重要记载。儒家认为，天子和平民一样应该在父母面前行孝。

　　这两个重要论断告诉人们，天子和平常人一样，没有任何神秘之处。真正的儒家文化并没有把天子神圣化、绝对化。

　　墨子说早期的天子是由天下人推选出来的。《墨子·尚同》曰："是故选天下之贤可者，立以为天子。"这句话墨子在《尚同》一文中重复了三次。天子是以天下人喜悦为前提推选出来的，《韩非子·五蠹》中也有相似记载。

（二）歧义

西汉董仲舒在"天子"之称上赋予了神圣而绝对的意义。由人人都是天子变质为只有皇帝一人是天子。如此天子不再是源于自然之天而是源于神灵之天，天子具有与生俱来的绝对权威，他既不需要首先赢得民心民意，也不会主动负起"万方有罪"的责任。天子即国家，天子言出即为法。如果胆敢批评天子，轻者有牢狱之灾，重者有杀头灭族的危险。天子与贤者、能者、智者之间并无必然的联系。"乐不思蜀"的刘阿斗可以为天子，"何不食肉糜"的晋惠帝可以为天子，还在尿炕的三岁娃娃同样可以为天子……天子的本义与歧义完全南辕北辙，天子的本义丧失殆尽。

八、"朕"的本义与歧义

（一）本义

朕，在中华元文化里没有特别尊贵的意义，其全部含义和吾、予、余、台一样，为第一人称代词。

《尔雅》为儒家十三经之一，这是中华大地上的第一部解释词义的经典。《尔雅》一口气列出了包括"我"在内的几个第一人称。《尔雅·释诂》曰："卬、吾、台、予、朕、身、甫、余、言，我也。"朕，本义只是普通的第一人称代词，没有丝毫的特殊意义。

《尚书》中的君臣，相互之间均可以自称朕。舜为君时，禹为臣，但禹在舜面前自称的是朕，《尚书·大禹谟》里有如此记载。禹为君时，皋陶为臣，但皋陶在禹面前自称的是朕，《尚书·皋陶谟》里有如此记载。周公也自称朕，《尚书·康诰》里有如此记载。

屈原写《离骚》时，自称的也是朕。《离骚》曰："朕皇考曰伯庸。"意思是"我伟大的父亲名字叫伯庸"。屈原所处的时代为战国时代，屈原自称"朕"的这一事实说明，在战国时代，第一人称的"朕"字，平常人也是可以使用的。

（二）歧义

在朕字上赋予特殊意义、使之成为皇帝专用词的始作俑者，是法家李斯。秦嬴政用武力统一六国后，李斯上书建议"朕"字为君王一人所专用。李斯的上书，《史记·秦始皇本纪》是这样记载的："昔者五帝地方千里，其外侯服夷服诸侯或朝或否，天子不能制。今陛下兴义兵，诛残贼，平定天下，海内为郡县，法令为一统，自上古以来未尝有，五帝所不及。臣等与博士议曰：'古有天皇，有地皇，有泰皇，泰皇最贵。'臣等昧死上尊号，王为'泰皇'，命为'制'，令为'诏'，天子自称'朕'。"

李斯书中说，三皇五帝的功绩都不及秦王，三皇五帝中"最贵的尊号"为泰皇，所以，秦王应该使用泰皇之尊号。王的自称也应该与大臣、与平民相区别，应该单独使用"朕"字。

对于李斯的建议，秦嬴政采取了一半，只是独霸了一个"朕"字，"泰皇"之号并没有采用。因为，在嬴政看来，自己的功绩既然大于三皇五帝，就应该集"皇"与"帝"两个尊号为一身。所以在三皇中取出一个"皇"字，在五帝中取出一个"帝"字，将两者合二为一，号曰"皇帝"。"皇帝"一词由秦而生，"朕"为皇帝所专用也是由秦而始。

汉蔡邕在《独断》中对"朕"的演变做了如实的总结："朕，我也。古者尊卑共之，贵贱不嫌，则可同号之义也。尧曰：'朕在位七十载'，皋陶与舜言：'朕言惠可底行'，屈原曰：'朕皇考'，此其义也。至秦，天子独以为称。汉因而不改也。"

秦始皇独霸了一个"朕"字。汉推翻了秦，也没有把第一人称的"朕"字还给人民。实际上，从秦始皇开始到宣统结束，一个"朕"字意味着至高无上的权威，平民百姓胆敢自称朕者，等于犯了弥天大罪。朕的本义与歧义完全南辕北辙，朕的本义丧失殆尽。

（三）对比

阅读早期的经典可以发现，《尚书》中的尧、舜、禹，在称呼上并没有做严格的规定，即哪些词由君王专用，哪些词天下人不能使用。

阅读儒家典籍可以发现，孔子、孟子对尧、舜、禹是直呼其名的。而且孟子同意这样的一个重要观点："人皆可以为尧舜。"尧、舜、禹的名字多次出现在《论语》与《孟子》中，在他们的名字前后，并没有出现阿谀奉承的修饰词。在儒家看来，对圣人君王的尊敬，应该体现在对他们功绩的正确评价上，应该体现在对他们事业的继承上，圣人君王也是人，所以可以直接称呼他们的名字。

《管子》《庄子》《韩非子》中出现了燧人氏、有巢氏、伏羲氏、神农氏等早期的中华先贤。这些先贤的名字很有意思，他们的名字往往与他们的功绩有关。例如燧人氏的燧字，意思是取火的器具，燧人氏即利用器具取出火的人。有巢氏的巢字，意思是茅草屋，有巢氏即创建草屋的人。伏羲氏又称包牺氏、庖牺氏，伏有降伏之义，庖有庖厨之义，他的名字意思是会捕鱼狩猎且会把生东西做成熟食的人。神农氏，意思非常清楚，即在农业生产中做出极大贡献的人。这些为中华民族做出过巨大贡献的中华先贤，没有霸占过任何词语作为自己的专用词。

李斯在给秦王的上书中出现了"昧死"一词，这在中华大地上实属空前。中华大地上的君臣关系，明确的记载见于《尚书》。《尚书》的前三篇文献，记载了尧、舜、禹时代的君臣关系。尧、舜、禹为君时，天下大事是由君臣讨论决定的。为臣者可以当面表达自己的真实意见，既可以与君的意见一致，也可以提出不同意见。例如，讨论由谁治水时，尧并不信任鲧，但大臣坚持用鲧，最终还是任命了鲧。舜要求君臣关系为股肱关系。股肱者，手足也。此时的君臣关系为手足关系，有话当面说，说心里话。皋陶、大禹对舜都说过指导性的话。对话中也没出现过类似令人恶心而肉麻的"昧死"一词。孔夫子周游列国没有成功，孟子游说诸侯也没有成功，但孔子、孟子始终以指导者的身份说话。"应该推行仁政，不应该实行暴政"，是孔子、孟子告诉诸侯国君的话。像"昧死"这类自轻自贱之辞，在孔孟的口中与笔下从来没有出现过。儒家没有树立君王的绝对权威，道家、墨家也没有树立君王的绝对权威。法家李斯主动放弃了臣与君的平等地位，把君王的权威捧上了极端。

在中华元文化与儒家、墨家文化里，君臣关系是人与人的关系，是手足关系。从李斯与秦始皇开始，君臣关系由股肱关系变质为主奴关系，进而演化为虎与羊的关系。秦汉以后，皇帝不但独霸一个"朕"字，而且有了乾纲独断的权力。

九、"人民"的本义与歧义

（一）本义

中华元文化是重视人的文化，是以人为本的文化。何谓人？"有七尺之骸，手足之异，戴发含齿，倚而趣者，谓之人。"有七尺之躯，手与足不一样，头上有发，口中有牙，身体能靠，两腿能走，这就是人。这是《列子·黄帝》篇对"人"所做出的界定。

人从何处来？最初的人由天地而生。《黄帝内经·素问·宝命全形论》曰："夫人生于地，悬命于天，天地合气，命之曰人。"

人的地位如何？《尚书》上说，人为万物之灵。《礼记》上说，人为天地之心。《黄帝内经·素问·宝命全形论》曰："天覆地载，万物悉备，莫贵于人。"《鹖冠子》在开篇处出现了"以人为本"的论断。天地之间有万物，但以人为贵。在早期中华大地上所产生的部部经典里，均有以人为贵的论述。

天地人并列而论的"三才"之说。《周易·系辞上》曰："《易》之为书也，广大悉备。有天道焉，有人道焉，有地道焉。兼三才而两之，故六。六者非它也，三才之道也。"三才之道是天地人之道，不是天地神之道，也不是天地君之道。三爻与六爻把人摆放在了天地之间，由此演化出了"天人合一"的哲理，由此演化出了"三才者，天地人"的哲理，由此演化出了"人为天地之心"的哲理。

道天地人并列而论的"四大"之说。《道德经·第25章》："故道大，天大，地大，人亦大。域中有四大，而人居其一焉。"老子把人、天、地、道并列为四，四者处于同一层面、同一高度。由此可见，道家文化是重视人的文化。

儒家创造了"参天地"之说。参者，三也。人与天地并列为三。《礼记·中庸》："唯天下至诚为能尽其性。能尽其性，则能尽人之性。能尽人之性，则能尽物之性。能尽物之性，则可以赞天地之化育。可以赞天地之化育，则可以与天地参矣。"天地变化如期而来，如期而去，自然之天是诚实之天，天不诚——如期不来，如期不去——则万物不能生长。信守秩序为天之诚，表里如一为人之诚。人与天地并列为三，是以一个"诚"字为前提的，也是儒家文化的特色。

天人一体而论是《周易》之特色。在八卦与六十四卦里，天地人三才是一个须臾不可分割的整体。在经传文字里，论天时必定论人，论人之前必然论天。由天理演化出了人理，由天德演化出了人德，由天文演化出了人文，三爻、六爻中的天地人与文字中的天地人，都是一个不可分割的整体。《周易·革·彖传》曰："汤武革命，顺乎天而应乎人。"汤武两场革命之所以发生，是因为君王逆天理、背人心。天理与人心具有同等的重要性，这是《周易》告诉君王的道理。

孟子的"君我一同"论。孔孟尊崇尧、舜，但并没有神化他们。把尧、舜当做人看待，是孔孟的一贯立场。孟子曾说过这样的话："舜，人也；我，亦人也。"孟子赞同"人皆可以为尧舜"的说法，孟子还创建了"君如何视我，我如何视君"的一个平等公式。君王不是神，他和我一样是人，这是孟子的基本立场。

再说民。民由天而生，民与天可以并列而论。《诗经》有天生其民的论断，如《诗经·大雅·烝民》所云："天生烝民，有物有则。"马王堆出土的《黄帝四经》中也有天生其民的论断，如《黄帝四经·十大经·果童》所言："黄帝曰：'夫民仰天而生，恃地而食。以天为父，以地为母。'"知民与知天具有同等意义，这是执政者必须明白的基本道理。《国语·楚语》曰："民，天之生也。知天，必知民矣。"

民为国之本。大禹的孙子写下了"民惟邦本，本固邦宁"的歌词。这句"民惟邦本"记载在《尚书·五子之歌》中。

民与君孰贵孰轻？民贵而君轻。如孟子所言"民为贵，社稷次之，君为轻"。民的眼睛就是天的眼睛，民的耳朵就是天的耳朵，民意就是天意，民的惩罚就是天的惩罚。《尚书》中的民，就是君王头上的天。

《战国策》记载了一场"君民孰贱孰贵"的争论。赵威后见齐使，先问岁，再问民，后问王。"使者不悦。曰：'臣奉使威后，今不问王，而先问岁与民，岂先贱而后尊贵者乎？'威后曰：'不然。苟无岁，何以有民？苟无民，何以有君？故有舍本而问末者耶？'"在赵威后看来，民为本，君为末。民重君轻，赵威后继承了元文化的基本立场。

"人视水见形，视民知治否。""人无于水监，当于民监。"这是《尚书》与《史记》所记载的商汤、周公所说的两句话。意思是：人可以在水中看到自己的真实形象，君王可以在民情之中知道朝政之优劣。在早期的中华大地上，民是有权评论朝政的，民心民意是反映朝政优劣的镜子。

（二）歧义

轻视民的文化是从秦始皇开始的。秦始皇用暴力扫平六国后，下令称民为"黔首"。黔者，黑色也；首者，头也。黔首者，黑头也。民从天民、邦本、君天之崇高地位上被秦始皇一下子拉了下来。

汉灭了秦，也继承了君贵人轻、官贵民轻的文化。虽然汉还有"民为王之天"的论断，但声音已经微乎其微，"皇上犹天"已经成为正统。

以人为本、以民为本的文化，在秦汉以后变质为以君为本、以官为本的文化。随着王朝的更迭，民的地位越来越轻。轻到什么程度了呢？轻如草。公堂上、皇帝面前须自称草民。"下跪何人？""草民张三。"戏剧上的官民，大都是如此对话的。人与民的本义与歧义完全南辕北辙，人与民的本义丧失殆尽。

十、"神"的本义与歧义

（一）本义

神，在《周易》《黄帝内经》中有多重含义，多重含义全部为自然意义，丝毫不涉及神秘。

神即造物者。《周易·说卦》曰："神也者，妙万物而为言者也。"妙万物者，即造万物者。造万物者为神。这里的神，只有自然意义而没有人格意义。

神即奇妙的变化。《周易·系辞上》曰："阴阳不测之谓神。"阴阳者，一阴一阳的相互作用也。不测者，出乎预料之外的、奇妙的变化也。一阴一阳相互作用产生出预料之外的奇妙变化，《系辞传》把这种奇妙变化界定为"神"。《黄帝内经》中也有类似的界定。

神即发明创造者。《周易·系辞上》曰："见乃谓之象，形乃谓之器，制而用之谓之法，利用出入，民咸用之谓之神。"象为形象之象与抽象之象，器为劳动工具与生活器具。仿照象可以制造器，这就是"尚象制器"。尚象制器，被《周易·系辞传》界定为圣人四道之一。器的发明创造者为天下人民带来了方便与幸福，所以称他们为圣人，也可以称之为神。大禹治水，有大功于天下。《史记·夏本纪》中说，大禹生前为臣之时，被天下尊为"山川神主"。

神指人体中的血气、正气、精气。《黄帝内经·素问·八正神明论》曰："血气者，人之神。"体内的血与气，为人之神。《黄帝内经》中的哲理是：养神不要去烧香拜佛，应该养在血气二字上。《黄帝内经·灵枢·小针解》曰："神者，正气也。客者，邪气也。"《黄帝内经·灵枢·平人绝谷》曰："故神者，水谷之精气也。"所谓神，就是人体中的正气。所谓客，就是人体中的邪气。饮食入胃，化为人体所需要的精气。所谓神，就是饮食所产生出的精气。《黄帝内经》把一个"神"字与人体紧紧结合在了一起。

神指无法表达、无法命名的事物。《逸周书·谥法》："民无能名曰'神'。"这是关于"神"的另一个概念。中华先贤在研究外部世界与自身的过程中发现，有些事物可以命名，有些事物根本无法命名，对这些实在无法命名的事物称之为"神"。

神即自然，这是西方哲学家斯宾诺莎对"神"做出的界定。这个界定与《圣经·旧约》发生了冲突，犹太教会革除了斯宾诺莎的教籍。但大科学家爱因斯坦却完全赞同斯宾诺莎对"神"的界定。爱因斯坦在《我信仰斯宾诺莎的上帝》一文中这样写道："我信仰斯宾诺莎的那个存在事物的、有秩序的和谐中显示出来的上帝，而不信仰与人类的命运和行为有牵累的上帝。"

打开《周易》《尚书》《诗经》，部部经典里都有"神"与"上帝"之称，"神"与"上帝"的最初意义均与生生之源、初始、变化相联系，只有自然意义而不涉及神秘。实际上，这里的"神""上帝"与斯宾诺莎所界定出的"神"相比较，意义上是相似的。

儒家对人格神的消极态度。孔孟所处的时代，中华大地上似乎出现了具有人格意义的神，但在儒家文化里，神的地位低于民。《春秋左传》中有一个重要的记载——民为神之主。《春秋左传·桓公六年》："夫民，神之主也，是以圣王先成民而后致力于神。"《春秋左传》非常清楚地告诉后人，即使有人格意义的神，神的地位也应该位于民之下，君王之政，应该把民的事物置于神之前。《春秋左传·庄公三十二年》："国将兴听于民，将亡听于神。"这里讲述了这样一条哲理：身为天下的治理者，如果要想治理好国家，那就多听听人民的心声。如果要想使国家灭亡，那么就去问虚无缥缈的神。《论语》也承认具有人格意义的神，但孔夫子对神的态度消极到了极点。《论语·八佾》："祭如在，祭神如神在。子曰：'吾不与祭，如不祭。'"当时可能有人主张祭神，但孔子对祭神持消极态度。孔子说"祭神如神在"，显然，不祭之时神就不在。笔者认为，这里可能就是"信则有，不信则无"的理论发源地。《论语·述而》："子不语：怪、力、乱、神。"将"神"与"怪""力""乱"相并列，其地位低下的程度可想而知。"子不语"三个字似乎比连篇累牍的直接批判更为有力。孟子明确把社稷的地位排列在了民之后，这就是那句流传千古的"民为贵，社稷次之，君为轻"。社者，土之神。稷者，谷之神。孟子承认有土神与谷神，但土神、谷神的位置位于民之后。第一位的是民，第二位的是神，第三位的才是君，这是孟子所排列出的民神君的序列。

（二）歧义

具有人格意义的神，是皇帝们创造出来的。秦始皇迷信鬼神，体现在两个地方：一是力求长生不老；二是迷信鬼话神话。《史记·秦始皇本纪》对此有这样的记载："因使韩终、侯公、石生求仙人不死之药。始皇巡北边，从上郡入。燕人卢生使人海还，以鬼神事，因奏录图书，曰：'亡秦者，胡也。'始皇乃使将军蒙恬发兵三十万北击胡，略取河南地。"无赖出身的刘邦在当皇帝之前就开始制造神话——称自己是龙种，称自己是赤帝的儿子，在当皇帝之后大肆造神、大量盖庙。据《史记·封禅书》记载，刘邦被立为汉王后，做出了两项对后世影响极大的决定：一是设立五帝祠；二是设立了诸神祠。具体过程是：刘邦在返回关中的途中问随从："从前秦朝去帝祠中祭祀的是什么帝？"随从回答："有四帝，白帝、青帝、黄帝、赤帝。"刘邦又问："我听说天有五帝，这里为何只有四个？"无人能够解答。刘邦自我解答说："五帝是由我来完成的。"于是立黑帝祠。然后令各县建立祭祀天地鬼神的公社，并下诏书说："我特别重视神祠与祭祀。有祠的上帝应该祭祀，对没有设祠的山川诸神应该设祠祭祀，要依照秦时的仪式按时祭祀。"

汉以后，鬼神一步步被系统化了。天堂有玉皇，地狱有阎王；一家一户有灶王，城有城隍，乡有土地；生孩子有送子娘娘，求财有财神……神似乎无处不在，无时不在；神似乎时时处处与人作对——小孩生病、老人病死、天不下雨、房子着火，均与杂七杂八的神有关。官府与巫婆相结合哄老百姓敬这个神敬那个神，盖这个庙盖那个庙，不知耗费了多少民脂民膏。民神关系完全颠倒，"民为神之主"变质为神为民之主。神的本义与歧义完全南辕北辙，神的本义丧失殆尽。

十一、"鬼"的本义与歧义

（一）本义

在早期的中华文化里，鬼，关乎物的一种自然状态。"原始反终，故知死生之说。精气为物，游魂为变，是故知鬼神之情状。"这是《周易·系辞传》对"死生""鬼神"所做出的界定。所谓生死，就是一个从始到终的自然过程。所谓鬼神，就是物生物死的两种自然状态——生为神，死为鬼。

关于"鬼"的概念。《礼记》中最先出现了关于"鬼"的概念。《礼记·祭义》曰："众生必死，死必归土，此之谓鬼。"是人都会死，没有万岁之虚妄。人死之后，葬于土、化为土，如此谓之鬼。《列子》中也出现了关于"鬼"的概念。《列子·天瑞》曰："鬼者，归也。"列子认为，生命分为两个部分：一是精神，二是骨骸。精神源于天，骨骸源于地。精神与骨骸合一，即为生命。精神与骨骸分离，生命结束。生命结束也就是返璞归真。所谓"鬼"，实际意义为回归之"归"。生与死，犹如寒往暑来、日出日落一样，属于自然过程而丝毫不涉及神秘。

"鬼，人所归为鬼。"这是《说文解字》中关于"鬼"的概念。死为返璞归真，归者为鬼。

孔夫子一生，谈生不谈死，谈人不谈鬼。《论语·先进》篇记载了子路与孔子的一段对话。在这段对话里，孔子对鬼神的态度清晰可见。"季路问事鬼神。子曰：'未能事人，焉能事鬼？'曰：'敢问死。'曰：'未知生，焉知死。'"孔子一生研究的是人理，即如何理性做人的道理，孔子从不研究如何敬神敬鬼的道理。所以子路请教鬼神时，孔夫子拒绝回答。

儒家只关心人生，不关心鬼神。道家始终把人生看做是一个自然过程。妻子死，庄子鼓盆而歌。这是《庄子·至乐》篇留下的故事。诸子中间唯有墨子一家信鬼。《墨子》里出现了有模有样的鬼。但是，《墨子》里的鬼都是人变的，他们生前是被君王冤杀的忠良。鬼的全部活动，就是向冤枉自己的君王进行报复，并不参与日常人事活动。

（二）歧义

与人事有关的鬼始于道教。东汉时期中华大地上出现了宗教——道教。有形之鬼的出现大都是道教创造出来的。道教信仰神仙，与神仙本地相对的即是鬼。神仙是善良的化身，鬼是邪恶的化身。本性邪恶的鬼专与人作对，是登不了仙界的另类。《道藏·女青鬼律》里出现了许许多多、各式各样的鬼。道教造鬼，其本义是为了止恶扬善，但实际却出现了与初衷相反的局面。从东汉到清代，中华大地的鬼越来越多，最后形成了系统。天堂上有各式各样的神仙，地狱中有各式各样的鬼——黑无常、白无常、牛头马面……鬼随时都有可能进入你的家庭，随时都有可能干预人的日常生活，人的生活几乎完全被鬼所包围。鬼的本义与歧义完全南辕北辙，鬼的本义丧失殆尽。

十二、"穷"字的本义与狭义

穷，在中华文化里有多重含义，但第一重意义为终点、极点之义，其次为贫穷之义。穷，既可以做名词使用，也可以做动词使用。

（一）丰富的含义

先谈具有终点、极点之义的"穷"字。这个含义最先是由卦象——八卦与六十四卦——揭示出来的。八卦与六十四卦在平面上均可以排成一个圆。圆周运动，周而复始，无限循环。圆周线上，有始点，有终点。终点之处恰恰又是一个新的起点之处。《周易·说卦》诠释后天八卦，解释出了空间中的东西南北四方，解释出了时间上的春夏秋冬四季，解释出了万物的萌芽与成熟，空间、时间、万物的生息均呈圆周状。空间圆的无限循环起点起于东，环转于南、西，终于北。时间圆的无限循环起点起于春，环转于夏、秋，终于冬。《周易·说卦》曰："万物之所成终而所成始也。"这句话的意思是：终点之处恰恰又是运动变化的新起点。牛顿的绝对时空与外物毫无联系，八卦中的流动时空却是与物紧紧结合一起，与物共同做着周而复始的循环运动。

卦，具有无限的象征性，但首先象征的是以天地万物与人为基本成分的现实世界。在中华先贤的眼里，现实世界是一个圆周循环变化的世界。这个世界中的任何物都在做着原始返终的圆周运动——往与来，生与死，生生不息与死而不已。往的终点返为来，来的终点又返为往；生的终点为死，死的终点为新生。物穷之处既是事物与生命的终点之处，又是一个新变化的起点之处。卦象告诉后人，穷之点即是圆周无限循环的终点与起点。

引导变化的一个"穷"字。《周易·系辞下》诠释卦象，解释出了引导变化的哲理。"易穷则变，变则通，通则久。"这里的"穷"字，所表达的是极点之义。任何事物发展到极点，极点即物穷之处。物穷之处肯定要发生变化，而且要发生的是与原来状态相反的变化。聪明人面对万事万物，应该预知物穷之处，并且做出必要的应变准备。黄帝、尧、舜这类中华先贤已经充分认识到了"易穷则变"的哲理，并把这一条哲理留给了后人。"易穷则变"告诫后人，任何事物都会变化，包括胜利与失败。任何变化都有极限，包括人造之物——每一项人文成果、每一件器具以及每一项技术。正常的人应该预先知道即将发生的变化，在新的变化起始处，又创造出新的成果。

《周易·系辞下》曰："天下何思何虑？日往则月来，月往则日来，日月相推而明生焉。寒往则暑来，暑往则寒来，寒暑相推而岁成焉。往者屈也，来者信也……穷神知化，德之盛也。"这段非常优美的文辞告诉人们，日月寒暑均有往有来。往有极点——穷处，来亦有极点。往之极点，即来之始点。来之极点，即往之始点。《周易·系辞上》："阴阳不测之谓神。"何谓神？由阴阳转换所产生的奇妙的变化即是神。日月寒暑均在阴阳范畴之内，预先知道了日月寒暑变化以及变化的极点，就达到了"穷神知化"的境界，就达到了"德之盛"的高度。所谓"德之盛"，就是要深知自然变化，并能够和谐地适应自然变化。《易传》告诉人们，万事万物往来变化都有一个极点，极点之处即为穷处。

"山穷水复疑无路，柳暗花明又一村。"这是陆游在《游山西村》一诗中的诗句。《说文解字》："穷，极也。"陆游诗中的一个"穷"字，意义在终点、极点上。山尽头即为山穷之处，水尽头即为水穷之处。

穷，还有一重意义，这就是为贫穷之"穷"。《荀子·大略》曰："多有之者富，少有之者贫，至无有者穷。"在这里，荀子以物质量上的多寡为标准，划分出了富、贫、穷三种状态。荀子论穷，论在物的无有上。

《孟子·尽心上》曰："故士穷不失义，达不离道。"士在穷困、穷途之时仍坚持行礼仪，在得意之时也不会偏离大道。孟子所讲的一个"穷"字，意义多重，其中也包括有贫穷之义。

穷，还具有寻根问底之义。"穷理尽性以至于命。"中华先贤为什么要作卦？《周易·说卦》做出了如此结论。如果说"易穷则变"之"穷"是一个形容词的话，"穷理"之"穷"则为一个动词。动词之"穷"具有寻根问底、问些究竟的意义。穷理之穷，穷究也。穷究的是什么理？是物理与人理两种理。从茫茫宇宙到茫茫人生，这两种理都在寻根问底的范围之内。《周易》从卦象到经传文字，一直探询的就是这两种理——"茫茫宇宙到底为什么是这样？""茫茫人生到底应该怎么样？"

（二）一个"穷"字的狭义化

近几十年来，对"穷"字的认识发生了偏颇，这就是把一个"穷"字意义紧紧地固定在贫穷之穷上，例如"穷则思变"一词，就把"穷"字的全部意义局限在了贫穷之义上。"穷则思变"与"易穷则变"在字面上极其近似，但意义上却有重大差别。万事万物皆会发生变化，变化皆会有一个极点——穷处，穷之处即为新变化的起点之处。这是"易穷则变"所讲述的道理。人在贫穷之时应该思变，这是"穷则思变"所讲述的道理。贫穷之时的思变，也是应该的。问题是，只有贫穷之时与贫穷者才会思变吗？富有之时呢？富有者呢？实际上，贫者与富者，贫穷之时与富有之时、在位者与在野者，任何人、任何时候都应该有一个思变问题。任何人、任何时候忘记了思变，肯定要落后于新的变化。一个"穷"的狭义化，影响了整个民族的思维方式。

与"穷"字相匹配，《周易》出现了一个意味深长的双音词——终始。现代人论始终，《周易》论终始。同样的两个字，位置排列不同，意义则大不相同。始终所揭示的哲理是一个变化过程的开始与终结。终始揭示的哲理则是一个旧变化之后必然有一个新变化，终点之处即是新变化始点之处。"终始"一词告诫人们，面对一时的成功，面对一时的胜利，面对一时的成果，万万不可欣欣然、昏昏然。实际上，胜利之时、成功之时以及某一项新成果取得之时，新的变化已经开始。如果不认识新的变化，很快就会被新的变化所抛弃。

无论是名词之"穷"还是动词之"穷"，其中都蕴涵着极其丰富的含义。一个"穷"字也留下了含褒义与贬义的众多的成语，例如穷根究底、穷源竟委、穷且益坚、穷奢极侈、穷兵黩武、穷寇勿追、穷形尽相、穷年累世、穷坑难满、穷家富路、穷乡僻壤等等。真正认识了一个"穷"字，就是认识了一条极其重要的哲理，无论如何不应该把一个"穷"字仅仅局限在贫穷之义上。

十三、"皇""帝"的本义与歧义

（一）本义

何人能够称皇？谁人能够称帝？称皇称帝者是否意味着拥有至高无上的权威？是否意味着拥有至高无上的权力？《逸周书》中有最早的答案。

《逸周书·谥法》："德象天地曰帝""静民则法曰皇"。

在周代，先贤们已经总结出了盖棺论定的规则——谥法。谥，一生行为之记录也。号，功劳之标志也。行为出于自身，评价出于后人。《谥法》告诉后人，"皇""帝"之称是后人对前人所做出的盖棺论定。

"德象天地曰帝"，这一谥号告诉后人，帝之称谓，所代表的一不是高高在上的宝座，二不是至高无上的权力，而是相当水准的道德。生前德如天地者，盖棺论定时方可以谥之以"帝"。

何谓天德地德？天地之德集中在两大方面：一为大公无私；一为生生不息。《礼记·孔子闲居》曰："天无私覆，地无私载。"《周易·系辞下》曰："天地之大德曰生。"天德无私，帝德也应无私。无私之德的重要体现是传贤不传子。帝必须以天下为天下人之天下，而不能以天下为一家之天下，如此大公无私者，可以称帝矣。生万物且生生不息，为天地之德。创造新器具，创造新文化、新风俗，为帝之德。由此观之，称帝者，并非意味着至高无上的权力与至高无上的权威，而是意味着此位领袖生前一具有大公无私的品德，二具有超乎常人的巨大贡献。

"静民则法曰皇"，《谥法》告诉人们，能使人民安定且自己遵循法则者，盖棺论定时可以谥之以"皇"。静民即爱民、敬民、富民，它强调的是执政者必须以民为本，起码不扰民，不害民。在《周易》《尚书》中可以看出，中华元文化是将天人、天民合一而论的。执政者必须以敬天的态度去敬人、去敬民。《尚书·泰誓》曰："天视自我民视，天听自我民听。"《周易·革·象传》曰："汤武革命，顺乎天而应乎人。"《尚书》视天民为一体，《周易》视天人为一体；天、人、民三者在元文化里处于同等重要的位置。顺天即是应人，应民即是敬天。反之，君王就有被革命的危险。

所谓遵循法则，指的是遵循自然法则。打开中华民族早期的经典，很快就会发现这样一个重要的事实，这就是中华先贤不迷信神灵而十分崇信自然法则。空间中的东西南北，时间上的春夏秋冬，天地之间的阴、阳、风、雨、晦、明六气，餐桌上的酸、苦、辛、咸、甘五味，日往月来的顺序，人的生死，物的枯荣，寒来暑往，秋收冬藏，所有这些都是中华先贤研究的内容。中华先贤懂得向天取利，向地取财，同时也懂得取法天地。四时、八节、二十四气、历法最早出现在中华大地上，这就是中华先贤则自然之法的最好例证。由此观之，称皇者，绝非意味至高无上的权力与权威，而是意味着此位领袖生前一具有慈爱的胸怀，二具有超乎常人的巨大贡献。

"三皇五帝"之说最早出于《周礼》。《周礼·春官·宗伯》曰："外史掌书外令，掌四方之志，掌三皇五帝之书，掌达书名于四方。若以书使于四方，则书其令。"古希腊文化的开端处出现的是一大群神，中华元文化的开端处出现的是一大群人。以三皇五帝为起点，中华民族已告别了蒙昧，进入了文明。

三皇者为谁？《周礼》中没有明确的答案。在《白虎通德论·号》中关于三皇有两个答案：一指伏羲氏、神农氏、燧人氏。一指伏羲氏、神农氏、祝融。

五帝者为谁？《周礼》中同样没有答案。《白虎通德论·号》中五帝的答案是：黄帝、颛顼、帝喾、尧、舜。《白虎通德论》中的这个答案与《史记·五帝本纪》中关于"五帝者为谁"的答案是一致的。

三皇五帝"是谁不是谁"，在笔者看来，并不是最重要的。重要的是先贤们到底做了些什么，他们名下记载的业绩是什么？他们告别蒙昧、创造文明时所凭借的是什么思维方式？他们所树立起的榜样，对于今天、以后到底有没有意义？

伏羲氏、神农氏、燧人氏这三皇，在《周易》《管子》《韩非子》中均有记载。伏羲氏又称包牺氏，在《周易》的记载里，包牺氏名下有两件重大的贡献：一是"仰观天文，俯察地理"之后创作了八卦，二是发明了捕鱼狩猎的网罟。在《周易》的记载里，神农名下同样有两件重大的贡献：一是发明了农业生产的先进工具——耒和耜，一是建立了世界上最早的交易市场。传说中的神农氏还有一件重大的科学贡献，即尝百草之后创作了《神农本草经》。在《韩非子》的记载里，燧人氏名下有一件使天下向前迈出了一大步的贡献，这就是用钻木使中华大地上有了人工制造的火。伏羲氏、神农氏、燧人氏名下的一件件发明创造都是史无前例的。三皇名下的每一件发明创造，都可以促使天下向前跨出一大步。稍微留心一下还可以发现，三皇名下的发明创造，即使放在世界范围内来考察，也都具有原创性。

黄帝、颛顼、帝喾、尧、舜这五帝，《周易》《尚书》《论语》《史记》中分别有记载。在黄帝、尧、舜名下，《周易·系辞下》记载有十几项重大的发明创造——衣裳、舟船、臼杵、弓箭等等。在天文学著作中，黄帝、颛顼名下都记载有四分历。四分历一年365.25天。同样的数据，远远早于罗马恺撒的儒略历——旧太阳历。

在黄帝、尧、舜名下，《周易·系辞下》记载着永远也不会过时的哲理——"易穷则变，变则通，通则久"。

在伏羲氏、神农氏、黄帝、尧、舜名下，《周易·系辞下》记载了前后几代皇与帝之间以贤传贤的交接方式。《周易·系辞下》曰："包牺氏没，神农氏作……神农氏没，黄帝尧舜氏作，通其变，使民不倦，神而化之，使民宜之。"皇与帝之间的交接，是贤哲之间的交接，而不是父子之间的交接。"使民不倦""使民宜之"这八个字是称皇称帝的基本前提。

以经典与诸子的记载对照《谥法》，可以得出这样一个结论：在早期的中华大地上，称皇称帝者，是由民心民意产生的。关于早期中华大地上的选贤制度，《礼记》《墨子》《韩非子》里均有记载。在早期的中华大地上，凡称皇称帝者，必须具有史无前例的、能够促进天下进步、为人民带来幸福的发明创造，这些创造包括文化创造，器具创造以及新理论、新学科的创造。

三皇五帝是后人对先贤的褒称。当事人在世时，未必有这个称号。之所以这样说，依据有二：一是《尚书》中记载尧为帝、舜为帝、大禹为帝，但对他们是可以直呼其名的；二是孔孟非常尊崇尧、舜、禹，但是，孔孟对尧、舜、禹，也是直呼其名的。

不论是生前称皇称帝还是身后称皇称帝，可以肯定的一点是，皇与帝绝不意味着有凌驾于万人之上的不受约束的权力。

（二）歧义

两岸三地出版的《辞海》与《大辞典》里，都把秦王嬴政视为将"皇"与"帝"并称的首创者。实际上，在《尚书·吕刑》中已经就有了"皇帝"之称，但仍然是周人对前人的评价之用。自称"皇帝"者，且生前称之者，唯嬴政也。秦王嬴政灭六国后，李斯等建议其称"泰皇"。理由是三皇之中以泰皇最贵，但嬴政觉得这远远不够。于是，将"皇"与"帝"二称合并，自称皇帝。《史记·秦始皇本纪》中记载了嬴政在李斯建议上的批示："去泰，着皇，采上古帝位号，号曰皇帝。""皇帝"之称，始于嬴政。他不但自己称皇帝，而且打算从自己开始，将皇帝之位在自己家中永远传下去。所以，又在"皇帝"二字前面又加了一个"始"字，自称始皇帝。

秦嬴政德象天地吗？无论是用大公无私之德相比，还是用发明创造的贡献相比，嬴政均无称帝之资格。换句话说，按"帝"之本义衡量，秦嬴政根本达不到称帝的标准。

战争中一次坑降卒20万，胜利后一次坑儒生460余名，嬴政素以残暴著称，谈不上"敬民"。伏羲氏、神农氏、黄帝、尧、舜、禹都研究自然法则，而且都知道人之生死在自然法则之内。嬴政称皇帝之后，四处寻求长生不老之药，如此荒唐之举，显然在自然法则之外。对照"皇"之本义，秦嬴政亦无称皇之资格。

不是以巨大的贡献、高尚的品德赢得后世的褒谥，而是仅以胜利者的资格自称皇帝，然后让子孙续称皇帝，皇与帝之本义在嬴政处丧失殆尽。

回顾历史可以知道，在早期中华大地上的称皇称帝者，都是创造者——文化创造者，先进工具、先进器具的创造者以及某一重要学科的创始者。称皇称帝者面对自然、面对天地，能够问出"现实是这样，本源又是什么样"的问题；面对茫茫人生，能够问出"应该怎么样"的问题；面对生产，能够创造出节省人力、提高生产效率的先进工具。像燧人氏、有巢氏、伏羲氏、神农氏、黄帝、尧、舜、禹这样的创造者，他们每个人都有自己的创造。他们之间的每一次更替都会给天下带来一次大的进步，用《周易·系辞下》的话说是"以利天下"。能够提出空前的问题，是哲学家的特征；能够解答实际问题，是科学家的特征；能够治理天下并得到后人诚心诚意的赞扬，是优秀政治家的特征。三皇五帝具备了这三大家的特征。

前后对比之下可以知道，后期中华大地上的皇帝，首先是一个破坏者，例如秦始皇与无赖刘邦。他们先是以武力征服一切的军事家，后是残酷无情、反复无常的政治家，这似乎也是秦汉以后皇帝们的基本特征。

民倦不倦，民宜不宜，这是早期的能不能为皇为帝的基本标准。能不能打，是否是逐鹿中原的胜利者，这是秦汉以后能不能成为皇帝的唯一标准。错乱了一个标准，造成了一个由新老皇帝们交替着先兴后亡的怪圈。中华民族的财力与智力几乎全部消耗在了这个怪圈里。家天下之后，"皇""帝"的本义丧失殆尽。

十四、"玄"字的本义与歧义

上个世纪20年代发生的"科玄论战"，至今还没有结论。论战双方的一个共同点被众多的研究者忽略了，这就是双方都认为一个"玄"字可以代表中华文化。笔者认为，正如一个"科"字不能代表西方文化一样，一个"玄"字无论如何也代表不了完整的中华文化。道生万物，道玄物不玄。形上之道对应形下之器，道玄器不玄。中华元文化应该是道器并重的文化，一个"玄"字不能作为中华文化的代表。

（一）本义

在元典之中，一"玄"字有多重含义，但都不涉及神秘。

玄，在《周易》中是一种基本底色，指天空中的深青色或黑色。坤卦上六爻辞曰："龙战于野，其血玄黄。"《周易·坤·文言》把"玄黄"二字解释为两种颜色："夫玄黄者，天地之杂也，天玄而地黄。"乾卦纯阳，象征天，象征龙。坤卦纯阴，象征大地，象征原野。"龙战于野"即阴阳交接、天地交合，呈献出玄、黄两种颜色。天色为玄，地色为黄。玄黄对应所表示的只是两种颜色，并没有特殊意义。

玄，在《尚书》与《诗经》中仍然是一种颜色。《尚书·禹贡》："禹锡玄圭，告厥成功。"禹治水成功，被赐了一块玄色美玉。两次出现的"玄"字，表示的是一种颜色。

《诗经·豳风·七月》："载玄载黄，我朱孔阳，为公子裳。"先织布再染色，染成玄黄二色，为公子做成衣裳。上为衣，下为裳。天玄而地黄，衣玄而裳黄，衣裳的颜色仿照的是天地的颜色。

《诗经·商颂·玄鸟》："天命玄鸟，降而生商，宅殷土茫茫。"传说简狄女因吞燕卵而生契，契是商朝开国之君。如果说燕子是神秘的，但玄色仍然是普通的颜色。

玄，还可以解释为一种含蓄文静的德行。《尚书·舜典》曰："帝舜曰重华，协于帝。浚哲文明，温恭允塞，玄德升闻，乃命以位。"玄德，所指的是幽潜之德。

《道德经·第10章》曰："生而弗有，为而弗恃，长而弗宰，是谓玄德。"生万物而不据为己有，养万物而不夸耀其能，育万物而不充当主宰，这就是精微玄妙至德。

《庄子·天地》曰："其合缗缗，若愚若昏，是谓玄德，同乎大顺。"人和谐于天地，犹如愚蠢，犹如昏沉，一切与自然相应相同，如此德行是谓玄德。

不论一种颜色还是一种德行，创造元文化的中华先贤以及创造儒道两家文化的老子与孔子都没有在一个"玄"字上赋予神秘意义。

（二）歧义

在一个"玄"字上论出神秘意义的是东晋医学家、哲学家、炼丹家葛洪。他在《抱朴子》中把一个"玄"字界定为"自然之始祖"。《抱朴子·内篇·畅玄》："玄者，自然之始祖，而万殊之大宗也。"葛洪认为，玄为天地之前的状态，自然演化是从这里开始的。葛洪号抱朴子，存世著作有《抱朴子》和《肘后方》。

同样是论玄，葛洪与老子并不一致：老子之玄，为有无一体；葛洪之玄，为寂寥空虚。老子论玄，论出的是崇尚自然的道家文化；葛洪论玄，论出的是推崇神仙的道教。

魏晋时期由"玄"而学。魏晋时期的一批学者在"贵无"与"崇有"的争论之后形成了一股哲学思潮——玄学。以清谈、饮酒、狂放以及当客人的面捉虱子为主要特征。历史证明，由这类学者形成的玄学，既不能救当世，也不能救将来；既不能解放自己，也不能觉悟后人。清谈、饮酒、狂放这些特征与钻木取火者、构木为巢者、作八卦又结绳为网者、治理洪水者所表现出的务实、务事的特征相比较，有天壤之别。清谈的玄学与道器并重的元文化相比较，也有天壤之别。

上个世纪，在同样为中华民族焦急忧虑的志士仁人中发生的那场著名的"科玄论战"把"不应该这样，为什么偏偏这样"作为论战双方共同思考的问题。"今后应该怎么样"是论战双方的重大分歧问题。这两大问题，已被后来研究这场论战的学者所重视。

中华元文化应该是道器并重的文化。从实际角度上看，中华元文化中有钻木取火、构木为巢、结绳为网、揉木为耒、制造舟船、治理洪水等一系列发明创造的实例。从哲理角度上看，形而上的道可以启迪形而下的发明创造。中华元文化应该是道器并重的文化，而非玄文化。

关于道器、道技、道术转化，《周易·系辞上》有"八卦而小成，引而伸之，触类而长之，天下之能事毕矣"的哲理归纳，还有"形而上者谓之道，形而下者谓之器，化而裁之谓之变，推而行之谓之通，举而措之天下之民谓之事业"的哲理归纳；《周髀算经》中有"问一类而以万事达者，谓之知道"的哲理归纳；《庄子·天地》中有"通于一而万事毕"的哲理归纳；《庄子·养生主》中一有"道进乎技"的哲理归纳，二有解牛之技与养生之术的转换。几部典籍在阐明着一个问题，这就是认识道可以制造器，明白道可以创造技与术。阅读《周易·系辞下》可以知道，网罟、耒耜、衣裳、臼杵、宫室、弧矢、车船等十几项重大发明创造均与卦象有着母源关系。阅读《礼记》《黄帝内经》《周髀算经》以及《孙子兵法》可以发现，早期中华大地上的礼、医术、天文气象学、建筑学、数学、兵法也与一个"道"字有着母源关系。所以，无论从实际角度还是从哲理角度上看，手脑并用、行而论道、道器并重、既重视"如何理性做人"又重视"如何智慧做事"应该是中华元文化的主要特征。一个"玄"字能够涵盖中华元文化吗？

这里还需要说明的一点是，道家以玄论道，但道玄物不玄。道为一切有之源，这是老子的观点。道在天地中，道在小草、瓦片中，道亦在屎尿中，这是庄子的观点。上帝造万物，一直居于时空之外，一直居于万物之外。道生万物则是自身的分裂演变，万物生成之后，道并没有离开万物，而是仍然赋存于万物之中，广大不避天地，细小不避微粒，高洁不避鲜花，微贱不避屎尿。道家之道，玄而不"玄"。一个"玄"字，也不能作为道家文化的代表。

十五、"阴阳"的本义与歧义

阴阳，在中华元文化中是基础，在子孙这里是糟粕。阴阳，这个本来应该在文化批判中弄清楚的问题，至今仍然在混乱不堪的范围内。

（一）本义

阴阳，在元典中赋存在两个地方：一是赋存在抽象符号中；一是赋存在文字符号中。

先谈文字符号中的阴阳。《周易·系辞上》曰："广大配天地，变通配四时，阴阳之义配日月。"天地、四时、日月，这些都是中华先贤关注和研究的对象。论阴阳，《周易》论在了日月上。

《周髀算经》曰："阴阳之修，昼夜之象。昼者阳，夜者阴。"又："阴阳之数，日月之法。"论阴阳，《周髀算经》一论在了昼夜上，二论在了日月上。

《道德经·第42章》曰："万物负阴而抱阳。"论阴阳，《道德经》一论在了万物的成分上，二论在了万物的结构上。

《管子·四时》："阴阳者，天地之大理也；四时者，阴阳之大经也。"论阴阳，《管子》一论的是天地之理，二论的是寒暑四时。

《黄帝内经·素问·阴阳离合论》曰："天为阳，地为阴，日为阳，月为阴。"论阴阳，《黄帝内经》一论在了天地上，二论在了日月上。《黄帝内经》以阴阳论脏腑，脏为阴，腑为阳。《黄帝内经》以阴阳论气血，血为阴，气为阳。

天地、日月、昼夜、脏腑、气血，都不是糟粕，都不应该抛弃。

再谈抽象符号中的阴阳。八卦的成分是阴阳两爻，六十四卦的成分是阴阳两爻，完全可以这样说：没有阴阳两爻，就不会有八卦，更不会有六十四卦。没有卦，中华文化肯定是另外一个样子。《圣经》《奥义书》所解答的问题，中华先贤是用卦解答的。人家解答的问题，中华先贤一件也没拉下。阴阳两爻组成的卦，解答了宇宙与人生两大根本问题，并比《圣经》《奥义书》多解答出一个问题——"如何发明创造"。研究阴阳，无论如何不能忘记卦中的阴阳。

中华先贤还利用一阴一阳解答了一系列基础问题：阳奇阴偶，一阴一阳解答了奇偶之数问题；阴吕阳律，一阴一阳解答了音律问题；阴阳和合，一阴一阳解答了礼仪问题；阴六合阳六时，一阴一阳解答了时空问题……没有阴阳，诸子百家就失去了论证问题的依据。没有阴阳，也产生不了《黄帝内经》这部伟大的中医经典。没有阴阳，更产生不了像《周易参同契》这样的化学鼻祖之作。没有阴阳，哪里还会有什么阴阳合历？一系列基础问题的解决，就是阴阳的历史意义。

一阴一阳一具有对称性，二具有互动性，三具有变化性，四具有和而不同的相反相成性，五具有严格规定性，六具有无限象征性，这些都是阴阳与生俱来的特征。知道了这些特征，就可以解答当代与未来的问题。阴阳的现实意义，就体现在这里。

（二）来源

阴阳观念源于天文，奠定于历法。天文学是人类第一学，历法是人类第一法，这是东西方学者们的共识。创建第一学，创立第一法，中华先贤远远走在了世界前列。阴阳观念亦即阴阳学说，就产生在这第一学、第一法中。研究天文，主要的对象是日月。日月两者可以论阴阳，太阳本身也可以论阴阳。

日月论阴阳，论的是周日之阴阳。日往月来，昼往夜来，无穷循环的日夜，无穷循环的昼夜，这是周日之阴阳。

太阳本身论阴阳，论的是周岁之阴阳。在彝族十月太阳历中，"一年分两截，两截分阴阳。"从冬至到夏至，这一截为阳。从夏至到冬至，这一截为阴。在苗族古历中，冬至为阳旦，夏至为阴旦。阳旦一阳生，生到阴旦为止。阴旦一阴生，生到阳旦为止。阳极生阴，阴极生阳。周岁之阴阳，实际上是无穷循环的寒暑。《周易·系辞下》："寒往则暑来，暑往则寒来，寒暑相推而岁成焉。"这一论断告诉后人，一寒一暑即是一岁。寒暑即阴阳，阴阳即寒暑。寒暑是周岁之阴阳。周岁之阴阳，不是由日月决定的，而是由太阳本身决定的。

周日之阴阳，可以重复，可以实证，可以测量，可以定量。周岁之阴阳，可以重复，可以实证，可以测量，可以定量。源于天文、奠定于历法的阴阳，没有丝毫的玄虚，经得起任何仪器的验证。

（三）歧义

阴阳的歧义，主要表现在三个方面：一是被遗忘了，二是被狭义化了，三是被歪曲了。

从西汉开始，形成了"言必须称'三纲'"的文化，具有根本意义的阴阳一步步被遗忘、被淡忘了。西汉以后历代都有大儒出现。我们可以查阅一下这些大儒的著作，看看还有几个大儒论及了对中华文化的具有根本意义的阴阳，再看看有几个大儒以阴阳为基础论出了对整个中华民族具有促进意义的新问题？记住了"三纲"，忘记了阴阳，这对于中华民族来说是致命的损失。

当代学者研究阴阳，把阴阳狭义到了极点。谈阴阳，往往从《诗经·大雅·公刘》中的"既景既冈，相其阴阳"谈起，把阴阳狭义到山坡的南坡与北坡上。文字中的阴阳，是狭义中的阴阳，是固化的阴阳。卦象中的阴阳，才是具有灵性的、活力的阴阳。一阴一阳组成了八卦，一阴一阳组成了六十四卦。卦中的阴阳，可以表达形上、形下两种元素，可以表达质力两种元素，可以表达奇偶两数，可以表达动静两种速度，可以表达生死两种状态，可以表达律吕两种音律，可以表达损益（加减）两种方法，可以表达天地、日月、男女、气血……成语也有这种含义，如物极必反、月满则亏、否极泰来、寒来暑往、彰往察来、革故鼎新、易穷则变等等，这些在元文化具有基础意义的词语均发源于阴阳。完全忘记了卦象中的阴阳，是当代学者的致命缺陷。把阴阳局限在山坡的南坡与北坡上，狭义地理解阴阳，阴阳的意义基本丧失殆尽。

十六、"事业"的本义与歧义

"干一番事业",这是优秀的中华儿女一生孜孜不倦所追求的目标。何谓事业呢?不同的人做出了不同的理解。赚很多很多的钱、当很大很大的官、出很大很大的名、获世界著名的奖……这是当代一些精英所理解的事业。中华先贤也追求事业,他们所追求的事业是什么呢? 是道器转化。笔者认为,道器转化是推崇先贤所追求的事业,道器并重是中华元文化的核心,只要子孙理解并接受了先贤的事业,只要子孙理解并践行了道器并重的文化,中华民族一定会重新创造出领先于世界的文明,而且这个文明是和谐自然、不伤害自然的文明。道器转化、道器并重,笔者已从不同的角度进行过反复议论。

(一)出处与本义

"形而上者谓之道,形而下者谓之器,化而裁之谓之变,推而行之谓之通,举而措之天下之民谓之事业。"这是《周易·系辞上》对"事业"的定位。

什么是事业? 简而言之是道器转化。道器转化分自然与人工两种。自然之道衍生自然之器——天地万物,这是大自然的道器转化。圣人依照道理创造出器具之器,这是人工的道器转化。

细而言之,中华先贤所界定的事业包含有三重意思,即事业的基础;事业的过程;事业的落脚点。

事业的基础是干事业者本身必须明白道理;事业的过程是干事业者必须按照道理创造出这样那样的先进器具;事业的落脚点是干事业者把简易明了的道理与易学易用的器具一并交给天下人,让天下人在生活的一举一措中运用道理做人,在生产中灵活方便地使用器具做事。如此即为事业,是圣人的事业。

概念是道器转化的概念,事迹是道器转化的事迹。《周易·系辞上》记载了"事业"的概念,《周易·系辞下》记载了道器转化的事迹。一下子记载十几项重大器具的发明创造,在世界经典中唯我《周易》。

明白了"道""器"这两个字,就明白了中华元文化的优秀;明白了"道器转化"这四个字,就明白了中华文明的奥秘。这就是笔者对"道器"与"道器转化"恋恋不舍的根本原因。

(二)歧义

"事业"之本义被荀子所修改,荀子认为,做官就是事业,做官管理众人之事就是事业。《荀子·君道》曰:"故明主有私人以金石珠玉,无私人以官职事业也,是何也? 曰:本不利于所私也。"这句话的意思是:圣明的君王可以把金石珠玉这些宝物送给亲近的人,但不能把官职事业送给亲近的人。

在荀子这里,神圣的事业与道器转化无关,神圣的事业狭义化了,仅仅局限在了官职上。

十七、"小人"的本义与歧义

（一）本义

"小人"一词最早出现在《周易》师卦上六爻辞："大君有命，开国承家，小人勿用"中。

何谓小人？《周易》做出了三种解释：一是不动脑子的笨人；二是事二主的奸邪之人；三是积小恶之人。

"小人用壮，君子用罔。"大壮卦九三爻辞记述了一种狩猎活动，参加这项活动的有小人与君子两种人。这里的小人，指的是只会用蛮力，不会动脑子的人。用壮之壮，蛮力也。这里的君子，指的是既会用力，又会用智的贤者与能者。贤者与能者，在狩猎活动中张网以待，使奔跑的猎物投入网中。小人只知道用蛮力追击猎物，或只知道用蛮力与猎物搏斗。小人之小，小在了智慧上。

"阴二君而一民，小人之道也。"一人周旋于二主之间。如此之人，小人也。如此之道，小人之道也。阴一面阳一面的奸邪之人为小人，这是《周易·系辞下》对小人的第二种解释。

经常"积小恶"之人为小人，这是《周易》对小人的第三种解释。《周易·系辞下》："小人不耻不仁，不畏不义，不见利不劝，不威不惩。"又："善不积不足以成名，恶不积不足以灭身。小人以小善为无益而弗为也，以小恶为无伤而弗去也，故恶积而不可掩，罪大而不可解。"善有大善小善之分，恶同样有大恶小恶之分。为大善者为大人为圣人，为小善者为君子为常人；为大恶者为元凶，为小恶者为小人。小人就是日常生活中那种经常为小恶而不为小善之人。

小人之小，《周易》有三种解释：第一种解释在蛮力与用智的差别上，第二种、第三种解释在品质低劣上。《周易》中的小人不涉及职业分工。

（二）歧义

以职业分工定小人，始于孔夫子。《论语·子路》篇记载了一段关于种菜种庄稼的师徒对话，以职业分工定小人的标准就出现在这段对话之中。

樊迟请学稼，子曰："吾不如老农。"请学为圃，曰："吾不如老圃。"

樊迟出，子曰："小人哉，樊须也！上好礼，则民莫敢不敬；上好义，则民莫敢不服；上好信，则民莫敢不用情。夫如是，则四方之民，襁负其子而至矣；焉用稼！"

樊迟是"如何种菜种庄稼"的请教者，不是只会用壮的愚笨者，不是品质低劣的积小恶者，不是事二君的奸邪之人，所以，按照《周易》的标准，樊迟不是小人。但樊迟因为请教"如何种菜，如何种庄稼"被夫子斥之为小人，这是一种以职业分工为评价的新标准。孔夫子的这个标准是错误的。神农氏因务农而成为圣人，后稷因务农而成为大人，务农务出了成绩在《周易》中是圣人之事，务农务出了成绩在《诗经》中是大人之事，所以，以务农务菜为标准界定小人是错误的。但这个错误的标准一直流传了两千多年。

义利之别，即君子小人之辨，这是孔夫子所建立的另一个标准。《论语·里仁》曰："君子喻于义，小人喻于利。"这个标准也是错误的。"元亨利贞"，这是乾卦卦辞所创建的君子四德。君子四德，利占其一。利己利他，按照乾卦中的哲理，讲究利一点都没有错。所以，以义利之别区别君子与小人的标准是错误的。

十八、对"天圆地方"的误解

（一）"天圆地方"的出处

在秦汉的三部文献中可以看到"天圆地方"之说。《吕氏春秋·圆道》："天道圆，地道方"。《大戴礼记·天圆》："天道曰圆，地道曰方。"《淮南子·天文训》："天圆地方，道在中央。"

（二）原始解释

《大戴礼记·天圆》对"天圆地方"的解释是："上首之曰圆，下首之曰方。……天道曰圆，地道曰方，方曰幽而圆曰明。明者，吐气者也，是故外景。幽者，含气者也，是故内景。"这里以上下内外论方圆。圆在上而方在下，圆在外而方在内。

《吕氏春秋·圆道》的解释是："天道圆，地道方，圣王法之，所以立上下。何以说天道之圆也？精气一上一下也，圆周复杂，无所稽留，故曰天道圆。何以说地道之方也？万物殊类殊形，皆有分职，不能相为，故曰地道方。"

地道之方，方在大地有形上，方在万物有形上，方在万物一类一形上。《吕氏春秋》论地道之方，是有形谓之方，不是狭义上的四四方方。

（三）浑天说以蛋黄喻地球

盖天、宣夜、浑天，是中华民族对天体形状的三种看法。这里只介绍张衡的浑天说，因为浑天说将天体视为一个椭圆形的鸡蛋，将地球视为一个椭圆形的蛋黄。

张衡做浑天仪，留下了"大地如蛋黄"的比喻。"天如鸡子，地如鸡中黄，孤居于天内，天大而地小。天表里有水，天地各乘气而立，载水而行。周天三百六十五度四分之一，又中分之，则半覆地上，半绕低下，故二十八宿半见半隐，天转如车毂之运也。周旋无端，其形浑浑，故曰浑天也。"

张衡也谈到了"天圆地方"问题："天体于阳，故圆以动；地体于阴，故方以静。"

张衡先谈"地如鸡中黄"，后以阳圆阴方谈"天圆地方"。完整地理解了张衡的论断，就完整地理解了"天圆地方"之说。

（四）对"天圆地方"的误解

"天圆地方"之说，在近代的文化批判中成了嘲弄的对象。把"地方"之方误解为四四方方之方。

第二节　儒家学说中被变质的概念

一、"忠"的本义与歧义

忠，在中华元文化里有一种含义，在"独尊儒术"的皇帝文化里有着另一种含义，这两种含义之间有天渊之别。

（一）本义

忠，是中华元文化所主张的一种优秀品德。以一个"忠"字为基础，产生了众多的褒义词，例如忠信，忠良，忠恕，忠孝，忠诚……

《周易》论忠信。《周易·乾·文言》："君子进德修业，忠信，所以进德也。"《周易·乾·文言》是诠释乾卦的文章。乾卦有丰富的象征性，且首先象征的是自然之天。天中有君子做人的道理，君子做人首先应该成为自强不息之人。自强不息之人是道德优秀之人，而道德的基础在于忠诚信实。

《尚书》论忠良。《尚书·冏命》："昔在文武，聪明齐圣，大小之臣，咸怀忠良……发号施令，罔有不臧。"文王、武王通达圣明，大臣、小臣忠诚善良；圣明聪明的君王与忠诚善良的官员相互结合，开创了周朝初期令行禁止的鼎盛局面。这是周穆王对文王、武王的怀念性评价。忠良之义，即真诚善良之义。

儒家论忠。《礼记·中庸》："忠恕违道不远，施诸己而不愿，亦勿施于人。"这句话的意思是：忠、恕两种准则近于中庸之道，自己不愿意接受的事情，也不要强加在别人身上。《论语·里仁》："夫子之道，忠恕而已矣。" 这句话的意思是：孔夫子之道，即忠、恕之道。忠恕之道，严以律己、宽以待人之道也。

荀子论忠信、忠诚。《荀子·尧问》："执一勿失，行微勿怠，忠信无倦，而天自来。执一如天地，行微如日月，忠诚盛于内，贲于外，形于四海，天下其在一隅邪。"一者，道也。"执一勿失"强调的是行政不能偏离道。这句话总的意思是：遵道而行勿偏失，细微之事勿懈怠，忠实守信勿厌倦，如此，天下人自然会归附。像天地那样遵道而行，像日月的光辉那样不遗漏每一个细微的地方，忠诚的品德存于胸中，表现于行动，实行于四海，如此，治理广大之天下就犹如治理一个小地方那样容易了。这番话是舜说给尧听的。《尧问》篇说明了这样一个重要史实：在重大问题上，为君者可以请教于臣。《尧问》篇还说明了这样一条哲理：为君与为臣，只是地位与岗位的不同，并不代表个人学识水平的高低。

墨子论忠实。《墨子·兼爱中》："今天下之君子，忠实欲天下富，而恶其贫。"真正的君子，内心着实希望天下富足，而厌恶天下贫穷。忠实之义为真诚实在。

（二）概念

"上思利民，忠也。"（《春秋左传·桓公六年》）居上位者，要思考的第一问题就是要如何造福于人民，如何有利于人民。忠，讲的是君王应该忠于民。

"公家之利，知无不为，忠也。"这是《春秋左传·僖公九年》里关于"忠"的概念。凡是有利于家国、天下的事知道了就应该尽力而为。如此之忠，应为臣之忠、民之忠。

"分人以财谓之惠，教人以善谓之忠。"（《孟子·滕文公上》）富以其邻，帮助邻居，帮助别人，这是《周易》与《圣经》的共同主张。"分人以财"在物质层面上，"教人以善"在道德层面上。以善理育人为忠，这是孟子对"忠"的界定。

"忠，敬也。""尽心为忠。"这是《说文解字注》对"忠"的界定。对人、对事都应该尽心，即为"忠"。

尽管概念并不相同，但哲理基本一致。所谓忠，就是内求心善，外求尽职尽责。

（三）儒家论忠与忠臣

《论语·学而》曰："为人谋而不忠乎？"这里的"忠"适用所有人。"为人谋"中的"人"为泛指对象，不是特定对象。哪怕是一个小孩子，只要为其谋之，就应该持忠的态度。忠，全部含义为尽心尽意。

儒家主张臣事君以忠，也就是说，为臣者应该是一个忠臣。儒家文化中关于忠臣的标准在"独尊儒术"之后被篡改了。儒家文化中的忠臣标准就是能够经常指出君王的错误与不足。郭店竹简中有一篇《鲁穆公问子思》，其中就有"忠臣"的界定。鲁穆公问子思："什么样的臣为忠臣？"子思回答说："恒称其君之恶者，可谓忠臣矣。"恒者，久也，常也，经常不断也。恶者，错误也，不足也。能够经常批评君王的错误与不足，是为忠臣。忠臣之"忠"不应体现在高喊"皇上圣明"上，不应体现在高喊"万岁！万万岁"上，而是体现在能够指出与纠正君王的错误上。"独尊儒术"之后的忠臣，其标准主要体现在了对皇帝的绝对服从上。这样的忠臣与儒家所推崇的忠臣，完全不是一回事。

（四）歧义

西汉以后，一个"忠"字逐步演化为事君的专用词。尽心之忠、教人以善之忠、恒指君恶之忠均不见了，剩下的是对君王的绝对服从之忠。服从之忠发展到极端之处就演化出了那句愚不可及的名言"君叫臣死，臣不死为不忠"。

"上思利民，忠也。"从秦到清，没有任何一个皇帝宣扬过如此之"忠"。从君应该忠于民到民必须忠于君，从"尽心为忠"到"君叫臣死，臣不死为不忠"。忠的歧义与本义完全南辕北辙，忠的本义丧失殆尽。

二、"孝"的本义与歧义

（一）本义

孝，是中华先贤所倡导、被儒家所继承的家庭伦理道德观。这种道德观的核心是敬与爱。

天地之间有了人，就有了男女之分。男女之后有了夫妇，夫妇之后有了父子，父子之后有了君臣上下，人际关系是从男女关系开始的，家庭关系是从夫妇父子关系开始的。

如何处理人际关系是每一种文化必须解答的问题。中华先贤从创造八卦开始，就开始了人际关系的定位研究。平衡和谐的阴阳是人际关系的参照坐标。相互交合的天地是人际关系的参照坐标。

中华先贤以阴阳，以天地之理为坐标，创建了人际关系中相互负责的礼仪之礼。慈与孝是父子双方讲究的礼。父对子应该讲慈，子对父应该讲孝，这就是相互负责的礼。父亲的责任是慈，儿子的责任是孝。何为孝？《论语》中有解释：一是心中之孝；二是行动之孝。所谓心中之孝，就是心中要思念父母的养育之恩。所谓行动之孝，就是在日常生活中孝顺父母。行动之孝有一日、一生之分。一日之中对父母要有和悦的脸色，一生之中对父母要以礼相待，如《论语·为政》所说的那样，"生，事之以礼；死，葬之以礼，祭之以礼。"

如何孝？《孝经》有一种解释。孝分始终，爱惜身体为孝之始，使父母扬名为孝之终。《孝经·开宗明义》："身体发肤，受之父母，不敢毁伤，孝之始也。立身行道，扬名于后世，以显父母，孝之终也。"爱惜身体，为孝之始。建功立业一使自己青史留名，二使父母感到光荣，为孝之终。男儿"立身行道"，如果能够建功立业使父母光荣，即使不在父母身边，照样是孝顺的儿女。

如果人居家中，尽孝应尽在居、养、病、丧、祭五大方面，如《孝经·纪圣行章》所言："居则致其敬，养则致其乐，病则致其忧，丧则致其哀，祭则致其严。"

据《尚书》记载，是舜建立了"五教"。《尚书·舜典》曰："契，百姓不亲，五品不逊。汝作司徒，敬敷五教，在宽。"五教，被《春秋左传·文公十八年》解释为"五常之教"，内容是"父义、母慈、兄友、弟恭、子孝。"每一个家庭成员都有自己的名分，每一个家庭成员都有自己的责任。在父与子名分下，分别出现的是"义"与"孝"。这里没有单方面的绝对权威，也没有单方面的屈从与服从。舜建立"五常之教"时说出了两字落脚点，这两个字就是"在宽"。一个"宽"字，既是"五常之教"的基本精神，也是中华元文化的基本精神。

在《礼记·礼运》中出现了人伦"十义"，具体内容是"父慈，子孝，兄良，弟悌，夫义，妇听，长惠，幼顺，君仁，臣忠。""十义"之中的父子、兄弟、夫妇、长幼为家庭成员，君与臣为社会成员。无论是家庭成员还是社会成员，每个人有每个人的名分，每个人有每个人的责任。负责，是双向负责。爱，是以心换心。君臣、父子关系均在双向负责的范围之内。父讲慈，子讲孝；君讲仁，臣讲忠，这里没有单方面的绝对权威，也没有单方面的屈从与服从。

孝不等于盲从。荀子在《子道》篇里留下了这样一个重要论断："从道不从君，从义不从父。"道位于君之上，义位于父之上；如果君违背了道，父违背了义，为臣、为子者正确的选择是服从道、服从义，而不应该服从、盲从于违背道义的君王、父亲。《荀子·子道》将人的德行分为大、中、小三种：进家孝敬父母，出门恭敬老人，这是人的基本德行，即小德行。对上恭顺，对下笃诚，这是人的中等德行。服从道而不盲从君王，服从义而不盲从父亲，这是人的最高德行，即大德行。

盲从父亲算不算孝子？不算！《孝经·谏诤章》记载了曾子与孔子的一段对话。曾子向孔子请教："子从父之令，可谓孝乎？"孔子连续说了两次"是何言与"用以反驳。孔子告诉曾子的道理是：君有错，臣可以谏；父有错，子可以劝。君不义，臣不谏不是良臣；父不义，子不劝不是孝子。据理而诤，据理而谏恰恰在孝道的范畴之内，绝对服从完全有悖于道。

在中华元典中与儒家典籍中，部部都谈到人际关系。相互负责，讲究礼仪，是人际关系的基本点。

（二）歧义

西汉董仲舒以"阳为阴纲"为立论基础，论出了"父为子纲"。"父为子纲"从根本上变质了中华先贤所创建、所倡导的爱心之孝。"父为子纲"之后，爱心之孝发生了质的变化：一是爱心之孝变成了绝对服从之孝；二是"在宽"的理性变成了极端的专制与蛮横；三是相互负责的准则变成了单方面屈从的准则。服从之孝发展到极端就演化出了那句愚不可及的名言，即"父叫子死，子不死为不孝"。宣扬孝，历代的皇帝大都打着"尊儒"的幌子，但没有任何一家皇帝向人民宣扬过"从道不从君，从义不从父"的孝道，孝的本义在皇帝文化中丧失殆尽。

第二章　变质的名言

第一节　"从一而终"的本义与歧义

一、出处与本义

"从一而终"一词出于《周易》。《周易·恒卦·象传》曰："妇人贞吉，从一而终也。"六十四卦分经上、经下两部分。上部以乾坤两卦开篇，下部以咸恒两卦开篇；乾坤象征天地，咸恒象征夫妇；万物的演化始于天地，人间的演化始于夫妇。"从一而终"的哲理出现在了夫妇之道之中。

"从一而终"的本义是主张保持恒久的、稳定的夫妇关系。"夫妇之道不可以不久也，故受之以恒。恒者，久也。"恒卦之恒，本身就有长久的意思。这是《周易·序卦》对恒卦的诠释。

二、另一面

从一而终，是夫妇之道的一方面。夫妇之道还有另一面，这就是允许夫妻反目。"舆说辐，夫妻反目。"这是小畜卦九三爻的爻辞。舆者，车也，车厢也。说者，脱也。辐者，车辐也，车轮也。这里，中华先贤使用了一个车厢与车轮分离的比喻，形容夫妇关系的离异。夫妻结合，如完整的一辆车子。夫妻反目，犹如车厢与车轮的分离。《周易》认为，志不同、道不合的夫妻是可以分离的。

从一而终，是美满的夫妇之道。如果婚姻不美满呢？则是允许夫妻反目的。《周易》论人际关系，里面没有极端的理论。

三、曲解

在汉之后的两千多年里，"从一而终"的诠释全部在曲解的范围内。

先谈学者的曲解。"从一而终"，首先在学者这里遭到曲解。东汉班昭作《女诫》。《女诫·专心》曰："夫有再娶之义，女无二适之文。"宋理学家程颐有"饿死事小，失节事大"之论。"女不二适"与"失节事大"犹如两条巨大的枷锁，锁住了中华大地上的女子。

再谈民间的曲解。"从一而终"的哲理，在民间受到了曲解。北方曲解"从一而终"，演化出了"嫁鸡随鸡，嫁狗随狗，嫁给扁担扛着走"的愚昧信条；南方曲解"从一而终"，演化出了"嫁鸡随鸡，嫁狗随狗，嫁给马佬（猴子）满山跑"的愚昧信条。

再谈辞典的曲解。《辞海》"从一而终"条如是说：中国古代指一女不事二夫，夫死妻不再嫁。《易·恒》："妇人贞吉，从一而终也。"指一种压迫妇女的婚姻制度。这是大陆对"从一而终"的解释。台湾出版的《大辞典》"从一而终"条如是说："妇女于丈夫死后不再改嫁。指妇女专情，始终如一的贞节。《周易·恒·象传》："妇人贞，吉；从一而终也。"疏："从一而终者，谓用心贞一，从其贞一而自终也。"这是台湾学者对"从一而终"的解释。两岸对"从一而终"的诠释都在曲解的范围之内，都没有注意到夫妻关系的另一面——"夫妻反目"。

四、思考

在西方，昨天曾流行过"杯水主义"婚姻。"杯水主义"有双重意思，一讲婚姻的轻易性，二讲婚姻的暂时性。结婚像喝水那样容易，这是一。用喝一杯水的时间，完成一次婚姻，这是二。"杯水主义"婚姻，让西方青年尝尽了苦头。

"夫妇之道不可以不久也，故受之以恒。恒者，久也。"面对这样的哲理，一点也没有距离感。既没有时间上的距离感，也没有像代沟那样的距离感。面对历史，会引起我们什么样的思考呢？

第二节 "男主外，女主内"的本义与歧义

一、出处

"男主外，女主内"源于《周易》。《周易·家人·象传》曰："家人，女正位乎内，男正位乎外。男女正，天地之大义也。"六十四卦的第三十七卦为家人卦，《周易·象传》诠释此卦时，从卦象中解释出了"女正位乎内，男正位乎外"的哲理。

二、曲解

民间对"男主外，女主内"的解释是，男人主持外部事物，女人在内理家。在内理家的女人，应该大门不出，二门不踩。

三、本义

"家人，女正位乎内，男正位乎外。男女正，天地之大义也。"短短的两句话，其中蕴含有三重意思：第一，一个家庭之中，男女应该有协作性的分工。第二，男女之间的具体分工是：女子负责家庭的内部事物，男子负责家庭的外部事物，即"女正位乎内，男正位乎外"。第三，男女分工并不是男人一方的意志，也不是女人一方的意志，而是参照天地之理分工的。"男女正"正在何处？正在"天地之大义"中，是以天地之理为参照坐标进行的。

《周易·泰·象传》："天地交而万物通也。"《周易·序卦》："有天地然后万物生焉。"在万物产生的过程中，天地具有同等作用但功能并不相同。天动地静，天刚地柔，天生地养，这是中华先贤所区别出的天和地的不同功能。两种不同功能的相互协作，是万物演化的基础。以天地之道言男女之道，是中华先贤立论的原则。男动女静、男刚女柔是男女分工的哲理基础。"男主外，女主内"只是一个分工问题，本身并没有褒男贬女的意思。主外、主内具有同等重要性。主外难，主内也不易。生活安排、室内布置、财务管理、子女教育、一日三餐的烹饪、迎来送往，这些都是"内"的工作内容，能够主好"内"，绝非轻松之事。现今很多德国、日本受过高等教育的女性，一结婚就专门理家，这证明"女正位乎内，男正位乎外"的分工仍然有着超越时空的现实意义。

四、阴阳观与男女观

六十四卦开篇于乾坤两卦，乾坤首先象征天地，其次象征男女。《周易·系辞

上》曰："乾道成男，坤道成女。"从八卦、经传文字的前后顺序中，可以梳理出五个相互对应的双音词：阴阳—乾坤—天地—男女—夫妇。可以这样说，由阴阳观演化出了男女观。"一阴一阳之谓道。"在道的概念中，阴的位置排列在了在阳位之前。咸卦象征夫妇，在咸卦卦象中，女子的位置位于男子之上。《荀子·大略》诠释咸卦时，明确指出了卦象中有"以男下女""柔上而刚下"的哲理。描述阴阳这两个异性同类的元素，中华先贤是一视同仁的，没有褒一个贬一个。

《周易·系辞下》曰："天地氤氲，万物化醇。男女构精，万物化生。"万物演化，天地具有同等的作用；人间演化，男女具有同等的作用。如果后人能够把握住中华先贤以阴阳论男女、以乾坤论男女、以天地论男女这三个基本点，一切褒男贬女的荒谬就会不攻自破。

五、 一般与特殊

男主外，女主内，这是一般原则。特殊情况怎么办？如果女人有主外的能力怎么办？又如，女子有治国的能力怎么办？女子能不能参与天下大事？答案是肯定的。尧舜时代以及周代都曾启用女子为大臣，《论语》中有这样的记载。《论语·泰伯》曰："舜有臣五人而天下治。武王曰：'予有乱臣十人。'孔子曰：'才难，不其然乎？唐虞之际，于斯为盛，有妇人焉，九人而已。三分天下有其二，以服事殷。周之德，其可谓至德也已矣。'"武王的十个治世之臣，其中有一个是女子。从孔子口里可以知道，尧舜时期就有了"才难"即"人才难得"的观念。女子同样在人才的范畴之内。

允许女子参政，那么允不允许女子经商呢？答案同样是肯定的。《史记》中有女子开矿经商并得到表彰的记载。《史记·货殖列传》："巴（蜀）寡妇清，其先得丹穴，而擅其利数世……秦始皇以为贞妇而客之，为筑女怀清台。"秦始皇以暴君著称于史，但仍然延续了允许女子发挥才能的传统。

在男女分工问题上，既重视一般，又兼顾特殊，一般情况下由女子主内，特殊情况下女子照样可以主外，这才是真正的、优秀的中华文化。

第三节　"自天佑之"的本义与歧义

一、本义

"自天佑之，吉，无不利。"这是大有卦上九爻的爻辞。这句爻辞在《周易·系辞上》又反复出现了四次，其重要意义由此可见一斑。

这句爻辞有什么意义呢？这句爻辞告诉后人，做人必须自佑，才会引起天的保佑。自佑在前，天佑在后，天佑自佑之人。何谓自佑？自强不息也。如何自强？一是学问上的不断积累，如《周易·乾·文言》中所说的"学以聚之，问以辩之"；二是实际生活中的不断创新，像《周易·系辞下》中的五位圣人那样，在探索自然、发展生产、发明创造中不断有新的创造，新的业绩。

自佑之，天佑之，天佑自佑之人，是这句爻辞的本义。

二、歧义

后人注释《周易》，往往将"自天佑之"解释为"来自上天的保佑"或"上天降下的保佑"。这样的解释，显然是不对的。错在何处？相悖于《周易》之理。《周易》中的文化，是主动法天、则天的文化，不是被动等待天佑的文化。

一部《周易》之中，人是自强不息之人，事是自强不息的事，理是自强不息之理，这里，没有等待上天保佑的人，没有等待上天保佑的理，更没有天降保佑的事。

伏羲氏是《周易》记载的第一人，伏羲氏没有等待天的保佑，而是自己效法天地、动手动脑创作了八卦、编制了网罟。之后的神农氏、黄帝、尧、舜与伏羲氏相仿佛，都是天地的效法者，都是动手动脑者，都是新器具的创造者。他们都是自强不息之人；他们所做的都是自强不息之事。"日新之谓盛德"所讲的理是创新之理，是自强不息之理。所以说，将"自天佑之"解释为"来自上天的保佑"或"上天降下的保佑"是错误的。

三、反思

"天行健，君子以自强不息"这句话是说，行健之天永远是君子效法的榜样，但天并没有伸出手来辅助君子。君子之行是自强不息之行，而非靠天的辅助之行。天与君子之间是一种榜样与效法的关系，而不是私下保佑的关系。在自强的哲理中，既没有求人保佑的成分，也没有求神求天保佑的成分。等待"天上掉馅饼"的投机心理，相悖于自强不息之理。

佛教讲究的是有事去求佛求菩萨。中国化的佛教禅宗讲究的是有事求佛不如求己。在广东佛山、南海一带，流传着一句形象而富有哲理的话："菩萨作揖，求人不如求己。"众生作揖拜菩萨，求财求富求平安，可是众生忽略了这样一个事实：菩萨也在作揖。菩萨作揖求谁呢？答案是：菩萨作揖求自己。这句话与"自天佑之"在哲理上相似，也与"自强不息"在哲理上相似，都在强调"自"的主动性。

"自天佑之，吉无不利。"自佑之，天佑之，吉祥而无不利。

第四节　"不事王侯，高尚其事"原则的遗失

一、人臣

"不事王侯，高尚其事。"这是蛊卦上九爻的爻辞。这句爻辞讲的是为臣之原则。为臣不是为奴，事君是路径，高尚天下之事是目的。

"不事王侯，高尚其事"被孔子引入《礼记·表记》中，作为儒家从政的准则。孔子又引申出了一条具体准则："君命顺，则臣有顺命；君命逆，则臣有逆命。"这一准则讲究的是，君之命顺天应人，则臣顺君之命；君之命逆天逆人，则臣逆君之命。

人有人样，臣有臣样，所以为臣者首先要像个人。身为大臣，不是奴才，为臣的原则不是为了取悦君王，而是为了办好天下人的事。

二、奴臣

西汉以后，为臣原则变了，先有"以君为纲"之大纲，后有"君叫臣死，臣不死为不忠"之细则。在"以君为纲"这里，看不见什么"不事王侯，高尚其事"，看到的只是"君如何说臣如何听，君如何指臣如何从"。在"君叫臣死，臣不死为不忠"这里，既看不见像样子的人，也看不见像样子的臣。

为臣原则的遗失，致使中华大地上演了一幕幕愚忠之悲剧。在战场上是威风凛凛的英雄，在皇帝面前是任人宰割的绵羊。岳飞是这样，袁崇焕是这样，林则徐也是这样。

第五节　"溥天之下，莫非王土。率土之滨，莫非王臣"的本义与歧义

一、一句诗误导了整个天下

《尚书·舜典》曰："诗言志。"在心为志，发言为诗。早期的中华大地，处处都有诗。诗是用来表达感情与志向的。孔夫子曾对自己的儿子伯鱼说："不学《诗》，无以言。"但是，如果曲解与误读了诗意，诗不但起不到教育作用，还会有毒害作用。

有一句诗被皇帝文化所歪曲，长期误导了整个天下，这句诗就是"溥天之下，莫非王土。率土之滨，莫非王臣"。这句诗一直被解释为王权至上的理论依据。天下的土地是君王的土地，天下的人民是君王的臣民；君王可以随意支配土地，可以随意支配臣民。

诗的本义果真如此吗？《诗经》时代以及之前的君王真的具有绝对权威吗？只要

弄清了诗之本义，就会真相大白了。

二、本义：发牢骚的一首诗

"溥天之下，莫非王土。率土之滨，莫非王臣"这句诗出于《诗经·小雅·北山》，是发君王牢骚的诗。因为徭役过重，因为负担不公平，因为王事繁多影响在家尽孝，一个平民发出了埋怨君王、埋怨大夫的牢骚，由此形成了《北山》这首诗。

诗内可以读出两重意义：牢骚的内容是徭役繁多，影响了正常的家庭生活，这是一。牢骚的原因是君王、大夫没有公平地分配徭役，这是二。

两千多年前，孟子专门解释过这首诗，把这首诗定位在牢骚与批评上。孟子认为"我独贤劳"是牢骚所陈述的内容，"劳于王事而不得养父母"则是牢骚的核心，因此产生出了不平之声，是批评王室的诗。孟子在讲解这首诗时告诫弟子，读诗时应该注意两个问题：一是"不以文害辞"，二是"不以辞害志"。什么意思？就是不要因一句诗误解了一首诗，也不要局限于诗篇本身而误解了诗外的事实与道理。孟子的解释记载在《万章》篇里。

之后的历史偏偏被孟子所言中。在西汉之后两千多年的皇帝文化里，"溥天之下，莫非王土。率土之滨，莫非王臣。大夫不均，我从事独贤"这句诗发生了根本性的变质，批评王室的诗变质为树立皇帝绝对权威的理论依据。既以文害辞，又以辞害志；既用一句诗曲解了整首诗，又用一句诗歪曲了诗外的道理与事实。这应该是历代皇帝与御用文人主观的妄加揣测。

三、被割裂、被曲解的一句诗

诗内看诗，诗是被割裂的诗。"溥天之下，莫非王土。率土之滨，莫非王臣。大夫不均，我从事独贤。"这三句诗是完整的一段。但是，在历史、政治、文化、哲学各类文献资料中，凡是引用这一段诗时，出现的只有前两句，后一句"大夫不均，我从事独贤"不见了——完整的一段诗被割裂了。中华大地上，会朗诵"溥天之下，莫非王土。率土之滨，莫非王臣"这两句诗的人成千上万，但知道后面还有后缀"大夫不均，我从事独贤"的人实在是寥寥无几。去掉了后一句，诗的批评精神就永远消失了。

诗外看史，土非王室一家之土。诗中"王土"之土，所指的是国家的疆土，并不是王室的私地。其依据有三。

其一，《诗经》告诉后人，当时的王室有土地，平民也有土地。《诗经·小雅·大田》云："雨我公田，遂及我私。"意思是"天下雨落到了公田里，也落到了我的私田里"。《大田》这首诗告诉后人，王有公田，民有私田。这句诗之后，还有一句非常有人情味的诗句："此有滞穗，伊寡妇之利。"收割庄稼时故意遗留一些谷穗，留给生活无助的寡妇。试想，如果这块地不属于平民个人，他可以随意支配谷穗吗？

其二，《周礼》告诉后人，王室与天下人民都有土地的所有权。《周礼·地官·司徒》曰："凡造都鄙，制其地域而封沟之；以其室数制之。不易之地家百亩，一易之地家二百亩，再易之地家三百亩。"这段话告诉后人，当时每开发一块新土地，先建城，后分土地。分土地的三个原则如下：年年可以耕种的土地一家一百亩；耕种一年休耕一年的土地一家二百亩；耕种一年休耕二年的土地一家三百亩。土地被分配到农民手里之后，王室是不能随意剥夺的。

其三，《孟子》告诉后人，井田制里有公田，也有私田。《孟子·滕文公》记载了这样一个史实：夏商周三代实行的是井田制，井田一井九百亩，中间一百亩是公田，周围八百亩是私田。

同理，"王臣"之臣也不能理解为王室的私人。《周易》《尚书》《诗经》《论语》《孟子》《道德经》《庄子》告诉后人，当时的人是有地位的人，当时的民是有地位的民，当时的臣是国家的栋梁而非君王的私人。

"不事王侯，高尚其事。"这是《周易》所倡导的为臣原则。大臣是国家的栋梁，为臣的原则是"高尚其事"，而不是为了侍奉君王。臣，不是王室的私产。

《尚书》中的民，有和天一样的地位。"天聪明，自我民聪明。天明畏，自我民明威。""天听自我民听，天视自我民视。"论民，总是与天一体而论，这是《尚书》的特色。《尚书》中的天，位于君之上；《尚书》中的民，同样位于君之上。民不是王室的私产。

《尚书》中的民是勇敢之民，勇敢之民敢于诅咒太阳。《汤誓》曰："时日曷丧？予及汝皆亡。"这里的太阳，指的是无道君王。《诗经》的民是勇敢之民，勇敢之民敢于批评上帝，敢于批评昊天，敢于批评君王。民，是有独立地位的民，有独立思考能力的民。

孔子与孟子，一敢于歌颂有道之圣王，二敢于批评无道之暴君。老子敢于指导君王，庄子连黄帝、尧、舜、禹都敢批评。儒道两家的典籍没有一味地逢迎，没有一味地歌颂。墨子主张选贤者为天子，而且明确指出君王不足为法。儒道墨三家，都不是王室的奴才。

《周易》《尚书》《诗经》告诉人们，在早期的中华大地上，君王并没有至高无上的绝对权威。优秀的中华民族尊崇的是自然之道，讲究以人为本，以民为本。如同西方的上帝高于今天的总统一样，在古老中华大地上，道高于君王，天高于君王。因为人可以与天、地并列为三，人可以与天、地、道并列为四，因为民之耳目与天之耳目相通，所以人民的地位高于君王。如果说有权威之天的话，权威之天会佑民而不佑君。

一句变质的诗句，竟然误导了天下两千多年，整个民族并没有提出质疑。一个没有质疑能力的民族，一个遇到问题只知道接受而不知道正本清源的民族，是没有发展潜力的。

第六节 "君君，臣臣，父父，子子"的本义与歧义

一、出处与本义

"君君，臣臣，父父，子子"这个极其重要的论断出于《论语》。《论语·颜渊》篇记载了齐景公与孔子的一段对话，这场对话的前提是齐景公"问政"。对话的原文为：

齐景公问政于孔子。孔子对曰："君君，臣臣，父父，子子。"公曰："善哉！信如君不君，臣不臣，父不父，子不子，虽有粟，吾得而食诸？"

如何治理国家？这是齐景公请教的问题。君要尽君的责任，臣要尽臣的责任，父要尽父的责任，子要尽子的责任，这是孔子的回答。齐景公完全认同了这个答案，他感叹道："是啊！假如君不尽君的责任，臣不尽臣的责任，父亲不尽父亲的责任，儿子不尽儿子的责任，即便是有粮食，我还能吃得上么？

"君君，臣臣，父父，子子"，其本义强调的是名分与责任的一致性。一个词两次重叠，重叠出了不同的含义：名词第一次出现讲究的是名分，第一次出现讲究的是责任（样子）。强调名分与责任的一致性是中华元文化的一贯主张，儒家真诚地继承了这一点。

儒家认为，如果君不负君的责任，臣不负臣的责任，父亲不负父亲的责任，儿子不负儿子的责任，整个天下就会失序。"君君，臣臣，父父，子子"，讲究的就是秩序，讲究的就是样子——君有君样，臣有臣样，父有父样，子有子样。

二、曲解与误导

在西汉至清的两千多年里，皇帝文化将"君为臣纲，父为子纲，夫为妻纲"与"君君，臣臣，父父，子子"相联系，使人误以为"君君，臣臣，父父，子子"就是"三纲"的理论依据。"君君，臣臣，父父，子子"与"三纲"在哲理完全不同。两者根本的区别在于，前者讲的是交往双方的责任与相互负责，讲的是名分与责任的统一，而后者讲的是一方永远发号施令与一方的绝对服从。

人不能为人纲，君、父、夫也不能例外。人之纲在何处？在天理中，在道理中。

第七节 "父母之命，媒妁之言"的本义与歧义

一、出处

"父母之命，媒妁之言"出自于《孟子·滕文公下》。

二、曲解

"父母之命，媒妁之言"这八个字，在相当长的历史时期内，一直是男女青年婚姻的金科玉律。巴金在《家》中写下了一句话，可以算是历史与现实对这八个字的经典解释，这句话是："父母之命，媒妁之言，家长主婚，幼辈不得过问——这是天经地义的道理，违抗者必受惩罚。"如此解释，实际上是曲解了"父母之命，媒妁之言"。

三、本义

"父母之命，媒妁之言"这八个字是孟子的一个比喻。这个比喻的本义，是讲求官要走正道，不要钻狗洞，不要走歪道的。

当时，一个叫周霄的魏国人向孟子请教这样一个问题：君子做不做官，以及如何求官？孟子以孔子求过官为例，回答说君子可以求官，但求官要讲究正道，忌讳钻狗洞、爬墙头、走歪道。两个人讨论的中心问题是如何求官，而不是男女青年的婚姻问题。

孟子、庄子、韩非子在论证问题时，非常善于利用形象的比喻与幽默的寓言，使复杂问题简洁化。孟子以"父母之命，媒妁之言"为婚姻正道来比喻求官行正道，在笔者看来，这是不大切题的，谈做官何必拿青年婚姻作比喻？是人就会出错，哪怕是圣人，这是元文化对人的基本把握。所以，对孟子也不能强求其"字字句句是真理"。

四、孟子的婚姻观

孟子的婚姻观，并不是以"父母之命，媒妁之言"为金科玉律的。《孟子·万章上》记载了孟子的婚姻观。孟子的婚姻观与"父母之命，媒妁之言"完全不同，即美满的婚姻可以自己做主。当时，孟子的学生万章以《诗经·齐风·南山》中的"娶妻如之何？必告父母"为依据，质疑舜婚姻的合理性。舜，是儒家所尊崇的圣人。舜结婚娶的是尧的两个女儿，但在结婚时一没有媒妁之言，二没有父母之命，舜结婚根本没有告诉父母。尧嫁女儿给舜，同样没有告诉亲家——舜的父母。对照《诗经》，怎么解释两位圣人的行为呢？

孟子回答是：结婚是人伦大事。美好的婚姻，事先告诉父母，这完全是应该的。如果美好的婚姻与"父母之命"发生冲突，告诉父母，美好的婚姻反而要被打散了，那就遵循人伦之大道理，该娶则娶，该嫁则嫁，不必等待"父母之命"。尧和舜的行为并没有错误，美满的婚姻完全可以自己做主。两个圣人的作为应是整个民族的表率。

这里，还需要解释一下尧为什么一次嫁两女，舜为什么一次娶两妻。据《周礼·夏官·司马》记载，周代的男女之比为一比三或二比五。到了西汉，男女比例仍然是女大于男，《汉书·地理志》中也有和《周礼》相似的记载。尧、舜时代的多妻制是由男女比例的实际情况所决定的，并没有歧视妇女的成分。

五、中华先贤所创立的婚姻制度

正姓氏，别婚姻，相传这是伏羲氏所创立的婚姻制度。正姓氏，限制的是近亲结婚。中华先贤所创立的婚姻制度不是专横的而是自由的婚姻制度。

《周礼》记载了最早、最详细的婚姻制度。《周礼·地官·司徒》里有"媒氏"一职。媒氏主要任务有五：一是登记男女人数——"凡男女自成名以上，皆书年月日名焉"；二是登记再婚妇女的人数；三是促成男女成婚——"令男三十而娶，女二十而嫁"；四是组织每年仲春之月的青年男女聚会；五是监督奢侈的婚礼——"凡嫁子娶妻，入币纯帛无过五两"。这里出现了"奔者不禁"的政策，仲春时节，如果出现了男女私奔的婚姻，媒氏是持宽容态度的。这里的媒氏是婚姻的管理者，并不是婚姻的决定者。

"窈窕淑女，君子好逑"之诗句出现在了《诗经》之首，优美的诗句告诉后人，婚姻是淑女与君子两者之间的事，这里面没有第三、第四种因素的参与。优美的诗句也证明了优秀的中华先贤创立了自由的婚姻制度。

第八节　"为富不仁"的本义与歧义

一、出处与本义

"为富不仁"一词，出于《孟子·滕文公上》。"为仁不富"之说，并不是源于孟子，而是源于反面人物阳虎。当时的背景是，滕文公向孟子请教如何推行仁政。孟子向滕文公讲述治国之仁政，仁政可以具体在三条方针上：一是使百姓有恒产，把土地、山林、湖泊、沼泽合理地分配给百姓。二是轻税薄赋，少向老百姓收税。孟子引用了古代的三种税制——彻、助、贡，三种税制皆有十税一，但彻、贡两制是丰年灾年皆交税，而助制则是纳税人到公田里劳动以劳抵税。以劳抵税的优点是，丰年多税，灾年少税，君民同忧同乐。孟子建议以助制交税。三是兴学校办教育，先教孩子们礼乐，再教孩子们射、御、书、数，让孩子们先懂得为人的基本——赡养父母、和睦邻里、防御盗贼……

"为富不仁"之说就出现在三种税制的讨论之中。孟子主张"取于民有制"，反对横征暴敛。这时，孟子引用了反面人物阳虎"为富不仁"的主张，目的是让滕文公引以为戒。

二、曲解

"为富不仁矣，为仁不富矣"，这是阳虎的主张。季桓子是鲁国的主政大臣，阳虎是季桓子的家臣。季桓子主持鲁国的税收，具体收税的却是阳虎。阳虎这里所讲的富，指的不是财富之富，而是税收之税。阳虎的态度蛮横而干脆——"收税敛财就不要讲仁，讲仁就不能收税敛财"。

两千年来，学界曲解了"为富不仁"。曲解体现在三个方面：一是把阳虎的主张曲解为孟子的主张，把阳虎的话混淆为孟子的话；二是把税收之税曲解为财富之富；三是在富与不仁之间建立起了恒等关系——富等于不仁。

对"为仁不富"的曲解，产生了极大的危害。一是挑起了仇富、嫉富情绪，二是成为整个民族致富的绊脚石。

三、正本清源

"不以辞害志"即不要局限于诗文本身而误解了诗文外的事实与道理，这是孟子教育学生的读书方法。两千多年来，对"为仁不富"的理解与解释恰恰犯了以辞害志的错误，"为仁不富"一直被解释为儒家的经典之论，并且由此产生了两个极端错误的恒等式：仁者必然不富，富者必然不仁。

阳虎，又称阳货，早于孟子，和孔子是同时代的人。孔子既看不起季氏家族，也看不起阳虎这个人。《论语》中有两段关于季氏的论述，可以看出孔子对季氏持极其反感的态度。

《论语·八佾》曰："孔子谓季氏：'八佾舞于庭，是可忍也，孰不可忍也。'"季氏只是诸侯国鲁国的一个权臣，却享用了只有天子才配享用的八八六十四人的歌舞队，孔子对此发出了"是可忍也，孰不可忍"的指责。

《论语·微子》曰："齐人归女乐，季桓子受之，三日不朝，孔子行。"这次季桓子接受了齐国赠送的女子乐队，又一连三日不理朝政，孔子愤怒挂冠而去，以示反对。

孔子鄙视季氏家族，更鄙视身为季氏家臣的阳虎。阳虎希望见到孔子，孔子避而不见。《淮南子》所记载的阳货是鲁国的乱臣贼子。如此一个阳虎说的话，孟子会引用为治国方针吗？

四、儒家的致富观

孔子认为，希望富贵属于人正常的欲望。人希望富贵，并不是见不得人的事，更不是罪恶之事。《论语·里仁》："子曰：'富与贵，是人之所欲也。不以其道得之，不处也。'"孟子也说过与此相似的话。孔子主张致富，孟子亦主张致富，儒家是主张致富的。

孔子既主张个人富，也主张天下人富。个人致富，需要努力工作，而且不要嫌弃任何工作。只要能致富，可以从事各种工作。"富而可求也，虽持鞭之士，吾亦为之。"（《论语·述而》）在孔子看来，只要能致富，车把式的工作也可以干。

个人致富是个人的责任，天下致富是治理天下者的责任。庶之、富之、教之，这是孔子向弟子冉有所讲述的三条治国方略。有人之后就应该富之，富之之后就应该教之。庶之、富之、教之，这不是普通百姓的责任，而是治理天下者的责任。

"不义而富且贵，于我如浮云。"（《论语·述而》）孔子这句话告诉人们，富本身没有错，关键的是致富的手段是不是"不义"，关键是致富的手段与过程有没有错。

五、应该彻底否定的一个口号

应该彻底否定的一个口号是"杀富济贫"。由于对"为富不仁"的错误理解，致使主张富、追求富、歌颂富的中华文化变质为反对富、嫉妒富、仇恨富的文化，致使中华大地长期流行着一个错误的口号——"杀富济贫"。冷静回顾一下历史就会知道，贫之产生，并不是因为有了富。之所以贫，有其根本原因。

一是有没有先进的工具。神农氏为多打粮而发明两件工具——耒与耜，用发明工具去促进生产。试想，没有先进工具，仅仅使用蛮力，如何能够致富？

二是有没有良种。后稷为多打粮而培育了良种，用良种来创造幸福生活。试想，没有优良的种子，如何能够多打粮。没有粮食，怎么能不贫穷？

三是有没有苛捐杂税。孔子严厉批评过猛于虎的苛政，孟子主张以劳抵税的"助"税制。繁重的税收怎么能不导致贫穷？

四是有没有公平的环境。"治国平天下"讲究的是公平之"平"。六十四卦有《损》《益》两卦，讲的是上下之间应该用损益两法来保持均衡、公平的状态。《道德经》有损益之哲理。益上而损下，怎么能不贫穷？

五是有没有节制。一个家，一个国，一个天下，都应该重视一个"节"字。《周易·节·象传》曰："天地节而四时成，节以制度，不伤财，不害民。""节以制度"之"节"，既是自然之理，又是人文之理。奢侈腐化，"有一个花两个"，家人焉能不贫穷？

历史证明，"杀富济贫"的起义，只会造就出一个富甲天下的新皇帝，并不会救济千千万万个贫穷者。富，被杀了；贫，照样贫。中华大地会依然滚动着"兴，百姓苦；亡，百姓苦"的怪圈。因此，应该彻底否定"杀富济贫"这个只会蛊惑人心，而无实际意义的错误口号。

六、应该永远记住的哲理与名言

没有贫穷的幸福，也没有幸福的贫穷；富裕的生活不一定幸福，但幸福生活必须富裕。"富家，大吉""崇高莫大乎富贵""富有之谓大业"，这都是《周易》留下的名言。还应该记住的是：中华先贤反对邪道致富，例如孔子反对不义之富贵，庄子反对舐痔结驷——为了坐上车子而去舐君王的痔疮。

第九节　"君权天授"的本义与歧义

一、出处与意义

《辞海》对"君权神授"与"君权天授"出处与意义做出如下的诠释：宣称君主权力是神所授予的学说。古埃及法老（国王）自称为"太阳"的儿子，巴比伦的汉谟拉比王自称是"月神的后裔"，中国历代君主自称"授命于天"（"天子"），以证明其权位的神圣性。西欧中世纪时，教会给封建制度渲染上神的色彩。17世纪英王詹姆士一世和查理一世均坚持君权神授说，反对新兴资产阶级的民权主义，意图维持其专制统治。

"授命于天"，在中华大地上先后有过两种解释：一是孟子的解释；二是董仲舒的解释。孟子的解释"君权天授"实际上是"君权民授"，《辞海》介绍的正是董仲舒"君权天授"的解释。

二、孟子所记载所宣扬的"君权民授"

《孟子·万章上》记载了孟子和弟子万章之间的一场重要讨论，"古代帝王到底是如何产生的"是这场讨论的主题。万章问孟子："尧传舜，是不是尧帝个人决定的？舜传禹，是不是舜帝个人决定的？"孟子回答："帝王个人没有这个权力，只有天有这个权力。"万章继续追问："天没有眼睛怎么能看得到？天没有耳朵怎么能听得到？"

孟子此处引用了《尚书·泰誓》中的名言"天听自我民听，天视自我民视"。孟子告诉万章，天没有眼睛，但民有眼睛，天的眼睛就是民的眼睛；天没有耳朵，但民有耳朵，天的耳朵就是民的耳朵。人民看得到的就是天所看得到的，人民听得到的就是天所听得到的。天决定着帝王"是谁不是谁"，实际上决定权在民。

孟子所主张的"君权民授"，并不是孟子一人的主张，而是孟子对儒家文化以及中华元文化的继承。远在孟子之前，中华先贤在"君王如何产生"问题上，已经创立了选贤举能的制度。

三、三家共同记载的选贤制度

儒、墨、法三家学说各异，但三家有一个共同点，这个共同点偏偏被学界所忽略。这个共同点是什么呢？就是中华先贤所确立的选贤制度。在儒、墨、法三家的典籍里，多处可以看到中华先贤所确立的选贤制度。

《礼记·礼运》曰："大道行矣，天下为公，选贤与能，讲信修睦。"孔子以大道论公天下，公天下的第一标志涉及到了一个"选"字——"选贤与能"。

墨子多次记载了一个"选"字。《墨子·尚同》曰："选天下之贤可者，立以为天子。"

韩非子两次记载了一个"选"字。《韩非子·五蠹》记载了燧人氏钻木取火、有巢氏构木为巢的故事。这两件都是为民造福的大事。所以，民选两位发明创造者为王。用韩非子的话是"而民悦之，使王天下"。

孔子、墨子都认为中华大地先后存在着两种天下：一种是天下为公的公天下，一种是天下为家的家天下。天下为公的第一标志是"选贤与能"，天下为家的第一标志是"家中传子"。

四、从圣者为王到胜者为王

认真对比源流文化，可以清楚地看出，在君王"如何产生"问题上前后的三大原则性差别。

差别之一：源头文化所确立的制度是选举制度——选贤选圣；而秦汉以后的文化中所宣扬、所认可的制度是厮杀制度——以厮杀论胜负、以胜负论君王。

差别之二：源头文化所主张、所接受的是圣者为王、贤者为王；而秦汉以后的文化中所接受的是胜者为王，以及龙子龙孙为王。

差别之三：源头文化所接受的是有道之君，无道则是贼寇；而秦汉以后的文化中所接受的是有姓之君，历代名臣关心的不是君有道无道，而是关心君王还是不是原来的"那个姓"。像诸葛亮那样，关心的是"天下还姓不姓刘"？

孔子、墨子都希望重新找回"选贤与能""君权民授"的中华元文化，把天下为家的家天下重新恢复为天下为公的公天下。他们的言论证明，尽管当时实际上是家天下，但家天下并没有得到文化的承认。

西汉董仲舒重新解释了"君权天授"。在他的解释中，天不再是天民一体之天，而是天君一体之天。"君权天授"在董仲舒的解释中，相似于西方的"君权神授"。君王如何产生完全由神秘之天来决定，人民永远失去了选择权。西汉以后的历代皇帝，都用"君权天授"这四个字说明"皇冠如何到我家"的合理合法性。暴君、庸君、低能之君、弱智之君在"君权天授"的盾牌之下，可以安然地居于天下人民的头上。董仲舒的"君权天授"，贻害了整个中华民族，而且一害就是两千年。

第十节 "天尊地卑"一词的曲解

一、出处与本义

"天尊地卑"一词出于《周易》。《周易·系辞上》曰："天尊地卑，乾坤定矣。卑高以陈，贵贱位矣。动静有常，刚柔断矣。方以类聚，物以群分，吉凶生矣。在天成象，在地成形，变化见矣。"这一重要论断描绘出了一个模型与一幅简图。模型是天体模型，简图是天地万物演化的简图。在天体模型中，天尊而地卑。这里尊卑，所指的是空间位置的高低——天在上，地在下也。天地之间分不同的空间，不同的空间里有不同的物种，于是有了"方以类聚，物以群分"的判断。天上有日月星辰之象，地上有山川江河之形。天地之间，充满着生息之变化。天地是万物演化的前提，万物是天地相互作用的结果。

二、演化与曲解

天地为万物之父母，一切形象之物的演化起始于天地，而不是起始于万能之神，这是《周易》的基本立场。在创造万物的过程中，天地具有同样的功劳。《易传》谈万物诞生时，总是把天地放在同一等高线上来评价。"天地交，而万物通也。""天地不交，而万物不通也。""天地之道，恒久而不已也。""天地变化，圣人效之。""天地氤氲，万物化醇。""天地之大德曰生。""有天地然后有万物生。" 在这些名言中，天地一视同仁，没有褒天贬地的成分。

崇效天，卑法地，这是元文化中的人生观。天位于人之上，地位于人之下，只是空间位置的不同。空间位置的不同，并不影响天地作为人生坐标的地位。由八卦三爻所奠定的，由《周易》所揭示出的做人原则，还有"天行健，君子以自强不息。""地势坤，君子以厚德载物。""夫大人者，与天地合其德。""天地变化，圣人效之。"在这里，天地的地位一样的重要。

卑者，低也。《礼记·中庸》曰："君子之道，辟如行远必自迩，辟如登高必自卑。《诗》曰：'妻子好合，如鼓瑟琴。兄弟既翕，和乐且耽。宜尔室家，乐尔妻帑。'" 行远必须从近处开始，登高必须从低处开始，治天下必须从治家开始，治家必须从和睦夫妻、兄弟关系开始。这是《礼记·中庸》崇尚的君子之道。"登高必自卑"之"卑"，山脚也，山下也。登高必须从山脚下开始，这是自然哲理，也是人生哲理。卑与高相对，其意义可想而知。"天尊地卑"与"登高必自卑"其中的一个"卑"字，意思是一样的，所讲的就是空间位置中的高低之低。

人性天性应该是一个性——至诚之性。天地不诚，不能生万物。假如昼夜寒暑不能如期而来、如期而去，万物就无法萌芽、无法生长，更无法成熟。人效法天地，应该效法出一个"诚"字来。一人诚，人人诚，天下诚，一旦如此，人就可以与天地并列为三了。《礼记·中庸》曰："唯天下至诚为能尽其性。能尽其性，则能尽人之性。能尽人之性，则能尽物之性。能尽物之性，则可以赞天地之化育。可以赞天地之化育，则可以与天地参矣。" 参者，三也。至诚之人，与天地并立为三——天一地二人三。以天地之性议论人性，天和地同为人生之终极坐标。儒家没有褒一个贬一个。

"人法地，地法天，天法道，道法自然。"这是老子写在《道德经·第25章》里的一个极其重要的论断。在这个重要的论断里，天地都是人效法的对象。对天地，老子持之以同样敬重的态度。

三、列子的曲解

列子曲解了"天尊地卑"一词。《列子》中出现了与"天尊地卑"相似的"男尊女卑"一词。是《列子》把"男女同尊卑"的文化变成了"男尊女卑"的文化。显然，这是对"天尊地卑"的曲解。

"天尊地卑"与"男尊女卑"的所以然，在两千多年间一直没有被澄清。要真正找回女性在文化中的地位，进行文化的梳理和源流的对比，理应从《列子》开始。

《列子·天瑞》记载了这样一个故事：孔子游于太山，见荣启期行乎郕之野，鹿裘带索，鼓琴而歌。孔子问曰："先生所以乐，何也？"对曰："吾乐甚多。天生万物，唯人为贵。而吾得为人，是一乐也。男女之别，男尊女卑，故以男为贵，吾既得为男矣，是二乐也。人生有不见日月，不免襁褓者，吾既已行年九十矣，是三乐也。贫者士之常也，死者人之终也，处常得终，当何忧哉？"孔子曰："善乎？能自宽者也。"

首先应该清楚的是，这是寓言故事而不是真正的史实。孟子、庄子、韩非子为了说明自己论证的问题，都爱创造寓言与比喻，《列子》里也常见这种方法。孔子与荣启期应视之为寓言而非实际中的人物。

寓言里的孔子，看见贫而快乐的荣启期，问其所以然。荣启期讲了三条理由：一是万物之中，以人为贵，我是人。二是男尊女卑，以男为贵，我又是男人。三是人生有夭折有长寿，长寿为福，我是长寿者。荣氏的三条快乐理由中出现了"男尊女卑"一词，前无来者，史无前例，所以这里就是"男尊女卑"一词的发源地。

公平而论，三条快乐的理由中，第一与第三条在中华元文化中都能找到依据，而第二条却是有悖于元文化的。前面已经说过，"天尊地卑"中的"尊卑"只有空间意义，而不涉及价值判断。而《列子》中的"男尊女卑"一词中的"尊""卑"二字，与空间位置的高低无关，是对尊贵与卑微的价值判断。

《列子》的"男尊女卑"之说，在中华元文化中找不出支持的理论依据。以阴阳论乾坤，以乾坤论天地，以乾坤论男女，《周易》论出的是"一阴一阳之谓道"。稍微延伸一下，可以为"一天一地之谓道"或"一男一女之谓道"。对照于"一阴一阳之谓道"，《列子》的"男尊女卑"不能称其为"道"，属于无道之论。

《列子》的"男尊女卑"之说，在道家文化里同样找不出支持的理论依据。众所周知，道家创始人老子是重阴的。这就是说，"男尊女卑"之说，在《道德经》里没有哲理基础。

四、一大文化冤案

在"独尊儒术"之后的中华大地上，"男尊女卑"之说一直被当成儒术来尊重，近百年来又挂在儒家账上来批判，这实际上是一大文化冤案。

夫妇从结亲第一天，就应该建立起"同尊卑，共相亲"的关系，孔夫子把这样的道理清清楚楚地写在《礼记·昏义》中。孔夫子主张的是"男女同尊卑"，而不是"男尊女卑"。治天下要从治家开始，治家要从和谐的夫妇关系开始，和谐的夫妇关系要从迎亲第一天开始，君王迎亲要穿戴祭祀天地的冕服，这是孔夫子反复向鲁哀公讲的道理。"妻子好合，如鼓瑟琴"，这是《诗经》的诗句，被儒家引之为夫妇准则。这里的夫妻关系绝不是男尊贵女卑微的关系。

《周易·系辞上》的"天尊地卑"所讲的是空间位置上的高低问题——以尊卑言高低，"贵贱位矣"所讲的是空间中的距离远近问题——以贵贱言远近。这里的尊卑贵贱，其意义全部在自然意义范围内，丝毫不涉及价值判断。几千年来，"男尊女卑"与"男贵女贱"一直决定着男女之间的不平等地位，实际上是曲解《易》理而得来的。

第三章　有悖于道理的谚语与名言

第一节　有悖于道理的谚语

"学会数理化，走遍天下都不怕。"

这句话误导了中华民族几十年。上个世纪的五六十年代的莘莘学子，没有人不熟悉这句话的。现在，人们已经认识到了这句话是"不对的"，但到底"错在了什么地方"，则并非是每个人都明了的。

"学会数理化，走遍天下都不怕"这句话，起码错在了四个地方：一是错在了实践中；二是错在了教育目标上；三是缺失了价值判断。四是缺失了寓教于乐的方法。

实践中的错误，是给莘莘学子指出了一个错误方向。书中的知识源于书外，这是基本事实。书中的知识由书外人创造的，书中的知识体现着书外的智慧，这也是基本事实。如果只记住了书中的知识而忘记了书外的创造，如果只记住了别人创造而忘记了开发自己的智慧，那么什么时候才能赶上、超越前人与他人呢？让人死死记住书本，而忽视了书外的思考与创造。实践中的错误，就体现在这里。

中华元文化与儒家文化论教育，首先论的是"如何成人成才"。"成人"与"成才"虽然密不可分，但有个先后关系，即先成人后成才。中华先贤既用天理地理育人，又用自然哲理启迪智慧，力求把求学者培育成"做人讲究理性，做事讲究智慧"的人。数理化，强调的只是"如何成才"教育，这里缺失了"如何成人"教育。数理化中只有"如何做事"的技巧，并没有"如何做人"的道理。割裂了"成人"与"成才"的关系，错误就体现在这里。

数理化，无论是内容本身还是外延成果都不具备分别善恶的功能，即不具备价值判断功能。数理化的结果体现在"是"与"不是"上。"是"与"否"本身不能做出"如何是善，如何是恶"的判断。侵华日军731部队培养的鼠疫细菌，属于是数理化的成果，但对于中国人民与人类来说，是伤天害理的罪恶。"学会数理化，走遍天下都不怕"这句话缺失价值判断，这是基本错误。

第二节　有悖于道理的名言

"万般皆下品，唯有读书高。"这是流传极广、几乎被整个民族普遍接受的一句极端错误的名言。之所以说极端错误，是因为它在几个重大问题上混淆了是非，分述如下：

其一，毫无理由地贬低了万般。在中华民族的开端处，万般的事情没有高低上下之分。在《周易》《尚书》《诗经》里，从伏羲氏开始的中华先贤，个个都是力图把万般事情办好的光辉典范。他们一讲究做人，二讲究做事。或务农，或务渔，或务商，或驯畜，或养蚕，或育瓜育菜。无论哪一"般"做好了，都可以称为"圣人"。伏羲氏结绳为网可以称圣；神农氏务农可以称圣；黄帝发明衣裳、创造各种器具同样可以称圣；经商同样可以称圣，中华大地上的第一个交易市场就为神农氏所创建。士农工商各种行业都是天下必需、缺一不可的基石。凡是有利于天下、有利于天下人的事情，般般都重要，没有高低上下之分，这是中华先贤的看法。"万般皆下品"的理由何在呢？谁也没有说明。只有结论而没有依据，这是毫无道理的。

其二，割裂了读书与万般的关系。按照源头处先贤们所指示出的方向，读书的目的应该是把"万般"办得更好，而不是为了贬低"万般"。读书应该把网罟改进得更好，应该把耒耜改进得更好，应该把衣裳改进得更好，应该把臼杵改进得更好，应该把舟船改进得更好……如果读书与万般毫无关系，或者只是为了贬低万般，这样的书读了还有什么用？

其三，完全抛弃了为人之基点。为人的基点在何处，在"与人为善"之处，这是儒道两家文化中的共同答案。"上善若水。"（《道德经·第8章》）老子认为水为至善之物。老子主张像水一样做人。为什么？因为水总是把自己放在低下的位置上。孟子在《公孙丑》一文中告诉后人，舜、禹都是"与人为善"的典范。与人为善，首先要懂得尊敬别人。在"万般皆下品，唯有读书高"这里，还没有开始读书，就一下子把自己摆在了万般之上，把万般摆在了自己之下，这真是有些可笑了。

其四，完全背离了就学之目的。在儒家这里，学有小学、大学之分。小学有小学的目的，大学有大学的目的，两个目的都不是为了贬低万般。

《礼记·学记》曰："玉不琢，不成器。人不学，不知道。"人为什么学？答案是：为了知道。知是知，道是道。知道就是明白道理。从小就学，目标是追求"知道"之境界。

《礼记·大学》曰："大学之道，在明明德，在亲民，在止于至善。"大学者，学之终极阶段也。大学之学，目的何在？答案是："在止于至善。"学之终极阶段，目标追求的是"至善"之境界。

《礼记》告诉后人，求学的目的是把一个蒙童培育成为明白道理的人，大学的目的把一个莘莘学子培育为至善境界的栋梁。无论是蒙学还是大学，其目的都不是为了贬低万般。对比之下，可以清楚地知道，"万般皆下品，唯有读书高"之教育完全背离了学之目的。

<h1 style="text-align:center">第三节　其他</h1>

一、"诽谤"一词的本义与歧义

（一）本义

"诽谤"一词，本义为"议论是非，指摘过失"。《汉书·贾山传》："退诽谤之人，杀直谏之士，是以道谀偷合苟容。"这里的"诽谤"与"直谏"相对应，两词的意思均为"议论是非，指摘过失"的逆耳忠言。

（二）歧义

汉之前，"诽谤"一词已被韩非子所变质，变质为"恶意中伤"。《韩非子·难言》："大王若以此不信，则小者以为毁誉诽谤，大者患祸灾害死亡及自身。"《难言》之难，说的是臣对君进言的困难。原则正确，君王不见得会听取；道理完美，君王不见得会采用。君王不喜欢的进言，轻者会看做诋毁诽谤，重者会遭到灾祸直至死亡。法家为臣与儒家墨家为臣，方式完全不一样。孔子、孟子与君王对话，直接说的是"应该这样，不应该那样"。韩非子与君王对话，揣摩的是君王高兴不高兴，怕哪句说不好惹来杀身之祸。

汉之后，"议论是非，指摘过失"的正常批评变质为恶意中伤。从此以后，"诽谤"在汉语中变成了贬义词，后来的刑法中有了一条"诽谤罪"。谁敢诽谤朝政，午门外开刀处斩。

二、"诽谤木"的本义与歧义

知道华表的人很多，但知道华表前身的人很少。华表的前身是一个木柱，这根木柱名字叫诽谤木。从诽谤木的本义与歧义之变上，也可以看到文化的变质。

（一）本义

史传尧、舜主政天下时，为了倾听人民对朝政的褒贬意见，在交通要道矗立起一根木柱，命名为"诽谤木"。人民可以在它下面对朝政进行褒贬。

先秦诸子与汉代典籍中有多处关于诽谤木的记载。

《尸子》："尧立诽谤之木。"

《吕氏春秋·自知》："尧有欲谏之鼓，舜有诽谤之木……犹恐不能自知。"

《史记·孝文本纪》："古之治天下，朝有进善之旌旗，诽谤之木，所以通治道而来谏者。"

《大戴礼记·保傅》："有诽谤之木，有敢谏之鼓。"

《淮南子·主术训》："故尧置敢谏之鼓，舜立诽谤之木。"

《后汉书·杨震传》："臣闻尧舜之时，谏鼓谤木，立之与朝。"

诽谤木下实际上是一个"自由论坛"，国人可以在此对执政者的方针、路线、政策评头论足，横挑鼻子竖挑眼。中华大地上的这一"自由论坛"比英国的"海德公园"要早出几千年。

（二）仁与虐的区分

中华元文化以能够接受批评为仁，诽谤木是尧舜行仁政的一个例证。

《春秋左传》中还有一个乡校的记载，与诽谤木的意义相同。郑国舍有乡校，人们可以对执政者评头论足。当时的执政大臣叫子产，有人向子产建议毁掉乡校。子产回答："其所善也，吾则行之；其所恶也，吾则改之；是吾师也，若之何毁之？"孔子由此称子产为仁。《春秋左传·襄公三十一年》以褒扬的态度记载了子产不毁乡校的事迹。

中华文化以拒绝批评为虐。周厉王以监视、杀头的办法来堵塞国人之口。左丘明称周厉王为虐。《国语》也以鄙视的态度记载了周厉王止谤的荒唐之举。

（三）变质

诽谤木变质在汉代。变质，外变在两个地方，内变在一个地方。木头柱变成了汉白玉，诽谤木易名为华表，材质之变与名称之变是诽谤木的外在之变。文化根基之变是诽谤木的内在之变。从尧舜到西汉，诽谤木从里到外、从形式到实质都发生了质变。西汉以后，"诽谤木"的本义丧失殆尽。今天，知道华表者众多，知道诽谤木者几稀。

结束语：比较与反思

一、比较

文化研究，要想得出是长是短的结论，必须进行比较。比较一是自家与自家比，二是自家与人家比。

（一）自家与自家比

比较，第一是自家与自家比。自家与自家比的基点是"原来怎样，后来怎样"亦即"源如何，流如何"。抓住了这一基点，就奠定了问题解决的基础。下面引用十个"原来怎样，后来怎样"的比较实例，以资说明。

1. 原来是圣者为王，后来是胜者为王。前后一比，源流之间的变化是不是马上一目了然了？

2. 原来是以道为纲，后来是以君为纲。前后一比，源流之间的变化是不是马上清晰可见了？

3. 原来是民为君之天，后来是君为民之天。前后一比，源流之间的变化是不是马上就有了清浊之分？

4. 原来是以道论之，后来是以纲（君）论之。前后一比，辨别源流之间的变化难道还需要漫长的过程吗？

5. 原来为臣的原则是"不事王侯，高尚其事"，后来为臣的原则是"君叫臣死，臣不死为不忠"。前后一比，源流之间的是非对错之别是不是马上出来了？

6. 起初的青年男女有"窈窕淑女，君子好逑"的自由，后来的青年男女有"父母之命，媒妁之言"的铜墙铁壁。前后一比，源流之间的优劣是不是马上有所区分了？

7. 源头的圣人研究的是行而论道，后来的圣人讲究的是坐而论道。前后一比，源流之间是不是马上就显示出了差异？

8. 起初的公天下讲的是选贤举能，后来的家天下讲的是龙子龙孙。前后一比，源流之间的区分在中学生这里还算是道难题吗？

9. 源头的阴阳关系是平衡关系，汉之后的阴阳关系是纲目关系。平衡与纲目，前后一比，源流之间曲直之分还用麻烦哲学家吗？

10. 中华先贤创立了道器并重的文化，秦汉之后是伪道无器的文化。前后一比，源流曲直的区分还用麻烦思想家吗？

笔者曾经说过这样的一段话："任何事物都会发展，但发展的结果却会截然不同。种瓜得瓜，种豆得豆，这属于正常发展。播下龙种，收获跳蚤，这属于反常变质。"正常与非常，发展与变质，只有通过比较才会发现。

（二）自家与人家比

比较，还需要与人家比。自家与人家比，首先比的是"有没有"，即人家有的，自家有没有？例如，人家有《圣经》，自家有什么？中华民族有没有一部可以与《圣经》相媲美的经典？没有宗教经典，有没有文化经典？假如没有，中华民族如何称得起"优秀"？假若有，那么是哪一部？

再例如，人家做人讲上帝，我们讲什么？中华民族有没有一个可以与上帝相媲美的坐标？如果说中华民族做人讲道理，那么道理是什么，道理又在哪里？

自家与人家比，其次比的是"一样否"？同样是解答问题，采用的方法一样吗？解答同样的问题，经过的途径相同吗？

1. 同样是吃饭，人家创造的是刀叉，我家先贤创造的是筷子。刀叉与筷子可以解答同样的问题，但它们的标准一样吗？

2. 同样是面粉，人家烤出了面包，我家蒸出了馒头。面包与馒头在外形与制作工艺上一样吗？

3. 同样是文字，西方人创造出的是表音不表义的字母，中华先贤创造出的是形音义三位一体的汉字。汉字与字母的标准一样吗？

4. 同样是剧，西方有歌剧，中华大地上有豫剧、有越剧、有粤剧、有雍容华贵的京剧，还有震耳欲聋的秦腔。歌剧与中华大地上的各种剧都可以表达音乐之美、艺术之美，但它们的表现形式一样吗？标准一样吗？

5. 西方产生的是太阳历，中华大地上既产生了太阳历，又产生了太阴历，最后合二而一制出了阴阳合历。太阳历与阴阳合历，早期的数据都是365.25，后来的数据都是

365.2425。数据一样，求证的过程一样吗？

6. 西方用一个上帝解答了奇偶之数问题，中华先贤用阴阳两种元素解答了奇偶之数——阳奇阴偶。同样是奇偶之数，解答的途径一样吗？

7. 在古希腊，直角三角形是在纸上画出来的，而在中华大地上则是在立竿测影时发现的：竿为股，影为勾，竿端与影端相连的斜线为弦，直角三角形就此成立。古希腊的直角三角形，出于大哲学家毕达哥拉斯之手。《周髀算经》上说，大禹治水时，直角三角形发挥出了巨大的作用。同样的直角三角形，一个在纸上画出来的，一个是在空间中自然形成的，这两种途径一样吗？

8. 宗教改革家马丁·路德说过这样一句话："音乐是上帝除《圣经》以外赐给人类的第二件礼物。"中华大地上的音乐，源于自然，源于天地。《周髀算经》："冬至夏至，观律之数，听钟之音。"《礼记·乐记》："大乐与天地同和。"孔夫子告诉后人，天籁之音源于天，地籁之音源于地；天籁地籁之音的合和，形成了尽善尽美的大乐。目前世界上所采用的标准音调，就是中国的十二平均律。《汉书·律历志上》说："律有十二，阳六为律，阴六为吕。"一阴一阳之谓道。音乐归根结底与道有关。同样是音乐，东西方的解释一样吗？

9. 油画，西方画也。水墨画，中国画也。油画写实，水墨画写意。两种材料，两种画法，完全不同形式的两种画。体现出的效果一样吗？

10. 天地万物从何而来？《圣经》以一个万能之神做出了解答，《周易》《礼记》《道德经》以自然之道做出了解答。在生生之源这一根本问题上，是不是人家有人家的解法，我有我的解法？

形式上不一样的背后，反映的是不一样的方法；不一样的求证途径，反映的是不一样的智慧、不一样的思维方式。笔者做"一样否"的比较，目的是提醒世人，无论如何不能用一种文化的标准来批判另一种文化。具体说来，就是不能用人家的标准来否定自家的文化。同时，也不能用自家的标准无理粗暴地去否定人家的文化。差异不等于对错，这是正确的公式。差别＝对错，这是错误的公式。

自家与人家比，还应该比的是究竟"长在哪儿短在哪儿"。

同样是历，阴阳合历有太阳历无法相比的优秀，太阳历一不能说明月亮在春夏秋冬四时中的作用，二不能达到望月知日的水平。这是阴阳合历之长。

没有音乐，这个世界必然是沉闷的世界，但是没有标准音调，音乐必然是杂乱无章的噪音。世界今天所采用的标准音调是十二平均律，第一部记载十二律的经典是《周礼》。《周礼·春官·宗伯》："大师掌六律、六同以合阴阳之声。阳声：黄钟、大簇、姑洗、蕤宾、夷则、无射。阴声：大吕、应钟、南吕、函钟、小吕、夹钟。"又："凡为乐器，以十有二律为之数度，以十有二声为之齐量。"阴六吕，阳六律。律吕是从阴阳这里出发的。这是阴吕阳律之长。

纸上的直角三角形，画一个是一个；空间中的直角三角形，在日影之下，一天会产生亿万个直角三角形。直角三角形产生的同时，圆也随之诞生。这是直角三角形之长。

同样是求证$c^2=a^2+b^2$，在欧几里德的《几何原本》中，用"因为，所以"的形式逻辑方法求证，过程需要十步以上。而《周髀算经》用折矩的方法求证，三步运算就可以干净利落地求出结果，而且过程具有形象性、趣味性。折矩方法在这里远远优于形式逻辑。

最后再谈谈度量衡之长。在度量衡问题上，中华先贤长在三个地方：一是长在了提前上；二是长在了简易上；三是长在了求证的多种途径上。英国学者W·C·丹皮尔在《科学史》中指出，最早的度量衡不是产生在西方，而是产生在两河流域。公元前2500年，巴比伦尼亚国王的敕令中出现了度量衡。中华大地上的度量衡产生在舜之前。《尚书·舜典》曰："同律度量衡。"这句话告诉世人，是舜第一次统一了音律与度量衡。舜之后有夏，夏之后有商，商之后有周，周的中期是公元前2500年。所以说，最早的度量衡不是产生在两河流域，而是产生在中华大地上。西方还"没有"的时候，东方已经"有"了。提前，一长也。从"十大算经"与医学典籍中可以看到，创立度量衡，中华先贤采用多种方法，其中最简洁的一种方法就是利用一粒黍米确立了量、度、衡的基本单位——米长为度，米广为量，米重为衡。方法上的简易简洁，二长也。《孙子算经》说，度还可以起于丝，量还可以起于粟。求证上的多种途径，三长也。

"有没有"是一种差异，这是其一。提前"有"也是一种差异，这是其二。用简易方法求出各式各样的"有"同样是一种差异，这是其三。用多种求证途径求出一个"有"，这是其四。自家与人家比，比出了我家先贤众多之长。

笔者在这里进行长短之比较，目的不是证明"自家早就有，自家早就好，自家早就比人强"，而是力图求出"有，为什么有"。

"持果求因，是谓科学。"这是严复先生对现代科学的界定。因为有了现代科学，所以有了西方近代文明。西方近代文明得益于持果求因（实证）的现代科学。

中华文明领先于世界的时候，还没有科学一说，中华文明与什么学相关呢？笔者认为，领先于世界的中华文明相关于道器之学。道器之学即以道论之之学。以道论器，以道论技，以道论术，以道论医，以道论数，以道论德，以道论礼，以道论兵，以道论剑，以道论茶，以道论棋，以道论解牛，以道论养生，以道论一物之理，以道论万物之理。中华文明是"以道论之"论出来的，靠的不是实验室，不是显微镜。西方文明背后有科学，中华文明背后有道器之学。两种学都能创造文明，但两种学绝对不一样。

笔者在这里进行长短之比较，还想说明的一个问题是：百年来的文化批评没有涉及到"有，为什么有"的思考。没有正确评价中华文明背后的智慧，没有正确认识中华文明背后的方法，一味地强调科学的重要性与唯一性，完全忽略了对中华文化有基础作用的道器之学。没有自我批判，一个人不可能进步。没有自我批判，一个民族绝对不可能进步。没有自我批判，中华民族同样不可能进步。

与人家相比，我们短在哪儿？笔者认为短在对文化始终如一的敬仰上。

"美国统治着世界，犹太人统治着美国。"这是马来西亚前总理马哈蒂尔在电视上说的一句让笔者听过就忘不掉的话。犹太这个民族，不论你喜欢还是反对，都不能忽略他的坚实存在。

笔者注意到这样一个事实：历史上的犹太民族，你能打烂他而不能战胜他；现实中的犹太民族，能够提出与解答世界前沿的问题，能够创造出各式各样的领先于世界的成果。奥秘何在？奥秘就在于这个民族不论在任何艰难的环境中，不论在任何困苦的条件下，都始终不放弃自己的文化。具体地说，这个民族从来都不放弃自己的一部经典——《圣经》。《圣经》中的神至高无上，历史上的王无法与之相比，现实中的总统无法与之相比。神理至高无上，犹太民族会自觉地用神理衡量一切，评判一切。神理至上，经典至上，文化至上，这应该是犹太民族屹立于世界民族之林的奥秘。

与犹太民族相比，中华民族的缺陷马上就显现了出来。人家有《圣经》，我家有《周易》，可是，拿《周易》干了些什么呢？人家有神理，我家有道理，可是，拿道理干了些什么呢？道理在历史中地位如何？在现实中的地位又如何？以兄弟民族为镜子，稍加对比，是不是清晰地照出了自己的短处？有道理而不讲道理，这是中华民族的短处。

二、反思

（一）天生的差异

笔者多次讲过这样一个观点：地球从形成那天起，就有东西之分；人形成之后，也有东西之别。两种空间中的人创造了不同文化，不同的文化有不同的智慧。解答同一问题，不同的智慧往往采用不同的方法。东方成语中有"殊途同归"，西方谚语中有"条条道路通罗马"。语言不同，道理一样，都在说明：要达到同一目的，可以有多种道路，可以有多种方法。

一百年来，尤其是近几十年来，中华先贤的"优秀"子孙，完全忽略了东西方的差异，把人家的文化视为是唯一正确的，把人家的文化视为是终极的标准，自觉自愿地事事处处拿人家的文化标准来评判中华文化。对于元文化中孕育文明的智慧，对于元文化中创造文明的方法，根本不屑一顾。

可是静下心来冷静地想一想，百年来的文化批判认识到自家文化了么？认识到自家与人家的差别了吗？

（二）标准本来就不同

筷子有筷子的标准，刀叉有刀叉的标准，两个标准本来就不同，能用刀叉的标准来批评筷子吗？应该记住的是：刀叉能解答的问题，筷子一样能解答。

西医有西医的标准，中医有中医的标准，两个标准本来就不同，能用西医的标准批评中医吗？

"科学吗？"一句"不科学"几十年来打得中华文化毫无还手之力，问题是：科学是人类唯一的学吗？在笔者的研究中，赛先生并不是人类唯一的先生。赛先生之前还有先生，赛先生之外还有先生，赛先生之上还有先生。几千年前被中华先贤认识、解释的经络，赛先生至今一不能认识，二不能解释，这说明了什么？这是不是说明赛先生之前之上还有更高明的先生？

再者，无形的元素很难像有形元素那样去标准，例如人的情绪、宇宙间的暗物质。所以，无论如何不能用一种文化为标准来界定、否定另一种文化。

（三）几大问题

几十年来，眼睛一直向外形成了一系列令人痛心的问题。最严重的两大问题莫过于不会用中国话写文章，不会用中国话表达观点；不会用自家的文化提出问题，不会用自家的文化解答问题。

笔者认为，不会用自己的思维方式提出、解答问题，是中华民族当前最大的问题。

无论是自家与自家比，还是自家与人家比，都不能对中华元文化做出否定性的结论。环顾世界，有敌视仇恨自家文化的民族吗？有靠毁灭文化而达到振兴的民族吗？

只有文化复兴，才有民族复兴，这是东西方共同认可的经验。为民族复兴计，是否在源流对比中重新找回中华元文化呢？本文此处以几句人家的话与自家的话作为结束。

先说罗素的一句话。罗素在《东西方文明比较》一文中写道："我认为中国的文化问题，不论对于中国还是对于全人类都具有最重要的意义。"

再说白晋的一句话。白晋在与莱布尼茨的通信中说："中国古老哲学体现在《易》图之中，它以阴阳简明自然的方法表示了所有科学原理。"

最后说自家的三句话。

"唯变所适。"（《周易·系辞下》）

"执古之道，以御今之有。能知古始，是谓道纪。"（《道德经·第14章》）

"问渠那得清如许，为有源头活水来。"（朱熹《观书有感》）

附 录

问 道 歌

一
一物一理，万物万理，
万理归一，即是道理。

二
一物生万物，不被万物生；
八方处处在，四时不凋零。

三
道无双，故曰一。
一即一切，一切归一。

四
道理如此，人理如此；
若不如此，断难延续。

五
道位形上，器位形下；
道器并重，中华文化。

六
《圣经》讲上帝，
《周易》讲道理；
西方没有抛弃上帝，
我们不应抛弃道理。

七
以道论学，触类旁通；
以我论学，皓首无功。

八
有道之术，术利天下；
无道之术，术裂天下。

九
以道论术，举一反万；
以我论术，事倍功半。

十
以道化器，器利万年；
以术化器，害在眼前。

十一
以道取利，利己利人；
以术取利，祸及子孙。

十二
以道论君，黑白两分；
以龙论君，黑白不分。

十三
以道论之，千年辉煌；
以纲论之，千年荒唐。

十四
尊重儒家，兼顾百家，
疏通源流，振兴中华。

十五
树有根，河有源，
树不会告别根，河不会告别源。

论阴阳

一
昼往夜来，周日阴阳；
寒往暑来，周岁阴阳；
一阴一阳，太阳月亮；
可以重复，可以测量。

二
阴阳动静，万物万理；
阴阳动静，万物一理。

三
阴阳相推，质力之源；
阴阳循环，如环无端。

四

阴偶阳奇，至易至简；
变化之源，气象万千。

五

源于天文，达于人文，
一阴一阳，永恒之文。

六

天地水火，皆归阴阳；
一阴一阳，活水池塘。

七

天地阴阳，男女阴阳；
天人合一，首合阴阳。

八

阳论时间，阴论空间，
时间空间，一体循环。

九

阳律阴吕，大乐源泉，
尽善尽美，教化一端。

十

月有阴历，日有阳历，
阴阳合历，授时之礼。

十一

一分为二，合二而一，
两分一体，是谓太极。
时间空间，变化万千，
至大至小，至易至简。

十二

阴阳两分，有形无形；
小到极处，大到无穷。
阴阳两分，有质有力；
小到极处，大到无穷。
阴阳两分，永不分离；
小到极处，大到无穷。

论五行

一

东西南北中，金木水火土；

五方即五行，五行即空间。
四季加长夏，金木水火土；
五季即五行，五行即时间。

二

天有五行，即是五方；
地有五行，即是五季；
人有五行，即是五脏；
天人合一，合于五行。

三

生生之环，时空旋转；
相克之经，对应制约；
五行生克，平衡自然。

四

五行生克，万类化育；
生克之环，世界相连。

五

生生不息，克克相连；
生克循环，三千大千。

六

五行如圆环，圆环亦如天；
循环不间断，应作如是观。

七

日月转而圆，五星圆而转；
五运围圆转，五行圆如环。

八

在天言五方，在地言五季，
在人言五脏，三才归五行。

论卦

一

书不尽言，言不尽意。
谁能尽言，谁能尽意？
卦能尽言，卦能尽意。
简易之卦，画中有话。

二

四时八节，四面八方；
时间空间，融入八卦。

三

天地交通，万物生化；
强调天地，先天八卦。
水火相济，万物繁荣，
突出水火，后天八卦。
天地水火，万物之本，
天地水火，生命之源。

四

天变化，地变化；
天地变化，同步变化。
天地变化，小草变化，
天地变化，鱼虾变化，
天地变化，五谷变化，
天地变化，人体变化，
宇宙变化，同步变化。
如此变化，八卦表达；
八卦八卦，表达变化。

五

昼夜转换，子午两点，
春秋之变，卯酉一线，
阴阳变换，无限循环，
子午卯酉，分界点线。
八卦之外，宇宙变化，
八卦之内，哲理变化，
卦里卦外，一体变化。

六

生于春，荣于夏，
成于秋，藏于冬。
花木五谷，一岁一枯，
五谷花木，一岁一荣。
震卦表春，离卦表夏，
兑坎两卦，秋冬之卦。
八卦八卦，四时变化，
八卦八卦，万物变化。

七

不是什么，什么都是。
不是东西，达于东西。
不会说话，四通八达。

没有双腿，世界通畅。
卦中有理，象中有数；
数理一体，人理物理。

八

穷理于始，研几于微，
制器于象，立足于变。

九

天时人时是同一时，天道人道是同一道；
天文人文是一种文，天理人理是一种理；
天德人德是同一德，天序人序是同一序；
如此之象即是卦象，如此之理即是卦理。

十

三才者，天地人，
起于卦，始于文。

十一

特殊之物必有特殊之处，
特殊之卦应有特殊之理。

十二

卦在国旗上，卦在地摊上，
比比想想，痛断肝肠。

论佛论禅

一

因为内因，缘为外援，
因缘合和，世界大千。

二

万法为空，慈悲不空；
空与不空，佛之大乘。

三

迷者师度，悟者自度，
师渡自度，大悟为度。

四

迷，佛是众生。
悟，众生是佛。
众生与佛，
差在一悟。

五

悟在何处？悟在空处。

空在何处？物生之处。

六

佛佛传本体，师师传本心，

本体合本心，此心即佛心。

七

心在本身，性在本心，

心性自悟，空无清净。

八

如来说法，皆不可取。

如此境界，是大境界。

大师之理，句句真理，

如此境界，是邪境界。

九

如来无形道无形，

无形之处即永恒。

佛不在西天在心中，

修不在寺庙在知行。

庙中如来泥胎塑，

不知春夏与秋冬。

十

顿悟在顷刻，修行须终生，

顿悟加修行，如此即禅宗。

十一

心在身中，性在心中，

明心见性，禅之大宗。

十二

众生有我，诸相无我，

有我无我，世间佛陀。

十三

因缘和合，万法空无。

一悟渡众，无相成佛。

十四

天堂不在天上在心中，

地狱不在地下在心中，

一思善即进天堂，

一思恶即入地狱。

论养生

一

饮食有节，起居有常；

养心在静，养身在动。

二

精神无形，人体有形，

形神和谐，身心康平。

三

一方水土养一方人，

一方水土生一方病。

四

时间可论病，空间可论病，

病论时空中，如此即上工。

五

春夏养阳，秋冬养阴，

阴阳平衡，平安一生。

六

春宜酸，夏宜苦；

秋宜辛，冬宜咸；

四时调甘，一年安然。

七

天地一人体，人体一天地；

天体应人体，人气通天气。

自然出道理，道理出医理；

时空大循环，异常即病源。

八

五脏皆虚求助于脾，

百病不治求助于心。

九

五行之环，行行相连；

此行有病，隔行而断。

十

寒治之以热，热治之以寒；

虚治之以补，实治之以泻；

风治以发散，湿治以芳香。

十一

医论于道，病论于变，
治论损益，工论至圣。

论天灾

一

天文地文，时间空间；
四位相连，天灾一览。

二

黄白相交，月食可见；
星地一线，天灾连连。

三

星有好雨，星有好风；
星论风雨，天在掌中。

四

恒星为背景，行星行其中，
星地一条线，天灾必发生。
五星决旱涝，一月定乾坤。

五

两点一线，几何平面。
四星一线，大地波澜。
四星：太阳，五星，月球，地球。
波澜：大灾大难也，大旱大涝也。

论智

一

君子用网，小人用壮；
以智取胜，万寿无疆。

二

道理之端，智慧之源，
通于道理，活水源泉。

三

以道论之，思绪万千，
以我论之，思绪无端。

四

一粒米，度量衡；

一阳生，黄钟声；
一支杆，三角形；
大道易简出文明。
度量衡：米长出度，米体出量，米重出衡。

五

聪明解一事，智慧解万事，
何处寻智慧？低头思道理。

六

庖丁以道论解牛，惠君以道论养生，
解牛养生两种技，道理之处技千重。

七

做学问，先学问，
学会问，有学问。

八

做学问，向谁问？
一问天，二问地，
三问人，四问日月与星辰，
三百六十度，度度都问到，
镜中人即学问人。

论儒家

一

人有人样，家有家样，
君有君样，臣有臣样，
父有父样，子有子样，
有模有样，儒家欢唱，
没模没样，儒家沮丧。

二

立人之道，儒家之长，
制器之道，儒家之短。
秦扫齐鲁，夷入中原，
兵败国亡，文化缺陷。

三

行而论道，五帝三皇，
坐而论道，孔孟之长。
错差一字，大道之殇，
遗失一理，家国不强。

论道家

一

道器并重，中华文化，
道器分离，道家文化。
道器并重，始于伏羲，
重道弃器，续于老子。

二

有无之变，此处为玄。
玄妙之玄，有无之变。

三

讲道讲器，五帝三皇，
讲道弃器，周之老庄，
优秀文化，一半丢光。

四

崇尚自然，蔑视礼仪，
崇尚真人，蔑视圣贤，
一部庄子，洋洋大观。

五

天比井大，海比河大，
知小知大，庄子通达。

六

生也自然，死也自然，
自然而然，庄子安然。

七

鱼有鱼乐，人有人乐，
各乐其乐，庄子之乐。

八

相食腐鼠，乘车舔痔，
超然物外，庄子潇洒。

论兵家

兵家论兵，以道为先，
以道论兵，《孙子》千年。

论法家

一

法家法家，前后有差；
起初法家，以道为法；
战国法家，以君为法；
前后法家，坐标有差。

二

崇尚权谋，违背道理，
假以权谋，冒充道理；
非常有效，非常有限，
代代皇帝，儒法明暗。

三

韩非之错，错不在法，
大错之一，以君为法，
大错之二，以术为法。
大错之三，不谈教化。
法出天地，八卦之法，
教化刑罚，易之大法。

四

历代法家，冰山大厦，
烜赫一时，必定坍塌。
害人害己，毁国毁家，
法家教训，万世为法。

论阴阳家

历出阴阳家，数出阴阳家，
律出阴阳家，丹出阴阳家，
古之阴阳家，今之科学家。
弃道演小术，西汉阴阳家，
算命骗钱者，今天阴阳家。

论人

人之外有我，我之外有人。
论人论和，论我论平。

论友

以道会友，友谊长青；
以利会朋，钱去楼空。

论延续

一

先贤开头，子孙续尾；
先贤谈大，子孙谈精。

二

尊崇先贤，超越先贤；
优秀子孙，代代英贤。

三

征服自然，岂能安然；
危害天地，岂能平安？

四

高天厚地，人类父母；
飞禽走兽，人类兄弟；

危及兄弟，岂能繁荣？
危及父母，焉能延续？

五

水为生命之源，
水臭了，生命会有质量吗？
水为生命之源，
水臭了，还会有下一代的生命吗？

六

入林伐木，有度有时，
下海捕鱼，有时有度。
取之自然，不可无时，
取之自然，不可无度。

七

大禹立法，珍爱万物，
非时不猎，非时不伐。
鱼虾可食，禁止乱抓，
林木可用，禁止乱伐。
中华先贤，那样明智，
中华先贤，那样伟大。

附录2：

哲理歌

一、不要去扰乱它

鸟在天上飞，鱼在海里游，
各从其类，这样是好的，
不要去扰乱它。

小草开花，果树结果，
各从其类，这样是好的，
不要去扰乱它。

鹤鸣九霄，燕子低唱，
各从其类，这样是好的，
不要去扰乱它。

稻谷是稻谷，玉米是玉米，
各从其类，这样是好的，
不要去扰乱它。

日出而动，日落而静，
动静有序，这样是好的，
不要去扰乱它。

宽厚的自然，人类的妈妈，
伤害了妈妈，日子还能甜美吗？
丰美的万物，人类的同胞，
伤害了万物，生存还能靠什么？

宽厚的天地，人类的怀抱，
伤害了天地，我们到何处安家？
空气与水，人类的依靠，
脏了空气脏了水，我们到何处安家？

二、不要忧愁

不要忧愁，不要忧愁，
忧愁是自己压在心中的石头，
努力了，奋斗了，
理想没有出现在努力后，
不必忧愁，不必忧愁，
责不在你，那是因缘和合的缘不够。
翻过山，通往罗马的道路依旧在，
光明的坦途往往就在那山穷水尽后。
不要忧愁，不要忧愁，
光明的坦途往往就在那山穷水尽后。

不要烦忧，不要烦忧，
忧愁是自己擦在自己脸上的污垢，
相亲了，相爱了，
美满没有出现在相亲相爱后，
不必烦忧，不必烦忧，
责不在你，那是因缘和合的缘不够。
退一步看，鸟儿照样飞，鱼儿照样游，
最美的鲜花往往开在那严寒风雪后。
不要烦忧，不要烦忧，
最美的鲜花往往开在那严寒风雪后。

不要忧愁，不要烦忧，
曙光在那黑暗后，
春天在那严冬后，
坦途在那高山后，
鲜花在那严寒后，
成功在哪里？成功在那失败后。

三、不要倒下

不要倒下，不要倒下，
不要因苦难而倒下，
先把手中的放下，再把心中的放下，
静下心来，看一看天上云卷云舒的云，

静下心来，看一看窗外花开花落的花。
不如意事有八九，
千万不要倒在一时一事下。

不要倒下，不要倒下，
不要为不公正而倒下，
先把手中的放下，再把心中的放下，
静下心来，看一看书中的贤哲，
静下心来，看一看书外的英杰。
文王拘而演周易，孙子危而演兵法
先贤先哲没有一人倒在一时一事下。

悠悠岁月，前有史，现有实，
有人赢得历史，有人赢得现实，
只要你朝乾夕惕，修辞立诚，你一定会
赢，赢得现实。
只要你朝乾夕惕，修辞立诚，你一定会
赢，赢得历史。
不要倒下，不要倒下；没有现实，还有
历史；
千万不要倒在一时一事下。
不要倒下，不要倒下，没有现实，还有
历史；
千万不要倒在一时一事下。

四、不要狂妄

山外有九重山，天外有九重天，
眼前的辉煌，千万不要忘记山外有山，
眼前的辉煌，千万不要忘记天外有天，
思一思，哪一家皇冠不落地，
想一想，哪一家万岁能久长。
眼前的辉煌，草上露水；
狂妄自大，露水顷刻即蒸发。

山外有九重山，天外有九重天，
眼前的辉煌，千万不要忘记山外有山，
眼前的辉煌，千万不要忘记天外有天，

思一思，大富翁为何变成了穷光蛋，
想一想，紫蟒袍为何换成了破衣衫。
眼前的辉煌，爆竹惊雷；
狂妄自大，爆竹转眼化为灰。

如履虎尾，如临深渊；
如此人生，平安平安。
战战兢兢，如履薄冰；
如此人生，平安人生。

愿天下人都能居安思危平平安安。
愿天下人都能居安思危平安一生。

五、专心致志歌

左手画方，右手画圆，
方也画不成，圆也画不成。
小朋友，小朋友，
画方时要一心画方，
画圆时要一意画圆，
不一会儿，方也画成了方，圆也画成了圆。
小朋友，小朋友，
一心一意，不是更好吗？

又要草地捉虫，又要河中捉虾，
也跑了狗，也跑了虾。
小朋友，小朋友，
捉虫时专心捉虫，
捉虾时致志捉虾，
不一会儿，也会捉住虫，也会捉住虾。
小朋友，小朋友，
专心致志，不是更好吗？

路要一步一步走，
山要一步一步爬，
专心致志，路也能走，山也能爬，
专心致志，今天的小朋友，明天的大名家。
小朋友，小朋友，

专心致志，不是更好吗？
小朋友，小朋友，
专心致志，不是更好吗？

六、一心一意歌

向东看，会看到西方吗？
向南走，会走到北方吗？
去钓鱼，还能赏花吗？
去赏花，还能钓鱼吗？
一时一事，一心一意，成功不会太远。
一时一事，一心一意，成功会在眼前。
思绪可以千万，动手则需一意一心。
假设可以万千，动手则需一意一心。
思绪千万，假设万千，在动手之前。
一心一意，一意一心，在动手之下。
又有无穷思绪，又有一心一意，会落后
他人吗？
又有无穷思绪，又有一心一意，光明还
远吗？

七、循环

日往月来，一天一见面；
寒往暑来，一年一见面。
花开花落，去年又今年；
日月星辰，一年一循环。

循环中处处有序；
有序中无限循环。
自然有序，有序自然；
人之楷模，永恒之规范。

思一思，想一想，
五千年历史从头看：

无序之争，有谁能持久？
无序之斗，多少大灾大难。

八、太阳、北斗，小草、小花

小草，小草，你为何在春天发芽？
小花，小花，你为何在春天开花？
苹果，苹果，你为何在秋天红脸？
雪花，雪花，你为何在冬天飘洒？

请看看天上的太阳，
请看看天上的北斗，
太阳往来决定着寒暑，
北斗循环决定着冬夏。

天文让小草在春天发芽，
天文让小花在春天开花，
天文让苹果在秋天红脸，
天文让雪花在冬天飘洒。

天人同文，
天人同理，
小小少年，
要读懂自然。

九、困苦中要看到希望

天下哪有一帆风顺的坦途，
天下哪有随心如愿的天堂；
人人都会遇到困苦，
人人都会遇到迷茫；
要会在困苦中找到乐趣；
要会在迷茫中捡起希望。
千万不要自己折磨自己，
千万不要自己丢弃希望。

附录3：

参考文献

[1]苏勇点校.《周易》.北京：北京大学出版社，1989年

[2]邓柏球著.《帛书周易校释》.长沙：湖南人民出版社，2002年

[3]张善文等译注.《十三经》.西安：陕西教育出版社，1995年

[4]沙少海译注.《道德经》.贵州：贵州省贵州人民出版社，1989年

[5]《九章算术》《周髀算经》.重庆：重庆大学出版社，2006年

[6]西汉·司马迁撰.《史记》.北京：台海出版社，1997年

[7]西汉·董仲舒著.《春秋繁露》.北京：中华书局，1992年

[8]东汉·班固撰.《汉书》.河南：中州古籍出版社，1996年

[9]南朝梁·范晔著.《后汉书》.杭州：浙江古籍出版社，2000年

[10]中国基督教协会.《圣经》.南京，1996年

[11]全国政协宗教委员会编.《中国宗教六讲》.北京：中国友谊出版公司，1993年

[12]南京中医学院编著.《黄帝内经》.上海：上海科学技术出版社，1991年

[13]李克光等主编.《黄帝内经太素》.北京：人民卫生出版社，2005年

[14]秦越人撰.《难经》.北京：科学技术文献出版社，2001年

[15]李培生主编.《伤寒论》.北京：人民卫生出版社，1987年

[16]西晋·皇甫谧著.《针灸甲乙经》.北京：人民卫生出版社，1996年

[17]马继兴著.《马王堆古医书考释》.湖南科学技术出版社，1992年

[18]萧源等辑.《永乐大典医药集》.北京：人民卫生出版社，1986年

[19]明·李时珍著.《本草纲目》.北京：人民卫生出版社，1982年

[20]明·张介宾著.《类经》.北京：人民卫生出版社，1997年

[21]金·李东垣著.《东垣医集》.北京：人民卫生出版社，1993年

[22]明·李中梓著.《医宗必读》.呼和浩特：内蒙古人民出版社，2008年

[23]浙江中医管理局.《张山雷医集》.北京：人民卫生出版社，1995年

[24]徐梵澄译.《五十奥义书》.北京：中国社会科学出版社，1995年

[25]彭文辑.《百子全书》.湖南：岳麓书社，1993年

[26]萧汉明等著.《周易参同契研究》.上海：上海文化出版社，2001年

[27]张闻玉译著.《逸周书全译》.贵州：贵州人民出版社，1997年

[28]张闻玉著.《古代天文历法说解》.内部资料，2004年

[29]梁漱溟著.《梁漱溟文集》.北京：中国文联出版公司，1996年

[30]罗素著.王正平编.《罗素文集》.北京：改革出版社，1996年

[31]阿尔伯特·爱因斯坦著.方在庆等译.《爱因斯坦晚年文集》.海南：海南出版社，2000年

[32]（美）大卫·格里芬编.马季方译.《后现代科学》.北京：中央编译出版社年，2004年

[33]刘勇 唐继凯校注.《律历融通》.北京：中国文联出版社，2006年

[34]胡阳 李长铎著.《莱布尼茨二进制与伏羲八卦图》.上海：上海人民出版

社，2006年

[35]李零著.《中国方术考》.北京：中华
　　书局，2006年

[36]李可著.《急危重症疑难病经验专
　　辑》.山西：山西科学技术出版社，
　　2006年

[37]施奠邦等编.《中国大百科全书·中国
　　传统医学》.北京·上海：中国大百
　　科全书出版社，1992年

[38]中华人民共和国卫生部药典委员会
　　编.《中华人民共和国药典·一部》.
　　北京：人民卫生出版社，1990年

[39]中美联合编审委员会编.《简明不列颠
　　百科全书》.北京·上海：中国大百
　　科全书出版社，1985年

[40]赵立勋等校注.《遵生八笺》.北京：
　　人民卫生出版社，1994年

[41]王正坤著.《彝医揽要》.昆明：云南
　　科学技术出版社，2004年

[42]王子国译.《土鲁窦吉》.贵阳：贵州

民族出版社，1998年

[43]毕节彝文翻译组译.《西南彝志》.贵
　　阳：贵州民族出版社，1991年

[44]石启贵著.《湘西苗族实地调查报告》.
　　长沙：湖南人民出版社，2008年

[45]李维宝等著.《云南少数民族历法研
　　究》.昆明：云南科技出版社，1999年

[46]吴心源著.《苗族古历》.北京：民族
　　出版社，2007年

[47]琼那·诺布旺典著.《唐卡中的天文历
　　算》.西安：陕西师范大学出版社，
　　2007年

[48]（英）李约瑟著.陈立夫译.《中国古
　　代科学思想史》.南昌：江西人民出
　　版社，2006年

[49]（英）丹皮尔著.李珩译.《科学史》.
　　北京：商务印书馆，1987年

[50]赛尼娅编译.《塔木德》.重庆：重庆
　　出版社，2008年

附录4：

作者已出版的专著和发表的文章

出版的专著

[1]《打扫孔家殿》. 香港中华书局，2003年版

[2]《寻找元文化》. 香港中华书局，2003年版

[3]《中华元典智慧发微》. 香港中华书局，2003年版

[4]《呐喊之后的文化沉思》. 新星出版社，2006年版

[5]《换个方法读内经》. 中南大学出版社，2007年版

发表的文章

[1]《论中华文化的奠基之作》（见《教育世纪文丛》. 2006年，第1期）

[2]《太极：分裂而变的生生之源》（见《中州学刊》. 2006年，第3期）

[3]《洛书、河图中的两种太阳历——彝族文化中的图书及其解释》（见《中州学刊》. 2009年，第2期）

[4]《事关宇宙发生与演化的理论——彝族文化对阴阳五行、图书八卦的解释》（见《中州学刊》. 2009年，第3期）

[5]《彝族文化中的河图洛书》（见《中国文化研究》. 2009年，春之卷）

[6]《天文·人文·历法》（见《中国政法大学学报》. 2009年，第3期）

[7]《天文历法与文艺百家》（见《美文》. 2008年，第4期）

[8]《道路与方法》（见《美文》. 2008年，第5期）

[9]《告别还是传承》（见《中国中医基础杂志》. 2007年，第3期）

[10]《元点智慧与<红楼梦>》（见《中西文化研究》. 2008年，第2期）

后 记

这里，与读者说说心里话，说说这本书的由来。

本来，我和骆驼祥子是一类人，关注的是形而下。祥子一辈子想拉车，我一辈子想办工厂。中医中药是中华民族所独有的瑰宝，我非常想办一家专门生产止痛药的中药厂。中药+粮食酒+特殊工艺，中药+植物油+特殊工艺，制出的外用药油药液，用于颈椎痛以及因寒而痛的各种痛，用于跌打损伤与烫伤，止痛效果远远优于西药。结果都一样，祥子一辈子没拉成车，我大半辈子也没办成工厂。不一样的是，祥子泄气了，而我还在坚持。动不成手，那就动脑吧。形而下走不通，那就探索一下形而上。

中华文明是领先于世界的文明，中华先贤是让世界敬仰的先贤，研究一下中华文明是怎样产生的；看看创造文明的中华先贤是怎样做人，怎样做事的；再回头看看伟大的先贤怎么会演化出"东也敢打，西也敢打，没人打就自己打"的不堪子孙。读书，用不着盖那么多公章；写字，也不需要烧那么多的香。基于如此思考，研究的步伐一直没有停止；发明创造的步伐，也一直没有停下。研究有成果，可以先放在那里。自己无能，留给儿子；儿子无能，再等等孙子。不是有愚公那句话吗，子子孙孙是没有穷尽的。我始终相信奥妙无穷又方便实用的中医中药总有一天会辉煌于天下。由动手到动脑，由形而下到形而上，就是这本书的缘起。

打扫孔家殿—寻找元文化—从人文追至天文，这是笔者研究的三步曲。

先说打扫孔家殿。打扫孔家殿的研究，受益于陈共存先生的启发。《东方文化》创刊号上，有陈先生的一篇大作"炎黄文化与华族"。这篇文章中有一个非常新颖也令人震惊的观点，即两千年来皇帝们宣扬的儒家文化并不是真正的儒家文化，用陈共存先生的话说是"歪曲了儒家的思想又违背了孔夫子的本意"。按照陈先生的看法，儒家文化实际上有真假之别，实际上有孔孟儒家文化与皇帝儒家文化之别。这个说法是任何教科书中所没有的，读后有振聋发聩之感。受此启发，区别真假儒家的研究开始了。

正本清源，区别真假，是从一些流传极广、影响极大的基本概念开始的。这些概念本义如何？歧义又如何？例如"三纲"；例如"男尊女卑"；例如"愚忠愚孝"；例如"君权神授"；例如"父母之命，媒妁之言"；例如"为富不仁"；例如"普天之下，莫非王土"……

自然科学研究，有一个基本特征，那就是严肃认真、标准定量。在物理学领域，牛顿是牛顿，爱因斯坦是爱因斯坦，两者绝对不能错乱。在数学领域，是陈景润就是陈景润，是华罗庚就是华罗庚，两者绝对不能混淆。在化学领域，门捷列夫与居里夫人，两者绝对不能等同。我把自然科学研究中严肃认真、标准定量引入区别真假儒家的研究，很快就有了令人震惊的发现，即验证了陈共存先生的认识：两千年来皇帝们宣扬的儒家文化在根本问题上严重有悖于孔孟的儒家文化。两千年来，皇帝们所宣扬的儒家文化的确是"歪曲了儒家的思想又违背了孔夫子的本意"。同时，还发现了另一个重要的问题，儒家文化并不能涵盖所有中华文化。

"三纲"者，"君为臣纲，父为子纲，夫为妻纲"也。从西汉至今，"三纲"一直被历代皇帝推崇为孔孟之道的精髓。从新文化运动至今，文化批判者一直视"三纲"为儒家文化的最高准则。

实际上，"三纲"与儒家毫无关系。儒家主张的是以道为纲。是人都应该尊崇道，君臣、父子、夫妻均应该尊崇道，均应该以道为纲。儒家文化以道为基础，建立起了讲道理的、相互负责的人际关系。君臣关系是君仁臣忠，君仁在前，臣忠在后。父子关系是父慈子孝，父慈在前，子孝在后。夫妻关系是夫义妻听，夫义在前，妻听在后。君臣、父子、夫妻三者之间均为相互负责的关系，绝非一方永远发号施令，一方绝对服从的纲目关系。

按照牛顿是牛顿，爱因斯坦是爱因斯坦，陈景润是陈景润，华罗庚是华罗庚的思路，可以轻易而清楚地发现："三纲"不属于儒家而属于董仲舒。

董仲舒曲解阴阳关系，在《基义》一文中，将一阴一阳的平衡关系变质为阳为阴纲的纲目关系，然后用纲目关系论君臣、父子、夫妻关系，论出了"君为阳，臣为阴；父为阳，子为阴；夫为阳，妻为阴"。在汉章帝召开的白虎观会议上，以董仲舒的"阳为阴纲"为理论依据，正式形成了毫无道理的、贻害中华民族两千多年的"三纲"："君为臣纲，父为子纲，夫为妻纲。"正式记载"三纲"的文献是班固所著的《白虎通德论》。虽然董仲舒是"独尊儒术"建议的提出者，但没有任何理由把"董术"等同于儒术，把董仲舒等同于孔子。

儒家文化论君，有如下之论：君有道是君，君无道是贼。君有功应该歌颂，君有错应该批评，君有罪应该革命。

儒家文化论臣，有如下之论：不事王侯，高尚其事。君有道从君，君无道从道。君如何视臣，臣如何视君。

"三纲"的发明权在董仲舒；"三纲"的所有权属于汉章帝。"三纲"与孔孟的儒家文化无关。

把"男尊女卑"之主张，记在儒家账上，更是一桩千古奇冤的文化冤案。"男尊女卑"一词出于《列子》。《列子·天瑞》："男女之别，男尊女卑，故以男为贵。"而孔夫子是主张男女同尊卑的。《礼记·昏义》："共牢而食，合卺而酳，所以合体，同尊卑，以亲之也。"从结婚第一天起，准确地说，是从喝完交杯酒那一刻起，夫妻之间的关系就应该是"同尊卑，共相亲"的关系。《礼记·中庸》还引用《诗经·小雅·常棣》中的诗句"妻子好合，如鼓瑟琴"来形容夫妻关系。在《礼记·哀公问》中，孔夫子向哀公讲先王爱人之政。爱人之政首先是从爱家庭开始。爱家庭首先是从爱妻子开始。"男尊女卑"与"男女同尊卑"完全是两本账，把"男尊女卑"视为儒家文化，错在了基本常识上。

儒家文化讲忠讲孝，但是，忠是理智之忠，孝是理智之孝，不是无条件的愚蠢之忠，更不是无条件的愚蠢之孝。君有不是之君，父有不是之父。君有错，臣可以诤谏。父有错，子可以诤谏。《孝经·谏诤章》："故当不义，则子不可以不争于父，臣不可以不争于君。"皇帝文化主张的是君叫臣死，臣不死为不忠；父叫子死，子不死为不孝。而这在儒家文化里找不出任何依据。

儒家文化反对绝对服从。《礼记·表记》："君命顺，则臣有顺命；君命逆，则臣有逆命。"这样的主张，在《晏子春秋》同样可以看到。君命正确，当然应该服从。君命邪恶，当然应该抗命。顺从逆命，即为佞臣。让岳飞放弃对金兵的抗击，这样的君命就属于逆命，原本是应该抗命的。

忠臣应该经常批评君。《郭店楚简》有一篇《鲁穆公问子思》，其中涉及到"何谓忠臣"的界定。"鲁穆公问于子思曰：'何如而可谓忠臣？'子思曰：'恒称其君之恶者，可谓忠臣矣。'"忠，尽的是心，尽的不是蠢，尽的是良知，尽的不是盲从。是忠臣，就应该真实地指出君的错误，就应该对君的错误进行批评。同理可证孝。

"为富不仁"，两千多年来也是一直在误读。富，无论对个人、对家庭、对国家、对天下来说，都是好事而非坏事。《周易》中有"崇高莫大乎富贵"之论。富，富在金钱上，富在财产上。贵，贵在人品上，贵在良心良知上。富，本身没有错。如果说有错，是错在了致富的途径上。致富的途径有两条：一条是有道致富路，一条是无道致富路。正道致富，无论怎么富都没有错。无道致富，有富就是错。儒家主张富贵，但"为富不仁"之富，指的是税收之税，不是财富之富。这句话是孟子引用佞臣阳虎的话。阳虎说："收税就是聚敛财富，讲什么仁；讲仁就别想收税，收税就不要讲仁。"孟子引用阳虎的话，目的是反对横征暴敛的，是作为反面教材引用的。

"父母之命，媒妁之言"，在儒家文化里，没有绝对意义，不是金科玉律，更不是铜墙铁壁。儿女婚姻，通过父母是应该的；男女结合，有媒妁沟通更是一件美事；但是"父母之命，媒妁之言"没有绝对意义。

如果美好的婚姻在父母这里遇到了障碍，那么完全可以"该娶就娶，该嫁就嫁"。尧与舜，都是圣人。尧嫁女、舜娶妻并没有告诉舜的父母。为什么？因为舜的父母是糊涂人。告诉之，婚姻就有被打破的危险。遇到糊涂的父母，美好的婚姻完全可以"不告而嫁之"，完全可以"不告而娶之"。至于"媒妁之言"，更没有绝对意义。在"关关雎鸠，在河之洲。窈窕淑女，君子好逑"这里，你会看出"媒妁之言"的作用吗？在"有男女然后有夫妇"这里，你会看出绝对意义的"媒妁之言"吗？

"溥天之下，莫非王土。率土之滨，莫非王臣"，这是两千多年来误解最为奇特的一句诗。这里的"王土"之"土"，指的是国之疆土，而非农民的耕地与土地。周代实行的井田制，井田中间那一块是公田，周围八块是私田。私田，王可以收税，但无权没收。《周礼·地官司徒》记载，周代每开发一个新地方，都要先考察土地的质量，然后按照"年年可以连续耕种，休一年耕一年，休两年耕一年"的质量标准，定出具体的数量，再分配到每一个家庭。可耕地之外，还有山林、湖泊、沼泽，也在分配之列。合理分配之后，王室是不能随便乱动的。这句诗出于《诗经·小雅·北山》。因为当时徭役过多，引起平民的牢骚。诗的本意是批评王室，不是歌颂王室的。"溥天之下，莫非王土。率土之滨，莫非王臣"并不是完整的一段诗，而是掐头去尾的两句诗，这两句诗的后面还有一句"大夫不均，我从事独贤"。完整的诗句是"溥天之下，莫非王土。率土之滨，莫非王臣。大夫不均，我从事独贤"。这一段诗的完整意思是：大家都在一个国土上生活，大家都是周王领导下的臣民，当官的为什么不公平？为什么惟独我的官差那么多？两千多年来，把批评王室的诗句理解为"王权至上"诗句，实在是一个千古笑话。

儒家主张选贤举能。"君权天授"中的"天"，实际上指的是民。孟子的弟子万章，请教孟子：尧传舜，舜传禹，是不是帝王个人所决定的？孟子回答，帝王个人没有这个权力，只有天才有这个权力。万章问，天没有眼睛怎么能看得到？天没有耳朵怎么能听得到？孟子以《尚书》中的"天听自我民听，天视自我民视"为依据，给出了答案。天的耳朵就是民的耳朵，天的眼睛就是民的眼睛。天与民一体，天意即民意，民意即天意。君权天授，实际上就是君权民授。"天下为公，选贤与能。"（《礼记·礼运》）儒家主张选君，君应该由民心民意产生。燧人氏、有巢氏、伏羲氏、神农氏、舜、禹这一类创造者为君，都是产生在民心民意之中。后来的文化批判者，把"君权天授"中的天解释为神秘之天，这与事实严重不符。

程颐的"饿死事小，失节事大"，限制寡妇再嫁的荒谬主张，也挂在了儒家账上。这同样是一桩文化大冤案。据《礼记·檀弓》记载，子思、子上母亲都是再嫁的。孔子没有迫害自己家的媳妇，会迫害到几千年后的祥林嫂吗？"合鳏寡"，是当时的政令。这一政令，在《管子》里可以看到。丧妻为鳏，丧夫为寡，为政者有责任将不幸的双方撮合起来。在儒家文化里，在之前的《尚书》《诗经》《周礼》里，根本没有限制寡妇再嫁的荒谬主张。

"饮食男女人之大欲存焉"，这是孔夫子的原话。"食色性也"，这是孟子引用告子的话。儒家承认人的欲望。人非草木，孰能无情。承认欲望，节制欲望。"存天理，节人欲"，这才是儒家的主张。百年来的文化批判者把王阳明的"存天理，灭人欲"死死地记在了孔孟的账本上。"存天理，节人欲"与"存天理，灭人欲"，这又是一笔糊涂账。

……

在笔者看来，孔家店里假货多，这些假货大都来自于皇家店，来自于皇家店里的御用文人。孔家店应该打扫而不应该打倒。有人冒充同仁堂造假药，正确的打法是打造假者，鲁莽的打法是打同仁堂。百年来的文化批判，鲁莽激动有余，而客观冷静不足。在众多的基本问题上，连"谁是谁"都没有分清。

笔者还认为，孔家店之店，应改为殿堂之殿。一个民族，不能没有自己的精神圣殿。

儒家文化是中华文化的主干，但不是中华文化的起源。中华文化的根源不在儒家文化这里，儒家文化之前还有文化，儒家之前的中华文明已有两千五百年，甚至更为深远，所以文化研究不能停留在儒家这里。

打扫孔家殿之后，我又开始了儒家之前的文化研究，即寻找源头文化的研究。

寻找元文化，我运用了中外对比的方法。人家有的，我们有没有？人家先贤解答的问题，中华先贤有没有解答？同一问题，解答的方法是否一致？中华文明曾经领先于世界，领先的具体内容是什么，从何而来又缘何没落？

中外对比，首先是从希伯来文化这里开始的。希伯来先贤创造了一部《圣经》，《圣经》里首先出现的是神，神解答的第一问题是创造宇宙，神解答第二问题是立出了"如何为人"的坐标。天地万物与一男一女都是由神创造的，为人的坐标"摩西十诫"也是神的意志。宇宙与人生这两大问题，希伯来文化是用神来解答的。

中外对比，继续对比的是希腊文化。古希腊用非常恐怖的神话解释了人的起源与争斗——地母生出儿子天神，天神儿子以母为妻又生出六男六女，兄妹之间又互为夫妇；父子之间相互残害，父亲吞掉子女，儿子战败父亲……

用人的眼光解释宇宙万物的，是古希腊第一大哲学家泰勒斯。他的重要贡献就是给出了"水为万物之源"的答案。泰勒斯留下的名言是"万物是水"。至于水从何处来，泰勒斯没有继续解答。

与泰勒斯并称第一代的哲学家阿纳克西米尼，提出了气为万物本原的观点。气从何处来，这位哲学家也没有回答。

古希腊第二代哲学家赫拉克利特又以火为源，解释了万物的诞生。火从何处来，这位哲学家照样没有回答。

古希腊第三代哲学家思培多克勒，对前人的观点进行了综合，提出了水、火、气、土"四根"为万物本原的观点。四根根于何处，答案仍然没有。

同样是第三代哲学家的德谟克利特，认为万物的本原是原子与空虚。原子即是最小的、不可分割的、数量无限的物质微粒，其形状、大小、位置和次序各异，但本质是相同的。至于原子从何而来，同样是没有答案。

古希腊第一、第二、第三代哲学家，解答宇宙问题有三大特征：一是没有造神；二是以物解释物，以有解释有；三是谈形而下没有谈形而上。

以苏格拉底为界，之前的哲学家关注的是宇宙，从苏格拉底开始，古希腊哲学家开始关注人生。"认识自己"，这是苏格拉底留下的名言。

宇宙与人生这两大问题，古希腊文化是以神话与哲学家的认识解答的。

中外对比，再来对比印度文化。印度先贤创造的经典是《奥义书》。《奥义书》开篇出现的是宇宙精神大梵。大梵解答的第一个问题是天地万物的形成。这里的答案是：大梵生空，空生四大地火水风，四大组成了生气勃勃的万物，组成了生气勃勃的男女。大梵用生生不息的方式，解答了现实世界的起源与演化。解答宇宙问题，印度文化没有造神。

释迦牟尼所创立的佛教，也是笔者对比的坐标。释迦牟尼觉悟在菩提树下，他的觉悟，悟出的不是浩瀚如海的佛教经典，而是"缘起性空"四个字。释迦牟尼以空为本体，然后用因缘——内因外缘——两种因素解答了万物的诞生与演化。因为内因，缘为外因。因缘和合，万物产生；因缘分离，万物毁灭。一切从空中来，一切还要归于空。孙悟空，是《西游记》中的艺术形象，但是"悟空"二字，反映的却是佛教宇宙观与价值观的统一。

宇宙与人生这两大问题，中华先贤是用道解答的。道是自然之道，不是人格神。道的成分是一阴一阳，一阴一阳是自根自本、自动永动、永不分离又永不重合的两种自然元素。中华先贤以自然之道为根本，解释了宇宙的诞生与演化。

道生天地，天地生万物生男女。有文字，道是用文字表达的。文字之前，道是用抽象符号阴阳两爻表达的。

中华先贤创造的根本经典是《周易》。《周易》开篇开在纯阳纯阴的乾坤两卦里。乾坤两卦象征天地，天地解答了万物与一男一女的诞生，用《周易·序卦》中的话说是"有天地然后有万物，有万物然后有男女"。

《周易》用天地之理建立起了"天如何，人如何；地如何，人如何"的为人坐标。"天行健，君子以自强不息"；"地势坤，君子以厚德载物"；"天地变化，圣人效之"；"夫大人者，与天地合其德"。天地是为人的坐标，君子、大人、圣人，做人均应该以天地为榜样。

神之前再没有神，天地之前却还有道。所以做人既要讲天理地理，最终还要讲道理。君子讲天理结论在自强不息上。自强不息，体现在学问上，体现在做事上，体现在修辞立诚的追求上。大人讲天理结论在大公无私上。大公无私，以天下为天下人之天下。小公有私，以天下为一家一姓之天下。圣人讲天理结论在"仰观天文，俯察地理"的研究上，结论在"尚象制器""道器转化"的发明创造上。

与希伯来文化相比，人家用人格神解答的问题，中华元文化用自然之道进行了解答。解答同样的问题，方法却不一样。自然之道与人格神，这是中华元文化与希伯来文化在源头处的根本区别。

与古希腊文化相比，人家用神话和用几代哲学家解答的问题，中华元文化用自然之道进行了解答。这是第一个不一样。

宇宙与人生问题，泰勒斯等与苏格拉底分别进行了解答，而在八卦的三爻这里一次性进行了解答。三爻里的天地人，是"一而三，三而一"的关系。这是第二个不一样。

论宇宙演化，论的是从有到有，从物到物，从形而下到形而下。中华先贤论宇宙的演化，论的是从无到有，从气到物，从道到器。这是第三个不一样。

与古希伯来文化相比，与古希腊文化相比，与古印度文化相比，与佛教文化相比，中华元文化没有漏掉一个问题。人家解答的，中华先贤也解答了。人家是那样解答的，中华先贤是这样解答的。解答同样的问题，中华先贤采用了不同的方法。

与古希伯来文化相比，与古希腊文化相比，与印度文化相比，与佛教文化相比，中华元文化多了一个"器"字。器，指的是自然之器与人工之器两种器。自然之器为自然而然的天地万物，人工之器为人所创造的生产工具、生活器具、自卫武器……一个"器"字，涵盖了一切器具发明创造的哲理。

衣裳也是器。夏娃与亚当，因制造裙子被神赶出了伊甸园。在《圣经》里，发明衣裳，是神不能容忍的事。而在《周易》里，发明衣裳，是文明天下的事，而且是文明天下的大事。

《圣经》有一个与神并列并重的"器"字吗？没有！缺少一个"器"字，实际上是缺少了一条理，一条发明创造的理。《周易》比《圣经》多讲了一条理，多讲了一条发明创造的理。

佛教文化只讲如何成佛，不讲如何发明创造，佛经里没有与佛并列并重的一个"器"字。《奥义书》里也没有这个事关发明创造的"器"字。

"形而上者谓之道，形而下者谓之器，化而裁之谓之变，推而行之谓之通，举而措之天下之民谓之事业。"在这一论断里，道器并列并重，道器对称对应；道器可以转化，明白道可以进行人工之器的创造；做人讲道理，做事用器具；圣人之伟业，圣人之事业，就是宣扬道理与发明器具。《周易·系辞上》这一论断，实际上是对"道器并重"文化的精辟概括与归纳。

中华先贤为子孙留下的是"道器并重"的文化。

中华民族有文化，有着与别人不一样的文化。不一样，具体内容很多，但根本体现两个地方：第一，人家有神，我们有道。第二，我们有一个"器"字，人家没有这个字。

如果"道器并重"的文化得以正常的延续，那么，中华民族一定不会由文明先进变为落后挨打，一定不会被甩出先进的行列。非常遗憾，"道器并重"的文化并没有得到正常的延续，而是经过两步变化变质成了与此相反的"伪道无器"的文化。

第一步变化发生在老子这里。"道器并重"的"器"字，被老子抛弃了。"道器并重"的文化在老子这里，变成了"道器分离"的文化。一个"器"字，被老子界定为动乱的根源。传承道而反对器，构成了《道德经》的基本特色。中华元文化在道家这里发生了重大的变化，元文化精髓的一半在这里失传。

第二步变化发生在董仲舒这里。"道器并重"的"道"字，被董仲舒变质了。"一阴一阳之谓道"被董仲舒变质为"阳为阴纲之谓道"。董仲舒根本没有涉及"道器并重"的一个"器"字。"道器并重"的文化在董仲舒这里，变成了"伪道无器"的文化。董仲舒之术的根本性谬误体现在三个地方：第一，将君等同于天，将君等同于道，将君理等同于道理。第二，将君臣均应该以道为纲变质为臣必须以君为纲。第三，完全没有涉及与道并列并重、对称对应的一个"器"字。

在元文化中，天是天，君是君；道是道，君是君。天位于君之上，道位于君之上。君必须接受天的评判，君必须接受道的评判。黄帝、尧、舜、禹这样的圣人君王也必须接受天、接受道的评判。

再，人格化的天是民而不是君。民为君之天，而非君为民之天。董仲舒完全回避了"天听自我民听，天视自我民视"与"民以食为天，君以民为天"这两句至理名言。

神是神，王是王，古希伯来人一直没有混淆神与国王的关系。神是神，总统是总统，今天的犹太人与西方人一直没有混淆神与总统的关系。董仲舒彻底地混淆了天与君、道与君的关系。黄帝、尧、舜、禹这样的圣人君王都不能等同于天，都不能等同于道，何况楚汉相争、胜者为王产生出来的文盲项羽与无赖刘邦呢。一个时间上极其有限的君王怎么能与永恒的生生之源相比呢。元文化的根本在董仲舒这里变质了。

水有源，树有根，这是自然哲理。文化呢？文化有没有源，文化有没有根？如果有，在何处？

神文，这是希伯来文化的根源。《圣经》告诉世人，这里的人文源于神文。

天文，这是中华元文化的根源。《周易》告诉世人，这里的人文源于天文。

下面两个论断，介绍了天文与人文的源流关系：

其一，《周易·贲·彖传》："刚柔交错，天文也。文明以止，人文也。观乎天文，以察时变；观乎人文，以化成天下。"这一论断明确指出，天文与人文之间存在着对应关系，先后关系，存在着源流关系——人文源于天文。

其二，《周易·系辞下》："古者包牺氏之王天下也，仰则观象于天，俯则观法于地，观鸟兽之文与地之宜，近取诸身，远取诸物，于是始作八卦。"这一论断明确指出了八卦的来源。八卦源于天文，源于地文，源于鸟兽之文，源于诸身诸物，首先源于天文。八卦是人的作品，属于人文——人文源于天文。

书中的道理在书外，书外的道理进书中。书外的道理，首先是天文。追溯文化之根之源，顺理成章地追溯到了天文这里。

天文学是人类第一学，也是中华民族的第一学。历法是人类第一法，也是中华民族的第一法。创造这第一学、第一法，中华先贤远远地走在了世界前面。天文与历法，有文字是用文字表达的，文字之前是用洛书、河图、八卦表达的。

史前的天文观测中，中华先贤已经掌握了日月星辰运行的规律——日是太阳，月是月亮，星是北斗星，辰是日月会合的瞬间。根据太阳视运动的往来循环规律，中华先贤制出了太阳历，简称阳历。最早的阳历分十个月，名为十月太阳历。阴阳五行、天干地支都是在十月历中产生的。

根据月亮圆缺循环规律，中华先贤制出的太阴历，简称阴历。圆为十五，缺为初一。时间长度为29.53天。月缺时，月亮在太阳与地球之间。月圆时，地球在太阳与月亮之间。月圆月缺，背后的原因是月亮与太阳不同的两点一线关系。日月地三点一线的瞬间，中华先贤命名为"辰"。

根据北斗星斗柄圆周循环的规律，中华先贤划出了春夏秋冬四季。

最终将日月星三者的因素加在一起，形成了中华民族所独有的阴阳合历。

最早的阳历分十个月，名为十月太阳历。阴阳五行、天干地支都是在十月历中产生的。史前形成的十月太阳历，是用洛书表达。

十月太阳历，在中原失传了。十月太阳历失传的严重后果有三：使本来可以实证、可以定量的阴阳五行变成了玄学，这是一。天干地支，有其然而无其所以然，这是二。解释不了洛书，这是三。

幸运的是，彝族文化保存了对河图洛书的完整解释。彝族文化解释河图洛书，直接解释在天文历法中。洛书表达的是十月太阳历，河图表达的是十二月太阳历。汉族经典《帛书周易》与诸子中的《尸子》解释八卦，解释出来四时八节。河图洛书与八卦，最初之本义都是来自天文历法的。

彝族文化告诉后人，洛书河图时期的中华先贤，已经解答了这样几大根本问题：

其一，算出了太阳回归年的时间长度。太阳回归年的时间长度是365~366天。两种观测方法，一是地平观测法，二是立竿测影观测法，都得出365~366这一数据。地平观测，观测的是一年之中太阳出没的规律。立竿测影，观测的是一年之中日影长短变化的规律。

其二，认识了太阳回归年的大周期。立竿测影下的日影，一年之中，往返于长短两极之间，往返四次日影才真正重合，这一周期时间长度是1461天。1461天÷4=365.25天。1461天，是在《周髀算经》出现的。彝族十月太阳历，三年过小年，小年365天，第四年过大年，大年366天。四年平均下来每年的时间长度也是365.25天。彝族洛书的数据，完全相同于《周髀算经》。365.25天这一数据，几千年后被元朝郭守敬精确为365.2425，并沿用至今。

其三，找到了太阳回归年的起点与终点。立竿测影下的日影，最长点就是冬至点。日影从最长点开始，一天天变短，短到极点又一天天变长，从最长点到最长点，就是一个太阳回归年。冬至是太阳回归年的起点，也是太阳回归年的终点。知道了日影长短两极的变化，知道了太阳回归年的起点与终点，才会真正理解《周易》中的"终则有始""原始反终""往来无穷"之说。

太阳历论岁，岁的起点在冬至。粤港澳地区的"冬至大过年"之说，客家人的"过冬至人长一岁"之说，在太阳历这里可以得到答案。

其四，找到了太阳回归年的转折点。太阳回归年的转折点在夏至。日影最长点在冬至，日影最短点在夏至。冬至之后日影一天天变短，短到极点是夏至。从夏至开始，日影又一天天开始变长。日影由短变长的变化，是从夏至这一天开始的。夏至，为太阳回归年的转折点。

其五，找到了阴阳两极。阴极在冬至，阳极在夏至。从冬至到夏至，天气一天天变暖。从夏至到冬至，天气一天天变寒。彝族十月太阳历中有"一年分两截，两截分阴阳"之说。冬至到夏至为阳年，夏至到冬至为阴年。阴阳两极，是根据日影的长短两极确定的。日影的长短，由太阳视运动所决定。

苗族古历以冬至为阳旦，以夏至为阴旦。阳极生阴，阴极生阳。"冬至一阳生"与"夏至一阴生"之说就源于此处。

阴阳两个极点，阴阳两个转换点，都是由立竿测影的实测而来。

其六，找到了阴阳平分点。春分、秋分是阴阳平分点。一年之中，只有春分、秋分这两天，阴阳是平均的。春分、秋分这两天，太阳视运动相交于赤道。赤道，是南半球与北半球的平分线，也是一年之中阴阳的平分线。

其七，正名了阴阳学说。从"科玄之争"至今，阴阳一直被视为是玄学的代名词。阴阳学说源于天文，奠定于历法。准确地说，奠定于立竿测影的日影下。周日可以论阴阳，周岁可以论阴阳。周日的阴阳是无穷循环的昼夜，周岁的阴阳是无穷循环的寒暑。昼夜，由日往月来所决定。寒暑，由太阳在南北回归线之间的往来所决定。

周日与周岁的阴阳，可以区分在立竿测影的日影之中。周日的日影，是一条弧线，是椭圆的半圆。周岁的日影，是一条直线，是椭圆的垂直平分线。天文历法中的阴阳，一可以重复，二可以实证，三可以测量，四可以定量。

地支中子午两点，可以表达阴阳的转换点。日中为午，夜半为子。周日之阴阳，转换在子午两点。夏至在午，冬至在子。周岁之阴阳，转换在子午两点。子午两点连成一线即子午线，子午线即空间中的南北线。子午南北线，即是东西两方的平分线，也是阴阳两分的平分线。

十月太阳历的失传，使本来可以定量的阴阳成了虚无缥缈的玄学。

其八，正名了五行学说。太阳回归年的时间长度，可以一分为二，可以一分为四，可以一分为五，可以一分为八，可以一分为十二，可以一分为二十四，可以一分为七十二，这些不同划分都是人为的规定。人为的规定，是为了生产与生活更好更细致地与太阳视运动和谐一致。一分为二是一寒一暑，寒暑可以用阴阳来表示。一分为四是四季，四季可以用春夏秋冬来表示。一分为五是五行，五行可以用金木水火土来表示。一分为八是八节，八节可以用四立+两分两至来表示。四立为立春立夏立秋立冬，两分为春分秋分，两至为冬至夏至。一分为十二是十二个月。一分为二十四即是二十四节气。一分为七十二即是七十二候。节气的一步步细化，实际上是对天文运动与气候变化认识的一步步深化。

五行之说，最早是在天文历法中出现的，具体是在十月太阳历中出现的。五行金木水火土，实际上是太阳历中的五个季节。五季起于木，而终于水。一年五行的正确顺序为木、火、土、金、水。季与季之间的生生不息，演化出了五行相生的哲理。木季生而金季熟，火季生而水季熟，土季生而木季熟，金季生而火季熟，水季生而土季熟，一生一熟，一生一死，演化出了五行相克的哲理。天文历法中的五行，一可以重复，二可以实证，三可以测量，四可以定量。

十月太阳历的失传，使本来可以定量的阴阳学说成了虚无缥缈的玄学。

其九，创造了奇偶之数。阳奇阴偶，在十月太阳历中，阴阳论的是奇数月与偶数月。一年十个月，一三五七九五个月为阳，二四六八十五个月为阴。

洛书的成分是实心圆与虚心圆，虚心圆为阳为奇，实心圆为阴为偶。洛书中奇偶之数排列方式是：戴九履一，左三右七，二四为肩，六八为足。

奇数分布于四方与中央，偶数分布于四隅。四方与中央，可以表达金木水火土五季，四隅四方可以表达空间中的四面八方。五季属时间，八方属空间。时间空间均是用奇偶之数表达的。

数可以表达一切，毕达哥拉斯如是说。如何表达？毕达哥拉斯没有继续说。洛书是用奇偶之数表达一切的。时间可以用奇偶之数来表达，空间可以用奇偶之数来表达。时空即宇宙，宇宙即时空。洛书用奇偶之数构筑了时空模型亦即宇宙模型。这一数字化的宇宙模型，既可以论大到无外的大宇宙，也可以论小到无内的小宇宙，还可以论人体这个中宇宙。毕氏提出了问题，但没有解答问题，是中华先贤完美而准确地解答了毕氏没有解答的问题。

其十，创造了天干地支。十月太阳历一年十个月，可以用十天干来表达。十天干是在十月太阳历这里出现的。

十月太阳历一年分五行（季），一行两个月，一月36天，36天分三旬，一旬12天。12天可以用十二支来表达。地支旋转三次即是一个月。十二支是在十月太阳历这里出现的。

由于十月太阳历的失传，使天干地支也成了无源之水，无本之木。

十一，认识了直角三角形。西方的直角三角形，是大哲学家毕达哥拉斯的重大贡献。毕达哥拉斯在纸上画出了直角三角形。中华大地上的直角三角形，不是在纸上画出的，是中华先贤在立竿测影时发现的。竿为股，影为勾，竿端与影端相连的斜线为弦，直角三角形就此成立。纸上的直角三角形，画一个是一个，空间中日影、测影之竿构成的直角三角形，日影一动是一个，一天之内随着太阳的移动会产生亿万个直角三角形。

在《周髀算经》中，伏羲氏是直角三角形的发现者，大禹是直角三角形的运用者，大禹治水广泛地运用了直角三角形测高、测深、测远。如果说毕达哥拉斯是大哲学家，那么，伏羲氏算不算大哲学家，大禹算不算大哲学家？

十二，认识了音乐与时空的关系。西方的音乐，是上帝的礼物。中华大地上尽善尽美的音乐，是谁的礼物？中华大地上的天籁、地籁之音，是时间空间的产物。立竿测影的中华先贤发现音乐源于时间与空间。一方有一音，中央加四方五方有五音，一月有一律，十二月有十二律。在《周髀算经》中，天地之间的黄钟大吕之声与节气有着同步关系。《周髀算经·陈子模型》："冬至夏至，观律之数，听钟之音。"在早期的中华大地上，历律是合一而论的。

十二，创造阴阳合历。阳历的坐标是太阳，阳历论岁，一岁的是时间长度是365.25天。这实际上是太阳视运动在南北回归线之间一来一往所需要的时间。阴历的坐标是月亮，阴历论年，一年十二个月，时间长度是354天。

欧洲采用的是阳历，阿拉伯世界采用的是阴历，中华先贤创造的是阴阳合历。阴阳合历一年的时间长度取的是太阳回归年的时间长度，一月的时间长度取的是朔望月的时间长度（29.53天），以北斗星斗柄指向十二支的寅位为年的起点，以北斗星斗柄指向东西南北（子午卯酉）为春夏秋冬四时的依据。日月星三个坐标，有着单独坐标无法比拟的优越性。

此处需要说明的两点是：一、文字之前的阴阳合历是用河图、八卦表达的。二、今天的根本大法是宪法，上古的根本大法是历法。根本大法是人人必须遵守的法则。

十三，抽象出了自然之道。《周易·系辞上》"一阴一阳之谓道"。又："阴阳之义配日月。"这两个论断将日月与道联系在了一起。看不见的道，看得见的日月。看见了运行的日月，就看到了动态的道。《周髀算经·陈子模型》："日中立竿测影，此一者，天道之数。"何谓天道？换言之，在何处能够看到天道。《周髀算经》认为，在立竿测影的动态日影中能够看到天道。动态的日影之数，所反映的就是天道。日月可以等同于道，无形之道变成了有形之道。日影可以等同于道，玄虚之道变成了可以定量之道。以日月论道，以日影论道，不可道之道变成了可言可说可道之道。

万物生长靠太阳，万物生长也靠月亮。所以日影的变化，日月的对应关系，关乎着气候的冷暖变化，关乎着万物生长收藏的变化，关乎着人体的健康与否……

日月即阴阳，阴阳即日月。知道了这些，才会理解阴阳在自然界的基础作用。

日月即阴阳，阴阳即日月。知道了这些，才能真正理解《黄帝内经》中 "阴阳者，天地之道也，万物之纲纪，变化之父母，生杀之本始，神明之府也，治病必求于本"这一论断的丰富含义。

日月可以论道，道可以论日月。知道了这些，才会知道中华元文化中与中医文化以道为基础的稳固性与永恒性。

十四，归纳出了一系列成语与至理名言。"潜龙勿用""亢龙有悔""终则有始""原始反终""否极泰来""物极必反""阳极生阴，阴极生阳""满招损，谦受益，时乃天道""消息盈虚""日中则昃，月盈则食""如环无端""原始反终，故知死生之说""一阖一辟谓之变，往来不穷谓之通""变动不居，周流六虚，上下无常，刚柔相易"……

十五，找到了论证问题的方式。《周易》中的道，《圣经》中的上帝，《奥义书》中的梵，佛经中的空，《可兰经》中的真主，名字不同，在宇宙演化中的意义相同，都是创造万物的造物主。认识了造物主，就认识了立人之坐标。

有共同点也有不同点。中华先贤除了以造物主为坐标论证如何为人之外，还以造物主为坐标论证如何为事——发明创造。《周易》所记载的五大圣人伏羲氏、神农氏、黄帝、尧、舜都是以卦理——道理为依据进行发明创造的。

伏羲氏、神农氏、黄帝、尧、舜之后的春秋诸子创立了儒、道、法、农、医、阴阳、杂等众多学派，不同的学派论证的问题虽然有耳目口鼻之别，但论证问题的依据都是相同的，诸子都是以道为依据论证问题的。儒家以道论礼，以道论公天下，以道论人生；老子以道论德，以道论政，以道论万物；孙子以道论兵；医家以道论医；阴阳家以道论历法……

以道论之，论出了源头的一部部经典。

以道论之，产生了一件件先进器具。

以道论之，产生了先秦诸子。

以道论之，庖丁掌握了精湛的解牛之术。

以道论之，文惠公掌握了从解牛之术悟出了养生之术。

以道论之，以此论证方式产生出的成果，能够超越时空。例如几千年前的《周易》，今天仍然有鲜活的生命力。例如几千年前的《道德经》与《孙子兵法》，不但吸引着自己人，而且还吸引着西方人。尤其是以道论之论出的《黄帝内经》，呵护着整个中华民族走过了上下几千年。

在笔者的研究中，论证问题，从古至今一共产生了四种方式：以道论之；以纲论之；以真论之；以我论之。

以纲论之，产生于 "三纲"之后。以纲论之，论不出像《周易》《尚书》《周髀算经》《黄帝内经》这样的经典，论不出超越时空的重大成果，论出的是循环不休的灾难以及极其短暂的贞观之治、康乾盛世。

以真论之，产生于进化论之后，产生于科学研究之中。以真论之，可以满足人的无穷欲望，却让养育人类的天地山水付出了不可挽回的代价。

以我论之，产生于固执的作家这里。他们用自己的眼睛看世界，有些地方看对了，有些地方看错了。人的眼睛无法与上帝相比，人的智慧无法与生生之源相比，所以，以我论之，很难论出穿越时空、具有永恒意义的作品。

英国大哲学家罗素认为，看问题，看世界，看某事物与一切事物，仅仅用人的眼光去看是远远不够的。应该怎么看？罗素给出的答案是："像上帝那样去看。" 罗素的"像上帝那样去看"与中华先贤的"以道论之"有相似相通之处。

上下几千年的历史证明，以道论之，在四种论证方式中，最为优秀而且无法取代。

十六，找到了提出问题的永恒坐标。

在《周易》《帛书周易》《周髀算经》《黄帝内经》《管子》《荀子》《庄子》《文子》里，均可以看到"以一论万""以道论尽"的论断。

明白道理，可以提出无数个新问题。

明白道理，可以解答无数个新问题。

明白道理，可以提出人家不能提出的问题。

明白道理，可以解答人家不能解答的问题。

先贤的实践，证明了这一点。笔者的实践，同样证明了这一点。

依照道理，进入"天文与人文"源流关系的研究。笔者撰写并发表了一系列的文章，比如，《彝族文化里的河图洛书》《图书中的两种太阳历》《事关宇宙发生与演化的基础理论》等等。

依照道理，笔者提出了各种天灾在时间与空间中的规律性。

依照道理，笔者提出了疑难病的医治方法。

依照道理，笔者提出了沙漠治理与工业烟囱控制的方法。

依照道理，没有进过中医大学的笔者，导读了《黄帝内经》。拙作《换个方法读内经》，受到了老中医的赞扬，受到了院士的赞扬，受到了博导的赞扬，更重要的是，受到了莘莘学子的赞扬。"听说气，就一肚子气。"这是中医大学里学子们的牢骚。不讲气，能叫中医吗？讲清楚了气，学生会有一肚子气吗？老和尚说服不了小和尚，佛法如何光大？同理，中医教授说服不了莘莘学子，中医如何流传？这源于历法的失传，百年来的中医界已经无法解释阴阳，无法解释阴阳之气与生命的关系。笔者以日月一往一来，以太阳视运动在南北回归线之间的一来一往，以立竿测影下的日影一短一长，解释了阴阳根源与阴阳之变，然后以阴阳之变解释万物之变，解释阴阳之变与"离离原上草，一岁一枯荣"的枯荣之变，不但说服了中医学子，还赢得了西医学子的信服。"原来认为细胞学能揭示生命的本质，现在看来阴阳学说更能揭示生命的本质。"这是一次讲座后，一位西医医生在我上车前，对我说的一席话。

这里，笔者夸的是优秀的中华文化，夸的是文化中优秀的认识论与方法论，夸的是"以道论之"这一论证方式长青与永恒。在中华大地上，比笔者优秀十倍、百倍，乃至更多倍的大有人在。只要接近了优秀的中华文化，只要掌握"以道论之"的论证方式，肯定会远远超越笔者。超越笔者的人多了，中华民族肯定会重新走到世界的前列。

打扫孔家殿—寻找元文化—从人文追至天文，三步曲的落脚点落在了这本《黄帝文化与皇帝文化——清源浊流》上。

这本书探索的问题依次是：

1. 有！为什么有？有中华文明，中华文明是如何产生的？

2. 中华文明背后的方法论与认识论为何？

3. 中华先贤率先解答了哪些问题？

4. 人家有的，我们有没有？例如人家有《圣经》，我们有没有可以媲美于《圣经》的经典？人家有上帝，我们有什么？

5. 宇宙与人生两大问题，《圣经》是用神解答的，中华先贤是怎么解答的？

6. 如果说源头的文化一开始就有问题，怎么会演化出领先于世界的中华文明？如果说源头的文化一开始没问题，那么这个没问题文化是什么？精髓在何处？

7. 如果孕育中华文明的文化源远流长、得以延续，怎么会有后来的"东也敢打，西也敢打"？

8. 领先于世界与落后挨打，截然相反的两种状态会是一个因、一种文化孕育出来的吗？

9. 早期的中华大地上产生了一部部经典，这些经典是怎么产生出来的？尤其是谈经络的《黄帝内经》？

10. 阴阳，老子谈，孔子谈，管子谈，庄子谈，尸子谈，鹖冠子还谈，如果阴阳真的没意义，诸子会让如此重视吗？如果有意义，依据又在哪里？

11. 五行，《帛书周易》谈，《尚书》谈，《黄帝内经》谈，孔子谈，管子谈，庄子谈，鹖冠子还谈，如果五行真的没意义，创造中华元典的先贤和诸子会如此重视吗？如果有意义，依据又在哪里？

12. 八卦、河图洛书为中华民族所独有，中华先贤为什么在文字之前创造出了这些谜一样的抽象符号，为什么又把这些抽象符号置放在群经之首？特殊之物必有特殊之用，这是常识。按常识而论，八卦、河图洛书的特殊之用在哪里？

13. 庖丁，为何以道论解牛之技？解牛之技为何会转化出养生之术？老子论德、孔子论礼、孙子论兵、《黄帝内经》论医，为何与庖丁的思路一样？

14. 中华先贤为什么能解答包括经络在内的那么多问题？中华文化里真的有归纳没推理吗？

15. 水有源，树有根，文化有没有源？根本对于大树的现实作用是众所周知的，水源对于江河的现实作用是众所周知的，那么，源头的文化对于现实还有没有作用？

16. 中华民族是伟大的民族，与其他民族相比，到底伟大到了什么地方？

……

探索这些问题，形成了这本《黄帝文化与皇帝文化——清源浊流》。

笔者的基本认识是：在没有伊甸园的中华大地上，出现了一大批善于动手、善于动脑的中华先贤。善于动手、善于动脑的中华先贤以天文地理为坐标创造出了优秀的中华元文化。优秀的元文化孕育出了领先于世界的中华文明。优秀的元文化并没有得以流传，而是发生了严重的变质。变质文化孕育出了落后与挨打。清源浊流，形容的就是文化的源流变化。

在研究文化的过程中，《中国文化研究》原主编阎纯德先生、《东方》原常务副主编王昌珞先生对我起过基础性作用，在此表示衷心的感谢。

《东方文化》原主编萧亭先生，《人民政协报》理论部主任荆文煌先生，对我起过重要作用，在此表示衷心的感谢。

《中州学刊》编辑鲁庆中博士，《人文杂志》编辑张蓬先生，对我帮助很大，在此表示衷心的感谢。

朋友与兄长王培楠、李材尧一直在帮助我，在此表示衷心的感谢。

新观点、新认识不但需要学者的认可，也需要普通人的认可。我认识一位不会说两样话的朋友黄洁清，凡是不认可的东西，绝不说敷衍的客气话。所以一有新发现，大都会在电话中征求意见。几年来耽误了她不少时间，在此表示感谢。

战友崔国记是唯一能让我畅怀大笑的人，在此表示感谢。全军大比武射击冠军黄碧然先生转业后主管一个市的医药，他一直想帮助我建立中药厂，在此表示感谢。

最后，衷心希望在中华大地上，有那么一天，在法律的前提下，让愿意拉车的去拉车，让愿意办工厂的去办工厂。让人能够有模有样地活着，没有那么多的折腾，没有那么多的坎坷；不用磕那么多的头，不用烧那么多的香。真有这么一天，那该有多好啊！